庆祝郭大顺先生八秩华诞论文集

上 册

辽宁省文物考古研究所 编

文物出版社

北京·2018

图书在版编目（CIP）数据

庆祝郭大顺先生八秩华诞论文集／辽宁省文物考古
研究所编．—北京：文物出版社，2018.11
ISBN 978 - 7 - 5010 - 5798 - 6

Ⅰ.①庆…　Ⅱ.①辽…　Ⅲ.①考古学—文集
Ⅳ.①K85 - 53

中国版本图书馆 CIP 数据核字（2018）第 237311 号

庆祝郭大顺先生八秩华诞论文集

辽宁省文物考古研究所　编

责任编辑：黄　曲
封面设计：程星涛
责任印制：苏　林

出版发行：文物出版社
社　　址：北京市东直门内北小街 2 号楼
邮　　编：100007
网　　址：http：//www.wenwu.com
邮　　箱：web@ wenwu.com
经　　销：新华书店
印　　刷：北京京都六环印刷厂印刷
开　　本：889mm×1194mm　1/16
印　　张：36.25
版　　次：2018 年 11 月第 1 版
印　　次：2018 年 11 月第 1 次印刷
书　　号：ISBN 978 - 7 - 5010 - 5798 - 6
定　　价：390.00 元（全二册）

1957 年高中毕业照   1962 年大学毕业照   1965 年研究生毕业照

1957 年 11 月 5 日北京大学历史系 57 级学生参观北京周口店旧石器时代遗址时在第一地点合影（左后排 6 为本人）

蓝天是屋顶，青石作课堂，上工了。1958年9月周口店遗址实习（左起：刘一曼、孙秉根、曹延尊、高炜、郭大顺、杨虎）

1960年3月北京大学历史系57级考古班赴洛阳王湾进行生产实习前合影（左起：前排王仁波、王岩、韩荣、温明荣、乌恩；后排郭大顺、刘一曼、李经汉、曹延尊、高炜、林沄、杨虎、孙秉根、李知宴、马长舟、刘晋祥、金家广、杜迺松、孔祥星、胡振东、刘金山）

1960年5月洛阳王湾生产实习期间送发掘品到谷水镇展出，在王湾村头（左起：孙启祥、李经汉、温明荣、郭大顺、刘晋祥、王岩、杨虎）

1961年11月从汉魏故城回洛阳工作站归途小憩（左起：郭大顺、高炜、杜逎松、孙启祥、杜玉生）

1960年参观西安半坡遗址博物馆（中为温明荣，右为林沄）

1964年4月北京大学历史系考古专业研究生（从左至右：郝本性、袁俊卿、邹厚本、王仁波、柴凤书、孔祥星、徐自强、郭大顺）

1964年秋研究生实习时与苏秉琦先生在上海黄浦江畔

1966年秋在延安
（左起：李裕民、郭大顺、王仁波、赵春晨）

1971年12月在朝阳县魏营子村小凌河畔
（前为西周遗址和墓地）

1972 年 8 月在北票县丰下遗址发掘工地

1973 年 5 月在喀左县北洞第二号商周青铜器
窖藏发掘现场

1973 年 5 月在喀左县北洞村商周窖藏青铜器
出土现场向村民宣传保护出土文物

1975 年调查敖汉旗大甸子遗址群西北海拔 871
米的佛爷岭夏家店下层文化遗址（左起：方殿
春、张克举、邵国田、老杨 、郭大顺、项春松）

1979 年秋辽宁省文物普查试点时发掘喀左县南
沟门春秋晚期青铜短剑墓葬

1982 年秋在承德避暑山庄松云峡中国社会科学
院考古研究所内蒙古工作站整理大甸子墓葬
出土陶器

1983年发掘大甸子夏家店下层文化墓葬

1983年6月大甸子考古工地晚餐
（左起：邱国斌 、杨虎、顾智界、
刘晋祥、薛玉尧、潘其风、郭大顺、
朱延平）

1983年7月30日陪同苏秉琦先生考
察东山嘴遗址（左起：严文明、刘新民、
苏先生、某先生、郭大顺、李仰松、
胡国庆）

1983年10月牛河梁遗址第1地点女神头像出土

1984年秋牛河梁遗址第2地点发掘现场
（左起：王羽、王亚蓉、孙守道、郭大顺）

一锤定音——1984年8月4日牛河梁遗址第2地点一号冢第四号墓出土玉雕龙

1997年12月在赤峰市翁牛特旗解放营子乡补测大南沟墓地（左起：高志新、王建国、王成生、庞昊、郭大顺、道日吉、贾洪恩）

2000 年 3 月 6 日在牛河梁遗址接受中央电视台《东方之子》栏目采访

1983 年 9 月 22 日调辽宁省文化厅时与辽宁省博物馆文物工作队同事合影（左起：张克举、方殿春、张镇洪、高青山、辛然、李庆发、韩宝兴 、李恭笃、许玉林、朱贵、武家昌、郭大顺、傅仁义、何贤武、陈大为、冯永谦、李大军、高美璇、曹汛、梁淑琴、史小英、王成生）

1985 年 9 月陪同俞伟超、张忠培、严文明先生考察牛河梁第 2 地点积石冢遗址

1985 年 10 月陪同苏秉琦、俞伟超先生考察姜女石遗址

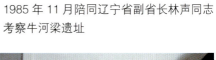

1985 年 11 月陪同辽宁省副省长林声同志考察牛河梁遗址

1986 年在沈阳召开的"中国考古学会第六次年会"期间，在辽宁省博物馆陪苏秉琦、宿白先生及徐光冀先生观摩红山文化玉器

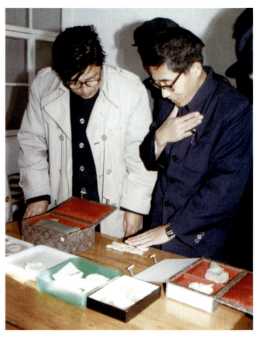

1986 年 9 月"中国考古学会第六次年会"在沈阳辽宁宾馆举行，陪苏秉琦先生步入开幕式会场

1987 年陪肖克同志考察牛河梁遗址

1987 年 9 月陪同苏秉琦先生考察牛河梁第 1 地点女神庙遗址
（左起：辛占山、吴汝祚、刘效炎、苏先生、于县长、郭大顺、白荣金）

1987 年在兴城组织讲座，请苏秉琦先生做"辽西古文化古城古国"的学术报告

1989 年 8 月与孙守道陪同柯俊先生考察牛河梁遗址第 13 地点冶铜坩埚堆积

1990 年 9 月在大连市召开的"第二届环渤海考古会"开幕式上与吕遵谔（中）、张忠培先生（左）

1990 年中日合作研究项目中日双方成员在北京中国社会科学院考古研究所拜访苏秉琦先生（左起：郭大顺、徐光冀、徐苹芳、苏秉琦、高广仁、王巍、孙守道、秋山进午、伊东太作　冈村秀典、宫本一夫）

1992 年中国社会科学院考古研究所文明起源研究小组在牛河梁遗址第二地点考察（左起：郭大顺、杨锡璋、莫多闻、高炜、闻广、邵望平、孙守道）

1993 年陪同宋健同志考察牛河梁遗址

1994 年 10 月苏秉琦先生八十五岁华诞时在苏先生家（前排左起：郭大顺、俞伟超、师母、苏先生、张忠培、孙守道；后排左起：阜新市副市长马杰、张先生司机、俞夫人、辛占山）

2000 年夏与美国丹佛大学人类学系尼尔森教授在东山嘴遗址

2001 年 6 月在沈阳召开的"中国古代玉器与传统文化学术研讨会"期间与费孝通先生（左为辽宁省文化厅副厅长刘效炎）

1993 年 2 月在香港中文大学文物馆做"红山文化考古新发现"的讲座（桌前左起有：杨建芳、郭大顺、沈竹、高美庆、饶宗颐）

1991 年参观日本滋贺市琵琶湖底绳纹文化遗址考古工地

1993 年 4 月在日本东京高岛屋"海上陶瓷之路展"与富山电视台内藤真作社长

1994 年陪同泰国诗琳通公主参观辽宁省博物馆时观摩红山文化玉器

2000 年 8 月陪同许倬云先生参观
河北省张家口市赤城县博物馆

2001 年 6 月与台湾学者邓淑苹（后排左六）、徐小虎（后排左五）、黄翠梅（后排左三）考察内蒙古翁牛特旗红山文化
玉龙出土地时在赛沁塔拉村头

纪念苏秉琦百年诞辰暨牛河梁遗址发现30周年大会合影 中国·朝阳 2009.10.24

2009年10月参加在牛河梁考古工作站举办的"苏秉琦百年诞辰暨牛河梁遗址发现30周年纪念大会"全体学者合影

1995 年 7 月考察英国奥克尼岛史前遗迹斯卡拉.布雷（SKARA BRAE）聚落遗址

1995 年考察英国索兹伯里巨石遗址

2003 年 3 月考察法国南部石棚遗址

2003 年 3 月在巴黎吉美博物馆中国馆陈列室观摩馆藏红山文化玉雕龙

2010 年 8 月在苏格兰刘伊斯岛（Lewis）考察卡拉尼什（Callanish Stones）史前环状列石遗迹

2016 年 8 月考察法国韦泽尔河封德高姆（Font-de-Gaume cave）旧石器时代晚期洞穴壁画遗址

全家福（2015 年）

目　录

上册

既是专门家　又作事业家——郭大顺先生从事文物管理工作回顾 …………… 顾玉才　吴炎亮　1

大遗址大文物展示"中心环节"论——郭大顺先生文化文物行政理念再学习 ………… 孟宪民　10

全面继承苏秉琦学术思想　创建红山文化理论体系——郭大顺先生与赤峰考古50年

　　…………………………………………………… 内蒙古自治区红山文化学会　19

大道至远——写在郭大顺先生八十寿诞之际 …………………………………… 于建设　29

汇聚火花，传递远古——记编辑《牛河梁》考古报告过程中与郭大顺先生的交往 ……… 黄曲　36

西南西伯利亚的红铜时代和早期青铜时代——跨文化读书笔记 ………………… 李水城　44

新石器作坊与石器修理坊初论 …………………………………………………… 黄建秋　55

玉器时代观念与艺术的浪潮 ……………………………………………………… 方向明　62

论黄河上中游史前玉器文化 ……………………………………………………… 邓淑苹　80

渤海海峡两岸史前文化的交流与互动 …………………………… 栾丰实　武昊　108

中国最早石制轴承的功能实验考古试论——查海遗址轴承形态分析 …………… 邓聪　131

山西的"前陶新石器时代" ………………………………………………………… 田建文　142

镇江营文化的流向考索 …………………………………………………………… 于孝东　151

良渚文化分期新论 ………………………………………………………………… 宋建　157

台湾史前遗址出土的人兽形玉玦 ………………………………………………… 黄翠梅　171

吉林东部长白山地区的细石叶技术、年代及相关问题 …………………………… 徐廷　187

再论红山文明 ……………………………………………………………………… 朱乃诚　195

半拉山积石冢及相关问题 ………………………………………………… 吴炎亮　吕学明　211

关于牛河梁第二地点四号冢几个遗迹现象的再讨论 ………… 田广林　梁景欣　田野　220

从随葬镯环类玉器的变化看牛河梁红山文化墓葬的演变 ………………………… 张星德　227

红山文化晚期的社会分层——以牛河梁遗址为例 ……………………………… 郭明　234

从牛河梁遗址女神庙彩绘壁画看"舞"与"巫"字起源 …………………………… 马海玉　248

下册

一件熊陶尊及相关问题 ……………………………………………… 邵国田　王冬力　257
哈民忙哈文化玉器探析 ……………………………………………………… 周晓晶　266
偏堡文化陶器再论 …………………………………………………………… 宫本一夫　273
辽东半岛新石器时代积石冢再探讨 ………………………………………… 张翠敏　292
敖汉旗夏家店下层文化遗址分布概述——以第二次文物普查所获资料为据 … 邵国田　303
族群认同背景下的辽西含东北系铜剑晚期遗存初步考察 …… 华玉冰　苏　哲　于佳灵　326
试论双房文化的类型划分 …………………………………………… 刘兆霖　徐昭峰　344
福建漳州鸟仑尾遗址相关问题的探讨 ……………………………………… 杨建军　355
论南越国时期镂孔圈足铜器的社会意义 …………………………………… 卢智基　371
辽宁汉代砖室墓分期研究 …………………………………………………… 卢治萍　386
海昏侯墓出土青铜提梁卣浅议 ……………………………………………… 路懿菡　408
三燕文化研究的回顾与展望 ………………………………………………… 田立坤　415
高句丽竖耳罐研究 …………………………………………………………… 李新全　424
五女山山城遗迹研究三题 …………………………………………………… 梁志龙　434
卒本与高句丽早期王都 ……………………………………………………… 王志刚　443
朝阳博物馆馆藏"率义侯印"考论 ………………………………………… 马文涛　454
靺鞨武具观察及相关问题思考 ……………………………………………… 刘晓东　459
从馆藏唐代女俑看唐代女装的多样性 ……………………………………… 许　颖　474
朝阳唐墓出土文物彰显丝绸之路文化因素 ………………………………… 张桂凤　480
重访闾山琉璃寺断想 ………………………………………………………… 王绵厚　490
辽宁出土辽代墓志整理与研究 …………………………………… 李玉君　李宇峰　498
辽太平年间金银器铭文辨析 ………………………………………………… 万雄飞　502
金上京遗址的考古新发现和新认识 ………………………………… 赵永军　刘　阳　507
五女山博物馆藏明代铁车辖修复保护浅识 ………………………………… 王　滨　519
试析集安高句丽龙纹 ………………………………………………………… 张玉春　524

八十述怀——我的两点思考 ………………………………………………… 郭大顺　530
郭大顺先生学术年谱 …………………………………………………………………　537

既是专门家　又作事业家

——郭大顺先生从事文物管理工作回顾

顾玉才（国家文物局）

吴炎亮（辽宁省文物考古研究所）

郭大顺先生于 1983 年 9 月被任命为辽宁省文化厅副厅长。

此前，郭先生在辽宁省博物馆文物工作队从事考古研究工作期间，已掌握了省内古代文化遗存的许多重要线索，所以上任当年，就发现了牛河梁红山文化遗址和姜女石秦代行宫遗址，次年又推动北京大学考古学系在金牛山旧石器时代洞穴遗址的发掘并发现了古人类化石。这三大考古发现，提高了辽宁在全国文博考古界的地位，辽宁文博工作也开始跨入新的阶段。

我们是此后分配到辽宁省文物考古研究所和辽宁省文化厅并在郭先生领导下工作的。虽然未赶上三大发现的盛事，但耳闻目睹了很多振奋人心的事，此次为撰写这篇纪念文章，又和其他同志一起对郭先生作了专门采访，在多方面积累资料后，对郭先生几十年来从事文化遗产保护事业作一回顾。

郭先生曾多次回忆，"既作专门家，又作事业家"，这是 1985 年在福州召开配合基建考古汇报会时，苏秉琦先生得知不少省市有专业人士走上行政领导岗位的情况，有针对性地提出来的。郭先生一直以此作为他的奋斗目标，在专业与事业的结合上不断有新的体会。

郭先生于 1965 年自北京大学历史系考古专业研究生毕业后，于 1968 年分配到辽宁省博物馆工作。在调入辽宁省文化厅工作之前的十多年时间里，郭先生先后参加了以喀左县大凌河两岸为主的辽西窖藏商周青铜器的调查、清理发掘工作和研究工作，参加过北票丰下和内蒙古赤峰地区诸多夏家店下层文化遗址的调查和发掘，包括敖汉旗大甸子墓地的发掘、资料整理和发掘报告编写。特别是在 1979 年开始的辽宁省第二次文物普查过程中，先生经常工作在第一线，从喀左到建平、义县，从辽西到辽东，足迹遍及全省多个县区的不少村镇，东山嘴、牛河梁遗址都是经他调查发现的。辽宁省开展的第二次文物普查，在全省发现了上万处遗址点，大大改变了辽宁考古和文物保护工作的面貌。从此，先生也将他的研究重点逐步转向他学有专长的新石器时代，开始了以红山文化为主的研究工作。由他主持发掘的东山嘴遗址，以其特殊的遗迹结构布局和出土遗物引起了苏秉琦等先生的关注。1983 年夏，来自北方各地的专家在考察考古工地后在朝阳召开座谈会，提出了"燕山南北地区考古"的新课题，使辽宁成为考古学文化区系类型理论实践的重点地区之一，并已触及文明起源问题。郭先生在学科发展的这个关键时刻走上新的工作岗位，自然是一个好的机遇，但同时共存的，是严峻的挑战。对此，郭先生在他新出版的《郭大顺考古文集》（辽宁人民出版社，2017年）后记中回顾了他当时的境遇和心情：

> "1983年9月，我由辽宁省博物馆调省文化厅工作，当时我希望的也是组织点头的，是尽量不脱离专业，苏秉琦先生对这一点也特别予以叮嘱。'不脱离专业'，这句话当时说起来就有些犹豫，做起来，面对头绪繁杂的行政工作，就随时有坚持不下来的感觉。好在此后的十多年，正是辽宁省考古发现较多的一个时期，特别是由于那几年接连发现的金牛山、牛河梁、姜女石等大遗址，是辽宁文物工作此前所未接触过的，如何保护？认识的深度决定保护的力度，在行政岗位有条件起到只做专业工作起不到的作用，我也才有机会也有理由多下到考古工地，多接触些专业。"

抓住机遇，迎接挑战，郭先生在此后的工作中，即在调整行政和业务两者关系、将矛盾向相互促进的方向转化、进而推动辽宁文博工作的过程中，有许多经验可以总结。下面，以郭先生当年重点抓的几件事为例加以说明。

一　建立辽宁三大考古工作站

随着20世纪七八十年代以后辽宁考古工作在规模上的逐步扩大，特别是三大遗址发掘工作的进展，刚上任不久的郭先生面临在牛河梁遗址等地建考古工作站的问题。

1982年，苏秉琦先生在给山东省文物局领导的信中，提出了成立考古实验站的建议；1984年，在成都召开的配合基本建设考古汇报会上，苏秉琦先生又以"考古资料是十三经，发掘报告是十三经注疏"启发各地同行们，重视系统收藏科学标本和档案的考古实验站的建立。对辽宁，他也于1983年朝阳会后，提出了建立考古基地的设想：考古工作站应具有考古发掘和研究、教学、展示的多功能性，既是考古、科研基地，又是教学基地；既要注重标本收藏的系统性、科学性，又要取用方便，同时要向考古界专家学者有条件的开放，从而具备组织专题研究与横向学术交流活动的条件。

当时，只有中国社会科学院考古研究所和极少数文物考古工作大省先后建立了或正在筹建考古工作站。辽宁有没有条件建设考古工作站？由于过去缺少长期开展考古工作的地点，所以从未列入工作日程，随着三大遗址以及朝阳等地下埋藏文物较丰富的地市的常年连续工作和发掘材料的积累，建立考古工作站的必要性已经显现出来。接下来的问题是，工作站建在哪里，是城内还是遗址附近。对此，有不同意见和不同方案。选择现成的较为简便，如在朝阳市博物馆院内借用房屋，但仍无法承担工作站的职责，于是郭先生提出在遗址附近建站的设想。当年的牛河梁一带还是较为偏僻的山区，在荒郊野外大兴土木，是要冒一点风险的。要充分考虑到这一带未来的发展前景，包括连续的考古工作和今后遗址的长远规划，以及当地社会经济发展和交通情况。郭先生反复衡量后，特别是考虑对牛河梁遗址重要性及其对当地发展的深远影响，最后拍板，辽宁要在牛河梁遗址附近建设考古工作站。此事很快得到国家文物局、辽宁省和有关地方政府的大力支持。

此后的具体工作程序，如选点、征地、设计，郭先生都亲自过问。牛河梁遗址范围很大，但都是山区，选点首先要考虑与各遗址点距离适当，以便于发掘和遗址保护。其次，是与生活保障有关的事宜需要考虑，离水源和交通干线要近，既不在村内又距村庄不能太远，最后选定了现在的地点。工作站占地 2 公顷，建筑是具辽西、承德地区特色的院落式砖瓦房。1985 年，牛河梁考古工作站初具规模时，不断来站参观和工作的省内外、海内外同行们都很有感受。当然，时至今日，郭先生对牛河梁考古工作站还是那样情有独钟。他在《考古人的故事：探索古辽西》一书中有这样的深情回忆：

> "最后要说说我们的牛河梁考古工作站。这是我觉得最得意的一件事。虽然盖房子打井我完全是外行，但在牛河梁建工作站，我应该有点发言权，因为这里是我们的一个'家'。
>
> 的确，在建牛河梁考古工作站这件事上，我和我的同事们是动了很多脑筋，下了很多功夫的。经费不能不是问题，但更主要的，是个观念和指导思想问题。考古人的'家'应该是什么样子？在这里，有条件实现我们的理想。"
>
> ……
>
> "1985 年秋，当我们从老乡家搬进工作站后，除了感觉工作站环境幽静、空气清新，夏季凉爽，适于思考讨论问题和研究写作甚至激发灵感以外，一个突出的感受是，这里虽地处辽西山区深处，却并不寂寞。遗址群间有京沈公路和锦承铁路通过。车鸣声渐行渐近，渐行渐远，在山谷间回响散开，并不嘈杂，却会把人的思维带向远方，给人以静中有动、僻远但不闭塞的感觉；还有黄土与绿树的景观对比，古代繁荣与现代贫瘠的历史反差，处处都体现了矛盾的对立统一。这是一块充满生命的土地，是大自然的恩赐，也是祖先的创造。
>
> 也许是'身在福中不知福'吧，前来参观的客人们还有比我们更深的体会。一天，孙守道先生上山陪中央美术学院的靳之林先生参观后对我和朱达（工作站站长）说，靳先生对我们工作站的选址大加赞赏，说我们的工作站是建在女神的怀抱里。这是个很有诗意的体会。我也赶紧上山再去观察一下，果然同以往的感受不同。工作站背靠的山梁松林密布，满眼尽绿，山梁尽处就是女神庙所在，工作站正环绕于周围葱绿的山岗之间。说我们的工作站在女神的怀抱里，不仅富于想象，还十分贴切。以后，我每每把这'捡'来的感受讲给前来遗址考察的客人们听，大家似乎也受到感染，总愿意在这说是高雅其实简陋的站里住上一晚，夜半仰望星空闪烁，晨曦聆听鸟鸣犬叫，临别时写下赞美祖先业绩的话语。我们在小小山村间设计的这个'杰作'，竟给海内外的朋友们留下不尽的回味。"

1986 年 9 月，牛河梁考古工作站接待了参加"中国考古学会第六次年会"的上百位来自全国各地的专家。牛津大学罗森博士等中外著名学者和何鸿卿先生等著名社会人士都曾在站里小住，站里还做好了接待正在吉林大学讲学计划来牛河梁考察的张光直先生的准备，后因张先生身体不适而未能成行。1987 年秋，苏秉琦先生到牛河梁遗址考察时曾在工作站住了三天，临行时为工作站题词："红山文化坛庙冢，中华文明一象征。"当时，苏先生在工作站仔细观摩过女神头像标本，给他留下了深刻印象，所以几年后他说，女神像是仿照真人塑造的，她"是红山人的女祖，也就是中华民族的共祖"。

由于牛河梁考古工作站的建立对遗址的发掘和保护，甚至对辽西地区考古工作，都起到了发掘、科研和教学基地的作用，也产生了良好的社会反响，所以辽宁又相继于 1986 年和 1988 年建立了金牛山、姜女石两个考古工作站，从布局上，辽西、辽西走廊和辽东各一个，被称为辽宁省三大考古工作站，站内设专门业务人员，省财政每年安排专项经费，还配备了工作用车，这在当时的考古学界是走在前面的。

二　筹办遗址博物苑的设想和实践

随着三大遗址不断取得喜人的发掘成果，郭先生意识到这批遗址未来的发展前景，心中产生了建立遗址博物馆的设想，这在当时被称为"遗址博物苑"。这个设想，是郭先生根据自己的专业特长，在查阅海外资料并广泛吸取有关方面专家的观点，并对遗址的学术和社会价值进行充分评估的基础上提出来的。

金牛山人骨化石于发现的次年（1985 年）被中国科技界评为世界科技十大进展项目之一，牛河梁遗址以"中华五千年文明曙光"产生着越来越广泛的影响，姜女石秦行宫遗址则被誉为中华统一多民族国家的象征。这几处遗址不仅规模都很大，而且都有或靠山或近海的优越历史环境相衬托。同时，由于这几处遗址都处于辽宁的重要地理位置上，距大城市或旅游热线、热点较近，交通比较方便，具有逐步创造条件建成"史迹博物苑"和自然历史公园的前景。为此，郭先生设想，可以将金牛山遗址建成古人类洞穴遗址博物馆和史前动物园，将牛河梁遗址建成史前博物苑和自然历史公园，将姜女石遗址建设成为碣石宫遗址博物馆。同时，郭先生还认为，对这三处遗址的文物本身进行保护展示、对周边环境进行整治建设，不仅可以再现和宣传当地的古老文化，而且对地方的对外开放和经济社会协调发展都会起到巨大的促进作用。

就在郭先生对建立遗址博物馆进行思考和筹划时，1988 年 9 月，日本国际交流基金邀请郭先生到日本访问，他利用这次难得的机会，考察了日本已建成的几处遗址公园，对静冈市登吕遗址公园以绿化复原弥生时代稻作古村落房址和奈良飞鸟历史公园古迹与所在的明日香村融为一体的做法尤为印象深刻。1991 年，辽宁省文物考古研究所与日本中国考古学会开展合作研究时，日本方面的秋山进午等诸位先生得知辽宁面临遗址保护建设的新情况和郭先生关于建立遗址博物馆的新想法，在中方赴日考察时，特意安排了十多个史迹公园的考察项目，还就有关政策法令、具体做法等事宜邀请项目主持人与郭先生进行了广泛交流，使郭先生对日本遗址公园建设的情况有了更多了解，他认为日本同行的做法对辽宁省开展此项工作很有借鉴意义。这时，郭先生关于建设遗址博物苑的理念和具体设想正在逐步趋于成熟。

为此，他于 1990 年前后连续撰写了《访日本的史迹公园》和《辽宁三大史迹博物苑规划设想》两篇文章。在文章中，郭先生一再谈到他对在我国建立遗址公园长远意义的体会：

"我国是发展中国家，现在只能以文物的保护为主。但我国又是世界文明古国，也是世界诸文明古国中历史从未间断过的唯一国家。中国统一多民族国家历史发展所具有的凝聚力和向心力，是其他各国所无法比拟的，这种巨大的精神力量从文物古迹本身及其历史风貌的再现中可以得到充分的展现。一个成功的文化史迹的保护与建设不仅吸引着国内各族人民、海外炎黄子孙，也必然为仰慕东方文明的世界各国人民所倾倒。所以，这是一项具有物质文明与精神文明结合点的造福子孙后代的不朽事业，而最集中体现文物古迹特色和优势的，又正是分布在全国各地作为历代政治、经济、文化中心的那些大遗址，如何使这批大遗址得以永久保护，同时使保护与利用的统一在其中体现出来，是摆在我国文物工作者，也是全社会面前的一个新课题，为此，我们需要更多地借鉴世界各地在这方面的做法和经验，以逐步将象征中华灿烂文明的、各具特色的文化史迹体系在祖国大地上重新建设起来。"

郭先生的倡议和观点得到省内外领导和社会各界的高度重视。国家文物局和辽宁省政府主办的《文物工作》和《辽宁政报》分别转载了这两篇文章。不久，遗址的保护规划也开始酝酿。沈阳新乐遗址博物馆在扩大博物馆规模时借鉴了郭先生文章中介绍的有关做法，对多处房址进行了复原，现已初具遗址公园的规模。

当然，郭先生也意识到，这毕竟是在开辟一块新领域，尤其是在考古工作基础和社会对考古工作关注度相对较为薄弱的辽宁地区，不是短时间就能实现的。当时要做的，除了理念的宣传，就是准备好条件，主要是要切实做好遗址的保护工作。

保护是建设遗址博物馆的前提。对遗址的保护，是这一时期郭先生用力最多的工作，不仅要保护好遗址本体，而且要保护好遗址的周边环境。在文物本体保护方面，当时除了防止自然和人为破坏外，遇到的新问题是考古发掘过程中和发掘后的保护问题。常规的如对重要考古遗迹的解剖、发掘后的填埋，发掘后遗址发掘用地还耕等做法，在这里应该有所限制或改变。从1983年牛河梁遗址正式发掘开始，由郭先生和孙守道先生为领队的考古队就在摸索一套既妥善解决取得科学数据又能尽量避免对遗迹本体的干扰，以保持遗迹原生态的发掘方法，郭先生称之为"保护性发掘"，这就为后续的保护、展示和大遗址公园建设甚至世界文化遗产申报提供了基础保证。此外，对遗址的重点部位，征地保护是最有效的办法，但这种需要大量经费投入的办法当时在考古工作中还极少使用，郭先生和他的同事们以执着的追求，奔走于各方，在经费和征地等关键问题上得到了有关部门的充分理解和大力支持，终于在牛河梁遗址和姜女石遗址的重点地段都完成了征地保护，在金牛山遗址也依法划定了保护地段。

相对于遗址本体的保护，周边环境的保护难度更大。因为这几处遗址都有保存较好的历史环境风貌，但风貌区内多有村落和有关生产生活设施散布，如牛河梁遗址区内就存在28个村落。当时苏秉琦先生针对牛河梁遗址与周边环境的关系，提出了"白地"的概念，即遗址之间的空地，也是我们还未了解的地段，认为"白地也是保护范围"。郭先生在着手推进牛河梁遗址等一批重要遗址公布为全国重点文物保护单位和省级文物保护单位的过程中时，多次与省内领导沟通并在相关会议上宣传苏秉琦先生提出的这一观点，将遗址周边环境的保护与文物本体的保护同等对待。终于通过多方努力，1986年6月在辽宁省人民政府第169次省长办公会议上，通过了将牛河梁遗址50平方千米的范围作为一个整体，全部公布为遗址的保护范围；更为重要的是，将联系遗址间、尚未探明的环境部分也依法划入保护范围而非建设控制地带，这一做法在姜女石秦代行宫遗址也进行了有益的尝试。这是具有前瞻性的做法，这一保护措施避免了此后通过这一区域的高压线路和高速公路等建设工程对遗址环境的干扰与破坏，也为此后申报世界文化遗产和制定保护规划奠定了很好的基础。1994年，受世界银行环境保护项目组委托，剑桥大学研究员G.巴恩斯、G.维特对牛河梁遗址所写项目评估《环境恢复与建设——牛河梁遗址世界遗产地位建议》中，提出牛河梁遗址具备世界文化遗产资格。1995年，牛河梁遗址被列入首批申报世界文化遗产预备名单，这不仅因为牛河梁遗址的学术价值重大和在国内外具有广泛的影响力，也是由于遗址本体和周边环境保存较好，故而获得了一致通过。

三　筹建辽宁省近现代史博物馆

郭先生上任后面临的又一个问题，是如何健全辽宁的博物馆体系。辽宁有新中国成立后在全国首个建立的博物馆——辽宁省博物馆，还有建馆历史悠久的旅顺博物馆，功能都定位为历史艺术类，随着时代的发展，它们要承担地方历史陈列的任务。在这方面，郭先生强调地方博物馆的历史陈列，不必完全按通史陈列那样面面俱到，要突出地域文化特色，因此不仅要利用最新考古资料，而且要反映最新研究成果，尤其要引入先进理论使之成为陈列的指导思想。如辽宁省博物馆基本陈列"辽河文明"筹办之时，郭先生建议以区系考古为基础上升到区域历史文化的概念，对辽河流域为中心的区域内外古代历史文化发展道路、发展水平、区域特点以及在中华文化与中华文明形成中的作用通过陈列加以科学的概括和展示。

在博物馆事业的发展和建设上，郭先生更重视全省博物馆体系的建设和多类型博物馆的布局。例如，除历史艺术类博物馆之外，如何加强纪念类、遗址类、专题类等博物馆的建设和布局。在这方面，当时郭先生重点考虑的，是除了建设遗址博物馆外，还要重点建设好辽宁近现代史博物馆。

辽宁在中国近现代历史上举足轻重，从营口开埠、甲午战争、日俄战争，到辽沈战役、抗美援朝战争，为辽宁留下了极为丰富的文物遗迹、资料和展出条件。但是，新中国成立后辽宁只建成了以锦州辽沈战役纪念馆和丹东抗美援朝纪念馆为代表的专题博物馆，而缺少全省性的近现代史研究和展览机构，导致辽宁近现代历史及其遗存的收集、保护、研究和展陈缺乏全面性和系统性，成为长期以来制约辽宁文博工作发展的薄弱环节。郭先生任省文化厅副厅长后，恰遇张学良将军有回大陆愿望的良好时机，遂在辽宁省各方的大力支持下，于张作霖和张学良的官邸、私宅"大帅府"筹建博物馆，并提议同时将全省性的近现代史博物馆（当时为筹备处）组建起来。"辽宁省近现代史博物馆"的称呼，是郭先生受20世纪80年代以来有关党史不能代替革命史、革命史不能代替近现代史讨论的启发而提出来的。1988年12月，辽宁省近现代史博物馆（筹备处）暨张学良旧居陈列馆正式对外开放，取得了非常好的社会反响，也为在辽宁省内建立其他纪念馆和近现代史博物馆提供了宝贵经验。

四　倡导古建筑维修与考古发掘相结合的工作思路

古建筑维修始终是地方文物行政部门的重点工作。郭先生在这项工作中，主要是从古建维修与考古发掘相结合方面做了一些有益的尝试。当时，辽宁正在实施两个大的古建筑维修项目，一是义县奉国寺，一是朝阳北塔。

义县奉国寺维修前，地方政府在寺前做了大面积动迁，为了解辽代寺院布局提供了难得机会。为此，郭先生多次建议在维修的同时做些考古发掘工作。虽然奉国寺周边多年来一直有人居住，地下扰乱很重，但仍在寺院西部和南部距地表3米以下，发现了部分辽代地下遗迹，可以基本复原辽代奉国寺的平面布局——是配殿和回廊相结合的布置，这是宋辽时代寺院平面的一种新形式，是从唐代回廊布局到明清时期的配殿加围墙布局的过渡阶段，为了解和研究宋辽时期寺院布局提供了一个较早的实例，使这座辽西著名寺院的学术价值又提高了一步。

就在奉国寺维修工程开始不久，朝阳北塔的维修工程也着手准备。在制定朝阳北塔维修方案时，郭先生建议将北塔地上建筑的维修与地下考古发掘结合起来，先期开展勘探工作，其成果十分喜人：一是地上部分探察清楚、保留并局部展示出唐代和辽代两个阶段三个时期层层包砌的年代关系；二是找到了北魏木塔的塔基以及压在其下的十六国三燕（前燕、北燕与后燕）时期的夯土台基，并于1990年在北塔东部约40米处勘探出"富贵万岁"瓦当等十六国到北魏时期的遗物和遗迹，以确凿的实物资料证明，朝阳北塔就是史载北魏冯太后在故燕国都城龙城所建的"思燕浮图"。这次考古勘探确定了以塔为中心的寺庙布局，这种布局是魏晋南北朝时期佛寺流行样式，为佛教经朝阳向东北亚传播提供了重要资料。

在此后辽宁省的古建筑维修中，争取考古发掘的配合和建筑布局的寻找，也成为编制维修工程方案必须经常考虑的工作内容之一。

五　开门办事业

20世纪80年代之前，辽宁考古界与省外联系不多。郭先生上任后，他积极提倡对外开放，以开阔大家的学术视野，借鉴不同的学术理论和研究方法，并实施多渠道的引进人才战略；同时，他倡导加强多学科综合研究，与国内国外科研院所合作，提升了辽宁考古的学术地位和研究水平。

金牛山遗址的发掘是较早的一例。1984年9月，郭先生邀请到北京大学考古系与辽宁省文物考古研究所合作，由吕遵谔先生带领北京大学旧石器时代考古实习队在金牛山遗址发掘，不仅于当年就在A点洞穴发现了包括有较完整的头骨（缺下颌骨）、脊椎骨、肋骨、胫骨、尺骨、腕骨等属一个成年女性个体的共50余件人类化石，而且在此后多年的连续发掘中，还发现了用火遗迹和有敲骨吸髓遗迹的人类活动面，经过多学科的标本测定和研究，使金牛山遗址的发掘、研究和保护，都一直处于较高水平。此后，与吉林大学、中国社会科学院考古研究所等高校和科研单位先后在彰武、大连等地开展了各种形式的合作，均取得了许多新的考古学研究成果，也培养了一批实用性田野考古工作人才。

向海内外开放，开展国际合作，是郭先生开展对外合作的又一重点。因先生的学术地位和国际影响力，他陆续与众多国内外知名的专家学者取得了联系，使海内外同行经常将目光聚焦辽宁考古事业。1988年，日本考古学家三宅俊成、秋山进午先生到辽宁访问，表达了中日双方进行合作研究的想法。中方由郭先生牵头，与日方就合作的可能性、题目、内容、方式以及考古测量地点的选择等相关具体事宜，与日方进行了反复磋商和研究。1990年6月，国家文物局批准了这次合作研究项目，次年2月《中华人民共和国考古涉外工作管理办法》颁布，因此这次中日合作成为新中国成立以来较早的一次中日合作考古研究项目，开创了辽宁考古学界中外交流合作的新局面。

1990年9月，由中国考古学会和辽宁省考古学会主办的第三次环渤海考古会议在辽宁省大连市召开。为筹备这次会议，郭先生多方联系沟通，邀请到近百名国内外学者，除国内考古科研单位如中国社会科学院考古研究所、北京大学、吉林大学外，还包括日本东北亚古文化研究所、日本大手前女子大学、苏联社会科学院新西伯利亚分院、美国丹佛大学人类学系等多家单位的外国学者，会上收到40余篇学术论文。与会期间，学者们参观了辽宁省渤海沿岸的许多重要遗址，观摩了许多新发掘出土的标本，并以这些遗址和相关发现为基础对东北亚考古的诸多问题进行了热烈讨论。这次会议，使大家对辽宁地区历史文化发展，特别是在东北亚地区的枢纽地位，有了进一步的认识，也提高了辽宁考古的学术地位和影响力。

在对外合作过程中，郭先生也十分重视与媒体的合作。1991 年，日本富山电视台与辽宁电视台合作拍摄了大型纪录片《辽河》，采用历史与现实结合、考古与文献结合的思路，拍摄了查海、牛河梁等重要遗址并采访了郭先生。这是首次提出"辽河文明"的概念，展现了辽河流域古文化与东北亚地区交流的内容。1992 年，《辽河》获得第一届亚洲未来奖。1993 年，《辽河》在美国纽约联合国总部举行了首映式，在世界范围内介绍了辽宁古代历史，扩大了辽宁历史文化在国际的影响力。

20 世纪 90 年代初，郭先生还积极争取世界银行的支持，在辽宁环境保护项目中新增加了辽宁文化遗产保护子项目，争取到了宝贵的经费资助，并借此机会引进国际上新的保护理念和保护方法，使辽宁省博物馆的馆藏文物保护以及九门口长城、牛河梁遗址、姜女石遗址的遗迹保护工作都得到了新的提高。

六　不断加强队伍建设

人才培养一直是制约辽宁文博界发展的一个瓶颈问题。郭先生十分关注辽宁文博界的人才培养和队伍建设，在他的积极倡导下促成了辽宁大学考古成人班和各种考古培训班的举办，并亲自授课。他经常通过个人心得体会的交流，及对研究生、博士生论文评价等活动，传授有关考古学作为一门独立学科，在理论、方法等方面的发展史和重要成就，鼓励和引导一些因"文化大革命"失去接受大学正规教育机会的同行们提高专业研究水平，时刻提醒作为地方考古研究人员如何适应地方工作特点，在专业成长道路上妥善处理通与专的关系。

从 1983 年到 1994 年，郭先生在文物行政岗位上工作了 11 年时间。从以上回顾可以看出，郭先生在这个岗位上所取得的成绩，都同他的专业素养，同他努力实现行政工作与专业研究的互相促进有着直接关系。对此，郭先生曾总结出两句名言，一是"不因学术争议影响保护决策"，二是"认识的深度决定保护的力度"。郭先生回忆说，这是他工作实践中的两点切身体会。如当时对牛河梁以及姜女石、金牛山遗址的学术价值，虽然都给予充分肯定，但具体观点却不尽相同。特别是对牛河梁遗址是否已进入文明社会，还有较大争议。因为，20 世纪 60 年代学界普遍认为红山文化所在的仰韶文化时期属于母系社会，当时有学者提出可能进入了父系社会，但还被认为是激进的观点，现在提出这一时期已进入文明社会，更令人感到有些"唐突"，引起争论是自然的，在社会上也有不同的反响。郭先生认为，学术争议是正常的，但由此对其重要性的认识也会有不同估价，这会对遗址的保护决策和保护力度产生影响。为此，郭先生在苏秉琦先生和他的学术思想指导下，在对这些考古新发现的学术价值和对辽宁今后社会发展的长远影响坚定信念的前提下，认识到学术讨论还会持续，但保护工作刻不容缓，遂促成三大遗址都于发现后不久的 1986 年和 1988 年，先后被公布为省级文物保护单位和全国重点文物保护单位，并及时依法划定公布了保护范围和建设控制地带。

郭先生在他从事文物行政管理工作的 11 年时间里，将主要精力放在文物行政工作上，专门从事业务工作的时间其实很少，从他的著作目录可以看出，那一时段只有十几篇论著问世。但 1994 年以后，差不多每年都有十篇左右的论文发表，他的专著也都是在此后完成和出版的。对此，郭先生的体会是，虽然在任时从事专业研究的时间很少，但却不断有所积累，而且行政工作对专业研究也产生了很大的促进作用。在这次采访郭先生过程中，他对此也作了回顾和总结，他认为这是个新问题，还需要深入思考，但至少有两点体会，一是增强了社会责任感，二是开拓了研究的视野。

关于社会责任感的增强对专业研究的影响，前述在牛河梁等遗址的保护和遗址博物馆建立时已有所论述。如考虑到遗址未来的前景而在实施"保护性发掘"时对发掘方法的改进、遗址与周边环境关系的研究等。至于对研究视野的影响，郭先生此后的研究多在广度和深度上不断有所开拓，就与眼界的开阔有很大关系，如提出从世界史角度研究红山文化、从思想史角度思考古代玉器两个课题，都受益于此。对于前一课题，郭先生提出红山文化时期的西辽河流域，既是"彩陶之路"的东段，又是"玉石之路"的起点，是沟通东西方的彩陶之路与环太平洋玉石之路的交汇点。东、西文化因素在这里的大幅融合，这也许就是红山文化在中华大地跨入文明社会先走一步并对中华文化和文明产生持续影响的一个重要推动力。对于后一课题，郭先生在总结他人研究成果的基础上，在红山文化和玉器研究中，将考古学与思想史研究结合起来，将考古提炼到哲学的高度。特别是跨入新世纪前后，费孝通先生倡导中国古代玉器与传统文化研究课题，以玉器研究作为切入点，将考古学的研究与中国的传统文化、与精神文明的研究结合起来，并在沈阳召开了由费孝通先生亲自参加和主持的研讨会。郭先生基于牛河梁遗址的发现，提出红山文化有"以玉为礼"的重要观点，并从"唯玉为葬"论证"以玉为礼"和"以玉比德"，从追溯礼的起源理解礼的本质，如礼的内化自觉、沟通和谐、强大维系力等都与史前时期以玉为重要载体的礼的雏形，在发达的祖先崇拜和区域文化的频繁交汇中最初形成有关，还触及巫与礼之间的关系。郭先生的这些观点受到费先生重视，在会上特地予以点评。

郭先生从事文物行政工作的20世纪八九十年代，辽宁文博考古界有许多值得回忆的事情。也有不少做法可以借鉴，更有些工作正在延续，有待我们继续努力。

我们仅以以上的片段文字，作为对先生八十诞辰的祝福！

大遗址大文物展示"中心环节"论

——郭大顺先生文化文物行政理念再学习

孟宪民

（国家文物局）

一 引言

与众多考古学家不同，郭大顺先生曾以黄金年华在 1983 年至 1994 年担任辽宁省文化厅副厅长，兼辽宁省文物考古研究所所长，而且，正如《郭大顺考古文集》（辽宁人民出版社，2017 年。以下简称《文集》）后记他所提到，在行政岗位"起到只做专业工作起不到的作用"。我在国家文物局工作期间，对大顺先生的看法和建议都非常尊重，若干年过去，感念有加，觉得有必要去探索他的有关行政理念。

"行政"一词，在《现代汉语词典（第 5 版）》的第一种解释：行使国家权力。"文物行政"的出处，可见《中华人民共和国文物保护法》，1982 年提法为"国家文化行政管理部门主管全国文物工作"，2002 年至今为"国务院文物行政部门"。

很早就点化"行政"给我们的是夏鼐先生（1910～1985 年）。其 1959 年《纪念郑振铎先生逝世一周年》文①曾引述郑振铎 1949 年组建文物局时的来信："弟生平不惯做行政事，但今日为了人民，为了国家民族，也不能不努力地做些事。且既做了，则必须做好。"高度评价他"9 年来全力从事，辛勤策划，取得了巨大的成绩"。

郑振铎（1898～1958 年）新中国成立即任文化部文物局长，后为副部长，均兼中国科学院考古所所长。他曾亲笔起草文件，《郑振铎文博文集》书影即有手迹《文物出口鉴定委员会暂行办事细则（草案）》《地方文物管理委员会暂行组织通则（草案）》《做好基本建设工程中文物保护工作的指示》。1951 年 1 月 12 日手稿《文化部文物局 1950 年工作总结报告》提到，"另外拟订《文物捐献办法》及《文物登记办法》均未呈准公布"，可谓留存至今的遗憾。郑振铎文化文物行政理念仍值得认真学习。

夏先生当时未任文物处长，但晚年曾参与制定《文物保护法》，担任国家文物委员会主任，尤为

---

① 夏鼐：《纪念郑振铎先生逝世一周年》，《考古》1959 年第 12 期。

关注国家行政。《文物与考古》讲话发表于 1984 年,其中提到郑振铎反对发掘帝陵①。《夏鼐谈考古发掘》刊于 1985 年 9 月《中国文物报》,可视为绝笔:"不久前,报纸上刊登一条消息,说某单位在基建中发现了许多古物,后来都交到文物机构,受到了表扬。""文物机构和报纸这样在表扬某单位时没有同时指出它的错误,在报纸编辑方面是出于不明白文物法令,但是,在文物机构方面,则是失职。"

裴文中先生(1904~1982 年)1949 年至 1954 年任博物馆处长,并在文物处长空缺情况下,主持了全国文物调查发掘及教育培训。新中国成立前,他曾与郑振铎一道出席世界和平大会②,沟通应更为深入。裴文中文化文物行政理念实在也需要探索。

还有中国考古学之父李济先生(1896~1979 年),1934 年至 1947 年兼任教育部中央博物院筹备处主任,应为准行政职务。《李济文集》多篇涉及行政,为大学者文集所少见。未收入文集的《古物》,为时《中央日报》全国美展特约论文(1943 年),应与他履职有关,更直接论及"收集""收藏":"我们对于古物,仅仅发生兴趣是不够的,我们要认识它们的价值,用近代的方法来研究,近代的方法来保存","才不辜负我们祖先辛苦艰难所留下来的遗物,也不愧为一个有文化的国家的国民。"③ 李济思想中早有有关行政设计,在 1934 年《中国考古学之过去与将来》文,他提出"保存及研究"地下古物的"基本认识",而且"并不是以见于国家法令为止,应该成为一种一切公民必须有的基本训练"。

探讨文化文物行政理念,具有现实意义。一个突出事例是,"十二五"中央补助地方的文物保护经费 310 亿元④,仅计划的一半。该"五年计划"开局时,我听领导人说,大遗址专项将投入 500 亿,后来又听说是整个投入 600 亿,没想到还出了状况。于是,讨论将大遗址视作大文物来展示,并培育为文博事业以至全社会发展的一个"中心环节",这个由大顺先生启发的课题,就成为必要。

二 "中心环节"的提出

《文物天地》1992 年第 3 期,至今我还珍存着那本杂志,封面为"日本五色冢古坟遗址保护复原"图片,其中有不少大学者的著述。大顺先生《日本的史迹公园》文,两次提到"中心环节"。

一次在文章首段的末尾:"日本以建设史迹公园为中心环节的文物保护利用工作,对我国的文物保护利用,特别是大遗址的保护与利用,有一定参考价值,现将考察期间收集到的有关资料加以整理介绍。"

一次是文章的最后一句:"我国是历史悠久的文明古国,如何保护和利用遗址、墓葬以及文物,是摆在我国文物工作者以至全社会面前的新课题。日本以建设史迹公园为中心环节的文物保护利用经验是值得我们借鉴的。"

---

① 夏鼐:《文物和考古》,夏鼐著,王世民、林秀贞编《敦煌考古漫记》,百花文艺出版社,2002 年,第 176 页。文下有注为:"本文是作者 1984 年 3 月 12 日在文化部文物局召开的全国考古发掘工作汇报会上的发言整理稿的节录。全文见《四川文物》1984 年第 3 期。"
② 郑振铎著、陈福康整理:《郑振铎日记全编》,山西古籍出版社,2006 年,第 388、393~395 页。
③ 李济:《古物》,《东南文化》2010 年第 1 期。中国历史语言研究所网站的李济著作目录,此文有列。我曾至南京博物院图书馆参拜原稿,所见为曾昭燏先生手迹,最后句尾较刊文多 15 字,全句为:"现在正值全国美术展览会开幕的时候,我愿一切好古的人,对于一切古物,都用这种眼光来衡量,这种方法来对待,才不辜负我们祖先辛苦艰难所留下来的遗物,也不愧为一个有文化的国家的国民。"
④ 朱晓东:《加快完善社会力量参与文物保护的法律制度》,《社会力量与文物保护论坛文集》,文物出版社,2017 年。

以"大遗址"一词，首次正式发表文章的，应是这篇。有关"展示""建设"等用语也首次面世。如今这些，已广为流布，唯"中心环节"一说，尚未得重视。

虽身居一省，如同先辈，大顺先生对文化文物行政也有全面考虑，所以才关注"中心环节"。他所在的文化厅，是政府组成部门。作为副厅长，他分工的，至少是全面的文物工作。当时我所供职的文化部文物局，即设三大业务处：文物处、博物馆处、流散文物处，细究各辖领域颇为广杂，困难诸多。大顺先生的感受当更深刻，更想寻求一个关键的中心环节，影响全局。

《文集》所收《访日本的史迹公园》，补充了其对史迹公园的理解："发展旅游不能不是一个重要原因，更深的社会背景是对古代环境的追求和本民族历史的关心。"对中心环节的意思，表达更充分："一个成功的文化史迹的保护与建设不仅吸引着国内各族人民、海外炎黄子孙，也必然为仰慕东方文明的世界各国人民所倾倒。所以，这是一项具有物质文明与精神文明结合点的造福子孙后代的不朽事业，而最集中体现文物古迹特色和优势的，又正是分布在全国各地作为历代政治、经济、文化中心的那些大遗址，如何使这批大遗址得以永久保护，同时使保护与利用的统一在其中体现出来，是摆在我国文物工作者，也是全社会面前的一个新课题，为此，我们需要更多地借鉴世界各地在这方面的做法和经验，以逐步将象征中华灿烂文明的、各具特色的文化史迹体系在祖国大地上重新建设起来。"

大遗址，作为全国及各地的历代社会及各方面的中心，其抢救保护、发掘研究，特别是科学展示及各种利用，本就应成为我国"五位一体"文明建设的集中体现。探讨大遗址大文物展示的中心环节论，具有重大意义。

三　以"大文物""大遗址"启发全社会

大顺先生介绍日本史迹公园，以"国营飞鸟历史公园"开始，"飞鸟地区是日本最著名的历史文化区之一"，如细分与大遗址区别，即他所言的"大文物"。

大顺先生的《大文物——一个新概念的形成》，于1998年6月发表在《中国文物报》上，副标题为"记苏秉琦先生关于大遗址保护的几次谈话"。其时，苏公（1909～1997年）的《中国文明起源新探》，由他帮助操办，刚刚面世。显然，大顺先生意犹未尽："他所提出的'大文物'新概念，对于我国的文物保护事业，特别是大遗址的保护，具有长远的指导意义。"20年后，大顺先生发表《从苏秉琦先生关心大遗址保护想到的》，再次论及"大文物"，仍意犹未尽！

而"大遗址"是个老词，再次得到强调，较"大文物"稍早。在《从东山嘴到牛河梁——辽西红山文化遗址发现始末》文（2008年），大顺先生提到苏公1985年学术报告《辽西古文化古城古国——兼谈当前田野考古工作的重点和大课题》的影响力，认为"'大遗址'的提法也从此作为一个具有战略性的概念被列入考古学和文物保护的工作目标中"。原来此"大遗址"非彼"大遗址"，是"战略性的概念"，我一直感觉，作为专项的"大遗址"，已非分类意义的古文化遗址、古遗址、古墓葬之大型者的简称①，现在很多人还这样错误认知的，竟根由于此。

---

① 孟宪民：《梦想辉煌：建设我们的大遗址保护展示体系和园区——关于我国大遗址保护思路的探讨》，《东南文化》2001年第1期。

　　"大文物"概念，苏公在 1986 年《文化与文明》讲话提出："长期以来，我们的考古发掘、博物馆收藏、文物店的古董收购，都是把一件件文物放在第一位，现在要一座座、一群群、一片片的'大文物'去考虑文物保护问题，因为大文物的概念更能代表中华民族、中华国家、中华文化的形象，更有吸引力和感染力，文物保护与利用的结合也应体现在以大文物为出发点上，要有文物—大文物—文物事业的不断认识过程作为工作的指导思想。"更早，苏公就已"意识到对这类不同于一般遗址的高规格且形成遗址群的大遗址，在遗址保护方面也要突破常规"。此后，则"多次用大文物的概念启发当地对大遗址及其保护的重视"。大顺先生有好几个举例：

　　对东山嘴、牛河梁红山文化遗址，要联系在一起，而且同附近两千年以后的六处商周青铜器窖藏坑联系起来，作为一个古遗址群看待，它们的每一现象都不应以它自身当作它的范围，应把它们之间现在看来还没发现什么线索的"白地"都看作是重要范围。

　　对姜女石秦行宫遗址，应看作原来地上的古建筑、纪念址，保留意义可与长城相比，长城可作中华民族象征，此则统一多民族国家最初形成的历史时期标志。与河北金山嘴秦行宫遗址是一体建筑，"把自然景观与人工建筑构成像一座宅院门厅的格局"，即秦始皇"择地作东门"的国门所在。这是举世无双的大文物，没有哪一个国家能有这样大的气魄。

　　对包头市，提出市内塬上四至六千年前遗址群、秦赵长城、美岱召、五当召等"几个大文物点"外，汉"单于和亲"瓦当是文物，它的出土地所在地更是文物，如把它还原到原地（不会没有遗迹痕迹可寻），比摆在玻璃柜意义、效果将大不同。整个包头市文物应以此类"大文物"为重点。

　　对山东长岛史前遗址，比喻为"东半坡"，指出"是文物就不能说这个是那个不是，东西是，留下的坑也是，文物离不开地方，还可以复原，一套不同于一件，反映一家一户，合起来就是一个村落，是大文物，不能散，多少年以后，价值不一样"。

　　对环太湖地区的良渚文化，誉土墩大墓为"土筑金字塔"，也是大文物，成群分布，比一个个墓葬重要。

　　苏公还发表《加强泰山大文物研究》的文章，建议把泰安市、泰山与大汶口遗址三位一体，作为一项"大文物"的整体，把大汶口这个全国重点文物保护单位作为一个遗址博物苑列入市政建设长期（远期）规划。

　　"首先是理念的更新。"大顺先生总结道："即从大遗址和大文物的概念考虑文物保护"，"表达的都是区域性整体保护，而不仅是局限于一个个的遗址点"，要"将遗址环境的保护与文物本体的保护同等对待"；"其次是规划建设"，要考虑"现状保存问题，如何传之子孙万代"，"要体现出一个历史名胜古迹的气魄，使今人能体会到一些当时的社会氛围"。

　　以上可见，所谓文物之大，包括环境，而且是相对的，可以是小村落，是海湾一线，也可以是城市、山峦、古遗址三位一体，还有苏公《给青年人的话》提到的长城、大运河与四条丝绸之路。以大文物指导思考，大遗址的面积大小，也是相对的，不必要求超过多少平方千米。而大遗址都包括什么？据大顺先生所著《长城脚下民居群》《辽阳建城史的历史价值和现实意义》《清初沈阳城》文，则是以学术上重要的遗址为中心，连同自然与人文环境，尤其不能丢弃的，是与现代城镇、乡村建设交织的古城址。它们是那些历史文化名城，和目前很多文明城市、特色小镇、传统村落等的根脉所在，应是

"规划的基础"。

这其中一个特别重要的提示是，有些"应看作是原来地上的"建筑纪念物，当时便意义非凡。

此提示，可联想到李济当年"替古物分类"，建筑，不与遗址分开："包括城郭、关塞、宫殿、衙署、学校、第宅、园林、寺塔、祠庙、陵墓、桥梁、堤闸及一切遗址等。"更早的 1923 年，他的博士论文《中国民族的形成》还提到一项"国情"："中国人是最积极的筑城者"，而且"中国筑城的所有日期都被中国的史学家们记录在案"。而郑振铎在新中国初期要"坚决保护的名单""范围更广大"："所谓'十景'、'八景'，几乎到处有。"他也曾强调一项"国情"："中国是一个地下'文化资源'最丰富的国家。"总之，建筑物及景观被毁掉，其遗址很不容易像人们常说的就"荡然无存"了，仍需抓紧揭示。

能帮助理解此提示的，有《城市与区域规划研究》的一篇论文。出于"对当前城市文化困境的深刻反思"，该文系统梳理了永州明清时期一府八县的城池、城门、谯楼、学宫、治署、牌坊、祠坛庙等，提出"道德之境"新概念，认为"道德教化，曾是引导古代人居环境规划营建的核心价值"①。目前，这类遗址及地面幸存建筑，多为公用，在新城区扩大若干倍之后，正面临新抉择。

四　"考古和博物馆在更高层次上的结合"

"日本建设史迹公园的多种形式和不断创新，也促进着考古和博物馆事业的兴旺和变革，重要一点是考古和博物馆在更高层次上的结合。"大顺先生认为，这种结合将"必然成为文博事业发展的新动力"。

《辽宁三大史迹博物苑规划设想》文，我最近在《文集》才看到，亲身体会则在 20 多年前。时姜女石遗址，已"第一步对遭破坏进行清理抢救的黑山头遗址进行地面复原，试行露天保护"。后来大面积考古揭示中心部位的碣石宫，我曾参与决策，是得知当地动议开发海滩游泳场之后。时牛河梁遗址，回填的女神庙已建"工作大棚"，多年后我才回味出，这也是"第一步"，展示与抢救结合，智慧之至！由于人类最初的国家文明应当主要是团结起来应对大自然的产物②，"拟建史前博物苑和自然历史公园"的规划设想，切合展示文明起源的实际，于今看来，仍十分高明。

为什么与五千年文明史"相称的代表性遗迹似缺少或不够理想"？大顺先生是系统分析原因的第一人：有遗址本身问题，如木结构地上部分已不存；有研究、发现方面的原因，如缺少对高层次中心遗址发现的意识；也有保护方面的因素，如多采用罩陈列棚的办法，限制了全貌的反映，又与环境隔离，不能形成统一整体。可见，展示不仅对抢救，对发现的意识，都有重要影响。

在我国，"陈列棚"办法，始自半坡博物馆，于 20 世纪 50 年代；"工作大棚"同时为"陈列棚"，"边发掘、边开放"的，为秦始皇兵马俑博物馆，始于 20 世纪 70 年代③。大顺先生 1989 年指出："各

---

① 孙诗萌：《"道德之境"：从明清永州人居环境的文化精神和价值表达谈起》，《城市与区域规划研究》第 6 卷第 2 期，总第 16 期，商务印书馆，2014 年，第 163～204 页。

② 孟宪民：《跨越重点　引领未来——试论文明探源工程》，《东南文化》2010 年第 6 期。

③ 袁仲一：《秦兵马俑坑》，文物出版社，2003 年，第 2、13 页。王冶秋：《突出地方特色　加强科学研究——对办好省馆基本陈列的两点意见》，《王冶秋文博文集》，文物出版社，1997 年，第 187 页："所以我们决定把它办成一个独具风格的考古发掘现场博物馆，把发掘现场和坑内堆积原状都作为博物馆的内容。"

地已在进行露天保护以至地上建筑复原方面的试验。辽宁三大文物史迹的规划设想，就是试图在这方面进行探索。"

大顺先生的探索仍进行着。在 2010 年《布拉丁古罗马别墅的保护大棚——英国遗产行之一》文，他写道："必要时在遗址上盖保护棚并非不可，关键在于要对遗址的特点有充分了解并巧妙运用到规划设计中去，以追求与遗址融为一体为目的。"几年前，介绍姜女石遗址的电视片，有他对"地面复原"的概括：在原地，按原大，制作表现考古发掘阶段性成果的科学模型在上面。这段精彩，我赶紧加在即发《大众考古》的拙文中。受他启发，对苏公的"高平低垫"说①，拙文做了挖掘，认为不仅点明古城址形成规律、破坏趋势，还提醒我们，反其道行之，恢复高低，可以作为一项总体性的抉择。其中修复"低垫"，恢复水系或处理为湿地绿地，也是不可忽略的展示方式，且兼有改善人居生态环境的作用，结合向上修复，还可以节约②。

行政所系，大顺先生关注的结合，非仅在展示具体方式，他更希望把大遗址展示作为中心环节，促进整个文博事业的"兴旺和变革"。

考古队伍，过小，面窄，仍是我们不能因"取得了巨大的成绩"而忽视的问题。

对此问题，郑振铎 1956 年曾指出："比起浩浩荡荡的基建队伍来，那简直是'沧海之一粟'。需要和力量之间，相距得很远"，"文化部订出一个重点保护、重点发掘的方针来，这是必要的，这是把干部的力量使用在最必需的地方"。看来，队伍过小，才是他反对发掘帝陵的主要原因，而突出重点，非牺牲一般，本意倒是：就要保不住的，才"最必需"发掘。这正应了后来国际《考古遗产保护与管理宪章》的关键一条，至今也未得到我国普遍理解和重视的警示——发掘应该在遭受发展规划、土地用途改变、掠夺和自然蜕化威胁的古迹和遗址上进行。1928 年便著有《近百年古城古墓发掘史》的郑振铎，国际视野，何其了得，化为行政，竟仍切中当今时弊。

郑振铎对我国博物馆事业也有悉心指导，强调科学研究。他曾指示："中央不要抓得太紧，扣得太死，譬如，考古发掘工作，对有条件的馆，根据'条例'应该鼓励其积极进行。"可见，不止展示，主动抢救，包括发掘，也"最必需"博物馆。

对此问题，李济 1934 年的"基本认识"就有了："国家应该设立一个很大的博物院训练些考古人才，奖励科学发掘，并系统地整理地下史料；就各大学之设立一考古学系。"并道明，"中国现在治历史的人，往往太缺乏自然知识的预备，这是必须要有的训练，然后对所治的题目才有正确认识。尤其要紧的，应该有一种人格训练，最少限度，他们应能拒绝从考古家变成一个收藏家的这个魔鬼似的诱惑。"

李济也是我国博物馆事业最重要的开拓者。他成就中国考古学之父，是作为中国人，在中国首次（夏县西阴村 1926 年）主持了科学发掘。但需加关注的，是发掘前他拟就的《山西省历史文物发掘管理办法》，首条即："不得破坏坟墓或纪念性遗址遗物；对历史文物的报道应着眼于保护。"更需关注的，是他对博物馆的理解。1928 年他讲演《中国最近发现之新史料》就说出："中国考古学现在最要紧的是保存方法"，"地面上古迹保存，需各地设普通博物馆，愈多愈好。"并接着介绍"美国可说从

---

① 苏秉琦：《中国文明起源新探》，商务印书馆（香港）有限公司，1997 年，第 108 页。全句为："提出这样的原则是因为我从多年实际工作看，古城址往往埋藏很浅，高平低垫，很容易就被破坏，一重要，二难保护。"
② 孟宪民：《古代城址应如何向公众展示？由即墨古城想到的》，《大众考古》2015 年第 3 期。

前是没有历史，可是博物馆每州每县都有，无处不用地方上的力量去保存。"这令人联想起曾经的"县县建博物馆"之争，原来早有"愈多愈好"的提倡。

考古与博物馆，有关力量，结合于大遗址大文物，天经地义，但困难重重，任重道远，仍需"多种形式和不断创新"的"突破常规"，以变革，致兴旺。

五　国家主动行政的"决策"与"力度"

作为中心环节的大遗址展示，只能实现于国家由上至下的主动行政。从以往的曲折历程中，总结经验教训，大顺先生曾提出"不因学术争论影响保护决策""认识高度决定保护力度"的原则主张①。所指，即国家主动行政。

论此，首先要明确前提，即：文物乃"天下公器"，尽管创造者、所有者可以是个人。对文物所代表的"天下"需做判别，其价值，主要不在当地、一时，保护，是为更大范围的甚至全国全世界的全体人民，是为承传长远。所以，保护抢救文物包括确定文物保护单位、大遗址专项投入，必须由中央至地方各级政府主动行政，而不是靠下级政府甚至乡镇申报。这与依靠群众、依靠基层，并不抵牾。用俗话说，这件事，不是下级求上级，群众求政府，而是倒过来，上级求下级，政府求群众。文物保护法规定，国务院文物行政部门可"直接确定"全国重点文物保护单位，即为此意。

大顺先生介绍日本史迹公园，一开始就点到"由上至下"："为了长期保存飞鸟地区重要的文物古迹和历史风貌，从1970年代起，日本政府和建设部曾5次颁布关于建立飞鸟历史公园的法令，成立了以著名考古学家末永雅雄为委员长的公园设计委员会。"于是"这个文化区所在的明日香村也几次颁布了相关法令，唤起全民的保护意识，以保证国家法令的执行。"这反映出一种合理的上下关系，也有抢救的意思。

我国大遗址专项的动议，第一次提出，在国务院1994年组织调研河南、陕西文物问题期间。我曾听地方领导人表示：那些都城、帝陵的意义，属于全国，中央要倾斜资金。有的还说，文物大国要把保护提高到适当位置，作为基本国策。后见有上报材料提出：大遗址形势严峻，如不加强保护会铸成历史性的罪过，建议制定文件，部署专项工程。

回答大遗址都包括什么，多少为正当？也要靠国家主动行政的"决策"与"力度"。

曾设立于2005年的大遗址专项，虽非上述高层次，给人感觉，很有气度。当时听财政部一位领导人说，他认为该专项设立是政府工作的最大亮点，投入对象不限于你们所谓古遗址类，也未必文物保护单位。其首批9个项目就有：河北"冉庄地道战革命遗址"，材料写得好，先介绍那是唐宋古镇；陕西"周公庙遗址"，以考古投入为主，《中国文物地图集·陕西分册》未记，约新发现不久。

由大遗址战略出发，该专项包括革命遗址，完全正当，应以理解。很多革命遗址与其他遗址有实质性的联系，如瑞金、延安革命遗址，就应包括其中古城。革命遗址为什么称"遗址"？富有的深意，大概要包括革命活动的广阔地域，那不就是大遗址么！

① 钱伟长总主编、王巍主编：《20世纪中国知名科学家学术成就概览·考古学卷》第二分册，科学出版社，2015年，第527～538页，撰稿人田立坤、华玉冰。

由大遗址战略出发，会使许多看似普通或"低级别"的遗址、墓葬与其他类别文物及"白地"，组合于斯，得到新认知，价值提升，引起注意，从而获取更多的政策保障。这样做，对其中受破坏威胁最厉者，是抢救，也才公平；这样做，大遗址丰富了内涵，也更有看头，利于形成广泛对话，影响全社会。

主动行政，"开出名单"，是文物保护单位制度的初衷和本质。制度创建者郑振铎，曾呼吁："公布'文物保护单位名单'和管理工作，是一项带有根本性的工作。"还对全国人大解释："每一个保护单位，都包含有几个或几十个或几百个乃至上万个项目。像曲阜孔庙这一个'保护单位'项下，就至少包含着二三百个的历代碑碣、汉画像石、汉石人、明清建筑群；还有数以万计的明清档案和衣服及其他日用品等等。"这表明，名单包含项目，可以很多，且不拘于类型与时代。

继郑振铎任局长的王冶秋先生（1909～1987年），是有文献可据的"大遗址"一词的发明人，1958年同时说出的，是公布保护单位的目的："企图转被动为主动"，并提到"全国性的大型文物保护单位"，希望"约一千处做到有计划地保护、维修、整理、研究，按照长期规划分年实施"。"保护遗址的目的是为了发掘"，他紧随郑振铎，也壮志凌云，要队伍"走到工程前面"。

可见，大遗址大文物的提出和包括什么，自有深远基础，且目的明确。当时的被动，主要指跟不上基建的规模、速度，后来又有了盗掘破坏、市场乱象。所谓"形势严峻""历史性的罪过"，即指这些，动议大遗址专项，即要突破常规，扭转被动局面，解决市场刺激盗掘的"产地"问题，而且从思想根源上治理。

大遗址知多少？大顺先生曾有数字：除历史时期的"古城古国"应作重点，要突出史前大遗址，于是苏公"提到中国现行行政区划中的200多个省级以下的专区一级，以一个有相当规模的、有历史来源的中等城市为中心，他们在现实生活中所起作用的历史渊源"，就是产生古城古国的基础。这里的200多个，只是古城址的少数。

至于古城址知多少？则要学习李济的博士论文《中国民族的形成》：中国人类学"问题的范围涉及如此广阔的时间和空间。考古学研究看来是首当其冲的唯一正确途径"；1644年前"记载中的城垣有4478座。但这些并非就是中国人修建过的全部城垣"，"所有这些只能靠考古发掘才能重见天日"。从论文题目就可看出，古城址有多么重要，难怪习近平总书记强调："要像爱惜自己的生命一样保护好城市历史文化遗产"。这句话绝非危言耸听，该保护确实关系到民族绝续。只要虚心于国际比较，如大顺先生解析日本史迹公园成因——"更深的社会背景是对古代环境的追求和本民族历史的关心"，就会明白其中道理。

对古城址倾注了大量心血的考古学家徐苹芳先生（1930～2011年），去世前曾问及大遗址专项：那十几个考古遗址公园是怎么回事？我说不知道，他说：怎么又缩回去了！

我国对大遗址的投入，因种种限制，其实太少。抓住时机，展开城市考古，主动展示及利用好众多古城址，必须果断决策、加大投入力度。它们的大多数，与现代城乡重叠，连"文物普查点"都不是，更谈不上"尚未核定的文物保护单位"，如果不发生超过多少平方米的大型基本建设工程，它们就会在得不到任何发掘记录情况下消失了。面对这一尴尬局面，多年前开始出版的《中国文物地图集》只好选取一部分地方志的"城池图"，以警世人。

六　结语

大顺先生的文化文物行政理念，弥足珍贵。他在辛勤策划，取得巨大成绩的同时，也把有些理念贡献成文，为我们提供了学习资料。现将体会试做归纳如下：

（一）寻求中心环节，影响全部文物工作以至全社会，十分重要。作为历代中心，大遗址及古城址的保护利用，特别是展示，是全国各地"五位一体"文明建设的集中体现，应成为这个中心环节。适度展示，就是抢救，非一般文化建设、旅游开发可比。探讨大遗址大文物展示的中心环节论，具有重大意义。

（二）突破常规，大遗址作为战略性概念，于 20 世纪 80 年代提出。强调大文物的概念，是为进一步启发重视。有些遗址，本是原来地上的纪念性建筑和景观，更需倍加珍惜。大遗址展示，要以大文物思想为指导，表达区域性整体保护，同等对待环境，包括孕育发现的"白地"，体现大气魄大氛围。这可以增进理解，使其成为全社会发展的中心环节。

（三）大遗址展示，需多种形式和不断创新的突破常规。考古、博物馆等多方面的结合将成为新动力，促进整个文博事业以至全社会的兴旺和变革。相对于建设浩荡，考古队伍仍"沧海之一粟"，是不能忽略的问题。突出重点，非牺牲一般，而是发掘、记录就要保不住的。结合展示，博物馆与有关力量，都必须关注抢救，能参与考古发掘的"愈多愈好"。

（四）文物乃"天下公器"，价值不在当地、一时，保护是为更大范围的全体人民甚至全国全世界，是为承传长远。保护抢救文物，实现以大遗址展示为中心环节的目标，要靠国家由上至下地主动行政。因种种限制，目前人力财力及覆盖面，远远不够，大遗址形势依然严峻，众多古城址甚至连"文物普查点"都不是，在得不到发掘记录情况下，正急剧消失。像爱惜自己的生命一样保护好城市历史文化遗产，必须果断决策、加大投入力度，主动考古并加以展示。

大顺先生的文化文物行政理念，本人探讨仅属初步。感念关怀，谨以此文，贺大顺先生八十寿。

主要参考文献：

郭大顺著、辽宁省文化厅编：《郭大顺考古文集》，辽宁人民出版社，2017 年。

郑振铎著、国家文物局编：《郑振铎文博文集》，文物出版社，1998 年。

李济著、张光直主编：《李济文集》，上海人民出版社，2006 年。

苏秉琦：《华人·龙的传人·中国人——考古寻根记》，辽宁大学出版社，1994 年。

王冶秋著、国家文物局编：《王冶秋文博文集》，文物出版社，1997 年。

全面继承苏秉琦学术思想　创建红山文化理论体系

——郭大顺先生与赤峰考古 50 年

内蒙古自治区红山文化学会

2018 年是著名考古学家、红山文化研究领域的领军学者郭大顺先生诞辰 80 周年。半个世纪以来，先生把自己毕生的经历都贡献给了新中国的考古事业，尤其是对于赤峰地区史前文化的研究更是做出了不可磨灭的贡献。先生用自己的行动践行着苏秉琦先生的学术思想，不断把红山文化研究推向新高度，从而开创了一个红山文化研究的新时代。先生为赤峰地区考古学文化的研究和发展所做出的努力，犹如一座丰碑，令人敬仰。值此先生 80 华诞之际，回顾先生传承苏秉琦学术思想，推动赤峰地区红山文化研究步入新局面，崇敬之情油然而生。以 1968 年郭先生从北京大学考古学专业研究生毕业、1992 年参加赤峰市"红山文化学会成立大会"、2006 年参加在赤峰市举办的第一届"红山文化高峰论坛"三个事件为标志，将郭先生在赤峰市红山文化学术研究方面的工作分为三个时期。

一　1968～1991 年学术实践期

从 20 世纪 70 年代初至 80 年代中期，郭先生先后在赤峰地区参加多项考古调查和发掘工作，这为其后来的红山文化研究奠定了坚实的实践基础。其中，最具代表性的三项学术实践活动是确立赤峰境内出土的一批玉器（包括赛沁塔拉玉龙）的距今年代和文化属性，参加夏家店下层文化大甸子墓地发掘和报告编写工作，主持小河沿文化大南沟墓地发掘和报告编写工作。

（一）1968～1980 年田野考古实践阶段

第一，红山文化玉器的鉴别与断代。

对于红山文化玉器，特别是赛沁塔拉大玉龙的认识和鉴别是有一个曲折的过程的。1975 年郭先生第一次在赤峰市翁牛特旗文化馆见到这件玉龙。因这件玉龙体形硕大，造型和工艺手法极其独特，前所未见。郭先生和孙守道先生通过考古类型学方法把这件玉龙和商周玉器作了比较，认为赛沁塔拉玉龙和商代玉龙相比更为原始，比商代玉龙时代更早。郭先生还曾到玉龙出土地进行调查，认识到出土玉龙的赛沁塔拉红山文化遗址具有特殊性。之后，辽西地区接二连三地发现与玉器有关的红山文化遗址，这引起了郭先生的注意与思考。1979 年辽宁省文物考古研究所在普查中发现了喀左东山嘴遗址和凌源三官甸子两处红山文化遗址。在主持发掘东山嘴遗址过程中，龙首玉璜和绿松石质玉鸟的出土，让郭先生确认玉器属于红山文化无疑，同时，龙首玉璜吻部特征让郭先生联想到了赛沁塔拉玉龙。郭先生在《辽宁喀左东山嘴红山文化建筑群址发掘简报》一文中对它们之间进行了相互印证，并同红山文化进一步联系起来。然而，对红山文化玉器的最终确定是通过对牛河梁遗址的发掘。1983 年牛河梁正式开始了考古发掘，第二地点 1 号冢 4 号墓出土了斜口筒形器和玉雕龙，它们出土于墓主胸部，一左一右，背部相靠，晶莹润泽。这两件玉器的出现让郭先生振奋不已，包括赛沁塔拉玉龙在内的有关玉器终于可以一锤定音了，它们属于距今约 5500～5000 年的红山文化晚期无疑①。郭先生对于红山文化玉器的断代研究和文化属性判断最重要的意义不仅在于让一大批赤峰地区的玉器有了精准的时间定位，更重要的是推动了红山文化在中华文明起源过程中重要地位的讨论，也为后来郭先生提出"红山文明"这一论断奠定了坚实的基础。

第二，参加大甸子墓地调查发掘与报告整理。

大甸子墓地自 1974 年秋季发掘开始，1983 年最后一次发掘结束，历经 10 余年时间。郭先生于 1974 年参加了大甸子遗址调查，1976～1977 年参加了大甸子墓地发掘工作，并于 1979 年冬季着手负责大甸子墓地与墓葬形制的整理工作。在调查和发掘工作中，郭先生深入考古工作一线，认真观察，深入思考，积累了大量实践经验；同时积极参与报告编写工作。对于大甸子墓地考古发现，苏秉琦先生在《大甸子》②报告序言中曾给予高度评价："它反映了一个社会组织严密，内部分化清晰，连绵不断达几百年之久，文化特征鲜明，高度发展的社群的历史。是迄今所知这一考古学文化群体中的佼佼者，它的史料价值是不可低估的。""这项工作成果的意义，尤其是它对重建古史的任务的贡献：一，同类文化群体中一个带普遍性特征是遗址周围有防御性设施。这类遗存分布范围北部，沿英金河两岸曾发现连绵不断，保持一定间隔的小城堡带，恰同燕秦、汉长城遗迹大致并行或重合，两者性质可能相似，推测它就是古长城的'原型'是不无道理的。二，这个考古学文化群体上承'红山文化'是有脉络可寻的，其共性之一是'北方'与'中原'两大考古学文化区系互相撞击、融合的结果，而不仅是'交流'。从而使我们更深入一层认识'北方'这个大区系在中华民族文化形成中的特殊地位。"根据苏秉琦先生的倡议，郭先生在编写报告中墓葬形制时，既突出了墓地分区以及每个区内墓葬的个性化研究，又注重整个墓葬群形制的统一性研究。参加大甸子报告编写为郭先生日后主持大南沟墓地发掘报告和牛河梁遗址发掘报告的编写奠定了坚实的学术基础。

第三，主持大南沟墓地考古发掘与报告编写。

《大南沟》是郭先生贯彻苏秉琦学术思想主持完成的第一部专著形式的考古报告。大南沟第一墓地和第二墓地分别于 1977 年、1979 年被发现，此后郭先生主持了墓地发掘工作。在 1982 年报告初稿完成前后，苏秉琦先生与郭先生先后进行了三次谈话③。对于这三次谈话，郭先生都进行了详细的记

① 郭大顺：《红山文化》，文物出版社，2005 年，第 130～135 页。
② 中国社会科学院考古研究所：《大甸子——夏家店下层文化遗址与墓地发掘报告》，科学出版社，1996 年。
③ 辽宁省文物考古研究所、赤峰市博物馆：《大南沟——后红山文化墓地发掘报告》，文物出版社，1998 年，第 i～iii 页。

录。并把苏先生的谈话作为理论依据，用于指导大南沟墓地报告的编写。1981 年苏秉琦先生谈话主要是关于材料整理和报告编写方法。其一，墓的排列顺序是墓地研究的出发点和落脚点。其二，研究器物时，要以墓葬的序列为基础，要成组地进行比较。其三，器物的线图、图版的安排，要兼顾各墓的组合及各类典型器物两个方面。其四，可以把大南沟作为小河沿类型有代表性的一处遗址。从这批材料看，红山文化、夏家店下层文化的关系总算有了较可信的线索。报告可就文化性质、特征、分期、几块墓地的关系等问题进行探讨。1984 年苏秉琦先生对大南沟发掘报告初稿又提出了几点意见：其一，历史与逻辑的统一；其二，层次与型式的统一；其三，它们各自都有种种我们不可能估计的情况，编写报告要持谨慎的态度，掌握分寸，能肯定多少肯定多少，留有余地。1997 年大南沟发掘报告即将交稿时，苏先生提到：赤峰是红山文化的老根，大南沟在这一范围里有它的特殊地位。郭先生在主持报告编写的过程中，充分考虑到了苏秉琦先生的建议，使得报告的编写更具客观性。主持大南沟报告编写是郭先生遵循苏秉琦学术思想的一次系统的考古学实践。大南沟报告最具特色的两点：一是对于墓地做了分区处理，根据墓葬分布和方向把墓地分作三个区，对区与区之间关系做了整体架构。二是发掘材料完全公布。石棚山 77 座墓葬和老鹳窝梁 6 座墓葬发掘资料均全部发表。现在看来大南沟报告和大甸子报告相比发表的材料更全面，以单个墓葬为单位描述更加客观。郭先生在编写牛河梁发掘报告时也充分地遵循这一原则，使《牛河梁》报告成为中国考古学报告编写史上的一座丰碑。

（二）1981～1991 年成果积累阶段

1983 年牛河梁遗址的大规模发掘推动了赤峰市红山文化研究的深入开展。这一时期郭先生著书立说，积累了大量学术成果，对推动赤峰地区红山文化研究做了大量工作，主要涵盖三个方面。

第一，通过东山嘴、牛河梁遗址的发掘确立了赤峰地区一大批玉器的年代和文化属性。1984 年，郭先生和孙守道共同撰文《论辽河流域的原始文明与龙的起源》[①]。在这篇文章中，两位先生把辽河流域新石器时代基本划分出同黄河流域同时代大体相应的三个大的发展阶段：第一阶段，以沈阳新乐遗址下层和小珠山遗址下层文化遗存为代表；第二阶段，以西辽河流域的红山文化和小河沿文化遗存为代表；第三阶段，以夏家店下层文化的早期遗存为代表。其中，红山文化的主要内涵是"之"字纹陶、彩陶器、石砌建筑群、陶塑人像和玉器群。两位先生列举了胡头沟、三官甸子、牛河梁和东山嘴四处遗址出土的玉器群，分析了它们与商周玉器在造型、工艺表现手法、分布范围、地层关系方面的不同点，得出了"西辽河流域多年来出现的这类玉器，包括龙形玉和各种鸟兽形玉在内"，既非属于商周，也非属于夏家店下层文化，而应是红山文化的遗物；并进一步提出龙源于原始社会，龙首形象最初来源之一当与猪首有关，龙及有关成组玉器的出现象征着当时社会某种等级、权力观念的存在，已具有"礼"的雏形。这篇文章最大的价值在于解决了在辽西地区特别是赤峰境内出现的一大批玉器的年代和文化属性问题。

第二，通过大甸子考古实践，深化了对属于青铜时代的夏家店下层文化内涵的系统认识。1983 年

① 孙守道、郭大顺：《论辽河流域的原始文明与龙的起源》，《文物》1984 年第 6 期。

郭先生在参加"中国考古学会第四次年会"时，撰写了《西辽河流域青铜文化研究的新进展》① 一文，文章对夏家店下层文化及其发展序列做了系统研究。主要包括夏家店下层文化的年代、夏家店上层文化的地方类型和早晚、魏营子类型及有关遗存的发现、夏家店下层文化和夏家店上层文化的关系、西辽河青铜文化同下辽河青铜文化的比较五个方面。本文最大的学术贡献是构建了辽河流域青铜时代的时空框架。即以医巫闾山为界把辽河青铜文化划分为两大文化集团，两个区域青铜文化有大体相对应的发展阶段。西辽河流域青铜时代文化序列为：夏家店下层文化（晚期）—魏营子类型—夏家店上层文化；下辽河流域青铜时代文化序列为：高台山类型—新乐上层文化—郑家洼子及有关遗存。对于赤峰地区青铜时代的冶炼铜考古郭先生也十分重视。20世纪90年代初，在《赤峰地区早期冶铜考古随想》② 一文中，他以敖汉旗大甸子夏家店下层文化墓地发现的铜套件和赤峰四分地夏家店下层文化早期窖穴发现的陶铸范为例，分析了夏家店下层文化青铜铸造水平，认为当时铸造铜容器至少是小型铜容器是完全可能的。同时，郭先生把大甸子遗址出土的陶鬶和陶爵彩绘纹饰同商代的青铜器花纹作比较，指出："作为文明起源要素之一的金属铜，在辽西和赤峰地区出现早，发展有连续性，所以到西周以后，出现像宁城南山根、小黑石沟大墓那样随葬数百件铜器，包括成套铜礼器、车马器的情况，特别是林西大井发现的集采、冶、铸多种工序在内的规模宏大的铜矿遗址，都并非偶然。"郭先生对于赤峰地区青铜时代考古的认识拓展了红山文化研究的时空框架，明确了红山文化的走向，为系统形成红山文化理论创造了条件。

　　第三，通过大南沟考古实践，找到了新石器时代晚期的红山文化与青铜时代早期的夏家店下层文化之间的缺环，完善了辽西特别是赤峰地区的文化谱系。20世纪60年代初，赤峰地区最重要的考古收获是找到了两种新石器时代文化和两种青铜文化。其中属于新石器时代的红山文化和属于青铜时代的夏家店下层文化主要都分布于西拉木伦河以南，但是，红山文化距今约6500～5000年，夏家店下层文化距今约4000年左右，两者之间存在一个巨大缺环。探索这两大文化间的关系成为赤峰地区考古研究的一个突出课题。1989年郭先生在《大南沟的一种后红山文化类型》③ 一文中，通过解剖大南沟墓地，论证了后红山文化的发展过程，明确了其文化性质，并探索了由红山文化向夏家店下层文化过渡的某些具体过程。郭先生认为："大南沟墓地所表现出的文化连续性和过渡性特点，是从一个遗址点把红山文化和夏家店下层文化这两大阶段的文化衔接起来的剪影。它具有明显的时代特征，代表了辽西地区距今4000～5000年间的一种文化类型。"同时指出，大南沟这一类遗存不必作为一种独立的考古学文化，而应视为红山文化的延续阶段，可称为"后红山文化"。这样红山文化发展的全过程就可以分为四个连续发展的阶段：前红山文化期、红山文化前期、红山文化后期、后红山文化期。这篇文章明确了大南沟遗存对于研究红山文化发展演变以及向夏家店下层文化过渡都具有重要意义。

　　纵观郭先生20余年的考古实践和学术成果，我们不难发现先生对赤峰地区新石器时代及青

---

① 郭大顺：《西辽河流域青铜文化研究的新进展》，《中国考古学会第四次年会论文集》，文物出版社，1985年。
② 郭大顺：《赤峰地区早期冶铜考古随想》，内蒙古文物考古研究所编《内蒙古文物考古文集》第一辑，中国大百科全书出版社，1994年，第278～282页。
③ 郭大顺：《大南沟的一种后红山文化类型》，苏秉琦主编《考古学文化论集（二）》，文物出版社，1989年，第59～77页。

铜时代考古学所做的巨大贡献，这些学术成果的取得是先生 20 余年辛勤耕耘、不断探索的结果，更是先生热爱赤峰、情系红山的见证。也正是这 20 余年的笔耕不辍奠定了郭先生红山文化理论体系形成的基石。

二　1992~2004 年理论形成期

从 1992 年郭先生应邀参加赤峰市"红山文化学会成立大会"到 2004 年郭先生应邀参加在赤峰举办的"第三届中国北方古代文化国际学术研讨会"的十余年时间，是郭先生红山文化理论的形成期。这一时期郭先生先后发表论文 60 余篇，主编或参与编写 7 部专著，形成了系统的红山文化理论体系，其中一些重要学术观点和学术理论就是在赤峰会议期间形成的。

1992 年"红山文化学会成立大会"在赤峰市举行。时任辽宁省文化厅副厅长、辽宁省文物考古研究所名誉所长的郭大顺先生在成立大会上做了热情洋溢的讲话。郭先生认为成立赤峰市红山文化学会是一个创举，是有远见和科学根据的，它的成立预示着红山文化的研究必将走向更高的阶段，也必然为赤峰的经济发展和文化繁荣做出贡献。这次大会后，郭先生连续参加了三届"中国北方古代文化国际学术研讨会"，并系统阐述了红山文化内涵特点、文化属性以及在中华文明起源过程中的重要作用，初步形成了红山文化理论体系。

（一）系统阐述了"以红山文化为代表的辽河文明"理论①。

1993 年"第一届中国北方古代文化国际学术研讨会"在赤峰召开。郭大顺先生代表辽宁省文化厅和辽宁省文物考古研究所做了主旨演讲。他认为红山文化的考古新发现和辽河文明的提出，把中国文明史的源头追溯到 5000 年前以彩陶为主要特征的仰韶时代。辽河文明的提出再一次证明中国文明起源不是一个中心，而是多中心。包括辽河流域在内的燕山南北长城地带也是中华文明最早发祥地之一。红山文化大型祭坛、女神庙和积石冢群的结构布局和玉葬之礼，从多方面反映出在五千年前的西辽河流域已经形成一个比较完整的礼制体系。辽宁史前考古的新发现和新认识，特别是五千年前辽河文明的提出，推动了中国史前考古和文明起源的研究，也必然对整个中国东北以至东北亚古文化的研究提出一系列新的课题。红山文化的发现把积石冢出现的时间提前到五千年前，也把东北亚地区长期使用这种结构墓葬的来源追溯到红山文化时期。辽河文明研究的时空框架不仅限于东北地区，还包括整个东北亚地区。根据苏秉琦先生提出的考古学文化区系类型理论，在以燕山南北长城地带为重心的北方区系划分的基础上，将包括辽西地区在内的中国东北地区视为一个大的考古学文化区。把以各式压印纹筒形罐为主要特征的东北地区、以钵盆罐为主要特征的黄河中下游地区和以鼎为主要特征的东南沿海地区作为中国史前时期并立而相互作用的三大文化区系。就以筒形罐为主要特征的东北文化区而言，其范围还可扩大至与中国东北地区毗邻的俄罗斯远东地区、朝鲜半岛和日本列岛，即包括了整个东北亚地区②。会后，郭先生发表的《辽河文明的提出对传统史学的冲击》《辽宁史前考古与辽河文明探

① 郭大顺：《辽河文明的提出对传统史学的冲击》，《寻根》1995 年第 4 期；《辽宁史前考古与辽河文明探源》，《辽海文物学刊》1995 年第 1 期；《红山文化的"唯玉为葬"与辽河文明起源特征再认识》，《文物》1997 年第 8 期；《先走一步的辽河文明——苏秉琦先生学术活动和学术思想追忆之二》，《辽海文物学刊》1997 年第 2 期。
② 郭大顺：《辽河文明的提出对传统史学的冲击》，《寻根》1995 年第 6 期，第 10~11 页。

源》《红山文化的"唯玉为葬"与辽河文明起源特征再认识》等一系列文章标志着红山文化研究又向前迈进了一大步。

（二）系统阐述了"红山文化所在的辽西区属于面向东北亚的东北文化区"理论[①]。

1998年"第二届中国北方古代文化国际学术研讨会"在赤峰召开。这次会议的中心议题是"中国北方古代文化在中华文化、中华国家和中华民族形成和发展过程中的地位与作用"。郭先生在会议上做了主旨发言，他认为辽西属于东北文化区，这里的红山文化、夏家店下层文化和魏营子类型都是在大幅度地吸收了中原文化先进因素而不断形成和发展了自身地区特色的。这里最先与中原农耕地相接触，也最先吸收中原地区的先进文明因素。在这次会议上，郭先生对红山文化的考古学定位和文化属性做了精准判断，并指出红山文化发展的动因。会后，郭先生撰写《论东北文化区及其前沿》，系统阐述了这一理论。文章认为东北文化区是和中原文化区、东南沿海文化区并行发展的三大考古学文化区之一，在中华文化与文明形成与发展中的作用有着不容忽视的地位。辽西地区的史前文化以至早期青铜文化都不同程度地表现出东北渔猎文化区的特征，因此辽西地区属于东北渔猎文化区。辽西地区又处于东北文化区面向中原文化区的前沿，是东北渔猎区与中原农耕区的交汇地带。长期以来担当了将中原文化向东北和东北亚地区传播的使者作用。东北文化区的确立对进一步认识辽西地区诸考古学文化的特点、东北文化区与邻区的文化关系以及在中华文化与文明形成与发展中的作用有着不容忽视的意义。东北文化区的提出标志着红山文化研究再上一个新台阶。

（三）系统阐述了"红山文化与中华文明起源的道路与特点"的理论[②]。

2004年"第三届中国北方古代文化国际学术研讨会"在赤峰召开。郭先生出席了"红山文化国际学术研讨会"分会，做了题为"红山文化与中国文明起源的道路与特点"的主旨演讲[③]。他认为，红山文化所在的辽西区，作为东北文化区的一部分，采集、渔猎经济仍是人们的主要经济生活。从民族学资料看，北方的渔猎人群大都盛行萨满教。发达的渔猎经济或以渔猎为本的天然本性，可能是红山文化祭祀发达从而产生急速社会变革的经济基础。在社会生产发展不够明显的情况下，红山文化跨进文明时代的主要表现在于精神生活的超前发展。文化交流是红山文化跨进文明时代的重要推动力。红山文化与周邻地区的文化交流既广泛、多方位又十分频繁，文化交流对红山文化社会变革的推动作用自然更大。这篇文章从红山文化社会变革与社会经济生活的关系、红山文化精神领域发展的超前性、文化交汇在以红山文化为代表的辽河文明起源过程中的作用三个方面系统阐述了红山文化的经济形态、意识形态以及发展动因。

三 2005～2018年思想成熟期

2005年赤峰市人民政府决定每年举办一次"红山文化艺术节"，作为艺术节的重要组成部分，"红山文化高峰论坛"由赤峰学院承办，每年召开一次。从2006年至2017年，赤峰学院连续召开了12届

---

① 郭大顺：《论东北文化区及其前沿》，《文物》1999年第8期，第57～61页。
② 郭大顺：《关于辽西地区文明起源道路与特点的思考》，《文史哲》2004年第1期。
③ 郭大顺：《红山文化与中国文明起源的道路与特点》，赤峰学院红山文化国际研究中心编《红山文化研究》，文物出版社，2006年。

"红山文化高峰论坛"，郭先生多次应邀出席大会并做主题报告。这十余年的时间是郭先生红山文化学术思想成熟期，他全面、系统地梳理了苏秉琦先生的学术思想，着眼于从世界史的角度研究红山文化，并提出了创建"红山文化学"的构想。

（一）全面系统地梳理了苏秉琦先生的考古学学术思想。

2010 年，郭先生发表《苏秉琦与中国考古学学科理论建设》[①] 一文，从考古学基本原理、基本理论、发展阶段、发展模式、文明框架、传播路线、学科体系、学科思想、学科宗旨进行全方位架构。2015 年初，郭先生在赤峰学院做学术报告时对苏秉琦先生学术思想又进行了全面、系统地梳理。根据郭先生的系统阐述，苏秉琦考古学学术思想涵盖九个方面：

第一，学科基本原理——运用马克思主义原理，推进考古学研究。20 世纪 50 年代后期，苏秉琦选择了史前文化中发掘面积最大、材料积累最为丰富、讨论也最多的仰韶文化和该文化一个典型遗址——陕西华县泉护村遗址作为实践对象，进行类型学研究。这是一种把仰韶文化作为运动物质对待，进行定性、定量分析的方法，研究成果由具体的陶器和花纹的规律性演变，深入到社会、人群活动与相互关系，从而达到了由物见人的目的。这是运用马克思主义原理分析考古学材料的一次成功尝试。

第二，学科基本理论——创建考古学文化区系类型理论。这是一个更为艰巨的探索过程。考古学文化区系类型理论是经过长期酝酿，在 20 世纪 80 年代中期形成初步成果。学科理论的建立，促进了学科的发展，其直接后果是导致 20 世纪 80 年代对文明起源的讨论。在这场讨论中，苏先生始终是把文明起源作为一个发展过程来对待的，对于当时学术界讨论较多的文明起源的标准和时间并未做出响应。

第三，文化三大模式——"古文化古城古国"发展的"三部曲"；古国—方国—帝国发展的"三阶段"；原生型、次生型与续生型发展的"三类型"理论。

第四，文化发展阶段——"超百万年的文化根系，上万年的文明起步，五千年文明古国，两千年中华一统实体，这是我国历史的基本国情。"（1992 年 5 月纪念中国历史博物馆 80 周年题词）

第五，文化传播路线——"Y"字形文化交汇带。将红山文化与仰韶文化的南北交汇，扩大到一个"Y"形的文化交汇带，即由华山脚下的仰韶文化优生支系庙底沟类型沿太行山麓和汾河北上，与从大凌河流域越燕山南下的红山文化在桑干河上游碰撞，产生了辽西山区的坛庙冢；又折返南下，与来自内蒙古中南部河套地区以三袋足器为主要特征的古文化交汇，再南下到晋南，出现陶寺文化，从而形成了中华古文化总根系的直根系。

第六，学科发展动因——考古学的作用是"像我国这样一个统一多民族国家，是几千年历史发展的结果，又是今天社会生活的现实。在理论上、历史上阐明这一过程，对巩固我国各族人民的团结，共同为建设社会主义而奋斗的伟大目标做出自己的贡献，是历史科学工作者一重要课题。""是为阐明把十几亿中国人民凝聚到一起的基础结构"，"是回答中华民族十几亿人口、五十六个民族是如何结合成统一中华民族的"。

---

① 郭大顺：《苏秉琦与中国考古学学科理论建设》，《中国国家博物馆馆刊》2010 年，第 8～15 页。

第七，学科发展方向——建立"动态考古学"体系。由描述的科学向动态考古学转变；把研究对象如静态的叠压、层位关系作为动态的、运动的事物看待；着眼于从运动中分析出规律性东西，从运动规律中要看到事物本质及其变化，如文化的生长点即渊源与发生，文化的衔接点、连续性，文化的转折即由量变到质变，以及文化的过渡等。从规律的变化与区别中，掌握同一文化内部的差异、同一文化在不同地区运动规律的差异、不同文化间各自运动规律的特点等。

第八，学科构建原则——树立"面向未来"的思想。如在传统与现代化的关系方面，提出建设与五千年文明古国相称的现代化问题；从统一多民族国家形成看中华民族巨大的凝聚力、无穷创造力和无限生命力的民族精神和灵魂；从区系的中国和区系的世界的比较中认识"中国是大头"的态势，看未来中国在"世界村"的地位；中国考古学对当前面临的重建人类与自然界的关系；苏先生并且将这些思考和论述归纳为古与今、中国与世界的"双接轨"。苏先生在晚年时已把寻找中华古文明的民族灵魂和精神支柱，作为思考的重心，已领悟到"古今一体"是人类社会的本质性能，正在寻找的古今文化的内在联系，这已触及到了考古学最根本的价值，深入到了考古学生命之树的根系。

第九，学科服务宗旨——考古学大众化。考古是人民的事业，不是少数专业工作者的事。为此，苏先生力主学科要坚持科学化与大众化的发展方向。他为赶上这个新时代、看到中国考古学几十年来的巨大变化而高兴，更为考古学得到社会的反响与认可而兴奋不已。他感到，我们的路子走对了。对中国考古学的未来，他已寄希望于年青和比较年青的学者，他常说：21世纪的考古学，我看到了。

（二）从世界史的角度着手研究以红山文化为代表的辽河文明，把红山文化研究提升到一个新高度，拓展到一个新层次。

2013年8月，郭先生应邀参加了在赤峰市举办的"第八届红山文化高峰论坛"，并做了题为"从世界史角度研究红山文化"的主题报告①。他指出："我们应当用世界性的眼光、从世界史的角度研究红山文化。红山文化时期，辽西地区既是彩陶之路的东端，又是玉石之路的起点，是沟通东西方的彩陶之路与环太平洋玉石之路的交汇点，东西方文化因素在这里高度融合。红山文化在中华大地之所以率先跨入文明社会并对中华文化和中华文明产生持续影响，这也许就是一个重要的推动力。""20世纪90年代，苏秉琦先生在号召重建中国古史的同时，提出了中国史与世界史接轨的新课题，并引用考古学文化区系类型理论，即区系的中国和区系的世界来概括历史上中国与世界的联系，具体提出了中国先秦时期的六大考古文化区分作两大区：中国古文化有面向海洋的东半边（环太平洋地区）和面向欧亚大陆的西半边两大块。"2014年5月，郭先生接受由内蒙古红山文化学会和赤峰学院红山文化研究院共同编著的《红山文化研究》专家访谈栏目组专访，畅谈对红山文化研究的新思考。从主要内涵、文化特征、经济形态、在中华文明起源过程中的地位、传导路线以及今后的研究目标、研究路径、研究方法等方面做了系统阐述。特别指出：在中国考古学史上，赤峰占有很重要的地位。从近代田野考古引入中国起，赤峰的考古史就已经开始了。

---

① 郭大顺：《从世界史角度研究红山文化》，《第八届红山文化高峰论坛论文集》，辽宁大学出版社，2014年，第13～19页。

2015 年 8 月，郭先生应邀参加了在赤峰市举办的"第十届红山文化高峰论坛"，并做了题为"牛河梁遗址发现的三大学术意义"的主题报告①。先生认为牛河梁遗址发现的重大学术价值可归纳为三个方面：一是文明史，属史学范畴；一是艺术史，属美学范畴；一是思想史，属哲学范畴。牛河梁遗址不同于一般史前遗址的遗迹和遗物，其研究范围远远突破了考古学科本身。郭先生还提出："对学科史的回顾和不断总结对学科的发展有着无可估量的重要性，这既是一种学术研究连续性的体现和学术传承，更是在回顾中不断受到启发从而推动研究深入的过程。"②

从郭先生提出"从世界史角度研究红山文化"到全面阐释红山文化各个方面；从以牛河梁为例谈红山文化文明史、艺术史、思想史到畅谈回顾学科史对学科发展的作用，都意味着红山文化研究即将有新的突破。

（三）提出了创建"红山学"的构想，形成了具有新时代特色的学术思想，为未来红山文化研究指明了方向。

基于红山文化考古发现不断丰富、动植物考古、环境考古、生业模式、社会结构、意识形态、发展动因等研究成果日益丰硕，客观条件日益成熟，2007 年郭先生在赤峰提出了创建"红山学"构想，标志着红山文化研究已经进入新时代。郭先生认为红山文化发展水平在同时期诸考古文化中走在最前列：无论坛庙冢及其组合还是龙凤人等玉器在写实基础上高度抽象的造型都已相当成熟；系统的思维观念、宗教信仰等方面的资料对传统史学观念起到颠覆作用；既具南北文化二元性又融合一体。红山文化既是东北文化的一部分，又是东北与中原、北方草原交汇的前沿；与江南良渚文化并称为史前时期两大原生玉文化中心之一，也是最早形成的玉文化中心。红山文化在中国文化起源与中国文明起源过程中具有关键地位和作用，是中国文明起源的"原生型"代表，是中国文明起源的道路与特点的典型代表，是中国传统文化之源。红山文化来龙去脉清楚，既有自身发展序列，又关系错综复杂。构建"红山学"有科学的理论依据：红山文化时期是中华文明起源的关键时期（5000 年前，五帝时代前期，中国历史发端）；红山文化所处地理位置也是关键地区（东北南部及与中原、北方草原的交汇——"红山与仰韶一旦结合，中华文化史为之一新"，苏秉琦先生语）；红山文化面貌具有关键内容（系统的思想观念、宗教信仰方面的资料——禘、郊、燎）。构建"红山学"涉及丰富的学科内容，包括考古、历史、艺术、思想、玉器、雕塑、建筑、宗教、与域外古文化的关系及与世界诸文明古国的比较研究。构建"红山学"学科体系要注意三个原则：道路与特点、文化的多元性；关键在于对待和处理不同传统和不同经济类型的文化；文化的交汇、吸收、融合（不是替代，也不是简单的复合体，更不是模仿，而是融为一体）、人与自然的关系③。郭先生对于创建"红山学"的构想既是对苏秉琦先生提出构建中国史前史的一次实践，又把苏秉琦先生学术思想推向了一个新高度。

郭大顺先生不仅是苏秉琦学术思想的集大成者，而且在充分继承苏秉琦学术思想的基础上，创造

---

① 郭大顺：《牛河梁遗址发现的三大学术意义》，《第十届红山文化高峰论坛论文集》，吉林出版集团股份有限公司，2016 年，第 3～18 页。

② 郭大顺：《从红山文化命名 60 年想到的》，《红山文化研究（第二辑）》，吉林出版集团有限责任公司，2015 年。

③ 郭大顺：《红山文化研究新动向》，《赤峰学院学报·红山文化研究专辑》2006 年，第 44 页。

性地、系统地进一步丰富和发展了红山文化研究的理论体系。从红山文化的文化定位、经济形态、生业模式、群体分工、社会结构、意识形态、发展路径、内在动因、外部条件、源流走向以及在中华文明起源过程中的作用等一系列问题做出了全面而系统的回答。在郭先生学术思想指引下，红山文化研究已经步入了一个崭新的时代。我们坚信，新时代红山文化研究之路一定会越走越宽，越走越好，红山文化一定会以其独特的文化魅力走向世界！

　　谨以此文献给郭大顺先生 80 华诞，感谢先生 50 年来为赤峰地区考古所做的卓越贡献。

（执笔者：于建设）

大道至远

——写在郭大顺先生八十寿诞之际

于建设

（赤峰学院红山文化研究院）

我第一次见到郭大顺先生是 1992 年 7 月 15 日，那时他担任辽宁省文化厅副厅长。听说郭大顺先生的名字要更早几年，因那时候辽宁省文物考古研究所已经完成了东山嘴、胡头沟的发掘，牛河梁的发掘正在进行中，这一系列的发掘都与他的名字紧密联系在一起。

红山文化在辽宁持续的重大发现，点燃了人们心头希望的火种。远在赤峰的我们都有一种亢奋的心情。1986 年 7 月 25 日，继新华社报道之后，《光明日报》等首都各大报以"辽西山区发现五千年前坛庙冢，把中华文明史提前一千多年，为三皇五帝传说找到证据"为中心内容，对牛河梁的考古新发现做了前所未有的连续报道，这更让我们有了十足的底气。

一旦有了重大的事件，那些参加重大事件中的人物，便会在传说和评论中让人感到神秘起来，敬慕、崇拜的心情油然而生。郭先生的名字在那时已经为我熟知了，只是未曾与先生谋面。

1983 年牛河梁石破天惊的发现，同时也激活了一批赤峰的馆藏玉器，包括"C"形大玉龙在内的很多藏品都有了考古类型学的证据。赤峰毕竟是红山文化的命名地，这也让赤峰人感觉到特别有面子。面对辽西考古的一系列重大发现，赤峰人也不能坐享其成，应该做一点事情，至少也要进行一些摇旗呐喊的助威。在时任市委书记刘云山的推动下，我们加紧了赤峰市红山文化学会的筹建工作。当时我已经担任了赤峰市市委宣传部的副部长，三十出头的我，有些不知天高地厚，总感觉红山文化的研究与利用是指日可待、唾手可得的事情。苏秉琦先生说：这是值得几代人努力的事情。我却暗自感觉时间太久了。

就是在 1992 年赤峰市红山文化学会成立大会上，我终于第一次见到了郭厅长。他是会议召开的前一天晚上从牛河梁考古工地赶过来的。初次见面让我感到他一点也没有厅长的架子，更多的是考古学家的严谨，严谨中还透露着内在的谦和与平易近人。我和他握手后，见他一双清澈明亮的眼睛闪烁出睿智的光芒，他说话时面带微笑、吐字清晰，还带着几分银质的清脆，略有一点北京的口音，听起来字字珠玑。

他是专程前来参加我们会议的，一路风尘仆仆，眼睛里闪耀着兴奋与喜悦的光芒。从他的眼神中我读出了牛河梁考古工地可能又有了重要发现，可能会带来一些秘不示人的重要消息。这样一位有着重要学术影响的知名学者、又是著名的红山文化考古专家亲自到会，让我们这些会议筹办者都觉得脸上有光，倍感荣耀。

开幕式上，刘观民、郭大顺、王承礼、田广金诸位先生分别代表中国社会科学院考古研究所以及辽宁、吉林和内蒙古的与会代表发表了热情洋溢的讲话。郭先生称赞赤峰是一块人文荟萃的宝地，历史积淀十分深厚，赤峰市红山文化学会的成立一定能推动赤峰史前文化研究走向新的里程。成立大会开幕式之后，进行了会议合影。下午是学术研讨时间，郭先生因急着赶回牛河梁考古工地，便在当天下午就离开了赤峰。他并没有透露牛河梁发掘的更多消息，但从此开启了我与先生近三十年的交往之缘。每年少则二三次的见面，多则数十天的请教与学习。岁月荏苒，记述与先生交往的点点滴滴，亦是挂一漏万。

一 精业之道

其实，郭先生的考古工作生涯从某种意义上说是从赤峰开始的。那时的赤峰市称昭乌达盟，1969年至1979年，十年间划归辽宁省管辖。他来昭盟工作属于正常业务范围。我在1982年才参加工作，对这段历史并不熟悉。事实上他早已经与赤峰的考古事业结下了不解的缘分，并与苏赫等老一辈文博工作者结下了深厚的友谊。在1973年秋季京通铁路建设的考古工作中，郭先生主持了赤峰县四分地夏家店下层文化遗址的发掘，1974年他参加了敖汉旗大甸子夏家店下层文化遗址的调查，1976年至1977年参加了大甸子墓葬发掘。大甸子报告整理工作一直持续到1983年，郭先生是重要编者之一。大甸子遗址从调查、发掘到报告整理前后进行了十年之久，郭先生都悉数参加。十余年的坚守让先生对赤峰的考古工作了如指掌。每当看见他故地重访、诸多朋友前来拜访时，我才如梦初醒，他早已远远超过赤峰客人的身份了。

在1992年7月的赤峰红山文化学会成立大会上，通过了在恰当的时机在赤峰召开一次大规模国际学术会议的决定。因为改革开放之初，境外学者对中国考古学为基础的史前文化研究都感到新奇、神秘。所以，召开国际学术会议的消息一经发布，便得到欧洲、美国、日本、韩国等多个国家和港澳台等地区学者的广泛响应。会议期间能参观到什么样的考古新发现资料，是与会人员高度关注的事情。牛河梁考古发掘工地自然成了我们首选的目标。当我们把与会人员到牛河梁考古工地参观的打算和郭先生谈起时，先生爽快地答应了。

1993年8月12日，"第一届中国北方古代文化国际学术研讨会"在赤峰如期举行。会议的规模可谓风云际会、盛况空前。郭先生到会介绍了牛河梁遗址发掘的最新成果，引起与会专家学者的高度关注。两天的学术交流之后，我们赶赴牛河梁考察。各国学者都对牛河梁的考古发现充满了期待。当一百多人的考察团参观完女神庙遗址、进入考古工作站的展览室时，人们一下被展览的景象惊呆了。近百件刚出土不久的红山玉器和精美陶器映入眼帘，学者们可以自由拍照，不加任何限制。有人形容说：那些港台人士的眼睛都冒出了绿光。整个下午与会学者们都在那个并不宽敞的展览室里久久不愿离开，尽情地享用着精美的文物给他们带来的文化饕餮盛宴。朱达站长告诉我，这是郭厅长亲自安排布展的。牛河梁工作站本来没有存放、展览这样一大批国家珍贵文物的条件。这批文物是前一天用专车押运到工作站的，今天参观完毕要连夜送回沈阳。我一时被先生一诺千金的举动感动得说不出话来。一位外省的领导，又不是本省举办的会议，能把赤峰的事情当成自己的事情来办，今天看来是无论如何也办不到的。可是郭先生不惜冒着巨大的风险，自己增加大量投入，成功地办了这样一次临时展览，高风亮节可见一斑。据我所知，这批文物从此再也没有如此规模整体回到过牛河梁。这也可能是文物展览史上时间最短暂、级别最高的一次展览了。

2001年春天，我已经到了敖汉旗政府工作。邵国田馆长清理了四家子镇的草帽山红山文化遗址，发现了积石冢与祭坛。考古现场一片乱石，扑朔迷离，很难理出头绪，如何分析、认定文化现象，陷入了困境。邵国田打了一个电话，郭先生就赶到了。虽已是春天，但乍暖还寒，在端午节前一天我去现场看望郭先生，见他住在农家小院的倒座小房里，临时搭了一个简易的床铺。在干冷料峭、寒意十足的山风中，先生穿着一件长袖衬衫走到了考古现场，傍晚的山野中他那瘦弱的身体有些让人担心。在他的指点下，我总算在毫无头绪的一片乱石滩中看出了些许线索。坛与冢的结构、早期与晚期的关系渐渐明朗起来。如果没有丰富的田野考古经验，没有敏锐观察的慧眼，这些来自远古文明的信息在我的眼里就是一堆乱七八糟的石头。在这个遗址中出土了红砂岩人像，还出土了方形玉璧。这对于赤峰地区的红山文化考古工作也是十分值得纪念的一件事情了。先生就是这样，无论何时何地，只要有了发掘信息，只要我们发出了请求，哪怕是一个电话，他总要千方百计赶到现场，大家称之为有求必应的红山文化保护神。

2004年，我们如期召开了"第三届中国北方古代文化国际学术研讨会"。会上发放了我主编的《红山玉器》图录，由于资料全部来源于赤峰馆藏文物，除了高清照片，还配了带尺寸的线图，与会专家学者把这本图录当成了重要的资料。我在发行前小心翼翼地送给了郭先生一本，请他指教。他翻阅后，很严肃地说：把赤峰两幅岩画编进了图录有什么根据吗？我无言以对。只是讷讷地说：我感觉这些岩画是红山文化的遗存。他说：凭感觉是不可靠的，没有考古证据，任何感觉都可能出现偏差。从此，我深深地知道，考古是一门实证科学，可以有大胆设想，但更需要仔细求证，拨云见雾才能去伪存真。

先生的聪明与智慧不仅仅在治学、考古方面，与社会上形形色色的人打交道也堪称高手。2005年5月，我已经到了赤峰市文化局工作。翁牛特旗现身了大批新石器时代的文物。收藏者同意转让给赤峰市博物馆，一时间我不知道如何解决，于是又电请郭先生为我拿主意。接到电话的第二天他如期来到了赤峰。我们马不停蹄地去了收藏地点，各个时期的文物让人目不暇接，先生不动声色地仔细观察着每一件物品，从他专注睿智的目光中，我感觉到了一些文物的重要，也暗自庆幸及时请来了先生，这是多么正确的安排。午饭前乘着没人的空隙，他悄悄告诉我：有十几件东西值得注意。特别叮嘱我研究价值最高的陶凤杯等七件东西十分要紧，我暗暗记在心中。谈判的时候，我们并没有提及文物价值最高的东西，总是在其他的物品上讨价还价。最终以较低的价格为赤峰市博物馆收进了近两千件藏品，其中能被鉴定为国家一级文物的有五件。由于先生的支持与导演，我们才得以在2005年春夏之交真正成功地上演了一次买猫送碗故事的翻版。在这批文物中有一件来自6000多年前属于赵宝沟文化的陶凤杯，它与敖汉旗出土的"四灵尊"相互印证，成为北方区系最早的鸟神崇拜的证据。事后，各大媒体纷纷报道了"中华第一凤惊现赤峰"的消息。为此，我还去中央电视台接受了专访，一时成为社会的新闻焦点。

　　2015 年，郭先生在去北京参加北京市艺术博物馆举办的"中国古代玉器展览与研讨会"时，脚部意外受伤。之前先生未对任何人说起，我也不知道。后从别处得知此事，十分牵挂。一方面惦念先生受伤未能问候；另一方面想起先生不遗余力地对赤峰红山文化研究做的卓越贡献，心存感念。恰逢"第十届红山文化高峰论坛"举办在即，我内心又十分纠结：想给先生发函邀请，考虑到先生身体状况实在于心不忍；如不邀请先生，对于如此规模的会议而言又是一重要遗憾。想到很多学者，期盼先生能光临大会，我只好抱着试试的心理给先生打了电话，没想到先生爽快地答应了，并表示：一定参会！我喜出望外，顿时有了主心骨。会议的前一天晚上得知先生已到赤峰，我去探望。仅仅时隔半年，便看见先生手拄双拐，腿部打着石膏，内心极不平静。想到先生因参会而受伤，受伤后又来参加我们的会议，心中充满无限感动。虽然想象过无数次先生会神态自若，但还是惊讶于先生的豁达与乐观、坚韧与顽强。会议期间，因会场设在学校五楼会议室，考虑到先生腿部有伤不方便，我要求会务组务必照看好先生上下楼，可当会务人员想搀扶先生时，先生还是坚持一个人爬上爬下，大家都不忍心走在前面，先生怕耽误大家，说：你们先走，不用等我，没事的。这一幕让全体参会人员为之动容。我想，或许学术传承不仅是学术本身，更是学术品格、学者人格的薪火相传。在这次会上，先生做了题为"牛河梁遗址发现的三大学术意义"的学术报告。先生在学术研究的道路上似乎从未停歇过脚步，也从未停止过思考。

　　我常常想起唐人罗隐咏《蜂》的诗句："不论平地与山尖，无限风光尽被占。采得百花成蜜后，为谁辛苦为谁甜。"可以说：无论在内蒙古还是在辽宁，无论是在国内还是在境外，哪里有与红山文化相关的重要事情，哪里就有先生忙碌的身影。

二　为学之道

　　牛河梁遗址的发现与发掘堪称是奇迹：在一个恰当的时间里，被一位恰当的学者所发现，又在他的主持下完成了遗址发掘和报告的编写与出版工作。从牛河梁遗址发掘到《牛河梁》发掘报告正式首发，整整过去了三十年的时间。成果是一铲一铲地发掘出来的，是一刷一刷地清理出来的，是一字一句字斟句酌地写出来的。当三大册大八开的报告摆在案头的时候，我深深感觉到震撼与敬畏。这哪里是文字和图片，分明是在先生的率领下一代人青春与生命绽放的花朵；是一座屹立在山河大地间永恒的丰碑，是一部穿越五千年时空隧道的鸿篇巨制。这样的鸿篇巨制是用小铲、用板刷写成的，是用观察与思考锤炼的，是用青春和生命铸就的。我不由想起了曹雪芹的一句话：披阅十载，增删五次，字字是血，句句是泪。编写报告时，仅仅是出版的开本问题，照片和线图问题，先生就多次推倒重来。在我看来，推倒的不仅仅是报告若干个不规范版本的呈现方式，推翻的还是一种文化粗陋、心性浮躁、得过且过的敷衍作风；而建立的是一种精益求精的文化精神与对历史负责的文化人格。《牛河梁》考古报告是一座难以逾越的高峰。每当我们通过这部报告与先民对话的时候，我们由衷地庆幸，这部报告为我们科学、系统地解读了来自五千年前的文明信息，提供了中华文化跨入文明门槛的证据。真可谓：东方创世纪，万古大红山。

　　三十年来，先生和他的团队在一片历史的虚无中重建并矗立这样一座高山，架起了穿越五千年时空隧道的桥梁。青山巍巍，江河万古。我们只能用呕心沥血、披肝沥胆来形容。如果不是郭先生主持田野发掘和报告编写，我们今天可能也会出版一部牛河梁报告。但可以肯定，绝不会有我们今天看到的这个报告规模宏伟与系统。按照时下流行的价值标准来看，出版这样的大型报告既不能增加个人财富，也不能得到职位晋升。况且阅读的人群极少，出版的要求极高，有多少人愿意去做这样的工作呢？但这是一项事关中华文明起源，事关文化发展道路的宏大工程，郭先生如期赴约了。这就是一个真正考古学家的使命与担当。先生是一个时代的旗帜与标杆，从这个意义上讲，郭大顺先生就是为红山文化而生的。

2011 年赤峰学院聘请郭先生为客座教授。见面的机会多起来。听取先生的教诲，跟随先生学习的机会也多起来了。郭先生治学严谨，他建议我们要认真开展一些田野调查，积少成多、日积月累就可成为规模。因为学校里有这样的条件，有人力资源，可以系统完成一些区域性的调查。退休后的郭先生把目光集中到红山文化考古研究上面。2007 年的赤峰红山文化高峰论坛上，他主张创建"红山学"。我们遵循这一指导，经过多年努力，"红山学"的创建目标已经接近完成，作为专门史学科下的一个专门学科，已经用历史学的方法，将其纳入到历史学科的研究范畴。为中华文明的起源与发展机制的探索，迈出了重要的一步。

近年来，先生主张用世界的眼光看红山文化，在世界范围内对比、观察、研究红山文化的内涵与特质，为红山文化研究指出了新的路径与方法。作为人类早期文明，红山文化在五千年前达到如此高超的水平，无疑受到更加久远、更加多元文化的影响。先生指出，红山文化一直有自己的文化根系，从小河西文化到兴隆洼文化，再到赵宝沟文化，文化传承生生不息，薪火不断。特别与仰韶文化相遇后放射出夺目的异彩。并特别指出应该把对红山玉器的研究放到更加广阔的空间观察，实为高瞻远瞩。

多年来先生笔耕不辍，从 20 世纪 80 年代以来，先生陆续发表学术论文 160 余篇，平均每年都有 5 篇论文问世，是一位丰产的学者。除完成了《牛河梁》考古报告编写，他还著述了《追寻五帝》《龙出辽河源》《红山文化》《红山文化考古记》《探索古辽西》《东北文化与幽燕文明》等多部学术专著。去年，辽宁人民出版社出版了《郭大顺考古文集》，阐述了先生学术思想，代表了其考古学研究领域的学术成就。

时下，在我辈中能够使用 WORD 处理文字、运用 EMAIL 通信、玩 QQ、熟练使用微信的人已经不多了。这些新鲜事物几乎全部是先生退休后发生的，可是先生几乎都能熟练运用。每每和先生运用这些网络手段进行沟通之后，我常常感叹先生的聪明与悟性之高，更加感叹先生追寻着时代的脚步从没落伍，感叹先生始终保持着一颗年轻的心，保持着与时代同行的脚步。

在他的身上我总是能够感受到一种特殊的人格：温暖而不灼人的热量，明亮而不耀眼的光芒，沉稳而不停息的进取，富有而不自矜的高贵。

三　生活之道

郭先生退休后生活至简更是令人感慨的。在不能网络购票的年代，我们每次打电话请他来赤峰，他总是自己先买好硬卧车票，在第二天清冷的早晨，带着简单的行李如期出现在赤峰火车站的出站口。事先我一直告诉他买软卧，可他从来不买。我有时嗔怪他为什么不买软卧票，他总是笑呵呵、不紧不慢地看着我说："给你们省一点钱吧。"下了火车也从来不用开房间休息，直接到街头的鸡毛小馆简单洗漱一下，和我们一起草草地吃口早饭就坐车下乡了。

我知道先生喜欢吃莜面，这个爱好与先生成长在张家口地区相关。我在克旗出生，也是吃莜面长大的，我们有着共同的饮食偏好。我深知在赤峰大一点的饭店里总是找不到地道莜面的，我们只好到路边的鸡毛小店里去吃。他从不在乎饭店的大小、有无单间，一笼莜面窝窝、一笼莜面鱼鱼，加上一盆土豆羊肉卤，在蒸腾的热气中，在熙熙攘攘食客地穿行中，我们就可以高兴地吃起来。我从来不为接待郭先生的事情发愁：他既不抽烟，也不喝酒，要求清淡，青菜、萝卜，一个炒菜、一碗莜面就万事大吉。

2017 年秋天我们在呼和浩特开会，会议结束后他要返回沈阳。呼市的莜面比赤峰做得好一些，为他送行的时候我和邵国田君一起陪同他吃莜面。我们都吃得挺顺口，谈得也挺高兴。我知道先生的夫人不在家，想为他带上一小笼做好的莜面窝窝，他连忙谢绝了："一个人在家吃饭，把我们吃剩下的这点带上，正好够我吃一顿。"随即他把那些剩下的莜面装进塑料袋，又妥妥地放到手提包里，便去赶飞机了。一个生活至简、道义至深、令人敬佩的学者形象愈加鲜明起来。

多年来，文博界中自诩鉴宝大师、开门收徒者有之，专讲文物收藏之道者有之，为人批发鉴定证书、收取费用者有之，甚至一窍不通的人也要自封大师，千方百计挤进文博专家的队伍。在利益的驱动下，社会上甚至文博队伍中形形色色、千奇百怪的事情都发生了。几十年红山文化考古研究生涯，使得先生早已声名远播。几乎所有的发掘出土的、早期馆藏的红山玉器，都从先生手中经过。多年来社会上红山玉器的收藏热一浪高过一浪，当然少不了会有官方博物馆和民间收藏者请他看文物、做鉴定。大家都知道红山玉器收藏的水很浑、很深，可谓泥沙俱下，鱼龙混杂，动辄几十万、几百万的藏品比比皆是。只要先生一句 OK，藏品立马就会身价倍增，自然也不会少了掌眼者的好处。可先生却从来不为所动。

先生一直认为红山玉器属于出土文物，是中华文明起源的重要证据，个人收藏之风不可长，此风一长必将助长非法盗掘之风。当一些收藏界人士想方设法求教先生鉴定藏品真伪，他实在却不开情面时，总会呵呵一笑，只是拿出土文物做些比较，从来不下任何结论。先生始终恪守一个文物工作者的职业操守，从不为任何利益所诱惑。其严谨的职业操守是一代考古工作者光辉的典范。真可谓：八风吹不动，端坐紫金莲。

四　传承之道

薪火相传，维护道统，是中国学界千百年保留下来的优秀传统，也是中国文化长盛不衰的根本原因所在。鲁迅说："自古以来，我们就有埋头苦干的人，有拼命硬干的人，有为民请命的人，有舍身求法的人……这就是中国人的脊梁！"

郭先生大学时代一直在北京大学师从苏秉琦先生，受到苏公的真传。在"文革"前的学子中能进入北京大学的学生少之又少，在北大完成本硕连读的学生更是凤毛麟角。国内考古界都知道郭先生是苏秉琦先生的关门弟子。

我对曾参是不是孔子的关门弟子没有考证过，但我常常联想起这段历史。曾子是孔子思想的继承者、整理者与传承者，儒家思想正是通过曾参这位宗圣才得以顺利传承。他编辑了《论语》，著写了《孝经》《大学》等著作。中外的圣人往往是述而不作。苏公的大量文稿正是通过郭先生记录、收集、整理、出版的。

1996 年 1 月 8 日至 2 月 20 日应香港商务印书馆邀请，苏公去深圳做访谈，在此期间郭先生紧随苏公左右。每天陪伴苏公接受采访、录音、记录、整理、修改，再经苏公亲自审订，最终完成了苏公最后的著作《中国文明起源新探》一书。这样一部著作可谓高屋建瓴，是中国考古学思想方法具有导引性的重要著作。每当我们打开这部专著的时候，苏公深邃的思考、提出的历史性课题、得出的重要考古论断，都随着时间的推移放射出更加理性的光辉。就是这部在中国考古史上具有里程碑意义的专著中，郭先生付出了别人难以想象的辛劳。但我多次阅读过苏公著作的前言和后记，却从来没有发现郭大顺三个字。先生与苏公既有师生之谊，又有弟子之礼，先生的努力既是对道统的弘扬与传播，也是对苏公思想的继承与发展。先生是学术道统传承的楷模。

对苏公的文明起源满天星斗说，中国史前考古区系类型理论，文明发展三阶段、三模式、三部曲理论，先生是坚定的维护者，也是不懈的捍卫者和传承者。有一次在赤峰的一个接待场合，我向市里的领导介绍郭先生时，用半开玩笑的话语说：郭先生全面继承、捍卫和发展了苏秉琦学术思想。苏公的中原帝国—草原帝国—中华帝国的历史观为研究中华民族的发展与北方民族的关系，提供了正确的理论指导，对于指导现代中国民族理论的研究起到了重要的体系化支撑作用。苏公学术思想的传播在内蒙古地区，在赤峰地区已经深入人心。而对于这些学术思想的系统化整理，郭先生是功不可没的。苏公的大量讲话、即席言论、思想火花，都是通过先生的记述得以记载的。

1994 年秋季，郭先生陪同香港的何鸿卿爵士来赤峰考察红山玉器的标准器，何鸿卿特别邀请了大英博物馆东方部主任罗森女士和香港敏求精舍的钟华培先生一同前来。在巴林右旗宾馆的大厅里，先生十分兴奋地告诉我，苏先生最近又阐述了十分重要的学术理论，即"三模式"理论。先生对苏公学术思想的关注与传承超过对自身的关注。郭先生秉承苏公的学术思想，认为任何一种考古学文化都是人类的文化，考古不可见物不见人，考古学者要成为一位思想家，哲学家；要敢于大胆设想，更要严于小心求证，才是考古人的学术修养。

2015 年初春的赤峰天气还很冷，郭先生如约来到赤峰学院为历史学院的学生做了"关于苏秉琦先生与赤峰考古"的学术报告。先生精心地准备了课件，细致入微地讲解，为历史学院师生呈上了一场文化盛宴。感受着先生学术严谨的大师风范，领悟着先生传承恩师思想的执着，内心深处油然而生敬意。

青年时代的他如同一条清澈的山溪，日夜奔腾致力于远方；中年时代的他如同浩荡的大河，几经峰回路转，走过一路风景，终于奔向了浩瀚的海洋；老年的先生如同一片宁静、深邃的湖水，黎明时分迎接着新生的太阳，夜晚辉映着漫天的繁星。无论春夏秋冬、还是风云雨雪，他都能享受着春花的繁盛、秋月的辽远、夏风的清凉、冬雪的高洁。

大道至远，高山仰止。以郭大顺先生为代表的一代辽蒙大地上的考古学者，在开创红山文化研究道路上，为我们开辟出一片广阔的天地。为我们探索中华文明起源、研究中华文化发展之路、增强中华民族文化自信奠定了坚实的基础。

我衷心祝福郭先生健康长寿，与我们一路同行，再去领略无限风光。

汇聚火花，传递远古

——记编辑《牛河梁》考古报告过程中与郭大顺先生的交往

黄 曲

（文物出版社）

2017 年 5 月初，接到郭大顺先生短信，说辽宁省文物考古研究所有意在先生八十寿诞时编辑出版一本纪念文集，先生邀我写一篇与编辑《牛河梁——红山文化遗址发掘报告（1983～2003 年度）》（以下简称《牛河梁》）有关的文章。我受宠若惊，又诚惶诚恐，担心文笔生涩，挂一漏万，愧对先生的抬爱。后来又因手头编辑工作的急迫和繁琐，我一直不能沉淀思绪及时动笔，以致拖到今日方才完稿。在写作时，当年编辑《牛河梁》的诸多感受随着翻捡那时与先生往来的信件又纷至沓来。

牛河梁遗址于 1981 年在全国第二次文物普查中发现，1983 年开始正式发掘。从它最初的发现，到后来的历次发掘，其特殊性和重要性长期以来都吸引着学术界的极大瞩目，并由此掀起一轮又一轮研究红山文化、探讨中华文明起源的热潮。《牛河梁》的编辑出版，不仅是学界热切盼望的，也是文物出版社"全国重要考古报告名单"上的重中之重。万万没想到的是，这本如此重要的考古报告的编辑任务落到了我的身上。

2009 年 2 月 16 日，我第一次踏上牛河梁的土地，那也是我和先生的第一次见面。次日上午，先生带我们去了第二地点，他边走边介绍遗址情况，语调平缓，举重若轻，条理清楚，思路分明。但遗憾的是，因那日朝阳大雪，我们未能窥见那庞大积石冢群的全貌。下午，大家就坐在牛河梁工作站的饭厅里，对稿件前期的工作进行交流。那时的先生，对我而言，是读书时经常看到的一个名字，是著作等身、高高在上的学术前辈和老一辈考古学家。对先生而言，我只是一位年轻的编辑。我所能做的，就是多听多记多看书，尽快地、全面地熟悉牛河梁遗址的考古材料，为编辑工作做好前期的准备。

第二次见面是 2009 年 4 月 16 日在北京国二招举行的《牛河梁》定稿会。参加的人员有应邀审稿的张忠培先生、严文明先生和朱延平、杨晶，时任辽宁省文物考古研究所所长田立坤和报告编写人员郭大顺、朱达、王来柱、魏凡、吕学明，文物出版社有蔡敏和我。在那次会上，确定了本书选用大八开的开本，同时也为之后编辑工作定了一个基调，那就是所有的图文编排，都要达到两个目的：一是科学严谨，"通过版式的扩大等手段，提高资料的容纳和翔实程度、图片的展开和清晰程度"；二是气势恢宏，要将积石冢群等的宏大气势和与众不同的红山文化内涵尽可能表现出来，以彰显牛河梁遗址的重要性和特殊性。会后，参与编写的人员根据审稿意见各领任务各自完善书稿，我的编辑工作则暂时停顿下来。

不过，从 2010 年开始，因《苏秉琦文集》的编辑，我与先生的交往又渐渐多了起来，彼此慢慢熟悉和适应了各自的工作方式，先生对我的信任也与日俱增。等到是年年底《牛河梁》正式交稿、启动编辑工作时，我已经能与先生随心自如地交流了。在随后的编书过程中，我无时不耳濡目染先生的治学态度和风采。先生敏锐的学术眼光，深厚的学术根基，面对问题时的泰然处之，处理问题时的睿智和果断，无一不让我敬佩。

先生作为《牛河梁》的主编，不仅执笔了其中许多重要的章节，还对全书进行了通篇的审定。在对报告结构的搭建，文本内容的清晰表述，线图、图版的编排如何特色鲜明等方面，更是花费了巨大的心血。现就编辑书稿过程中印象最为深刻的几点，记述如下。

一　文字描述，严谨规范。学术问题，审慎客观

先生一直致力于红山文化研究，很早就开始关注红山文化玉器，后来又发现并主持发掘了牛河梁遗址，他对红山文化内涵、红山文化玉器及其与中华文明起源的关系等方面的研究论述很多，学术根基深厚。但学术论文和论著的发表，与考古报告的编写完全不同。对一本考古报告来说，其最基本的要求是准确、客观、规范地报道野外考古和室内整理所得到的遗存资料，尽可能反映各个方面的属性，以便为进一步的分析研究奠定良好的基础。

牛河梁遗址占地面积 50 平方千米，已经编号的遗址点共 16 处，分为祭坛、女神庙和积石冢墓葬等多种类型。《牛河梁》收录的是第一地点女神庙的试掘材料和第二、三、五、十六等四个地点积石冢墓葬的发掘材料。从 1983 年开始正式发掘，到 2003 年第十六地点发掘工作结束，其田野考古工作持续整整二十年。随后进行的资料整理工作和考古报告编写工作，又经历了启动、停滞、再启动的反复，日历又翻过将近十年。历时多年的发掘工作和资料整理、报告编写工作，"参加发掘和研究人员的多次变动"，使得报告在交稿之初，在体例、编写规范等方面不太统一，各地点相关地层不完全对应，对遗迹、遗物的描述也不尽一致。先生在对文稿进行整合的基础上，重新搭建了系统的叙述构架，要求论断精当，阐述规范。

首先，是从整体上对牛河梁遗址分期的精准把握。

遗址的分期是报告首先要解决的问题。四个地点所发现的积石冢遗存，堆积叠压情况复杂。初稿中，各地点对其表述也各有不同，有简单清晰的，也有极为细致的。如第二地点多个积石冢遗存存在形制的不同和早晚的区别，初稿直接以四号冢（N2Z4）下、上层冢的确认为突破口，确认了遗址的两个大的地层关系，即下层积石冢阶段和上层积石冢阶段。第五地点则发现了早于第二地点下层积石冢阶段的堆积，初稿将此地点所获的三个阶段遗存分别表述为下层堆积（XC）、中层堆积（ZC）和上层堆积（SC）。而第十六地点获取了更多的层位线索，发现的红山文化遗存被分为五个阶段，分别表述为竖穴土坑墓葬遗存（N16M2、M7、M8）、下层积石冢相关遗存、墓葬 N16M9 及相关遗存、西侧墓葬遗存（N16M1、M11、M10）和上层积石冢（N16Z1）遗存。如此表述，使得遗址整体的分期看起来纷繁复杂。

怎样将各地点所获遗存相互对应，如何妥当地将众多的积石冢、墓葬、出土器物归属到相应的层位？郭先生果敢决断："牛河梁这四个地点，现可统一分为三个阶段，它们既有地层关系又有相应的陶器变化，且在各个地点具普遍性。至于十六地点多出的两组，一是 M9，墓内出下层积石冢阶段的陶筒形器，但只一件，且为残片，墓上积石堆积内出上层积石冢阶段的陶筒形器多件，只是墓葬位置不在上层积石冢常见的中心墓南侧；二是西侧墓葬，压在上层积石冢冢界下，墓葬方向又是下层积石冢阶段常见的南北向，而且所出玉器也有不同于上层积石冢阶段处，可能与下层积石冢有关，但冢上积石内又出上层积石冢阶段的陶筒形器。这两组墓的以上现象还暂都不宜列为单独的一期，现可将这两部分单独列出，结语部分也将西侧墓作为典型地层。将以上现象一一列出，作为问题摆出来，这样处理应该更为稳妥。整体的层位关系，还是按三大层来处理为好。"（2011 年 6 月 20 日来信）总体分期确定了，再将其他散见的遗迹纳入这个体系，并根据第十六地点的材料提出存在多时段的可能。这就从整体上把握了遗址的分期，既抓住了重点，又保留了各地点的特殊性，使其脉络清楚、主次分明，还留有余地。

具体到正文文字上，则将三个阶段分别表述为下层遗存、下层积石冢阶段遗存（或相关遗存）和上层积石冢阶段遗存。如对于同时存在上、下层不同阶段遗存的 N5Z1、N5Z2，初稿表述为"上层积石冢一号冢（二号冢）""中层积石冢一号冢（二号冢）"或"上层积石冢堆积""中层积石冢堆积"。这样的叙述，容易引起歧义，会让读者认为此地点存在上、中、下三层积石冢堆积。而实际的情况是，这里的"中层"，表达的是第五地点获取的中层遗存，其性质为积石冢，对应的是第二地点的下层积石冢阶段，故先生最后将其统一修改为"上层积石冢阶段的一号冢二号冢"和"下层积石冢阶段的一号冢二号冢"。

其次，是在遗迹、遗物的描述和器物名称方面尽量求得统一。

考古报告的内容、结论一旦落到了纸上，便是白纸黑字，一锤定音。所以，在进行表述的时候，作者们总会慎之又慎，在思考如何更为合理、准确地表述过程中，有作者们的反复讨论、深入思量，有分析、思考后获得美好结果的畅快，更有读者阅读时体会不到的纠结和辛劳，最后才以一种更符合学术规范的方式表达出来。

1）石棺墓还是石室墓？

冢内墓葬是遗址中发现最多的一类遗迹，但在墓葬结构、规模和随葬玉器的数量、类别和质地等方面，存在着明显的差别。第二地点先后共发现 46 座墓葬，是所发掘的几个地点中墓葬数量、墓葬种类最多的一处。执笔者将其划分为土阶砌棺墓、土圹砌棺墓、土圹嵌石墓、土圹立石墓、无圹石室墓、无圹石匣墓（前四种为原地表下的土圹墓，后两种为原地表上的墓葬，多为二次捡骨葬）。第三地点共发现墓葬 11 座，均称为长方形土圹石棺墓。第五地点共发现墓葬 10 座，称大型的土石合筑墓、石棺墓等。第十六地点共发现墓葬 15 座，均称为长方形竖穴土坑石棺墓。以上均为各章执笔人在对墓葬形制描述时的各自定名，放在一起则完全不统一。何为砌棺墓？何为石棺墓？何为石匣墓？何为嵌石墓？何为立石墓？等等。

对这个问题，各人有各人的理解。在讨论文稿时，有认为，牛河梁发现的墓葬多为石板砌筑，可叫石板墓；但又有石头垒砌的，或可叫石椁墓。有认为，直接从字面意思理解，石棺墓就是用石块垒砌或者叠架的用以装殓人骨的空间；石室墓，似乎是有一个大的空间，在这个空间里再放置棺或者椁，但叫室就得有门。有认为，称"石棺"的等同于后世的"棺椁"制度，称"石室"则是泛指，且后世多砖室也有石室内置棺椁的。还有人以为石棺墓的提法，为约定俗成。如何表述更为妥当？先生指出："无论如何，这都是红山文化墓葬第一次在正式发掘报告中的称呼，理当慎重。"先生随后对四个地点的墓葬进行了逐一统计、归纳、分析。"上层积石冢以64座计算，顶盖底板俱全和只有底板而无顶盖即近于石棺或石室的，分别为8例和9例，占少数；只有顶盖而无底板的21例与顶盖底板全无的26例占多数；下层积石冢墓葬则多只在墓壁贴几块石板，所以称石棺或石室都不妥。"（2012年8月8日来信）在这样严谨、慎重的态度下，《牛河梁》最后采用了中性的办法，将各地点发现的所谓砌棺墓、石棺或石室墓，统一称为"砌石墓"。

2）对墓葬四壁的表述

这个问题的提出，完全是因为报告各章节对其表述的不一致以及第三地点那些斜向45度的无人骨墓葬。一般报告对墓葬四壁的表述，视墓葬方向和墓内人骨保存情况的好坏，分几种情况：对于墓内有人骨且头脚清楚的，都依人骨摆放位置称为头端、脚端（端壁）与左侧壁、右侧壁（侧壁）；对于方向正的墓葬，且墓内有人骨的，或依方向称东、南、西、北四壁，或亦依人骨摆放位置称为头端、脚端（端壁）与左侧壁、右侧壁（侧壁）。如牛河梁第二、五、十六地点那些东西向或南北向的墓葬，报告初稿即依方向来称墓壁。对于那些方向不正且墓内无人骨或有人骨但杂乱辨不清头脚的，则只能将四壁称为端壁和侧壁。

但是，第三地点那些无人骨且方向为45度（225度）或135度（315度）的墓葬的四壁，初稿中称为东、南、西、北壁。然而，仔细思索一下就会发现，那些墓葬，东、西壁既可指端壁，也可指侧壁，这样的表述太容易让人混乱了。且初稿中"东北—西南向"或"西北—东南向"的表述，也暗含头端在北、脚端在南的意思，若此四壁依主倾方向叙述，则端壁为南、北（端）壁，侧壁为东、西（侧）壁。但既无人骨保存，又如何能假设头端在北呢？

在充分思考、分析后，为了在一个统一的基础上，表述出上面列举的所有情况，《牛河梁》最后采取的办法是，无论哪个方向，有无人骨，都用东、南、西、北方向和端壁、侧壁合称来表述墓葬四壁，如"东侧壁"，即使是对那些斜向45度、无人骨的墓葬墓壁，也具有唯一的指示性。

3）器物的名称和描述

牛河梁遗址出土两大类遗物，即陶器和玉器。

陶筒形器是遗址出土数量最多的陶器，各地点均有出土，其器形虽然单一，但造型特殊，在史前陶器中具有唯一性。筒形器原位保存实例很多，对其祭器的功能，学界基本形成了共识。《牛河梁》将其作为遗址出土陶器分类的标准。至于那些扁钵式筒形器和"塔"形器，前者多与筒形器共出，同时两者与筒形器又具有共同的特征，即均无底。对这些非生产生活类遗物的表述，自然要关注其特殊的属性。《牛河梁》将之归为同一类陶器，列为"筒形器及有关器类"。这样就与那些一般常见器类（如筒形罐、钵、盆、瓮等）有了本质上的区别。

红山文化玉器，很早就进入研究者们的视野。但经科学出土的红山文化玉器偏于"少而精"。牛河梁遗址考古发掘出土的一批有明确出土层位关系的玉器，自然就成为学者深入研究红山文化玉器的最珍贵资料。其中红山文化三大最具代表性的器类最为重要，即玉龙、斜口筒形玉器和勾云形玉器。此前，学界对这三类器物的称呼不尽相同，如玉龙，有称玉雕龙、玉猪龙的，也有称兽形玉玦或"C"形兽饰的；斜口筒形玉器，此前称马蹄状玉箍或玉箍形器；勾云形玉器，前称勾云形玉佩。这样的称谓，基础部分依然是限于对器物本身特征的观察，至于其使用功能或者原型的考察，学者间又各有各自的认识和想法，众说纷纭。在以基础材料的客观、准确公布为准则的报告中，即使看上去只是一个器物的简单定名，也是深思熟虑后的结果。如斜口筒形器是牛河梁遗址大件玉器中出土数量最多的一类玉器。先生对此亦有深入研究。《牛河梁》结语部分有先生对其造型特点、加工部位、出土位置和出土状态的认真梳理和细致分析。对与其特征相似的初稿称为"小型箍"的 N2Z1M25：7 和"小型斜口筒形器"的 N2Z1M26：1，在细致比较了它们之间的形制、出土位置等差别后，《牛河梁》将其统一改名为"管状玉器"。还有更多的细节，无一不显示出先生科学严谨、客观审慎的作风。如报告对玉镯与玉环做了明确的界定：凡出土时套在手腕上的称玉镯，出土时未套在手腕但出土位置在手腕处者也称玉镯；出土于其他部位的，则称玉环。又如第五地点的那件"玉板"，原以为可同安徽凌家滩遗址出在玉龟壳内的"玉签"联系，曾称"玉签"，另有学者认为其与后世的"玉册"相似，《牛河梁》最后还是以中性的"长板状玉件"表述。还有如 N2Z1M11：3，与巴林右旗那斯台所出蚕蛹相比，体甚长而且为白色，但蚕的细部特征不清，介于蚕和蚕蛹之间，《牛河梁》以"蚕（蛹）"表达。

叙述时不厌其烦，界定时慎之又慎。不能说是为了规避学术风险，而是慎重考虑后的客观结果，这才是编写考古报告应该秉承的态度。

二　关注细节，精益求精。事无巨细，亲力亲为

先生对全部稿件进行了逐字逐句的审读与修改，对线图的设计精益求精，对图片颜色反复调整力求还原逼真。面对各种纷繁复杂的问题，事无巨细，均亲力亲为。这种高度的责任感，既是对自己负责，也是对密切关心关注红山文化研究的学术界负责。

怎样发挥大八开本的优势，展示积石冢群等的气势，更好地体现牛河梁遗址的特殊性和重要性，先生在下面两方面着力颇多。

1. 线图、图片的大小比例

先生一直强调"遗迹比遗物要更着重表现"。在对遗迹的表现上，要有两个层次：一是体现整个遗址的重要性，体现积石冢的气势；二是要凸显各个地点的重点遗迹单位。由此，对第二、五、十六地点的遗迹平面图，均强调整体的大尺寸，采取单开或对开纸张单独印刷的方式，单独装订。在图版中，则对各地点各积石冢多张不同角度的平面照片采取不同的排版方式，比如第二地点 Z2、Z3，择其中一张占一整页，其他的相对缩小些，这样处理，就不会显得千篇一律，而是让牛河梁众多不同于一般遗址的内容，在保证科学性、资料性的基础上活起来，同时给人耳目一新的感觉。

"重点器物如何突出，一是用大比例，一是单放。"为此，先生将报告内所有重点器物一一梳理，提出"凡完整和可复原的大件彩陶器，皆占一整版，初步统计，不到 10 件"（2011 年 6 月 20 日来信），如第二地点 Z2 冢上部堆积出土的陶"塔"形器、第二地点 Z4M5 和 Z4M6 随葬的带盖彩陶瓮（罍），在此基础上还辅以器物腹部纹饰的展开图。玉器基本为原大，个别形制特殊的玉器则放大至

150%或200%，如第二地点 Z1M21 的玉龟壳、第五地点 N5Z1M1 的玉鳖、第十六地点 79M1 的双兽首三孔玉梳背饰等。对那些比较大型的器物，因版面限制，不一定作成原大，但采用单独摆放的办法以突出其重要的特性，如 N2Z1M23 的龙凤玉佩和 N16M4 的玉凤、玉人等。

2. 图片的丰富程度和清晰程度，色彩的还原

在考古发掘报告中，若无特殊原因，遗迹遗物的文字描述，线图和照片的使用，应该是互成比例的。若文字多、线图多，而照片却只有寥寥几张的情况，往往是不被允许的。原则上有线图的，都应有照片相配。同时，图像资料的清晰、色彩的真实还原也非常重要。

《牛河梁》初稿提供的照片来源芜杂，不同时期，不同拍摄者，不同分辨率，甚至还有褪色严重的老照片。另外，遗迹遗物照片不全，特别是一些重要器物如陶筒形器，提交照片很少。遗物的原始出土状态与现在保存状态也有所变化。许多玉器照片是逆光拍摄，虽然使得玉器温润的质感凸显了出来，但并不符合人们观察东西的习惯。一些"重要标本的分散保存"，也给标本照片的补拍增加了难度。

为保证图像资料的清楚，更好还原器物的颜色，先生除了组织人员对许多器物进行重新拍摄外，还特别对那些分散保存的重要器物，通过各种方法，与各方进行沟通，排除万难，获得了清晰完整的图片。后期制版阶段，先生还亲自到工厂，对每一张照片进行了仔细的分色调整，甚至为了让制版公司的调色人员能更准确地把握牛河梁玉器的颜色，先生还特意带着他们一起去北京艺术博物馆，现场观摩了当时在该馆展览的牛河梁出土玉器。

为确保图像资料的丰富，先生对同一遗迹或遗物，从多方位、多角度选取了很多照片。比如积石冢和墓葬，有各地点和各积石冢的全景照片，每座墓葬的平面照片，表现共存或叠压关系的照片，还有器物原始出土状态照片以及冢界、冢墙局部和细部照片等。比如玉器，则尽量多地选取各个角度照片进行展现，有些玉器还增加了其表现细部特征及制作痕迹的照片。牛河梁遗址陶器复原不多，故提交的陶器照片相对较少，但对那些原位置且成组合的陶筒形器（在牛河梁各地点遗迹及牛河梁以外已发掘的其他地点积石冢，都是罕见的，是十分重要的资料），都尽量全面报道。对目前只发现在 N2Z1 北墙、N2Z4A、N2Z4B 这三组原位保存的陶筒形器，均采用每件筒形器下（底）部或上（口）部的单独照片为主，另外还挑选了部分有制作痕迹、黑彩宽带纹、彩带竖线和凹弦纹的标本的细部照片。

最终，《牛河梁》的图版质量上乘，制作精良，颜色还原度高，这都与先生的严格要求分不开。

经过历时两年多的《牛河梁》的编辑过程，我从中学习到了很多东西，并深深地感受到，好的报告，高质量的报告，选题固然重要，对版面内容及其形式的优化设计也能为其增彩；作为编辑，不仅要对稿件进行精编细改，还要对版式的设计精益求精，只有内容和形式都达到了高质量并完美的统一，才会是一部真正意义上的高质量的图书。

三 时光清浅，恬淡安然。先生之风，我辈楷模

工作之中的先生一丝不苟，头脑冷静，逻辑严谨，充满热情。初见先生时，我就揣度过工作之外的先生究竟是何等状态？随着《牛河梁》编辑渐进尾声，我逐渐认识到先生的另一面。生活中的先生，就是一个可爱的老头，就是身边可亲可爱的长辈，衣着简朴，语言平实，平易近人，心态平和。

在日常生活中同样充满热情，且时以常人难以料想的动手能力，展示点点滴滴。

2011 年 7 月底，参与《牛河梁》编写的人员又汇集到牛河梁工作站。一日三餐时的闲聊，晚餐后的散步，是大家最为轻松愉快的时光。先生告诉我，关于工作站的选址和建立过程；先生说起，当时骑着自行车去调查时发现的斜口筒形玉器；先生还兴致盎然地说到第二地点一号冢 M1 的发掘……最让我记忆深刻的还是那一句"我们的工作站就躺在女神的怀抱里"。还有一次，我们在晚餐后去了第五地点。从工作站到那，需要跨过一些沟沟坎坎，先生上坡下沟，行动特别敏捷，我都被他甩在了后面很长一段距离。到了第五地点，我站在那些散落的石块上，听着先生略微上扬的话语，抬头南望猪形的木兰山，回首却是松涛阵阵。

2011 年 10 月中旬，我们在辽宁省博物馆补拍一些重要玉器照片，我有幸得到先生的邀请，去他家作客。那日，先生亲自为我做了莜面窝窝和小米海参粥。先生告诉我，这个莜面是从他老家张家口带回来的，用粉芯碾磨，口感好，品质高。我站在桌边，听着先生平缓的语调说，和面一定要用开水，不能用冷水，水要一点一点慢慢地加。看着先生娴熟的烹调手艺，先捏起一小团莜面，利用手掌的力量将这一小团面往前一推，推成一层薄薄的莜面片，然后在掀起薄片的时候就着手指顺势卷成一个圆筒。先生做得极其熟练，揉、搓、推、卷，双手快速地捻出一个个漂亮的圆窝窝，不一会的工夫笼屉里就摆满了。那边锅上，还同时烧着茄汁土豆。先生说，一定要搭配茄汁土豆，这样莜面窝窝的味道才会更好。那是我第一次吃到莜面窝窝。这么多年过去了，它的美味依然留在我的脑海深处。

身边很多上了年纪的人，都不太会使用电脑和一些聊天软件。先生是我见到的，使用这些电子产品最顺溜的一位。2012 年 6 月，辽宁省文物考古研究所正式确定在同年 12 月举行"红山文化国际学术研讨会"，《牛河梁》的出版必须在开会之前完成。还剩不到半年的时间，对于这么大型的报告来说，时间非常紧张，以至于我有些急躁。当时先生又正好在英国探亲，许多问题的解决，远不如先生在国内时的方便与迅捷。刚开始，我与先生的交流都是通过写 E-mail，每一个问题和每一处的修改都要标注到第几页第几行，这样处理稿件，不仅不方便，还无形中增加了我们各自的工作量。到了编辑出版的最后冲刺阶段，更是需要通过网络传输大量的 pdf 文件和图形文件，而邮箱传输容量又有限制。为解决这个问题，我给先生传了一个 QQ 安装文件。头两日，先生来信说，软件装上了，但不太好使用。没过几日，我们就开始在 QQ 上顺畅地聊天，解决问题，传输文件了。我把改好的需要先生再过目的文件传给他，先生花上两三日的时间，然后再将改好的文件传给我。就这样，一直持续到先生回国，《牛河梁》正式出版。有一个细节一直让我很感动，每每给先生发送消息或邮件，总是会在极短的时间内收到先生的回复，或者是简单的一个"好"字，或是简短的一句"你从 QQ 发来的第一章文稿收到了"……北京和伦敦有七个小时的时差，但先生总是会及时回复，刚开始我只是诧异于他的迅速，后来才明白，这是先生对我工作的支持、肯定和尊重，这些为人处事的细节像春风化雨般潜移默化地影响着我。

在撰写此篇小文之时，我脑海里总是不自觉地跳出这样一个画面：在一个小小的社区图书馆，一位满头银发的老人，步履从容，穿过一排排书架，挑一个靠窗的位置坐下，正好有阳光从外面照进来。他安静地坐在桌前，专心致志地工作，不时传出键盘敲击的声音。真希望以后当我老了，也能做到像先生那样恬淡安然。

2017 年 8 月，我第五次来到牛河梁。在第一次去时被大雪覆盖，第二、三、四次去时因大棚的修筑而始终未能窥见的第二地点全貌，这次终于完整地展现在我的面前。它就静静地躺在那里，躺了整整五千年，但它依然壮观，依然震撼！我何其有幸，能在编辑生涯中，与先生这样的大家一起编辑出版一部如此重要的考古报告。我何其有幸，能得先生指导与提携，能沐先生学术风采。我想，以后，无论面对如何艰难或繁琐的任务，我都不会缺失迎难而上的勇气和坚持不懈的耐心！

值先生八秩华诞之际，谨以此文祝愿先生身体康健！

西南西伯利亚的红铜时代和早期青铜时代

——跨文化读书笔记①

李水城

（北京大学考古文博学院）

2002 年，俄罗斯著名考古学家基留申（Кирюшин Ю. Ф.）② 撰写的《西南西伯利亚的红铜时代和早期青铜时代》这部考古研究专著在阿尔泰边疆区首府巴尔瑙尔的阿尔泰国立大学正式出版（俄文）③。

此书讨论的地理范围为西伯利亚西南部以鄂毕河（Обь）上游为中心，包括阿尔泰边疆区、阿尔泰共和国北部、新西伯利亚的奥布拉斯特南部这一广阔区域，局部涉及哈萨克斯坦共和国东部的额尔齐斯河（Иртыш）流域的一部分（图一）。书中涉及材料集中于上述区域调查发掘的红铜时代至早期青铜时代遗址及出土文物，是一批全新的考古资料。

基留申教授在书中首先对 20 世纪末（1980～1990 年）西伯利亚西南部的考古发现和研究做了综述性介绍，然后进入主题。第一章主要论及西伯利亚西南部红铜时代遗址的考古发现和研究。内容包括：1）介绍并讨论"红铜时代"这一考古专业术语的概念、性质和时间范畴；2）巴尔瑙尔—比斯克（Варнаул – Бийск）两城之间鄂毕河流域考古发现的红铜时代遗址及出土遗物；3）新西伯利亚一带鄂毕河流域考古所见红铜时代遗址及出土遗物。后两节分别介绍了红铜时代遗址出土陶器、石器、骨器、金属制品和装饰品，包括对墓葬葬仪、体质人类学、房屋聚落、艺术品和年代等问题的初步研究。第二章为西伯利亚西南部早期青铜时代遗址的考古发现与研究。内容包括：1）巴尔瑙尔—比斯克两城之间鄂毕河流域考古所见早期青铜时代遗址和出土遗物；2）年代讨论；3）关于克洛哈列夫斯基式（Крохалевский）遗存问题。第三章集中讨论红铜时代和早期青铜时代经济形态的问题，主要针对诸遗址

① 本项研究得到国家哲学社会科学重大项目"早期东西文化交流研究"（项目号：12&ZD151）资助。

② 尤里·费多洛维奇·基留申（Кирюшин Ю. Ф.）教授 1969 年毕业于俄罗斯托木茨克国立大学。1977 年在阿尔泰国立大学获博士候选人。1987 年以论文《鄂毕河左岸上中游地区的铜石并用时代和青铜时代早中期》获得历史学博士学位。他曾任职于俄罗斯联邦高等科学研究院，并先后荣获教育领域俄罗斯联邦总统奖（2002）、阿尔泰国立大学优秀教授奖（2003）等。1988 年创立阿尔泰国立大学考古学、民族学和历史学专业，并任专业负责人。1991～1996 年在高校从事科研教学，主要研究西伯利亚史前史、古代史及史前社会经济文化的重建等。1997～2011 年任阿尔泰国立大学校长，2011 年被选为校董。迄今已出版专著 20 部，论文 500 余篇。

③ 基留申：《西南西伯利亚的红铜时代和早期青铜时代》，阿尔泰国立大学出版社，2002 年，巴尔瑙尔。（Кирюшин Ю. Ф, Энеолит и ранняя бронза юга западной сибири, Издательство алтайского университета, Варнаул, 2002.）

图一 西伯利亚西南部的地理位置

与经济活动有关的遗迹和遗物展开讨论。最后为结语。文后附有考古遗迹和遗物插图、文献索引和检索等。

作者通过对考古出土资料的分析，认为西伯利亚西南部的史前考古学文化与俄罗斯其他地区的文化发展进程基本一致。西伯利亚西南部大致在公元前4千纪上半叶（4000BC~3500BC）进入红铜时代，这一转变在时间上与当地农业的发展和产业构成变化造成的人口增长趋势相对应。考古发现表明，在红铜时代以前，整个大草原的新石器时代遗址表现为，遗址规模一般不大，有较好的文化堆积，但大多属于短期季节性聚落。伴随着养牛业的出现，西伯利亚大草原及部分森林草原的新石器部落逐渐进入红铜时代。阿尔泰丘陵区的考古发现表明，红铜时代的遗址数量远远超过新石器时代，暗示了人口规模有明显增长。

截至本书出版为止，在西伯利亚西南部调查发现的古遗址数量超过100处。其中既有普通的定居村落，也有短期临时营地，还发现有墓地和埋藏贵重物品的窖藏。已完成全部资料整理的有伊特库尔湖畔的波尔绍伊—穆斯克封土墓，作者在该墓地的研究基础上命名了鲍里什梅斯卡（Большемысская）红铜时代文化。其他的研究相对透彻、属于该文化的遗址还有：康斯捷科瓦—伊斯布什卡、利阿普斯金—梅斯、科洛维亚—普林斯坦Ⅲ、果洛金谢Ⅰ，伊特库尔湖边的科马罗沃Ⅰ、马洛乌戈列聂沃（小乌戈列聂沃）、叶尼塞斯科伊、切巴什哈和比亚河畔的卡梅绍克Ⅰ、杜尔尕亚—格利瓦、奥金错夫卡、布斯特茹伊—伊斯托克、沃尔奇哈、茨伊甘科沃—索普卡、新阿尔泰斯克、费尔索沃ⅩⅣ、丘丹斯卡娅—果拉，鄂毕河畔的费尔索沃Ⅱ等。此外，对分布在阿尔泰西南部和哈萨克斯坦共和国东部的一处红铜时代大型遗址的出土遗物也做了整理研究。

上述遗址出土一大批陶器，种类较单一，造型几乎全都是大口、圜底或尖圜底陶罐，腹部圆弧或圆鼓，整体呈矮胖的陀螺或"U"形，器口可分为内敛、直口或敞口，也有少量的侈口微束颈。口径多在12~14厘米间，最大径17~18厘米；器高多在12~15厘米间，最高20厘米（图二）。

鲍里什梅斯卡文化的陶器普遍通体施纹，特点是在口唇部施压印或刻划的短线、斜三角、椭圆、梭形构成花边口沿。领部常常戳印三角凹窝或刻划、压印单线、复线三角折线、篦点短弧线、斜条短带纹，也有个别在器表贴塑短的竖泥条附加堆纹。腹部普遍压印或刻划条带几何纹，从上向下一排排直至器底，纹样复杂多变，线条流畅，有些排列密集，相互无间隔；有些相互略有间隔。常见纹样有直线或曲线篦梳纹，横、竖或斜向排列的"之"字纹，直线、弧线、斜线或波浪篦点纹，压印"＜"纹，斜线联珠纹，小方格纹或绳索状压印纹，戳印楔形纹，滚压麻点纹等。从纹样结构判断，施纹工具比较复杂，可分为刻划细线、压印篦点、小方格、横"U"字、三角、楔形凹窝等不同的器具。此外，在陶器颈、腹部常见由外向内戳印的三角、圆形、椭圆形凹窝，个别甚至穿透成孔。也有个别从内壁向外戳，但都不戳穿，在器表形成圆形小乳突饰（图三）。

鲍里什梅斯卡文化的生产工具和武器有石器、骨角器和部分铜器（图四）。

石器以打制为主，包括细石器和少量粗磨石器。细石器分为石镞、石叶、桂叶状石矛等。石镞种类较多，分为三角、近梭形和长条三角形几种，多数凹底或直底，个别凹底较深。还发现有个别带

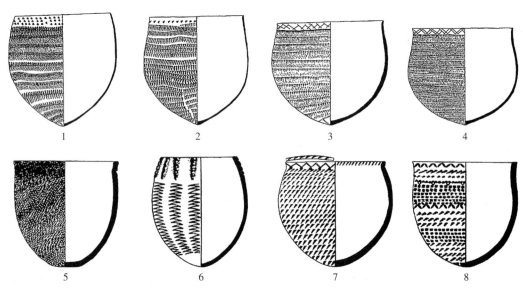

图二　鲍里什梅斯卡文化陶器

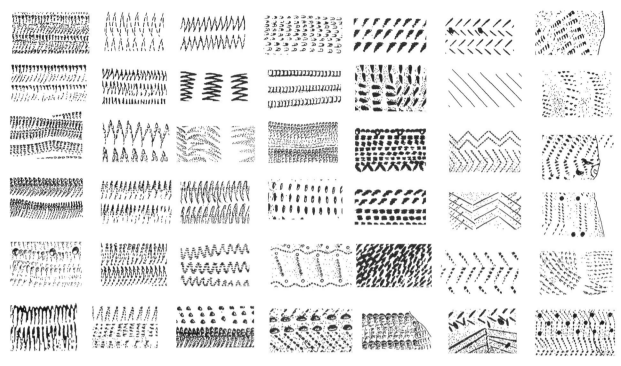

图三 鲍里什梅斯卡文化陶器装饰纹样汇总

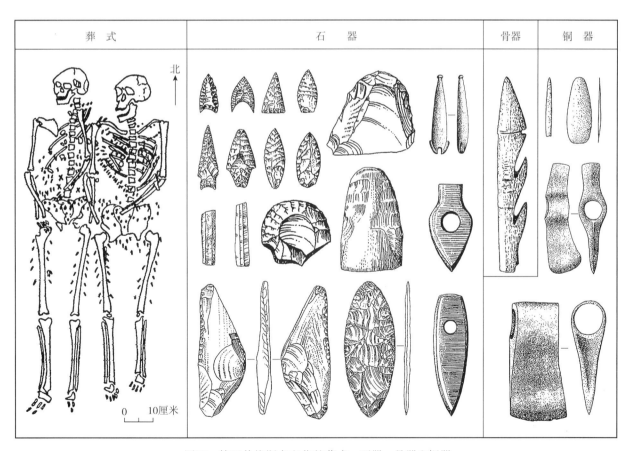

图四 鲍里什梅斯卡文化的葬式、石器、骨器和铜器

短铤的石镞。打制石器主要是砍砸器、各类刮削器等。磨制石器分两类：一类仅将刃部粗磨，器表布满打制疤痕，器形主要有条形或舌形石斧；另一类为穿孔石斧，通体打磨精细，侧面呈条状或梯形，中部或略靠上部钻一圆孔以纳柄，钻孔一面呈锥形或梭形。

骨、角、牙器种类较多，主要有骨标枪头、骨锥、骨管等。其中，钻孔兽牙制作的装饰品较多。也有用野猪大獠牙制作的束发器。

铜器仅有锥子和扁斧。锥子系锻造，后半部横截面方形，前半部圆锥形，装有木柄（已朽）。扁斧均系铸造，有銎孔。造型略有差异，有些銎孔置于后半部，有的置于中部。

鲍里什梅斯卡文化的墓葬流行仰身直肢葬，头向东或东北（见图四）。墓内随葬大量用土拨鼠、獾、狐狸、貂、河狸、鹿、马的犬齿或门齿制作的装饰物。体质人类学研究表明，墓主体质形态带有明显的蒙古人种和印欧人种长期混杂造成的变异和混血现象。

基留申教授认为，鲍里什梅斯卡文化是由来自中亚西南部凯尔捷米纳尔（Кельтеминарская）文化的移民与西伯利亚当地土著交互作用形成的。在这个文化融合进程中，有部分来自戈尔诺—阿尔泰的阿凡纳谢沃（Афанасьево）文化的族群参与其中。基留申特别强调，正是由于阿凡纳谢沃文化居民的加入，给鲍里什梅斯卡文化带来了养牛和冶炼红铜的新技术。

书中介绍了少量在这一区域发现的阿凡纳谢沃文化陶器，种类也很单一，几乎都是侈口束颈尖底罐，状若橄榄。也有个别的侈口鼓腹平底罐。陶罐口径一般在 10 厘米上下，器高 16 厘米左右。最矮的仅 12 厘米，最高可达 20 厘米。器表通体压印几何纹，特点是线条纤细，结构疏朗。常见纹样有压印或刻划"之"字纹，横向、斜向或竖向排列，特别流行将几种不同纹样集于一身，从上向下一排排直至器底。除"之"字纹以外，还有篦点、斜线、水波、三角折线、斜向栅栏等纹样（图五）。

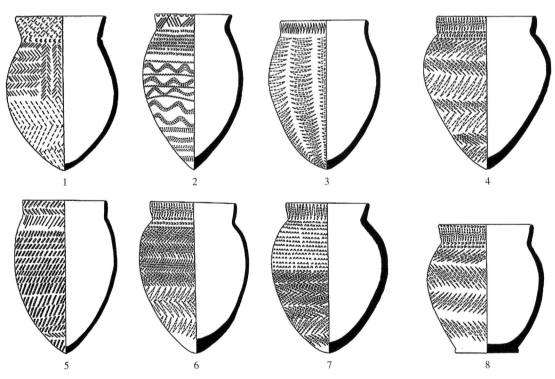

图五　戈尔诺—阿尔泰出土的阿凡纳谢沃文化陶器

　　碳十四数据表明，鲍里什梅斯卡文化的绝对年代从公元前 4 千纪下半叶到公元前 3 千纪的中叶（3500BC～2500BC），属于红铜时代。阿凡纳谢沃文化的年代也应在这一区间内。

　　从公元前 3 千纪中叶开始，西伯利亚西南部进入早期青铜时代。基留申教授指出，这个大的变化与新一轮的移民浪潮有关。这批新移民主要是来自地中海以东的印欧人种，他们长途迁徙进入西伯利亚，与当地的土著居民融合，大约在公元前 3 千纪末发展出了叶鲁宁斯卡（Елунинская）文化。该文化得名于叶鲁宁斯卡村附近发掘的坟丘墓及出土遗物。

　　经调查和发掘的叶鲁宁斯卡文化遗址包括生活聚落、季节性营地、坟丘墓等。著名遗址有：康斯捷科沃—伊斯布什卡、科洛维亚—普林斯坦I、II、III、奥泽尔基—沃斯托奇内耶、叶鲁尼诺I号坟丘墓、捷列乌茨基—乌斯沃斯、斯塔罗阿列伊卡II、茨伊甘科沃—索普卡、施普诺夫卡村附近的坟丘墓等。

　　上述遗址发掘出的遗迹和遗物提供了叶鲁宁斯卡文化的原初形态和演变轨迹。与鲍里什梅斯卡文化相比，最大变化是此时的陶器全部变为平底，器类依旧单一，以大口弧腹筒形罐为主，形态略有不同，可分为敛口、直口和侈口，唇部或方或圆，高矮胖瘦也有一些差异。器口径在 12～16 厘米之间，器高大致也在这一范围。此外，还发现少量带领的侈口鼓腹平底罐及个别的盆、盘等（图六）。

　　叶鲁宁斯卡文化的陶器通体施纹，花纹结构复杂，富于变化（图七）。口唇部流行用压印或刻划的蓖点、椭圆凹窝、连续小方格等构成花边。器表流行压印或刻划几何纹，线条流畅，特点是将几种纹样结合，构成复合花纹，从上向下一排排直至器底。常见有蓖点、折线、直线、波浪线、"之"字纹及连续小方格、菱格、"U"形凹窝等纹样。部分陶器在颈部和腹部戳压凹窝，多从外向内戳压，个别戳透成孔。也有的由内向外戳压，在器表形成小的圆形乳突。还有个别在器颈、肩部位贴敷齿状泥条附加堆纹。据基留申教授研究，这个阶段的装饰有一个大致的演变趋势，即早期的锯齿线条比较纤细，晚期线条变得粗放。

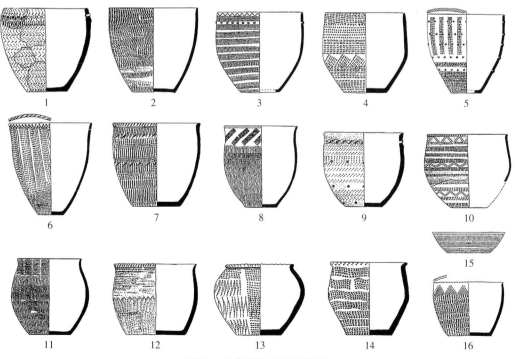

图六　叶鲁宁斯卡文化陶器

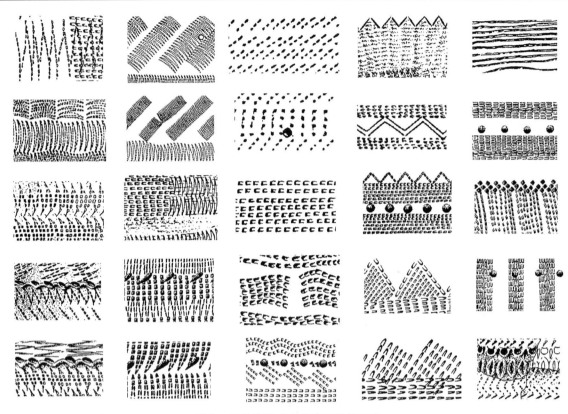

图七　叶鲁宁斯卡文化陶器纹饰汇总

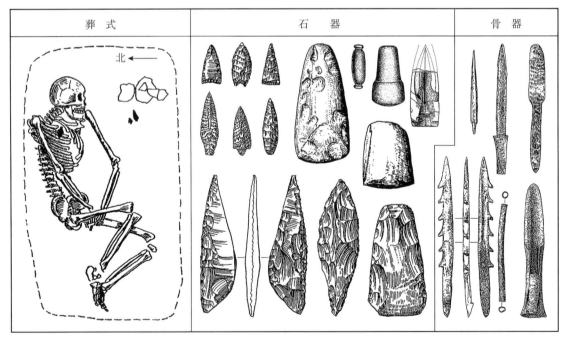

图八　叶鲁宁斯卡文化的葬式、石器和骨器

　　叶鲁宁斯卡文化的生产工具和武器主要有石器、骨角器和铜器（图八、九）。

　　石质工具和武器分三类：一类为打制，器表大多布满打制疤痕，器形有斧、砍砸器、锯、弧刃刀、砺石（磨石）等。其中石斧分为梯形和桂叶形两种。第二类为细石器，主要为石镞，凹底或直底，以三角形为主，个别桂叶状。其他细石器有石叶、各类刮削器、矛头等。第三类为磨制石器。主要有梯形扁斧，特点是刃部粗磨，周边保留打制疤痕。其他还有石雕人物、动物（熊）及圆雕羊头、马头的指挥棒（权杖）以及铸造铜器的石范等。

叶鲁宁斯卡文化的骨制品非常复杂，尤以骨雕工艺最为发达。器类主要有标枪头、矛（包括有鋬骨矛）、刀、刮刀、匕首、钻、锉刀、角锤、骨管（针筒）、锥、镞、凿、匕、羊距骨和骨雕艺术品等。在别列佐瓦亚—卢卡聚落遗址有矛头、鱼叉、骨镞和一种多面体的器物，以及下部狭窄的带柄器、双刃骨梗刀、单刃弓背刀、骨标枪头等。

青铜器分工具和武器两类。如柄首铸造马头的刀、矛头、带钩矛、斧、镞、锥子和其他一些装饰品等。不难看出，当时的青铜铸造业已达到较高的水平。

此外，还发现少量雕琢而成的石质罐类容器，器表刻划有狩猎图案，表现携带弓箭的猎人和家犬一起狩猎野牛、马、赤鹿和狍子。画面中，还有猎人朝野兽怒吼，试图恐吓和控制狂野的公牛的场景（图九）。

叶鲁宁斯卡文化早期的遗存在形制、装饰等方面还保留有个别鲍里什梅斯卡文化的孑遗，显示出该地区早期青铜文化与红铜文化之间的承继关系。但该文化的丧葬习俗变化显著。墓主全部改用向左侧屈的埋葬方式，鲜有右屈或仰身直肢者，头向一律朝向东或东南，显示出特别统一的葬仪（见图八）。再就是发现用火烘烤墓穴或往死者身上播撒赭石粉的习俗。

叶鲁宁斯卡文化居民的体质形态具有从蒙古人种向印欧人种混杂渐变的特征，而且演变轨迹非常清晰。该文化早期居民的容貌部分保留了蒙古人种的特征，晚期已完全蜕变为印欧人形象。但在一些女性的头骨上还保留有少量的蒙古人种特征。据称，这个时期的外来移民主要来自地中海东部地区，年龄大多为 25～30 岁之间的青年男性，可见人种的混杂渐变是由外来印欧人种男性和当地土著蒙古女性婚配使然。

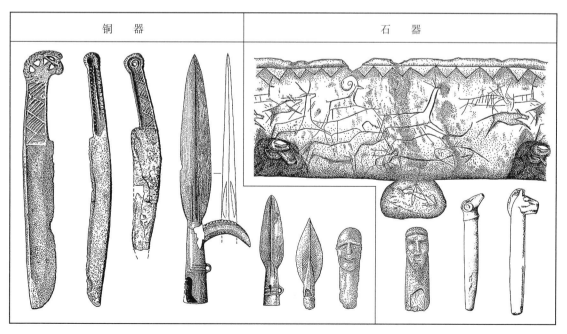

图九　叶鲁宁斯卡文化的铜器和石雕作品

这个时期出现了一些引人注目的社会现象。比如，因暴力死亡的人数明显递增，在坟丘墓中随葬特殊的艺术品，重视祭祀仪式，透露出宗教信仰的滥觞。墓中随葬有雕刻战车的画面及圆雕石人，显示出对武士和精英阶层的崇拜心理，祭祀对象往往是能够保卫家族牧场和水源的男性武士以及那些敢于在极端环境下冒险、为夺取新的领地或寻找可能的社会新伙伴而迁徙远征的精英。一批象征威权的武器、兽首铜刀、指挥棒和权杖的出现，暗示凌驾于一般社会成员之上的特殊人物的存在。总之，以独特造型的武器、祭祀、战争等新的社会元素出现为标志，显示社会复杂进程的加快。

在经济形态上，畜养业开始在叶鲁宁斯卡文化中扮演重要角色。在冬季营地，畜牧业比例大大超越狩猎。以别列佐瓦亚—卢卡聚落遗址为例，该址出土的家畜骨骼占动物遗存的99%，种类以山羊和绵羊居首，马居次席，第三是牛。在夏季营地，家畜骨骼占到50% ~ 80%，种类的比例与冬季营地相差无几。人们在春天向阿尔泰草原和部分森林草原迁徙，秋天重新返回戈尔诺—阿尔泰上游河谷，畜牧业的季节性显示出巨大的经济活力和机动性。

在别列佐瓦亚—卢卡聚落遗址发现保存3米厚的泥沙堆积，时间长达数十个世纪，这些堆积非常难得地记录了该地区频发暴雨、山洪等自然灾害的恶劣气候。在捷列乌茨基—乌斯沃斯坟丘墓使用了大量木材，残存遗迹也证实了这一点。

碳十四检测数据明确了叶鲁宁斯卡文化的绝对年代始于公元前3千纪下半叶的中期，延续至公元前16世纪中叶，这个时间表揭示了叶鲁宁斯卡文化在西伯利亚西南部草原、局部森林草原和丘陵地带的发展历程。再接下来，强势的安德罗诺沃（Андроново）文化扩张到该地区，将叶鲁宁斯卡文化居民驱赶到了北方鄂毕河与额尔齐斯河之间的森林草原。他们在那里与当地原住民重新融合出了新的考古学文化——克洛托夫卡（Кротовская）文化。此后，这两个文化群体在空间上一南一北，交流互动，从公元前2千纪中叶延续到公元前13至前12世纪。

此后，西伯利亚西南部进入青铜时代晚期和铁器时代，兹不赘。

以往，我国考古界对西伯利亚[①]史前文化的了解基本来自苏联学者吉谢列夫（Киселев，С. В.）的《南西伯利亚古代史》[②] 一书，所及空间范围也仅限于叶尼塞河（Енисéй）的中游，特别是米奴辛斯克盆地，最熟悉的考古学文化序列是：阿凡纳谢沃文化、奥库涅夫文化、安德罗诺沃文化、卡拉苏克文化和塔加尔文化。但是，吉氏这部博士论文完成于20世纪40年代，当时发现的考古遗址不是很多，研究也多有语焉不详之处。实际上，西伯利亚的地域极为广阔，各个地区、甚至不同河流水系的考古学文化差异很大，关系错综复杂，相互间不仅存在交往互动，而且常有大范围的族群迁徙和文化替代现象，这一点在西伯利亚西南部表现得非常明显。

西伯利亚西南部与新疆西北部、蒙古西北部和哈萨克斯坦东部毗邻，这里也是史前文化交汇和族群互动频发的地区，也是我国考古界比较缺乏了解的地区，尤其是对鄂毕河中下游新石器时代和青铜时代文化的了解相对欠缺。鉴于这个地区从铜石并用到青铜时代的形成与欧亚大草原的族群迁徙和文

---

① 西伯利亚的地理概念在不同时期有所变化。沙俄时期将乌拉尔山以东地区统称为西伯利亚，并分为西西伯利亚、东西伯利亚和远东三个部分。苏联时期，远东被单独分出，成为新的地理概念，其分界线是以太平洋为分水岭，以叶尼塞河为界，分为东西伯利亚和西西伯利亚两部分。详见薛君度、陆南泉主编：《俄罗斯西伯利亚与远东——国际政治经济关系的发展》，世界知识出版社，2002年。

② 吉谢列夫：《南西伯利亚古代史》，新疆社会科学院民族研究所译，1981年。

化互动有密切关系，加之与我国新疆北部毗邻，因此，加强对这个地区史前文化的了解，尽快弥补这块短板，对于深化我国北方，特别是新疆北部及早期东西文化交流领域的研究有积极的意义。

最后提几点需要注意和进一步思考的问题：

第一，在我国北方，特别是在内蒙古东部、辽西和整个东北地区，早在距今 8000～7000 年开始出现以大口平底筒形罐为代表的史前文化，器表流行刻划或压印的"之"字纹，也有少量蓖点"之"字纹，如兴隆洼文化、赵宝沟文化、新乐下层文化、小珠山文化、红山文化等，直到小河沿文化才逐渐匿迹。此前曾有学者指出，鉴于大口平底筒形罐和"之"字纹装饰在东方出现时间早、流行时间长，推测此类因素是"东方起源的一种文化传统"。作者还指出，"在叶尼塞河和鄂毕河中上游发现的平底筒形器，无论就器形和纹饰而言，都比较接近红山文化的平底筒形器。在绝大部分是尖圜底或圜底的阿凡纳谢沃文化陶器上，可看到一个奇妙的现象：有相当多陶器的纹饰都可以在草原地带东端的新石器时代陶器纹饰中找到对应的关系。除了常见的'之'字纹，平行弦纹、席纹、席纹和'之'字纹的组合、纵横两种'之'字纹的组合、复线'之'字纹等也有出奇的相符性。这些纹饰，是兴隆洼文化、赵宝沟文化、左家山一期、小珠山下层等遗存中流行的纹饰，而在红山文化中已经衰落。因此，这些文化因素的西渐，应始于比红山文化更早的时代。"应当说这是个相当大胆的推测，毕竟在内蒙古东南部、西辽河到南西伯利亚之间横亘着蒙古国广袤荒凉的戈壁沙漠和图瓦地区高耸的萨彦岭。对此作者也意识到，"从相差约 3000 年、相距 3000 公里的文化相似性来谈文化因素的传播，是否能为人所接受？"但他又强调这"只不过是为了提供一种可供选择的思路"。作者相信，"草原地带的游牧文化起初是由草原边缘的原始居民从各个方向进入草原而奠基的。从这个意义上说，内蒙古东南部很早就发展起原始农业而从事定居生活的新石器时代居民，正是后来驰骋草原的游牧人的重要来源之一。"①

作者还提到另外一个相关的文化现象，在南西伯利亚地区，阿凡纳谢沃文化被奥库涅夫文化所取代，前者居民的体质形态属于欧罗巴人种，后者则为蒙古人种，这一现象可以说为上述东方文化传统向西扩散的猜想提供了人类学的证据。对此，尽管还无法给出明确的解释，但却是个值得深入思考的问题。要解决这个问题，最好是在公元前 4 千纪的世界体系格局框架下，结合中国西北地区的族群迁徙和文化变迁做全方位的深层思考②。

第二，西伯利亚西南部所在的鄂毕河上游和戈尔诺—阿尔泰与新疆北部地区毗邻，额尔齐斯河位于此区的西南一隅，尽管这两条河分属不同水系，但两地之间应有文化传递的孔道。目前在新疆境内并未发现早到鲍里什梅斯卡红铜时代的文化遗存，但近来在新疆北部已挖掘数处阿凡纳谢沃文化的墓葬，显示出距今 5000 年前后，新疆北部与阿尔泰山地的文化联系。但传播的孔道在哪里？额尔齐斯河在这中间扮演了怎样的角色？值得关注。

第三，有俄罗斯学者指出，新疆境内发现有叶鲁宁斯卡文化的陶器③。对此我们尚不知其所指为哪类遗存，是否真的属于叶鲁宁斯卡文化？这都有待核实。特别需要对以往发现的那些暗色压印纹平

---

① 林沄：《两个现象，一个假设》，《林沄学术文集》，中国大百科全书出版社，1998 年，第 246～259 页。

② 李水城：《前丝绸之路的诞生：欧亚草原与中国西北的族群迁徙与交互》，《丝绸之路考古》（第 1 辑），罗丰主编，科学出版社，2018 年，第 76～81 页。

③ 俄罗斯学者科瓦列夫先生见告。

底陶器做进一步的甄别，开展相关的比较研究，摸清家底。以往我们惯于将新疆北部的压印纹平底陶器归入切木尔切克文化，该文化与分布在南西伯利亚的奥库涅夫文化时代相同，年代都晚于阿凡纳谢沃文化。其中，属于蒙古人种的奥库涅夫文化在南西伯利亚取代了阿凡纳谢沃文化。切木尔切克文化的族属还说不清楚，该文化与新疆境内的阿凡纳谢沃文化应为承继关系，并有可能受到奥库涅夫文化影响。假如新疆北部还有叶鲁宁斯卡文化的遗存，问题将进一步复杂化。

第四，根据现有考古资料，新疆最早的史前文化是从北部传入的，即阿尔泰山地和额尔齐斯河流域。在叶鲁宁斯卡文化中发现有塞伊玛—图宾诺的典型铜器，如带钩矛和兽首铜刀等，联想到此类铜器在新疆、甘肃、甚至中原内地的河南等地都有发现，它们是如何从西伯利亚西南部传入内地的？传播的渠道在哪里？年代关系如何？这些都需要加强对西伯利亚西南部的了解，这也是关系到早期东西文化交流的重要问题。

[后记]

本文是 2004 年写就的读书报告，已搁置多年。2016 年春，应罗森教授之邀，我前往牛津大学讲学，她希望我能就"早期东西文化交流"研究给他们做几个讲座。遂翻捡出此文，结合以往对中国西北地区的研究写出了《世界体系下的边际效应：中国西北与欧亚草原的族群迁徙与文化交互》的演讲稿。通过这个研究过程也让我意识到，将中国西北地区的文化变迁与西伯利亚结合起来思考是个很有内容的话题。同时感到，基留申的著作对我们了解西伯利亚西南部的史前文化及早期东西文化交流的研究是有启示的。此次在旧作的基础上新增了西伯利亚西南地区出土的文物线图，以期引起学界对这一区域的关注。

在此恭贺郭大顺先生八十寿辰！

2004 年完成初稿
2017 年夏修改于加拿大
2018 年定稿于北京蓝旗营

新石器作坊与石器修理坊初论

黄建秋

（南京大学历史学院考古文物系）

新石器是指新石器时代主要用于生产和生活活动的磨制石器，它包括用石材制作后被使用而未加修理的原石器和使用中受损后经过修理的改制石器以及非实用石器。制作石器的手工业可称为石器工业。而研究新石器制作的最好材料是制作石器的作坊（下文简称为石器作坊）与修理石器的作坊（下文简称为石器修理坊），由此可以获知石器种类和组合、石器产地与消费地的关系、聚落内部分工等信息，为窥视石器工业和新石器所反映的生产力状况奠定基础。

毋庸讳言，石器作坊和石器修理坊是新石器研究的薄弱环节。学者们之间对与之相关遗迹的认识存在分歧，原因就在于对何谓石器作坊和石器修理坊没有取得共识而无法在同一个平台展开讨论。本文拟就石器作坊和石器修理坊略作探讨。

一 石器作坊

（一）制石工序

石器作坊是指制作石器的工作场所，它包括石器制作和作坊两个特有属性。下面分别讨论这两个属性。

石器制作是指把拣选来的石块或砾石做成石器的手工劳动。石器制作至少要经过以下三道工序：1. 采石，2. 制坯，3. 定型。有些石器制作需要在采石工序之后加上开料工序，制作穿孔石器通常在定型工序之后加上钻孔工序，制作表面光滑的石器时要在定型工序后加上抛光工序。下面讨论各个工序的特征和物证。

1. 采石

这是石器制作第一道工序，它是指人们根据石器造型的需要挑选合适的石材的过程。它分两种情况，一种情况是人们在河漫滩、溪流和冲沟旁和山麓等地点拣选大小、强度合适的天然砾石或块石作为石材。浙江龙游荷花山遗址西区的"石器·石块混合遗迹"应该是采石场。分为上、下两层，分布面积达 150 平方米。现场考察发现，它位于山坳中，可能是古老冲沟沟底的洪积物堆积。这里不仅有大量大小不一的砾石，还有大量带有石皮的石片以及不宜制作石器的小石片甚至石屑。它是人们利用锤击法打击砾石判断它们是否适合做石器而进行试石的证据。该遗址东区的居住面上不仅有磨盘、磨棒、石球和石锤，而且还有一定数量的石片石器以及大量卵石块①。笔者认为，东区的石料来自西区。采石的物证是这里有大量可供拣选的完整砾石和试石后留下的残破砾石以及大量带有石皮的石片和石屑等。

另一种情况是开采石料。这种遗迹发现不多，知名的采石遗迹有广东南海西樵山遗址。西樵山的锦岩遗址经过发掘，在三个探方（T2、T3 和 T4）中发现石片较多，碎屑较少，特别是 T3 紧贴石崖，地层里满是石料和石片。发掘者认为，这里石块、石片个体较大，碎屑甚少，而石器制作工具较多，石器产品甚少，符合采石场应有的现场②。笔者赞同发掘者的判断，锦岩遗址是人工开采石料的采石场遗迹。采石的物证是这里有人工开采的可供制作石器的石片和大量被废弃的小石片、石屑。

还有一种情况，以制作大型石器时剥下来的废片为石材制作诸如石镞等小型石器，目前尚未见到此类报道。

2. 制坯

这是石器制作第二道工序，它是指按照石器造型的需要把石材加工成近似最终造型的毛坯。它分两种情况。一种情况是利用锤击法等技法打制石坯。西樵山镇头（第七地点）贝丘遗址是制坯作坊遗迹。在该遗址发掘了 21 平方米，出土石片 1 万余片、陶片 108 件、石器 161 件。石器中长条形、椭圆形和三角形手斧共 31 件③。从报告附图看，所谓手斧表面布满石片疤，它们应该是双肩石器毛坯。制坯的物证是器表布满石片疤的石坯与大量被废弃的小石片、石屑共存。

另一种方法是利用锯切法把石材"锯"成石坯。这种石锯与没有开刃的石刀相似，但是边缘有磨痕。锯时需要加沙和加水，加沙的作用是利用沙粒磨耗石材以达到开槽截断石材，加水的作用是用水聚沙并给因"锯"（即来回摩擦）而升温的石材和石锯降温。这种技法的优点是能够一次性完成制坯和定型工序。目前还没有石锯与石坯共存的报道，不过我们在一些报告中看到这类石锯被误称为石刀等。笔者在江浙地区博物馆中见到过石锯。

3. 定型

这是石器制作第三道工序，它是指把石坯研磨成完型石器。定型工序的物证是能够研磨各种类型石器的砺石和厝石以及作为研磨介质的砂粒。

有一种情况值得注意，笔者在长江下游新石器时代中晚期遗址中见到不少扁圆柱体石斧，表面没有打击痕迹，只有研磨留下的条痕。我们推测，它们是人们直接把天然砾石一端磨出两面刃而得到的石斧。凌家滩遗址出土的玛瑙斧（98M28：21）是很典型的利用研磨定型的石斧④。其顶端和尾端都保留着石皮，说明制作这件石器时没有采用锤击等技法把它打制成石坯，而是直接把其一端研磨出两面刃而成石斧的。研磨定型的物证是有大型砺石和扁圆柱体石斧半成品以及扁圆柱体

① 蒋乐平：《龙游荷花山遗址发掘初现成果》，见浦江博物馆编《上山文化论集》，中国文史出版社，2018 年。
② 广东省博物馆：《广东南海县西樵山遗址》，《考古》1983 年第 12 期。
③ 广东省博物馆：《广东南海县西樵山遗址》，《考古》1983 年第 12 期。该报告作者所说的手斧应该是双肩石器毛坯。
④ 安徽省文物考古研究所：《凌家滩——田野考古发掘报告之一》，文物出版社，2006 年，第 243 页。承发掘者张敬国先生美意，笔者上手观察了这件器物。

砾石共存。

4. 开料

开料是指把采集来的石材处理成易于加工成器的石料。这个步骤有时是一个独立的步骤，有时与制坯合二为一。开料分两种情况。一种情况是利用锤击法对大石块或砾石剥片，留下石核作为石材，或者是把从大石块或砾石上剥下来的大石片作为石料。开料的物证是出土大量体量大于成品的大型石片。锦岩遗址就有很多这种大石片。

另一种技法是锯切法，即上述石器制坯所用方法。我们在江苏宜兴骆驼墩遗址采集的石器上观察到锯切法留下的痕迹。其物证是石锯与锯切法制作的石片共存。

5. 钻孔

这是制作穿孔石器的一道工序。穿孔所用方法较多，大致分为管钻、桯钻以及擦切法，可能还存在琢击钻孔技法。

桯钻的物证是用于桯钻的小型钻头，管钻的物证是石芯。这两类物证在很多遗址都有出土。擦切法没有直接物证，只有石器本身遗留的擦切痕迹作为间接证据。琢击钻孔也少有直接证据，只有石器穿孔壁上遗留的琢击痕作为间接证据。

6. 抛光

这是石器制作最后一道工序，它是指利用研具摩擦石器表面使其表面平滑。它分两种做法。一种做法是采用坚硬块状研具摩擦石器表面。研具摩擦石器表面凸起部位而无法研磨低凹部位，这种技法可称为硬抛光。用于硬抛光的研具有平滑砂岩块、硬木片、竹管等。新石器时代中晚期出土的很多石器都是经过硬抛光的，它们表面凸起处光滑、反光强烈而低凹处依然是破裂面且暗淡无光①。抛光的物证之一是表面非常细腻的砺石与磨制石器共存，至于竹木质研具基本无存。

另一种做法是采用细微粉砂作为介质来研磨石器表面，研磨方式与研磨石坯使之成为定型石器相同。研磨时沙粒不仅接触到石器表面凸起部位而且还接触到石器表面低凹部位，这种技法可称为沙抛光。这样的石器在新石器时代中晚期遗址中比比皆是。其物证是表面细腻的砺石以及粉砂质沙粒。

（二）作坊特征

作坊就是从事手工制造活动的工场。在考古学上，它相当于居住面或活动面，使用中的作坊应该堆放原料、产品、半成品、废品、废弃物和加工工具，偶尔可以看到完型产品。有的活动面上还有诸如储水坑或研磨池等设施。

（三）石器作坊诸要素

按照以上讨论，石器作坊应该包括遗迹和遗物两个部分，遗迹包括采石场、制坯坊、研磨定型坊，遗物包括制坯工具、石制品、磨具和研具、储水器。

1. 制坯工具

它包括石锤、石锯、磨石、沙粒、石砧等。

① 承蒙常州市博物馆同行美意，笔者仔细地观察过一件石器，发现该石器是用硬抛光法制作而成的。

石锤，大小适合手握，其端部多有因打击或琢击而出现的麻点形石片疤。有学者把砾石分为近球形、棒形、盘状和片形四种①。

石锯，一侧边缘有磨痕的平直或凹弧形扁薄石片，其工作角基本为"U"形。有的石锯近似石刀，但是没有刃部。

磨石，有两类。一类是放置在地上使用的砺石，多数是大型砂岩块，主要用于研磨石器平面或圆弧面等部位。砺石表面造型各异，有的是圆弧凹面，有的是条形凹槽，有的是多个面积大小不一的凹面等。另一类是手握使用的厝石，多是小型砂岩块或砂岩棒，主要用于研磨石器边角尖端等部位。需要注意的是，有些表面特别细腻的砺石和厝石以及细腻粉砂质砂粒可用于石器表面抛光，相当于抛光用的研具。

沙粒，研磨介质，粒度粗细不等，以石英砂为主。

石砧，有的作坊在制坯时，会在石料下垫大石块即石砧。其特征是大石块平面上有分布不规则、造型不规则的麻点状凹坑。

2. 石制品

石制品种类很多，包括石材、石坯、石片、半成品、废品、完型石器等。

石材，采集来的砾石，剥片后留下的石核，从大型块石或砾石上剥下来的石片。

石坯，利用锤击法等打制石材得到的石坯以及用锯切法制作的石坯。石坯细分为粗坯和精坯，前者是经过二次加工的石片和经过多次加工的石核，其特点是造型尚不明确的石坯。精坯是造型明确的石坯。

石片，开料和制坯过程中产生的石片——包括石片和石屑，有些石片会被再利用制作成小型石器，有些是不再利用的废片。

废品，制坯和定型阶段意外断裂或破损的非完型石器。

半成品，器形明确等待研磨的石坯，待钻孔的石坯，待抛光的石坯。

完型石器，已经完成了所有制石工序后得到的石制品，包括尚未开刃的利器。这种情况在民族志中是有记载的。

3. 研具

用于抛光的工具，主要有砺石、厝石和砂粒等。有机质的竹木研具无存。

(四) 石器作坊类型

就已经公开发表的制石作坊资料来看，具备石器作坊所有要素的遗址大概只有 1 处，即浙江桐庐方家洲遗址②。根据有限的信息可知，方家洲遗址位于富春江支流分水江的"U"字形转弯处的台地上，河漫滩上的大量砾石可作石料和制石工具。在发掘的 800 平方米范围内发现了大量玉石原料、石锤、石片、石坯、废片和少量玉石器制品，多个石片堆和多个灰坑③。人们可以在这里完成从采石到

---

① 中国社会科学院考古研究所、广西壮族自治区文物工作队、桂林甑皮岩遗址博物馆、桂林市文物工作队：《桂林甑皮岩》，文物出版社，2003 年。

② 方向明：《方家洲——新石器时代的专业玉石器制造场》，《中国文化遗存》2012 年第 6 期。

③ 感谢方向明先生给予现场参观学习机会。根据现场考察，推测它们是制坯或研磨玉石器的研磨池。

定型的所有工序，方家洲遗址是国内外难得一见的完整石器作坊。

河北易县北福地遗址是一处与采石场分离的石器作坊。它位于中易水北岸，距离石源地的河滩不足千米。该遗址第一期发现了10座半地穴式建筑，居址面上发现不少砾石、石片、石核、废品以及砺石和基本完整的产品。其中F1保存完好，平面为圆角方形，有门道，中央有一个椭圆形红烧土灶面，其北侧有一个圆形灶坑。填土中有天然砾石、石料、各类石制品、陶器残片、刻陶面具、核桃楸果核等共2801件，其中砾石1503件，石片、石核、断块和废块等562件，细石器247件。包括基本完整品、半成品、残缺品和废品在内的石制品有110件，其中砺石有73件。基本完整品和残缺品6件，其中石锛1件、磨棒2件、磨盘1件、网坠2件。9件废品中有8件斧、1件耜。半成品1件，是石斧坯件。陶片374件，包括直腹盆、支脚、磨盘、钵等。数量巨大的砾石来自不远的易水河滩，长径超过10厘米的只有55件，最长者35厘米，10～5厘米的有105件，其余的均在5厘米以下。石制品中的斧、锛、坠等长度多在15厘米以下[1]。据此可以认定，F1是距离采石场比较近的室内石器作坊遗迹。

以采石场闻名的广东南海西樵山遗址，经过多次调查和发掘，学界对其性质的认识渐趋一致，即西樵山是多个采石场兼制坯坊构成的遗址群[2]。除了上述锦岩遗址外，镇头贝丘遗址也是采石兼制坯坊遗迹。在这里发掘了三条探沟共21平方米，出土了少量石坯，其中尖状器8件、刮削器8件、磨制双肩器3件、磨石1件，双肩斧80件，残石器26件，梯形锛2件，凿2件，5厘米以下的石片8445件，加上2厘米以下的碎片总数在1万片以上，平均每平方米出500片左右。与之共存的是108片陶片以及火烧泥块和几件不明种属的动物骨骼[3]。由此可知，人们在此完成了采石和开料、制坯和定型三道工序，这里主要生产双肩石器坯件。西樵山的多个石器作坊遗迹都显示了它们是采石兼制坯的作坊，似乎没有研磨坊。但是有些地点出土过磨石，恐怕不能完全否定西樵山存在研磨坊的可能。

山西襄汾大崮堆山遗址也是一处重要的石器作坊遗迹。制石遗迹分三大层，第一层出土的石制品约为9460件，其中石片约7980件，石坯约1353件，石核91件，石锤27件。第二大层出土的石制品只有142件，其中石片115件，石坯7件，石锤5件。第三大层出土石制品1399件，其中石片1228件，石坯158件，石核3件，石锤10件。该遗址出土的石片占石制品总数的84.8%，石坯占13.8%，石核占1%，石锤占0.4%[4]。虽然无法确认它是不是采石点，但是从石核、石坯件、石锤的数量比来看，可以肯定它是一处典型的制坯坊。

有些发掘报告中提到文化层出土了大量石片、砾石和废品，但是很少从制石手工业的角度予以探讨。原因在于这些遗址只发现了石器作坊的某些因素。而没有能够发现石器作坊其他物证的原因有两个，一是受发掘部位和发掘面积制约，石器作坊没有被完整地揭露出来。比如浙江余杭石马兜遗址出

① 河北省文物考古研究所：《北福地——易水流域史前遗址》，文物出版社，2007年。
② 中山大学调查小组：《广东南海西樵山石器的初步调查》，《中山大学学报（自然科学版）》1959年第1期。莫稚：《广东南海西樵山出土的石器》，《考古学报》1959年第4期。广东省博物馆：《广东南海县西樵山遗址》，《考古》1983年第12期。张镇洪：《1986～1987年西樵山发掘简报》，《文物》1993年第9期。曾骐、李松生：《1986～1987年西樵山考古的新收获》，《中山大学学报（哲学社会科学版）》1988年第3期。冯孟钦、卢筱洪：《广东南海市西樵山佛子庙遗址的发掘》，《考古》1999年第7期。易西兵：《试论西樵山双肩石器的源流——西樵山遗址探索之一》，《史前研究》2002年。
③ 广东省博物馆：《广东南海县西樵山遗址》，《考古》1983年第12期。
④ 山西省考古研究所：《山西襄汾县大崮堆山石器制造场遗址1988～1989年的发掘》，《考古》2014年第8期。

土了石锤、穿孔斧等石芯、穿孔未透的石斧半成品、石斧坯、石锛坯和石斧废品等①，部分石芯表面光滑，可见当时给石器钻孔前石器表面已经做过研磨。显然这里存在制坯坊和研磨坊，但是没有发现研磨的直接物证——砺石，也许正是因为缺少这个物证而没有认定这里存在石器作坊。二是一些文化中石器制作是分地点、分阶段进行的，如荷花山遗址西区只是采石场，制坯可能在东区进行。

根据以上分析，可以把石器作坊归纳为四类：

第一类是包含石器制作的所有工序的遗址，拥有采石场、制坯坊和研磨坊的完整石器作坊，目前只有方家洲遗址一处。

第二类是包含制坯坊和研磨坊的不完整石器作坊，如北福地遗址。这类作坊是否反映了石器工业存在采石与石器制作的内部分工，值得探讨。

第三类是包含采石和制坯坊的不完整石器作坊，这类作坊有锦岩和镇头贝丘遗址、大崗堆山遗址等。这类作坊多位于溪流、山麓、河湖、海滩旁和洞穴内。

第四类是单纯的采石场，龙游荷花山遗址西区的"石器·石块混合遗迹"应该是单纯的采石场。出土石球、石锤、石片石器和大量卵石块的东区活动面是今后寻找制坯坊的线索。

二 石器修理坊

提出石器修理坊这个概念的原因有两个，一是有的学者把地层中砺石与残损石器共存的现象当作制石作坊，这就把石器制作和石器修理的作坊混淆了；另一是遗址中砺石和残破石器共存现象完全被忽视，生产和生活面貌的复杂性得不到阐释。

很多新石器时代遗址发掘报告中常常会提到活动面或者居住面上有砺石，但是都没有把它与石器制作和使用有关的遗迹联系起来。这些砺石附近没有带石皮的石片、废片或砾石，只与残损石器等共存。这个情况说明砺石不是石器作坊中用于石器定型的磨具，而是修理坊中的研具。根据笔者观察，与砺石共存的一些石器表面不仅有制作痕迹而且有修理痕迹。砺石所在地就是石器修理坊。

石器修理坊的出现充分反映了先民已经形成了"物尽其用"和"废物利用"理念并付诸实施。我们曾探讨过石器修理工艺，把修理石器的方法分为石器更新和改制两种方法②。这里不再赘言。

三 余论

探讨石器作坊，要重视与石器制作有关的遗迹和遗物的辨识。这个遗迹就是研磨石坯必备的设施——储水坑或者研磨坑，它很容易被当作普通的灰坑而被忽略掉。我们建议，只要在居住面或活动面发现与制石有关的遗物时，一定要注意观察其附近有没有灰坑，一经发现就要收集并仔细地观察坑内填土。如果坑底部有类似淤土的粉砂质堆积，那么它很可能是作为研磨介质的砂粒以及研磨过程中石坯表面被磨耗掉的细微石屑堆积，它是研磨坑的物证。另外，也需要关注砺石和厝石的差别不仅在于使用方式不同，而且在于其表面遗留下来的研磨痕迹不同，这些研磨痕迹是探讨研磨工艺特征和技

① 中国江南水乡文化博物馆：《考古余杭——新石器时代》之"石马斗遗址"，西泠印社出版社，2012年。
② 黄建秋、林留根：《磨制石器痕迹研究初探——以骆驼墩遗址出土石器为例》，《中国考古学会第十四次年会论文集（2011）》，文物出版社，2012年。

术传承的重要线索。再一个是石锯，它很容易被误认为是没有开刃的石刀或普通石片，它是锯切工艺的直接证据。

最后提一个建议，不用莫氏硬度而用普氏岩石分级表示石器的硬度。因为莫氏硬度是用 10 种矿物来表示物体的坚硬程度的，而绝大多数石器是用多种矿物集合体的岩石制作而成的，无论用岩石中的哪种矿物的硬度来表示石器的硬度都不合适。地质学中的普氏岩石分级法用 10 个级别来表述岩石的坚硬程度，每个级别都列出相应的岩石名称。这个分级适用于描述石器的坚硬程度。

谨以此文恭祝郭大顺先生八十华诞。

玉器时代观念与艺术的浪潮

方向明

（浙江省文物考古研究所）

  1990 年牟永抗、吴汝祚完成《试论玉器时代——中国文明时代产生的一个重要标志》，把属于玉器时代的考古学文化的分布地区，虚框为一个月牙形的地域："上述已显示进入玉器时代的遗址，北起红山文化，南及石峡文化，西部有延安的石峁遗址，把这三地用线连接起来，就形成一个月牙形。这个月牙形地域，大概是处在东经约 110~123 度、北纬约 24~42 度之间，北居辽河中下游，南及岭南，其间包括黄河、长江的中下游地带，东和东南濒临黄海、东海和南海，占有了我国主要的沿海地区。在这个地区内，有许多大小港湾，为海上交通的发展开辟了广阔的途径，加速了文化上、经济上的交流，促使社会经济的迅速发展。这种得天独厚的优越条件，是其他地区无法比拟的。""这个月牙形地域的北线，大体是沿长城的走向，在其北为牧区、南为农业区，主体部分属海洋性的温带气候，土地肥沃，物产丰富。古史传说中的华夏、东夷、苗蛮三个主要集团也都是建立在这个地域内。因此，它们成为中华民族文明的主要发祥地，就不言而喻了。"[1]

  距今 5000 年前后的玉器时代，是半月形地带中华文明起源和发展的主要特征之一。更有证据表明，东北亚区域玉文化的形成可能要远远早于玦饰的出现[2]。距今 8000 多年前，原生玦饰玉文化开始在辽海一带形成[3]，之后随着玉文化的发展和扩散，形成了红山、凌家滩—崧泽、良渚、龙山—后石家河等文化的用玉高潮。玉器的矿物、工艺、社会三大属性，决定了新石器时代玉器在考古学文化和文明化进程中的地位和作用[4]，不仅如此，"玉器作为史前考古文化中技术含量与文化含量最高的文化因素，拉近了考古与历史之间的距离，使玉器研究作为史前考古文化的重要组成部分，对史前考古和重建史前史有迅速推动"[5]。玉器不仅是观念和艺术、原始宗教和信仰的反映，更是各区域之间观念和

① 牟永抗、吴汝祚：《试论玉器时代——中国文明时代产生的一个重要标志》，苏秉琦主编《考古学文化论集（四）》，文物出版社，1997 年，第 179~180 页。
② 李有骞：《黑龙江饶河小南山遗址发掘获新收获》，《中国文物报》2016 年 6 月 21 日。
③ 邓聪、邓学思：《新石器时代东北亚玉玦的传播——从俄罗斯滨海边疆地区鬼门洞遗址个案分析谈起》，《北方文物》2017 年第 3 期。
④ 牟永抗：《良渚玉器三题》，《文物》1989 年第 5 期。
⑤ 郭大顺：《红山玉器的历史定位》，杨伯达、郭大顺、雷广臻主编《古玉今韵——朝阳牛河梁红山玉文化国际论坛文集》，中国文史出版社，2008 年，第 14 页。

艺术彼此交流、融汇、发展的体现，源远流长，波澜壮阔。

距今8000年至距今4000年前后，半月形地带的玉文化发生了两轮传播、一波扩散和一场交融，前两轮传播均以东北亚尤其是西辽河流域为中心，以兴隆洼文化、红山文化为代表的玉文化传播到长江下游，生根发芽，成为玉文化重生的源泉，开启了玉器时代的先河。5000多年前的良渚玉文明达到了新石器时代用玉的高峰，也是玉器时代的高峰，良渚玉文明的扩散，几乎影响了现在中国的大半部，为随之而来的龙山时代玉文化的交融创造了条件。

第一轮传播，从兴隆洼到河姆渡，距今8000年至6000年，以玦饰为代表，第一次把体现观念和艺术的玉器与人体最重要的感觉器官紧密结合起来，是玉器时代的先声。

第二轮传播，从红山到凌家滩、崧泽，距今6000年至5300年，红山文化玉器是当时原始宇宙观的反映，这一观念和意识形态在长江下游得到基本认同，遇上知音，良渚玉文明呼之欲出。

距今5300年至4300年的良渚文化是玉器时代的代表，琮成为当时天地宇宙观的真实写照，良渚玉文明的扩散超越了之前主要在长江流域内交流的局限，完全影响了黄河中下游地区，并波及珠江流域，这是一波规模宏大的扩散，为中华玉文化的发展奠定了基础。

龙山时代是三代文明崛起的前奏，玉文明的发展从原先天地宇宙观的创造和完善，发展为极度张扬武力和军权，良渚社会中以体现男性威权为主的玉钺杖和王权神授观念，重新得到了阐释，有刃玉器再也不局限于玉钺，玉大刀在整个黄河流域流行，牙璋起源后迅速扩散，并延续影响到南中国乃至更远的区域。另一方面，龙山或后石家河先民创造的"神祖"[1]，成为黄河流域和长江中游共同的认同（图一）。

一 环玦的源起、扩散和影响：玉器时代的先声

第一轮传播，环玦的源起和扩散，成为前玉器时代构筑半月形地带的重要纽带。关于环玦的起源和扩散，邓聪有系统的梳理，"8000多年前原生玦饰玉文化在辽海一带已经形成，在距今8000~7000年间，玦饰范围已突破辽海地区进入河海平原及山东丘陵一带，是东亚最早玦饰的分布圈。距今7000~6000年间，玦饰的次生集团向南已扩散到长江中下游"，"早期玦饰的传播，是玉器组合的扩散"[2]。

兴隆洼文化距今8200~7200年，长江下游河姆渡文化一期年代距今7000~6500年[3]，河姆渡遗址第四层出土了玉石、骨材质的玦饰和非璜的弯条形器，显然是兴隆洼玉文化的扩散和传播。从目前已知的材料，玦饰玉文化几乎同时期抵达河北境内的易水流域[4]，在同样属于走廊通道的江淮东部，距今6600~5000年龙虬庄文化的龙虬庄遗址墓葬第二期中，就有玦和弧勾形玉坠出土[5]。但是，真正成为玦饰后续、涅槃重生的是稍晚于兴隆洼文化的河姆渡文化。浙江余姚河姆渡遗址，与兴隆洼文化所

① 邓淑苹：《雕有神祖面纹与相关纹饰的有刃玉器》，山东大学考古学系编《刘敦愿先生纪念文集》，山东大学出版社，1998年；《再论神祖面纹玉器》，邓聪主编《东亚玉器》Vol.1，香港中文大学中国考古艺术研究中心，1998年。
② 中国社会科学院考古研究所、香港中文大学中国考古艺术研究中心：《玉器起源探索——兴隆洼文化玉器研究及图录》，香港中文大学中国文化研究所中国考古艺术研究中心，2007年，第126页。
③ 浙江省文物考古研究所：《河姆渡——新石器时代遗址考古发掘报告》，文物出版社，2003年，第371页。插图采自图四八。
④ 河北省文物研究所（段宏振主编）：《北福地——易水流域史前遗址》，文物出版社，2007年。
⑤ 龙虬庄遗址考古队：《龙虬庄——江淮东部新石器时代遗址发掘报告》，科学出版社，1999年，第308页。

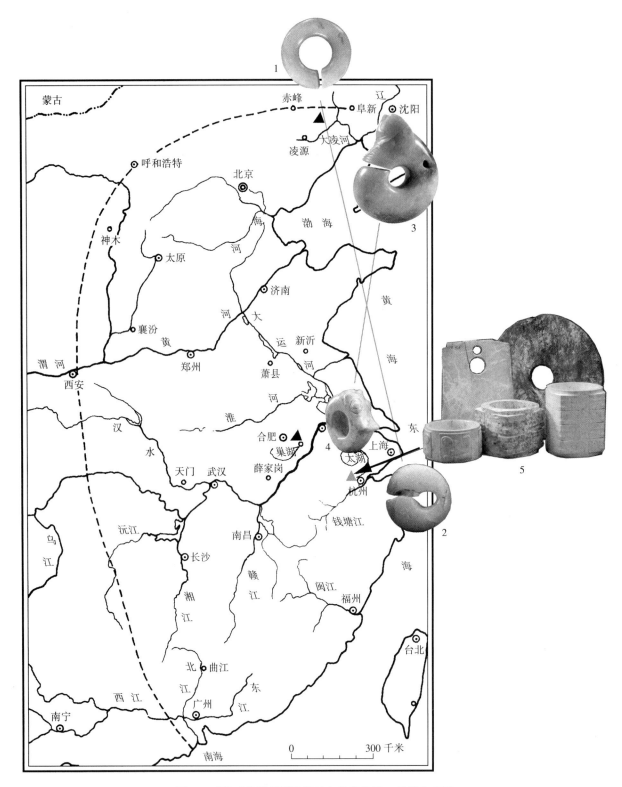

图一　玉器时代半月形地带玉文化的传播、扩散和交融

1. 玉玦（兴隆洼 M117）　2. 玉玦（河姆渡 T234④B：301）　3. 玉龙（牛河梁 N2Z1M4：2）

4. 玉龙（良渚官井头 M65）　5. 玉琮、璧、钺（良渚遗址）

在相距超过 1500 千米，玦饰成为河姆渡文化一期乃至后续文化在长江下游包括中游部分地区的主要玉饰。兴隆洼文化中的管珠形、饼璧形、环镯形三类玦饰，在长江下游均有出土，而且似乎环镯形的玦饰在长江下游的出现还要晚些，说明彼此的影响在相当长的时间里还是不断连续的（图二）。

作为头部装饰的环玦，圆形中空的外形，系穿在耳部，第一次将玉器和人体主要感觉器官紧密地联系在一起。如果说象征光芒或太阳的小型璧环类玉器，或其他材质的相似器形起源还更早，那么切割一道豁口作为耳饰的玦，赋予的含义就极其鲜明。新石器时代的玉器，除了缝缀、串系的系孔、隧孔和贯孔，可能在形上没有多少的意义，璧环类的穿孔，往往是无形中的有形，玦的中孔和豁口，既是功能上的需要，也是无形中的有形。如果不算牵强，把玦饰无形的中孔和豁口拉长，那么凌家滩 87M15：16 圆环柄形饰（图三）、87M4：63 柄形饰、87M2：20 玉饰，极有可能是玦饰的形而上的注脚[1]。

兴隆洼文化之后的赵宝沟文化、红山文化，玦饰几乎式微。根据统计，在正式调查和发掘所获的300 余件红山文化玉器中，玦仅 3 件[2]。不过，红山文化新出现了不作耳饰的玦式玉龙。耳部的玉器则替换为璧环，如在大型墓葬中，墓主头部下方也就是双耳廓部位常有一组有系孔的璧环，牛河梁N5Z1M1 墓主头部两侧的一组璧环，上边缘还钻双孔[3]。

玦饰在马家浜、崧泽文化中主要作为耳饰。在凌家滩文化中，玦饰不但数量多，功能也大大拓展，除了耳饰，还与璧环成组配伍作为棺饰。凌家滩 07M23 出土玦 34 件，主要放置在胸部以上部位，也有多件零星分布，"可能拴挂在服饰上起到装饰的作用"[4]。良渚文化早期，作为耳饰的玦基本不见，玦成为高等级墓地成组圆牌的组件之一。耳饰玦退出良渚文化玉器舞台，最大的原因是作为身份、等级和地位标识的头部玉件，已经是成组锥形器、三叉形器和冠状器了，项饰也从原先的璜逐渐扩展到成组圆牌的原始组佩形式上，耳饰，再也不重要了。

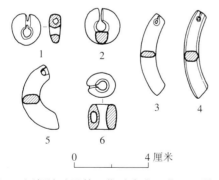

图二　河姆渡遗址第一期遗存出土的玉石器组合
1、2. 玦（T234④B：301、T216④B：151）　3、4. 弯条形器
（T244④B：204、T242④B：325）　5. 玦改制坠饰（T18④：62）
6. 管形玦（T243④A：270）

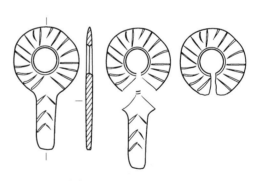

图三　凌家滩圆环柄形饰（87M15：16）

①　安徽省文物考古研究所：《凌家滩——田野考古发掘报告之一》，文物出版社，2006 年。
②　刘国祥：《红山文化研究》，科学出版社，2015 年，第 516 页。
③　辽宁省文物考古研究所：《牛河梁——红山文化遗址发掘报告（1983～2003 年度）》，文物出版社，2012 年，第 313 页。
④　安徽省文物考古研究所：《安徽含山县凌家滩遗址第五次发掘的新发现》，《考古》2008 年第 3 期，第 12 页。

玦饰的源起和扩散，还仅是观念与艺术浪潮的一个方面。猪，包括少量的鹿，是这一时期相当重要的主要动物蛋白资源，对于它们的描绘同样倾注了观念和寓意。兴隆洼文化兴隆沟遗址 H35，被周围 6 座略小的坑环绕，坑底放置 2 个猪头骨，猪头额顶钻圆孔，躯体由陶片和自然石块摆放，被誉为最早的猪首龙①。赵宝沟文化一般被认为介于兴隆洼文化和红山文化之间，内蒙古敖汉旗小山遗址赵宝沟文化 F2②：30 尊形器，戳刻神话了的猪、鹿和鸟纹②。远在江南的河姆渡文化遗址中，猪和鹿的身上更是被添刻象征太阳崇拜的纹样，余姚田螺山 T103⑧：25 龟背盂腹部，猪、鹿的身体均填刻太阳纹③。至于崧泽文化，更赋予猪超越它本质的神力。江苏常州新岗 M39：5 猪形尊，通体刻划纹样④。江苏张家港东山村 M94：10 陶豆，镂刻了一幅正面蹲踞的神化了的猪形象⑤。凌家滩 98M29：6 玉鹰的翅膀，则直接雕琢为猪首（图四）。

从兴隆洼文化玦饰的源起，到崧泽文化晚期—良渚文化早期玦饰的式微，乃至商周时期玦饰的再复兴，以及南中国地区周代甚至更晚时期有角玦、偏心玦的出现，玦饰在中华玉文化中承担的角色和地位，较之于琮、璧、钺、牙璋更为瞩目。

二　红山玉龙和勾云形器、良渚神像和琮：宇宙观的创立和完形

红山文化距今 6500～5000 年，大致分早中晚三期，晚期年代距今 5500～5000 年，也就是牛河梁积石冢的主要年代，相当于崧泽文化晚期至良渚文化早期阶段（距今 5300 年前后）。

红山文化以斜口筒形器、勾云形器、龙、璧环以及龟、鸟为主要玉器组合，是半月形地带第一支以玉来表现宇宙观、宗教信仰的玉文明。李新伟归纳红山文化玉器中与宇宙观有关的有：含龟形和鸮甚至还表现猪首的勾云形器（龟形勾云形器）、猪龙（也就是玉龙）、与天柱有关的柄形器、可视作简化玉版的璧、鸮、龟等⑥。其实，很可能还包括了位于积石冢上部堆积的那类礼仪化象征的陶塔形器（图五）。红山文化对同时期凌家滩、崧泽、大汶口文化早中期及稍后的良渚文化早期产生了深远的影响。尤其是玉龙的扩散，为主宰良渚文化玉器的神像提供了观念与艺术的支持。

基于凌家滩 98M29：6 玉鹰（双猪首翅鸟）造型的启发，李新伟较早注意到了红山文化勾云形器两侧的原型，合理地推测勾云形器翅的上半部表现的是猪首⑦。笔者也曾详细阐述红山文化玉龙从圆雕到平面展示的发展历程，与良渚文化玉器从圆雕的玉龙到玉龙首（纹）的平面展示，以及最终与琮形式贯穿结合形成神像，两者的发展道路异曲同工⑧。

① 敖汉旗博物馆常设展厅的展板照片。
② 中国社会科学院考古研究所内蒙古工作队：《内蒙古敖汉旗小山遗址》，《考古》1987 年第 6 期。
③ 李安军主编：《田螺山遗址——河姆渡文化新视窗》，西泠印社出版社，2009 年，第 115～119 页。
④ 常州博物馆：《常州新岗——新石器时代文化遗址发掘报告》，文物出版社，2012 年，第 143 页。
⑤ 南京博物院、张家港市文管办、张家港博物馆：《东山村——新石器时代遗址发掘报告》，文物出版社，2016 年，第 259 页。
⑥ 李新伟：《红山文化玉器与原始宇宙观》，赤峰学院红山文化国际研究中心编《红山文化研究——2004 年红山文化国际学术研讨会论文集》，文物出版社，2006 年。
⑦ 李新伟：《中国史前玉器反映的宇宙观——兼论中国东部史前复杂化社会的上层交流网》，《东南文化》2004 年第 3 期，第 71 页。
⑧ 方向明：《玉雕龙和勾云形玉器构图和展示方式的初步研究》，中国考古学会编《中国考古学会第十二次年会论文集》，文物出版社，2010 年；《良渚玉器（神人）兽面像与红山勾云形玉器的比较研究》，辽宁省文物考古研究所编《红山文化学术研讨会论文集》，辽宁人民出版社，2013 年。

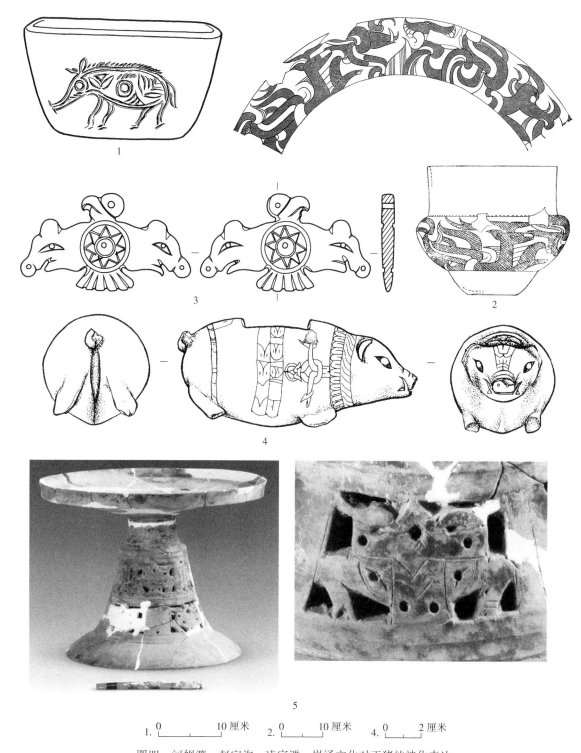

图四 河姆渡、赵宝沟、凌家滩、崧泽文化对于猪的神化表达

1. 河姆渡陶钵（T243④A：235） 2. 敖汉小山陶尊形器（F2②：30） 3. 凌家滩玉鹰（98M29：6） 4. 常州新岗陶猪形尊（M39：5）
5. 张家港东山村陶豆及豆柄上的神猪（M94：10）

　　主宰良渚文化玉器的神像，承袭了崧泽文化玉龙的因素，抽象了崧泽文化圆和弧边三角组合纹样，并移植到神像成为眼睛，继续使用了自河姆渡文化就已开始的象征天和太阳的"介"字形冠符号。良渚文化琮的出现，虽然其载体与环镯有很大的关系，但是，所谓的镯式琮实际上自始至终贯穿了良

1、3~4. ⊢0——2 厘米⊣　　2. ⊢0——4 厘米⊣　　5. ⊢0——8 厘米⊣

图五　牛河梁出土的部分玉器和陶塔形器

1. 双人首三孔玉梳背饰（N2Z1M17：1）　2. 斜口筒形玉器（N2Z1M4：1）　3. 玉龙（N2Z1M4：2）　4. 勾云形玉器（N2Z1M2：22）
5. 陶塔形器（N2Z2：49）

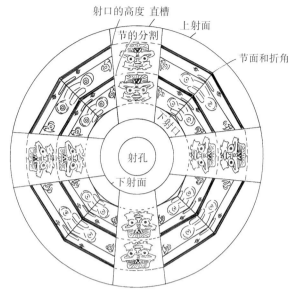

图六 琮形制的解析——以反山 M12：98 琮为例

渚文化发展的始终，良渚文化晚期复式节高琮盛行时，镯式琮还继续保持原样。有证据表明，琮形制的源起至少在良渚文化最早期就已经成熟，极有可能在良渚先民步入良渚遗址群的同时，琮的设计早就一步到位了。

良渚神像和琮的结合，完整地展现了良渚社会成熟的天地宇宙观：琮上下的射面（象征天地）、贯穿上下射面的射孔（天地之间的无形和有形的柱）、连接上下射面的四条直槽和四个整体展开法形式展现适合神像的角（天地之间的维）、直槽上的复式神像和整体展开法角面上的辅佐或对称的神像（图案）、动态或衬托神像情景的神鸟，以及琮的静态的上、下、直槽、角和动态的旋转的不同视角（天地宇宙观的浓缩模型）。良渚琮的出现标志着玉器时代宇宙观的完形，它与以平面展示来表述的凌家滩刻纹玉版之间存在着惊人的一致，绝非偶然（图六）[1]。

从来没有一种玉器能像良渚文化琮那样具有复杂的平面、立体几何构架以及丰富的构成元素。反山 M12：98 琮王是集大成的代表，如果把良渚神像和琮视作整体，那么几乎所有良渚玉器上都有琮和神像的影子和元素，不论冠状器、三叉形器等，称之为"琮式"的玉器更是说明琮在良渚玉文明中的地位和意义。

反山 M20：1、2、3 琮式柱形器，原先应该等距离竖置在葬具上。良渚安溪后杨村 M4 尚保留有独木棺的痕迹，三件等距离竖直的琮式柱形器基本保持原样[2]，很可能在竖直置放时利用射孔进行固定。琮式锥形器，表面上看是锥形器的下部外廓雕琢了琮的形制，本质上则是通过锥形器赋予了琮的新意，那贯穿通过射孔的锥形器柱体直达锥尖，放大了就如一尊古埃及的方尖碑。嘉兴大坟遗址出土锥形器，高达 38 厘米，雕琢 6 节[3]，其高度还大于迄今发掘出土所见最高的 36.1 厘米的寺墩 M3：26 琮[4]。

① 牟永抗：《关于琮璧功能的考古学观察——良渚古玉研究之一》，浙江省博物馆编《东方博物》第四辑，浙江大学出版社，1999 年。牟先生文章的插图为本人在他的指导下绘制，本文琮解析的插图据此再改绘。
② 王宁远：《良渚遗址群后杨村遗址》，浙江省文物考古研究所《浙江考古新纪元》，科学出版社，2009 年，第 131～132 页。
③ 陆耀华：《浙江嘉兴大坟遗址的清理》，《文物》1991 年第 7 期。
④ 南京博物院：《1982 年江苏常州武进寺墩遗址的发掘》，《考古》1984 年第 2 期。

三　璜的出现和原始意义

璜的源起，仍较为复杂。河姆渡文化早期所谓的璜，多是受到兴隆洼文化影响的弯条形器，少数才是玦饰的改制。喀左东山嘴双龙首玉璜，也还不是璜的基本形制。虽然，璜的兴起和玦饰的式微存在着内在的联系，作为从耳饰使用转移到胸颈部的挂饰，璜确实有可能受到玦饰断裂后两个半圆再利用的启发①。

两端有系挂孔的条状的弧形璜，长江下游马家浜文化晚期至崧泽文化早期就开始出现，在凌家滩、北阴阳营文化中，条形璜和玦饰继续共存。片状璜的盛行主要在凌家滩和崧泽文化中，延续至良渚文化早期。两种璜的出土数量，长江下游远远丰富于长江中游，显然，璜的产生和发展主要在长江下游地区。凌家滩墓地是迄今出土璜数量最多的遗址，据统计共130余件，根据璜在墓内的出土状况，杨晶甄别出凌家滩墓地中存在顺向和逆向放置的璜组佩②。如果这个认识无误，或许寓意着璜的源起或本意，也就是说，璜与玦饰一样，完整的形态也是一个圈，玦饰为了佩戴的需要开了豁口，璜为了更大的串系，将圈分割了。

片状璜的出现，表面上看是琢玉工艺进步使得制作上有了可能，实际上形而上的意义仍旧在作用。凌家滩也是出土不同形式条形璜和片状璜最丰富的遗址。片状璜有出廓和锯齿璜，以锯齿璜最具特色，扩散和影响最大。锯齿璜与锯齿璧环具有相同的含义，都是太阳和光芒的象征。条状璜有两端雕琢虎首的，凌家滩87M9：17、18可缀合的条状璜较为特殊，一端雕琢龙首，另一端恐怕不是凤首，而是龙尾，整器应该是玉龙的展开，也可以视作红山文化玉龙系列的发展（图七）。

这样，璜的源起和本质象征意义的读识上，可以看到玦饰、玉龙、璧环等多种玉器的因素。作为

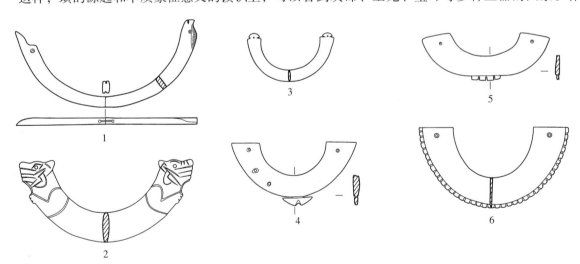

图七　凌家滩不同形式的玉璜

1.87M9：17、18　2.87M8：26　3.87M15：50　4.87M11：5　5.87M10：8　6.87M8：27

---

① 刘斌、王炜林：《从玉器的角度观察文化与历史的嬗变》，浙江省文物考古研究所编《浙江省文物考古研究所学刊》（第六辑：第二届中国古代玉器与传统文化学术讨论会专辑），杭州出版社，2004年，第48页。

② 杨晶：《凌家滩墓地玉璜综述》，杨晶、蒋卫东执行主编《玉魂国魄——中国古代玉器与传统文化学术讨论会文集（五）》（中华玉文化特刊），浙江古籍出版社，2012年，第75、76页。

胸颈部位挂饰的璜和璜组佩，在凌家滩和崧泽文化中盛行一时，成为崧泽文化和良渚文化早期阶段女性身份、等级和地位的象征。良渚文化早期之后，随着男性威权地位的完全确立，新石器时代的璜也随之降下了帷幕。

四　璧环的发展、定型和龙山时代的嬗变

从小型璧环的出现到良渚文化璧的完形、龙山时代璧的嬗变，更是一波超越地域和时代、观念和艺术的浪潮。

璧环起源于东北亚，甚至可能还有更为广阔的区域。璧环是红山文化的重要玉器，无论是圆角方形还是圆形，均刻意琢磨为外缘和内孔渐薄（减薄），减薄工艺既增加了璧环视觉的效果，也寓意着璧环除了外廓和中孔之外更多的层次，在传播和扩散的过程中，这一工艺特征成了重要因子。

牛河梁第二地点 N2Z1M21，随葬玉器 20 件，其中兽面牌饰、斜口筒形器、龟壳、勾云形器、圆筒状饰、珠、镯各 1 件，璧 10 件、璧形饰 1 件、双联璧 2 件。除 N2Z1M21：12 残损外，其余 9 件璧均有系孔，2 件双联璧的上孔实际上也可以起到系孔的作用，这些璧虽然大小不同，但是出土时从头到脚，都有系孔，应视作一个整体（图八）。

这样一来，凌家滩高等级墓葬中两端的由玦和璧环等组合而成的棺饰，良渚文化早期高等级女性墓葬中的成组串系的圆牌组佩（图九），良渚文化高等级墓葬中有序随葬的成组璧以及大汶口文化高等级墓葬墓主头部的小环璧组合装饰，就有了源头和本意。

凌家滩文化将璧环的意义进行了提升和充分阐述，如镂雕的双重璧环、外缘锯齿状璧环、四系孔璧环，形式多样。凌家滩刻纹玉版中"璧环"的形以及璧环中心——圆孔部位八角星纹的图符，赋予了璧环中孔的重要意义。凌家滩葬具两端成组璧环和环玦的组合、套合而成的棺饰，更是红山文化以来双联、多联璧的补充（图一〇）。

良渚文化早期璧环承袭了凌家滩、崧泽文化璧环小体型的传统，作为成组圆牌串饰的重要部分，并开始发展为大孔璧环。可能随着玉料资源的突破，大体量玉器的制作成为可能，良渚文化璧迅速定型。反山 M20：86 是迄今为止品质和工艺最佳的良渚文化玉璧，出土时单独放置在墓主身体左侧，上方被玉钺杖叠压。反山 M20：186，外径18、最厚1.2、边缘厚0.8、孔外径5、孔内径4.9厘米，所谓肉好之比为3.6：1（图一一）[1]。

璧也是良渚文化中分布范围最广的重要玉器。良渚文化璧、琮是镌刻台形图符、鸟图符的两种主要玉器，从传世和余杭临平玉架山刻符璧的情况看，外缘也镌刻图符，尤其是弗利尔美术馆璧外缘面镌刻两只飞鸟和两尾游鱼（"飞羽"）的璧[2]，以螺旋纹彼此连缀，极富旋转的动态，与琮可旋转的动态一样，既是良渚璧的动态视觉，也为良渚文化后续璧的嬗变埋下了伏笔。

龙山时代，璧在黄河流域得到了重新地阐释和发展。动态旋转的牙璧，旋转牙的原型可能就是鸟形[3]。

① 浙江省文物考古研究所：《反山》，文物出版社，2003年，第238页。
② 邓淑苹：《由良渚刻符玉器论璧之原始意义》，浙江省文物考古研究所编《良渚文化研究——纪念良渚文化发现六十周年国际学术讨论会文集》，科学出版社，1999年，第202页。
③ 方向明：《龙山时代至"夏时期"的玉文化——传承、融汇和发展》，杨晶、蒋卫东执行主编《玉魂国魄——中国古代玉器与传统文化学术讨论会文集（六）》（中华玉文化特刊），浙江古籍出版社，2014年，第38页。

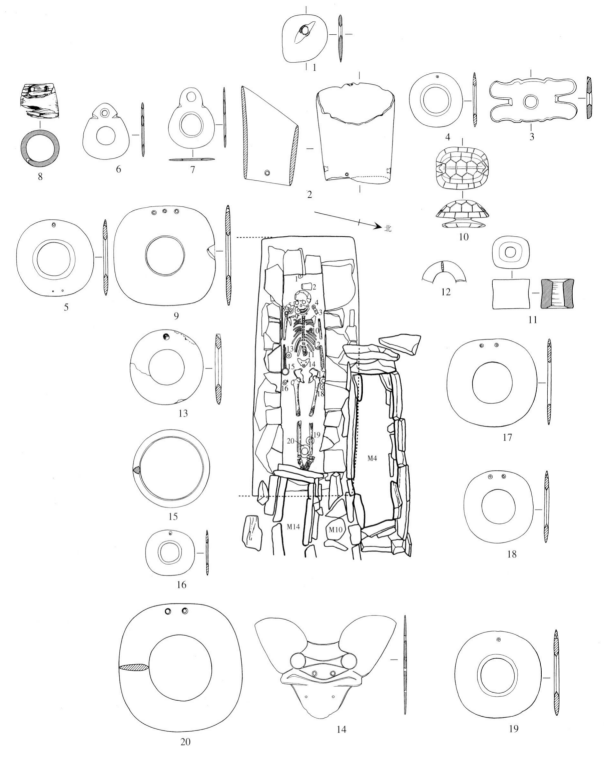

图八　牛河梁 N2Z1M21 及其出土玉器

1. 璧形饰　2. 斜口筒形器　3. 勾云形器　4、5、9、12、13、16~20. 璧　6. 7. 双联璧　8. 圆筒状饰　10. 龟壳　11. 珠
14. 兽面牌饰　15. 镯

以实物凸显中孔的有领璧，终于将原先璧的无形实际为有形。可能一开始也受到材料的制约，晋南地区出现联璜环璧，如果不是二等分缀连，联璜环璧个体的外形就是扇形，扇形璜一度成为周代组佩的重要组件。

五　良渚琮的传播、后续和扩散

良渚文明是区域强势文明，以琮、璧、钺和神像为代表的良渚玉文化在环太湖平原为主体的广袤区域里历经千年的发展和稳定，率先步入成熟文明和早期国家形态，为其他区域考古学文化所不见。作为独特区域文明的良渚文化，其对外的影响也存在错综复杂的现象。琮的传播、后续和扩散是良渚文明对外影响的代表。

良渚文化早中期沿江的扩散，至少溯长江越过大别山的阻挡进入到江汉平原的东部。1974 年，湖北蕲春坳上湾遗址出土了一批良渚文化玉器，有琮以及环璧、环镯等为数不少的良渚式玉器①，雕琢极为标准和规范。与坳上湾遗址良渚式玉器不同，江西靖安郑家坳遗址也出土有一件青绿色的琮②，节面刻划脸庞线，节面神人脸庞线的刻划仅见于良渚文化早期琮，但是，郑家坳

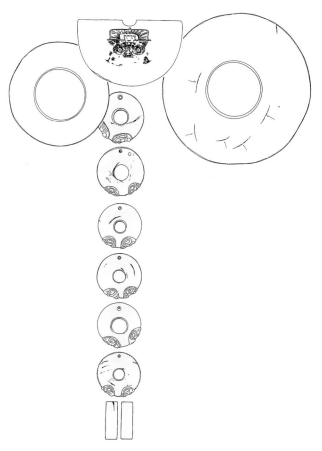

图九　反山 M22 圆牌组佩复原示意图

琮神人鼻端部位竖向刻划了鼻梁，不见于良渚文化琮，极有可能是当地仿制的作品。

与溯江而上的传播交流不同，以琮为代表的良渚玉文明跨越长江，通过江淮平原向海岱地区的传播，主要在良渚文化晚期才大规模开始，而且可能有两条北上的主要线路：一条沿海抵达泰山南麓，差不多靠近现在的京杭大运河，如已发掘的江苏新沂花厅、兴化和东台的蒋庄遗址；另一条靠西，差不多是现在的徐蚌线，如之前采集到复式节高琮的安徽定远山根许，泰沂山脉西侧与花厅东西相对的安徽萧县金寨遗址出土璧等良渚其他玉器，是目前已知最靠近黄河流域菏泽和商丘地区的遗址了。

珠江流域以北江为主要分布区域的石峡文化，显得与众不同，那里除了冠状器、三叉形器等在良渚文化中也为区域性极强的玉器之外，其他的良渚文化玉器在石峡墓地中几乎都存在，琮、璧、钺、锥形器、筒形环镯，甚至镶嵌件的玉片形制等，石峡全方位地引入了良渚玉器。而且，从龙首纹环镯、神人刻划脸庞的琮等良渚文化早期玉器风格以及复式节高琮等良渚文化晚期玉器特征的情况来看，石峡和良渚之间似乎自始至终存在着单向的传播和交往③。这种现象并不奇怪，兴隆洼到河姆渡，红山到凌家滩和崧泽，也是突破了大时空的框架。

---

① 汪宗耀：《湖北蕲春坳上湾新石器时代遗址》，《考古》1992 年第 7 期，第 665 页。

② 万良田、万德强：《江西出土的良渚文化型玉琮》，徐湖平主编《东方文明之光——良渚文化发现 60 周年纪念文集》，海南国际新闻出版中心，1996 年，图版十·2。

③ 方向明：《良渚文化琮璧扩散至于齐家文化轨迹的探讨》，朱乃诚、王辉、马永福主编《2015 中国·广河齐家文化与华夏文明国际研讨会文集》，文物出版社，2016 年。

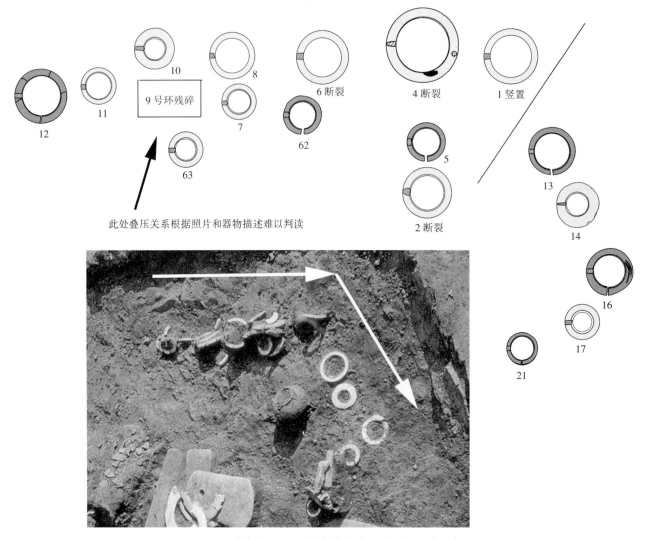

10

8

9 号环残碎

11

12

7

6断裂

62

4断裂

1竖置

5

2断裂

13

14

16

17

21

63

此处叠压关系根据照片和器物描述难以判读

图一〇　凌家滩 87M8 头端部位的成组璧环和环玦组合

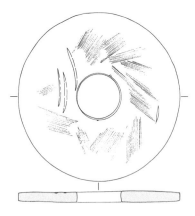

图一一　反山 M20：186 玉璧

良渚文化晚期，以琮、璧为代表的良渚玉器的传播和扩散范围加大，为龙山时代良渚文化琮的后续和演变奠定了空间的基础。

钱山漾、广富林文化是环太湖平原及周边地区良渚文化的直接承继者。上海松江广富林遗址出土玉石琮 5 件[①]，完整的三件，两件出土于灰坑，一件出土于地层，体型硕大，雕琢风格基本一致，方体的外壁尚保留明显的弧度，节面却仅以弦纹分割示意。广富林 Ⅱ T5023：25 琮，素面，可能还是一件半成品。从出土单元和可能的半成品等分析，广富林遗址出土的玉石琮，应该是广富林文化自己的琮。

---

①　黄翔：《广富林遗址出土玉石琮》，杨晶、蒋卫东执行主编《玉魂国魄——中国古代玉器与传统文化学术讨论会文集（六）》（中华玉文化特刊），浙江古籍出版社，2014 年，第 38 页。

　　如果这一认识无误，那么湖南安乡庹家岗琮①、河南邓州八里岗琮，如果算上山东五莲丹土的那件填刻圆圈的弦纹琮，极有可能并不是良渚文化琮的后续传播和影响，而是广富林文化琮的延续。如此，这波及的圈子就非常大了。如果再扩展一下时空，有理由认为商周时期成都平原金沙遗址出土的那些仅弦纹节面的琮，都受了广富林文化琮的影响（图一二）②。

　　如果说广富林文化琮尚保留的弧凸外壁还有一些良渚文化琮元素的孑遗，那么尤其是龙山时代晚期黄河流域出现的琮，则几乎摒弃了弧凸的外壁，改为方正的琮了。外壁方正的琮的出现，一方面说明对于良渚、广富林琮元素的根本抛弃，另一方面由于方正工艺更为便捷，为后世托古"天圆地方"埋下了伏笔。如陶寺 1978～1985 年墓葬出土琮 13 件，以近方形和圆角方形为主，外壁有弧边，但也有直边，说明对于琮外壁的弧凸已经不再要求了（图一三）③。

图一二　广富林、丹土、庹家岗、金沙出土玉琮
1. 广富林 H1569：1　2. 丹土采集　3. 庹家岗采集　4. 金沙 2001CQJC：1

---

① 何介钧：《湖南史前玉器》，邓聪主编《东亚玉器》，香港中文大学中国考古艺术研究中心，1998 年，第 227 页。
② 成都文物考古研究所：《金沙玉器》，科学出版社，2006 年，第 42 页。
③ 中国社会科学院考古研究所、山西省临汾市文物局：《襄汾陶寺——1978～1985 考古发掘报告》，文物出版社，2015 年，第 707～710 页。

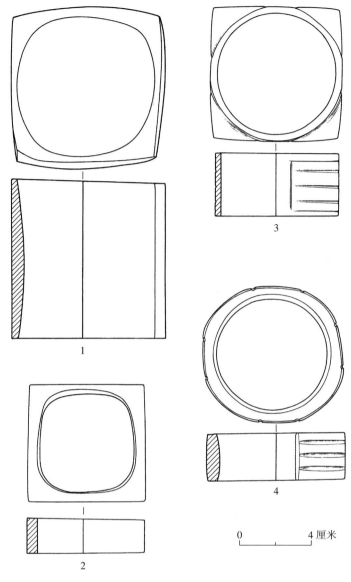

图一三　陶寺墓地出土的部分玉琮
1. M3410∶2　2. M1699∶1　3. M1271∶4　4. M1267∶2

杨建芳认为，《周礼》的"苍璧礼天，以黄琮礼地"，应联系"六瑞"和"六器"来考虑，"穀璧"的出现在春秋晚期，"蒲璧"则更要迟到战国晚期，《周礼》的"六瑞""六器"最早不过战国中期，以苍、黄、赤、白、玄等配合天地四方，更是战国时期流行阴阳五行学说的产物，战国时将璧琮和天地联系在一起是"巧合"①。不过，虽然《周礼》的说法是一种巧合，但是，良渚文化琮的复杂结合体的结构，以及与神像的结合，琮形制和结构的本意代表了当时的天地宇宙观，至于商周时期，琮的躯壳基本保持完整，这些应该是事实。张光直最早系统论述良渚文化琮的五个意义：天圆地方、贯通天地、使者、山石精髓、政治权力等，巫政结合的"玉琮时代"是青铜时代的先行②。由此，战国以后，尤其是战国至西汉早期镇墓兽的底座形制、汉代体现宇宙观的画像石等，某种程度上复活了良渚文化琮原来的观念，《周礼》选中"琮"就不是偶然和巧合了。

六　海岱地区和两湖地区的玉文化：玉器时代的最后绝唱

良渚玉文明降下帷幕不久，太湖平原的玉文化弥漫不清。湖州杨家埠汉墓中出土的玉琮、玉圭，风格迥异于良渚文化晚期玉器。广富林遗址出土的 5 件玉石琮成为目前已知的为数不多的线索，有待于这一时期今后考古的新发现。与此同时，黄河下游海岱地区龙山文化和长江中游两湖地区的后石家河文化，却掀起了玉器时代最后的绝唱。

海岱地区龙山文化玉器以临朐西朱封 M203 和 M202 出土玉器、采集的牙璧和 1963 年两城镇采集

① 杨建芳：《玉琮之研究》，《文物与考古》1990 年第 2 期；又见杨建芳《中国古玉研究论文集》，众志美术出版社，2010 年第二版，第 34 页。
② 张光直：《谈"琮"及其在中国古史上的意义》，文物出版社编辑部编《文物与考古论集》（文物出版社成立三十周年纪念），文物出版社，1986 年。

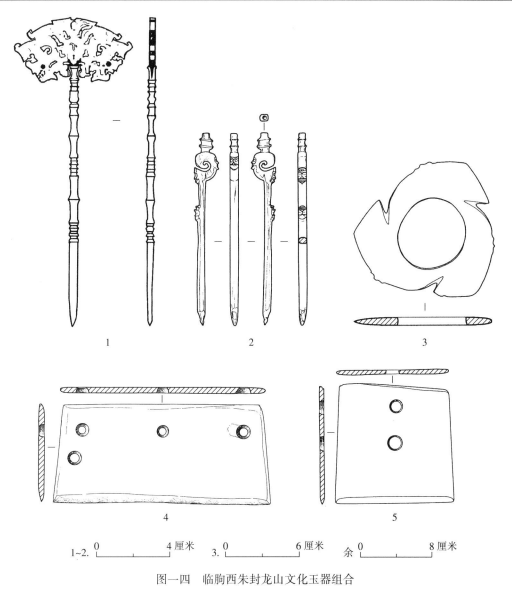

图一四　临朐西朱封龙山文化玉器组合

1. 玉冠饰（M202：1、2）　2. 玉簪（M202：3）　3. 牙璧（采：128）　4. 玉刀（M202：6）　5. 玉钺（M203：16）

的刻纹玉圭、玉大刀为代表[①]（图一四）。后石家河文化玉器以两种神人、力量的虎、生命的蝉、伫立的鹰以及神化了的凤为代表，后石家河文化玉器缺乏大型器件，缺乏有刃玉器，显示出与龙山时代其他区域出土玉器的完全不同，这是难以完全以玉料本身的限制、瓮棺葬空间的局限能解释的。但是，两地却互见神人的玉冠饰，到底谁是源头、谁影响了谁？

　　关于西朱封 M202 玉冠饰的形制，不少研究者都注意到了其眼睛的旋转具有红山勾云形器和良渚兽面大眼的某些风格，暗示着东部地区由来已久的传统。西朱封 M202：1、2 是迄今为止所见雕琢最为精美和完整的玉冠饰，其形制也刻划在两城镇出土的玉圭上。1958 年两城镇调查的黑陶上也发现了这类冠饰的刻划纹样，后石家河文化玉冠饰极有可能源自于海岱地区。孙庆伟根据文献的梳理，认为后石家河文化玉器中玉神像、玉人像以及玉鸟这三类题材，均与少皞氏密切相关，

①　梁中合：《山东临朐西朱封龙山文化玉器的发现与研究》，杜金鹏主编、张友来副主编《临朐西朱封龙山文化玉器研究》，科学出版社，2015 年。刘敦愿：《记两城镇遗址发现的两件石器》，《考古》1972 年第 4 期。

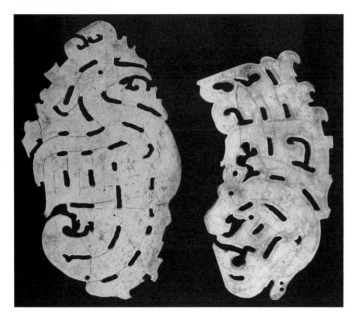

图一五　澧县孙家岗 M14 出土的透雕龙凤佩
左.凤形佩（M14：4）　　右.龙形佩（M14：3）

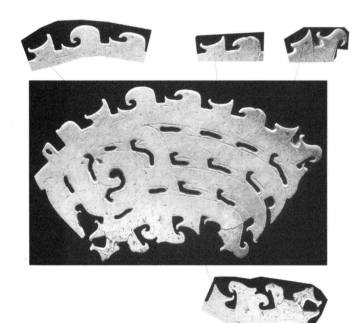

图一六　谭家岭扇形透雕玉佩上的动物形象扉棱

玉人像即少皞氏首领重，重死后被尊为句芒，其形象为人面鸟身，玉神像和神鸟代表了句芒的两种面相，在"禹征三苗"的过程中，在两湖地区留下了少皞将士们的"句芒"类玉器[①]，有一定的道理。

但是，后石家河文化玉器中的虎、蝉、凤等角色是长江流域自古以来的神化动物造型。早在凌家滩文化玉器中，虎首的形象就被雕琢在璜的两端。同样，玉蝉的形象也被雕琢神像的大眼，随葬在良渚文化高等级大墓中。虽然，大汶口文化晚期也不乏以鸟形象为主题的美术品或祭祀品，但是神化鸟的行为，在凌家滩文化和良渚文化中都达到了极致，凌家滩玉鹰是一幅动态的组合式描绘，良渚文化晚期鸟立台形图符是一幅静态的寓意式刻划。在后石家河以鹰和凤为主体的玉雕中，作为头部插件的鹰笄，鹰伫立于笄的顶端，昂首挺立，静态；凤，包括龙，则以夸张的扉棱结合灵动舞美的线镂来渲染，动态。细审这些扉棱的结构和元素，其实都是一个个可以拆分的精灵般的动物形象（图一五）[②]。

新近谭家岭出土的扇形透雕玉佩（图一六），扉棱结构与肖家屋脊 W71：5 长方形透雕片饰非常接近，两侧的动物形象几近相同[③]。河南新密新砦花地嘴 T17H40：1

牙璋，不会是牙璋的初始形态，牙璋上的扉棱，除了"介"字形冠，另外一路雕琢神兽（龙）扉棱的，极有可能受到石家河文化透雕玉器的影响。

新石器时代晚期，石家河遗址所在江汉平原的考古学文化基本发展序列是油子岭文化、屈家岭文

①　孙庆伟：《重与句芒：石家河遗址几种玉器的属性及历史内涵》，《江汉考古》2017 年第 5 期。
②　湖南省文物考古研究所、澧县文物管理处：《澧县孙家岗新石器时代墓群发掘简报》，《文物》2000 年第 12 期。
③　中共石家河镇委员会、石家河人民政府、石家河遗址管理处：《上古迷城石家河》，2017 年。湖北省荆州博物馆、湖北省文物考古研究所、北京大学考古学系：《肖家屋脊》，文物出版社，1999 年，第 331 页。

化、石家河文化、后石家河文化，前三种文化的基本文化特征非常相似，但后石家河文化时期存在文化谱系上的断裂或突变①。后石家河文化玉器在两湖地区前无古人后无来者，是新石器时代末期继良渚文化之后在长江流域掀起的又一次用玉文化的高潮，是集之前红山、凌家滩至于良渚的玉器时代的玉文明精粹，如从形制和纹样上观察，良渚文化玉器神像的冠帽和神兽，红山文化勾云形玉器和良渚文化神兽的旋目，凌家滩文化的玉虎，良渚文化复式节的琮式锥形器，以及红山文化和良渚文化的推蹭打洼和发展到良渚文化的减地浅浮雕，凌家滩、薛家岗、鼓山乃至良渚文化早期复杂的以熟练的线镂技术来展现平面玉器的纹样和层次，都可以在后石家河文化玉器上看到影子。

后石家河文化玉器反映的主题，与早先良渚文化以宇宙观的琮璧、神权军权合一的钺完全不同，与同时期黄河流域龙山时代盛行钺、大刀、牙璋等有刃玉器的主流迥异。龙山时代，玉文化重新洗牌，后石家河文化重新整理并发展了玉文化，虽然，良渚文化时期彰显方位、贯通和枢纽上下四面八方的以琮为代表的宇宙观似乎荡然无存，但是，后石家河文化以生命和生命力为主体。同时，良渚文化时期太阳神的神人和神兽复合图像，后石家河文化则成了神兽冠饰和玉人复合的神人偶像，西朱封的神兽冠饰直接镶插在后石家河文化墓主的头上，原先佩戴冠状器的良渚文化显贵的装扮，从神的扮演者摇身一变直接成为神的化身，是一个质变和巨大的进步。

七 余续

如果说玉器时代阶段，钺的随葬象征男性的威权，钺的权杖彰显部族和古国的军权，那么到了玉器时代晚期，也就是龙山时代至二里头文化早期，有刃玉器发生了极大的变化，形体方正的玉钺、多孔玉刀、牙璋等争奇斗艳。黄河下游地区出现扁平、较为方正、还往往有多孔的玉钺和三孔加一孔的大玉刀，黄河中上游地区也出现三孔加一孔的大玉刀以及形体更大的大玉刀，牙璋出现并快速发展。玉钺、玉刀、牙璋等有刃玉器的出现是黄河流域龙山时代社会发生剧烈动荡的反映，更是各集团彼此碰撞、交融、发展的体现。尤其是牙璋，成为二里头文化的重要玉器，之后扩散到成都平原并进而传播到南中国乃至越南地区，成为一种特殊的政治符号②。

作为高端美术品的玉器，是玉器时代观念和艺术的主要代表，也是研究这一时期观念和艺术从碰撞到进步的主要切入点，不同区域的各集团，先后时段的各集团，体现在玉文化、玉文明上的观念和艺术的浪潮，成为东亚半月形地带玉器时代波澜壮阔史的不可或缺的内容。随之而来的牙璋和二里头文化龙的滥觞，玉文化再次掀起波澜。

---

① 孟华平：《石家河考古发现与研究》，中国考古网，2017 年 1 月 23 日。
② 邓聪、王方：《二里头牙璋（VM3：4）在南中国的波及——中国早期国家政治制度起源和扩散》，《中国国家博物馆馆刊》2015 年第 5 期。

论黄河上中游史前玉器文化

邓淑苹

一　前言

在东亚这片日后发展成中国核心地区的华夏大地上，自东北向西南绵延着一道山脉链：大兴安岭、太行山、巫山、雪峰山。山脉链以西多山脉与高原，形成干旱的华西地区；山脉链以东多平原与丘陵，毗邻大洋而形成低湿的华东地区[①]。生态差异导致人文景观有别，自远古起，华东、华西先民就发展出不同的宗教信仰，玉器是先民主要的通神礼器，因而也发展出不同的玉器文化。

今日地理学界定指从青海的黄河源头到内蒙古托克托县河口镇为黄河上游，以下至河南郑州桃花峪为黄河中游。据此，本文将甘肃、青海东北、宁夏至陕西统称为"黄河上中游"，这也是华西地区最主要的部分。本文旨在运用考古资料，梳理黄河上中游史前玉器文化的各个面向。

二　仰韶文化所见玉质端刃器的礼制化

仰韶文化遗址出土"玉器"的地点虽不多，但非常重要。在图一上用数字1~5标明五个地点，或出土用真正闪玉制作器物（1大地湾、2龙岗寺），或出土似玉美石制作的玉礼器（3杨官寨、4老坟岗、5西坡）。有的出土玉器地点，或因首发时未有质地鉴定与彩图公布，日后虽有论文述及，暂不在图一上注记[②]。

图一上的1号为甘肃秦安大地湾。遗址分为五期，第一期属大地湾文化。第二、三、四期分属仰韶文化早、中、晚期。早中期出土玉锛、玉凿，第四期出土一件玉方璧[③]。大地湾正式报告所附19件出土玉器鉴定书中，属于真正闪玉（nephrite，即是阳起石 actinolite 与透闪石 tremolite 的固溶体）的共

[①] 地理学上称此山脉链以西为第二阶梯、以东为第三阶梯。

[②] 陕西西乡何家湾正式考古报告收入陕西省文物考古研究所等：《陕南考古报告集》，三秦出版社，1994年。书中未报道有玉器。但该遗址发掘及报道人杨亚长在1998年论文《陕西史前玉器的发现与初步研究》（《东亚玉器》）中述及何家湾仰韶早期遗存出土长11.1、宽4.8、厚2.4厘米，平面近长方形，圆弧形刃的碧绿色软玉制作的玉斧，另还有玉锛（6.2厘米）、玉刮削器（4.5厘米）。

[③] 甘肃省文物考古研究所：《秦安大地湾——新石器时代遗址发掘报告》，文物出版社，2006年。图二，1、2引自该报告彩版一八、四三。

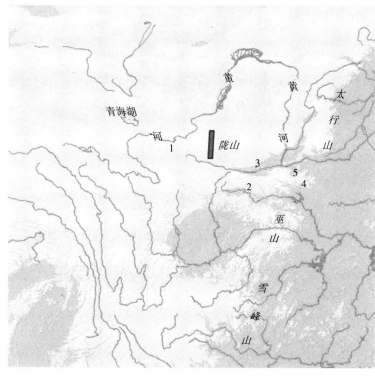

图一　仰韶时期华西地区出土较多玉器遗址分布图

9 件，其中 2 件被闻广定为"半玉"，根据测定内容可知是阳起石（actinolite）与钠长石（albite）的混合。换言之，就是不够纯的真玉。图二，2 玉璧即为两件"半玉"之一。

在此要强调的是，大地湾遗址没有翡翠制作的小佩。该报告第 226 页述及的编号 F2：18 翡翠佩（该报告彩版一九 –3）不在闻广鉴定的清单中。笔者检视过实物，确知既非翡翠、也非绿松石，可能是钠长石？还有待科学检测①。

图一上的 2 号为陕西南郑龙岗寺。该处是资料丰富的仰韶文化早期遗址，但因发掘及编写报告甚早，器物线绘图和墓葬平面图只选样公布，许多应该记录、统计交代的数据缺如②，造成玉器研究上的不便。核对日后公布的有限资料可知，在正式报告登记为石器的，部分日后再公布时称为玉器。

1998 年杨亚长在其论述中说明龙岗寺出土 26 件玉器"均经过地矿学者鉴定，属于绿色或白色半透明状软玉。"③ 但文中未说明鉴定方法。这里所称的"软玉"即是矿物学所称之闪玉（nephrite）。除了锛、凿外，还有斧、铲、刀、镞四类。已鉴定属真玉的 26 件，只公布了 17 件线图④。

与大地湾二、三期相比，龙岗寺出土玉器，除了数量多、器类多之外，尺寸也大得多。1998 年杨

---

① 2009 年夏，承蒙甘肃省文物考古研究所王辉所长特准，检视一批大地湾、一批火烧沟出土玉器，特此申谢。

② 陕西省考古研究所：《龙岗寺》，文物出版社，1990 年。

③ 杨亚长：《陕西史前玉器的发现与初步研究》，邓聪主编《东亚玉器》，香港中文大学中国考古艺术研究中心，1998 年，第 208 ~ 215 页。

④ 2001 年，龙岗寺发掘主持人魏京武也撰文讨论这批资料，将 26 件中的 4 件请西安地质学院专家做了显微镜观察鉴定。推测玉料来源可能是四川汶川。见魏京武：《龙岗寺遗址出土的仰韶文化玉质生产工具》，钱宪和主编《海峡两岸古玉学会议论文专辑》，台湾大学地质系，2001 年，第 129 ~ 135 页。

亚长的论文公布了 8 件彩图、17 件线绘图①。2005 年《中国出土玉器全集》又将 1998 年已公布彩图中最大的三件再度公布②。唯公布的尺寸数据比较正确，但墓号有误③。二度公布的三件即是本文图三④。

这三件只有第三件在《龙岗寺》报告中有器物线绘图与墓葬平面图。另两件虽因色美质润、尺寸又大而两度公布彩图，但未曾发表器物线绘图与墓葬平面图。根据墓葬登记资料可知，M119 长 1.93 米，随葬品除陶器外，有 1 件美丽白玉铲（即图三，1）、2 件石斧、1 件骨锥、2 件石块、3 件绿松石，墓主登记为"女（？），40 多岁"。M346 长 2.1 米，随葬品除陶器外，有 1 件美丽豆绿色玉铲（即图三，2）、18 件骨锥、2 件石块、绿松石饰和牙饰共 8 件，墓主为"男，27~28 岁"。

M335 随葬品除陶器外，只有图三，3 这件所谓的玉刀和一块磨石，玉刀放置右上臂接近肘部（图四，1）。龙岗寺 M276 也出土一把与图三，3 非常相似的玉刀，放置于墓主右肘部（图四，2）。这两

1   2

图二　甘肃秦安大地湾出土玉器

1. 玉凿（仰韶文化早期，长 4.2 厘米，大地湾二期遗存出土）　2. 玉璧（仰韶文化早晚期，长 16.9 厘米，大地湾四期遗存出土）

1   2   3

图三　陕西龙岗寺出土玉器

1. 玉铲（斧钺？长 22.2 厘米，M119:3）　2. 玉铲（钺？长 20 厘米，M346:7）　3. 玉刀（长 17.8 厘米，M335:1）

---

① 邓聪主编：《东亚玉器》，香港中文大学中国考古艺术研究中心，1998 年，彩图 44~50。

② 古方主编：《中国出土玉器全集·14》，科学出版社，2005 年。

③ 杨亚长论文中说明最大一件是乳白色玉铲，长 22.2 厘米。即是《东亚玉器》彩图 45，本文图三，1，考古编号 M119:3。但《东亚玉器》彩图 44 玉铲，即本书图三，2，考古编号 M346:7 被注记"长 23.8、宽 4.3 厘米"，显然超过杨亚长说最大一件的长度为 22.2 厘米。该件即是《中国出土玉器全集·14》图 2，注记"长 20、宽 4.2、厚 0.95 厘米"，可能尺寸正确，但又误刊墓号为 364。另，本文图三，3 的玉刀，在《东亚玉器》中为彩图 46，考古编号 M335:1，应是正确；但在《中国出土玉器全集·14》为图 1，注记为第 355 号墓。

④ 图三，2 为 2011 年笔者在陕西历史博物馆陈列室所拍。

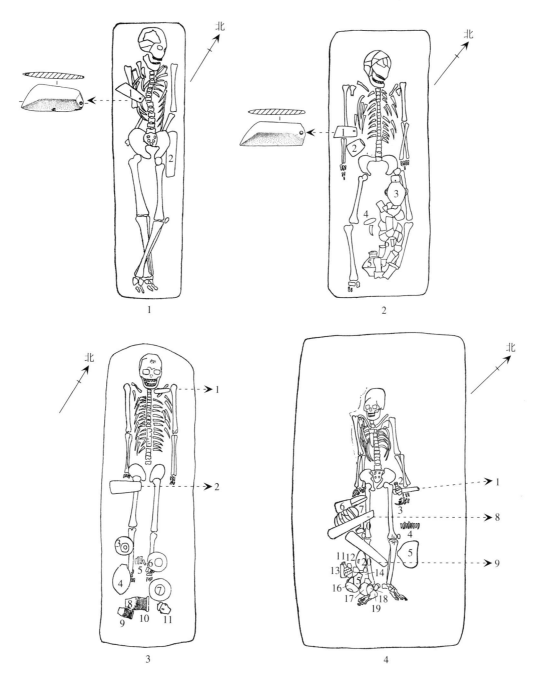

图四　陕西龙岗寺仰韶文化早期墓葬平面图

1. M355（玉刀放置于右上臂，左骨盆下有磨石，墓主为 27 岁女性）　2. M276（1 号玉刀放置于手肘上，旁有 2 号石铲，墓主为 25～30 岁男性）　3. M111（1 号玉斧钺在肩部，2 号石斧钺横置右手上，刃端向外，墓主为 30～35 岁男性）　4. M345（左手上为 1 号玉斧钺，8、9 号两件石斧钺放置于右腿上，分别长 46.8、48 厘米，基本横置，刃端向外。墓主为 30～35 岁男性）

把玉刀的尺寸相近，墓葬中摆放方式相似，被横放在墓主右手肘关节上，刃线向下，有孔的窄端向着墓主，是否曾装接与人体方向相同的木柄？值得研究。

　　除了已公布少量彩图的玉器可查到相关墓葬资料外，龙岗寺 M111、M345 两座墓葬资料也值得分析。如图四，3、4 所示，虽然每座墓各有一件尺寸不大的所谓玉铲被放在肩部或手上，但同墓内也随葬尺寸较大的一或两件所谓石铲，都在右腿部位，最高可近右手，也可压在大腿、膝盖上，基本横置，刃端向外。这样的放置，暗示它们很可能不是用作撬土的农具铲，而是用作劈砍的斧钺。

图五是凿、锛、斧、铲等工具的装柄或使用示意图①。龙岗寺出土长达22.2、20厘米的玉质端刃器（图三，1、2），虽然器身不宽，但刃线都呈斜弧刃，应如图五，5那样当作劈砍的斧来使用，而非如图五，6那般直插入土使用。图三，2是笔者在陕西历史博物馆陈列室拍摄，隔着玻璃都看得到刃线布满因长期使用而造成明显的磨蚀沟。

龙岗寺遗址属仰韶文化早期，当时社会阶级分化尚不明显。此墓群又分早中晚三期，属中期的M345（图四，4）是单人墓中最大、最深、最规整的一座，墓主人是30～35岁男性，高达180厘米，随葬品多达35件，连报告执笔人都特别注记此墓出土长达46.8、48厘米两件大型石斧（报告中称为"石铲"）"在其他墓葬中均无发现"，墓主左手上一件玉斧（报告中称为"玉铲"）"磨制精细"，"在其他墓葬中也不多见"②。由此可知，可能在公元前4200～前3800年，仰韶早期中晚段③，玉石斧钺的尺寸、质地及磨制精致度，已开始成为社会中领导者的身份标志。这是中国历史上"玉瑞器"传统的滥觞。

同属仰韶文化，时序稍晚的河南西峡老坟岗与河南灵宝西坡，也就是图一上标为4、5的两处，承袭了龙岗寺以玉石斧钺象征身份的传统，又做了进一步的发展。

河南西峡老坟岗属仰韶中期庙底沟类型的早期遗存（约公元前3800～前3500年），出土颇多宽椭圆形白绿交杂美石磨治的钺④（图六）。该报告未交代质地鉴定，仅称"面多有蛇形纹"，笔者怀疑可能属蛇纹石（serpentine）。玉石斧钺在墓中摆放的位置与龙岗寺相似，多在墓主身旁，刃端向外。

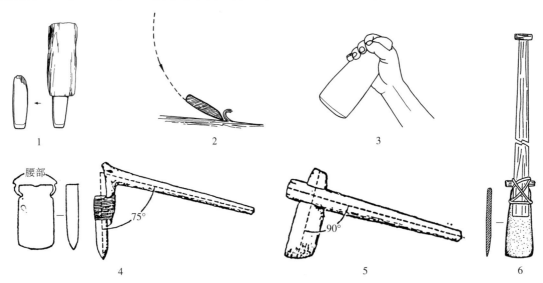

图五　工具装柄或使用示意图

1. 玉石凿装柄图　2. 玉石锛使用示意图　3. 正刃玉斧手握示意图　4. 正刃玉斧装柄图　5. 斜刃玉斧装柄图　6. 玉石铲装柄图

① 图五，1、6引自李仰松：《中国原始社会生产工具试探》，《考古》1980年第6期。图五，2、4、5引自佟柱臣：《仰韶、龙山文化的工具使用痕迹和力学上的研究》，《考古》1982年第6期。图五，3为根据台北"故宫博物院"馆藏一件红山文化玉斧刃上的双向使用痕推测是不接木柄而以手执拿使用的。

② 见《龙岗寺》第71～74页。

③ 分期参考韩建业：《中国西北地区先秦时期的自然环境与文化发展》，文物出版社，2008年，第52～55页。绝对年代下限参考最新文明探源工程公布数据，下修约200年。

④ 河南省文物考古研究所等：《河南西峡老坟岗仰韶文化遗址发掘报告》，《考古学报》2012年第2期，第217～268页。

属仰韶文化中期晚段至仰韶晚期的河南灵宝西坡（约公元前3500～前2700年）出土的玉石钺多呈长的垂胆形，少数无穿，多数在柄端钻一圆孔（图七）。无论放在墓主手臂旁、脸颊下或头端上方，一律与墓主身躯平行，刃端多朝头端①。笔者认为这是华西系统玉瑞器发展成熟的表征。中国历代在典礼中玉圭的执拿方向都将刃端朝上。玉圭，就是玉斧钺在礼制上的专称。新石器时代至夏商，主要以直刃或浅弧刃的玉石斧钺作为礼制上的圭②。

灵宝西坡是重要的发现，虽然发掘品的质地鉴定并未动用拉曼光谱，而是经测试硬度后仅以肉眼观察判读绿色、褐色为蛇纹石，白色者为方解石③。笔者于2018年3月获得发掘主持者同意检视实物，认为鉴定结果应属可信④。

值得注意的是，图七，1西坡玉石钺器表有明显的同向不等径的圆弧形线切割痕。华西系本土玉雕工艺多是用片切割技法剖开玉璞，线切割盛行于史前华东地区。西坡的地理位置正处华西、华东两大板块的交界地带，玉器上出现线切割痕，明显是受到华东玉工艺的影响。

但这并不表示西坡出现玉石斧钺，完全是长江下游凌家滩文化（约公元前3600～前3200年）向西北传播所致⑤。因为早在仰韶文化早期的中晚段（公元前4200～前3800年），华西本土的玉石斧钺传统已萌芽于陕南汉中地区，龙岗寺与何家湾都有出土⑥。只是考古报告定名不恰当，资料又公布不全，未受学界重视。

值得强调的一点是，龙岗寺与灵宝西坡墓葬

图六　河南西峡老坟岗出土仰韶文化中期玉石钺
1. M8：9（长25厘米）　2. M3：6（长13厘米）

1

2

图七　河南灵宝西坡出土仰韶文化中晚期玉石钺
1. M6：1（长12.9厘米）　2. M8：2（长22.9厘米）

---

① 中国社会科学院考古研究所等：《灵宝西坡墓地》，文物出版社，2010年。
② 约商晚期、西周时，玉戈逐渐成为玉圭的主体。见邓淑苹：《圭璧考》，《故宫季刊》第11卷第3期，1977年，第49～91页。
③ 马萧林等：《灵宝西坡仰韶文化墓地出土玉器初步研究》，《中原文物》2006年第2期，注6。
④ 笔者应河南省博物院邀请前往该院演讲，马萧林院长即是当年发掘主持人之一，同意笔者检视实物，特此申谢。
⑤ 持此观点的论文，见朔知：《花与钺——从西坡出土玉钺谈起（纲要）》，《中国社会科学院古代文明研究中心通讯》第22期，2012年。方向明：《中国玉器通史·新石器时代·北方卷》，海天出版社，2014年，第173～178页。
⑥ 陕西西乡何家湾出土长11.1、宽4.8、厚2.4厘米，平面近长方形，圆弧形刃的碧绿色软玉制作的玉斧，另还有玉锛（6.2厘米）、玉刮削器（4.5厘米）。

资料显示，史前华西地区仰韶时期，并不依性别决定是否可以拥有玉兵（包括斧、钺、刀），这与华东良渚文化玉钺是男性贵族专利的情况完全不同①。此一华西传统甚为重要，因为直到西周时期，高级贵族不分男女都在墓葬中放置代表身份的玉圭②。

三　仰韶至齐家：璧琮组配礼制的萌芽到定制

图一上的 3 号，是陕西高陵杨官寨。该遗址属仰韶文化中期庙底沟类型（公元前 3800～前 3300 年,)③。虽未出土真正闪玉制品，但出土磨治甚佳的 1 件石璧与 2 件无射口的原始石琮的断块（图八）。发掘主持人王炜林认为："过去的研究显示，呈内圆外方体的真正意义上玉琮的出现，可能已经到了良渚文化的晚期，玉璧琮一起使用，也可能在良渚文化晚期才开始。"他还强调："杨官寨石璧琮的确认，打破了学界以前有关中原地区璧琮可能来自良渚的结论，最起码，璧琮这种传统，应该在庙底沟文化时期已经存在。"④ 该文附注征引该文作者 2004 年与良渚文化学者联合发表的论文⑤。该文虽未有对良渚晚期璧琮清晰的论述，但前述观点应是两位作者当时的共识，也合乎十余年后今日考古学界的共识：良渚文化晚期时（约公元前 2600 年以后）⑥，遗存中出现许多异变。也在当时突然出现高、方、厚重、纹简的多节玉琮，部分玉琮刻有"鸟立祭坛"等与天象有关的符号；同系列符号也刻在少数良渚晚期玉璧上。

事实上，良渚文化早、中期时并无礼制上的玉琮。只有外壁刻了神祖面纹的玉方镯，充当巫师的行头之一。从吴家埠出土未完工的玉方镯可知，即或已切割出了方筒，还要将其平直的外壁切磨成圆弧形⑦。由此可知，它们不具有"方"的概念。值得注意的现象是：到了良渚晚期，玉方镯突然放弃圆弧器壁传统，朝向方正高大发展。

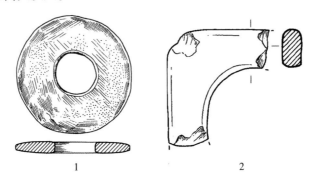

图八　陕西高陵杨官寨出土仰韶文化中期石璧、琮
1. 璧（外径 16.9 厘米）　2. 方筒（原始琮，肉宽 5.5、厚 0.6～1 厘米）

---

① 首先注意此点的是方向明。见氏著：《中国玉器通史·新石器时代·北方卷》，海天出版社，2014 年，第 174 页。
② 周族本是散居在渭水流域的先民，从玉礼制可看出周族主要承袭史前华西文化传统。
③ 据发掘主持人王炜林先生口头告知，杨官寨遗址的碳十四年代约公元前 3500 年。
④ 王炜林：《庙底沟文化与璧的起源》，《考古与文物》2015 年第 6 期，第 30～34 页。
⑤ 刘斌、王炜林：《从玉器的角度观察文化与历史的嬗变》，浙江省文物考古研究所编《浙江省文物考古研究所学刊（第六辑）》，杭州出版社，2004 年。
⑥ 有关良渚文化分期，迄今尚未取得学术界共识，过去分为早中晚期，中晚期之交约于公元前 2600 年。见杨晶：《中国史前玉器的考古学探索》，社会科学文献出版社，2011 年。近年浙江省文物考古研究所倾向于只分早晚期。
⑦ 王明达：《介绍一件良渚文化玉琮半成品——兼谈琮的制作工艺》，钱宪和、方建能主编《史前琢玉工艺技术》，台湾博物馆，2003 年。

过去学界对此现象无法提出合理的解释，目前，黄河上游"璧琮礼制"萌芽发展有了研究的新契机，笔者认为：良渚文化中、晚期之交，原本弧壁的玉方镯"突变"成高大方正的玉琮，很可能是通过上层交流网，受到黄河上中游"天体崇拜"宗教思维影响所产生的变化①。

黄河上中游从仰韶文化中期以降，到公元前 2300 年齐家文化早期，正是"璧琮组配"玉礼制从萌芽、发展到定型的时期。杨官寨和师赵村是两个标杆性资料。

甘肃天水师赵村第七期属齐家文化早期遗存，碳十四测年约为公元前 2335 ~ 前 2042 年②。师赵村共出土 13 件玉器，经质地检测均为闪玉③。这批玉器分三处掩埋，M8 随葬一璧一琮。玉质色泽相似，不排除本以一块玉料剖切琢制。玉璧相当大而圆正，器表两道切割痕均经仔细磨平，其一已不明显，另一还留有与璧面呈水平的浅凹槽（图九，1）。而玉琮或迁就玉料而略有歪斜，但保持四壁平直方正，上下两端均有浅射口（图九，2）④。

璧与琮之外的 11 件玉器，据报道"大部分出自地层中，少数出自房址中。"核对后可知仅一件残断大孔玉璧（报告中称为"环"，编号为 T382②：12）单独出自房址外，其余 10 件集中出自同一地点。它们的编号最开始均为 T403②：，冒号以后还有分号。经核对可将 10 件中的六片扇形玉璜拼成两组相当规整的三璜联璧（图一〇，1、2），另外三片玉璜不属同一组，还有一件制作规整的大孔玉璧（图一〇，3）⑤。

师赵村出土玉器，证明齐家文化早期（约公元前 2335 ~ 前 2042 年）的玉器文化，至少已有下述三个面向：

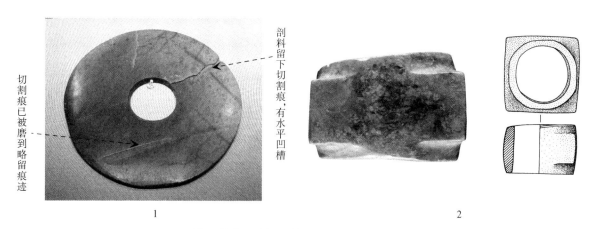

图九　甘肃天水师赵村 M8 出土齐家文化玉器
1. 璧（外径 18.4 ~ 18.6 厘米）　2. 琮（高 3.4 ~ 3.9 厘米）

---

① 邓淑苹：《圆与方——古人思维中的天地与阴阳》，《故宫文物月刊》2015 年第 5 期，总号 386，第 32 ~ 48 页；《"玉帛文化"形成之路的省思》，《南方文物》2018 年第 1 期。

② 师赵村第七期齐家文化标本检测数据见中国社会科学院考古研究所：《中国考古学中碳十四年代资料集（1965 ~ 1991）》，文物出版社，1992 年，第 282、283 页：T307④的校正年代资料为 BC2317 ~ BC2042，T406③H1 的校正年代资料为 BC2335 ~ BC2044。据发掘者叶茂林研究员告知，由于遗址地层情况复杂，20 世纪 90 年代对齐家文化年代认识偏晚，考古报告撰写统稿时曾将前述标本归入第六期。

③ 中国社会科学院考古研究所：《师赵村与西山坪》，中国大百科全书出版社，1999 年。第 175 页说明：璧与琮为透闪岩，第 212 页说明其他 11 件为软玉，其实这两名词意义相同，即矿物学上的闪玉，但书中并未说明鉴定方法。

④ 图九，1 江美英摄于"玉泽陇西"展场，图九，2 引自北京艺术博物馆等：《玉泽陇西：齐家文化玉器》，北京美术摄影出版社，2015 年，第 027 页。

⑤ 图一〇，1 ~ 3 引自北京艺术博物馆等：《玉泽陇西：齐家文化玉器》，北京美术摄影出版社，2015 年，第 182、030、029 页。

 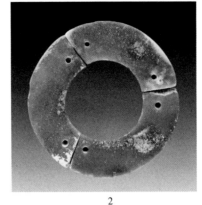 

1　　　　　　　　　　　2　　　　　　　　　　　3

图一〇　甘肃天水师赵村出土齐家文化玉璧
1. 三璜联璧（璜长 7.3～10 厘米）　2. 三璜联璧（璜长 9.1～9.9 厘米）　3. 大孔璧（径 9.5～9.7 厘米）

1）已发展出四壁平直方正、两端有射口的光素玉琮。这是从黄河上游史前本土文化孕育发展的玉礼器。晋南清凉寺墓地出土器壁有垂直线纹的玉琮，一度曾被许多学者视为长江下游良渚文化玉琮向西北传播，逐渐简化出齐家光素玉琮的中间产物。但随着清凉寺墓地第三期年代的向下修改至公元前 2050 年，以及黄河上游史前玉器面貌逐渐清晰，清凉寺玉琮应释为华西、华东文化相互交流下的混血儿[1]。

2）齐家早期时，已发展了"璧琮组配"的礼制，当时还可用作埋葬亡者的随葬品。

3）齐家早期时，三璜联璧已发展成熟。由于华东地区完全没有制作多璜联璧的传统，师赵村资料不但证明多璜联璧是华西本土玉器器类，且暗示"先齐家时期"应早已有制作联璧的传统。

师赵村遗存中，数组多璜联璧与一件大孔圆璧集中出自一个不是墓葬也不是房址的某处"地层中"，这也是值得注意的现象。后文会介绍青海民和喇家齐家文化 M17，在墓口发现两组三璜联璧，一组平放、一组竖插在填土中，证明联璧不是装饰品，应是具有某种祭祀功能的礼器。那么，师赵村地层集中摆放三组联璧与一件圆璧[2]，是否也是为了某种祭仪呢？值得探索。

所以，比师赵村璧、琮更显古拙的璧与琮，就应该是先齐家时期的玉器。而且先齐家时期应该也已有了三璜联璧。在这个原则下，上下无射口，或只有极浅射口的带中孔玉方片、玉方筒，可能就是先齐家时期的"原始玉琮"；器表留有用较厚的切割工具垂直切锯所造成宽"V"形切痕的玉璧，也可能是先齐家时期制作的，因为大部分齐家玉璧只见与器表平行的窄切割痕，如图九，1。

在此标准下，再检视安特生当年征集自半山瓦罐嘴的玉器，其中玉璧、琮（图一一，1、2）都可归入半山文化。轮廓不甚圆正的璧、三璜联璧、凿（图一一，3～5）也可暂定为"半山或齐家文化"了[3]。

"先齐家系玉器"是笔者提出的用词，意指"先齐家诸文化的玉器"。

所谓"先齐家诸文化"是指在齐家文化正式形成前，分布于陕西中西部、甘肃东部、宁夏南部

① 清凉寺三期的正确年代见山西省考古研究所等：《山西芮城清凉寺史前墓地》，《考古学报》2011 年第 4 期。邓淑苹：《从清凉寺墓地探史前西、东二系"璧琮文化"的交会》，中国社会科学院古代文明研究中心等《2015·广河·齐家文化与华夏文明国际研讨会论文集》，文物出版社，2016 年。
② 编号为 T403② 中还有三件扇形璜，从尺寸、玉质观察原非一组，可能齐家人用散片组合当作一组使用。
③ 图一一，1、2a 引自袁德星：《中华历史文物》，台北河洛出版社，1977 年。图一一，2b 引自 J. G. Andersson, Research into the Prehistory of the Chinese, *Bulletin of Museum of Far Eastern Art*. No. 15. Stockholm. 图一一，3～5 引自梅原末治：《支那古玉图录》，东京桑名文星堂，1955 年。

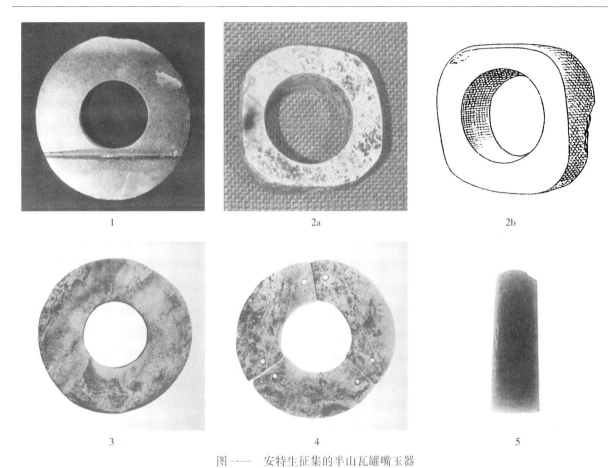

图一一　安特生征集的半山瓦罐嘴玉器

1. 璧（外径 14.9、孔径 6.3、厚 0.4～0.6 厘米）　2. 方筒（原始玉琮，宽约 7 厘米）　3. 璧　4. 三璜联璧（外径 13.5 厘米）
5. 凿（1、2. 半山文化　3～5. 半山或齐家文化）

的，与齐家文化形成有关的一些考古学文化。基本上分布于陇山（又称"六盘山"）周围，如半山文化（或称"马家窑文化半山类型"）、常山下层文化、菜园文化①、客省庄文化等。它们彼此也有叠压、并存、相互消长的关系。

图一二，1、2 是海原征集的石璧②，前者剖面呈枣核形，后者外轮廓明显用"截方取圆"的技术制作③。从制作工艺分析，它们的制作时间甚至可能早于图八，1 出土于杨官寨的石璧。

图一三石琮出土于宁夏固原隆德沙塘页河子，虽然器身歪斜、上下射口极为短绌，但四个边壁很平直。图一四扁矮的闪玉质玉琮，征集于甘肃甘谷渭水峪，射口若有若无，器表很多伤缺，又经长期盘摩。两件都可列为先齐家时期玉器④。

从地缘关系及玉器所呈现的朴拙风格，可以将图一一至图一四各器，列为先齐家系玉器。所以，从考古资料可知，从仰韶文化中期到齐家文化早期，也就是约公元前 3500～前 2300 年，就是璧琮组配礼制的萌芽到定型的时期。

① 也有学者认为菜园文化就是常山下层文化。水涛：《甘青地区青铜时代的文化结构和经济形态研究》，1993 年，后收入水涛《中国西北地区青铜时代考古论集》，科学出版社，2001 年，第 193～327 页。
② 笔者 2009 年摄于宁夏博物馆陈列室。
③ 就是连续多次地将一块玉石方片轮廓上的方角切去，就会慢慢变成圆片。但常还会在轮廓上留下长短不一的直条边。
④ 图一三、一四拍摄于 2015 年北京市艺术博物馆"玉泽陇西"展场。

1

图一三　宁夏固原页河子出土的
菜园文化（？）石琮
（江美英拍摄）

2

图一二　宁夏海原征集的马家窑—菜园文化石璧
（外径约 6~7 厘米）

图一四　甘肃甘谷渭水峪征集的玉琮
（高 2、宽 5.6 厘米）

四　齐家文化玉器面面观

齐家文化可能是在陇东黄土高原和宁夏南部地区逐渐发展而成。与分布在该地的常山下层文化、菜园文化有密切的关系。有学者认为，齐家文化的年代跨度为公元前 2615 ~ 前 1529 年，集中于公元前 2300 ~ 前 1900 年[1]。

齐家文化早期时，以甘肃东、宁夏南和渭水上游、西汉水上游、白龙江流域一带为中心，向西可分布到甘肃中部。出土玉器知名的地点有宁夏固原沙塘页河子、甘肃天水师赵村。近年发掘的青海民和喇家遗址的碳十四年代数据上限也在齐家早期[2]。

发展到中期时，齐家文化已覆盖甘肃全境，包括宁夏南部、青海东部。甘东的渭水上游遗址变少。有名的遗址如皇娘娘台、秦魏家、大何庄、新庄坪、喇家等都出土玉器。

---

[1] 李水城、王辉均认为齐家文化年代为公元前 2615 ~ 前 1529 年，但集中于公元前 2300 ~ 前 1900 年。见李水城：《西北地区新石器时代考古研究》，严文明主编《中国考古学研究的世纪回顾·新石器时代考古卷》，科学出版社，2008 年。王辉：《甘青地区新石器—青铜时代考古学文化的谱系与格局》，北京大学考古文博学院主编《考古学研究（九）·庆祝严文明先生八十寿辰论文集》，文物出版社，2012 年。

[2] 喇家遗址已经测定的碳十四年代数据有近 30 个，绝大部分属于齐家文化的遗存，绝对年代都在公元前 2350 ~ 前 1870 年之间。见中国社会科学院考古研究所碳十四实验室：《放射性碳素测定年代报告（二九）》，《考古》2003 年第 7 期，第 640 ~ 644 页；《放射性碳素测定年代报告（三一）》，《考古》2005 年第 7 期，第 57 ~ 61 页。张雪莲等：《民和喇家遗址碳十四测年及初步分析》，《考古》2014 年第 11 期，第 91 ~ 104 页。

发展到晚期时，齐家文化朝东、东北、东南方向挺进，甘肃河西走廊的齐家文化基本消失，向东进入陕西，在宝鸡地区取代客省庄文化，形成齐家文化川口河类型，分布直达西安附近；更向北到达内蒙古中南部朱开沟、白音浩特一带；向南经白龙江、岷江到四川盆地大渡河流域①。

考古发掘证实，内蒙古伊金霍洛旗白敖包是单纯的齐家文化遗址②。笔者怀疑，或因齐家文化的强势扩张，才令陕北甚至晋北出现许多齐家风格的玉器。

晋南清凉寺遗址第三期与第二期之间不是和平转移，而是一群拥有优质闪玉所制作齐家风格玉璧、玉琮的先民，强力占据晋南。只要检视清凉寺第三期出土玉器，就豁然明白第三期居民绝对与齐家文化有深厚的关系③。

齐家文化的研究是当今考古学界的显学，但齐家文化玉器的研究，迄今还处于混沌不明的阶段。主要因为正式发掘的资料不多，但早已流散民间或进入博物馆的齐家风格玉器数量庞大。其实，检视清宫旧藏中的玉器，会发现明清时期曾大量将齐家风格璧、琮、刀、斧钺类改制成当时文人喜爱的仿古玉器。了解了传世器与流散品即知，延续了至少七百年的齐家文化（公元前2300～前1600年）所制作的玉器数量十分惊人④。

数量惊人的玉器，器类却不丰富。主要有：圆璧与方琮、多璜联璧（包括大围圈）⑤、斧钺⑥、锛凿、刀、管、筒形镯等。此外还常见制作璧或琮的芯料以及打击剥修成手掌可握持的所谓"玉料"，它们可像成品般地公然用作墓中随葬品，或房内"供台"上的玉礼器⑦。传甘肃境内出土数件牙璋，然而只发表新庄坪征集一件⑧，是否是其他文化玉器被搬移到甘肃？还是齐家先民制作的？还有待研究。

分析考古出土与征集数据，齐家文化玉器被埋藏的情况有四：1）墓葬，2）房址，3）祭祀坑，4）其他。

所谓"其他"，就是无法归入前三类的情况，如前节所述在师赵村某地层集中摆放三组联璧一件圆璧。显然是有意掩埋，但不详是否为与某个房址奠基有关的祭埋？

下文则分小节探讨前三类埋藏的玉器。

① 王辉：《甘青地区新石器—青铜时代考古学文化的谱系与格局》，北京大学考古文博学院主编《考古学研究（九）·庆祝严文明先生八十寿辰论文集》，文物出版社，2012年，第210～243页。
② 马明志：《河套地区齐家文化遗存的界定及其意义——兼论西部文化东进与北方边地文化的聚合历程》，《文博》2009年第5期，第16～24页。王炜林、马明志：《河套地区龙山时代陶鬲谱系与人群》，2016年"早期石城和文明进程——中国陕西神木石峁遗址国际学术研讨会"论文。（待发表）
③ 邓淑苹：《从黄道、太一到四灵》，《故宫文物月刊》2015年第9期，总号390，第42～60页；《从清凉寺墓地探史前西、东二系"璧琮文化"的交会》，中国社会科学院古代文明研究中心等《2015·广河·齐家文化与华夏文明国际研讨会论文集》，文物出版社，2016年。
④ 文明探源工程结案报告年表公布于常怀颖：《早期中国视野中的夏王朝》，《三联生活周刊》2018年6月11日。有齐家文化最新的年代。
⑤ 如果由各种玉片拼接而成的联璧的外轮廓不为正圆形，则称为"玉围圈"。
⑥ 过去许多被误称为玉铲的应该改称为玉斧或玉钺。钺是较宽扁的斧。
⑦ 叶茂林对此现象有独到见解。见叶茂林：《史前玉器与原始信仰——齐家文化玉器一些现象的初步观察与探讨》，黄翠梅主编《南艺学报》第一期创刊号，台南艺术大学，2010年，第77～88页。
⑧ 新庄坪牙璋发表于北京艺术博物馆等：《玉泽陇西：齐家文化玉器》，北京美术摄影出版社，2015年，第076页。从彩图观之，笔者疑其质地或为玉髓类。

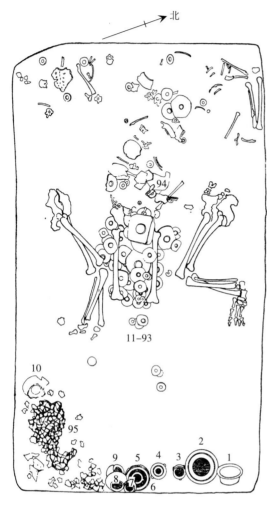

图一五　皇娘娘台 M48 平面图

（一）墓葬所见埋玉情况

报道较为翔实的墓葬埋玉资料主要见于：齐家早期的师赵村 M8①，齐家中期的皇娘娘台墓群②、和喇家 M17③、M12 等④。前节已介绍过师赵村了。

从皇娘娘台墓葬资料可发现，当时阶级贫富分化甚剧，随葬玉器最多见的就是玉石璧。多平置于墓主上半身，脸、胸、腹部，或夹在两手臂间；少数也放到腹部或压在骨盆下⑤。但比较常见用以垫在肩、腰下面或放在脚下的，多为切割所剩粗玉石片。

皇娘娘台常在一座墓中放置很多件玉石璧，最多可达 83 件，如系男女合葬，则男性多居墓葬中央，且玉石璧主要堆放在男性身上（图一五）⑥。有的璧做工很粗放，有的非常厚重且不平整，可知当时绝非当作装饰品（图一六，1、2）⑦。

从皇娘娘台第四次发掘报告所附的表可知，虽然玉石质的随葬品主要是璧及一些带切割痕的玉片，但也偶见璧芯料、玉璜、玉铲。此外，还常埋有很多绿色、白色小石子⑧。

喇家遗址年代跨度较大，测年数据约在公元前 2350～前 1870 年之间⑨。已公布的 M17、M12 属喇家遗址的中晚至晚期。从墓葬资料中可知璧是最重要的玉器，放在墓主人脸颊上或胸前。但随葬玉器的件数多寡与质地优劣，可能与墓葬级别高低有关。

① 中国社会科学院考古研究所：《师赵村与西山坪》，文物出版社，1999 年。

② 甘肃省博物馆：《甘肃武威皇娘娘台遗址发掘报告》，《考古学报》1960 年第 2 期，第 53～71 页；《武威皇娘娘台遗址第四次发掘》，《考古学报》1978 年第 4 期，第 421～448 页。刘志华等：《武威皇娘娘台出土的齐家文化玉石器》，《故宫文物月刊》总号 248，2003 年 11 月，第 88～103 页。

③ 中国社会科学院考古研究所：《青海民和喇家遗址发现齐家文化祭坛和干栏式建筑》，《考古》2004 年第 6 期，第 3～6 页。

④ 叶茂林：《齐家文化玉器研究——以喇家遗址为例》，费孝通主编《玉魂国魄（三）——中国古代玉器与传统文化学术讨论会文集》，北京燕山出版社，2008 年，第 141～148 页。

⑤ 皇娘娘台 M52 即将玉石璧放在人体腹部上或压在骨盆下。见甘肃省博物馆：《武威皇娘娘台遗址第四次发掘》，《考古学报》1978 年第 4 期。

⑥ 皇娘娘台 M48，中央男性，左、右各一女性，男性身上堆放 83 件璧、1 件璜。见甘肃省博物馆：《武威皇娘娘台遗址第四次发掘》，《考古学报》1978 年第 4 期。

⑦ 图一六，1、2 引自北京艺术博物馆等：《玉泽陇西：齐家文化玉器》，北京美术摄影出版社，2015 年，第 146、68 页。图一六，2 虽非出自皇娘娘台墓葬，但笔者于 2009 年夏曾在甘肃省博物馆库房见过皇娘娘台出土与此相似风格的玉石璧。径达 30 厘米左右。

⑧ 但是从刘志华的报道可知，还有采集的玉质锛凿及琮芯料。刘志华等：《武威皇娘娘台出土的齐家文化玉石器》，《故宫文物月刊》总号 248，2003 年 11 月，第 88～103 页。

⑨ 张雪莲等：《民和喇家遗址碳十四测年及初步分析》，《考古》2014 年第 11 期，第 91～104 页。

图一六　齐家文化玉石璧

1. 玉璧（外径5.6、厚1.1厘米，皇娘娘台出土）　2. 玉石璧（外径22、厚2.3厘米，新庄坪出土）

如位于缓坡覆斗形的土台祭坛上方，埋有高等级的 M17，据推测墓主可能为巫师。简报称墓内共出 15 件玉器。包括脸颊部位 6 件：璧 2、管 2、环 1、纺轮（或称小璧）1；右侧足端旁 1 件玉凿；墓口套口填土中有 6 件：三璜联璧、锛、玉料、璧芯、三角玉片、小璧芯各 1；墓口填土中有 2 件：三璜联璧、小璧芯各 1①。笔者曾检视过其中 10 件，确知包括放在他的脸颊上的两件璧、环以及足端的凿，都是真正的闪玉，后两者更是洁净的白玉（图一七，1～5）②。

总之，此墓共出两组三璜联璧，墓口填土所出的一组是如图一七，6 那样将单片平置堆叠，但更上面的套口填土中，就竖插斗合好的一组联璧（图一七，7）③。

喇家 M12 比 M17 位阶低，可能是祭坛晚期的陪葬墓，出土玉器较少④。墓主胸前放置璧 1 件、喇叭形玉管 2 件和似戈形的玉片 1 片（图一八）⑤。笔者曾检视这 4 件实物，璧的质地不是闪玉，应属方解石之类。戈形玉片是典型华西闪玉，2 件玉管因沁色重，无法以目验方式确知其质地。

从以上墓葬资料可知，华西地区仰韶文化时期在墓葬中放置玉质、石质带刃器的传统，在齐家文化时已不再延续，而盛行堆放玉石璧的葬俗。此习俗可能从仰韶文化庙底沟类型，经"先齐家时期"逐渐形成。齐家时期放在墓主上半身的除了璧之外，还可以放置环、管、玉片、切磨方正的长玉条等⑥。叶茂林认为可能璧芯料、纺轮、圆片形玉具有与璧相似的意义⑦。齐家墓葬中有刃玉器少

① 中国社会科学院考古研究所：《青海民和喇家遗址发现齐家文化祭坛和干栏式建筑》，《考古》2004 年第 6 期，第 3～6 页。图一七，1 引自此文。

② 2009 年夏，承蒙喇家发掘主持人叶茂林研究员协助及青海省文物考古研究所许新国所长同意，得以观摩喇家出土玉器，特此申谢。图一七，2～5 引自北京艺术博物馆等：《玉泽陇西：齐家文化玉器》，北京美术摄影出版社，2015 年，第 084、085、105、088 页。

③ 图一七，6 引自叶茂林：《史前灾难——喇家村史前遗址考古》，《大自然探索》2006 年第 2 期；图一七，7 引自杨晶：《中国史前玉器的考古学探索》，社会科学文献出版社，2011 年。

④ 承蒙发掘主持人叶茂林研究员告知。除了本文中所述及的 4 件玉器外，在填土中还有 2 件璧。另还有绿松石饰。

⑤ 图一八，1 引自叶茂林：《齐家文化玉器研究——以喇家遗址为例》，《玉魂国魄（三）》，北京燕山出版社，2008 年，第 141～148 页；图一八，2～4 引自北京艺术博物馆等：《玉泽陇西：齐家文化玉器》，北京美术摄影出版社，2015 年，第 82、93、94 页。

⑥ 喇家 M2 墓主胸上放置 1 件璧、2 件优质白玉磨治的长条玉块。见叶茂林：《齐家文化玉器研究——以喇家遗址为例》，费孝通主编《玉魂国魄（三）——中国古代玉器与传统文化学术讨论会文集》，北京燕山出版社，2008 年，第 141～148 页。

⑦ 关于璧芯料等小型圆形玉具有"璧"的内涵，是叶茂林在 2015 年齐家文化会议上提出的观点。

图一七　喇家 M17 及其出土玉器

1. M17　2. 玉璧（外径 10.1 厘米，出于墓主颈部）　3. 玉璧（外径 10.15 厘米，出于墓主颈部）　4. 玉环（外径 5～5.15 厘米，出于墓主颈部）　5. 玉凿（长 14.2 厘米，出于墓主足旁）　6. 三璜联璧（出于墓口填土）　7. 三璜联璧（出于套口填土）

图一八　喇家 M12 及其出土玉器

1. M12 局部　2. 玉石璧（外径 13.5 厘米）　3. 玉片（长 13.5 厘米）　4. 喇叭形玉管（长 5.14 厘米）

见，似乎只有在特别高级墓葬，如前述 M17 的墓主足端才放置玉凿。

　　值得注意的是，多璜联璧在齐家文化中似乎有特殊的礼制意义。从师赵村、喇家共 3 处未经扰动的出土成组三璜联璧的案例分析，它们不被放置在人身体上，甚至斗合好了再竖插于墓口。有学者认为是"墓祭"所留①。

　　甘青宁地区出土与征集的三璜联璧或四璜联璧，在每组上的单片大致等大，排好时单片之间的空隙大致呈从中央向周围放射的辐射状（图一九）②。确实有些像马厂文化彩陶上出现的所谓"写实的太阳纹"（图二〇）③。但后者并未成为甘青史前彩陶的主流纹饰。倒是齐家文化玉质的联璧、围圈以及秦魏家、大何庄出土的石围圈（图二一）④，可能承载了相同的创型理念。部分半山文化彩陶上的纹饰，器腹围绕一圈等大的圆圈（图二二）⑤，也是以相同的单元重复且连续围绕成圆。这种回环旋绕、永无终始的设计，或许传递生生不息、"连续"与"永恒"的意念。

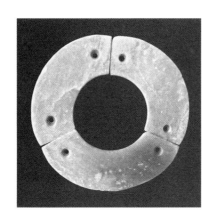

图一九　齐家文化三璜联璧
（直径7.3厘米，喇家 M17 出土）

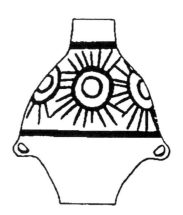

图二〇　马厂文化太阳纹彩陶罐
（柳湾出土）

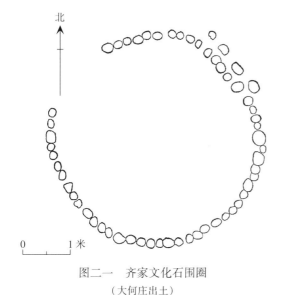

图二一　齐家文化石围圈
（大何庄出土）

图二二　半山文化圆圈纹彩陶罐
（甘肃出土）

①　阎亚林：《西北地区史前玉器研究》，北京大学博士学位论文，2010 年。
②　图一九引自古方主编：《中国出土玉器全集·15》，科学出版社，2005 年，第 138 页。经核查，图一九和一七，6 应是同一组。
③　柳春诚：《浅谈青海古代"太阳"崇拜》，《青海民族研究》第 17 卷第 2 期，2006 年 4 月，第 154～158 页。
④　石围圈是用圆形河卵石在地上排成。图二一引自中国科学院考古研究所甘肃工作队：《甘肃永靖大何庄遗址发掘报告》，《考古学报》1974 年第 2 期，第 29～62 页。
⑤　图二二为黄翠梅教授摄于甘肃省博物馆。

（二）房址所见埋玉及相关石器情况

喇家 F4 是最有名的齐家文化房址，测年约公元前 1900 年左右①。可能是地震等瞬间发生的灾变把整个房址埋入厚厚的泥沙中。除了好几组人骨外，在房址靠墙壁的地表"如同贡品"般地陈设一白璧、一苍璧，在其左右两旁又放置打击成椭圆形的闪玉料（图二三）。附近的陶罐中还放置另一件璧②。这种摆设明显地具有深厚的礼制意义。

笔者曾目验这 5 件玉器，确知 3 件璧都不是闪玉，但 2 件打击过的玉料都是闪玉。

喇家遗址宗教祭祀区出土数十件刻符石器，其中 13 件出自编号 F20 的房址，图二四为其一。据研究，F20 房址可能不用来住人，或是与某种公共性质的手工业生产活动有关。值得注意的是喇家所出刻符石器的器表常打刻向下凹的符号，最常见的是一面刻圆形、一面刻弯月形。很可能代表日、月③。值得深入探索。

（三）祭祀坑所见埋玉情况

目前已知 9 个地点出土同等数目的齐家文化玉璧、玉琮。除第 1 地点为师赵村 M8 之外，其他 8 处都不见人骨，也少有其他同埋的文物，极可能是齐家文化时期的祭祀坑。

已公布齐家文化墓葬有多处，但除了师赵村 M8 出土玉琮外，皇娘娘台、喇家、秦魏家、大何庄等都没发现玉琮④。所以有学者认为齐家文化是"重璧轻琮"的文化⑤。但若衡量下述可能属祭祀坑的资料，再检视传世器、流散品中大量的齐家风格玉琮，我们或可怀疑，是否进入齐家中期以后，玉琮不再用于随葬，只用作祭祀的礼器，礼成后直接掩埋于坑中？

图二三　喇家 F4
（房址墙边地表陈设一白璧、一苍璧，
左右又各放置一块玉料）

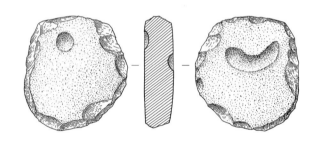

图二四　喇家 F20 出土齐家文化刻符石器
（一面刻圆形符号，长 4、宽 3.8 厘米；另一面刻新月形符号，
长 11、宽 2 厘米）

---

① 张雪莲等：《民和喇家遗址碳十四测年及初步分析》，《考古》2014 年第 11 期，第 91～104 页。
② 中国社会科学院考古研究所等：《青海民和喇家史前遗址的发掘》，《考古》2002 年第 7 期，第 3～5 页。叶茂林：《史前玉器与原始信仰——齐家文化玉器一些现象的初步观察与探讨》，黄翠梅主编《南艺学报》第一期创刊号，台南艺术大学，2010年，第 77～88 页。
③ 李慕晓：《喇家遗址刻符石器的整理与研究》，西南民族大学 2016 年硕士论文。此批资料是叶茂林研究员发掘研究，在他指导下李慕晓完成该论文。
④ 甘肃广河齐家坪出土一件无射口的原始玉琮，但考古报告未出版，不详玉琮是否出自墓葬？
⑤ 叶茂林：《史前玉器与原始信仰——齐家文化玉器一些现象的初步观察与探讨》，黄翠梅主编《南艺学报》第一期创刊号，台南艺术大学，2010 年，第 77～88 页。

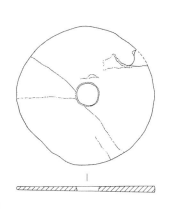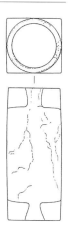

1　　　　　　　　　　　　　　　　　　　　　　　　2

图二五　宁夏隆德和平村出土齐家文化玉璧、琮

1. 璧（外径 36、孔径 5.56 厘米）　　2. 琮（高 19.7 厘米）

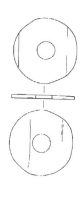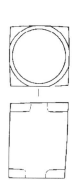

1　　　　　　　　　　　　　　　　　　　　　　　　2

图二六　宁夏海原山门村出土齐家文化玉璧、琮

1. 璧（外径 25.8 厘米，黄翠梅拍摄）　　2. 琮（高 11.9 厘米）

　　宁夏的史前玉器首度由罗丰整理发表，除黑白图之外，还提供精确的线图①。其中有两个地点各出一璧一琮：图二五一组璧、琮，1986 年同出于隆德沙塘和平村；图二六一组璧、琮，1984 年同出于海原县海城镇山门村。

　　图二五两件均相当厚大沉重，但玉料色泽文理非常近似，不排除属一块玉料制作②。据报道，大玉璧出土时破碎成多块，虽经拼合，仍有两小块残缺。如此厚重的大璧居然破成数块，大琮一侧边也有整块的伤缺，推测当初掩埋时，可能特意用重器击破，应是"毁器"的行为。这种行为是表达祭祀者真心诚意将璧、琮奉献给天神地祇，绝不取回再用。

　　海原县山门村的两件曾展出于"玉泽陇西"特展③。经观察，两者色泽完全不同，但均是闪玉制作。也正如罗丰的描述，玉琮的一个射口上有缺口二，可能也是埋葬时刻意毁器致残的结果。

①　罗丰：《黄河中游新石器时代的玉器——以馆藏宁夏地区玉器为中心》，《故宫学术季刊》第 19 卷第 2 期，2001 年，第 35~68 页。

②　图二五，1 是笔者于 2009 年 7 月在隆德文管所检视时所拍摄。承蒙刘世友所长协助及准予发表，特此申谢。图二五，2 是笔者于 2009 年 7 月在固原博物馆检视时所拍摄。承蒙宁夏文物考古研究所罗丰所长与固原博物馆韩彬馆长的协助及准予发表，特此申谢。

③　图二六，1 由黄翠梅教授摄于 2015 年"玉泽陇西"展场。图二六，2 引自北京市艺术博物馆等：《玉泽陇西：齐家文化玉器》，北京美术摄影出版社，2015 年，第 054、053 页。

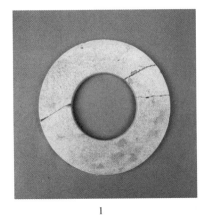

1　　　　　　　　　　　　　　　　2

图二七　陕西宝鸡陵厚村出土齐家文化玉璧、琮
1. 璧（外径21.6厘米）　2. 琮（高7.1厘米）

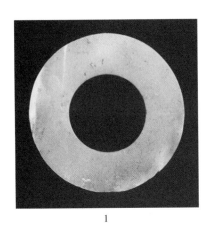

1　　　　　　　　　　2　　　　　　　　　　3

图二八　陕西宝鸡案板坪村出土齐家文化玉璧、琮
1. 璧（外径12.3厘米）　2. 琮（高6.7厘米）　3. 可套叠的璧与琮

图二九　陕西长安上泉村出土齐家文化玉琮
（高20.7厘米）

陕西省境内共 5 笔资料：有 3 处出土一璧一琮，1 处出土两璧两琮，1 处出土三璧三琮。

图二七出土于宝鸡陵厚村东北土梁上①。图二八出于宝鸡扶风县城关镇案板坪村，璧的中孔正可套住琮的射口②。这两组的璧与琮，所用玉料色浅泽润，比例上中孔孔径较大，且器身上亦未见明显的伤缺。图二九出于长安上泉村，据报道与一大如草帽的玉璧同出，但玉璧已出售，该玉琮被乡民当作枕头使用多年后，被征集入藏陕西省博物馆③。

---

① 此组璧与琮第一次由王桂枝发表于《文博》1987 年第 6 期，但当时记录是：除了这两件，还有一件玉璋，三件同出。但到了 1995 年由高次若撰文《宝鸡市博物馆藏玉器选介》（《考古与文物》1995 年第 1 期，第 90～94 页）清楚澄清该玉璋出土于另一地点，宝鸡陵厚村东北土梁上只出土这一件玉璧、一件玉琮。图二七，1、2 由宝鸡青铜器博物院提供彩图，特此申谢。
② 此组璧与琮第一次由刘云辉发表于氏著：《周原玉器》，台北中华文物学会，1996 年。
③ 此玉琮第一次发表于戴应新：《神木石峁龙山玉器探索》，《故宫文物月刊》第 11 卷第 5 期，总号 125，1993 年 8 月，第 44～53 页。

凤翔县范家寨镇柿园村出土了2件玉璧、2件玉琮，武功县杨凌李台乡胡家底出土了3件玉璧、3件玉琮，据报道，都是20世纪70年代村民上缴，过去多视为西周时期文物，近年才了解属齐家文化玉器①。

甘肃省境内有2处出土同等数量的齐家文化璧与琮。一为天水师赵村，一为静宁后柳河村。本文图九即师赵村璧与琮，图三○出于后柳河村。此批玉器最初由杨伯达发表，宣称在静宁县治平乡后柳河村一个灰坑中出土3件玉璧、4件玉琮②。这份资料自公布后一直被称为"静宁七宝"。直到笔者2009年7月造访静宁博物馆，始知当初是4件璧、4件琮同埋一坑，坑上压着大石板。其中一件璧因已破为数块而未上缴③。图三○，1是笔者拍摄静宁博物馆悬挂墙上的图片。图三○，2～8是这7件玉器④。推测可能当初祭祀后掩埋前，刻意将其中一件玉璧打碎。显然也是古代祭祀上的"毁器"行为。

宗日文化（约公元前3500～前2000年）分布于青海省海南州同德、兴海、贵德等县，宗日在同德县境内。文化内涵与马家窑文化关系密切又有本土的特色⑤。发展到晚期时，齐家文化已势力强大。宗日文化与齐家文化间，是否有过交流？值得探索。

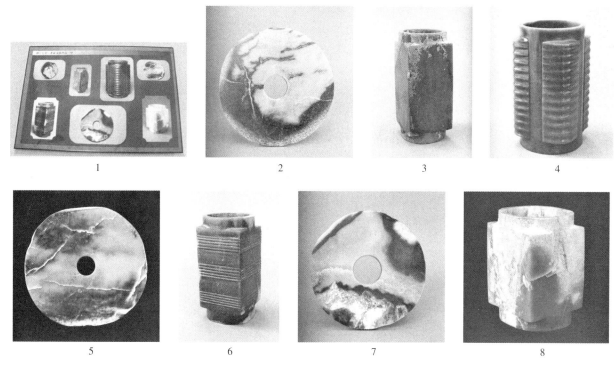

图三○　甘肃静宁后柳河村出土齐家文化玉璧、琮

1. "静宁七宝"的看板　2. 璧（外径32.1厘米）　3. 琮（高16.7厘米）　4. 琮（高14.7厘米）　5. 璧（外径32.1厘米）　6. 琮（高16.2厘米）　7. 璧（外径27.3厘米）　8. 琮（高12.8厘米）

---

① 刘云辉：《陕西关中出土的齐家文化玉器》，中国社会科学院考古研究所等《2016中国·广河·齐家文化与华夏文明国际研讨会论文集》，文物出版社，2017年。

② 杨伯达：《甘肃齐家玉文化初探》，《陇右文博》1997年第1期。

③ 最初是静宁博物馆内人员告知。笔者也向静宁县博物馆的阎惠群馆长求证，确如所言。

④ 图三○，1为笔者在静宁博物馆拍摄墙上悬挂的看板；图三○，2～4、6、7引自甘肃省文物局：《甘肃文物菁华》，文物出版社，2006年；图三○，5、8引自古方主编：《中国出土玉器全集·15》，科学出版社，2005年。

⑤ 青海省文物管理处等：《青海同德县宗日遗址发掘简报》，《考古》1998年第5期，第1～14页。陈洪海等：《论宗日遗址的文化性质》，《考古》1998年第5期，第15～26页。

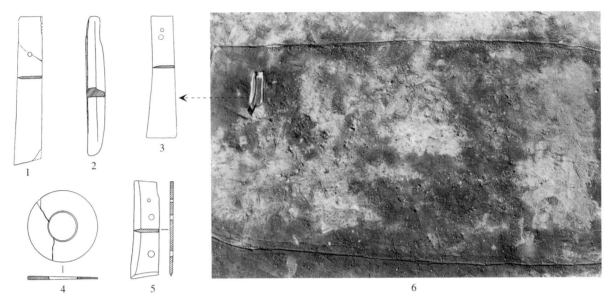

图三一　宗日 M200（祭祀坑）

1. 穿孔玉刀（长 28.5 厘米）　2. 玉料（长 26.8 厘米）　3. 穿孔玉刀（长 23.4 厘米）　4. 玉璧（径 14.5 厘米）　5. 穿孔玉刀（长 18.7 厘米）　6. 祭祀坑一角叠放 5 件玉器

　　引起此一疑义的是宗日 M200（祭祀坑？），据发掘者的详细介绍可知，该处是一长 360、宽 160～180、浅 15～20 厘米的圆角长方坑，在其一端集中叠放 5 件玉器：璧 1、刀 3、玉料 1（图三一）。虽最初以墓葬编号，但实际应是祭祀坑①。坑中无陶器。

　　陈洪海推测宗日 M200 实为祭祀坑，此说受到学界的认同②。笔者于 2009 年夏曾检视这 5 件玉器，全属真正闪玉，且全属齐家文化风格③。是否宗日文化晚期吸收了齐家文化用玉器祭祀后掩埋的礼制？还是这个祭祀坑根本就是齐家人向青海湖以南地区扩张时所留？亟待日后有更多发掘与研究来厘清此一谜团。但笔者认为可以将宗日玉器纳入泛齐家系玉器范围考虑。

　　总之，自公元前 2600 年以降，齐家文化逐渐形成④。极可能由黄河上游本土发展的"天圆地方宇宙观"与"同类感通哲理"，令生活在该地的先民们，用玉石制作带有大中孔的圆片与方筒。图三二接续图一上的编号，数字 6 至 19 是出土齐家文化玉器较多的地点。其中编号 7、8、10、13、15、17 地点曾在同一墓穴或祭祀坑出土同等数目的璧与琮。编号 9 地点，曾在同一祭祀坑出土璧与刀。

　　玉璧是齐家文化最重要的玉器，平日可以像供品样摆放在家中特殊的地方。可与玉琮、玉刀祭祀后共同掩埋，璧也是墓葬中最重要的随葬品。所以，出土与传世的齐家文化玉器中，璧的数量最多。

①　陈洪海：《关于宗日遗址第 200 号墓出土的玉器》，收入格桑本等《宗日遗址文物精粹论述选集》，四川科学技术出版社，1999 年，第 28～30 页。

②　谢端琚：《黄河上游史前文化玉器研究》，《故宫学术季刊》第 19 卷第 2 期，2001 年，第 11 页。

③　承蒙青海省博物馆祝君馆长准予检视库藏玉器，特此申谢。

④　至少有两位学者认为齐家文化年代上限可推自公元前 2615 年。见李水城：《西北地区新石器时代考古研究》，严文明主编《中国考古学研究的世纪回顾·新石器时代考古卷》，科学出版社，2008 年，第 347～363 页。王辉：《甘青地区新石器—青铜时代考古学文化的谱系与格局》，北京大学考古文博学院主编《考古学研究（九）·庆祝严文明先生八十寿辰论文集》，文物出版社，2012 年，第 210～243 页。

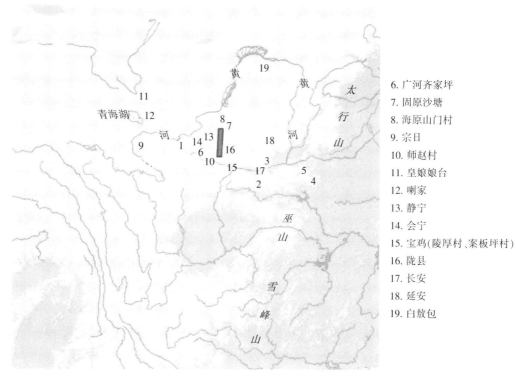

6. 广河齐家坪

7. 固原沙塘

8. 海原山门村

9. 宗日

10. 师赵村

11. 皇娘娘台

12. 喇家

13. 静宁

14. 会宁

15. 宝鸡(陵厚村、案板坪村)

16. 陇县

17. 长安

18. 延安

19. 白敖包

图三二　齐家时期华西地区出土较多玉器遗址分布图

但必须强调的是，笔者检视了不少齐家墓葬出土玉璧，证明过去有关璧上出现斜切一片的现象是入葬前刻意削切的"墓葬疤记"的说法，纯属妄言。本文图一七，2、3和图一八，2都是齐家墓葬出土玉璧，上面毫无削切的斜面，但图二六，1是与玉琮同埋一坑的玉璧，明显有大片削切的斜面。

也有学者经过实际测音，认为齐家文化玉璧可能作为敲击发音的乐器，这种斜面的出现可能是为了调整音阶①。但迄今所测音的实物数量有限，希望以后有更多检测。

五　齐家文化之外黄河上中游"坑埋祭玉"举例

除了齐家文化范围内出现祭祀后将玉礼器埋藏于坑之外，齐家文化周围其他华西地区龙山时期"坑埋祭玉"的案例亦甚多，有的是竖插，有的是平叠。除少数是有人骨的墓葬，多半都是非墓葬的祭祀坑。为节约篇幅，兹简述于下：

（1）陕西商洛东龙山文化东龙山遗址，约当龙山至夏时期的M43。年约50岁男性墓主仰身直肢，左腹上平置1件石璧（另随葬了石块、陶器）。再于其上方实以填土，在约当头、胸部位平置2件石璧，左右臂、腿外侧部位各竖插一排共计19件石璧（图三三）②。

（2）陕西榆林神木县新华村石峁文化新华遗址，99K1祭祀坑内竖插36件玉石质带刃器。器分6

---

① 幸晓峰、刘志华等：《甘肃武威皇娘娘台遗址出土玉石璧音乐声学性能初步研究》，《中国历史文物》2008年第4期。幸晓峰、叶茂林等：《青海喇家遗址出土玉石器的音乐声学测量及初步探讨》，《考古》2009年第3期。

② 陕西省考古研究院：《商洛东龙山》，科学出版社，2011年。

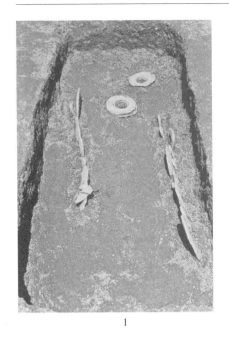 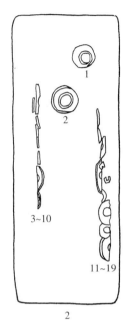  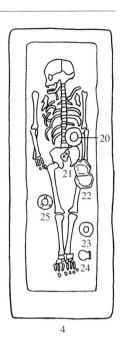

1   2   3   4

图三三　陕西商洛东龙山 M43

1、2. 墓主之上填土共有 19 件石璧，2 件平置，17 件分两排竖插于左右　3、4. 填土与石璧等取出后，墓主仰身直肢，
1 件石璧平置于左腹

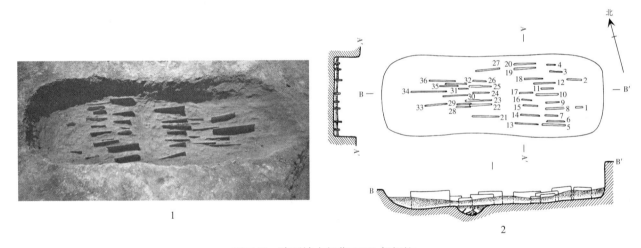

图三四　陕西神木新华 99K1 祭祀坑
1. 鸟瞰面彩图　2. 平面、剖面线绘图

排，如图三四所示，平行竖插在祭祀坑。坑长 140、宽 50、深 12～22 厘米，所插入的玉器均为宽薄的片状器，有刃者刃端朝下，无刃者边薄的向下①。

（3）陕西延安芦山峁有人在耕地时发现 4 把大玉刀叠放出土，由在场的四人分别收藏，但只有孙起飞将所得一把交给公家，即图三五。据说："其余三件均因收藏者无知，将其损坏遗失。"②

图三五大玉刀的左右两侧边都雕琢精致的扉牙，较宽端的扉牙较抽象，较窄端的扉牙雕琢成一个

① 陕西省考古研究院等：《神木新华》，科学出版社，2005 年。但该书彩版四印刷时上下倒置，应如本文图三四，1。
② 姬乃军：《延安市庐山峁出土玉器有关问题探讨》，《考古与文物》1995 年第 1 期，第 23、27 页。从上缴这件玉刀尺寸和坚韧性可推测，共出的其余三把玉刀不容易被损坏。极有可能所有者不肯上缴，后来伺机出售。20 世纪最后二十年，纽约大都会艺术博物馆及台北各入藏一件相似尺寸、相似风格的大玉刀，不排除是延安出土者。

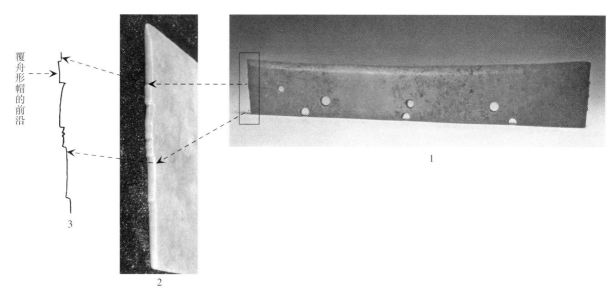

图三五　陕西芦山峁神祖纹大玉刀

1. 全器（长 54.5、宽 10、厚 0.4 厘米）　2. 利用窄边雕琢神祖侧面剪影　3. 神祖侧面剪影线绘图

"戴帽神祖"脸部侧影，从额头到鼻梁琢作浅弧线，微撅的双唇、浅翘的下巴，流露优雅的气息①。图三五，3 是笔者 1998 年在陕西历史博物馆库房时亲笔所绘②。这件大玉刀曾于 2013 年冬展出于"玉器·玉文化·夏代中国文明展"，图三五，2 是黄翠梅摄于展场。

（4）陕西榆林市神木县石峁文化石峁遗址，在 1975 年以前曾成坑出土大批玉器。1975 年冬，考古学者戴应新奉派前往征集了 126 件，包括 28 件典型石峁文化墨玉牙璋和 10 余件典型石峁文化墨玉多孔长刀③。图三六，1～7 均属此批④。

近年陕西省考古研究院在石峁发掘，探勘与局部发掘确知，公元前 2300 年已建筑面积达 400 万平方米的石城。是包括皇城台、内城、外城三个层次的宏伟石城。经乡民指认，戴应新征集的玉器中大部分集中出自外城东门东北约 300 米处⑤。显然当初也是成坑掩埋玉器。

六　史前华西、华东玉礼制的差异与交流

广袤的华西，漫长的史前，人们过着琢玉为兵、磨玉为饰的朴实生活。人们观察一年四季中与一

---

① 图三五，1 引自李炳武、工长启主编：《中华国宝：陕西珍贵文物集成·玉器卷》，陕西人民教育出版社，1999 年。图三五，2 由黄翠梅教授摄于良渚博物院。

② 承蒙陕西省文物局刘云辉副局长安排，1998 年春在陕西历史博物馆库房检视这件大玉刀，特此申谢。

③ 戴应新：《陕西神木县石峁龙山文化遗址调查》，《考古》1977 年第 3 期，第 154～157 页；《神木石峁龙山文化玉器》，《考古与文物》1988 年第 5～6 期合刊，第 239～250 页；《神木石峁龙山文化玉器探索（一）至（六）》，《故宫文物月刊》第十一卷第五至第十期，总号 125～130，1993 年 8 月至 1994 年 1 月。

④ 图三六，1 引自中国玉文化中心编：《玉魂国魄——玉器·玉文化·夏代中国文明展》，浙江古籍出版社，2013 年，第 264 页。图三六，2、3b 引自戴应新：《神木石峁龙山文化玉器探索（二）》，《故宫文物月刊》第十一卷第六期，总号 126，1993 年 9 月。图三六，3a、4 引自古方主编：《中国出土玉器全图》，科学出版社，2005 年。图三六，5a～5c 为笔者于 2006 年在陕西历史博物馆库房拍摄，经申请获准发表，特此申谢。图三六，5d 引自林巳奈夫：《中国古玉器总说》，东京吉川弘文馆，1999 年，第二六四页。图三六，6、7 引自中国玉文化中心编：《玉魂国魄——玉器·玉文化·夏代中国文明展》，浙江古籍出版社，2013 年，第 203、202 页。

⑤ 孙周勇、邵晶：《关于石峁玉器出土背景的几个问题》，陕西省考古研究院等《发现石峁古城》，文物出版社，2016 年，第 235～246 页。

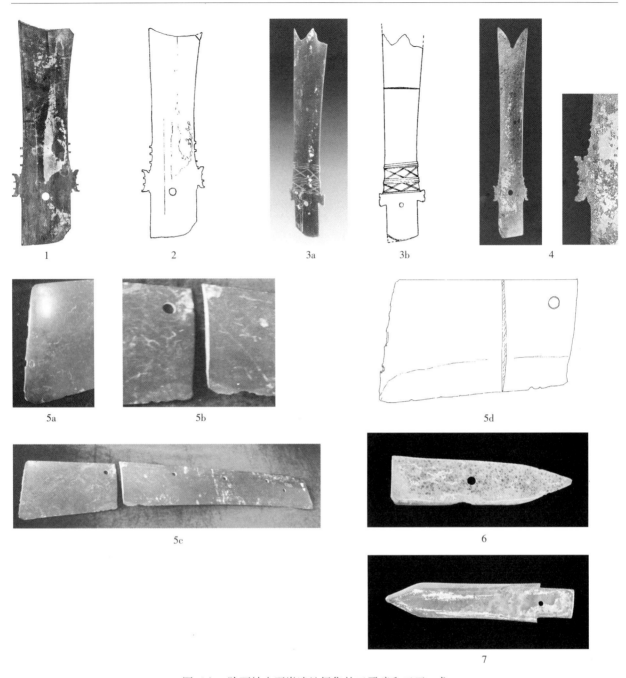

图三六　陕西神木石峁遗址征集的玉牙璋和玉刀、戈
1. 牙璋（长 30 厘米）　2. 牙璋（长 40 厘米）　3. 牙璋（长 34 厘米）　4. 牙璋（长 49 厘米）　5. 刀（断为二，分别长 11.4、
40.4 厘米）　6. 戈（长 21、宽 5.5、厚 0.2 厘米）　7. 戈（长 29.4、宽 56、厚 0.6 厘米）

天晨昏里宇宙的变化，发展了"天圆地方"的宇宙观与"天体崇拜"的宗教；他们体察生命的荣枯、物质的久暂后，认识了玉是美而不朽的物质，乃以美玉琢磨圆片、方块，钻凿象征"通"的大孔，用它们祈福祭祷，仪式后或瘗埋，或沉淹，希冀神祇能体察民意，攘灾赐福。除了圆璧、方琮外，随身携带的玉兵——钺、刀、牙璋、戈等，既是主祭者身份表征，也可用作盟誓的信物，瘗埋于祭祀坑。

　　这样的祭仪模式植根于"同类感通"的思维。相信富含"精气""能量"的玉，制作的圆、方之器，能感应圆天与方地。所以，在广袤的华西大地，"坑埋玉器"现象特别多，但是这种"非墓葬"的"坑埋玉器"，在历史流传中易遭破坏且毫无记录。

不同于史前华西先民崇信"天体崇拜"而常有"坑埋玉器"的行为，史前华东先民发展了完全不同的玉礼制。他们不但高度信奉"物精崇拜"，更相信只有特别聪明、能沟通人神的"巫觋"① 才能拥有祭祀权，而各种神灵动物都是巫觋通神时的助手。所以华东玉礼器除了唯一光素的璧之外，主要是各种雕琢了神灵动物的巫觋行头，连最高等级的玉钺，也被雕琢上神徽纹饰。考古数据显示，史前华东地区玉器主要出自大墓，说明了掌祀戎大权的"巫觋"地位显赫。

总之，早自新石器时代，华东、华西先民已发展不同的宗教以及不同的"以玉事神"的"玉礼制"。图三七即表达这种文化差异。

考古资料证明，公元前第 4 千纪中叶到前第 3 千纪中叶，是华夏大地礼制发展的重要阶段，而玉礼制明确走向东西之间既有差异、又有沟通的模式。许多表达思维信仰的玉器，常跨越比邻，通过上层交流网，传播至遥远的他方。

如图三八所示，公元前第 4 千纪中叶到前第 3 千纪中叶，盛行"物精崇拜"的华东，彼此间也有上层交流网的沟通。北方辽西地区红山文化、南方太湖流域崧泽—良渚文化，都特别重视玉雕的胚胎式动物，或是强调"化生"的能量②。

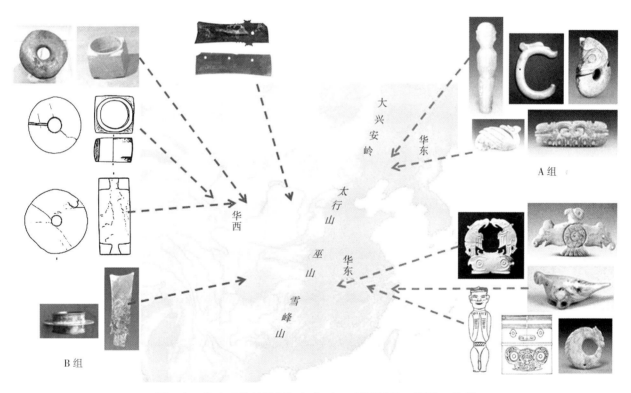

图三七　华东"物精崇拜"与华西"天体崇拜"不同的玉礼制

A 组：华东地区所用玉器图，上面 5 件中，龙形佩与猪龙分别征集自东拐棒沟与临平，其余 3 件出土于牛河梁。下面 6 件为：凌家滩出土玉鹰、玉卷龙、玉人（线图），良渚文化玉鸟、玉方镯上小－大眼面纹（线图），以及后石家河文化的戴"介"字形冠神祖面玉饰。

B 组：华西地区所用玉器图，自右上至左下分别为：石峁文化牙璋、长刀，海原与页河子出土菜园文化璧与琮，师赵村出土齐家文化璧与琮，沙塘和平村出土齐家文化璧与琮，杨官寨出土庙底沟文化璧与琮。

---

① 《国语·楚语》记录观射父回答楚王问题时说："古者民神不杂。民之精爽不携贰者，而又能齐肃衷正，其智能上下比义，其圣能光远宣朗，其明能光照之，其聪能听彻之，如是则明神降之，在男曰觋，在女曰巫。"

② 邓淑苹：《探索崧泽—良渚系"龙首饰"》，浙江省文物考古研究所主编《2014 年崧泽文化学术研讨会论文集》，文物出版社，2016 年。

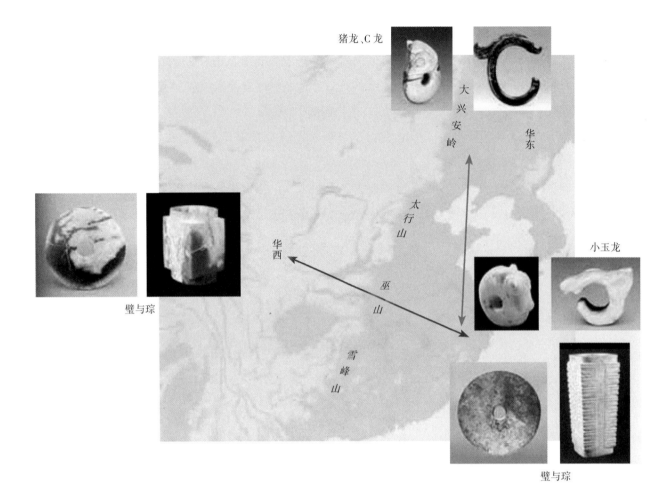

图三八　史前第一、第二阶段"上层交流网"运作图

(红线表示公元前3600～前2600年华东地区北、南间"物精崇拜"的交流；蓝线表示公元前2600～前2100年间华西、华东间"宇宙观与感应哲理"的交流)

也在公元前第4千纪中叶到前第3千纪，华西地区从仰韶中晚期经过先齐家时期，逐渐发展"天体崇拜"的信仰及相关礼制：只以光素玉器作为人神之间的"灵媒"，相信其圆、方形制与宇宙神明本质相同，在"同类感通"思维下，经由祭仪及仪式后的"坑埋祭玉"，令神祇体察民意，降福世人。

也就在公元前第3千纪，或是因为人口膨胀、文化交流迅速等因素，黄河上中游"天体崇拜"的思维通过上层交流网传递至长江下游，在良渚文化中引发激变，墓葬中出现大量堆叠大璧高琮的现象①。从方镯蜕变的良渚晚期玉琮才真正具有"方"形剖面。玉琮不但变高大方正，且以大璧、高琮为神秘的、与天体有关符号的"唯二载体"（笔者另有专文讨论之②）。图三八即说明以上两次上层交流③。

① 赵晔从反山晚期墓葬堆叠大量大璧现象，认为良渚文化以玉器为载体的礼仪制度存在两种模式："个人佩戴物"与"身外标志物"。见氏著：《璜与圆牌：特定历史条件下的玉器组佩》，《玉魂国魄——中国古代玉器与传统文化学术讨论会文集（七）》，浙江古籍出版社，2016年。
② 邓淑苹：《"玉帛文化"形成之路的省思》，《南方文物》2018年第1期。
③ 第三次上层交流网发生于公元前2100～前1800年间海岱、江汉地区间"二元神祖信仰"的交流。见邓淑苹：《玉礼器与玉礼制初探》，《南方文物》2017年第1期。

七 小结

属仰韶文化中晚期之交的灵宝西坡墓地，玉钺刃部多无使用痕，均不带木柄，刃端向上放置墓中。就是礼制上"玉瑞器"的滥觞。前文已说明，西坡墓群中无论男女都可拥有"玉圭"，宏观来看，这正是华西的大传统，稍后明显地呈现在西周姬姓贵族墓葬中。

齐家文化早期遗址师赵村出土璧、琮、联璧，及其组配式的掩埋，成为可研究的标杆。证明公元前 2300 年前后，"天体崇拜"与"璧琮组配"礼制在黄河上游发展成熟，联璧的创型或与太阳崇拜有关，或表达华西先民追求"连续"与"永恒"的意念。这就是礼制上"玉祭器"的滥觞。

到了龙山时期，多件玉质带刃器的"坑埋"现象见于宗日、庐山峁、新华、石峁等地。此一现象或也是春秋时期侯马盟书的滥觞[1]。只是侯马盟书年代晚至公元前 500 年左右，所埋都是石质尖首圭。"尖首圭"是带尖峰的玉戈在西周时期逐渐制式化发展而成，取代史前平首或圆首玉圭，成为中国礼制上玉圭的主要形制[2]。

目前年代最早的玉戈，可能是前文图三六、6、7 出土于石峁的玉戈，石峁年代下限虽也可能与二里头三、四期相似[3]，但石峁玉戈比二里头出土玉戈更显原始。

周族，一个黄河上中游的本土氏族，在公元前 1047 年左右征服商王朝后不久，周武王即重病不治，周公为其兄病重向三代祖先祈求时，就是"植璧秉圭"地宣读他的祷词[4]。由此可知，"植璧秉圭"是周族在克商之前已形成的玉礼制。在地缘关系上，草创江山时期的周族，可能受齐家文化影响甚深。那么，或即是在齐家文化衰亡到周族茁壮的这段时期，华西地区主流玉礼制从"璧琮组配"转变为"圭璧组配"。其时间点大约落在公元前第 2 千纪的中叶。总之，考古资料证明，中国历史上玉礼制从萌芽到定制都发生于黄河中上游地区。

[后记]

1. 山西、陕西属华西地区东缘，成为东西文化交流融合之地。龙山至二里头时期，该区玉器文化面貌复杂，笔者另撰《交融与创发——夏时期晋陕高原的玉器文化》一文梳理之，将发表于：成都金沙博物馆编《玉汇金沙——夏商时期玉文化国际学术研讨会论文集》，科学出版社，2018 年。

2. 本文初稿题为《史前华西系玉器与中国玉礼制》，于 2016 年秋在甘肃广河齐家文化会议上宣读，该论文集迟未出版。事隔年余，笔者于 2018 年春修改内文甚多，本拟提交广河会议论文集，蒙陈星灿所长告知，该论文集已进入排印阶段，建议笔者将新稿另行发表。承蒙郭大顺先生同意，得以此小文恭祝先生八十华诞。

---

① 山西侯马出土五千多枚石圭，是春秋晚期晋国贵族盟誓所留下。据研究，当时应是由每个参与者各以一尖首石圭写上自己的名字与誓词，再堆埋于坑。
② 邓淑苹：《圭璧考》，《故宫季刊》第 11 卷第 3 期，1977 年，第 49~91 页。
③ 陕西省考古研究院公布石峁遗址年代为公元前 2300~前 1800 年。但笔者从该地征集的牙璋等与二里头、月亮湾、三星堆等地牙璋形态比较，推测石峁年代下限可能晚到公元前 1600~前 1550 年。
④ 见《尚书·金滕》。

渤海海峡两岸史前文化的交流与互动

栾丰实　武　昊

（山东大学）

一　辽东半岛和胶东半岛的地貌和环境

位于东北亚南部的辽东半岛和胶东半岛，同属中朝准地台胶辽台隆，隔狭窄的渤海海峡南北相望。在渤海海峡最窄的位置，分布着庙岛群岛的若干岛屿，像陆桥一样将两个半岛连接起来，减低了大海对两地的阻隔，为古人来往于两地的海上交通提供了有利的方便条件。

（一）辽东半岛

辽东半岛位于东北亚地区的南端，略呈东北—西南走向，由东北部的低山向南、西南和西北呈阶梯状下降，逐渐过渡到丘陵和沿海平地。整个半岛北部较宽，约150千米，南端甚窄，不足10千米，陆地面积略小于胶东半岛。半岛的西北侧为渤海，东南侧为黄海。与半岛主轴平行的千山山脉，亦呈东北—西南走向，北起连山关，南至老铁山，横贯整个半岛，并将辽东半岛分成两大斜面。千山山脉的东南坡相对较为平缓，发育的河流较长，如大沙河、碧流河、英那河、大洋河等，均向东南独流注入黄海。西北坡则较为陡峻，腹地狭小，河流短促，如大清河、复州河等，均向西北注入渤海。半岛的最高点为步云山，海拔高度1131米（图一）。

境内以丘陵地貌为主，面积占比超过80%。沿海和较大的河流河谷地区有小片的海蚀平原和冲积平原，有利于发展农业。半岛的海岸线较长，局部滩涂发育，黄海一侧分布着众多岛屿，具有丰富的海洋水产资源。

辽东半岛与外界的陆路联系，主要有两条通道：一是顺着东南侧的沿海平地通向东北方的鸭绿江下游地区；二是由西北侧沿海可与辽河下游平原地带相连接。

辽东半岛属于暖温带季风性气候，尽管纬度偏北，但由于受海洋暖湿气流的影响，气候温暖湿润，夏季凉爽多雨，冬季较为寒冷。半岛地区年平均气温在8℃~10℃之间，最冷的1月平均气温为-10℃~-4℃，最热的7月平均气温为22℃~25℃，年降水量600~900毫米[1]。

---

[1]　辽宁省地方志编纂委员会办公室主编：《辽宁省志·地理志建制志》，辽宁民族出版社，2002年。

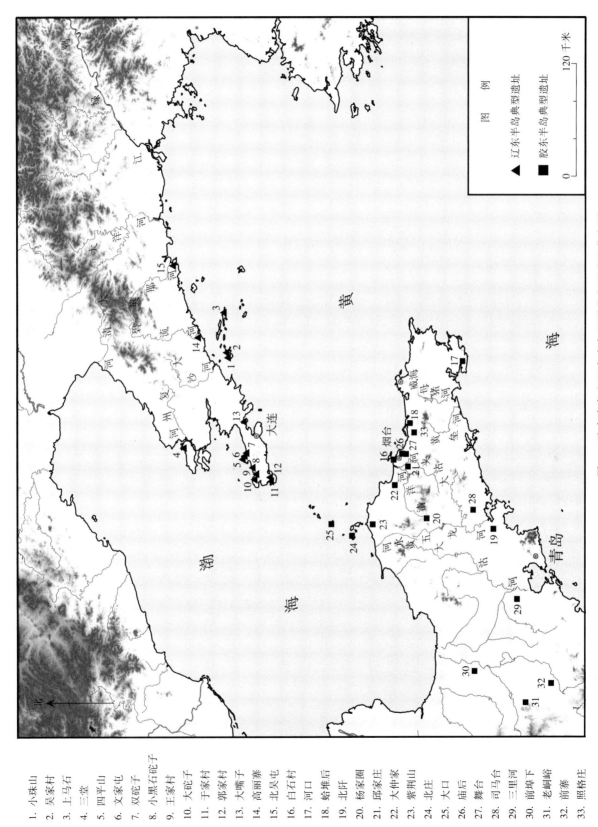

图一　胶东半岛和辽东半岛地形及主要遗址分布图

1. 小珠山
2. 吴家村
3. 上马石
4. 三堂
5. 四平山
6. 文家屯
7. 双砣子
8. 小黑石砣子
9. 王家村
10. 大砣子
11. 于家村
12. 郭家村
13. 大嘴子
14. 高丽寨
15. 北吴屯
16. 白石村
17. 河口
18. 蛤堆后
19. 北阡
20. 杨家圈
21. 邱家庄
22. 大仲家
23. 紫荆山
24. 北庄
25. 大口
26. 庙后
27. 舞台
28. 司马台
29. 三里河
30. 前埠下
31. 老峒峪
32. 前寨
33. 照格庄

（二）胶东半岛

胶东半岛地处山东大陆的东端，向东伸入黄海之中，形成南、东、北和西北三面半环海的地貌，西南部为低洼的胶莱平原，与山东中西部以泰沂山系为中心的大陆相连接。胶东半岛的陆地面积2万多平方千米。区内山脉整体上呈东西走向，局部则为东北—西南方向排列，河流源于中部山区，南北分别独流入海。北侧主要有黄水河、清洋河和大沽夹河等，南侧主要有大沽河、五龙河、乳山河、黄垒河、母猪河等。因腹地狭小，故这些河流均较为短促，流域面积也较小（图一）。

地貌以低山丘陵为主，海拔高度多在200米以下，面积约占70%，其中超过500米的山峰较少，而超过千米的山峰只有突兀于半岛西南隅黄海之滨的崂山，主峰海拔1133米。半岛地区的平地面积较少，约占总面积的30%，沿海地带和较大河流的河谷，有大小不一的海蚀平原和冲积平原，其中以半岛西北部的蓬黄掖平原面积略大，土壤肥沃，水源充足，自古以来就是胶东半岛著名的粮仓。而处于半岛西南部的胶莱平原，虽然面积广阔，但因地势低洼而易受水害，且多盐碱地，早期阶段并不适宜农业经济的发展。

胶东半岛的海岸线较长，岛屿众多，沿海沙嘴沙滩地貌发育，尤其是莱州湾的东侧，有大片的浅海滩涂。整个半岛地区周边沿海的海洋鱼类和贝类等水产资源十分丰富。

半岛地区的气候属于典型的暖温带湿润季风气候。1月平均气温为−3℃～−1℃，最热的8月平均气温约为25℃。年降水量650～850毫米，冬无严寒，夏无酷暑，是人类理想的生产生活的栖息之地。天然植被为暖温带落叶阔叶林，主要树种为栎类，以麻栎最多，也有一定数量的针叶林，如日本赤松等[1]。

山东和辽东两个半岛地区的地形地貌相似，均三面环海，海洋水产资源极为丰富；均以山地和丘陵为主，沿海低地和平原为辅，蕴含着较多的陆生动植物资源。所以，两个地区的生业经济形态较为接近，渔猎和采集经济一直占据着重要地位，而农业经济产生的时间相对较晚。

同时，两地区的气候和环境相近，均属海洋性季风气候，四季分明，温暖湿润，沿海低地和河谷冲积平原具备开展农业生产的有利条件。除了适合本地气候的粟黍旱作农业经济类型之外，稻作农业的开展、传播和扩散则是连接两个半岛甚至更远的东北亚地区古代文化的重要纽带。

辽东半岛和胶东半岛之间的文化联系十分紧密，有文献记载以来一直连绵不断。文化联系的方式包括了各种不同的内容和形式，如文化传播、人口迁徙、商品流通、技术扩散等不同层次的交流和联系等。考古学证据表明，两个半岛之间的文化交流和人口迁徙源远流长，文化传播、扩散和互动可以上溯到遥远的史前时代。

二　两个半岛的史前文化序列

经过几代考古学者百余年的田野考古调查、发掘和研究，初步建立起两个地区史前至历史时期的文化发展序列，大体廓清了其相对年代关系和绝对年代，为研究两个区域的文化互动奠定了坚实的基础。

---

①　山东省地方史志编纂委员会编：《山东省志·自然地理志》，山东人民出版社，1996年。

（一）辽东半岛

辽东半岛的史前考古工作始于日本学者鸟居龙藏，他于1895年在辽东半岛开展的考古调查和1910年发掘的旅顺老铁山积石冢，拉开了辽东半岛地区史前考古的序幕。截至目前，辽东半岛地区史前文化的发展序列，自早至晚依次为小珠山下层文化、小珠山中层文化、小珠山上层文化、双砣子一期文化和双砣子二期文化，可以归并为四个大的发展阶段。

第一阶段，小珠山下层文化。主要分布于半岛的南端、东南侧及沿海岛屿，向北可以延伸到鸭绿江下游两岸地区。新的考古工作将其划分为前、后两期，即小珠山一期和小珠山二期文化[①]。丹东的后洼遗存可以归入到这一阶段[②]。年代约为距今7000～6000年。

第二阶段，小珠山中层文化。主要分布于辽东半岛的南部和沿海岛屿。以小珠山中层和郭家村下层主要遗存为代表，如果细分，可以划分为小珠山三期、吴家村期和三堂一期[③]等三个阶段。年代约为距今6000～4400年。

第三阶段，小珠山上层文化和双砣子一期文化。分布遍及辽东半岛地区的大部。小珠山五期、郭家村上层大部和大连地区的积石冢以及于家村下层属于这一阶段。年代约为距今4400～3800年。

第四阶段，双砣子二期文化。分布遍及辽东半岛的南部。双砣子、大砣子、小黑石砣子、大嘴子、单砣子、上马石等遗址均发现这一时期的典型遗存。年代约为距今3800～3300年。

（二）胶东半岛

较之辽东半岛，胶东半岛的田野考古工作开展的相对较晚，除了"中研院"史语所的学者在山东沿海的调查及日本学者在北部沿海和青岛的零星工作之外，成规模的考古工作始于20世纪60年代及以后。如蓬莱紫荆山遗址[④]的发掘、白石村遗址[⑤]的发现等。20世纪80年代以来，初步建立起胶东半岛地区新石器及早期青铜时代的文化序列，从早到晚依次为前埠下类型、白石村一期、邱家庄一期、北庄一期、北庄二期、杨家圈一期、杨家圈二期和照格庄类型。从文化内涵和性质进行归纳，可以归并为五个大的阶段。

第一阶段，后李文化前埠下类型。目前主要发现于胶东半岛的西南部，为胶东地区年代最早的新石器文化。年代约为距今8000～7000年。

第二阶段，白石村类型文化，又分为早、晚两期，即白石村一期和邱家庄一期。主要分布于胶东半岛沿海及庙岛群岛，以贝丘遗址为其特点。年代约为距今7000～6000年。

第三阶段，大汶口文化，可分为早、中、晚三大期，即北庄一期、北庄二期和杨家圈一期。分布于胶东半岛及沿海岛屿。早期在沿海地区仍然以贝丘遗址的形式出现，中晚期贝丘遗址已经消失。年代约为距今6000～4400年。

第四阶段，龙山文化。分布于整个胶东半岛及其沿海岛屿，遗址数量显著增多。年代约为距今4400～3800年。

---

① 中国社会科学院考古研究所等：《辽宁长海县小珠山新石器时代遗址发掘简报》，《考古》2009年第5期。
② 许玉林、傅仁义、王传普：《辽宁东沟县后洼遗址发掘概要》，《文物》1989年第12期。
③ 辽宁省文物考古研究所等：《辽宁省瓦房店市长兴岛三堂村新石器时代遗址》，《考古》1992年第2期。
④ 山东省博物馆：《山东蓬莱紫荆山遗址试掘简报》，《考古》1973年第1期。
⑤ 烟台市文物管理委员会：《山东烟台白石村新石器时代遗址发掘简报》，《考古》1992年第7期。

第五阶段，岳石文化。分布区域与龙山文化相同，遗址数量较之龙山文化有所减少。年代约为距今 3800～3300 年。

分析以上两个半岛史前考古学文化中发现的对方文化因素，可以将两者的年代对应关系列如表一。

表一　辽东半岛和胶东半岛史前文化年代对应关系表

阶段	辽东半岛		胶东半岛	海岱地区编年
第一阶段	小珠山下层	小珠山一期	白石村一期	北辛文化中期
		小珠山二期	邱家庄一期	北辛文化晚期
第二阶段	小珠山中层	小珠山三期 小珠山四期	北庄一期	大汶口文化早期
			北庄二期	大汶口文化中期
			杨家圈一期	大汶口文化晚期
第三阶段	小珠山上层		杨家圈类型早期	龙山文化早期
	双砣子一期		杨家圈类型晚期	龙山文化晚期
	双砣子二期		照格庄类型	岳石文化

综合比较辽东半岛和胶东半岛史前文化交流的具体内容、地域推进距离和演进过程，依据两地史前文化发展变化的异同程度和文化性质的变迁，两个半岛之间的文化交流和互动，可以归纳为三个大的发展阶段，即：

小珠山下层文化和白石村类型时期，即距今 7000～6000 年之间的第一阶段，为两地文化交流的萌芽期；

小珠山中层文化和大汶口文化时期，即距今 6000～4400 年之间的第二阶段，为两地文化交流的发展期；

小珠山上层至双砣子二期和龙山、岳石文化时期，即距今 4400～3300 年前后的第三阶段，为两地文化交流的鼎盛期。

三　萌芽期：小珠山下层和白石村类型时期

（一）关于小珠山下层的文化性质

目前所知，小珠山下层文化是辽东半岛最早的新石器文化遗存，广义上属于东北亚地区大范围存在的以平底筒形罐为代表的考古学文化。在东北亚这一广袤的区域中，虽然都十分流行平底筒形罐，但细看不同区域的整体文化内涵，差别还是明显的，所以又可以区别出若干支不同的考古学文化。辽东半岛南部就是这样一个相对独立的小区域。

基于文化内涵和特征的异同程度，结合辽东半岛地区特殊的地理环境，可以认为辽东半岛南部以小珠山下层为代表的新石器文化，与鸭绿江下游地区的后洼文化最为接近。如筒形罐的形制、演变和主流纹饰，两者基本一致，故其应属于同一文化，相互之间的差别可以用不同的区域类型来加以区分。

（二）两个半岛之间文化联系的初现

距今 8000～7000 年前后，海岱地区的新石器遗存属于后李文化，在胶东半岛地区目前只是在西南部有所发现，可以将其命名为后李文化前埠下类型。辽东半岛南部地区目前尚未发现同时期的文化遗存。

到距今 7000 年之后，即辽东半岛的小珠山下层文化和胶东半岛的白石村类型时期，两个地区均在沿海地带和近海岛屿上发现一定数量的古文化遗址。

综合考察两个地区这一时期遗址所反映的文化内涵和基本特征，可以确认两者的主体因素是不同的，代表了两类不同性质的文化遗存，从而分属于不同的考古学文化。位于渤海海峡的大黑山岛北庄遗址，在属于这一阶段末期的遗存中，有少量来自辽东半岛小珠山二期的筒形罐①（图二）。同时，在这一时期的两个地区的文化遗存中，开始出现一些共性的文化因素，例如：

1. 沿海及沿海岛屿均为典型的"贝丘遗址"

辽东半岛这一时期的遗址数量不多，如半岛西北侧沿海的王家村遗址和长山列岛中的小珠山、上马石②等遗址。胶东半岛同时期遗址的数量较多，年代略早的如烟台白石村、荣成河口和长岛大钦东村等遗址，年代略晚的遗址数量显著增多，如福山邱家庄、牟平蛤堆后、蓬莱大仲家、长岛北庄、荣成东初和北兰格、即墨北阡等遗址。

这一时期各遗址的文化堆积中存在着大量各种贝壳，故通称为"贝丘"遗址。同时水生鱼类、陆生哺乳动物遗骸也比较丰富，从而表明采集和渔猎在两个地区先民的生业经济活动中占据着举足轻重的地位，甚至是维持人们生存的基本手段。

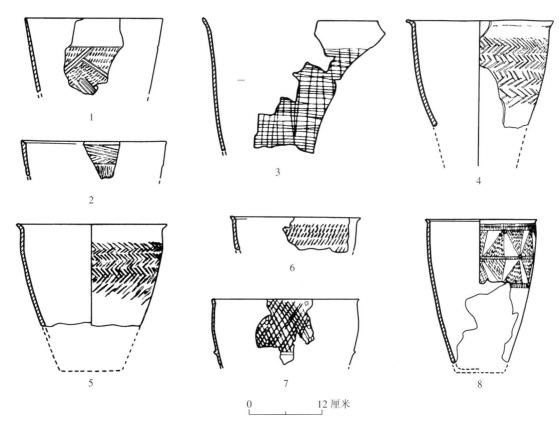

0 ————— 12 厘米

图二　北庄遗址出土的筒形罐

1、2. 白石村二期（无编号）　　3～6. 北庄一期（H95②：9、H103：19、T161④a：14、T9④b：36）

7、8. 北庄二期（H122：58、T9④b：57）

---

① 张江凯：《论北庄类型》，《考古学研究（三）》，科学出版社，1997 年。

② 宫本一夫编：《辽东半岛上马石贝冢の研究》，九州大学出版会，2015 年。

2. 陶器中均有使用滑石粉和云母片为掺和料的现象

辽东半岛和胶东半岛这一时期生产的陶器，除了一些偏早阶段陶器具有的共同特征之外，两者还共同存在着一个较为特殊的现象，即在陶胎中掺加一定数量的滑石粉末和云母片。掺加了滑石粉末的陶器，陶胎似有油性，手感光滑，两种陶器的视觉均与普通陶器有所不同。所以，可以认为这是当时人们一种特殊的陶土处理方式或者说是有意追求的效果。

小珠山遗址的下层文化陶器中，夹滑石陶的比例甚高，达到90%以上。而随着时间的推移，下层晚段夹滑石陶的数量显著减少，到中层文化时期夹滑石陶所占比例遽减到4.8%[1]，而含云母陶的数量则显著增多。

胶东半岛在时代更早的前埠下类型时期，夹滑石陶的比例相当高，同时也有少量夹云母片者。如前埠下遗址的统计数据，在出土的全部陶片中，夹滑石者所占比例高达91.73%[2]，与小珠山下层早段相当。而在同时期的海岱地区西部，经过发掘的几个重要遗址，如章丘西河[3]和小荆山[4]、长清月庄[5]等，出土的陶器中均不见夹滑石和云母的做法。从而表明在陶胎中掺加滑石粉末和云母片的现象，是流行于海岱地区东部的一种文化特色和固有传统。

到白石村类型时期，仍然有一定数量夹滑石和云母片的陶器，但与前埠下类型时期相比，则明显较少。如白石村遗址中，一期陶器中夹滑石粉和云母片的较少，二期则显著增多，两者合计所占比例接近三分之二[6]。属于白石村类型一期的荣成河口遗址，夹滑石和云母陶的比例约占4%[7]。属于白石村类型二期的邱家庄遗址下文化层中，夹砂陶多于泥质陶，其中既有含细沙的，也有夹云母片和滑石粉者[8]。这种情况同样存在于同一时期的北庄遗址最早期，"陶质多夹砂，泥质者较少，夹砂陶中掺滑石粉或蚌壳粉末者所占比例较大"[9]。并且一直延续到以北庄一期为代表的大汶口文化早期[10]。甚至到时代更晚的龙山文化和岳石文化时期，陶器中也有掺滑石粉的现象。

3. 生产工具中均存在一种称为"沟磨石"的石器

所谓"沟磨石"，是一种特殊的石质工具，即在做成一定形状的板状石器的一面，挖出平行的沟槽，一端或有榫状把，并钻出一孔，可能是用来系绳携带。这种特殊的工具，其功能或认为是加工骨器的工具，或认为是网坠，也有学者认为可能与树皮布的生产活动相关。所以，当纺轮出现之后，这种工具就逐渐被淘汰而消失了。

辽东半岛的"沟磨石"在小珠山遗址下层文化中发现2件。如T1⑤：6，平面近方形，器体扁平，

① 辽宁省博物馆等：《长海县广鹿岛大长山岛贝丘遗址》，《考古学报》1981年第1期，表一。
② 山东省文物考古研究所等：《山东潍坊前埠下遗址发掘报告》，《山东省高速公路考古报告集（1997）》，科学出版社，2000年。
③ 山东省文物考古研究所等：《章丘市西河遗址2008年考古发掘报告》，《海岱考古》第五辑，科学出版社，2012年。
④ 济南市文化局文物处、章丘市博物馆：《山东章丘小荆山遗址第一次发掘》，《东方考古》第1集，科学出版社，2004年。
⑤ 山东大学东方考古研究中心等：《山东济南长清区月庄遗址2003年发掘报告》，《东方考古》第2集，科学出版社，2005年。
⑥ 烟台市博物馆：《烟台白石村遗址发掘报告》，《胶东考古》，文物出版社，2000年。
⑦ 烟台市博物馆：《荣成河口遗址发掘报告》，《海岱考古》第五辑，科学出版社，2012年。
⑧ 严文明：《胶东原始文化初论》，《山东史前文化论文集》，齐鲁书社，1986年。
⑨ 张江凯：《论北庄类型》，《考古学研究（三）》，科学出版社，1997年，第38页。
⑩ 北京大学考古实习队等：《山东长岛北庄遗址发掘简报》，《考古》1987年第5期。

长7、宽6厘米，一面有3道平行分布的横向沟槽[1]。另一件为长条形，只有1条纵向沟槽。此外，在位置较北的北吴屯遗址，不仅发现了石质的"沟磨石"，还发现一些陶质的同类器。如T2③A：48，砂岩质，扁平方形，一面磨出3条平行排列的沟槽，边长4.7、厚1.7厘米。陶质的如T6②：30，黑褐陶，扁平近长方形，一面磨出5条横向平行排列的沟槽，长12、宽6.2、厚1.5~2.4厘米。该报告在出土遗物分类中，将这一类器物定性为捕鱼结网用的"网坠"[2]。

胶东半岛的"沟磨石"发现于白石村、河口等遗址。白石村一期发现3件，如80ⅡT1H1：3，片岩制成，扁平长条形，长6.8、宽2.1厘米，一面有5条横向平行沟槽，一端有对钻未透之孔；80ⅡT1H1②：77，黑色滑石制成，扁长条形，长6.6、宽3厘米，一面有3条横向平行的沟槽，一端呈榫状并穿一孔[3]。河口遗址发现1件，为扁体椭圆形，长6.6、宽2.9、厚1.2~1.4厘米，一面有3道平行分布的横向沟槽[4]（图三）。

辽东半岛和胶东半岛地区在各自史前文化的偏早阶段，出现的上述共同文化现象，似不能完全用分别独立发明来解释。尤其像均在陶土中掺加滑石粉和云母片的做法，或表明两个地区之间已经有了海上交通，进而产生了文化上的接触和联系。

据此，我们将这一阶段称为渤海海峡两岸史前文化交流的"萌芽期"。

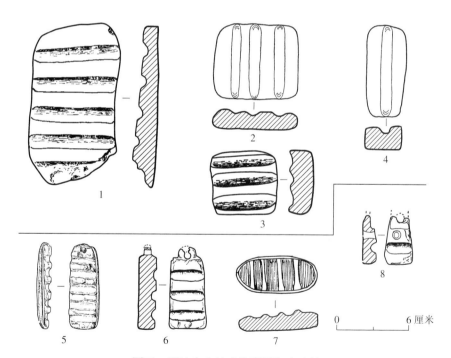

图三　两地出土的"沟磨石"之比较

1、3. 北吴屯（T6②：30、T2③A：48）　2、4. 小珠山下层（T1⑤：5、T1⑤：6）　5、6、
8. 白石村（80ⅡT1H1：3、80ⅡT1H1②：77、80ⅡT1H1②：79）　7. 河口（采77：2）

---

①　辽宁省博物馆等：《长海县广鹿岛大长山岛贝丘遗址》，《考古学报》1981年第1期，图四-9。
②　辽宁省文物考古研究所等：《大连市北吴屯新石器时代遗址》，《考古学报》1994年第3期。
③　烟台市博物馆：《烟台白石村遗址发掘报告》，《胶东考古》，文物出版社，2000年。
④　在原报告中，这件"沟磨石"文字、线图和照片不能够相互对应。参见烟台市博物馆：《荣成河口遗址发掘报告》，《海岱考古》第五辑，科学出版社，2012年，第54页C型砺石、图三一-8（第53页）和图版六-3。

四 发展期：小珠山中层和大汶口文化时期

（一）辽东半岛来自海峡对岸的文化因素

距今 6000～4400 年的小珠山中层文化，如前所述可以划分为小珠山三期、吴家村期和三堂一期等三个阶段，分别与胶东半岛的北庄一期、北庄二期和杨家圈一期大体相对应。这一时期辽东半岛地区各遗址陶器的器形显著增多，其中各种鼎、鬶、盉、钵、觚形杯、豆、壶、尊等器形，均来自海峡南岸的大汶口文化。下面分三个阶段予以考察。

第一阶段，辽东半岛南部大陆及附近岛屿的遗址中就出现了明确的来自海峡对岸的文化因素，少量辽东文化因素也传播到了胶东半岛的沿海岛屿。

位于辽东半岛南端的旅顺郭家村遗址，来自海峡南岸的文化因素显著多于海岛中的同时期遗址。如上腹部有一周附加堆纹的盆形鼎、平底细体觚形杯、深腹钵、角形把手等。陶器装饰中的彩陶以红地黑彩为主，纹样中的上下错位排列的弧边三角并由顶点引出勾连涡纹和平行斜线等，与渤海以南胶东半岛地区的同类纹饰相同或相近，两者之间显然存在着传承关系①（图四、五）。

长海县广鹿岛的小珠山遗址，较为明确来自渤海海峡南岸的因素主要有三矮足觚形杯和红地黑彩的彩陶，时代可能较郭家村略晚。彩陶纹样中的弧边三角顶角伸长而上下勾连的带状纹、上下斜对三角中间加一组短斜线的纹样组合等，与长岛北庄等遗址的同类纹样，在色彩、绘画技法、纹样形态等方面基本相同。小珠山近旁的吴家村遗址，曾采集过 1 件腹部有一周附加堆纹的大口盆形鼎，与胶东半岛北庄、紫荆山、邱家庄等遗址的同类器形完全相同（图四、五）。

第二阶段，继续保持着前一阶段两地交往的频率并有所加强。

如郭家村遗址发现的钵形鼎、平流实足鬶、管状流盉、大镂孔豆等。纹饰中的彩陶继承了早期的风格，以红地黑彩和红地红彩数量较多，纹样则多为网格纹、三角纹、成组的短斜线纹、环带纹等。石器和骨器中开始出现少量有铤镞，与本地延续下来并且数量甚多的平底或内凹底镞的风格完全不同。此外，其他一些用于农业生产的工具，如石刀、蚌刀和蚌镰等，用于纺织的纺轮等，也有可能与其他因素一同来自于海峡南岸。

长山列岛来自海峡南岸的因素略少一些，如吴家村 F1 出土的双鼻壶和 G1 出土的有流鬶、壶以及小珠山遗址发现的平行斜线纹彩陶纹样等（图四、五）。

第三阶段，辽东半岛南部出现了较多来自辽河下游地区偏堡类型的文化因素。同时，各遗址中的海峡对岸文化因素仍然较多。

如郭家村遗址出土的深腹罐形鼎、圈足盘、双耳壶、彩陶尊形器等，石器中的穿孔石钺、有段石锛等（图四），均为大汶口文化晚期的常见器形。

此外，文家屯遗址还在属于吴家村时期的陶片中检测出水稻扇形植硅体②，在王家村遗址同一时

① 辽宁省博物馆等：《大连市郭家村新石器时代遗址》，《考古学报》1984 年第 3 期。
② 文家屯 A 区第 3 层出土陶片所做的科学检测，发现水稻扇形植硅体。该层位的时代可以早到本期的第二阶段，即吴家村期和大汶口文化中期。参见辽东先史遗迹发掘报告书刊行会编：《文家屯——1942 年辽东先史遗迹发掘调查报告书》，2002 年。

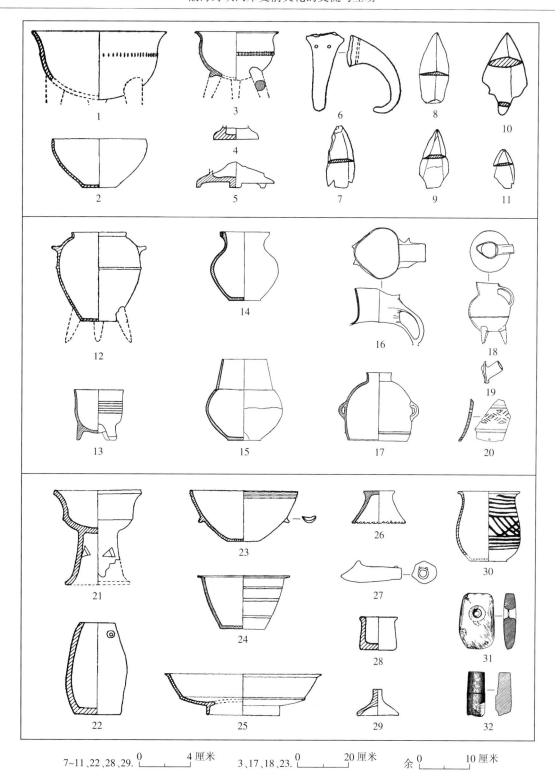

7~11、22、28、29. 0 4厘米   3、17、18、23. 0 20厘米   余 0 10厘米

图四 小珠山中层文化来自大汶口文化的因素

上栏：1、2、4、6~11. 郭家村下层（盆形鼎73T1⑤：201、钵ⅠT9③：18、觚ⅠT9③：22、把手ⅡT3⑤：20、骨镞ⅡT8⑤：14、石镞ⅡT8④：13、石镞ⅠT2③：9、石镞73T1④：10、牙镞ⅡT5③：9） 3、5. 小珠山中层（盆形鼎吴家村采：1、三足觚形器小珠山T2④：22）

中栏：12、13、17~20. 郭家村下层（罐形鼎ⅡT8④：31、钵形鼎ⅡT6③：27、双耳壶ⅡT5F2：1、鬶ⅡT1H8：19、盉流73T2④：150、镂孔豆ⅡT3③：24） 14~16. 小珠山中层（双鼻壶吴家村ⅡF1：7、壶吴家村ⅡG1②：43、鬶吴家村ⅡG1②：43）

下栏：21~26、28、29、31、32. 郭家村上层（镂孔豆ⅠT1②：29、深腹罐ⅡT6②：38、盆ⅡT4H2：41、平底盆ⅡT5F1：11、圈足盘ⅡT6②：39、器盖ⅠT3②：23、盉采：63、器盖ⅡT6②：37、石钺ⅡT4②：1、有段石锛ⅡT4②：4） 27、30. 郭家村下层（盉ⅡT8③：35、尊形器ⅠT6④：10）

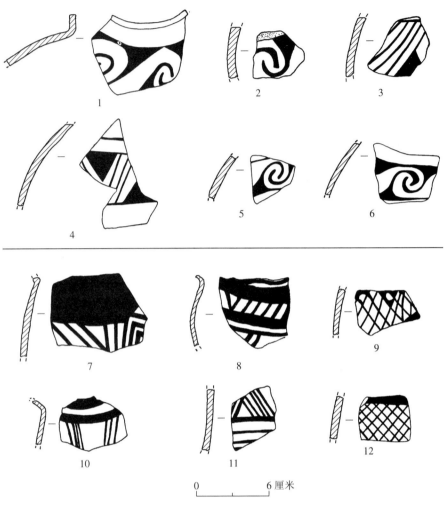

图五　小珠山中层文化来自大汶口文化的彩陶纹样

上栏：1、5、6. 弧形三角涡纹（T4④：61、T4④：62、T4④：60）　2、3. 斜线三角红地黑彩（Ⅱ T8⑤：38、Ⅱ T2③：4）　4. 三角
　　　平行斜线纹（T4④：68）
下栏：7、8、10、11. 直、斜、弧线三角形红地红彩（Ⅱ T7④：26、73T2③：19、73T1③：9、Ⅰ T4④：20）　9、12. 网格纹红地红彩
　　　（Ⅱ T8③：37、Ⅰ T1③：26）（1、4～6 为小珠山遗址中层出土，余为郭家村遗址下层出土）

期的陶片陶胎中发现了水稻印痕①。

（二）对胶东半岛的文化扩散

辽东半岛地区与大汶口文化时代相当的小珠山中层文化，也曾向渤海海峡南侧地区进行过文化扩
散，但总体上较为微弱，在传播和扩散的地域上以胶东半岛北侧的庙岛群岛诸岛屿为主。

与小珠山三期时代相当的庙岛群岛大黑山岛北庄遗址一期，从早到晚都发现有明确来自辽东半岛
的筒形罐，其外表皆有典型的刻划纹②。此外，北庄遗址一期遗存中还有来自辽东半岛地区流行的席
纹、"人"字纹和叶脉纹等刻划纹样③（图六）。

---

① 2015 年秋，山东大学历史文化学院和日本九州大学大学院合作开展了王家村遗址出土陶片的检测，发现有水稻等植物印痕。
② 本文图二的刻划纹筒形罐均出自长岛北庄遗址，分别属于白石村类型二期、北庄一期和北庄二期三个阶段。参见张江凯：《论
　　北庄类型》，《考古学研究（三）》，科学出版社，1997 年。
③ 北京大学考古实习队等：《山东长岛北庄遗址发掘简报》，《考古》1987 年第 5 期。

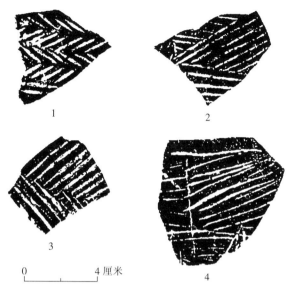

图六　北庄遗址陶器的刻划纹
1. T3③B：20　2. T4H27：1　3. T7⑤A：120　4. T2③B：8

与吴家村期时代相当的北庄遗址二期遗存中，除了发现筒形罐之外，还发现一种粗体筒形杯，口部微侈，直腹，近底部向内急收，腹中部偏上有一周凸弦纹。此类器物在胶东半岛基本不见，而辽东半岛的郭家村和王家村遗址曾发现多件，广鹿岛吴家村也有发现。究其来源，此类器形应由当地的筒形罐演化而来。

胶东半岛甚至更西的山东大陆腹地，在大汶口文化早期就发现玉器，中晚期玉器数量显著增多。大汶口文化的玉器，经鉴定多为岫岩玉[1]。两地之间最具代表性的玉器为牙璧，即在圆形或方形玉璧的周缘雕刻出二至四个齿牙。这种造型较为特殊的玉器，辽东半岛始见于吴家村期，邹城野店、平阴周河和章丘焦家也发现有大汶口文化中期的牙璧，只是三牙呈向外突出状[2]。三堂一期和大汶口文化晚期数量有所增多，龙山文化时期最为流行，并开始向西传播到更远的中原地区。综合分析牙璧在各地出现的时间和形制变化，我认为旋转型牙璧这类造型特殊的器物，可能首先产生于辽东半岛小珠山中层文化的吴家村期，即大汶口文化中期阶段，三堂一期和大汶口文化晚期增多（图七），到龙山文化早期，辽东半岛的积石冢和山东东部的一些遗址普遍出现。两个地区之间始终存在着密切的交流[3]。

综上，在小珠山中层文化一千多年的发展过程中，两岸文化的交流与互动越来越频繁，特别是辽东半岛南部的大连地区，由于来自海峡南岸的强烈文化影响，可能还伴随着人口迁徙，已经在某种程度上改变了当地文化的性质。

这一时期的大连地区，在文化上已独立于东北的鸭绿江流域和西北的下辽河流域，属于相对独立的考古学文化。同时，小珠山中层文化对胶东半岛的文化扩散和影响，主要停留在庙岛群岛的诸岛屿，半岛大陆地区相对较少较弱。

①　王时祺、赵朝洪、于洸、员雪梅、段体玉：《中国岫岩玉》，科学出版社，2007 年。
②　海岱地区西部亦发现过大汶口文化中期的小玉璧（环）周缘有三组成对凹陷或三个齿状突起的现象，如邹县野店和长清周河同期墓葬所发现的这种牙璧，与三牙同向旋转的牙璧差别明显。
③　栾丰实：《牙璧研究》，《文物》2005 年第 6 期。

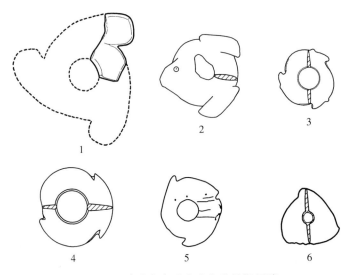

图七　辽东半岛与胶东半岛的早期牙璧

1. 吴家村征集　2. 三堂村（T203⑤∶10）　3～6. 三里河（M113∶1、M273∶1、M259∶21、M126∶7）

五　鼎盛期：龙山、岳石文化时期

距今 4400～3300 年前后，辽东半岛和胶东半岛为广义的龙山文化和夏代及商代前期文化。前后延续了一千余年。

这一时期辽东半岛南部的考古学文化，可以划分为三个阶段：即以小珠山五期、郭家村上层和老铁山、四平山等积石冢为代表的龙山文化早期；以双砣子一期的主要遗存和于家村下层为代表的龙山文化晚期；以双砣子二期等为代表的岳石文化。胶东半岛地区则较为明确，为龙山文化杨家圈类型和岳石文化照格庄类型。

（一）辽东半岛南部文化性质的转变

如果说前述第二阶段，辽东半岛南部地区还只是受到了来自海峡南岸同期文化的较大影响，而进入小珠山上层文化即龙山文化时期以后，海峡南岸的龙山、岳石文化，伴随着人口迁徙，以更大规模源源不断地扩散和传播到辽东半岛南部地区。

辽东半岛大陆和沿海岛屿的众多遗址，均发现有大量与胶东半岛龙山、岳石文化相同或相近的文化因素。这一时期的遗址可以分为两类：一类是普通的聚落遗址如郭家村、大潘家、双砣子、王家村等；另一类是多位于半岛西北侧沿海山脊上绵延排列的积石冢，如老铁山、将军山、四平山等。相比较而言，聚落遗存的情况较为复杂，虽然来自海峡南岸的文化因素显著增多，并且超过了本地的自身文化因素，但由筒形罐发展而来的口沿有堆纹的罐等自身文化因素仍然具有相当数量，是构成这一时期文化的重要内容之一；而在以积石冢为代表的墓葬之中，文化因素的构成比较单一，即来自海峡南岸的文化因素在墓葬出土遗物中占据着绝对优势，并且多与海岱龙山文化的同类器完全相同，显然来自海峡南岸。

小珠山上层时期的聚落遗址中，来自海峡南岸的龙山文化因素，半岛大陆要多于沿海岛屿。郭家村上层出土遗物中，来自海峡南岸龙山文化的因素十分丰富，如陶器中黑陶数量跃居首位，器表装饰以素面为主，陶器的器形种类继续增多，有盆形鼎、袋足鬶、中口罐、有领罐、鼓腹罐、盆、钵、环足盘（盆）、圈足盘、豆、覆碗形器盖等；再如石钺、穿孔石刀、有铤石镞和骨镞等①（图八）。半岛东南侧黄海中的岛屿，如广鹿岛的小珠山等遗址，虽然出土陶器中的标准黑陶明显少于郭家村遗址，但黑褐陶的比例仍然超过半数，出土的盆形鼎、中口罐、圈足盘、环足盘（盆）、平底盆、三足盆、钵、豆、覆碗形器盖等②，显然来自于龙山文化。大长山岛上马石遗址的小珠山上层文化遗存中，也存在着丰富的来自渤海海峡南岸的龙山文化因素，该遗址仅龙山式环足盘（盆）就复原了10余件之多（图九），此外还有瓮、中口罐、高领壶、圈足盘、豆等③。

小珠山上层文化时期，来自海峡南岸的文化因素，向北已经深入到辽东半岛的腹地。如在营口和丹东之间的岫岩县北沟西山遗址，也发现过环足盘（盆）、豆、中口罐等较为典型的龙山文化陶器④。

辽东半岛南部地区发现有较多同一时期的积石冢，其中绝大多数属于龙山文化前半期的小珠山上层阶段。老铁山、将军山、四平山、文家屯东大山、骑子山等地点，百余年来的考古调查发现了大量积石冢群。如1941年日本学者调查和发掘的四平山积石冢，就记录和测绘了60座积石冢群⑤。这些积石冢群沿山脊蜿蜒分布，绵延长达数千米。每座积石冢群的墓葬数量不一，最多的36号冢群，内有墓葬30多座，最少的如32、41号等则只有1座墓葬。多数墓葬内发现有一定数量随葬品。依据以陶器为主的随葬器物所反映的文化特征和内涵，完全可以认定这些墓葬的文化性质属于典型的海岱龙山文化系统。如36号中的P墓室，为长方形砌石墓，长约5.1、宽约1.6米。墓内仅发现少量肢骨，死者的具体情况不详。随葬的完整或残破陶器共23件，玉器5件（图一〇至图一二）。23件陶器均具有典型的海岱龙山文化特征，如袋足鬶、折腹盆形鼎、中口罐、高颈双耳罐（杯）、高圈足深盘豆、筒形杯等，为海岱龙山文化初期的基本陶器组合。个别墓葬出土的夹砂红陶罐，唇部外叠，其上刻有一周纹饰，还保留着当地早期筒形罐的遗风。

相当于龙山文化晚期的双砣子一期和于家村下层时期，辽东半岛南部地区发现的遗址不多。双砣子遗址一期文化遗存，文化堆积厚达3米，发掘时分为三个层次，但发掘者认为"出土遗物完全相同"⑥。其实不然，该报告中所划定的"双砣子一期文化"，至少可以划分为三段，分别与龙山文化中期偏晚、龙山文化晚期和岳石文化早期（即双砣子二期）的时代大体相当。对此，我在21年前曾有过专门的论述⑦。所以，双砣子一期文化的第一段遗存与小珠山上层和大连地区的积石冢相比，时代整体较晚而略有交错。于家村下层较为单纯，陶器仍然以各种黑陶为主，器表装饰以素面为主，有纹饰者较少，弦纹的数量较多。陶器中的中口罐、肩部有弦纹带的鼓腹罐、深腹盆（钵）、把手位于底端的筒形杯、浅盘豆、小平底碗（或器盖）等，均具有龙山文化晚期特征⑧（图一三）。

① 辽宁省博物馆等：《大连市郭家村新石器时代遗址》，《考古学报》1984年第3期。
② 辽宁省博物馆等：《长海县广鹿岛大长山岛贝丘遗址》，《考古学报》1981年第1期。
③ 宫本一夫编：《辽东半岛上马石贝冢の研究》，九州大学出版会，2015年。辽宁省博物馆等：《长海县广鹿岛大长山岛贝丘遗址》，《考古学报》1981年第1期。
④ 许玉林、杨永芳：《辽宁岫岩北沟西山遗址发掘简报》，《考古》1992年第5期。
⑤ 澄田正一、小山野节、宫本一夫编：《辽东半岛四平山积石冢の研究》，京都柳原出版株式会社，2008年。
⑥ 中国社会科学院考古研究所：《双砣子与岗上——辽东史前文化的发现与研究》，科学出版社，1996年。
⑦ 栾丰实：《辽东半岛南部地区的原始文化》，《海岱地区考古研究》，山东大学出版社，1997年。
⑧ 旅顺博物馆、辽宁省博物馆：《旅顺于家村遗址发掘简报》，《考古学集刊》第1集，中国社会科学出版社，1981年。

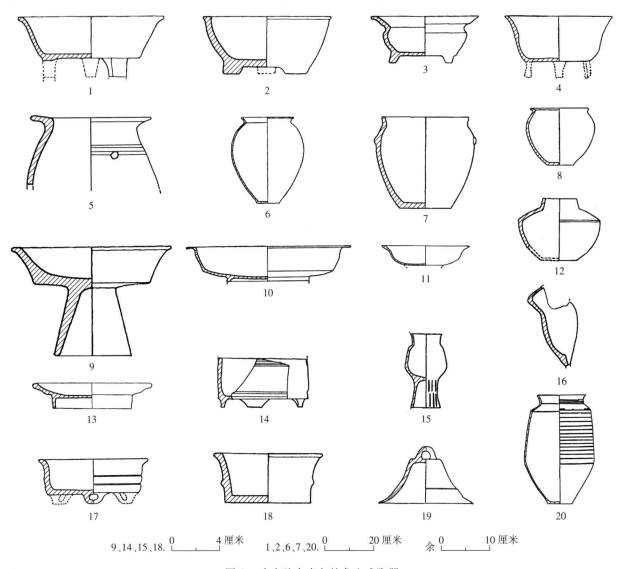

图八　来自胶东半岛的龙山式陶器

1~3、5~7、9、12、13、15、16、18. 郭家村上层（盆形鼎ⅡT4②：38、盆形鼎ⅡT7②：21、盆形鼎ⅡT2②：23、中口罐ⅡT2H4：26、鼓腹罐Ⅱ T5F1：4、鼓腹罐ⅠT9②：21、有领罐ⅡT9②：25、圈足盘ⅠT3②：26、豆采：65、袋足鬹ⅡT5②：28、平底盆Ⅰ T2②：31）　4、8、10、11、14、17、19、20. 小珠山上层（盆形鼎蛎碴岗T5②：45、鼓腹罐蛎碴岗T5②：48、圈足盘上马石T5④：45、圈足盘上马石ⅠT6④：50、三足盆蛎碴岗T2②：15、环足盆上马石ⅠT5④：41、器盖蛎碴岗T5②：14、瓮南窑F1：11）

（二）稻作农业经济的传播和扩散

据目前的考古证据，至迟在龙山文化早期，稻作就已经在海岱地区东部沿海一带发展起来，如江苏连云港藤花落、赣榆后大堂和山东日照尧王城、六甲庄、两城镇、五莲丹土、胶州赵家庄、黄岛台头、栖霞杨家圈、烟台舞台等龙山文化早中期遗址，均发现数量不一的稻作遗存，其中赵家庄[①]和台头[②]遗址还发现有稻田遗迹。

随着人口的迁徙和文化交流，辽东半岛接受了来自海峡对岸以稻作为代表的生业经济方式。从目

①　靳桂云、燕生东、宇田津彻郎等：《山东胶州赵家庄遗址4000年前稻田的植硅体证据》，《科学通报》2007年第18期。
②　青岛市文物保护考古研究所：《黄岛区台头遗址2010年度发掘简报》，《青岛考古（二）》，科学出版社，2015年。郑晓蕖、彭峪、郑禄红：《台头遗址稻作农业的考古学研究》，《青岛考古（二）》，科学出版社，2015年。

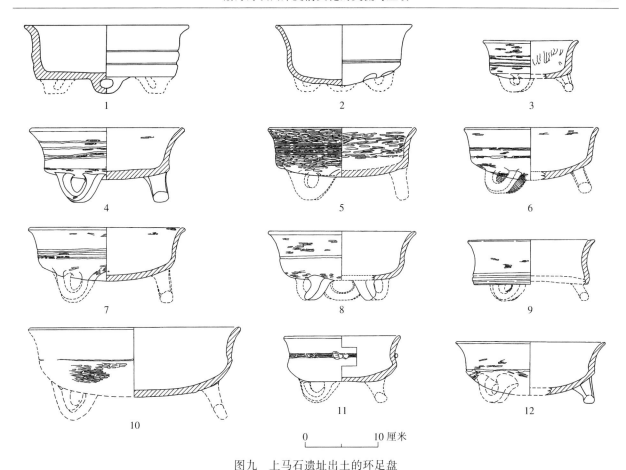

图九　上马石遗址出土的环足盘

1. 1978 ⅡT5④：41　2. 1978T6④：49　3～12. 1941C 区（235、237、238、239、240、241、234、243、236、242）

图一〇　四平山 36 号冢 P 墓室平面图

前资料分析，稻作农业可能在龙山文化之前就已经传播到大连地区，龙山文化时期得到进一步加强。近年来在旅顺王家村遗址的浮选工作，在相当于龙山文化时期的堆积中浮选发现了炭化稻遗存，从土样中检测出数量较多的水稻植硅体①。同时，还在陶片的陶胎中发现稻米或稻壳的印痕。这些资料可以证实当时的辽东半岛已经从海峡南岸引入了稻作农业，丰富了本地居民的生业经济内容。

辽东半岛南部地区发现的龙山文化甚至更早时期的稻作遗存，为研究和确定东北亚地区稻作农业的传播和扩散路线提供了关键性的证据。从整体上看，东亚地区的稻作农业产生于距今 1 万年前后的

① 马永超、吴文婉、王强、张翠敏、靳桂云：《大连王家村遗址炭化植物遗存研究》，《北方文物》2015 年第 2 期。

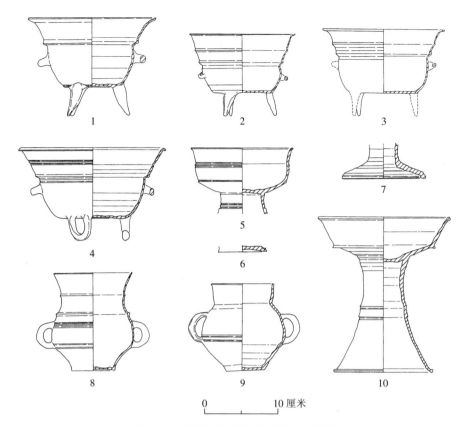

图一一　四平山 36 号冢 P 墓室出土陶器

1~4. 盆形鼎（36P：1~4）　5、10. 深盘豆（36P：23、24）　6. 筒形杯（36P：143）　7. 豆柄（36P：31）　8、9. 双耳罐（36P：43、44）

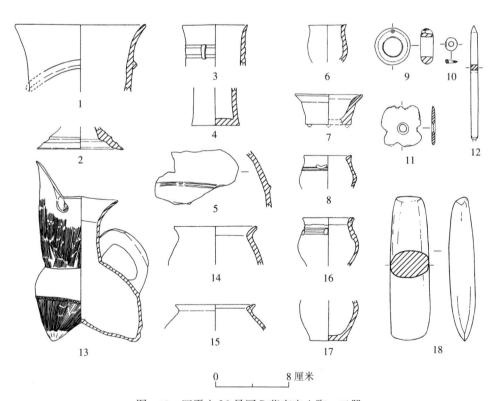

图一二　四平山 36 号冢 P 墓室出土陶、玉器

1、3、4. 筒形杯（36P：236、230、247）　2. 器盖（36P：204）　5、17. 罐（36P：215、375）　6~8、14~16. 中口罐（36P：243、147、292、347、332、288）　9、10. 玉环（36P：418、422）　11. 玉牙璧（36P：398）　12. 玉锥形器（36P：439）　13. 袋足鬶（36P：216）　18. 玉斧（36P：452）

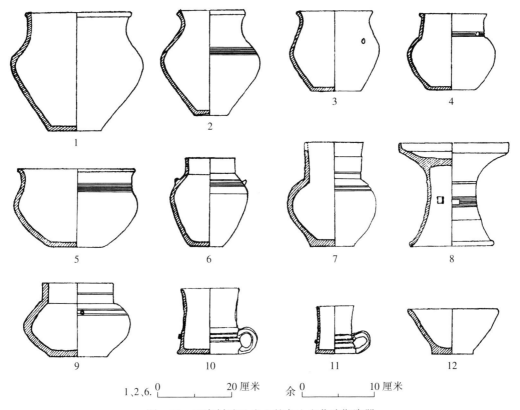

图一三　于家村遗址出土的龙山文化晚期陶器

1、2、4. 鼓腹罐（T4∶13、T3③∶14、T2④∶15）　3. 中口罐（T3④∶25）　5. 深腹钵（F6∶3）　6、9. 有领罐（T3③∶99、T3③∶16）
7. 壶（T3③∶89）　8. 豆（T3③∶15）　10、11. 筒形杯（T3③∶13、T2④∶13）　12. 小平底碗（T2④∶6）

长江中下游这一广大地区，到距今8000年前后的顺山集文化和后李文化时期，已经向北传播和扩散到江苏北部和山东一带。至迟在进入龙山文化之后，山东东南沿海地区稻作农业的规模和数量，已经超过粟黍类旱作作物，形成了以稻作为主、旱作为辅的混合型农业经济模式。据此，可以大体勾勒出稻作农业由长江下游一带逐渐向东北亚地区的传播和扩散的路线：长江下游—苏北—鲁东南沿海—胶东半岛—跨海北上至辽东半岛—朝鲜半岛—日本九州地区。

　　（三）小珠山上层文化对海峡南岸的影响

　　龙山文化时期胶东半岛地区的遗址数量迅速增多，文化发展速度加快，与泰沂山南北两侧地区的文化面貌进一步整合。所以，这一时期在渤海海峡南侧的龙山文化遗址中，来自辽东半岛的文化因素相对较少。部分遗址发现的一种小筒形罐，有沿，斜直壁，小平底，在当地找不到来源，可能与辽东半岛南部的筒形罐系统有一定关系。另外，东部沿海地区的部分龙山文化遗址中，也偶见底边内凹或较平的三角形石镞，这种石镞多采用硬度较高的燧石经间接打击法制成，与辽东半岛南部流行的同类石镞相似。

　　海岱龙山文化发现较多的玉质牙璧，绝大多数出自于东部沿海一带，如海阳司马台、胶州三里河、安丘老峒峪、临朐西朱封、五莲丹土、诸城前寨等遗址，少者一件，多者三五件，中西部地区发现的较少（图一四）。而这一时期也是辽东半岛玉牙璧最为流行的阶段。如仅四平山积石冢的墓葬中就发现9件玉质牙璧（图一五），这是在一个遗址内发现最多的一例，并且形制也比较复杂。考虑到海岱龙山文化牙璧的原料多为岫岩玉，所以这些牙璧至少其玉料是来自辽东地区应无疑问。

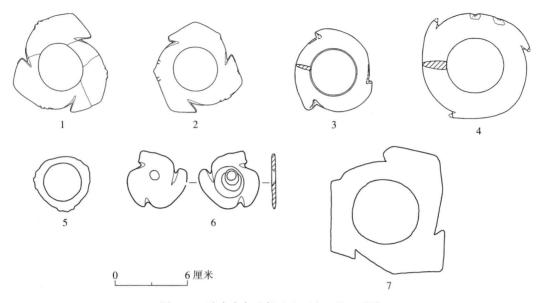

图一四　胶东半岛及邻近地区出土的玉牙璧

1、2. 西朱封征集　3. 老峒峪征集　4. 司马台征集　5、7. 丹土征集　6. 三里河（M203：9）

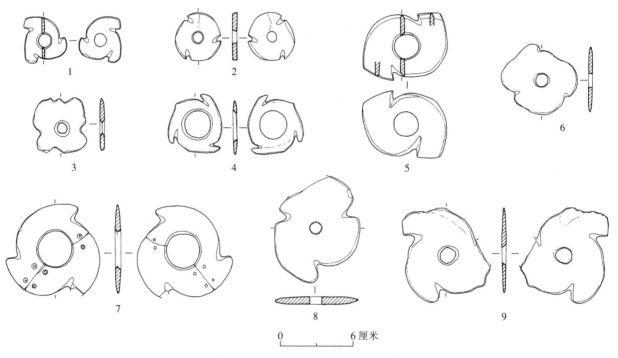

图一五　四平山积石冢出土的玉牙璧

1. 36S：396　2. 37：397　3. 36P：398　4. 高丽城48：399　5. 35C：401　6. 35C：400　7. 35B：402　8. 35A－B：403　9. 36Q：404

综上所述，可以认为进入龙山文化之后，辽东半岛南部地区大量接受来自海峡南岸的先进文化，导致当地文化因素的主体已与海岱龙山文化较为一致，使当地文化的性质产生了一个质的改变，从而成为海岱文化区一个新的分布区。一些学者早就提出过类似的观点和意见①。对此，也有学者持不同

————————

① 如郭大顺等认为："郭家村上层的陶器群中，具有龙山文化特征的鼎、豆、盘、器盖、罐，以及袋足鬶、蛋壳陶已占了绝对优势。地方因素虽延续下来，已退居次要地位。这一重要变化，大大缩小了旅大地区原始文化同山东龙山文化的差别。"参见郭大顺、马沙：《辽河流域的新石器文化》，《考古学报》1985年第4期。

意见①。

（四）文化交流的极盛时期——岳石文化

到岳石文化即辽东半岛南部的双砣子二期文化时期，两个地区的文化交流进入了其发展历史的极盛阶段。

在辽东半岛南部地区，经过调查和发掘的双砣子二期文化遗址数量较多，如双砣子、高丽寨和单砣子、上马石、小黑石砣子、大砣子、大嘴子等。这些同属于双砣子二期文化时期的遗存，其主体文化因素均为典型的岳石文化。

位于辽东半岛西北侧海岸的双砣子遗址，发现于1933年，当年进行过小面积发掘②。1964年中朝联合考古队又进行过一次发掘，其中第二期文化属于青铜时代早期，与胶东半岛的岳石文化时代相当。双砣子二期的陶器，较之胶东半岛，保留的龙山文化风格更为浓厚。如陶器中以黑陶和黑衣陶为主，其他陶色少见，与龙山文化十分接近。制作方法以轮制为主，陶胎相对较薄，器表90%以上素面磨光，有纹饰者甚少。腰和裆部贴筑附加堆纹的甗、子母口鼓腹罐、侈口罐、舌形足罐、盆、子母口平底尊、三足（瓦足）尊、豆、蘑菇纽子母口器盖等器形，石器中的半月形和长方形双孔石刀、穿孔石钺等，与胶东半岛地区岳石文化的同类器物完全相同③（图一六）。

小黑石砣子遗址划分为三期，其与双砣子遗址的时代大体一致。其中第二期出土一批典型的岳石文化陶器，如卷沿鼓腹罐、子口束颈罐、子母口三足尊、平底尊、子母口粗柄豆、蘑菇纽子母口器盖等。此外，还有梭形石刀、穿孔石钺等。这些器物均具有典型的岳石文化特征④（图一七）。

距小黑石砣子不远的大砣子遗址，时代与双砣子遗址大体相当。报告划分的第一期遗存，实际上包含了一部分双砣子一期文化的因素，如肩部有弦纹的鼓腹罐（龙山文化中期）、底边外突的粗体筒形杯和单把杯（龙山文化晚期）等。第一期的大部分遗存与双砣子二期相当，出土的陶器十分典型，如腰和裆部有附加堆纹的甗、足尖近乳头状的甗袋足、肩部饰单个或成对泥饼的罐、折腹盆（盂）、平底尊形器、三足尊形器、盘内侧有凸棱的豆、蘑菇纽器盖等（图一七）。这些器物均与岳石文化的同类器相同，故将其归入岳石文化应无疑问。不过，报告作者在结语中认为其"深受山东岳石文化影响，但表现出明显的地域特色"⑤，这个明显的地域特色到底是什么，作者则未加说明。

地处辽东半岛东南侧沿海的单砣子和高丽寨遗址，位置略偏北，其东南方隔海与大长山岛相望。这两个地点是辽东半岛地区最早经过发掘的古遗址，并于1929年就出版了发掘报告⑥。检查报告发表的陶器和石器，存在着一些具有典型岳石文化特征的器物。如单砣子遗址出土的子母口罐、侈口卷沿罐或壶等。与双砣子遗址相似，单砣子遗址也发现一定数量的彩绘陶，有红、黑、黄诸色。高丽寨遗

---

① 如许明纲等认为，虽然"旅大地区的原始文化受到山东大汶口文化和龙山文化的一定影响。但是，小珠山中层和上层文化类型，都具有其自身的文化因素和特征，不能把这两种文化类型分别称为大汶口文化和山东龙山文化。"参见辽宁省博物馆等：《长海县广鹿岛大长山岛贝丘遗址》，《考古学报》1981年第1期，第109页。相同的观点也见于许明纲：《试论大连地区新石器青铜文化》，《中国考古学会第六次年会论文集》，文物出版社，1987年。

② 江上波夫、驹井和爱、水野清一：《旅顺双台子山新石器时代遗迹》，《人类学杂志》第49卷第1号，1934年。

③ 中国社会科学院考古研究所：《双砣子与岗上——辽东史前文化的发现与研究》，科学出版社，1996年。

④ 刘俊勇、王珧：《辽宁大连市郊区考古调查简报》，《考古》1994年第4期。

⑤ 大连市文物考古研究所等：《辽宁大连大砣子青铜时代遗址发掘报告》，《考古学报》2006年第2期。

⑥ 东亚考古学会：《貔子窝——南满州碧流河畔的先史时代遗迹》，东方考古学会丛刊第一册，1929年。

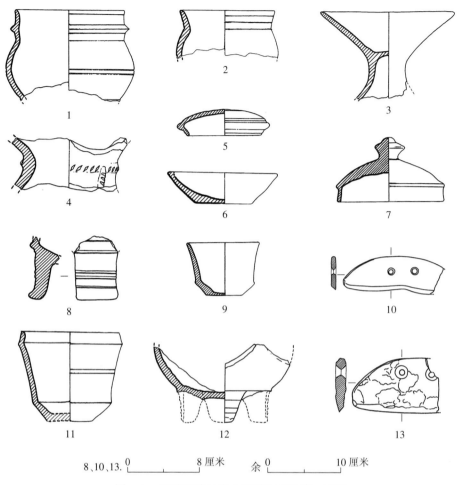

8、10、13. 0 ——— 8厘米　　余 0 ——— 10厘米

图一六　双砣子遗址出土的岳石文化陶、石器

1. 子母口鼓腹罐（H6∶6）　2. 侈口罐（T2∶72）　3. 豆（T8∶19）　4. 甗腰（T7∶43）　5. 器盖（H6∶8）　6. 盆（T1∶32）
7. 蘑菇纽子母口器盖（T11∶43）　8. 舌形足（T8∶25）　9、11. 平底尊（T2∶7、H10∶5）　10、13. 半月形双孔石刀（T4∶15、
T2∶69）　12. 三足尊（H5∶5）

址的岳石文化特征遗物更多一些，如数量较多的夹砂红褐陶甗，腰部和口沿外侧各有一周较粗的附加堆纹，堆纹之上有捺窝或指甲状纹，袋足细长呈炮弹形（图一七，13）；底边圆钝外突的罐或尊，盘内侧偏下位置有一周凸棱的浅盘豆等。

　　大嘴子遗址分为三期，其中第二期属于双砣子二期文化。该期出土遗物不多，数量较多的腰部有附加堆纹的甗、子母口罐、折腹三足盆、浅盘豆、子母口盒、平底尊、蘑菇纽子母口器盖等，均为岳石文化的典型器形①。

　　位于黄海之中的大长山岛上马石遗址，各地点也发现有双砣子二期文化阶段遗存②。如 A 地点的袋足甗、侈口罐、子母口罐等，B 地点的腰部有附加堆纹的袋足甗、侈口罐、蘑菇纽器盖等，C 地点的腰部有附加堆纹的袋足甗、子母口罐等，D 地点的侈口罐、大口盆等。1978 年辽宁省博物馆的发掘，也发现与上述类似的资料③。

　　① 大连市文物考古研究所：《大嘴子——青铜时代遗址 1987 年发掘报告》，大连出版社，2000 年，第 117～126 页。
　　② 宫本一夫编：《辽东半岛上马石贝冢の研究》，九州大学出版会，2015 年。
　　③ 辽宁省博物馆等：《长海县广鹿岛大长山岛贝丘遗址》，《考古学报》1981 年第 1 期。

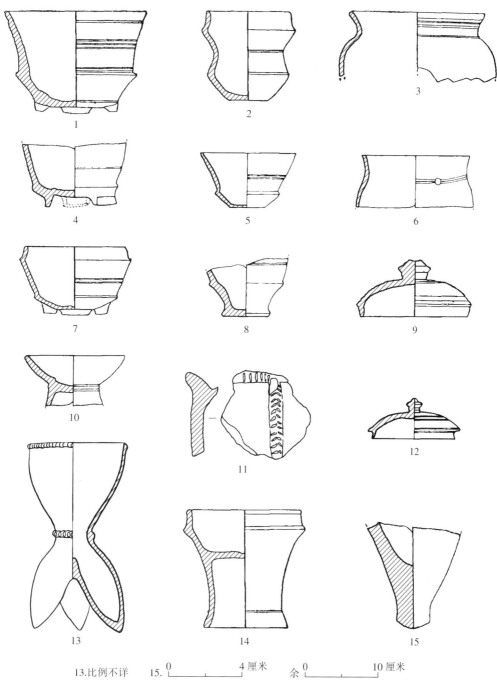

图一七　小黑石砣子和大砣子等遗址出土的岳石文化陶器

1、7. 子母口三足尊（采：61、62）　2. 子母口束颈罐（采：71）　3. 卷沿鼓腹罐（采：70）　4. 三足尊（T11③：64）　5. 子母口平底尊（T11③：29）　6. 罐（T1③：8）　7. 平底尊形器（T11③：62）　9、12. 蘑菇纽子母口器盖（采：64、H2：2）　10. 豆（G3③：14）　11. 甗残片（T11③：67）　13. 甗（高丽寨）　14. 子母口粗柄豆（采：63）　15. 甗足（G1③：51）（1～3、7、9、14 为小黑石砣子遗址出土，13 为高丽寨遗址出土，余为大砣子遗址出土）

　　到双砣子二期文化即岳石文化时期，渤海海峡两岸的基本文化面貌和文化特征高度统一，除个别学者仍然坚持认为辽东半岛的文化地域特色明显，属于本地文化系统，多数人认为可以直接将这一阶段遗存称之为岳石文化，并得到国内外学界的广泛认可。至此，辽东半岛南部地区小珠山下层文化以来，以各种筒形罐及其流变为代表的本地传统文化因素基本消失，并与来自渤海海峡南岸的文化完全融为一体，在龙山文化时期已成为海岱文化区组成部分的基础上，又有进一步的发展。

六 结语

地处东北亚南端的辽东和胶东两个半岛之间，一衣带水，最窄的地点相距只有 100 千米，并且有庙岛群岛的众多岛屿作为路桥将两者连接起来，最北的北隍城岛与辽东半岛的老铁山之间的直线距离只有 40 千米。近百年来考古工作提供的证据表明，两个地区之间的文化交流和人员迁徙源远流长，可以追溯到遥远的史前时期。

距今 7000~6000 年的小珠山下层文化和白石村类型时期，两个地区之间可能已经有了文化上的接触和联系。

距今 6000~4400 年的小珠山中层文化和大汶口文化时期，随着社会生产水平的提高和人类渡海能力的增强，辽东和胶东两个半岛之间的文化联系日益增多。渤海海峡南岸地区的先进农业文化，源源不断地传播和扩散到辽东半岛南部地区及其沿海岛屿。同时，辽东半岛南部地区以筒形罐为代表的北方系文化也穿越渤海，在胶东半岛北部的庙岛群岛和大陆北部沿海地带，留下了其文化传播的足迹。

距今 4400~3300 年的新石器时代晚期和青铜时代早期，来自海峡南岸的人们，不仅携来以快轮制陶和蛋壳陶高柄杯、磨光黑陶、白陶鬶等为代表的高超陶器生产技术，还把成熟的稻作农业生产方式也移植到辽东半岛。进而改变了在辽东半岛延续长达二千余年的本地传统文化，成为海岱文化区一个新的分布区。同时以此为据点，将文化扩散和传播的触角进一步向东北地区延伸，逐次推进到更为遥远的鸭绿江流域、朝鲜半岛和日本列岛等广大地区，将海岱地区先进的农业耕作技术和文化惠及各地人民。

中国最早石制轴承的功能实验考古试论

——查海遗址轴承形态分析

邓 聪

（香港中文大学）

一 前言

轮盘可能是人类最伟大的发明之一。轮轴机械更是近代世界工业革命的核心技术。轴承于轮轴设备中，占有举足轻重的位置。科学家相信，轴承技术代表世界整个工业的发展水平。近年，中国史前玉工辘轳轴承的考古发现，对中国古代科技史的研究，意义重大。笔者 1989 年首次在香港东湾遗址发掘出土青铜器时代的石质轴承。其后，1995 年在澳门的黑沙遗址、1999 年在珠海宝镜湾遗址的环玦作坊中，发现大量石质轴承的工具。2000 年笔者在《环珠江口考古之崛起——玉石饰物作坊研究举隅》一文中指出：

"使笔者相信，现今环珠江口地出土的具有乳凸状的石器，很可能是辘轳。笔者估计在 4000 多年前环珠江地区，很可能是一种以辘轳为轴心的旋转机械，被用作环玦的管钻穿孔。"①

2013 年，笔者编著《澳门黑沙玉石作坊》一书，从田野考古出土辘轳轴承与石英环玦、芯等半制成品入手，结合其他石器、陶器的空间分布，论证环、芯及轴承三者在辘轳机械运动中同时转动，史前环玦玉石作坊内以辘轳机械为核心的活动情景，清晰浮现②。该书对东亚地区玉器制作与轴承考古的历史做了初步的梳理。其中有关东亚轴承起源问题，笔者参考 2012 年由辛岩所编写的《查海——新石器时代聚落遗址发掘报告》③ 中所报道的一件 T0408②：1 石钻，认为其可能就是固定轴承。当时我未能看到实物，据公布照片及线图指出：

"就该器物的图版所示，轴承轴身上宽下窄，由磨制和打制成器，纵剖面扁平状。笔者按报告发表彩版判别，此器轴头呈榫状轴头。轴头由榫头、旋转面、琢制面三者组成。榫头为琢制，榫颈发达，高约 1.5 厘米。由榫颈转折过渡到旋转台面。旋转面外沿残留了一些琢击痕。推测轴头的琢击面在使

---

① 邓聪：《环珠江口考古之崛起——玉石饰物作坊研究举隅》，《珠海文物集萃》，香港中文大学中国考古艺术研究中心，2000 年，第 48 页。
② 邓聪：《中华文明探源与辘轳机械的发现》，《澳门黑沙玉石作坊》，澳门特别行政区民政总署文化康体部，2013 年，第 310 ~ 315 页。
③ 辽宁省文物考古研究所（辛岩主编）：《查海——新石器时代聚落遗址发掘报告》，文物出版社，2012 年。

用旋转过程中，已基本被研磨消失，间接说明了轴承是使用了相当的时日。"[1]

查海遗址存在石质轴承的观点发表后，引起了郭大顺先生的注意。其后，郭先生与孙力先生在《旋转技术在红山文化玉器中的应用》一文中，特别将查海T0408②：1石钻更订为石轴承，重新拍摄并公布了轴承各面的照片，又以线图展示轴承使用方法的推测[2]。

2017年10月23日笔者前往沈阳，幸蒙辽宁省文物考古研究所吴炎亮所长热情的接待。在郭大顺先生及郭明女士的亲切指导下，笔者得以观察查海T0408②：1轴承并拍摄记录。本文以是次考察的成果，配合本年间笔者与学生徐飞等对辘轳轴承管钻实验的对比，试图分析T0408②：1轴承制作工艺及使用痕方面特征，以求教于大方之家。

自1998年郭大顺先生来港参加东亚玉器国际会议，尔来时赐教言，受教益匪浅。2008年11月间，幸得郭先生照拂，在沈阳辽宁省博物馆，笔者对牛河梁遗址出土一些重要的红山玉器观摩拍摄。其后郭先生将拙稿《牛河梁出土玉器技术初探》，收入2012年出版的《牛河梁》报告书中[3]。郭先生主张从世界史角度研究红山文化[4]，在中国早期文明与世界早期文明比较项目，东北地区的玉器特别是从查海—兴隆洼以来以至红山文化的辘轳轴承工艺，与西亚6000多年前陶车两者比肩媲美[5]。欧亚大陆东西间轮轴机械的发明分庭抗礼。

辘轳机械是中国科技史的重大发明。科学史的专家H. S. Harrison（H. S. 哈里森）认为，区分人类的发现可分为两种：一种是观察性发现（the discovery by finding），另一种是更高层次的探究性发现（discovery by finding out）。后者必须预先具备物质特性、自然法则和自然力的知识，并能将此类知识应用于某一目的。观察性的发现主要局限于定位与识别，而探究性的发现则可以把发现应用到实际用途中[6]。在东方史前时期木制轮盘、车椿与石质轴承结构而成的轮轴机械，就属于人类探究性的重大发现之一。轮轴机械出现的目的或者社会需要，可能是应对环状玉器文化的诞生与发展而出现的。

二　从石钻到轴承转变工艺技术的分析

按《查海》报告书公布，共发现6件石钻，其中一些可能是辘轳轴承。资料如下：

A组：从第2层出土石器228件，包括石钻3件。

1. T0502②：12，木化石，长条状，圆磨尖，较光滑。长4.4、宽0.92、厚0.6厘米。

2. ⅡT0105②：5，青灰色页岩，压制，长条状，截面呈三角形，边角锋利。长2.4、宽0.3、厚0.2厘米。

① 邓聪：《中华文明探源与辘轳机械的发现》，《澳门黑沙玉石作坊》，澳门特别行政区民政总署文化康体部，2013年，第318页。

② 郭大顺、孙力：《旋转技术在红山文化玉器中的应用》，《澳门黑沙史前轮轴机械国际会议论文集》，澳门特别行政区民政总署文化康体部，2014年，第128～155页。

③ 邓聪、刘国祥：《牛河梁出土玉器技术初探》，《牛河梁——红山文化遗址发掘报告（1983～2003年度）》，文物出版社，2012年，第525～540页。

④ 郭大顺：《从世界史角度研究红山文化》，《郭大顺考古文集》上册，辽宁人民出版社，2017年，第31～36页。

⑤ Nicola Laneri, *The Life-history Of The Potter's Wheel In The Ancient Near East*, Archaeological Ceramics: A Review Of Current Research, Archaeopress: Publishers of British Archaeological Reports, 2011.

⑥ H. S. 哈里森："第三章　发现、发明以及传播"，《技术史第一卷：远古至古代帝国衰落》，查尔斯·辛格、E. J. 霍姆亚德、A. R. 霍尔（主编），王前、孙希忠主译，上海科技教育出版社，2004年，第39页。H. S. Harrison, "Discovery, Invention, and Diffusion", *A History of Technology vol. 1: From Early Times to the Fall of Ancient Empires*, Charles J. Singer, E. J. Holmyard and A. R. Hall（ed.）, Oxford: Clarendon Press, from sheets of the third impression with corrections, 1965, p58.

3. T0408②：1，残，青色页岩，圆滑凸状头。残长8.2、宽3.9、厚2.0厘米。

B组：从F14出土。F14室内出土遗物较丰富，可复原陶器有22件之多。石器共26件，其中石钻1件。F14：33石钻，浅黄色木化石，打制，扁平，圆尖。长3.2、宽1.1、厚0.5厘米。

C组：为采集，共2件石钻，均为木化石，长条状。

1. 采：27，一端为圆锥体，底部宽大。长6.4、宽1.0、厚0.6厘米。

2. 采：24，一端有发达圆锥体，底部宽大。残长4.6、宽1.0、厚0.6厘米。

以上石钻T0502②：12、F14：33、采：24、采：27均为木化石，形态扁平，长轴一端有榫头状锥体，采：24、采：27榫头上如乳状突起。以采：24为例，榫状突起尚可区分榫顶、榫颈和旋转面三个部位，榫颈及旋转面上有明显旋转线状痕。采：27、采：24两器底部一端宽大扁平，适合于插入卯眼内装置。从两件石钻的形态来看，两者均具备典型辘轳轴承的特征。F14：33在形态上报告书只表述了有"圆尖"二字，据该器物线图及照片无法对其"圆尖"一端细致理解。其在质料、器物形态上均与采：24、采：27比较接近，目前不能否认这件石钻就是轴承的可能性。因为F14：33是从房子内出土的，显示了在房子内进行辘轳旋转加工的可能性。此外，ⅡT0105②：5石钻的宽度及厚度仅为0.3、0.2厘米，其功能有待探索。

以上除ⅡT0105②：5外，其余石钻初步推测具有轴承的功能。因为笔者仅观察T0408②：1，以下对这件石器形态及功能做较详细的论述。原报告谓ⅡT0105②：5轴承为"残"件。笔者从轴承角度对其观察，这件石器保存良好，有制作加工和使用的痕迹，并没有明显折断及破损迹象，应是完整器。T0408②：1轴承是一件经过精心策划制作而成的工具，技术上采用磨制、打制及琢击，前两者有交替加工互相打破的痕迹。轴承石器摆置方式，将榫顶一侧向上放置，区分为五面讨论（图一）。有关轴承技术形态的描述，可以参考拙著《中华文明探源与辘轳机械的发现》。

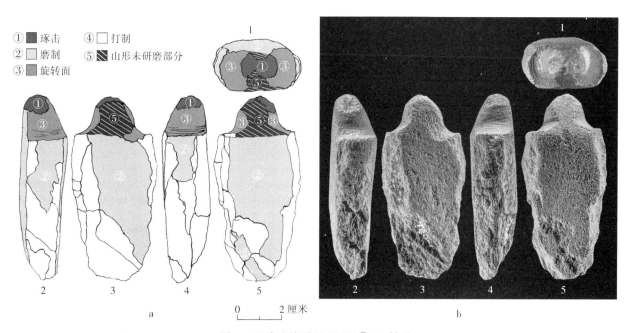

图一　辽宁查海遗址 T0408②：1 轴承

a. 制作及使用痕示意　b. 轴承各面

T0408②：1 轴承由榫头与器身组合而成。从图一 b：1、3、5 三面观察，制作者在榫颈一侧研磨出一斜面，区分出器身与榫颈间界限。器身与斜面夹角约 28°，榫颈约占全器长度的 20%。

为了准确控制轴承毛坯，制作者磨制一长方形的素材，在上端预先规划榫颈的位置。器身方面，大约在中部位置，从两侧向中心打击收窄，呈上宽下窄。并且在器身下部，积极打击出较大型的剥片，以减薄器身。图一 b 器身下面在加击减薄后，又见破裂面被研磨的加工。器身两侧上段仍保留若干原素材的磨面。器身下端，收窄及减薄加工，底端呈圆尖状。估计是为轴承固定的安装，在轮盘中心卯眼内可能有对应轴承器身下窄上宽两段的设计。T0408②：1 石器技术形态显示，器身很可能是被牢固安装在辘轳木车轴上方内孔（卯眼），锲合其器身两段的构造。T0408②：1 轴承器身技术特征显示，此器物并非手持钻孔工具，而是经细致设计的一种与轮盘木车轴牢固安装组合结构。以上制作特征论述 T0408②：1 石钻应改订为辘轳机械的轴承，轮盘可能作水平状旋转。

另一方面，从 T0408②：1 使用痕特征分析，也是论证此石器功能的关键所在。在榫头一方榫顶位置，可见明显琢击形成的圆弧面，不见旋转研磨痕迹，而榫颈及旋转面上则有清晰旋转痕。榫颈高度超过 1.5 厘米，轴承曾长期被使用。榫颈旋转面上留下清晰同心圆旋转运动痕迹。有关榫颈旋转痕迹的具体形成机制，以下从实验考古论证。

三　实验考古轴承与使用痕形成变化

为论证 T0408②：1 榫头上旋转痕形成的特征，我们尝试与实验制作轴承比较分析。

2018 年 2 月至 5 月间，香港中文大学在香港特别行政区研究资助局资助《史前东北亚洲玉器技术与原料交换：玉学的考古学考察》的项目中，以石制轴承、轮盘、车椿所构建的立轴辘轳机械，先后进行大量软玉玉器及蛇纹石穿孔实验工作。以下以第一实验部分的成果略做说明。

实验的机械主要是木与石的构件结合，包括轮盘、车椿罩、车椿和一些固定的水泥结构。在轮盘与车椿之间，安装上固定或滚动的石质轴承。轮盘与轴承间适当涂抹一些润滑油脂。轮盘中央安装上车椿罩，以配套插入车椿之间，两者之间留下 2～3 毫米的空隙（图二）。轮盘以人手推动旋转，车椿罩管子与车椿基本互不摩擦。另一方面，实验管钻开孔玉器素材，则被固定在轮盘中心的位置。轮盘与玉器素材在运动中同时旋转。在此条件下，将制作固定竹管直接压在玉器素材上，两者接触部分加石英沙和水，管钻穿孔。

以下将对木制辘轳与固定轴承的实验成果略做介绍。

实验采用岫岩蛇纹石进行管钻，以单向及对向连续制作两件环饰及玉芯。第一环为单面钻孔，环内孔直径 6.4、厚 1.4 厘米。第二环以第一环的玉芯作素材，管钻直径 3 厘米，为对向钻孔。第一环旋转 22829 转数，耗时 3.39 工时。第二环旋转 22771 转数，耗时 4.13 个工时（图三）。

以下讨论实验中石质轴承在使用过程中旋转痕的形成及变化。实验石质轴承为自然河砾石，长 8.8、宽 2.8、厚 2 厘米，扁平长条形，上下两端圆尖状，以其一端直接固定于竹制的车椿上，其上覆盖轮盘，以人手推动轮盘旋转。此次实验轮盘转数共 45600 次，分三次记录轴承旋转痕在使用过程中的变化（图四）。这包括：

图二　香港中文大学实验考古木制辘轳与
石质轴承结合轮轴机械

图三　实验考古管转穿孔岫岩蛇纹石
原料制作环状饰物

1）5000 转数阶段：在轴承榫头位置左右两侧分别形成第一阶的旋转痕，旋转痕形成于榫顶以下约 0.3 厘米的范围内，图四的 Nos. 5、7 面两侧旋转痕间直径距离为 0.88 厘米，Nos. 6、8 两面相同位置的直径为 0.7 厘米。因此，初期旋转痕在 Nos. 5、7 面与轮盘内卯眼产生直接摩擦。

2）23000 转数阶段：在轴承榫头位置图四的 Nos. 9、11 面形成第一阶段旋转痕后，再往上下左右扩张的发展。No. 10 面基本上没有旋转痕，No. 12 面旋转痕由两侧向中央发展（图五）。

3）45600 转数阶段：图四 Nos. 13、15、16 各面的旋转痕继续上下左右扩张，向上已接近榫头顶部位置，轴承旋转痕高度达 0.8 厘米。然而 No. 14 面因较平坦，始终尚未及与轮盘卯眼的内壁摩擦，出现如山形未摩擦的部位。

就以上观察，总括石质轴承旋转摩擦痕形成的一些规律：

1）榫头部分并没有加工，榫头断面呈不规则的扁平状。

2）轮盘的中孔倒扣在轴承的榫头位置上，中孔周沿壁面与轴承榫头长轴两端紧密接触，轮盘在最初的旋转过程中，中孔内壁就与榫头长轴两端摩擦，产生摩擦痕。

3）轮盘中孔与轴承接触，在同轴心旋转运动下，中孔与轴承榫头接触面不断扩大，发展最后扩张至榫头短轴两侧，形成 360° 旋转摩擦面，旋转面中心保留有圆柱状榫头凸起，是在同一轴心的旋转运动。

灰色部分是轴承榫头的平剖面示意图，呈扁平近似椭圆形，分为 Ⅰ、Ⅱ、Ⅲ、Ⅳ 四个面，将以上模式分三步骤解释（图六）：

1）同心圆旋转运动的前提下，半径 a 所能摩擦处仅是轴承 Ⅰ、Ⅱ 面榫头长轴两侧。

2）当同心圆旋转运动扩大到半径 b 范围，轴承榫头 Ⅲ 面一端与轮盘内孔壁摩擦，榫头 Ⅳ 面近中央大部位位置，尚未接触到轮盘，因此无旋转摩擦。

3）进一步同心圆旋转运动扩大到半径 c 范围，则榫头 Ⅳ 面位置均被完全摩擦，最后形成同心圆柱状轴承榫头，包围 360° 旋转摩擦面。

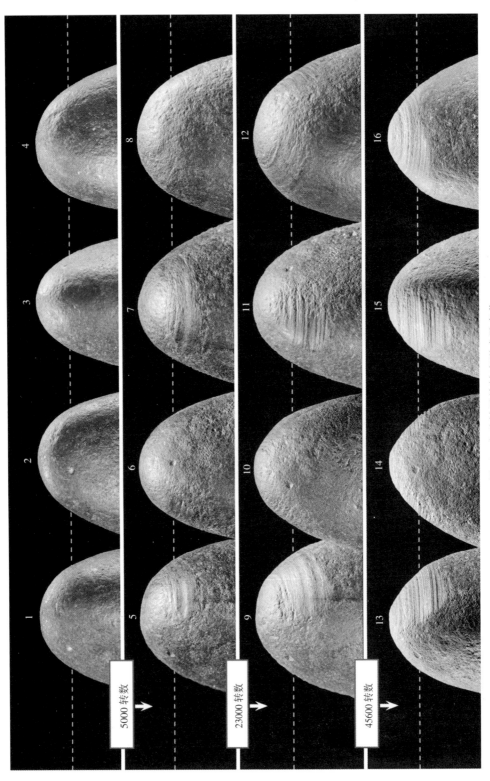

图四 实验轴承旋转痕形成及变化

图五　轴承在车桩上固定其上轮盘已转动 23000 次转数状况

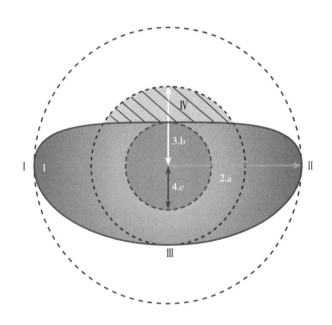

图六　同轴心旋转运动与轴承榫头进行摩擦形成与变化模式图
1. 灰色范围为轴承榫头的平剖面　2. a 半径　3. b 半径　4. c 半径

以上在同一轴心旋转运动过程中，扁平椭圆形榫头旋转使用痕的形成过程，为我们对轴承石器技术形态分析提供了很重要的根据。查海 T0408②：1 榫头部位左右两侧长轴在同一轴心旋转运动中，最早被摩擦形成旋转面。图一 b：5 面榫头侧方倾斜，因此旋转面不断扩大过程中，两侧受摩擦位置较大。目前所遗留山状未被摩擦位置将会逐步消失。最后同轴心旋转发展，与轴心距离最短的图一 b：3 面榫头侧方，亦会与轮盘中孔产生摩擦，最后形成柱状榫头。

通过上述分析，我们可以认为，查海 T0408②：1 轴承器身加工形制，是为了牢固安装在车桩中孔的一种构造，榫头上形成长轴两侧旋转面。图一 b：3、5 榫头两侧山状未见摩擦面。这些特征都是同一轴心长期旋转运动后形成的。以上两者论证了 T0408②：1 石钻应是木质辘轳机械中的轴承。另外，按照以上成果考察，过去对于一些轴承似乎是模棱两可的疑惑，就可以迎刃而解。青铜器时代香港大屿山万角咀遗址大型轴承榫头长轴两侧留下旋转摩擦痕，无疑是作为轴承初期使用阶

图七　香港大屿山万角咀遗址青铜时代石质轴承
（长12.3、宽9.3厘米）

段所留下同轴心旋转运动的痕迹①（图七）。长江流域凌家滩98M23∶6被称为"石钻"的工具②，方家洲遗址出土大量被称为"研磨器"的石器③，其中不少可见榫头上有山状未研磨的位置。根据以上分析基础，这些石器都毫无疑问可归到轴承的分类（图八）。因为人手掌只在垂直水平方向上做二轴的简单旋转运动，不可能做出同一轴心360°不停转动的动作。如方家洲遗址出土这些"研磨器"石器，就只可能是同一轴心旋转运动摩擦后形成的榫头构造。今后毋需再在这种石器功能上争论，而应该积极考虑为何方家洲遗址阶段以大量辘轳轴承机械生产及石英环状饰物消费方面的问题。

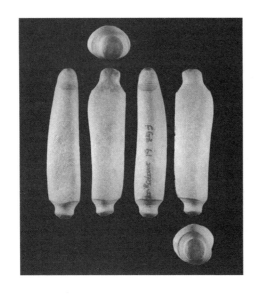

0　　　　　3厘米

图八　浙江方家洲2010TPF 采∶436 轴承
（灰色部分显示山形未研磨部分，方向明2014年改订）

四　余论

郭大顺先生曾指出："查海—兴隆洼文化管钻技术的率先使用，是红山文化玉器旋转技术的渊源，说明旋转技术特别是较为先进的管钻技术，在辽西地区已有长时间的历史。"④ 查海 T0408②∶1 石质

①　邓聪：《中华文明探源与辘轳机械的发现》，《澳门黑沙玉石作坊》，澳门特别行政区民政总署文化康体部，2013年，第272～273页。

②　安徽省文物考古研究所：《凌家滩——田野考古发掘报告之一》，文物出版社，2006年，第226～229页。

③　方向明：《桐庐方家洲新石器时代遗址中的环玦制作及相关问题》，《澳门黑沙史前轮轴机械国际会议论文集》，澳门特别行政区民政总署文化康体部，2014年，第156～201页。

④　郭大顺、孙力：《旋转技术在红山文化玉器中的应用》，《澳门黑沙史前轮轴机械国际会议论文集》，澳门特别行政区民政总署文化康体部，2014年，第153～155页。

轴承的证实，显示在查海—兴隆洼文化的阶段，由木石构造的立轴辘轳已经发明。T0408②：1 石质轴承是一种固定轴承，在制作技术及形态上已十分先进成熟，一定不是最原始轴承的形态。

在查海遗址的阶段，木石构造辘轳机械的存在已是事实。那么究竟利用辘轳机械制作或生产了什么东西呢？另一方面，究竟在什么社会背景需要的推动力下，才有辘轳机械的发明？一般来说，新石器时代中陶工、木工、石工制作都可能使用上辘轳机械的动力。然而，迄今为止，我们从查海—兴隆洼文化陶器、石器中尚难以找到辘轳加工对应的制品。另一方面，在这个时期出现的一种比较特殊的环状玉器，很容易成为我们考虑作为与辘轳机械加工相关的对象。

在陶瓷器制作上，从陶土拉坯旋转痕迹的存在，足以论证辘轳机械的使用。在新石器时代晚期红山文化阶段，郭大顺先生曾指出空心管钻技术在玉器制作中使用较为普遍。他所举例一些玉环镯标本如 N2Z1M1：1 直径为 11 厘米，环内外沿呈正圆形，N2Z1M21：15 镯直径为 7.8 厘米，镯内外沿呈正圆形等[①]。事实上，红山文化中玉镯数量占有很重要比例，可说所有玉镯内外沿均接近圆形，显示出一种为轴对称、中心对称的圆形。因此，我们相信，红山文化时期玉镯，都是固定轴心旋转机械的制品。

查海遗址出土玉制品情况是否与辘轳机械制作相关呢？据笔者实验，用 Nikon 微距 60mm 或 105mm 镜头，相机与被拍物体在同一水平正拍摄下，照片的图形形态变化，基本上肉眼无法区别。因为目前缺乏相关查海—兴隆洼文化玉器实物的直接考察，这里就以相关环状玉器实物的照片初步分析。

据《查海》报告中所公布，出土的 F43M：2、F43M：1、F43：35 及地层出土 T0407②：1、T0407②：6 五件玉玦，外沿都相当规整，接近中心对称的圆形（图九）。另一方面，我们对兴隆沟遗址 M4、M7

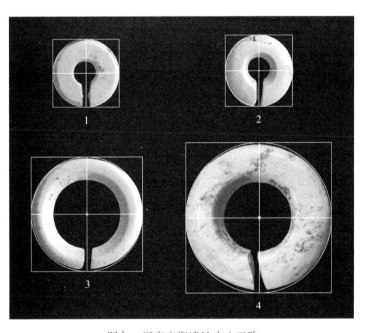

图九　辽宁查海遗址出土玉玦
1. F43M：2　2. F43M：1　3. F43：35　4. T0407②：1
（原大。见辽宁省文物考古研究所：《查海》，文物出版社，2012 年）

① 郭大顺、孙力：《旋转技术在红山文化玉器中的应用》，《澳门黑沙史前轮轴机械国际会议论文集》，澳门特别行政区民政总署文化康体部，2014 年，第 135～139 页。

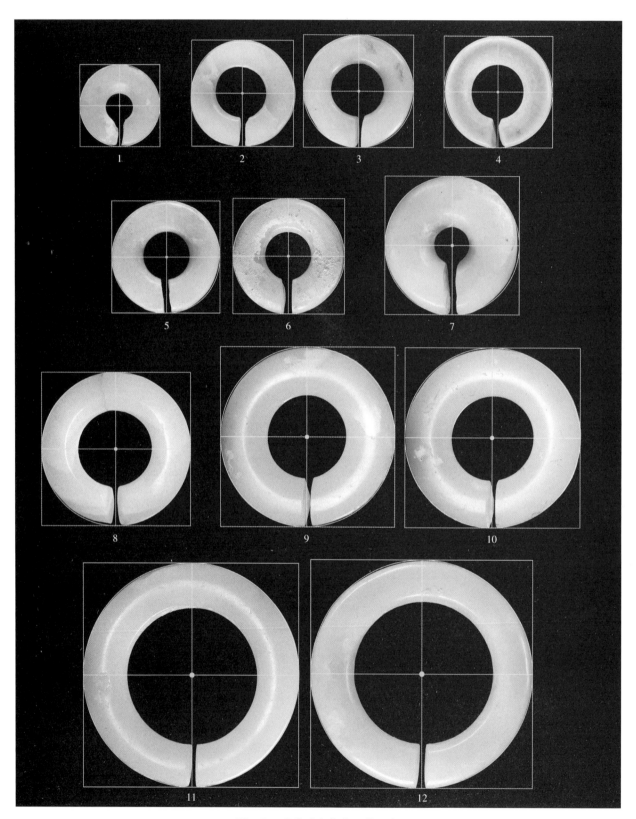

图一〇 兴隆洼文化出土的玉玦

1. 兴隆沟 M4 2、3. 兴隆洼 M117 4. 兴隆洼 M229 5、6. 兴隆沟 M7 7. 王家营子水泉 8. 兴隆洼 M108 9、10. 兴隆洼 M130
11、12. 兴隆洼 M135（原大。见杨虎、刘国祥、邓聪：《玉器起源探索——兴隆洼文化玉器研究及图录》，香港大学中文大学，2007 年）

和兴隆洼 M117、M229、M108、M130、M135 及王家营子水泉出土的 12 件玉玦的照片分析，发现这些玉玦全部具有非常接近中心对称圆形的特征（图一〇）。目前，我们可以这样推测，查海遗址所证实木石辘轳机械，很可能与这个时期一些玉玦的管钻制作相关。今后，我们期待从这个时期制作环玦饰物的玉石作坊，证实以上辘轳机械与玉玦生产关系的推测。从这个角度来看，实验考古学对查海 T0408②：1 石质轴承功能的论证，其意义是相当重大的。

谨以拙文为郭先生八十华诞祝寿，祝先生健康长寿。

山西的"前陶新石器时代"

田建文

（山西省考古研究所）

1995 年 9 月我为"丁村文化暨晋文化学术研讨会"提交了论文《山西考古学文化区系类型问题》[1]，开头便说"（20 世纪）80 年代以来，以探索中华文明起源为核心的研究成果表明：山西地区的考古文化南北处于'中原古文化'与'北方古文化'两大古文化区系的纽带地域[2]；东西则为'泰（山）沂（水）文化区'与'华（山）渭（水）文化区'的割据前沿[3]。"从此，"纽带地域"和"割据前沿"的考古学文化面貌，成为我多年探索的重点，山西的"前陶新石器时代"也是这个考古学文化面貌的精彩结晶。

一

也是在上述文章中提出了山西最早的新石器文化"枣园文化"（图一、二）。翼城枣园遗址是 1991 年 5 月调查的[4]，1999 年进行了发掘[5]。早于枣园遗址发表的还有中国历史博物馆 1979 年在万荣县西解村做的 12 平方米的试掘工作材料，其 5～7 层属于枣园文化[6]。1991 年认识了枣园文化（当时称为枣园 H1 遗存）后，我和我的同事们一方面对过去发现的属于该文化的遗址进行复查，如翼城古暑、曲沃新村、里村西沟[7]、绛县周家庄等，另一方面也新发现了闻喜坡底、新绛光村、襄汾南小张，试掘了侯马市褚村[8]、沁水大宁[9]等。1982～1986 年中国历史博物馆在垣曲古城东关发掘所获资料也发表了[10]，

① 田建文：《山西考古学文化区系类型问题》，《汾河湾——丁村文化暨晋文化学术研讨会论文集》，山西高校联合出版社，1996 年。
② 苏秉琦：《谈"晋文化考古"》，《文物与考古论集》，文物出版社，1987 年。
③ 张忠培：《中国北方考古文集》"编后记"，文物出版社，1990 年。
④ 山西省考古研究所：《山西翼城枣园新石器时代早期遗址调查报告》，《文物季刊》1992 年第 2 期。
⑤ 山西省考古研究所：《翼城枣园》，科学技术文献出版社，2004 年。
⑥ 陈斌：《万荣西解遗存的发展及其在仰韶文化中的位置》，《中国历史博物馆刊》1989 年总第 11 期。
⑦ 山西省考古研究所：《襄汾、曲沃、闻喜、侯马三县一市考古调查报告》，《文物季刊》1993 年第 3 期。
⑧ 山西省考古研究所：《山西侯马褚村遗址调查报告》，《文物季刊》1993 年第 2 期。
⑨ 山西省考古研究所：《晋东南阳城、沁水二县新石器时代调查简报》，《文物季刊》1996 年第 2 期。
⑩ 中国历史博物馆考古部等：《山西省垣曲县古城东关Ⅳ区仰韶早期遗存的新发现》，《文物》1995 年第 7 期；《垣曲古城东关》，科学出版社，2001 年。

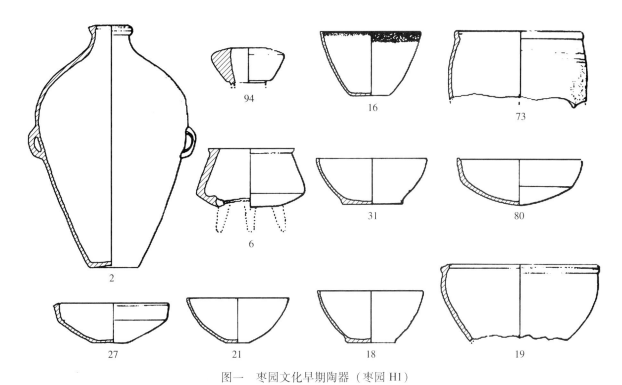

图一　枣园文化早期陶器（枣园 H1）

2. 瓶　6. 鼎　16. 碗　18、31. 假圈足盆　19. 深腹盆　21. 钵　27、80. 折腹盆　73. 鼓腹罐　94. 蒜头壶

（每个器物图下或右下角数字为原始编号，下同）

以后又在垣曲宁家坡[①]、芮城清凉寺[②]等遗址的发掘中遇到过枣园文化遗存，21 世纪初在吉县州川河流域区域考古调查中也发现了不少[③]。陕西东部地区临潼零口[④]和豫西的新安荒坡[⑤]、渑池班村[⑥]等地，发现的遗存也部分可以归入枣园文化。

　　我在 1991 年 8 月参观由海金乐主持发掘的太原义井遗址[⑦]，接着和王万辉等同事们调查了榆次源涡遗址[⑧]。1992 年 5 月我和那时还在山西省考古研究所工作的杜水生一起，做晋南地区新石器时期的环境考古工作，寻找旧石器时代到新石器时代之间过渡的遗存未果，但到沁水下川的五天里，富益河东岸山间的一个天然洞穴里发现西阴文化的夹砂陶罐残片。之后我在襄汾丁村陶富海那里见到了他从襄汾大堨堆山捡到的西阴文化的尖底瓶腹片。2008 年 6 月 22 日我参加乡宁县“首届戎子与晋文化研讨会”，看到了乡宁平垣东柴圪垯发现的两件石磨盘[⑨]，相邻的驮腰坡村后弇遗址中采集到枣园文化的陶器残片，东柴圪垯年代也应同时。同年至 2009 年我又参加了临汾

①　薛新民等：《山西垣曲县宁家坡遗址发掘纪要》，《华夏考古》2004 年第 2 期。
②　山西省考古研究所等：《清凉寺史前墓地》，文物出版社，2016 年。
③　山西省考古研究所：《吉县州川河流域区域考古调查发掘报告：山西省考古研究所西部考古调查报告》，科学出版社，2017 年。
④　陕西省考古研究所：《临潼零口村》，三秦出版社，2004 年。
⑤　河南省文物局等：《新安荒坡——黄河小浪底水库考古报告（三）》，大象出版社，2008 年。
⑥　王建新等：《试论班村仰韶文化遗存的分期及相关问题》，《考古与文物》2001 年第 3 期。
⑦　太原义井遗址，没有相当于枣园文化时期遗存。
⑧　我和同事王万辉、海金乐、薛新民在 1991 年 9 月调查了榆次源涡遗址。
⑨　2008 年 6 月 22 日乡宁县“首届戎子与晋文化研讨会”上曾经展出过；2012 年 8 月 3 日我又同发现者阎金铸先生来到乡宁晋文公庙观摩，并请阎先生摄影。

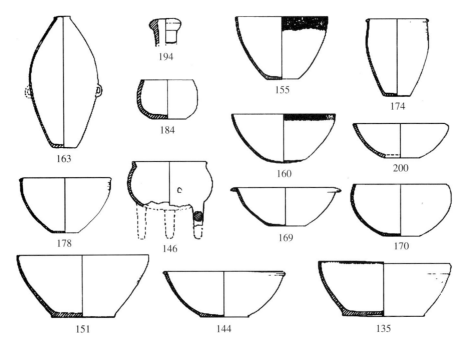

图二　枣园文化晚期陶器（古城东关ⅣH40）

135、151. 假圈足盆　144、169. 盆　146. 鼎　155、160、170. 钵　163. 壶　174. 深腹罐　178. 缸　184. 盂
194. 蒜头壶　200. 钵形碗

市第三次文物普查工作，对每一个地点的每一片陶片都仔细观察，又去了翼城古署等遗址，各个遗址中没有发现早于枣园文化的陶片，仅有 2009 年 12 月周偶、丁胜宏在乡宁豁都峪东岸峪口村柏树沟两岸台地的第三级阶地的古土壤中，采集到泥质红陶敛口钵和夹砂褐陶罐等陶片①，属枣园文化早期或略早。总之，从 1991 年 5 月枣园文化发现以来，在山西寻找比枣园 H1 更早的新石器文化遗存，也就是寻找旧石器到新石器之间过渡性遗存的念头从来没有停止过，包括 1995 年秋到长治、沁源、武乡、黎城调查。而迄今为止，这一地区仅在武乡石门牛鼻子湾于 1984 年曾征集到一套石磨盘、棒②。也就是说，长期以来已经不存在认识不认识的问题，而是有和没有的问题了。

二

2010 年 9 月，我应时任山西省人民政府参事室文史馆张志斌副主任之邀，参加《中国地域文化通览》（山西卷）的编写工作，负责第一章"山西是中华文明重要的发祥地之一"的撰稿，这就需要对山西的旧石器文化做个系统学习，补上了我学术上的空白，才能写好。以后逐渐认识到山西的一些旧石器地点可能是囿于旧、新石器着眼点的不同而没有认识到某些旧石器地点中的某一部分时间已经进入新石器时代早期，就是进入距今 1 万年以内。9 月底，与同事王京燕女士谈及此事，她也有同感。接着国庆、中秋两节长假期间，将思考已久的认识整理成《柿子滩与南庄头》，跳出了旧石器时代和

---

① 2009 年 12 月 12 日山西省临汾市第三次文物普查时，周偶、丁胜宏两位先生发现。
② 山西省考古研究所 1984 年调查资料。

中石器时代的时间范畴来全面认识柿子滩遗址群①，参考的是河北徐水南庄头②。写作期间向导师张忠培先生请教，他给我提出了"不见陶器及磨制石器"的"前陶新石器时代遗存"的意见③，让我考虑。11月23日在河北石家庄举行的"中国考古学会第十五次年会"上宣读此文，得到了张忠培、陈雍、谢飞等诸位先生的肯定，并给予技术上的支持，使我得出山西没有早于8000年前的陶器的想法。第二天晚上，张先生又具体辅导我这篇文章的写作方法。2013年正月我在修改完《柿子滩与南庄头》④之后，重新思考这个问题，写成此文。

在《柿子滩与南庄头》一文中，我将柿子滩遗址群分为三期：

一期，柿子滩1980年发掘的底砾层即第1层（1980年发掘时是自下而上分层），原报告又称为"下层文化"，出土粗壮石器12件，原报告说"时代至早不可能超出旧石器时代晚期的时限"；

二期，1980年发掘的底砾层上部的第2～5层（第2层，灰褐色粉砂土层；第3层，灰黄色土层；第4层，黑垆土层；第5层，现代耕土层），原报告又称为"上层文化"，和2001年以来发掘的第9地点第5层（黄褐色砂质黏土层，第9地点是自上而下分层，与1980年不同），出土大量细石器，尖状器是这一期的重要标志，在1万年以前；

三期，第9地点第4层（黄褐色砂质黏土层），出土大量细石器，石磨盘、石磨棒是这一期的重要标志，已进入距今1万年内，已经到了早期新石器时代（图三）。

本文新加了四期，第9地点第3层（灰褐色黑垆土层），原报告说"此层发现保存较好的人工用火遗迹，中心灰色和黑灰色灰烬烧结成块状，在直径0.2米的范围内集中分布。石制品、烧骨、化石、烧土块、炭屑、蚌片等遗迹面内普遍分布"和"用火遗迹同层出土的还有砍砸器、刮削器、细石核、石叶和细石叶等石制品"。这些石制品和用于测年的"炭化成块状"的测年标本一样，年代为距今8340±130年。

柿子滩三、四两期与河北徐水南庄头时间接近，但南庄头G3有陶器或陶片，柿子滩第3、4层没有。我写《柿子滩与南庄头》时想这可能与发掘面积有限有关，但柿子滩遗址群1980年S1地点试掘100平方米，2000～2007年见诸报道的有S9地点发掘25平方米，2001～2007年S12A、C、D、E地点共发掘200平方米⑤，2009～2010年S29地点发掘1200平方米⑥，S5地点发掘800多平方米，这样柿子滩遗址群发掘总面积已经超过2200平方米了，但从来没有发现陶器的报道，看来只能是柿子滩遗址群一万年以内的那个时期不见陶器，这就是张先生所讲的类似鹅毛口和窑子头的"不见陶器及磨制石器"的"前陶新石器时代遗存"。张先生在另一篇文章中说："公元前1万年，我们的祖先中的一些

① 山西省临汾行署文化局：《山西吉县柿子滩中石器文化遗址》，《考古学报》1989年第3期。原思训等：《山西吉县柿子滩遗址的年代与文化研究》，《考古》1998年第6期。柿子滩考古队：《山西吉县柿子滩遗址第九地点发掘简报》，《考古》2010年第10期。

② 保定地区文物管理研究所：《河北徐水县南庄头遗址试掘简报》，《考古》1992年第11期。河北省文物研究所等：《1997年河北徐水南庄头遗址发掘报告》，《考古学报》2010年第3期。

③ 张忠培：《史前考古中几个被淡漠的问题》，《中国文物报》1999年12月1日。

④ 田建文：《柿子滩与南庄头》，《中国考古学会第十五次年会论文集》，文物出版社，2013年。

⑤ 赵静芳：《柿子滩遗址S12地点发现综述》，《考古学研究（七）——庆祝吕遵锷先生八十寿辰暨从事考古教学与研究五十五年论文集》，科学出版社，2008年。

⑥ 宋艳花：《吉县柿子滩旧石器时代遗址》，《中国考古学年鉴（2011）》，文物出版社，2012年。

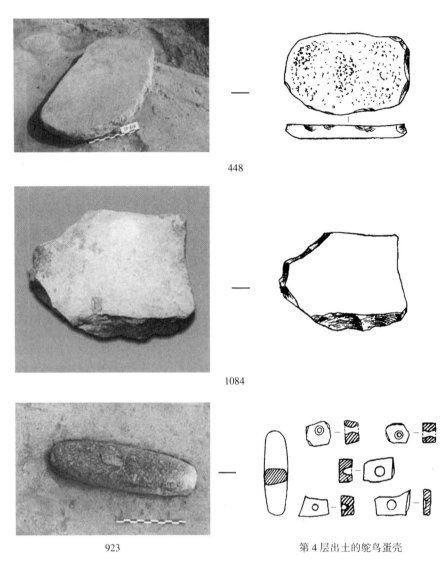

448

1084

923　　　　　　　　　　　　　　第 4 层出土的鸵鸟蛋壳

图三　柿子滩 S9 地点第 4 层出土遗物
448、1084. 石磨盘　923. 石磨棒

人，开始制作局部磨光石器，另一些人发明了陶器，还有一部分人既能制作陶器，又开始栽培谷物，他们虽都迈进了新的时代，然而，谋生的方式，或者全部依赖提高了效能的渔猎—采集经济，或者仍主要依赖渔猎—采集才能维持生存。"① 就是说，全国各地由旧石器进入新石器的途径和方式是不同的，第一种人"开始制作局部磨光石器"，再次肯定了他的"不见陶器及磨制石器"的"前陶新石器时代遗存"。

依我看，山西存在着"第一种人"的可能性比较大。因为山西自 1991 年发现 7000 年前的翼城枣园文化以来，二十多年过去了，山西的新石器遗存还没有早过枣园 H1 者。反过来说，枣园 H1 可能是山西最早或较早的有陶新石器时代遗存。枣园报告分三期，一期到三期的年代大约在距今 7000 年到6400 年间，做过碳十四测年的 G1、F1、H5 属一期，枣园 H1 亦属一期。假如这个结论成立，距今

① 张忠培：《中国考古学——走向与推进文明的历程》"自序"，紫禁城出版社，2004 年。

8000 年之前的山西或以山西为主的陕晋豫地区,都没有发现早于 7000 多年前的有陶器的新石器文化遗存,即处于"前陶新石器时代"。以此间隔构成了黄河中、下游地区的考古学文化为东方的"泰沂文化区"与西方的"华渭文化区"了,前者是磁山、裴李岗、后李、北辛、北福地、大张一直到后冈一期文化,后者是老官台、白家村、李家村、北首岭一直到半坡文化。山西及陕晋豫地区,同时也是沟通两个文化区的桥梁,北首岭文化、枣园文化、半坡文化、西阴文化、大汶口文化、庙底沟二期文化等诸多在当时领先的文化,无一不是由东西两方文化区结合的产物。东西方的对立、对称、融合、结合,一方面促进了文化间你追我赶朝着同步方向发展,另一方面促进了先民们思想意识方面的走向,他们最早认识世界很可能就是由东西方构成的,在聚落、家庭布局包括以后城市和大型宫殿等建筑物的对称形式,上升到哲学领域,则包括对立统一甚至阴阳对应关系如太极图案的产生等。

三

还要牵扯山西素有"表里山河"之称的地理特点的问题,此话出自《左传·僖公二十八年》。公元前 632 年,晋国和楚国城濮之战前夕,晋文公看到楚军占了有利地形,有点放心不下。大臣狐偃对他说晋国处于"表里山河"之地,打胜了我们一定可以在诸侯中称霸,败了我们外面有黄河、太行山、吕梁山,里面有汾河、涑水河,形势这样好,还是不碍事的。晋文公吃了定心丸,率领晋军取得了最后的胜利,奠定了 150 多年的晋国春秋霸业。"表里山河"用到考古学研究上,外有大河,内有高山,有山河天险作为屏障,独特的地理环境,必有一个独特的考古学文化。这是我长期思考的问题,譬如为什么流传下来"尧都平阳""舜都蒲坂""禹都安邑"?为什么春秋末期、战国初期韩赵魏始都山西境内,变得强大以后不约而同迁往河北、河南?是不是山西作为一个文化摇篮,成长起来以后就要奔向中原?

距今 7000 年以来山西地区的考古学文化,张忠培先生在《回忆在山西的考古往事》一文中指出[1],"到现在为止,没有任何一个地区,包括黄河中上游除汾河流域以外的所有地区、黄河下游地区、长江中下游地区以及西拉木伦河及燕山南北地区的同一文化谱系的考古学文化能有这么长时期的持续性的发展,因此,同一文化谱系的更替的诸考古学文化持续性发展便是汾河流域考古学文化演变的一个特点。这也是汾河流域历史的一个特点。"精辟的总结,是我理解"表里山河"的基础。现在,柿子滩遗址群和枣园文化把山西的考古学文化编年推到了距今 10000～7000 年的"前陶新石器时代",从距今 1 万年起,处于南北"纽带地域"和东西"割据前沿"的独特的考古学文化面貌,表现出自具特征的"表里山河"的优势,这也是山西为中华民族文明的形成做出重要贡献的原因之一。

再回到开头的"纽带地域"和"割据前沿",也是我最近重读两位先生论著的体会。1981 年苏秉琦先生发表的"区系类型学说"[2],指明"如果把我国的版图分为面向内陆和面向海洋两部分的话,那

---

① 张忠培:《回忆在山西的考古往事》,《中国文物报》2012 年 7 月 11 日第 3 版。
② 苏秉琦等:《关于考古学文化的区系类型问题》,《文物》1981 年第 5 期,第 17 页。

么还可以看到这样一种情况：面向内陆的部分多出彩陶和细石器，面向海洋的部分则主要是黑陶、几何印纹陶、有段和有肩石器的分布区域，民俗方面还有拔牙的习俗。"面向海洋的三大块，即以山东为重心的东方、以环太湖为中心的东南部和以鄱阳湖—珠江三角洲一线为中轴的南方；面向欧亚大陆的三大块，即以燕山南北长城地带为重心的北方，以关中、晋南、豫西邻境为中心的中原和以洞庭湖、四川盆地为中心的西南部。在黄河流域，面向内陆的和面向海洋的地区的分界线正是"表里山河"的山西或山西为主的陕晋豫地区（部分时间段）。

1986年，张先生在他的第一本论文集"编后记"中也说："从'亲族考古文化区'观察，可将黄河流域分为两个考古文化区。它们基本上相当于《原始农业考古的几个问题》一文所说的以渭水为中心的考古文化系列群和以泰沂为中心的考古文化系列群所分布的地区。不过，需要在此更正的是，前一考古文化区，自仰韶时代中期起，扩展至华北平原北半部，后者则应在仰韶时代中期以前，将华北平原北半部包揽在内。"①

1993年4月，"山西省考古学会第三次年会"在平朔举行。张先生在大会即席演讲中指出："在新石器时代方面，目前已知最早者（山西），是枣园H1为代表的遗存。其次，粗看起来，有三种情况，除可分别归入后冈一期文化和半坡文化者外，另一种是同时含有这两种文化的遗存。枣园H1为代表的遗存，当不是这三种东西的前身。如是，这就很重要了。因为，这里透露了一个信息，即在后冈一期文化和半坡文化之前，山西有自己的东西。应该缘此进行探索，以解决旧石器时代或中石器时代怎样转化为新石器时代的问题。同时，据我估计，在半坡文化之前，山西并非只有枣园H1那种遗存，当还有文化面貌、特征与其有别的他类遗存。如是，这方面就有很多工作可做了。"② 这也是我在他的讲话之后，在后冈一期文化和半坡文化之前，"应该缘此进行探索"，探索出的"山西有自己的东西"的一点体会，或许能够"解决旧石器时代或中石器时代怎样转化为新石器时代的问题"。

先生们高屋建瓴的学说，坚定了我研究"山西的前陶新石器时代"的信心。果不其然，2009年12月临汾市第三次文物普查时，发现乡宁县东部的柏树沟地点③，采集到燧石类打制石器1、石片3件，还发现有动物关节骨骼、骨片、红烧土块等。更重要的是，还有夹砂和泥质红陶、灰褐陶等陶片共出。这些陶片均无纹饰，可辨器形只有泥质红陶敛口钵和夹砂褐陶罐（图四），属"枣园文化"早期，是目前发现的一个与柿子滩第4层年代最接近的单位。2014年12月17日，我在同一地点再次调查发现文化层内有燧石盘状器、小石片和泥质红灰陶钵残片、夹砂红褐陶罐残片、夹砂灰褐陶罐残片等，时代仍为"枣园文化"早期，使我的推测的距今8000年之前山西或山西为主的陕晋豫地区，都没有发现早于7000多年前的有陶的新石器文化遗存，处于"前陶新石器时代"，成为可能。

再说与柿子滩仅只30千米的乡宁平垣东柴圪垯，发现了两件经过初加工形成的石磨盘④（图五）。石磨盘1，磨面中部呈马鞍形，长41、宽25、厚6~8厘米；石磨盘2，磨面平坦，长43、宽29、厚7

① 张忠培：《中国北方考古文集》"编后记"，文物出版社，1990年。
② 张忠培：《中国考古学史、"新考古学"与山西考古的几个问题》，山西省考古学会等编《山西省考古学会论文集（二）》，山西人民出版社，1994年。
③ 2009年12月12日山西省临汾市第三次文物普查时，周偁、丁胜宏两位先生发现。
④ 2008年6月22日乡宁县"首届戎子与晋文化研讨会"上曾经展出过；2012年8月3日我又同发现者阎金铸先生来到乡宁晋文公庙观摩，并请阎先生摄影。

图四　"柏树沟地层"中采集到的陶片
1～4、6. 夹砂褐陶罐　5. 泥质黑褐陶敛口钵（左外、右内）

1(正面)　　　　　　　　　　1(背面)

2(正面)　　　　　　　　　　2(背面)

图五　东柴圪垯出土的石磨盘

厘米。但经过发掘的翼城枣园遗址却没有发现如此完整和规矩的石磨盘，倒是与柿子滩第4层S9：448和磁山无足的一类十分相似①。这样，通过石磨盘的形态，就把柿子滩与枣园文化连在一起。

① 河北省文物管理处等：《河北武安磁山遗址》，《考古学报》1981 年第 3 期。

　　距今 8000 年以后，山西才进入有陶新石器时代，从枣园文化早期文化面貌来看，要到早于河北易县北福地甲组的遗存中寻找线索。现在摆在我们面前的事实是，距今 7000 年以来，泰（山）沂（水）文化区的后冈一期文化及其前身北福地甲组①，占据了山西境内的大部，晋南是其与华（山）渭（水）文化区的北首岭文化及其后裔半坡文化的割据前沿，从而产生了一支独具特色的考古学文化即枣园文化。

　　特别的"表里山河"的地理环境，造就了山西特别的"纽带地域"和"割据前沿"的考古学文化面貌，这一过程直到战国时期才有所减弱，但在不同时期发挥着不同的作用。

---

　　①　张忠培等：《后冈一期文化研究》，《考古学报》1992 年第 3 期。

镇江营文化的流向考索

于孝东

（大连现代博物馆）

镇江营文化是笔者以镇江营遗址为典型代表而提出的考古学文化命名。1999 年《镇江营与塔照——拒马河流域先秦考古文化的类型与谱系》发表，公布了镇江营遗址的发掘成果，其中新石器"第一、二期遗存"资料丰富，层位关系清晰，笔者曾对其进行过分期研究[1]。以此次研究确立的年代标尺并文化性质分析，笔者又检索了太行山东麓区早期新石器文化，提出包括镇江营一二期遗存、河北易县北福地第二期遗存、北福地甲类遗存、河北涞水县炭山第一期遗存（H1）、河北安新县留村部分遗存、河北永年县石北口早期一段遗存在内，都属于同一性质文化遗存的观点，按考古学文化命名的原则，应以镇江营遗址为典型代表，并给以考古学文化命名——镇江营文化[2]。镇江营文化是形成于华北平原西北隅、永定河以南、保北太行山东麓低山丘陵并山前平原区的一支前仰韶时代的早期新石器文化，以釜、支脚、钵、盆、壶为典型器物组合，以素面夹砂红陶为大宗（也包括少量的泥质红陶，主要是钵、碗等红顶器类）。按层位关系并依据类型学比较，镇江营文化可分为早、中、晚三期六段，距今 7000 年左右。至于其分布范围，依据现有的考古发现，形成于拒马河流域的镇江营文化在文化存续期间，有一个由北至南沿太行山东麓的延展过程，在文化发展的晚期达到冀南，避开冀中的湖、沼、洼地，开始和北辛文化往来，亦可能和通过黄河峡谷扩展至此的半坡文化相接处，文化性质发生了变异，从而形成新的文化类型。镇江营文化在整个文化存续期间，其发展局限于太行山与冀中湖、沼、洼地之间的山前丘陵和洪积平原区，空间狭小，受此影响，最终也没有形成为大势文化。

作为太行山东麓区一支年代较早的新石器文化，镇江营文化的起源目前还不得而知。虽然河北省文物研究所 2003～2004 两个年度在北福地遗址的发掘，已经证实与磁山文化具有较多相似性的"北福地一期文化"在地层上早于属于镇江营文化的"北福地二期文化"[3]，但镇江营文化与"北福地一期文化"差异明显，文化面貌判然有别。镇江营文化典型器釜折沿、鼓腹、圜底，与猪嘴形、菌顶形支脚

---

① 于孝东：《镇江营一、二期遗存的分期及相关问题的讨论》，《边疆考古研究》第 5 辑，科学出版社，2007 年。
② 于孝东：《试论镇江营文化》，《文物春秋》2007 年第 4 期。
③ 河北省文物研究所：《北福地——易水流域史前遗址》，文物出版社，2007 年。

组成复合炊器，属于圜底器文化系统。而"北福地一期文化"的复合式炊器则由方唇、直口、直壁、平底的直腹盆与靴形支脚组成，属于平底器文化系统，两者之间不存在文化的演进嬗变关系。北福地遗址的其他考古发现——遗迹、遗物，也进一步印证了镇江营文化与"北福地一期文化"间的绝然区别。北福地遗址发现的地层根据只能说明与磁山文化具有较多相似性的"北福地一期文化"早于属于镇江营文化的"北福地二期文化"，两者虽然同属于太行山东麓区的前仰韶时代文化，但分属不同文化区系，没有文化间的互动影响，没有考古学文化间的传递承袭关系。

另外，分布于燕山南北的兴隆洼文化、赵宝沟文化，分布于泰沂地区的后李文化、北辛文化，分布于冀南的磁山文化，分布于河南地区的裴李岗文化都因和镇江营文化面貌判然有别而不能成为同一谱系的文化，因而目前还无法追溯镇江营文化的源头，只能考索镇江营文化的流向。

镇江营文化各遗址的发掘者在其发掘报告或简报中，虽然对各自遗存文化性质的界定不尽一致，但都强调各自遗存与以后冈遗址为代表的后冈一期文化在文化谱系上的一致性，从而否认了以往磁山文化是后冈一期文化源头的认识[1]。如 1985 年，拒马河考古队依据"北福地甲类遗存的发现，排除了磁山文化是后冈一期文化直接前身的认识"[2]。次年，河北省文物研究所、邯郸地区文物管理所发掘石北口遗址[3]，认为石北口遗存总的特征与后冈一期文化基本上是一致的，从地层关系上找到了后冈一期文化源自于属于镇江营文化的石北口早期遗存的根据，也间接排除了后冈一期文化同磁山文化的渊源关系。1986 年，北京市文物研究所在拒马河流域调查，发现了以夹砂红褐釜、红顶钵等为特征的镇江营一期类型遗存，并认为这类遗存早于后冈一期文化，是后冈一期文化的前身[4]。1999 年，《镇江营与塔照——拒马河流域先秦考古文化的类型与谱系》公布了"镇江营第一、二期"遗存，并认为"镇江营第一期文化"是后冈一期文化的直接前身[5]。2007 年，河北省文物研究所公布了 2003～2004 年度北福地遗址的大规模发掘结果，认为"无论从地层关系上，还是从陶器演变轨迹上，都证明北福地第二期文化是后冈一期文化的直接来源"[6]。

基于历年的考古发现，并结合我们对镇江营文化的研究，本文也认同镇江营文化和后冈一期文化属于同一谱系文化的观点，存在考古学文化间的传承关系。

至于后冈一期文化，已有相当数量的考古发现，相关的研究文章也有不少，只是以往的研究文章往往把该文化划分得过大，造成文化内涵的不断扩大，其文化特征也越来越不明显。后冈一期文化是以后冈遗址为典型代表而加以文化命名的，故而要把握后冈一期文化的本质特征亦必须从后冈遗址材料出发。陈光女士即以后冈遗址材料概括了后冈一期文化，认为其应有以下特征："①泥质红陶占绝大多数；②器表素面占绝大多数；③钵碗类是最常见器物；④伴生少量的釜式鼎和极少量的直线条图案的彩陶。"[7] 我们基本同意这一标准。以此标准去检索以往的考古发现材料，我们发现，河北地区的后

① 张之恒：《磁山裴李岗文化与黄河流域同时代诸文化的关系》，《磁山文化论集》，河北人民出版社，1989 年。
② 拒马河考古队：《河北易县涞水古遗址试掘报告》，《考古学报》1988 年第 4 期。
③ 河北省文物研究所、邯郸地区文物管理所：《河北永年石北口遗址发掘简报》，《文物春秋》1989 年第 3 期。
④ 北京市文物研究所：《北京市拒马河流域考古调查》，《考古》1989 年第 3 期。
⑤ 北京市文物研究所：《镇江营与塔照——拒马河流域先秦考古文化的类型与谱系》，中国大百科全书出版社，1999 年。
⑥ 河北省文物研究所：《北福地——易水流域史前遗址》，文物出版社，2007 年。
⑦ 陈光：《试论后冈一期文化》，《苏秉琦与当代中国考古学》，科学出版社，2001 年。

冈一期文化遗址有永年石北口遗址、武安赵窑遗址、正定南杨庄遗址等典型代表，而不能包括下潘旺第二类型、蔚县四十里坡、房山"镇江营第二期遗存"。我们不同意以往的在较广的范围、较大的内涵外延上来看后冈一期文化的观点，反对大后冈一期文化的认识。

以河北地区上述遗址为代表的后冈一期文化所体现的文化面貌和镇江营文化有着一定的相似性。

首先，镇江营文化、后冈一期文化都见有夹砂红陶、泥质红陶，器物都以素面为主，有纹饰陶仅为少数。在陶器制作上，两者都以手制为主，都见有泥条叠筑和大型器物分段制作再粘连成器的制陶工艺。

其次，在器物组合上，镇江营文化的釜、钵、盆、壶、支脚、器盖等均能在后冈一期文化中找到同类器，且形制上也存有一定的相似性。

后冈一期文化在文化面貌的许多方面都见有承袭镇江营文化而发展的印痕，据此认定两者当为同一谱系文化。

而作为两支独立的考古学文化，它们之间的差异应是主要的。首先是泥质陶比率上的差异，据《1971 年安阳后冈发掘简报》[1] 几个灰坑的统计，其泥质陶所占总陶器数量的比率在 90% 左右，其中泥质红陶占 70%，泥质灰黑陶占 20%，夹砂红陶的器类主要是鼎，仅占 10%。据《1972 年春安阳后冈发掘简报》[2]，细泥红陶占 80%，夹砂红陶占 12%，夹砂灰陶最少，仅占 8%。而镇江营文化晚期泥质陶的比率仅为 35.6%（据 H1390 统计）。其次，后冈一期文化的由数组平行直线、平行曲线所构成的几何纹彩陶、宽带纹彩陶不见于镇江营文化。再次，从器类上看，后冈一期文化的器类更丰富，出现了各种柱足鼎、肩部饰有弦纹的罐、腹部饰有短竖泥条堆纹带的缸、釜灶组合炊器、横桥耳器盖等，这些新器类均不见于镇江营文化。另者，后冈一期文化骨角器、琢磨精致的石器亦为镇江营文化所罕见。即便两支文化互见的红顶钵碗类器，在形制上也存有较大的差异，后冈一期文化的该类器多敛口、削唇、凸底或凹底，而镇江营文化的该类器则多为敞口、圆唇、平底。

以上差异反映了镇江营文化和后冈一期文化虽为同一谱系文化，存在时间上的先后关系，但从差异的程度上来看，两者之间远非直接承袭发展，而应存有时间缺环。

1986 年至 1987 年，冀南永年石北口遗址的发掘为我们寻求这一时间缺环提供了层位关系根据。石北口早期二段遗存在层位上叠压属于镇江营文化的早期一段遗存，而其自身又被属于"典型后冈一期文化"的中期三段遗存所叠压[3]。从文化面貌上来看，石北口早期二段遗存承袭镇江营文化而来，见有镇江营文化的釜、红顶钵、小口双耳壶、内折唇壶、折沿盆、歪头支脚等器类，且形制上又有一定的相似性，石北口早期二段遗存和镇江营文化在谱系上应是一致的。但是石北口早期二段遗存又见有与镇江营文化器物组合相区别的釜灶组合炊器、戳印纹盂、宽厚折沿釜等，其他与镇江营文化互见的典型器类的形制特征也发生了明显的改变，故我们认为石北口早期二段遗存的文化性质已不

①　中国科学院考古研究所安阳发掘队：《1971 年安阳后冈发掘简报》，《考古》1972 年第 3 期。
②　中国科学院考古研究所安阳工作队：《1972 年春安阳后冈发掘简报》，《考古》1972 年第 5 期。
③　河北省文物研究所、邯郸地区文物管理所：《河北永年石北口遗址发掘简报》，《文物春秋》1989 年第 3 期。河北省文物研究所等：《永年县石北口遗址发掘报告》，《河北省考古文集》，东方出版社，1998 年。

同于镇江营文化。

　　石北口早期二段遗存和属于后冈一期文化的中期三段遗存又有一定的联系，发掘者认为两者"密不可分"，基于两批遗存的这种关系而认为它们同属一个文化谱系当无疑义，只是我们认为两者之间的关系还没有达到"密不可分"的程度，相反它们之间却存有较大的差异。石北口早期二段遗存不见有后冈一期文化的典型器柱足鼎，亦基本不见后冈一期文化的直线条图案彩陶和宽带纹彩陶红顶钵，仅此两点已不符合后冈一期文化的特征，更不必提及同类器物形制上的差异，所以，石北口早期二段遗存在文化性质上已不同于后冈一期文化。

　　在比较检索了太行山东麓地区的新石器文化遗存后，发现下潘旺第二类型①、界段营H50②两批遗存与石北口早期二段遗存在文化面貌上具有一定的相似性，下潘旺、界段营遗址都出现了灶，而不见后冈一期文化的鼎、直线条图案彩陶和宽带纹彩陶钵等，两者的器物组合、形制与石北口早期二段遗存也呈现出极大的相似性特点（图一）。我们认为两批遗存属于同一性质的文化遗存，应给以文化命名，只是由于遗存体量小，遗址少，文化面貌特征和文化分布范围都不能确定，在此以类型称之，也由于下潘旺第二类型发现较早，且具有典型性，故而以下潘旺遗址为典型遗址，以"下潘旺类型"加以文化命名。

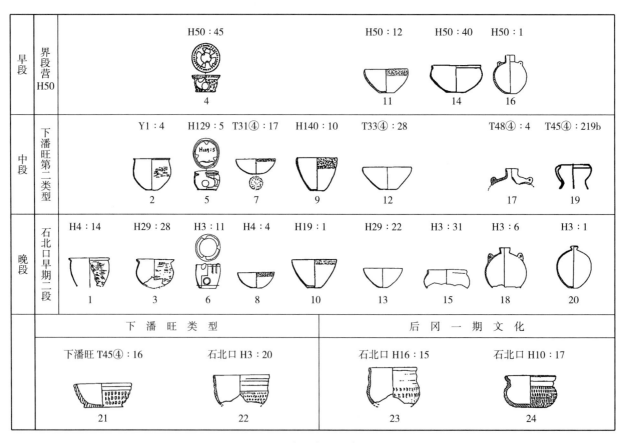

图一　下潘旺类型各遗址陶器比较图

①　河北省文物管理处：《磁县下潘旺遗址发掘报告》，《考古学报》1975年第1期。
②　河北省文物管理处：《磁县界段营发掘简报》，《考古》1974年第6期。

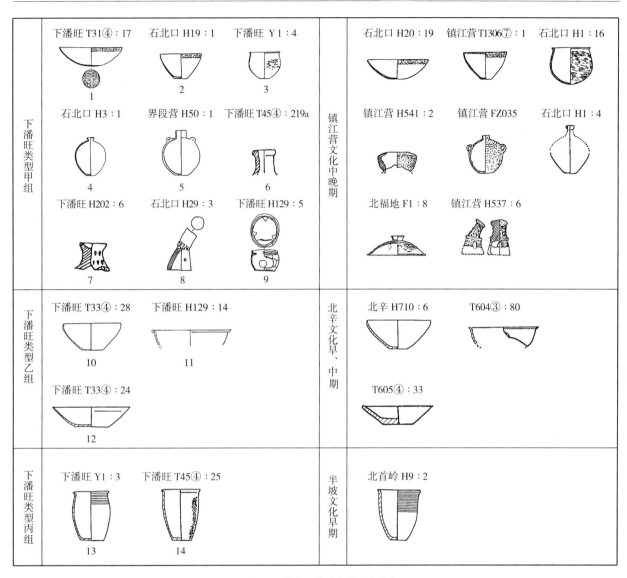

图二　下潘旺类型陶器分组图

下潘旺类型主体承袭镇江营文化发展，但其自身又存有文化的复杂性特点，故有必要对其进行文化因素分析。据我们粗略的类型学比较发现，下潘旺类型器物大体可分为甲、乙、丙三组。甲组遗存包括红顶钵、釜、内折唇壶、小口双耳壶、器盖、歪头支脚等，应为主体遗存，承袭镇江营文化而来。灶虽不见于镇江营文化，亦不见于周边年代更早的文化遗存，应是下潘旺类型土著文化因素，属主体遗存，在此被归入甲组（图二，1~9）。乙组包括唇沿上挑的盆、敛口钵、盘（图二，10~12）等，文化面貌相似于北辛文化早、中期陶器。丙组为深腹罐，文化面貌与华渭地区半坡文化早期同类器相似（图二，13、14）。

下潘旺类型遗存虽然发现的数量不是很多，缺乏进行分期研究的层位关系前提，但仅据陶器形制的差异，还是可以粗略判定以遗址遗存为单位组合的相对年代关系。

首先，我们分析三个遗址都有的小口双肩耳壶标本（图一，16、17、18）。其中，界段营壶H50∶1，直口、球腹、小平底，其形制在三件同类器中最为接近镇江营文化同类器"镇江营FZ035"；而石北口壶H3∶6，侈口、溜肩、垂腹、乳突状耳，这种形制的器物风格在后冈一期文化中常见，且越是靠近后冈一期文化的晚段，溜肩、垂腹越甚，据此认为石北口早期二段遗存可能代表下潘旺类型的晚段，而界段营 H50 则为下潘旺类型早段。下潘旺遗址壶标本 T48④：4 仅据口部外侈程度，当介于石北口壶和界段营壶之间，故而推定下潘旺遗址遗存代表下潘旺类型的中段。

其次，从戳印纹盂来看（图一，21 ~ 24），有下潘旺标本 T45④：16、石北口遗址标本 H3：20，同类器在属于后冈一期文化的石北口遗址中也有发现，依据石北口遗址层位关系，该类器的形制演变规律当是由敞口发展到直口，再发展成敛口、束颈，腹部则逐渐外鼓。按此形制演变逻辑，亦可说明下潘旺遗址的相对年代早于石北口遗址遗存。

最后，石北口早期二段见有 1 件彩陶标本灶 H3：11（图一，6）。从彩陶几何形构图来看，已经初步萌生了后冈一期文化平行竖线彩陶特征，亦可说明石北口早期二段遗存为下潘旺类型晚段。石北口早期二段遗存宽厚折沿釜 H4：14、H29：28（图一，1、3）相似于后冈一期文化鼎的盆部，更进一步证明了我们以上认识的不误。

这样，下潘旺类型在年代上大体可分为早、中、晚三段，即早段以界段营 H50 为代表，中段以下潘旺第二类型为代表，晚段以石北口早期二段为代表。

概之，我们认为镇江营文化是通过下潘旺类型才发展至后冈一期文化的，而非后冈一期文化的直接源头。下潘旺类型才是镇江营文化的发展流向。由镇江营文化、下潘旺类型、后冈一期文化所代表的谱系文化在其发展过程中，至下潘旺类型阶段，开始和周邻文化发生文化间的互动影响，吸收了大量周邻文化因素，主要是北辛文化因素，并以此为基础，为后冈一期文化的最终形成储备了条件。

良渚文化分期新论

宋 建

（上海博物馆）

良渚文化的分期研究实质性启动于 1977 年。有研究者认为"'良渚文化'应有早晚期的区别。大体上可以认为吴兴钱山漾和杭州水田畈二址是较早的遗存，杭州良渚和嘉兴雀幕桥二址则是较晚的遗存。"① 20 世纪 80 年代中叶对浙江几处墓地所发现的墓葬根据陶器变化序列分为四期，这是良渚文化陶器编年的突破性进展，为良渚文化的分期研究奠定基础。此后，依据陶器编年，多种良渚文化遗存的综合分期方案被制定。目前，根据文化发展的总体特征，一般将良渚文化分为早、中、晚三期。

1987 年我的分期方案将良渚文化分为四期 6 段，随着新材料的发现和认识的深入，后来又提出了第 1 段前的崧泽—良渚过渡段和第 6 段后的文化遗存。我曾尝试以陶器编年和文化遗存分期为基础，着眼于社会发展，将良渚文明分为"开始、繁盛和由盛至衰"三个时期②。后来更加深刻地认识到陶器编年和文化分期是手段，阐明社会发展基本法则是目的，2016 年 11 月在杭州召开的"良渚文化发现 80 周年研讨会"演讲中，将良渚文化分为初期、前期、后期和末期，分别为良渚文明的"兴起、繁盛、变革、衰亡"四个阶段。

一 初期——文明的兴起

初期的典型遗存是上海青浦福泉山发掘报告的良渚文化第一期遗存（图一）③、江苏昆山赵陵山第 4 层下的墓葬（图二、三）④ 和浙江湖州毘山埋设于土台上的墓葬⑤。

对这类遗存的文化属性，有的研究者将其归入崧泽文化，其方法是提出明确的良渚文化标准，那些没有达到这些标准的遗存一概被归入崧泽文化，例如南河浜遗址的这类遗存⑥。也有研究者提出了

---

① 蒋赞初：《对于长江下游新石器时代文化几个问题的再认识》，《文物集刊》第一集，文物出版社，1980 年。
② 宋建：《论良渚文明的兴衰过程》，《良渚文化研究——纪念良渚文化发现六十周年国际学术讨论会文集》，科学出版社，1999 年。
③ 上海市文物管理委员会：《福泉山——新石器时代遗址发掘报告》，文物出版社，2000 年。
④ 南京博物院：《赵陵山——1990～1995 年度发掘报告》，文物出版社，2012 年。
⑤ 浙江省文物考古研究所、湖州市博物馆：《毘山》，文物出版社，2006 年。
⑥ 浙江省文物考古研究所：《南河浜——崧泽文化遗址发掘报告》，文物出版社，2005 年。

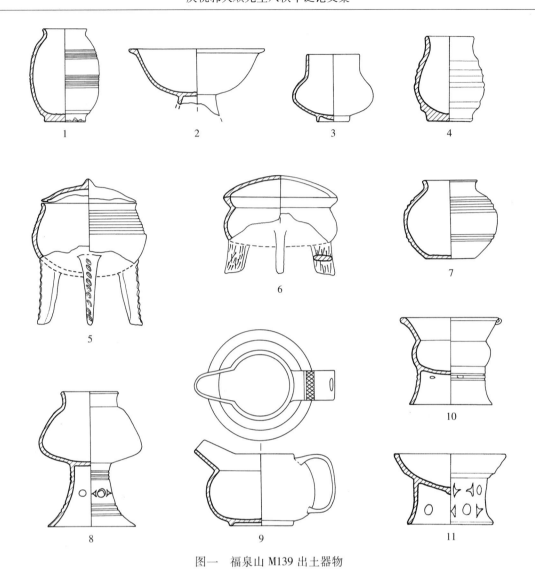

图一　福泉山 M139 出土器物

"过渡期"概念，如福泉山的良渚文化遗存被分为五期，发掘报告指出，"一期具有浓厚的崧泽文化遗风，但已出现了良渚文化的典型器，属于崧泽向良渚的过渡期"①，认识略显模糊。目前，"过渡期"或"过渡段"的认识得到较多研究者的认同。还有研究者提出崧泽文化演化为良渚文化过程中的区域性差异，环太湖地区北部文化遗存的过渡性特征比较明显，而南部地区特别是良渚地区不存在"过渡期"②。相左意见则认为"良渚地区普遍存在一个较长的过渡阶段"③。

　　崧泽和良渚之间存在文化因素特征的阶段性变化，两类不同因素或多或少地共存于一个特定时期，这就是所谓"过渡期"。由于对典型文化因素的认识差异，也由于文化分布的时间和空间对两类因素此消彼长的影响，产生了对"过渡期"的几种不同认识。这些认识的主要依据是遗存的形态特征，尤以陶器形制、纹饰为甚。

---

① 上海市文物管理委员会：《福泉山——新石器时代遗址发掘报告》，文物出版社，2000 年，第 130 页。
② 浙江省文物考古研究所：《庙前》，文物出版社，2005 年，第 122 页。
③ 赵晔：《大雄山丘陵——一个曾被忽视的文化片区》，浙江省文物考古研究所编《崧泽文化学术研讨会论文集（2014）》，文物出版社，2016 年。

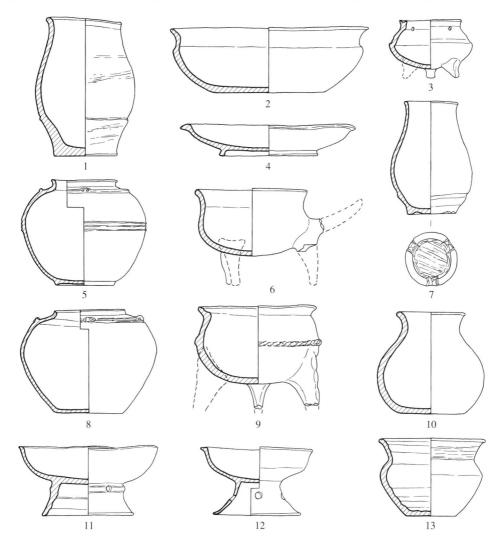

图二　昆山赵陵山 M58（第 4 层下）出土器物

从崧泽文化到良渚文化，虽然存在外来文化的干预，但主体是同一地区考古学文化的连续性发展，族群并未发生颠覆性改变。如果单纯考虑遗存的形态特征，两文化之间的差异主要是时间因素起主导作用。但是从崧泽到良渚，经济能力和社会关系确实发生了翻天覆地的改变，如果从社会变革的角度重新思考所谓"过渡期"，不仅可以为这一特定阶段准确定位，更重要的是可以认识考古学文化演变的复杂性以及考古学文化演变同社会变革之间的深层关系。

环太湖地区包含崧泽文化的遗址绝大部分延续到良渚文化，很少遗址终止于崧泽文化或"过渡期"。长期以来都不曾发现良渚文化的崧泽遗址现在也有新的发现。良渚文化进入社会大发展时期，文明化进程加速，除非有特殊原因，绝大多数崧泽遗址都以扩张的态势进入良渚文化。观察从崧泽文化过渡到良渚文化的过程，不仅有助于了解过渡方式，更有助于解释"过渡期"的性质。福泉山发掘工作充分，文化演进的路径十分清晰，是了解这一过程的最佳案例之一。

福泉山土墩之下最早是马家浜文化的生活遗存，崧泽文化时期福泉山土墩西北部成为墓地，距地表深 6.8 米。至发掘报告所称的"过渡期"或良渚文化第一期阶段，崧泽文化墓地以南区域形成新的墓地，共有墓葬 6 座，埋设于"黄土层"中，墓坑口距地表深 3 米左右。值得注意的是，崧泽墓地和

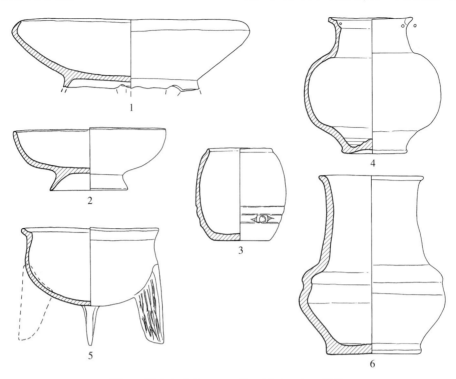

图三　昆山赵陵山 M80（第 4 层下）出土器物

"过渡期"墓地垂直相隔厚达近 4 米的土层，发掘报告虽然对该土层的成因没做任何解释，但在湖沼平原地区形成这样厚的土层应当不是自然堆积，而是人工堆筑起来的高台。目前所知崧泽时期尚未出现高度近 4 米的人工高台，因此，将福泉山堆筑这样的高台视为一次重大的社会变化是理所当然的。高台的出现是发生在福泉山群落的重要事件，也是社会变动的标志性事件，奠定了日后社会发展的基础。对良渚文化而言，这一事件理应作为新时期的开端，从此时开始进入良渚文化。

如果根据器物形态排序，福泉山的崧泽时期最晚墓葬是 M24，陶器已具有"过渡期"特征。M24下葬后堆筑 4 米高台，"过渡期"或良渚文化第一期 6 座墓随后下葬，这几个行为在时间上是连续的，间隔时间可能不太长。社会分期决定于重大社会事件，不应将个别器物的形态变化作为分期的关键因素，当然也就不能将福泉山 M24 作为良渚文化的开端。

赵陵山和福泉山在大致同一时间开始出现先堆筑高土台再埋设墓葬的形式。赵陵山第 4 层下的墓葬是该墓地最早的一批墓葬，埋设墓葬之前对原有地形进行了整治，并堆筑了高 3 米以上的土台。

将所谓"过渡期"改订为良渚文化初期并确定其为良渚文化的开端，不仅因为这个时期福泉山、赵陵山等地发生了重大的社会事件，而且还因为有不少遗址从此时开始才为人类所利用，或经过长时期中断后再次启用。这些遗址中比较重要的有"良渚"超级聚落中的数处地点，其中吴家埠和庙前在马家浜文化之后中断，良渚初期再度兴起。还有浙江的海盐周家浜、湖州昆山，江苏的昆山朱墓墩、少卿山、吴江龙南、苏州越城，上海的松江汤庙村、青浦金山坟等。新聚落的出现和聚落数量的增加标示环太湖地区的社会面貌发生了比较明显的改变。

二　前期——文明的繁盛

典型遗存是良渚超级聚落中的瑶山、莫角山和反山等。

良渚文明的社会形态是以神权主导的复合型古国。人类为什么需要神和神权？人类文明的兴起、一统王权的形成和延续为什么常常仰仗神权的力量？主要原因不外乎这三项：一为获得自然和社会异象的解释权；二为掌控强化族群凝聚力的本源；三为完成社会治理和统治并实现它们的合法性。良渚文化之前，河姆渡、高庙、红山、凌家滩、崧泽等文化或遗存都创造了本族群神祇的形象。良渚文化可能吸收了早先神祇的一部分元素，早自良渚前期的起始，就创造了本文化神祇的基本形象，这一时间或可追溯至初期。从目前材料出发，主神最初为人形神和兽神分离的形象。良渚地区大雄山南麓的官井头 M37（图四）和瑶山 M7 玉琮上的人面纹饰，官井头 M21、瑶山 M7（图五）和反山 M16 的透雕人形佩饰，综合两者，人形神为清晰的三角形眼眦，下肢为踞形。张陵山西山的圆筒形琮上的兽首，带两大角并有獠牙，此兽首形可分化为带角的龙首和有獠牙的虎首（图六）。人与虎复合为一，成为良渚文化的主神（图七）。

琮是良渚主神最主要和最重要的玉器载体，在比较常见的玉器中唯有玉琮，几乎每一件上都有主神或主神上部的人形神形象，除了寥寥数件可能为半成品的例外。因此，主神的图和玉琮的器是良渚文化神权的具象体现。

现在已无从知晓神权如何运作之细节，但从考古发掘的玉琮存在方式或可复原其大概。从反山和瑶山上层权贵墓葬中看到，他们用琮的数量不像用钺、三叉形冠徽等那么固定，多者如瑶山 M12 的 8 件、反山 M12 的 6 件，少者仅 1 件。反山和瑶山都有不用玉琮的墓葬，其中瑶山北列的 6 座权贵墓都不用玉琮。因此，玉琮缺乏与等级的直接相关性，很可能仅为那些掌控神权或运作神权的人所拥有。普安桥墓葬所见玉琮套于人体前臂或腕部，这可能是运作神权或神事的一种操

图四　官井头 M37 出土玉琮

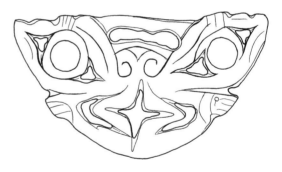

图五　瑶山 M7 出土透雕人形玉佩饰

图六　张陵山西山圆筒形玉琮

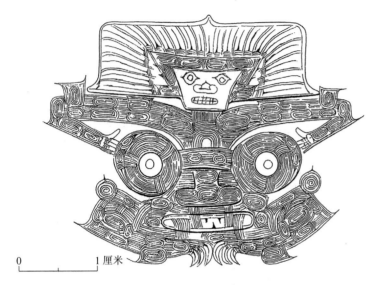

图七　良渚文化主神（反山 M12∶98）

图八　普安桥 M11 出土玉琮

作方式。良渚前期拥有玉琮的聚落中，大多数仅有一件，如普安桥、新地里等，层级比较低，他们被授予神权应该直接来源于良渚超级聚落。良渚文化的重要玉器中被分割的只有玉琮，分割的原因可能是为了分配玉琮，即授予神权（图八）。

前期，良渚超级聚落开展全面的建设，极其耗用人力和物力资源的是环城的土垣、古尚顶宫城和城外西北的水坝体系等大型工程。瑶山和反山是最高等级权贵的墓葬和祭坛。这些充分体现了良渚是前期独一无二的中心（图九）。

良渚超级聚落的权贵用玉具有严格规范，其实施体现于使用重要玉器的种类，重要玉器是权杖、组合钺、单体钺、三叉形冠徽和矩形冠徽，一类玉器均只用一件，以不同种类玉器的组合表明他们的身份、性别和等级。但是在远离良渚的高城墩，权贵使用玉钺虽然均只用一件，但是墓葬中未发现以三叉形冠徽和矩形冠徽随葬，表明这套用玉规范在良渚文化区域内并未被全面、严格地执行。

良渚超级聚落以外的其他高层级聚落发现很少，目前可以确定的仅有高城墩和玉架山两处。高城墩是年代最早、等级仅次于良渚的聚落。经考古发掘的高城墩 14 座墓葬（4 座已遭不同程度破坏），有 5 座随葬玉琮，表明神权的长时期延续。其中 M8 随葬一件破碎玉琮，是良渚文化权贵随葬玉琮方式的唯一个案。根据 M8 在墓地上的位置和下葬年代排列，这是最晚的一座，当与该墓地的终止或者发生其他重大事件相关。高城墩北邻长江，远离良渚，其特殊的地理位置和仅次于良渚的聚落等级，表明其同良渚的关系非常独特，在良渚文明的社会结构中扮演了十分特殊的角色。

余杭玉架山遗址是前期高层级聚落的另一种形式。玉架山距离良渚很近，由 6 个相互分离并且各自环壕的地点组成，各地点均有独立的墓地。玉架山人群应该是由 6 个相互关系紧密的小族群组成的大族群。目前玉架山发现的前期使用玉琮的小族群有 2 个，其中玉架山地点有 2 座墓用琮，灯笼山地

图九　良渚古城

点有 1 座墓用琮。使用玉琮的墓葬分布于两个地点，不同于高城墩。玉琮是神权的物化，玉琮的分别拥有，表明作为玉架山族群联合体，神权在内部各小族群轮替。有理由认为，玉架山同良渚相距不远，相互关系当十分密切，玉架山很可能受到良渚的直接掌控。

三　后期——文明的变革

进入良渚后期，虽然神权仍然是社会运作的发动机，发挥着主导作用，但是社会结构发生了重大变化。

良渚超级聚落出现了一系列衰变迹象。迄今为止尚未发现独立的最高等级权贵墓地。反山 M21 是唯一一座随葬玉琮的墓葬，但是非常奇特的是，M21 跻身于前期墓地中，而不是独立的后期权贵墓地。

良渚土垣内外和土垣圈内的河道中发现了大量残破陶器等遗物。由于土垣宽达数十米，明显大于防御的需要，因此推想其可能具有防洪、防涝功能，换言之，土垣一方面可以阻挡洪水，另一方面能够在洪水来临、水位增高、水域面积扩大时，人们可以临时或较长时间居住于土垣之上。土垣内外的河道内沉积的大量残破陶器应该是土垣之上居住者的生活废弃物品。这一现象表明，或者后期水患极为严重，迫使人们居住于土垣上长期生活；或者后期城市管理功能大大削弱，疏于河道的疏浚，导致河道内垃圾堆积，前者表明水患对日常生活和社会发展的负面影响，后者反映这一时期执政者的执行能力远不如前期。

良渚超级聚落之外更多的第一层级聚落崛起是后期最重要的特征，除了寺墩延续了邻近的高城墩

图一○　福泉山墓地和吴家场墓地

的繁荣之外，福泉山、草鞋山、邱城墩等都是后期快速兴盛并持续发展的中心聚落。福泉山发现两处权贵墓地：福泉山墓地和吴家场墓地，前者基本未被后世扰动并且经过比较全面的大范围发掘，是第一层级聚落中最能反映当时社会面貌的地点（图一○）。福泉山墓地的开辟始于崧泽文化，终于良渚后期。良渚前期第三段的 M109 和 M144 均随葬玉钺，是福泉山社会等级开始提升的重要标识。良渚后期福泉山聚落的社会等级发生巨大跨越，福泉山墓地的 5 座权贵墓葬使用玉琮，吴家场墓地虽然发掘范围不大，但是已经发现 2 座墓葬使用玉琮，其中吴家场 M207 还使用 2 件象牙质权杖（图一一），而且这两处墓地共有 4 座墓各拥有两件玉琮。这些表明后期的福泉山持续地掌控神权，在以神权主导的良渚复合型古国中持续性占据高端地位。

　　琮与钺表示两种权力，琮是神权的化身，钺是世俗权力的代表，在一些特定场合就是王权和（或）军权。神权和世俗权力可以相互转化，互为依托，世俗权力仰仗神权获得其合法性，神权通过世俗权力由精神支柱转化为治理社会的实际功用。但是两者毕竟是不同的权力体系，其相互关系就是权力结构，良渚文化权贵使用钺和琮的动态性状态体现了权力的结构性变动。

　　良渚前期，反山权贵凡使用玉钺者必有玉琮，少数用琮者却没有配置玉钺。瑶山使用钺琮情况与反山相比略有差异，使用玉琮者必有玉钺，少数有钺者则无玉琮，使用琮钺的权贵墓葬全部葬于墓地南列。反山和瑶山凡使用玉钺者均仅配用 1 件。从这里可以看到，良渚前期掌控神权和世俗权力具有

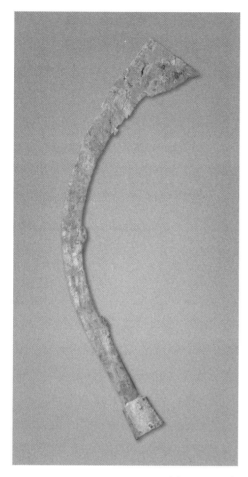

图一一   吴家场 M207 象牙质权杖

相当高的一致性，大多数最高级别的权贵同时握有两大权力，只有少数权贵分工明确，或只握有神权，如反山的 M23 和 M18；或只握有世俗权力，如瑶山的 M3 和 M8。凡用玉钺者均配用 1 件，显示玉钺表现世俗权力的严格规范。总体上看，前期权贵对神权和世俗权力配置的相对同一性和集中性体现了相当程度的社会稳定性。

良渚后期，这种相对比较平衡的权力结构有所变动，目前只有福泉山墓地比较充分地揭示了这种变动。首先是握有世俗权力的权贵墓葬的区域性分布，M74、M101、M136 三座墓葬分布于西区，该区没有掌控神权的权贵墓。而中区和东区的有 5 座墓随葬玉琮，其中 3 座配置玉钺。福泉山墓地握有两种权力的权贵比例少于前期的反山、瑶山。吴家场墓地有 2 座墓都配置了琮与钺。由于该墓地目前的发掘区域不大，难以全面比照。后期比较大的变动是权贵用玉钺数量突破了 1 件，以福泉山为例，有 8 个权贵用钺，超过 1 件者有 5 个，最多的是吴家场 M207，用了 6 件玉钺。其他几处第一层级聚落亦如此。前期的用钺规范已经被破坏，后期世俗权力的地位更加突出。由于后期良渚复合型古国的多极化明显强于前期，几个第一层级聚落之间的相互关系也是后期新出现的社会特征，为维护各自的稳定性，在神权主导的基础上进一步加强世俗权力当属必需，这应该是权力结构性变动的深层原因。

四　末期——文明的衰亡

后期的结束标志环太湖地区进入一个新的时期，作为复合型古国的良渚文化已经消亡，社会上层的政治操作和精神活动基本终止，社会环境动荡不安，族群迁移变动频繁，文化因素复杂多元。根据碳十四测年数据，这个时期经历了大约一二百年。对于这样一个特定阶段的名称，在 2006 年 6 月上海松江召开的"环太湖地区新石器时代末期暨广富林遗存学术研讨会"，我将会议发言整理成文，认为可以暂时将此阶段"看作是良渚文化的延续或后续"①。2006 年良渚发现七十周年，我提交了《良渚文化衰变研究》一文，将福泉山 M40 和寺墩 M5 认定为古国最晚时期的权贵墓葬，试图分辨出其后的墓葬遗存。这样，原来认定的良渚文化第四期还可以细分，晚于福泉山 M40 和寺墩 M5 的平民墓葬为良渚文化第四期第 7 段。又通过与好川遗存的比较，认为良渚文化还有"第五期"遗存，暂将其下限定在与好川墓地下限相同的时间②。另外还有个别研究者根据有些区域，特别是在良渚—瓶窑地区，因良渚文化因素的延续，提出了"良渚文化晚期后段"的概念③。2014 年 10 月 15 日在浙江湖州召开的"环太湖地区新石器时代晚期文化暨钱山漾遗址学术研讨会"上，正式提出"钱山漾文化"的命名，这是更加关注这一时期复杂多元的文化因素及其所反映的社会现象的学术新起点。

　　根据现有材料，还不能确定良渚诸古国上层政治活动的终点就是钱山漾文化的起点，钱山漾文化的分布也不能覆盖良渚文化的分布区，特别是良渚—瓶窑地区。如果仅以钱山漾文化来包容动荡不安的时间和文化多元的空间，似难以胜任。而"良渚文化末期"不再是一个单纯考古学文化属性的概念，更多的是表明社会发展阶段和时间概念，包容性较强。良渚文化末期在时间上包含了钱山漾文化。

　　在人群和文化的传承方面，末期与后期关系比较紧密的是遂昌好川。好川墓地的主人为良渚文化族群南迁者中的一支，他们在好川定居后，接受了当地原住民的一部分习俗，但并未摒弃原有的主流习俗，其随葬品中有相当一部分保留了原生地的特征。从后期到末期，好川遗存具有连贯的陶器编年，通过比较好川遗存同其他遗存的相关性，可以确定良渚古国消亡的相对年代和末期的年代上限。好川墓地分五期，良渚后期第 6 段大致与好川三期前段相当。垂棱豆在好川常见，垂棱有其演变轨迹，第五期的 M28 和 M30 豆的垂棱最宽。垂棱豆在其他地区很少见，庄桥坟、徐步桥、庙前、广富林等地有零星发现，其中有些垂棱较宽者同好川四期相近。好川管流盉存续于三期后段至五期，根据其演变序列，环太湖地区的管流盉相当于好川的四期前段和后段。好川细颈鬶存在于第五期，环太湖地区的多个遗址均有发现（图一二）。通过以上比较，可以认定末期起始于好川墓地第三期后段，延续至第五期。

　　末期的文化生态呈现出多元化格局，明显有异于前期与后期的同一性格局，也不同于初期的文化演进过程中的过渡性特征。根据文化要素的异同，目前可以分为四个区域，将来随着新的发现和研究的深化还可以有所增减。

　　环太湖地区良渚文化的核心区域指太湖的北部、东部和东南部，这里有超级聚落，即所谓"良渚古城"，后期这里存在多个第一层级聚落，即福泉山等古国。末期的代表性遗存发现于"良渚古城"。

　　该区域的"良渚古城"范围内的末期遗存分布比较普遍，叠压于后期遗存之上，陶器等与后期相比较具有较强延续性，同时也受到其他遗存的影响。典型遗址有文家山、葡萄畈、扁担山等。

① 宋建：《环太湖地区新石器时代末期考古学研究的新进展》，《中国文物报》2006 年 7 月 21 日第 7 版。
② 宋建：《良渚文化衰变研究》，浙江省文物考古研究所编《浙江省文物考古研究所学刊（第八辑）——纪念良渚遗址发现七十周年学术研讨会文集》，科学出版社，2006 年。
③ 陈明辉、刘斌：《关于"良渚文化晚期后段"的考古学思考》，《禹会村遗址研究——禹会村遗址与淮河流域文明研讨会论文集》，科学出版社，2014 年。

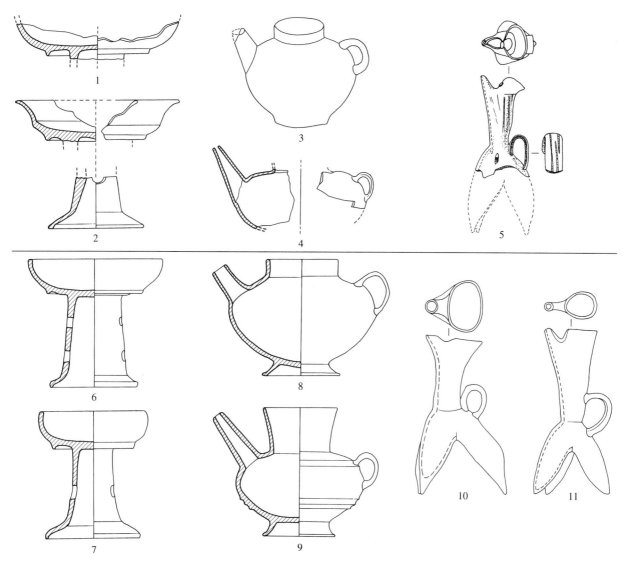

图一二　环太湖地区与好川出土的垂棱豆、管流盉、细颈鬶
1、2、6、7. 垂棱豆　3、4、8、9. 管流盉　5、10、11. 细颈鬶（1~5 为环太湖地区出土，6~11 为好川出土）

　　良渚文化的主流型鼎足是翅形—"T"形系列，演变轨迹十分清晰。末期，此系列式微，形态发生变异，由精巧而粗陋，侧视"T"形，明显上宽下窄。后期最晚阶段孕育扁侧足的新器形，并流行于末期。末期还出现了少量非当地传统的鱼鳍形足陶鼎。根据文家山第 2 层的统计，鼎足共 229 个，其中，扁侧足 183 个、鱼鳍足 22 个、圆锥足 16 个、"T"形足 3 个（图一三）。扁侧足数量是鱼鳍足的 8 倍多。值得注意的是，这类遗存多为日常生活的废弃物，有些叠压在前期或后期的高台或墓地之上，表明高台已经失去了原有的政治和社会功能，原有体制基本崩溃，传统习俗遭到破坏。

　　福泉山、寺墩、草鞋山等古国，目前还没有辨识出末期遗存。同"良渚古城"一样，这些古国社会组织水平和经济能力相当高，原有社会结构崩溃之后，日常生活当会部分延续，其遗存很可能同"良渚古城"相似。

　　这一时期其他层级的聚落遗址发现很少，目前确认的仅广富林、龙南等少数几处。其中以广富林具有代表性，文化遗存分布范围比较大，文化面貌既有同"良渚古城"相似的一面，即延续原有特

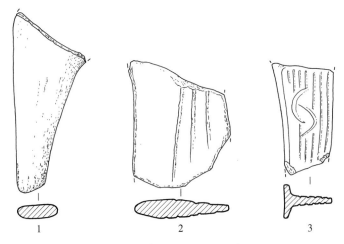

图一三　文家山出土的三种鼎足
1. 扁侧足　2. 鱼鳍形足　3. "T"形足

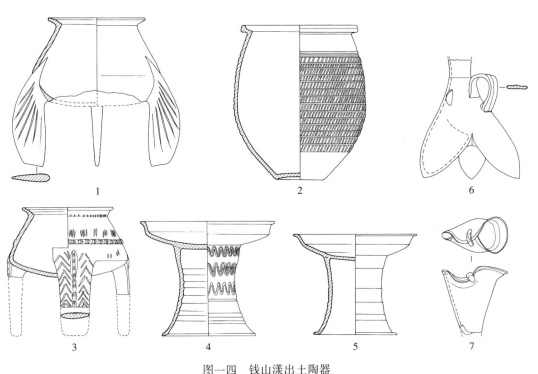

图一四　钱山漾出土陶器
1. 鱼鳍形足鼎　2. 中口深腹罐　3. 舌形足鼎　4、5. 粗柄豆　6、7. 细颈鬶

征，如陶器中的管流盉、垂棱豆、扁侧足等，也有不少新的钱山漾文化因素，如鱼鳍形足鼎、细颈鬶、弦断绳纹等，两者之间可能存在年代差异，或有部分共存，有待于进一步厘清年代关系。

太湖西南部地区，目前尚未发现第一层级聚落，代表性遗存发现于湖州钱山漾，已被命名为钱山漾文化。该文化的代表性陶器器形和纹饰有鱼鳍形足鼎、细颈鬶、粗柄豆、中口深腹罐和弦断绳纹等，特征性很强（图一四）。钱山漾文化也有扁侧足鼎，但所占比例较低。根据钱山漾遗址的统计，钱山漾一期遗存（即钱山漾文化）的鼎足共 1223 个，其中鱼鳍形足 932 个，扁侧足和扁方足共 78 个，还有其他形制鼎足，未见"T"形足。扁侧足和扁方足之和仅为鱼鳍形足的 8% 多一点。与"良渚古城"的文家山对照，两者之间差异明显。

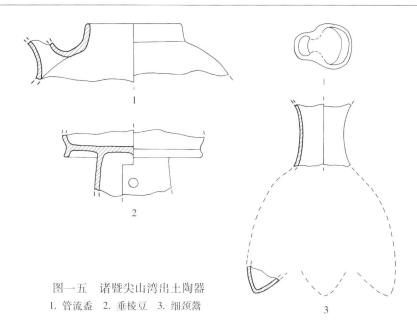

图一五　诸暨尖山湾出土陶器
1. 管流盉　2. 垂棱豆　3. 细颈鬶

钱塘江以南地区北部，目前亦未发现第一层级聚落，代表性遗存发现于诸暨尖山湾。尖山湾出土的鼎足有扁侧足、圆锥足和鱼鳍足，数量依次递减，扁侧足数量是鱼鳍足的 4 倍多，两者差距远远小于钱山漾和文家山。尖山湾还发现了垂棱豆、细颈鬶和管流盉等（图一五）①。

浙南地区，代表性遗存发现于遂昌好川，文化属性为良渚文化的地方性变体"好川遗存"，也有研究者称之为"好川文化"。好川遗存目前的发现主要是墓葬，属于末期的墓葬始于第三期后段，结束于第五期。扁侧足和扁方足鼎在好川第一期已经出现，以后沿用，但由于数量比较少，还不能说明其演变规律。好川墓地未见"T"形足。管流盉、垂棱豆和鬶均出自墓葬，均有完整清晰的变化序列，而其他地区的管流盉和陶鬶尚未发现作为随葬品。值得关注的是，陶鬶从后期的粗颈、中粗颈到末期的细颈，以及从开口到捏口的完整序列，可以作为钱山漾文化细颈鬶寻源的参照系（图一六）。

上述四个区域既文化面貌总体各异，又相互关联。钱塘江以北的两个区域受到黄淮地区并通过江淮地区的较强影响，甚至可以称之为冲击。钱塘江以南区域受黄淮、江淮地区的影响甚小，浙南地区几乎没有受到干扰。对这四个区域来说，来自于长江以北文化因素强与弱的差异，同距离远近的区别具有非常强烈的相关性。

环太湖的北、东、东南地区曾经走在文明化进程的最前列，有超级聚落"良渚古城"和第一层级聚落。走到末期，复合型古国虽已消亡，但固有生活方式仍然延续了一段时间。而在长江以北地区和环太湖西南部的双重强烈冲击下，这一地区文化面貌发生了重大改变。同时可能依然存在文化面貌的区域性差异，发展程度最高的"良渚古城"延续旧习俗、老传统的惰性更加多一些顽固。当"良渚古城"以外的广大地区人们怀着绝望中挣扎的心情，背井离乡，远走他乡时，这里的人们依然怀念以往有序而富足的生活，久久不愿离去，因而留下了这个时期表现最多延续性的生活遗存。

太湖西南部区域早一阶段聚落的层级比较低，目前发现文化遗存最丰富典型的钱山漾遗址此前尚

---

① 浙江省文物考古研究所、诸暨博物馆、浦江博物馆：《楼家桥、塘山背、尖山湾》，文物出版社，2010 年。

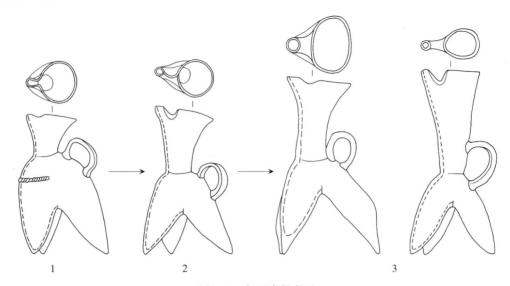

图一六　好川陶鬶序列

1. 粗颈　2. 中粗颈　3. 细颈

无人定居，因此更易被外来移民作为首选聚居点。

　　钱塘江以南亦尚未发现高层级聚落，其北部距"良渚古城"不远，外来移民进入这里后还保留了一部分固有习俗。

　　浙南地区地处偏远，原来就有顽强的当地文化传统，当其他地区进入新阶段时，这里的固有生活习俗继续保留，仍然在原有的发展进程中延续，古国的消亡对这里几乎没有造成任何影响，也几乎没有其他外来因素的进入。

　　综上所述，末期一二百年间动荡不安，虽人烟稀少，但来来往往，文化多元，互为影响，此消彼长，其后除浙南地区外都进入了新的广富林文化的相对稳定时期。

台湾史前遗址出土的人兽形玉玦

黄翠梅

（台南艺术大学）

根据统计，台湾已知出土玉器的遗址合计达百余处，它们主要属于新石器时代早、中期（绳纹红陶时期，约公元前 3000 ~ 前 1500 年）和新石器时代晚期（素面陶时期，约公元前 1500 年至公元前后）两个阶段[1]，其中新石器时代早、中期玉器出土的地点和数量都比较零星，类型也以工具、玉环、玉片和坠饰等形制简单的小型玉器为主[2]；进入新石器时代晚期以后，台湾玉器的发展工业逐渐进入盛期，此时不仅玉器的分布范围已经扩及台湾西海岸的北、中、南各地和中部高山地区以及东海岸沿线，出土数量也随之激增，类型除了各式工具和镯饰外，还有丰富多样的珠管串饰和玦状耳饰[3]，其中人兽形玉玦由于造型极为特殊，最为引人注目。

一　人兽形玉玦的发现及其分布

人兽形玉玦的基本构造是在一或两个正立人像顶上横置一兽。自 1979 年首次在台北芝山岩遗址发现以来，陆续又在台东卑南、宜兰丸山、屏东裴拉、新北八里十三行、花莲大坑、花莲港口、花莲石梯坪和台南科学园区三宝埤等地出土（图一）。迄今总计 9 处遗址出土 41 例（其中 39 例已有图版发表），其中又以花东地区、宜兰丸山和台北芝山岩最为集中，下文将依各遗址所在区域和所属年代顺序逐一说明。

---

① 刘益昌：《台湾玉器流行年代及其问题》，《史前与古典文明》，"中研院"历史语言研究所，2003 年，第 11 ~ 14 页；《台湾出土的早期玉器及相关问题》，《东南考古研究》，厦门大学出版社，2009 年。洪晓纯：《台湾史前玉器在东南亚的分布及其意义》，中国社会科学院考古研究所编《华南及东南亚地区史前考古——纪念甑皮岩发掘 30 周年国际学术研讨会文集》，文物出版社，2006 年，第 325 ~ 326 页。

② 台湾新石器时代早、中期玉器出土的地点包括台南、屏东、台东和台中等地。参见臧振华、李匡悌：《南科出土文物选粹》，南科考古发现系列丛书（二），台湾史前文化博物馆，2017 年，第 38 ~ 39、87 ~ 91 页。林淑芬、朱正宜、臧振华、李匡悌：《台南县右先方遗址玉器初步分析研究》，《台湾大学地质科学系钱宪和教授、罗焕记教授荣退研讨会论文集》，台湾大学地质科学系，2002 年，第 139 ~ 143 页。屈慧丽：《梳理的文明——再看西大墩遗址牛骂头文化特色》，《田野考古》第 15 卷第 2 期，2012 年，第 17 ~ 46 页。李光周：《垦丁国家公园的史前文化》，台北文建会，1999 年。连照美：《台湾新石器时代垦丁寮遗址墓葬研究报告》，台湾大学出版中心，2007 年，第 65 ~ 78 页。叶美珍：《台湾花东海岸史前玉器文化》，《2011 台湾花东地区玉石艺术季两岸原住民玉石文化学术研讨会论文集》，花莲县两岸少数民族玉石文化促进会，第 35 ~ 36 页。

③ 黄翠梅：《从带突玦饰论台湾及环南海地区早期玉文化的发展》，《台湾博物馆学刊》第 69 卷第 1 期，2016 年，第 65 ~ 90 页。

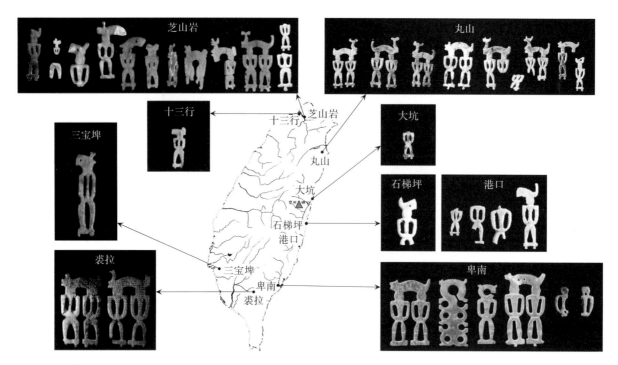

图一　台湾各地出土的人兽形玉玦分布图
（图片来源参见本文相关段落附注）

（一）台东卑南遗址

1980 年到 1988 年间，台湾大学考古人类学系卑南考古队在卑南遗址先后进行了 13 次大规模的抢救发掘，发现石板棺室内墓葬 1523 座。这些墓葬中合计出土了 3800 余件玉器，其中玦状耳饰即占了 1300 余件（出于 422 座墓）。1989 年到 1993 年间，考古人员又在卑南文化公园的遗址范围内进行了 3 次试掘工作①，发掘了 6 座卑南文化墓葬和包括玦状耳饰在内的数百件玉石器。此外，2010 年在卑南遗址生活面上又发现一些玉器②。

卑南墓葬出土的玦状耳饰除了惯见于东亚地区的环璧造型外，另有环璧带四乳突形、方形、两翼形、人兽形和带侧身动物形突的玉玦等多种类型③（图二、三），其中又以环璧形和环璧带四乳突形耳饰的数量最多，总数高达 600 余件④，而人兽形耳饰由于造型特殊，数量又极为稀少，在众多卑南耳饰中显得相当突出。

迄今为止，卑南遗址共发现了 2 件双人式人兽形玉玦、1 件单人式人兽形玉玦、1 件多环兽形玉玦和 2 件人形残器（图四）。

---

① 连照美、宋文薰：《台东县卑南文化公园考古试掘报告》，台湾大学考古文学院人类学系，1989 年；《卑南遗址发掘 1986～1989》，台湾大学出版，2006 年，第 297～305 页。李坤修：《卑南文化公园 1992 年、1993 年考古试掘报告》，《台湾史前博物馆·筹备处通讯》（2），1993 年，第 1～45 页。

② 叶美珍：《台湾东海岸出土兽形玉饰初步研究》，《2009 南岛国际学术研讨会论文集》，台湾史前文化博物馆，2010 年，第 181～182 页。

③ 连照美：《卑南遗址出土"玦"耳饰之研究》，《中国艺术文物讨论会论文集/器物（上）》，台北"故宫博物院"，1992 年，第 71 页。叶美珍：《台湾东海岸出土兽形玉饰初步研究》，《2009 南岛国际学术研讨会论文集》，2010 年，第 178 页图版 13。

④ 连照美：《卑南遗址出土"玦"耳饰之研究》，第 68 页。

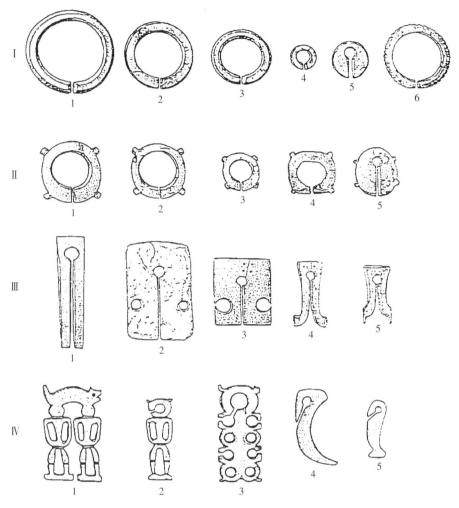

图二 台东卑南遗址石板棺墓葬发掘出土的各类型玦状耳饰

[《中国艺术文物讨论会论文集/器物（上）》第71页图1]

双人式人兽形玉玦上的人像为正面站立，双手合于腰际，双腿分立于横板之上，头顶与一兽相接。兽像昂首拱背，耳部尖出，尾端上翘；人像头围均大于或等于1/2肩宽，肩线缓坡向下，肩角微曲，上身大致呈椭方倒梯形，躯干与两臂间为椭长方形镂孔，双腿比例细长，膝部标有横向短线，两腿间以委角三角形镂孔区隔，底板下方平直或凸出一组（图四A、四B左）。

单人式人兽形玉玦的人头被设计成带有缺口的

图三 台东卑南遗址生活面上出土的带侧身
动物形突玦状耳饰残件

(《2009 南岛国际学术研讨会论文集》第178页图版13)

环形，环的上缘一侧突出一个兽首，另一侧则突出一条兽尾（图四C）。多环兽形玉玦则是由1大8小的9个环形组成，其中5环带缺，尺寸较小的8环两两相并上下依序叠置，较大的环则叠置于全器最上方，环的上缘两侧各突出一个兽首和一条兽尾（图四B右）。上述各器人像之镂孔方式一致，都是先以圆管在镂空部位两端钻孔，再以片刃切锯连通，镂孔边缘均修磨圆整。

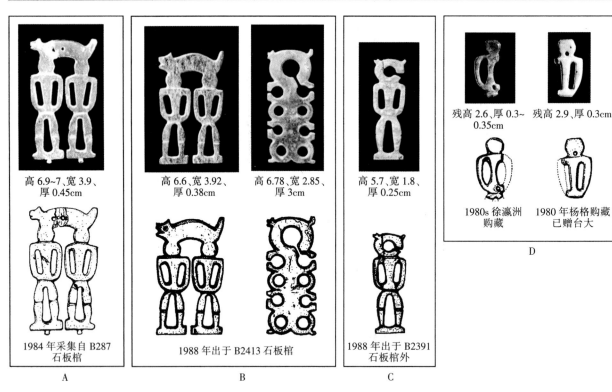

图四　台东卑南遗址出土的人兽形玉玦

（《考古人类学刊》第 44 期，第 160~161 页、图版 I & II；《台湾新石器时代卑南墓葬层位之分析研究》第 84~85 页；《东亚玉器 I》第 359 页）

其中图四 A 的双人式人兽形玉玦系 1984 年台东县政府于台东铁路工程施工时自 TB287 石板棺采集。图四 B 的双人式人兽形玉玦、多环兽形玉玦和图四 C 的单人式人兽形玉玦均为 1988 年台大考古人类学系卑南考古队在卑南遗址进行第 11 至 13 次发掘工作时所获，其中图四 B 出土于 B2413 号墓内，图四 C 则出于 B2391 号墓外。这 4 件人兽形玉玦器形相当完整，通高 5.7~7 厘米，厚度介于 0.25~0.45 厘米之间，其整体构造虽有单人、双人或环形组合的区别，然各器无论在人像或兽像之风格和工艺表现均相当一致，因此它们在卑南文化的发展脉络也备受关注。图 4D 的 2 件人像残器为私人购藏，其一已于 1980 年捐赠台大[①]。

1982 年至 1988 年间卑南遗址测得的 10 个碳十四树轮校正年代数据显示，卑南文化的考古学年代范围大约距今 5300~2300 年，其中又以介于距今 3400~2800 年间的 7 个数据最为聚集，另外 3 个数据则分别为年代最老的 5300BP（1 例）和年代最轻的 2300BP（2 例）[②]。由于这些碳十四年代跨距长达 3000 年，且 20 世纪 80 年代抢救发掘的墓葬层位及随葬内容尚未全面揭露，因此难以理解卑南玉器发展的全貌，直到 2008 年一组出土众多玉器的多层位墓组 B2381 及其随葬内容公布后，终得粗略探知各阶段卑南玉器的发展概况。

B2381 墓组是由 11 座具有上下叠压关系的多层位墓葬所组成，其中随葬有玉器的墓葬共计 9 座，由下而上依序为 B2491、B2494、B2481、B2450、B2449、B2452、B2428、B2413 和 B2381。

① 宋文薰、连照美：《台湾史前时代人兽形玉玦耳饰》，《考古人类学刊》第 44 期，1984 年，第 151~152、160~162 页。
② 宋文薰、连照美：《卑南遗址第 11~13 次发掘工作报告》，台湾大学考古人类学专刊第 12 种，1988 年，第 55~57 页。

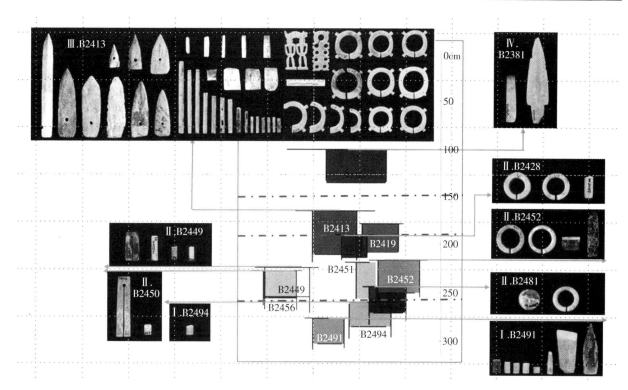

图五　B2381 组多层位墓葬及各期墓葬中出土玉器
（据《台湾新石器时代卑南墓葬层位之分析研究》第 38 ~ 176 页制作）

这些墓葬的年代大致可以被区分为前后接续的四个阶段，其中第一、二期全为单体葬，第三、四期则为复体葬。属于第一期的 B2491 和 B2494 随葬了玉矛、玉锛和玉珠管等；属于第二期的 B2481、B2450、B2449、B2452 和 B2428 除了随葬前期的玉珠管外，另外出土了环璧形玉玦、方形玉玦和玉圆核；属于第三期的 B2413 随葬玉器最为丰富，除了多件玉矛、玉锛和玉珠管外，还出土了 12 件环璧带四乳突形玉玦、1 件人兽形玉玦和 1 件多环兽形玉玦；属于第四期的 B2381 则仅随葬玉矛和玉凿两器（图五）[1]。

　　发掘工作主持人连照美依据前述墓葬的分期关系，分析了各墓中随葬玉器的种类与数量变化，认为锛矛等工具和珠管饰品是卑南墓葬中最早使用的玉质制品，到了第二期以后的墓葬才开始见到环形和方形玉玦；进入卑南文化发展最为兴盛的第三期以后，耳饰的类型更加丰富，包括四乳突玦、人兽形玦和多环兽形玦都在此时出现；然而到了卑南文化第四期以后，此前曾盛极一时的玉饰品已经消失不见，仅留下形制简单的玉矛和玉凿随葬，显示当时玉料可能相当缺乏，卑南玉器工业也自此步入尾声[2]。

　　叶美珍在综合参考 B2381 多层位墓葬组的分期关系、前述卑南遗址已公布的碳十四年代数据、2009 年在卑南遗址公园考古现场建筑遗留出土素面陶片所测得的 3 个数据（热释光年代均介于 2500BP 到 2200BP）以及出土玉器众多的花岗山文化花莲盐寮遗址的碳十四和热释光年代数据后，主张卑南文化玉器发展最兴盛的第三期即为台湾东海岸玉器盛行期，其年代范围大约是距今 2800 ~

①　连照美：《台湾新石器时代卑南墓葬层位之分析研究》，台湾大学出版，2008 年，第 38、187 ~ 188 页。
②　连照美：《台湾新石器时代卑南墓葬层位之分析研究》，台湾大学出版，2008 年，第 195 ~ 204 页。

2300 年之间①，此一认识也是我们判断台湾其他史前遗址出土人兽形玉玦年代的重要依据。

（二）花莲港口、石梯坪和大坑遗址

台湾东海岸地区除了卑南遗址以外，另有属于花岗山文化素面陶阶段的花莲港口、石梯坪和大坑等遗址出土了人兽形玉玦，可惜全数残缺不全，残高 2.4～6 厘米，厚度则介于 0.12～0.33 厘米之间。

石梯坪的人兽形玉玦系 2009 年叶美珍在台 11 线公路西侧的素面陶堆积层采集，它是一件双人式人兽形玉玦的半边残器，人头上方也仅存兽的后半身及尾部，上身为椭方倒梯形，躯干与两臂间为椭长方形镂孔，与卑南式人像的表现极为类似（图六右）。

港口的 4 件人兽形玉玦是 2002 年至 2003 年间叶美珍在秀姑峦溪口北侧之台 11 线公路两侧之素面陶层（3500BP～2000BP）采集。其中一件为双人式人兽形玉玦的半边，人头上方仅存兽的后半身及高举的尾部。此器人像头围略小于 1/2 肩宽，肩线平直，肩角明显，上身为两腰微弧的倒三角形，双臂与躯干间为两端尖出的梭形镂孔。此外，人像胯部略低，双腿比例较短，膝部无短线区隔，底板下突出两纽，双腿间为尖角三角形镂孔，由于镂孔系以斜刃自一侧器面磨锯贯通，故边缘略呈薄刃状（图六左 D）。整体而言，无论就形制风格，还是工艺表现，均与卑南式人像不同。另外 3 件则均为头部或腿部残断的人像，其中 1 件上身呈倒三角形（图六左 A），2 件为倒梯形（图六左 B、C），后者与卑南人像较为类似②。

至于大坑遗址出土的人兽形玦则是 2009 年陈有贝和尹意智在一件瓮棺上方采集，人像颈部以上均已

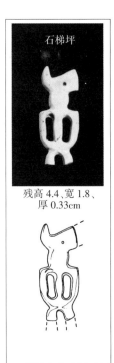

图六　花莲港口和石梯坪遗址出土的人兽形玉玦

（《2009 南岛国际学术研讨会论文集》第 172～173 页）

---

① 叶美珍：《台湾东海岸出土兽形玉饰初步研究》，《2009 南岛国际学术研讨会论文集》，台湾史前文化博物馆，2010 年，第 181～182 页。

② 叶美珍：《台湾东海岸出土兽形玉饰初步研究》，《2009 南岛国际学术研讨会论文集》，台湾史前文化博物馆，2010 年，第 172～174 页。

残缺（图七），残高2.5、宽1.3、厚0.13厘米，外形和尺寸均近似港口上身呈倒三角形的人像残件（图六左A)①。

（三）宜兰丸山遗址

丸山遗址位于宜兰冬山乡冬山村与八宝村，发掘者刘益昌认为它与素面陶时期的北部圆山文化、东部花岗山文化以及卑南文化关系密切，并提出"丸山文化"之命名②。该遗址先后出土了11件人兽形玉玦，高度大约为4.2~4.7厘米，厚度介于0.18~0.26厘米

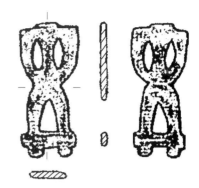

图七　花莲大坑遗址出土的人兽形玉玦
（转引自《2009南岛国际学术研讨会论文集》第171页）

之间。这些玉玦多数外形比较一致，除了少数残断较甚使其无法判别原型者外，其余均为双人式人兽形玉玦，类似形制都可以在花东地区找到原型。

1996年发现的4件人兽形玉玦，人像正面站立，双手合于腰际，双腿分立于横板之上，头顶与一兽相接，它们分别出土于丸山遗址M1和M4石板棺中，每墓各随葬2件（图八），其中M4：2人兽形玉玦整体表现与卑南式底板下方有单凸的人兽形玉玦（图四A）比较类似，唯兽身比例较大，人像头顶与兽身之间区分不明，双膝亦未见刻痕。其余各器之兽首平伸、兽角高耸、角端有叉、兽尾高举，造型和工艺均与港口出土上身呈倒三角形的人像相近，但丸山人像的倒三角形两腰更为平直③。

1998年出土的7件人兽形玉玦分别见于M11、M14、M49、M64、M68等5座石板棺以及1座外部围有石棺的陶瓮棺M61（T5P14A）中，其中M11出土了2件人兽形玉玦，其余每墓随葬1件（图九）。从目前已有图版发表者可知，这些人兽形玉玦的人像上身均呈倒三角形，部分制作比较粗率，其中2件的兽角保留完整，均为高耸有叉的表现④。

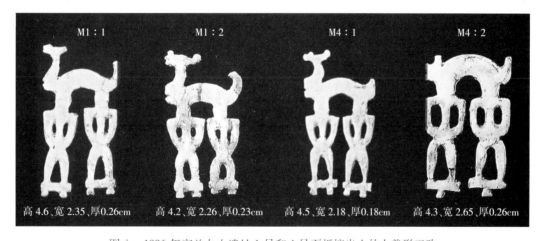

高4.6、宽2.35、厚0.26cm　　高4.2、宽2.26、厚0.23cm　　高4.5、宽2.18、厚0.18cm　　高4.3、宽2.65、厚0.26cm

图八　1996年宜兰丸山遗址1号和4号石板棺出土的人兽形玉玦
（《台湾地区地方考古人才培训区田野调查报告》图版119~122）

---

① 陈有贝、尹意智：《花莲县岭顶岭、大坑遗址调查研究计划期末报告》，花莲县化局委托台湾大学人类学系研究报告，2009年。转引自叶美珍：《台湾东海岸出土兽形玉饰初步研究》，《2009南岛国际学术研讨会论文集》，台湾史前文化博物馆，2010年，第171页。
② 刘益昌：《宜兰在台湾考古的重要性》，《宜兰文献杂志》第43期，第11页。
③ 刘益昌：《台湾地区地方考古人才培训区田野调查报告》，宜兰财团法人兰阳文教基金会，1996年，图版119~122。
④ 刘益昌、邱金水等：《宜兰丸山遗址抢救发掘资料整理计划第一阶段报告》，宜兰县政府民政局，2000年，第54页图版23、第56页图版29。兰博数字典藏数据库，http：//www.lym.gov.tw/ch/Collect/lymcollection.asp，2017.05.20点阅。

图九　1998年宜兰丸山遗址出土的人兽形玉玦

（《宜兰丸山遗址抢救发掘资料整理计划第一阶段报告》图版23、29；http://www.lym.gov.tw/ch/Collect/lymcollection.asp）

图一〇　卑南遗址与丸山遗址出土的喇叭形玉镯

1. 卑南遗址出土（《馆藏卑南遗址玉器图录》图156）
2. 丸山遗址出土（《台湾地区地方考古人才培训区田野调查报告》图版117）

　　丸山遗址除了前述人兽形玉玦和台湾花东地区所见者相似外，出土于该遗址 T6P0D L6 文化层底部（发掘者推断此处似为三号墓之底部）的喇叭形玉镯也曾经在多座卑南墓葬中见到（图一〇，1、2）[1]，显示新石器时代晚期台湾东北部和东部花东地区玉器的发展关系密切，两地玉器流行年代应该也相当接近。

　　（四）台北芝山岩遗址

　　芝山岩遗址共出土14件人兽形玉玦，它们的外形繁简不一，兽角或长或短、样式多元，工艺精粗有别，尺寸也有较大差异，其中除一件双人式人兽形玉玦可被完整复原外，其余各器残损程度不一，或为人兽形玉玦的左右半边，或为其上下半截，甚或仅存人像双腿或单臂，估计各器复原后的通高大约为 3～7 厘米，厚度介于 0.1～0.4 厘米之间（图一一）。

─────────────

① 连照美、宋文薰：《台东县卑南文化公园考古试掘报告》，台湾大学考古文学院人类学系，1989年，第63～66页、图版16。藏振华、叶美珍：《馆藏卑南遗址玉器图录》，台湾史前文化博物馆，2005年，图156。刘益昌：《台湾地区地方考古人才培训区田野调查报告》，宜兰财团法人兰阳文教基金会，1996年，第57页、图版117。

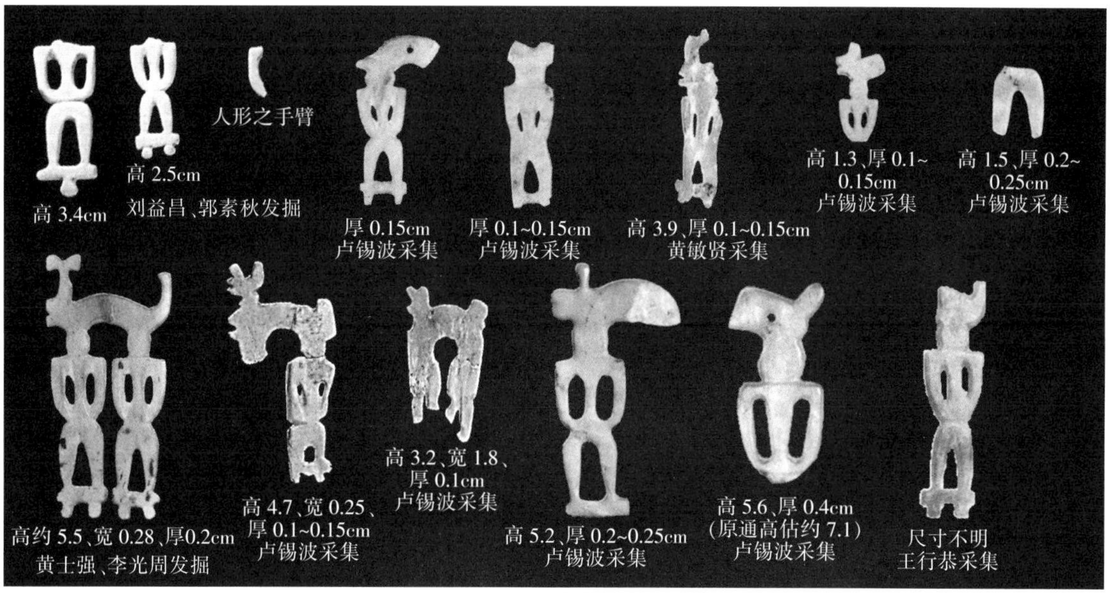
高 3.4cm
高 2.5cm
刘益昌、郭素秋发掘
人形之手臂
厚 0.15cm
卢锡波采集
厚 0.1~0.15cm
卢锡波采集
高 3.9、厚 0.1~0.15cm
黄敏贤采集
高 1.3、厚 0.1~
0.15cm
卢锡波采集
高 1.5、厚 0.2~
0.25cm
卢锡波采集
高约 5.5、宽 0.28、厚0.2cm
黄士强、李光周发掘
高 4.7、宽 0.25、
厚 0.1~0.15cm
卢锡波采集
高 3.2、宽 1.8、
厚 0.1cm
卢锡波采集
高 5.2、厚 0.2~0.25cm
卢锡波采集
高 5.6、厚 0.4cm
(原通高估约 7.1)
卢锡波采集
尺寸不明
王行恭采集

图一一 台北芝山岩遗址出土的人兽形玉玦
(图片来源参见下文相关段落附注)

这些玉器中有 11 件为 1979 年前后芝山岩遗址施工翻土中采集所得。其中唯一可完整复原的双人式人兽形玉玦系 1979 年考古学者黄士强和李光周从一副人头骨的两侧采集，高约 5.5、厚 0.2 厘米，出土时断为左右两截，据推测可能出自该遗址素面陶时期圆山文化层一座头向东的仰身直肢墓葬①。此器人像正面站立，双手合于腰际，双腿分立于横板之上，头顶与一兽相接；兽角高耸、角端有叉，兽尾高举，人像上身呈倒三角形，足踏底板，底板下方各有 2 个凸纽（图一一左下），整体造型和工艺均与港口及丸山所见上身呈倒三角形的人像相近。另外 10 件人兽形玉玦均由地方人士采集所得，外形均残损不全，人像上身或为椭方倒梯形或呈倒三角形，其中 4 件制作极为粗率。目前这些玉玦除 2 件仍属私人收藏外，其余均已捐赠台湾史前文化博物馆②。

1998 年至 1999 年间，刘益昌和郭素秋在芝山岩遗址进行发掘时，在探坑中又发现了 3 件人兽形玉玦，其中 2 件人像头部残损，上身分别为椭方倒梯形和倒三角形，另 1 件则仅存人像断臂（图一一左上）。③

（五）屏东裘拉遗址

屏东裘拉遗址出土了 2 件双人式人兽形玉玦，通高分别为 6.82、7.07 厘米，厚度分别为 0.27、0.3 厘米，尺寸和卑南式人兽形玉玦接近。此两器系陈维钧在裘拉遗址北叶文化层采集所得④。有学者

① 宋文薰、连照美：《台湾史前时代人兽形玉玦耳饰》，《考古人类学刊》第 44 期，1984 年，第 151 ~ 159 页。黄士强：《台北芝山岩遗址发掘报告》，台北市文献委员会，1984 年，第 6 页、图版叁 1 上左。

② 宋文薰、连照美：《台湾史前时代人兽形玉玦耳饰》，《考古人类学刊》第 44 期，1984 年，第 155 ~ 160 页。邓淑苹：《院藏卑南古玉解读》，《故宫文物月刊》第 22 卷第 5 期，总号 257，2004 年 8 月，第 17 页图 S、第 21 页注 52。

③ 刘益昌、郭素秋：《台北市考古遗址调查与研究》，台北市政府民政局委托，2000 年，第 40 ~ 45、110 ~ 111 页，图版 14。

④ 杜正胜主编：《来自碧落与黄泉》，“中研院”历史语言研究所，1998 年，第 138 页图 111、第 171 页。屏东裘拉遗址数据见台湾大百科全书，http：//taiwanpedia. culture. tw/web/content？ID = 15088，2010. 07. 25 点阅。

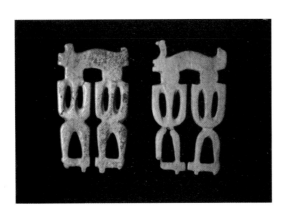

图一二　屏东裘拉遗址出土的 1 号（左）
和 2 号（右）人兽形玉玦
（《来自碧落与黄泉》图111）

曾经主张北叶文化是从卑南文化演变而来，与卑南文化在台东的后继者三和文化之间关系密切①。

两件玉玦之人像正面站立，双手合于腰际，双腿分开站立于横板之上，头顶与一兽相接。其中 1 号人兽形玉玦的兽耳和兽尾均作小方凸状，尾端似有断痕；人像头围大于 1/2 肩宽，上身大致呈椭方倒梯形，颇具卑南式人像之余韵。唯此器人头方阔，头顶与兽身区分不明，肩线平直，肩角明显，躯干与两臂间以斜刃磨出宽阔的梭形镂孔，且双腿比例较短，双腿间的三角形镂孔的三角略尖、边缘稍薄，膝部既无横向短线，底板下又各有 2 个凸纽，凡此种种表现均与卑南式人像有别，而与港口出土上身为倒三角形的人像相近，明显具有介于两者之间的过渡型特质（图一二左）。2 号人兽形玉玦兽角高耸，端部似有断痕，人像上身呈两腰弧曲的倒三角形，腰部和双腿比较细瘦，镂孔工艺则与前器相同，整体表现更接近港口上身为倒三角形的人像（图一二右）。

由于这两件人兽形玉玦无论就整体尺寸或局部外形均与卑南文化所见者相近，推测年代约相当于卑南文化第三期或略晚。

（六）台南科学园区三宝埤遗址

三宝埤遗址位于台南科学园区牛屎港旧河道右岸，包含茑松文化、大湖文化乌山头类型以及大湖文化大湖类型三个文化层。2014 年在该遗址 K12 探方 T4P0 探坑 a 小区乌山头类型（约距今 2500 年）的一般生活面上，发现了一件双人式人兽形玉玦的半边残器（图一三）。该器高 8.1、厚 0.32 厘米，尺寸和镂孔工艺与卑南遗址所见者相近，然底板下方各有 2 个凸纽，器面和器形轮廓均不甚平整，制作甚为粗略，多处似留有未完工痕迹②。

（七）新北市十三行遗址

十三行遗址位于新北八里淡水河口交界处南岸，年代约为距今 1800～500 年，出土遗物丰富，包括陶器、石器、金属器（青铜器、铁器）、金银器、珠饰、玻璃器、玉器、骨角器等，其中 1989～1991 年出于文化层中的人兽形玉玦相当引人注目③。该器高约 3.8、厚 0.9 厘米，系一件双人式人兽形玦残断的半边（图一四），人像外形与裘拉所见者颇为类似，亦具有过渡型特质，但尺寸明显较小，应是来自其他新石器时代文化之遗物。

① 转引自刘克竑：《北叶 I 遗址考古试掘》，https://www.facebook.com/notes/% E5% 8A% 89% E5% 85% 8B% E7% AB% 91/% E5% 8C% 97% E8% 91% 89i% E9% 81% BA% E5% 9D% 80% E8% 80% 83% E5% 8F% A4% E8% A9% A6% E6% 8E% 98/ 1488173577911681/，2017.07.11 点阅。

② 《国宝级人兽形玉玦三宝埤遗址出土》，http://www.epochtimes.com.tw/n97103/% E5% 9C% 8B% E5% AF% B6% E7% B4% 9A% E4% BA% BA% E7% 8D% 9B% E5% BD% A2% E7% 8E% 89% E7% 8E% A6 – % E4% B8% 89% E5% AF% B6% E5% 9F% A4% E9% 81% BA% E5% 9D% 80% E5% 87% BA% E5% 9C% 9F.html，2014.07.09 点阅。《人兽形玉器》，史前馆官方网站 http://nmp-nanke.blogspot.com/2015/12/blog – post.html。陈俊男：《南科园区三宝埤遗址出土类人兽形玉器报告》（未刊稿，作者提供）。

③ 臧振华、刘益昌：《十三行遗址抢救与初步研究》，台北县政府文化局，2001 年，第 93 页。

图一三　台南科学园区三宝埤遗址出土的
人兽形玉玦

(http://nmpnanke.blogspot.com/2015/12/blog-post.html)

图一四　新北市十三行遗址出土的
人兽形玉玦

(《十三行遗址抢救与初步研究》第93页)

二　人兽形玉玦的类型发展与设计原型

这些台湾各地遗址出土形式多样、尺寸不一的人兽形玉玦究竟具有何种发展关系? 人像头顶一兽像的设计原型为何? 这些形象又反映了什么样的生活景象和文化内涵?

迄今有关人兽形玉器的功能、发展源流和设计原型已有数位学者进行论述, 其中最早也最全面的研究首推宋文薰和连照美于1984年发表的《台湾史前时代人兽形玉玦耳饰》一文[1]。宋、连二氏为卑南遗址发掘工作主持人, 在芝山岩和卑南遗址人兽形玉玦发现数年后, 即着手收集和整理两处遗址发现的13件人兽形玉玦样本, 除了针对各器之材质、尺寸、外形和来源等进行详细描述, 也出版它们的彩图和线图, 为后续的研究者提供了极大的便利性。

在观察前述13件样本后, 他们主张人兽形玉玦应是墓主耳饰, 其中人的形象可能代表祖先, 芝山岩出土具有多枝分岔的角状突起的兽头应属公鹿, 具有形如火柴棒头的不分岔小突起者 (CSY: I) 应为猪, 而卑南 (PN: A) 标本上的完整兽像, 则可能是猫科动物。此外, 芝山岩出土的2件外形轮廓较不明朗的人兽形玦 (CSY: B、CSY: C) 应是写实的人兽形玦与一般常见的环璧形玦的"中间型" (图一五), 又因芝山岩和卑南出土的人兽形玉玦无论就质料、形制、大小等几乎完全一样, 显非两地独立创作所得, 其中东部卑南文化可能兼具制作和使用者的角色, 而北部的圆山文化则可能是消费者[2]。

前述有关人兽形玉玦源于台湾东部之说, 迄今已普遍获得学界共识[3], 至于人兽形玉玦的功能、类型区分、形制脉络和设计原型则仍存在不同的观点。

例如, 古方认同人兽形玉器上的动物图像分别代表鹿、猪和猫科动物, 但他指出在人的头顶横置

---

[1]　宋文薰、连照美:《台湾史前时代人兽形玉玦耳饰》,《考古人类学刊》第44期, 1984年, 第148~169页。

[2]　宋文薰、连照美:《台湾史前时代人兽形玉玦耳饰》,《考古人类学刊》第44期, 1984年, 第163~165页。

[3]　何传坤:《台湾考古志: 台湾新石器时代遗址中发现人兽形玉器》, http://web2.nmns.edu.tw/PubLib/NewsLetter/88/144/04.htm, 2017.06.20点阅。黄翠梅、叶贵玉:《从玉石到玉器——环太平洋地区玉文化之起源与传布》, 刘国祥、陈启贤主编《玉文化论丛 (四)》, 台北众志美术出版社, 2011年, 第217~218页。

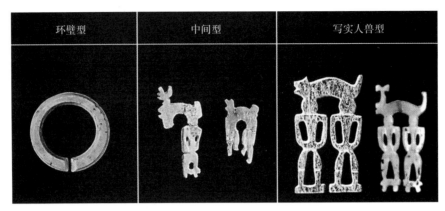

图一五　宋、连二氏之环璧形玉玦与人兽形玉玦发展关系图

一只动物的形象在云南、广西等地岩画中均有发现，因此台湾的史前人兽形玉器的造型题材应是受到南方古越人岩画的影响。此外，这些人兽形玉玦和环形玉玦既不具有嬗变关系，也非佩戴在死者的耳朵上的饰品，而是被镶嵌在木器或骨器上俾便固定膜拜或持举、带有宗教意义的玉质神器，也就是当时越人崇拜的图腾标志①。

　　另有多位台湾考古学者也曾分别针对人兽形玉玦的类型发展、图像原型或象征各抒己见。刘益昌曾将人兽形玦区分为单人式与双人式两类，其中双人式又依人头顶上的动物外形之别，分为似猫科动物的甲类和似鹿科动物的乙类②。叶美珍将人兽形玉玦区分为修整程度较低的体薄和修整程度较高的体厚两种类型，其中体薄者腋下孔为杏仁形，体厚者腋下孔为椭圆形，两者在石梯坪和港口一带交会，流行年代大约距今 2800 ~ 2300 年间③。此外，她认为人兽形玉玦上的兽形可能代表部族起源的祖灵动物，其原型除了猫科动物外，也不排除犬科的可能④。何传坤则进一步主张横卧在人头上形似猫科的动物外形颇为巨大强壮，或与作为台湾少数民族图腾象征的云豹有关，因此"人兽形玉器"很可能是台湾史前先民的图腾雕像⑤。

　　过去笔者也曾排比台湾各地出土人兽形玦之形制，推测其起源地为台湾东部的卑南遗址，然后逐步向北、向南传播，并且指出卑南出土的人兽形玉玦外形大而厚实，人兽各部位的结构明确，比例关系也比较合理，而后随着时代的发展和分布范围的扩大，人兽形玉玦器身尺寸缩小、器形轮廓越趋僵硬锐利，整体风格表现也愈益规制化⑥。下文即是在前文的基础之上，针对台湾各地出土并有图版发表的 39 件人兽形玉玦进行更细致的类型分析，除了检视各类型的图像特征、设计原型和发展脉络外，亦将探讨相关图像在台湾史前社会所蕴含的文化意涵。

---

① 古方：《台湾史前时代人兽形玉器的用途和宗教意义》，《考古》1996 年第 4 期，第 77 ~ 81 页。
② 刘益昌：《台湾大百科全书——人兽形玉玦》，2009 年 9 月 24 日，http：//nrch. culture. tw/twpedia. aspx？id = 1176，2017. 06. 20 点阅。
③ 叶美珍：《台湾东海岸出土兽形玉饰初步研究》，《2009 南岛国际学术研讨会论文集》，台湾史前文化博物馆，2010 年，第 165 ~ 184 页。
④ 叶美珍：《馆藏十件文物小故事：人兽形玉玦、有槽石棒与德氏水牛化石》，史前馆电子报第 275 期，2014 年 5 月 15 日，http：//beta. nmp. gov. tw/enews/no275/page_ 03. html，2017. 05. 20 点阅。
⑤ 何传坤：《台湾考古志：台湾新石器时代遗址中发现人兽形玉器》，http：//web2. nmns. edu. tw/PubLib/NewsLetter/88/144/04. htm，2017. 06. 20 点阅。
⑥ 黄翠梅、叶贵玉：《从玉石到玉器——环太平洋地区玉文化之起源与传布》，刘国祥、陈启贤主编《玉文化论丛（四）》，台北众志美术出版社，2011 年，第 217 ~ 218 页。

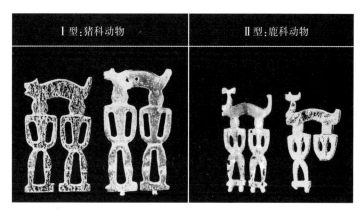

图一六   人兽形玉玦的两种类型

经仔细排比台湾各地出土的人兽形玉玦后可以发现，它们的整体构图虽然颇为相近，然而无论就人像和兽像之造型轮廓或工艺表现均可见明显的差异，因此笔者认为这些人兽形玉玦可以被大致区分为Ⅰ型（猪科动物型）和Ⅱ型（鹿科动物型）（图一六）。此两型玉玦虽然兽像的设计原型各自不同，就形式逻辑而言，彼此之间仍可能具有前后相继的发展关系：

Ⅰ型（猪科动物型）人兽形玉玦尺寸一般较大，通高多数在6厘米以上，厚度介于0.25～0.45厘米之间。人像头部宽阔，头围大于或等于1/2肩宽，肩部微曲，肩角圆缓；上身呈椭方倒梯形，躯干与两臂间为椭长方形镂孔；双腿比例细长，膝关节微凹并有横向刻痕；足踏底板，板下平整或凸出一纽，双腿间的镂孔呈委角三角形；镂孔方式都是先以圆管在镂空部位两端钻出圆孔，再以片刃切锯连通，最后将边缘修磨圆整。兽像身长大致等于人像肩宽，昂首、拱背、身躯宽厚、短耳尖出、尾端上翘，推测其原型为猪科动物。

整体而言，此型玉玦的人像和兽像各部位大小比例相对合理，结构关系明确，全器大致呈上下宽度一致的长方形，器形设计较具稳定感。属于此型的人兽形玉玦分别见于台东卑南（4件）、花莲石梯坪（1件）、港口（2件）、宜兰丸山（1件）以及芝山岩（3件）。至于三宝坪、裘拉（1号）和十三行出土的人兽形玉玦则因兼具Ⅰ型和Ⅱ型的某些特质，推测是从Ⅰ型向Ⅱ型发展的过渡性样式（图一七）。

Ⅱ型（鹿科动物型）人兽形玉玦尺寸则明显偏小，通高均在6厘米以下，多数高度介于3～5厘米之间，厚度一般介于0.1～0.26厘米之间。人像头部比例略小，头围小于或等于1/2肩宽，肩部平直，肩角明显；上身呈倒三角形，双臂与躯干间以斜刀技法碾琢出两端尖出的梭形镂孔；双腿比例较短，膝部无短线区隔；足踏底板，板下凸出两组，双腿间的镂孔呈尖角三角形；镂孔方式都是以片刃自一侧器面斜向磨锯贯通而成，故周缘均略呈薄刃状。兽像身长略大于人像肩宽，兽的头部平伸、拱背、身躯稍细、兽角高耸、角端有叉、长尾上举，推测其原型为鹿科动物。

整体而言，此型玉玦的人兽形象局部线条简化，各部位大小比例差距扩大，结构较不明确，全器略呈上宽下窄的倒长方梯形，器形设计较不具稳定感。而随着时间发展，其外形似乎越趋简化，碾琢工艺也愈加粗率。属于此型的人兽形玉玦分别见于屏东裘拉（2号）、花莲港口（2件）、大坑（1件）、宜兰丸山（至少8件）以及芝山岩（8件）等遗址。此外，依据各器间的形式发展逻辑与工艺之精粗表现，可以再将之区分为前后相继的三组（图一八，由左至右），其中又以裘拉2号器的人像身形及工艺表现和Ⅰ型最为接近，推测其出现时间略早。

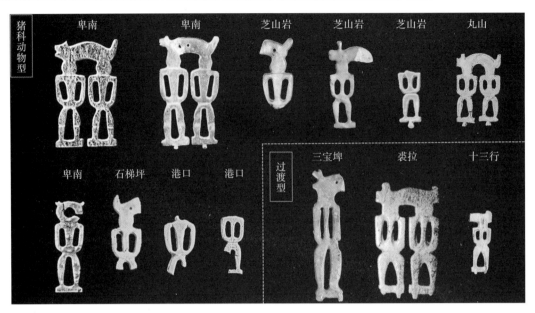

图一七　Ⅰ型人兽形玉玦的发展

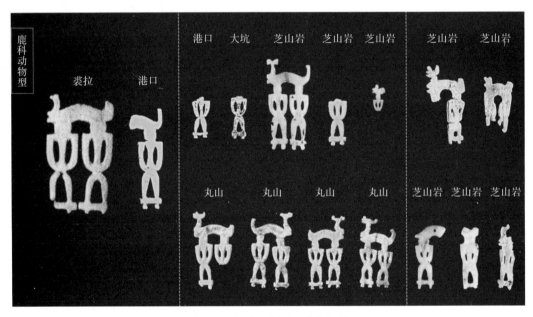

图一八　Ⅱ型人兽形玉玦的发展

　　由于狩猎生活遗存在台湾新石器时代遗址屡见不鲜，笔者认为，这种在人头顶上横置一猪或一鹿的装饰设计，应是以身扛猎物载誉凯归的部落勇士形象为原型，而此种装饰着象征丰庆和善猎形象的人兽形耳饰，则是用以彰显佩戴者的个人权威和社会地位。此外，由于具备资格佩戴人兽形耳饰的人很可能仅限于该文化中极少数的部落首领或其家族成员，因此出土例证相当稀少。

　　卑南遗址第11至13次发掘时，曾在卑南文化时期日常生活层堆积中发现少数动物遗骸，包括牙齿、下颌骨、肢骨、鱼脊椎骨及鹿角等部位的残骸，经鉴定其中有鹿、猪、鱼等①。另外在出土兽骨

① 连照美、宋文熏：《卑南遗址发掘1986～1989》，台湾大学出版中心，2006年，第152页。

图一九　《番社采风图》中台湾少数民族猎鹿场景
（《景印解说番社采风图》第 7 页）

图二〇　《番社采风图》中台湾少数民族猎鹿凯旋场景
（《景印解说番社采风图》第 12 页）

遗存的文化层中也曾采集到 10 件陶偶标本，其中部分外形似猪①。因此，何传坤曾经推测卑南文化人在海边和溪中捕鱼，狩猎的猎场很可能遍及附近山区和台东三角洲平原，而野猪和野鹿则是他们的主要猎物②。此外，在芝山岩遗址圆山文化层之下的芝山岩文化层（距今约 3500 年）中也曾出土大量动物骨骼，其中鹿骨占 59.3% 数量最多，猪骨占 35.2% 居次③，显示猎鹿和猎猪是台湾新石器时代先民相当重要的生业内容。

即便进入历史时期以后，狩猎仍是台湾少数民族日常生活中极具代表性的活动项目，因此清代出版品中也可以见到对其狩猎场景的描绘。例如，大约完成于康熙三十八至四十三年（1699～1704 年）的单幅彩绘卷轴台湾全图"康熙台湾舆图"上有多

图二一　屏东县牡丹乡祖灵像浮雕灵屋扉板
（《天理大学附属天理参考馆所藏台湾"原住民"の生活用具》图5）

幅台湾少数民族的猎鹿场景和猎猪后凯旋的图像④。另外，目前收藏于台湾"中研院"历史语言研究所傅斯年图书馆，乾隆年间六十七（号居鲁，满洲镶红旗人）巡视台湾期间（1744～1747 年）命工绘制的墨书彩绘本少数民族风俗图《番社采风图》上也可以见到台湾少数民族的猎鹿图像（图一九、二〇）⑤。

---

① 连照美、宋文薰：《卑南遗址发掘 1986～1989》，台湾大学出版中心，2006 年，第 145～146 页。
② 台湾世界遗产讲座《从都兰山顶到山脚都是文化现场，扩大卑南遗址建立保存新模式》，http：//old. ltn. com. tw/2003/new/apr/21/life/art－1. htm，2018. 05. 22 点阅。
③ 黄士强：《台北芝山岩遗址发掘报告》，台北市文献委员会，1984 年，第 56 页。
④ "康熙台湾舆图"，http：//formosa. ntm. gov. tw/maps/page01. html，2018. 05. 25 点阅。
⑤ 此图裱帧封面原题"台番图说"，经杜正胜先生考证定名为"番社采风图"。史语所所藏此帖共收有风俗图十七幅，颇可推考台湾历史初期平埔族之社会面貌与文化特征。参见杜正胜编纂《景印解说番社采风图》，"中研院"历史语言研究所，1998 年，第 4、7、12 页。

图二二　屏东县来义乡来义村木雕板
（"中研院"民族研究所博物馆藏；张双凤绘制）

图二三　台东达仁乡土坂村陈春和猎猪人像雕刻
（笔者1998年田野调查拍摄资料）

图二四　台东达仁乡土坂村陈春和猎猪人像雕刻线图
（张双凤据笔者1998年田野调查资料绘制）

　　时至今日，狩猎仍是台湾少数民族传统成年礼仪和部落年度祭典中非常重要的文化活动之一①，因此，与狩猎活动相关的内容一直是少数民族雕刻上常见的表现主题（图二一、二二），其中也包括部落勇士身扛猪、鹿等猎物凯旋的景象（图二三、二四）②。由此可知，狩猎图像既是台湾本地艺术极具代表性的题材，也是台湾史前先民和历史时期少数民族生活内容和文化传统的忠实纪录，其艺术表现独树一帜，历史发展源远流长，而人兽形玉玦更是其中年代最早也最具独特性的类型。

　　① 刘还月编著：《台湾"原住民"祭典完全导览》，台北市常民文化出版社，2001年；https：//www.apc.gov.tw/portal/docList.html？CID＝E6CD8B3830879023&type＝1EE2C9E1BA3440B2D0636733C6861689，2018.05.22点阅。
　　② 天理大学、天理教道友社：《天理大学附属天理参考馆所藏台湾"原住民"の生活用具》，奈良，1993年。

吉林东部长白山地区的细石叶技术、
年代及相关问题

徐 廷

（吉林省文物考古研究所）

我国东北地区地形多样，自然资源丰富，是古人类生存繁衍、狩猎采集的重要活动区域。大兴安岭、长白山形成的半环形山地结构环抱松辽平原，孕育黑龙江、松花江、嫩江、图们江、鸭绿江等众多水系。20 世纪 30 年代，一批重要遗址的发现揭开了中国东北地区旧石器时代考古学研究的序幕。进入 20 世纪 90 年代以来，延边珲春北山①、和龙柳洞②、抚松新屯子西山③、和龙石人沟④等 20 余处以黑曜岩为主要原料的考古遗址相继被发现，为进一步认识东北亚地区旧石器时代晚期人类文化提供了丰富的材料（表一）。

表一　吉林东部长白山地区目前发现的部分含石叶与细石叶技术遗址

遗 址	遗物特点	河 流	备 注	遗 址	遗物特点	河 流	备 注
和龙大洞	细石叶、石叶	图们江、红旗河	发掘、测年	和龙石人沟	细石叶	红旗河	试掘
和龙柳洞	细石叶	柳洞河	试掘	和龙西沟	细石叶	海兰江	
和龙青头	细石叶	海兰江		和龙牛心村	细石叶	海兰江	
和龙二水坪	细石叶	红旗河		和龙广兴	细石叶	图们江	
抚松新屯子西山	石叶、细石叶	头道松花江	试掘	抚松枫林	石叶、细石叶	头道松花江	发掘、测年
抚松木屋村后山	细石叶	头道松花江	试掘	珲春北山	细石叶	图们江	
安图沙金沟	细石叶	图们江		汪清东新	细石叶	嘎呀河	
汪清新兴	石叶	嘎呀河		汪清创业	细石叶	绥芬河	
汪清上河	细石叶	绥芬河		敦化西黄泥河	细石叶	牡丹江	

① 陈全家、张乐：《吉林延边珲春北山发现的旧石器》，《人类学学报》2004 年第 23（2）卷，第 138～145 页。
② 陈全家、赵海龙、霍东峰：《和龙市柳洞旧石器地点发现的石制品研究》，《华夏考古》2005 年第 3 期，第 51～59 页。
③ 陈全家、赵海龙、王春雪：《抚松新屯西山旧石器古营地遗址试掘报告》，《人类学学报》2009 年第 2 期，第 147～153 页。
④ 王春雪、陈全家：《试析吉林和龙石人沟旧石器时代晚期遗址古人类的技术与行为》，《边疆考古研究》第 6 辑，科学出版社，2007 年，第 39～55 页。

　　长白山地区丰富的细石叶文化遗存一直受到国内外旧石器考古学者的关注[①]，自其发现以来，就不断有学者对长白山地区细石叶技术与文化特点、时代、人类行为以及适应生存方式等相关课题进行讨论。王春雪等认为东北地区细石叶工业自旧石器时代晚期开始出现，很可能是从小石器工业传统中派生出来的一种新的"变体类型"，但是这种"变体类型"并没有完全取代原有的小石器工业传统，而是与其并行发展[②]。李有骞等发现，在旧石器时代，人类对长白山地黑曜岩的开发利用存在一定的规律，主要体现在对黑曜岩原料的获取模式、剥片技术模式和工具修理模式三个方面[③]。刘扬等通过对吉林东部含细石器遗存的初步研究，把该地区的含细石器遗存分为以细石器为主体、以小石器为主体和以大石器为主体的三种类型，并初步认为该地区的细石器工艺来源于华北地区[④]。

　　这些发现与研究成果使东北地区特别是吉林东部长白山地区细石叶工艺的面貌不断清晰，也为认识晚更新世末期人类在长白山地区的活动历史与行为特点奠定了坚实的基础。但是，由于长白山地区多数旧石器遗址或地点缺乏系统的发掘和科学的测年工作，整理工作也略显滞后，相关讨论的论据尚不够坚实。随着近年来和龙大洞、抚松枫林等遗址新材料的发现与系统发掘，为我们探讨上述课题提供了新契机。本文拟简要介绍吉林东部长白山地区已发现的主要细石叶遗存，并进一步探讨吉林东部长白山地区的细石叶技术、年代及相关问题。

一　图们江流域相关遗址的发现

　　图们江自长白山天池发育后自西向东流淌，中途有红旗河、海兰江、嘎呀河、珲春河等支流汇入，最终进入日本海。目前在该流域发现的旧石器时代遗址主要有和龙市境内的大洞遗址、石人沟遗址、青头遗址、柳洞遗址、牛心村遗址、二水坪遗址、广兴遗址，安图县境内的沙金沟遗址，珲春市境内的北山遗址和汪清县境内的新兴遗址第1地点、东新遗址第1地点等。

　　2007年9月，由吉林省文物考古研究所、吉林大学边疆考古研究中心与和龙市博物馆组成联合考古队，在寻找黑曜石产源为目的的考古调查中，在和龙市红旗河汇入图们江的河口区域的三级阶地，沿红旗河右岸和图们江左岸的狭长地带，发现了大洞遗址[⑤]。遗址所在区域高出图们江河面约50米，隶属于和龙市崇善镇大洞村，地理坐标为东经128°57′30.2″、北纬42°05′37.9″。根据地表遗物的分布情况，遗址东西约2000、南北约500米，面积超过100万平方米。同月，联合考古队对其进行了试掘，试掘面积49平方米，出土了大量的石器。2010年6月，再次调查和发掘，发掘面积50平方米。2017年11月，在遗址西侧再次进行了试掘，试掘面积16平方米。

　　大洞遗址的堆积属于典型的阶地堆积，一般厚在2米左右，可以清楚地划分出7层。

　　第①层：厚5～10厘米，深褐色表土层，疏松，富含腐殖质，含有磨圆良好的小砾石，石制品丰富。

①　Peter Weiming Jia, Trudy Doelman, Chuanjia Chen, Hailong Zhao, Sam Lin, Robin Torrence, Michael D. Glascock：Moving sources：A preliminary study of volcanic glass artifact distributions in northeast China using PXRF, *Journal of Archaeology Science*, Volume 37, Issue 7, 2010.

②　王春雪、陈全家、赵海龙、方启：《吉林东部地区旧石器时代晚期细石叶工业技术分析》，《边疆考古研究》第8辑，科学出版社，2009年，第1～13页。

③　李有骞、陈全家：《长白山地黑曜岩旧石器的技术模式研究》，《东北史地》2014年第5期，第3～6页。

④　刘扬、陈全家、侯亚梅：《吉林东部含细石器遗存的初步研究》，《第四纪研究》2008年第6期，第1042～1049页。

⑤　李霞：《和龙崇善大洞旧石器遗址（07年）发掘的石器研究》，吉林大学硕士学位论文，2008年。

第②层：厚 2～5 厘米，褐色火山灰土，夹杂沙拉，非常疏松。

第③层：厚 15～20 厘米，浅灰色亚黏土，坚硬，可见深入下层的冰楔，该层在发掘区内分布不均匀，石制品比较丰富。

第④层：厚 50～65 厘米，黑色黏土层，致密，呈块状结构，含小砾石，被上层的冰楔打破，下界呈波浪状，石制品丰富。

第⑤层：厚 20～30 厘米，黄色黏土层，厚重，呈块状结构，主要见于第④层的凹处，存在卷起现象，下界平坦，含少量石制品。

第⑥层：厚 60～70 厘米，黄色沙层，疏松，含少量黑曜岩小砾石，未见石制品。

第⑦层：砾石层，含沙和大块的玄武岩角砾，间杂小块黑曜岩类砾石，未见底。

大洞遗址所发现的石制品数量十分巨大，目前已发现的材料包括 2007 年、2010 年、2017 年调查和试掘获取的石制品数量超过 3 万件①。

石制品原料以黑曜岩为主，极少数为火山碎屑岩、凝灰岩等其他火成岩材质。

大洞遗址的石制品组合十分丰富，包括石锤、石砧、黑曜岩砾石等用于剥片与加工石制品的工具与原料，也包括普通石核、细石叶石核、石叶、细石叶、完整石片、不完整石片、断块、碎屑等剥片产品，还包括边刮器、端刮器、雕刻器、尖状器、锯齿刃器、凹缺器等各种经过加工的工具（图一）。初步判断大洞遗址属于以石叶、细石叶技术为代表的工业类型。

东新遗址第 1 地点位于嘎呀河上游西侧二级阶地，调查过程中采集到石制品近百件，石制品原料种类丰富，多为优质原料，包括燧石、玛瑙、角岩、石英、黑曜石等，黑曜石已不再是主要的原料来源。石制品具有吉林东部旧石器时代晚期细石叶技术的普遍特点，发现的其中一件带柄两面加工石器，

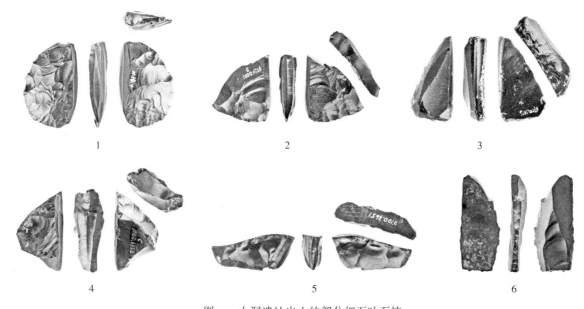

1　　　　　　2　　　　　　3

4　　　　　　5　　　　　　6

图一　大洞遗址出土的部分细石叶石核

---

① 李万博、陈全家、方启、赵海龙：《延边和龙大洞旧石器遗址（2007）试掘简报》，《边疆考古研究》2016 年第 2 期，第 1～11 页。万晨晨、陈全家、方启、王春雪、赵海龙、李有骞：《吉林和龙大洞遗址的调查与研究》，《考古学报》2017 年第 1 期，第 1～24 页。

以燧石为原料，通体对称压剥成型，外形规整，其特征与北美地区旧石器时代晚期的石器加工技术十分相似。

二　松花江流域的发现

松花江在长白山地区的源头分为头道松花江、二道松花江和牡丹江，其中头道松花江发源于长白山西坡，主要支流有锦江、漫江、松江河、汤河等；二道松花江发源于长白山北坡，主要支流有二道白河、黄泥河等；牡丹江发源于长白山脉白头山之北的牡丹岭，在黑龙江依兰县附近汇入松花江。目前在该流域发现的遗址有抚松县的枫林遗址、新屯子西山遗址、木屋村后山遗址和敦化市的西黄泥河遗址。

枫林遗址位于吉林省抚松县漫江镇枫林村，东距长白山天池约43千米，东北距头道松花江1千米，地理坐标为东经127°31′57.4″、北纬41°57′58.1″，海拔约900米。2016年6月，为配合漫江镇生态文化旅游综合开发项目建设，吉林省文物考古研究所考古人员对施工区域进行了考古调查，采集石制品40余件，类型包括石片、细石叶及各类工具，据此确定该遗址为一处旧石器时代晚期遗址。由于遗址位于漫江镇枫林村枫林岗，故将该遗址命名为"枫林遗址"①。

2016年8月，吉林省文物考古研究所、中国科学院古脊椎动物与古人类研究所和抚松县文物管理所组成联合考古队，对枫林遗址进行了抢救性发掘。发掘面积共计230平方米，分东、西两区。

西区为主发掘区，发掘面积160平方米。地层共计6层：

第①层，距地表深0～30厘米，耕土层，灰黑色黏土质粉砂，含少量棱角状玄武岩角砾及风化程度较高的玄武岩碎屑，与下覆地层为平行不整合接触。

第②层，距地表深30～60厘米，浅黄褐色黏土质粉砂层，质地致密，可见少量细小竖向的灰褐色黏土条带，向下渐变过渡。

第③A层，距地表深60～130厘米，浅红褐色黏土质粉砂层，质地相对疏松，呈棱块状结构，发育水平层状节理，其中夹杂少量风化严重的玄武岩碎屑，向下渐变过渡。

第③B层，距地表深130～200厘米，蓝灰色粉砂质黏土层。

第④层，距地表深230～330厘米，深褐色粉砂质黏土层。

第⑤层，距地表深330～340厘米，褐色砾石层，砾石粒径集中在2～9厘米，最大达20厘米，多为次棱角—次圆状，向东地层逐渐倾伏并减薄。

第⑥层，距地表深340～380厘米，（未见底）红褐色含砾砂层，砾石粒径为0.1～5厘米，多呈棱角—次棱角状，成分皆为玄武岩，表面风化严重。

出土石制品307件，石制品原料以黑曜岩为主，偶见凝灰岩、燧石、榴辉岩等，石器类型包括完整石片、不完整石片、细石叶、石叶、细石叶石核、雕刻器、刮削器以及大量残片（图二）。

东区包括东山坡发掘区以及三处探沟，发掘面积70平方米。地层堆积与主发掘区相比较浅，由上至下分别为灰黑色黏土质粉砂层、褐色粉砂层以及砾石层。出土石制品354件，原料仍以黑曜岩为主，

① 徐廷：《吉林抚松发现枫林旧石器遗址》，《中国文物报》2016年10月21日第8版。

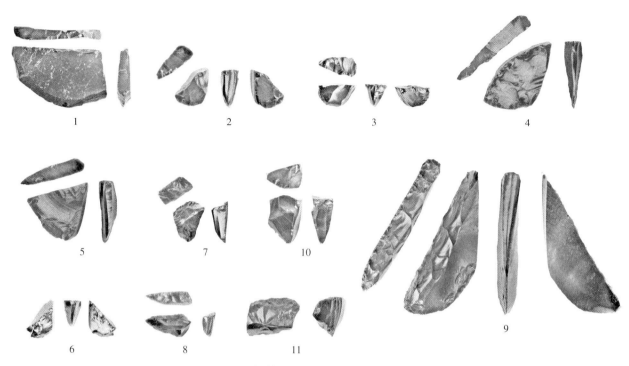

图二　枫林遗址出土的部分细石叶石核

也有一定数量的凝灰岩、榴辉岩、燧石、石英岩等，石器类型包括完整石片、不完整石片、石叶、石叶石核、细石叶、细石叶石核、刮削器、端刮器和尖状器等，石制品尺寸变化较大，既有大型端刮器、砍砸器，也有小型的细石叶、细石核等。

经初步整理、统计，枫林遗址 2016 年发掘和采集各类石制品约 2000 件，其中丰富的细石叶工艺产品以及大型石叶石核的发现，显示出枫林遗址为一处以细石叶技术为主、兼有石叶技术的旧石器时代晚期旷野遗址。

抚松新屯子西山遗址位于抚松县新屯子镇的

图三　新屯子西山遗址出土的石叶石核

西山上。东距新屯子镇约 2.5 千米，西距万良参场约 3 千米，北距大黄泥河约 2 千米。大黄泥河在遗址附近向东北流入二道松花江。2002 年，吉林大学边疆考古研究中心、吉林省文物考古研究所、抚松县文物管理所对该遗址进行发掘，发掘面积 70 平方米，出土石叶、石核、石片、细石叶等文物 30 件。黄色亚黏土层中发现了一处用石块围成的椭圆形居住址。石制品原料均为黑曜岩，类型主要有石叶石核、石叶和锤击石片。该遗址中出土的 17.4 千克黑曜石石叶石核和所剥离的石叶疤痕长达 32.2、宽 4.4 厘米，属国内同类器物之最（图三）①。

---

①　陈全家、赵海龙、王春雪：《抚松新屯西山旧石器古营地遗址试掘报告》，《人类学学报》2009 年第 2 期，第 147～153 页。

三　绥芬河流域和鸭绿江流域的新线索

绥芬河发源于吉林省汪清县境内长白山余脉老爷岭，自南向北主要流经吉林省汪清县的复兴镇和罗子沟镇。2018 年春，吉林省文物考古研究所联合吉林大学边疆考古研究中心在罗子沟镇发现了一批以细石器为主的遗址，其中上河遗址，创业遗址第 I 、II 地点，下河遗址第 I 、II 地点和绥芬遗址第 II 、IV 地点等 7 处应为旧石器时代遗址。

创业遗址第 I 、II 地点，位于罗子沟镇创业村东侧二级阶地上，绥芬河上游西大河的北岸。采集到石制品近 200 件，原料种类包括燧石、石英、玛瑙、黑曜石、硅质泥岩、角岩等。石制品以小型石器为主，细石叶数量较多，器形包括石核、石叶石核、细石叶石核、石片、石叶、细石叶、刮削器、两面器、雕刻器等。

鸭绿江发源于长白山主峰南坡，自东北向西南流淌，最后汇入中国黄海。2018 年，在配合基本建设考古调查过程中，在长白县境内的六道沟镇八里坡遗址采集到部分黑曜石制品，由于尚未开展系统调查，其遗址性质尚不明确。此外，在长白山南麓发现有大量的黑曜石岩矿资源，个体较大，磨蚀程度较低，应为长白山火山喷发的原生产物，通过开展进一步的微量元素对比研究，对长白山地区黑曜岩石制品的原料来源、原料交流具有十分重要的价值。

四　技术与原料特点

旧石器时代晚期，受制于气候的周期性波动与人口压力的持续增加，狩猎采集群体为了维持生计不得不适应高度流动的生存方式，以进一步提升获取自然资源的能力。在此背景下，相关人群制作出更为精细成熟且便于携带的石制品，石器体积趋向于细小化，细石叶技术在东亚地区得到广泛的传播。细石叶技术，以有目的地加工各类细石器为主要特征，类型包括细石叶、细石叶石核、刮削器、雕刻器、两面器等，具有显著的地方特色。这种以细石叶为特色产品的技术模式集中分布于东亚、东北亚、北美西北部等地区，是这些地区更新世末期古人类适应性策略的重要表现，也是狩猎采集经济活动的重要组成部分[①]。

吉林东部长白山地区，西北方向靠近贝加尔湖地区，东南方向面向日本列岛，南部毗邻朝鲜半岛，西南则为华北地区。经过数十年的努力，以吉林省东部延边地区、白山地区为主，环绕长白山山脉共发现数十处旧石器时代晚期遗址。这批遗址年代相近，多处于更新世末期或全新世早期；技术特征类似，多以细石叶技术为主体，部分兼有石叶技术。

关于东亚地区细石核的工艺技法，相关学者对此进行了长期的讨论，以华北地区楔形石核为例，被辨识出的技法包括阳原技法、河套技法、桑干技法、虎头梁技法、下川技法等。其中在吉林东部长白山地区常见的工艺技法包括虎头梁技法和河套技法。

① Loukas Barton, P Jeffrey Brantingham, DuxueJi. Late Pleistocene climate change and Paleolithic cultural evolution in northern China: implications from the Last Glacial Maximum. *Developments in Quaternary Science*, 2007: pp. 105 - 128. Robert G Elston, P Jeffrey Brantingham. Microlithic Technology in Northern Asia: A Risk - Minimizing Strategy of the Late Paleolihic and Early Holocene. *Archeological Papers of the American Anthropological Association*, January 2002, 12: pp. 103 - 116.

虎头梁技法的主要特点是选取材料后使用两面器技术，将核坯加工成"D"形，相当于半个两面器。台面是由一侧向另一侧修出一个倾斜的坡面，边剥取边调整。日本称之为"峠下技法"或"西海技法"。大洞遗址中以虎头梁技法加工的细石叶石核数量丰富，一般表现为石核体细石叶生产剖面呈"D"形，台面在石叶一侧向背面加工而成（图一，2、3）。枫林遗址中目前辨识出使用虎头梁技法加工的细石叶石核3件，其中东山坡地点出土的一件细石叶石核（图二，9）造型规整，剥片面上的细石叶疤痕排列整齐，达到了该类技术的最高水平。与华北地区相区别的是，长白山地区该类细石叶石核的毛坯均为石叶，这与日本"峠下"型细石叶石核更为相近①。

河套技法的主要特点是选材后，先把材料加工成一个小型的两面器，然后纵击几个雪橇形石片以产生一个纵贯全身的台面，在细石叶剥离过程中对台面不做进一步调整。在日本北海道地区也叫涌别技法。根据赵海龙博士通过模拟实验得出的研究结果，大洞遗址中存在大量加工两面器而产生的废片，存在成熟的两面尖状器技术，结合历次遗址调查采集到的以河套技法加工的细石叶石核特点，说明河套技法在和龙大洞遗址中也已经十分成熟（图一，1）。枫林遗址中以河套技法加工的细石叶石核可见8件，是最为显著的技术特点（图二，2~4）②。

除上述两类常见的工艺技法以外，在大洞遗址中还发现有广乡型细石叶石核。广乡型细石叶石核主要是大型石叶纵轴方向作细石叶生产，细石叶长度较长，一般在6~7厘米。这一技术的产生与长白山地区高度发展的石叶技术密切相关③。在枫林遗址和大洞遗址还发现有典型的船底型细石叶石核，这类石核以石片的劈裂面作为台面，石核两侧自台面向下加工，仅在一端剥片。

上述楔形细石核技术代表了长白山地区细石叶工艺的主体面貌，但船底型细石叶石核和雕刻器式的细石叶石核也在该地区时有发现，更新世末期的东北地区，在周期性气候事件的影响下，高度流动的人群对于获取生存资源面临着更大的压力，对于石制品的改造加工必然也会受到环境变化和生存压力等多种因素的制约。在由狩猎采集经济向原始农业经济过渡的关键性进程中，人群间的生存策略、栖居模式、社会组织等均发生着重要的转变。而这其中，枫林遗址狩猎采集人群对于细石核产品的加工与改造体现了古人类生计模式的复杂化趋势，单纯依靠某一种加工技法的现象不复存在，石器工具的制作呈现多种技法共同出现的特征④。

长白山地区旧石器时代对原料利用的最显著特点是对黑曜石资源的开发利用，大洞遗址、枫林遗址、石人沟遗址中黑曜石原料的比例均超过90%甚至更多，有学者甚至建议将该地区发现的以黑曜岩为主的遗址称之为"黑曜岩遗址"⑤。黑曜岩亦称"火山玻璃"，是火山喷发出来的岩浆在地表急剧冷凝条件下形成的一种几乎完全玻璃质构成的岩石，质地硬而脆，具有明显的玻璃光泽和贝壳状断口，物理特性特别适合古人类用来制作石制品。大洞遗址黑曜岩的来源，一部分是附近图们江河滩的砾石，

① 朱之勇、高星：《虎头梁遗址楔形细石核研究》，《人类学学报》2006年第2期，第129~142页。
② ChuntaekSeong, Microblade Technology in Korea and Adjacent Northeast Asia, *Asian Perspectives*: *the Journal of Archaeology for Asia and the Pacific*, 1998, 37（2）: pp. 45-278.
③ 邓聪：《雕刻器情牵万里——长忆王建先生》，待刊。
④ 田川、徐廷、关莹、高星：《吉林抚松枫林遗址细石核研究》，《人类学学报》2017年11月21日，优先出版。
⑤ 王春雪、陈全家：《图们江流域旧石器时代晚期黑曜岩遗存人类的适应生存方式》，《边疆考古研究》2005年第4期，第2~35页。

我们在图们江河谷二级阶地的砾石层以及现代图们江河岸均发现有黑曜岩砾石，在发掘区底部的砾石层中也发现有各种质地的黑曜岩；另一部分可能与长白山天池有关，在长白县境内的长白山南麓发现有大型黑曜石岩块。枫林遗址石制品的个体大小明显要大于大洞遗址，新屯子西山遗址与枫林遗址同处长白山西麓，两处遗址均发现过重量超过 1 千克的黑曜石石叶石核，这两处遗址的原料来源更有可能是直接来源于黑曜石岩矿，而非河流砾石。

五　年代及分布

目前，吉林东部长白山地区经过科学测年的旧石器时代遗址只有大洞遗址和枫林遗址。大洞遗址位于图们江的三级河流阶地之上，该阶地直接披覆在一层玄武岩台地上，该层玄武岩又称南坪玄武岩，它的 K－ar 稀释法年龄为 13.1±0.64 万年，在直接覆盖的砂层中取热发光样本测得的年龄是 9.6±0.7 万年。覆盖在南坪玄武岩之上的砾石层可以与棕黄色的冰碛层（晚更新世早期）和新黄土对比[1]。2010 年文化层中碳十四测年数据为 21350±120BP，而后续的光释光测年结果目前仍未公布。枫林遗址的绝对年代测定包括碳十四数据和光释光数据，其中东山坡发掘区的年代在距今 1.7~1.6 万年之间，西侧主发掘区的年代在距今 2.4~1.8 万年之间。

吉林东部长白山地区具有独特的地理位置，是连接俄罗斯、朝鲜半岛、日本列岛和中国华北地区的重要枢纽，也是旧石器时代晚期细石叶工艺传播、狩猎采集群体迁徙互动的重要区域。该地区发现的细石叶技术具备多种周边地区存在的细石叶工艺技法，体现出古人类在旧石器时代晚期流动性加强、技术水平提高、细石叶工艺扩散、人群互动强化等特征，为探讨东北地区更新世末期古人类生存模式及细石叶工艺的扩散传播提供了新的材料和启示。吉林省在长白山地区旧石器考古工作的不断深入，将构建起连接俄罗斯远东滨海地区、朝鲜半岛、日本列岛的旧石器文化传播走廊，对于探索长白山地区古人类生存适应方式、技术扩散和人群迁徙等问题具有重要意义。

---

① 刘祥、向天元、王锡魁：《长白山地区新生代火山活动分期》，《吉林地质》1989 年第 1 期，第 30~41 页。

再论红山文明

朱乃诚

（中国社会科学院考古研究所）

红山文明问题，是 1986 年苏秉琦先生依据辽西地区牛河梁遗址群发现的红山文化的"坛、庙、冢"等遗存，经过多年的思考而提出来的具有划时代意义的重要课题①。这一课题的提出，引发了中华五千年文明的实证研究，在学术界产生了深远的影响。

30 多年来，与红山文明有关的红山文化考古发现层出不穷，有关的研究硕果累累②，尤其是 2012 年 11 月出版公布了《牛河梁——红山文化遗址发掘报告（1983～2003 年度）》这一探索红山文明的核心资料与研究成果③，为深入探索红山文明及有关问题奠定了基础。近 20 年来，笔者一直关注辽西地区文明起源与文明化进程研究④，探索红山文明的有关问题⑤。本文在以往研究的基础上，对红山文明的年代、红山文明的代表性遗存、红山文明的考古学遗存特点、红山文明形成的基础与动力、红山文明发展阶段的划分、红山文明的发展过程、红山文明的衰落现象、红山文明使用玉器的属性、红山文明社会的基本特征等九个方面做进一步的探索。

一 红山文明的年代

关于红山文明的年代，笔者于 2013 年提出，是在红山文化晚期后段，具体年代大致在公元前 3360～前 2920 年之间，即大致在距今 5300～4900 年前后。这个认识是通过对相关遗存及年代分析之后逐步形成的。

---

① 苏秉琦：《中华文明史的新曙光——就辽西考古新发现访考古学家苏秉琦》，《人民日报》（海外版）1986 年 8 月 4 日；《中华文明的新曙光》，《华人·龙的传人·中国人》，辽宁大学出版社，1994 年。

② 参见辽宁省文物考古研究所：《红山文化考古资料汇编》，2012 年。田广林、刘国祥主编：《红山文化论著粹编》，辽宁师范大学出版社，2015 年。

③ 辽宁省文物考古研究所：《牛河梁——红山文化遗址发掘报告（1983～2003 年度）》，文物出版社，2012 年。

④ 朱乃诚：《辽西地区文明起源研究的历程》，《红山文化研究》，文物出版社，2006 年。

⑤ 朱乃诚：《红山文化兽面玦形玉饰研究》，《考古学报》2008 年第 1 期；《三星他拉玉龙的年代》，《中国文物报》2008 年 2 月 1 日第 7 版；《从兽面玦形玉饰的年代看红山文化与小河沿文化的关系》，《玉魂国魄》，北京燕山出版社，2008 年；《红山文化玉兽面玦形饰的渊源》，《文物》2011 年第 2 期；《辽西地区早期文明的特点及有关问题》，《考古》2013 年第 5 期；《中国早期文明的红山模式》，《红山文化学术研讨会论文集》，辽宁人民出版社，2013 年；《红山文明及其对认识中国文明起源的重要意义》，《中国社会科学院古代文明研究中心通讯》第 30 期，2016 年。

　　学术界最初将红山文明的年代指认为红山文化晚期，大约在距今5500～5000年。那是因为红山文明问题，是基于辽西地区辽宁省喀左东山嘴石砌建筑的祭坛遗址、建平牛河梁"女神庙"遗址和附近积石冢的发现而提出的。当时将这些遗存都作为红山文化后期，或作为红山文化晚期，年代约在距今5500～5000年。

　　如东山嘴红山文化建筑群发掘简报认为：东山嘴石砌建筑基址的时代，应在红山文化晚期阶段前后。而依据东山嘴遗址F4②西侧木炭的碳十四测定数据，石砌建筑基址的碳十四测定年代为4895±70年（树轮校正为5485±110年）①。"女神庙"与积石冢群发掘简报则依据对牛河梁遗址的碳十四测定数据，认为牛河梁红山文化遗存延续了五百年左右，进入了红山文化后期。发掘简报公布的碳十四测年数据有两个。一个数据被认为较早，是"女神庙"的主体建筑址（J1B）的数据，为4975±85年（树轮校正为5580±110年）；另一个数据被认为较晚，是牛河梁第二地点一号积石冢（Z1）封土中的木炭测定数据，为4995±110年（树轮校正为5000±130年）②。后来公布"女神庙"南单室的碳十四测年数据，为4970±80年（树轮校正为5575±110年）③。牛河梁第十六地点的最初发掘简报也认为这里的红山文化遗存相当于红山文化的晚期④。

　　2008年，笔者提出东山嘴石砌建筑基址的年代应晚于公元前3640～前3382年。因为东山嘴遗址的测年标本为东山嘴遗址F4②西侧木炭，数据为4895±70年，经高精度树轮校正，为公元前3640～前3382年（BK82079）⑤，F4发现于石砌建筑基址之下，这个测年数据实际表明的是石砌建筑基址年代的上限。同时还提出牛河梁第二地点一号积石冢封土中的木炭测定数据4995±110年，经高精度树轮校正为公元前3779～前3517年（ZK1355）⑥，而不是如发掘简报所公布的树轮校正为5000±130年⑦。牛河梁第二地点一号积石冢封土中木炭测年数据说明了该积石冢年代的上限，即该积石冢应是在公元前3779～前3517年之后开始形成的。并指出：如果说在牛河梁一带营建积石冢大约是同时兴起的，那么它们应是在公元前3779～前3517年之后开始营建的⑧。

　　在对东山嘴石砌建筑基址年代与牛河梁遗址群积石冢年代认识的基础上，笔者提出红山文明处于红山文化晚期后段⑨，具体年代，可依据牛河梁第二地点一号积石冢M8的木炭样品（ZK1354）的测定数据，为4605±125年，经高精度树轮校正为公元前3360～前2920年⑩。红山文明的年代处于公元前3360～前2920年之间⑪。

① 郭大顺、张克举：《辽宁省喀左东山嘴红山文化建筑群址发掘简报》，《文物》1984年第2期。
② 辽宁省文物考古研究所：《辽宁牛河梁红山文化"女神庙"与积石冢群发掘简报》，《文物》1986年第8期。
③ 孙守道、郭大顺：《牛河梁红山文化女神头像的发现与研究》，《文物》1986年第8期。
④ 李恭笃：《辽宁凌源县三官甸子城子山遗址试掘报告》，《考古》1986年第6期。凌源县三官甸子城子山遗址后来改称为牛河梁第十六地点。
⑤ 中国社会科学院考古研究所：《中国考古学中碳十四年代数据集》，文物出版社，1991年。
⑥ 中国社会科学院考古研究所：《中国考古学中碳十四年代数据集》，文物出版社，1991年。
⑦ 发掘简报将该测定数据4995±110年，树轮校正为5000±130年，可能是5600±130年的笔误，但发掘简报据此将红山文化年代的下限定为距今5000年。
⑧ 朱乃诚：《红山文化兽面玦形玉饰研究》，《考古学报》2008年第1期。
⑨ 朱乃诚：《辽西地区早期文明的特点及有关问题》，《考古》2013年第5期。
⑩ 中国社会科学院考古研究所：《中国考古学中碳十四年代数据集》，文物出版社，1991年。
⑪ 朱乃诚：《中国早期文明的红山模式》，《红山文化学术研讨会论文集》，辽宁人民出版社，2013年。

笔者对红山文明年代框架的这一认识，已经被一些研究者接受①，同时也得到新发现的支持。如2014～2016年发掘的辽宁省朝阳市龙城区半拉山红山文化墓地，揭露的积石冢、祭祀遗迹等遗存具有红山文化晚期后段的特色，而测定的12具人骨的碳十四年代，较早的M60人骨测年数据为4650±30年，校正年代为距今5465～5345年；M4人骨测年数据为4510±30年，校正年代为距今5305～5045年。较晚的M12人骨测年数据为4350±30年，校正年代为距今5030～5020年。显示该墓地使用延续了约300年时间②。正值红山文明时期。

明确红山文明的年代框架，将红山文明限定在红山文化晚期后段，有利于避免将早于红山文明或晚于红山文明的文化遗存混入其中来认识、说明红山文明现象，这样也就有利于准确认识红山文明的内涵以及特色与本质。

二　红山文明的代表性遗存

红山文明的代表性遗存，是认识红山文明的主体内容。2013年笔者依据对已经发掘揭露的红山文化晚期遗存的分析，提出红山文明的代表性遗存，主要见于牛河梁遗址群诸地点的上层积石冢的有关遗存，以及辽宁省喀左东山嘴大型积石冢坛③、阜新胡头沟积石冢④、凌源田家沟多处石棺墓地⑤、内蒙古自治区敖汉旗草帽山积石冢⑥等，还有红山文化分布区南部的河北省平泉县发现的红山文化积石冢遗存⑦，在红山文化分布区北部的西拉木伦河以北的内蒙古自治区巴林右旗那斯台遗址发现的这一阶段的勾云形玉佩、兽面玦形玉饰等遗存⑧。

其中牛河梁遗址群诸地点上层积石冢的有关遗存有十个方面的内容。第一，牛河梁第二地点一号冢N2Z1，包括两座中心墓M25、M26及其南部的23座墓葬：M1～M11、M13～M17、M19～M24、M27。第二，牛河梁第二地点二号冢N2Z2，包括中心大墓M1和其南侧的3座墓葬：M2、M3、M4。第三，牛河梁第二地点三号冢N2Z3。第四，牛河梁第二地点四号冢上层积石冢中的A冢N2Z4A，包括其中的6座墓葬：M2、M3、M10、M11、M14、M16。第五，牛河梁第二地点五号冢N2Z5。第六，牛河梁第二地点六号冢N2Z6。第七，牛河梁第三地点中心墓M7及石匣M1，以及环绕N3M7及石匣N3M1的西至南部的10座墓葬：M2～M6、M8～M12。还有外部沟内出土的陶塑人面像等遗存。第八，

①　如2015年7月完成、2015年11月出版的刘国祥博士论文《红山文化研究》中，也明确了红山文明形成于红山文化晚期后段，距今5300～5000年。见刘国祥：《红山文化研究》，科学出版社，2015年，第736～774页。

②　辽宁省文物考古研究所、朝阳市龙城区博物馆：《辽宁朝阳市半拉山红山文化墓地的发掘》，《考古》2017年第2期；《辽宁朝阳市半拉山红山文化墓地》，《考古》2017年第7期。

③　郭大顺、张克举：《辽宁省喀左县东山嘴红山文化建筑群址发掘简报》，《文物》1984年第11期。

④　方殿春、刘葆华：《辽宁阜新县胡头沟红山文化玉器墓的发现》，《文物》1984年第6期。方殿春、刘晓鸿：《辽宁阜新县胡头沟红山文化积石冢的再一次调查与发掘》，《北方文物》2005年第1期。

⑤　王来柱：《凌源市西梁头红山文化石棺墓地的发掘与研究》，《玉魂国魄——中国古代玉器与传统文化学术讨论会论文集（四）》，浙江古籍出版社，2010年。李新全、王来柱：《凌源市田家沟红山文化墓葬群》，《中国考古学年鉴2010》，文物出版社，2011年。

⑥　王大方、邵国田：《敖汉旗发现红山时代石雕神像》，《中国文物报》2001年8月29日。中国社会科学院考古研究所、内蒙古敖汉旗博物馆：《敖汉旗四家子红山文化积石冢》，《中国考古学年鉴2002》，文物出版社，2003年。

⑦　见辽宁省文物考古研究所：《牛河梁——红山文化遗址发掘报告（1983～2003年度）》，文物出版社，2012年，第480页。郑绍宗：《河北平泉一带发现的石城聚落址——兼论夏家店下层文化的城堡带问题》，《文物春秋》2003年第4期。

⑧　巴林右旗博物馆：《内蒙古巴林右旗那斯台遗址调查》，《考古》1987年第6期。

牛河梁第五地点上层积石冢，包括一号冢 N5Z1 及其大墓 N5Z1M1，二号冢 N5Z2 及其 4 座墓葬：M1 ~ M3、M9，三号冢 N5Z3（祭坛）及其 N5Z3M1 的四个个体的二次葬人骨。第九，牛河梁第十六地点上层积石冢 N16Z1，包括中心大墓 N16M4；次中心大墓 79M2 及其南部的 2 座墓葬：79M1、79M3；叠压上层积石冢南隔墙的 4 座墓葬：N16M12、M13、M14、M15；以及被上层积石冢西界墙墙基砌石和积石层叠压的 3 座墓葬：N16M1、M10、M11。第十，牛河梁第六（N6）、第八（N8）、第九（N9）、第十（N10）、第十三（N13）等地点的相关遗存。

最新的发现有辽宁省朝阳市龙城区半拉山红山文化墓地[①]。

以上这些遗存几乎遍布红山文化分布区，显示在整个红山文化分布区域内，大致都经历了红山文明发展阶段。而目前的发现则以牛河梁、东山嘴、田家沟、草帽山、半拉山等遗址所处的大凌河上游地区发现的遗存最为丰富，揭示得也较为清晰。并且以牛河梁遗址群的规模最大，档次最高。

三　红山文明的考古学遗存特点

红山文明的考古学遗存特点，主要指考古发现的红山文明物质文化遗存的考古学现象。

从上述红山文明代表性遗存的内容可以看出，目前见到的红山文明物质文化遗存，主要反映在当时盛行积石冢的葬俗及其内涵方面。如牛河梁一带及附近 80 千米范围内的大型积石冢，积石冢内的中心大墓与一批中、小型墓葬，积石冢及墓葬内出土的一批制作精致的玉礼器，成批彩绘筒形陶器和一些大型非生活用陶器的使用，还有祭祀建筑遗存如石砌祭坛、木构建筑、祭祀坑、石雕人像与陶塑人像等。这些遗存在多处地点发现，而且有的地点有多座结构复杂的大型积石冢。这些内容，已为大家所熟悉。

这些考古学现象显示，目前所认识的红山文明，主要的考古学遗存是以积石冢墓地为主。这是目前探索红山文明所依据的考古学遗存的主要特点。

至于，红山文明时期的聚落址或都邑性质的遗存，目前尚未发现或尚未明确。从大凌河上游地区分布着较多的积石冢遗存，而且档次较高等现象推测，在大凌河上游地区可能存在着内涵丰富的高档次的聚落遗存，有待发现。

四　红山文明形成的基础与动力

红山文明是辽西地区新石器文化的不断发展而逐步形成的。红山文明形成的基础与动力，自然应在辽西地区探索。笔者曾提出红山文明形成的基础与动力主要有：农业经济的发展、原始宗教信仰与精神文化的发展以及外来文化影响与冲击等三个方面[②]。

1. 农业经济的发展

辽西地区自兴隆洼文化以来农业经济在社会经济中的比重逐步增加。

辽西地区的农业经济，在距今 8000 多年至距今 7300 年以前的兴隆洼文化时期已经开始发展。如兴隆洼文化时期已经产生了以种植粟类作物为主要特征的原始农业经济，为辽西地区后续农业文化的

---

① 辽宁省文物考古研究所、朝阳市龙城区博物馆：《辽宁朝阳市半拉山红山文化墓地的发掘》，《考古》2017 年第 2 期；《辽宁朝阳市半拉山红山文化墓地》，《考古》2017 年第 7 期。

② 朱乃诚：《辽西地区早期文明的特点及相关问题》，《考古》2013 年第 5 期。

发展奠定了基础，并且逐步影响着整个东北地区原始农业的发展。兴隆洼文化中的原始农业经济，在兴隆洼文化分布的各小区域之间略有区别，东部地区的农业经济比重高于西部地区①。这种在同一考古学文化中经济形态呈现出区域性差别的现象，可能与自然环境条件不同有关，并且对辽西地区后续的原始农业文化的发展以及红山文明的形成，产生重要的影响。

在距今六七千年的赵宝沟文化时期，原始农业经济得到了明显的发展。如原始农业工具石耜有了明显的改良与进步，显示了当时农业生产活动的提高、农业经济的发展。

红山文化时期，石耜的形制变得更为精巧，掘土功能增大。在红山文化中期还出现了用于收割的磨光穿孔石刀，有的呈半月形，可以随意地在手掌中发挥收割谷穗的功能。固定的成套农业工具的产生，是农业发展的结果。2009 年至 2011 年对内蒙古赤峰魏家窝铺遗址发掘中，发现了红山文化中期的炭化的农作物粟和黍的籽粒②。这些充分说明发展至红山文化中期，在兴隆洼文化、赵宝沟文化的基础上，原始农业经济有了质的发展。

农业经济的发展，农业经济在社会经济中的比重不断增加，为在红山文化晚期后段产生红山文明奠定了经济方面的基础。

2. 原始宗教信仰与精神文化的发展

辽西地区的原始宗教信仰与精神文化自兴隆洼文化以来得到持续的发展。

在兴隆洼文化时期，已经存在祖先崇拜的活动。如在内蒙古林西白音长汗遗址 AF19 房址内发现一尊石雕女性人像，竖立在灶坑旁③。这显示当时存在着祖先崇拜以及祈求丰产的原始宗教信仰活动。

在距今六七千年的赵宝沟文化时期，不仅存在着祖先崇拜，还产生了动物崇拜。如在内蒙古敖汉旗小山遗址 F2 房址中出土的 1 件彩色石斧的端部刻画一个人头像④，这可能与举行祖先崇拜活动有关。在 F2 房址中出土的 1 件尊形陶器的腹部，刻画有野猪、鹿、鸟类（可能为鸵鸟）等动物形象⑤，这件陶器可能含有祭祀用具的功能，可能寓意为狩猎获得更多的野猪、鹿、鸟类动物的意识。这种刻画有动物形象图案的尊形陶器，还在敖汉旗赵宝沟遗址发现 1 件⑥，在南台地遗址发现 5 件⑦。这频繁的发现，显示当时可能存在着动物崇拜活动。

兴隆洼文化、赵宝沟文化时期的祖先崇拜、祈求食物丰产以及动物崇拜等原始宗教信仰，在红山文化中被延续并得到了进一步的发展。如赤峰西水泉遗址发现红山文化中期的陶塑半身女性人像⑧。在牛河梁遗址群第一地点发现了红山文化晚期前段的"女神庙"建筑遗迹以及大批泥塑人像残件、熊

---

① 朱乃诚：《论兴隆洼文化的经济形态及其有关的几个问题》，《中国考古学会第十二次年会论文集》，文物出版社，2010 年。
② 井中伟、赵俊杰：《内蒙古自治区赤峰市魏家窝铺红山文化聚落遗址》，《中国考古学年鉴 2010》，文物出版社，2011 年。段天璟：《红山文化聚落遗址研究的重要发现——2010 年赤峰魏家窝铺遗址考古发掘的收获与启示》，《吉林大学社会科学学报》2011 年第 7 期。塔拉：《内蒙古赤峰魏家窝铺遗址 2011 年发掘成果》，《中国文物报》2012 年 2 月 10 日。孙永刚、赵志军：《魏家窝铺遗址 2009 年度植物浮选结果分析》，《北方文物》2012 年第 1 期。
③ 内蒙古自治区文物考古研究所：《白音长汗——新石器时代遗址发掘报告》，科学出版社，2004 年，第 129～133 页。
④ 中国社会科学院考古研究所内蒙古工作队：《内蒙古敖汉旗小山遗址》，《考古》1987 年第 6 期。
⑤ 中国社会科学院考古研究所内蒙古工作队：《内蒙古敖汉旗小山遗址》，《考古》1987 年第 6 期。
⑥ 中国社会科学院考古研究所：《敖汉赵宝沟——新石器时代聚落》，中国大百科全书出版社，1997 年。
⑦ 敖汉旗博物馆：《敖汉旗南台地赵宝沟文化遗址分布》，《内蒙古文物考古》1991 年第 1 期。
⑧ 中国社会科学院考古研究所内蒙古工作队：《赤峰西水泉红山文化遗址》，《考古学报》1982 年第 2 期。

首与猛禽类动物塑像残件①。

虽然目前在红山文化早期与中期尚未发现作为动物崇拜的遗存，但依据赵宝沟文化、红山文化晚期前段都发现有动物崇拜遗存的现象，推测在红山文化早期与中期应存在着作为动物崇拜的遗存，有待发现。

在红山文化晚期前段，存在着"女神庙"、积石冢、祭祀坑以及仿真的大批人物与熊、猛禽类动物塑像，显示当时的祖先崇拜、动物崇拜等原始宗教信仰活动与精神文化生活内容相当丰富，祖先崇拜、动物崇拜意识及其精神文化以及原始宗教信仰活动规模及其对社会的影响，都得到了进一步的发展。这为在红山文化晚期后段产生红山文明奠定了精神文化发展方面的基础。

在红山文化晚期后段，原始宗教信仰与精神文化得到了进一步的发展。如仍然存在人塑像，但是发展了，由泥塑像发展为陶塑像。举行祭祀等宗教信仰活动，由一个地点为中心，扩散到以各个地点或积石冢为单元。如牛河梁第二地点有独立的"祭坛"，第五地点也有"祭坛"，在第三、第五、第十六地点都发现的陶塑人像残件，在第十六地点中心大墓（N16M4）墓圹边有祭祀坑等祭祀现象，N16M4中还随葬有玉雕人像。而在N16M4的上部墓圹内还修建有石室，在第三地点中心墓葬（N3M7）边上亦修建有石室。修建这类石室的目的，很可能是放置人像的。在半拉山积石冢上有祭坛等建筑遗存②。这些都十分具体地显示了在红山文化晚期后段原始宗教信仰与精神文化得到了进一步的发展，成为红山文明形成的重要基础。

3. 外来文化的影响与冲击

在红山文化晚期的文化发展过程中，受到了外来文化的影响与冲击。以往将这种文化影响归结为仰韶文化对红山文化发生的影响。2009年笔者提出：红山文化晚期后段一批造型新颖玉器的出现，可能与凌家滩文化的影响有关，是受到凌家滩文化同类玉器的影响而在辽西地区的进一步发展③。

如红山文化晚期后段的玉人、斜口筒形玉器、兽面（熊首）块形玉器（俗称"玉猪龙"）、回首凤鸟玉冠饰等玉器可能与凌家滩文化的影响有关。人像雕塑，在辽西地区具有文化传统，但牛河梁遗址群第十六地点中心大墓出土的玉人，双臂弯曲、双手抚胸的姿势与凌家滩文化玉人的姿势相同。红山文化晚期后段的斜口筒形玉器、兽面块形玉器、回首凤鸟玉冠饰可能分别是凌家滩文化中的玉龟状扁圆形器、环形玉虎、回首玉鸟冠饰等器形的进一步发展。笔者还进一步分析了红山文化晚期后段玉器的年代晚于凌家滩文化玉器的年代，以及红山文化晚期后段玉器的制作工艺比凌家滩玉器的更为成熟、进步等现象。而红山文化晚期后段的玉龟与玉鳖，在辽西地区也缺乏文化传统，是反映红山文化晚期后段接受南方传来的龟灵崇拜文化影响的重要证据。黄翠梅教授与郭大顺先生早在2008年就提出红山文化斜口筒形玉器源自龟壳④，邓淑苹研究员则于2009年提出了红山文化

① 辽宁省文物考古研究所：《辽宁牛河梁红山文化"女神庙"与积石冢群发掘简报》，《文物》1986年第8期；《牛河梁——红山文化遗址发掘报告（1983~2003年度）》，文物出版社，2012年，图版一八、一九、二〇。
② 辽宁省文物考古研究所、朝阳市龙城区博物馆：《辽宁朝阳市半拉山红山文化墓地》，《考古》2017年第7期。
③ 2009年12月24日笔者在"良渚论坛"上演讲了这一认识。2010年与2011年先后发表有关文章。见朱乃诚：《凌家滩文化的文化成就及其在中国文明起源中的地位与作用》，《玉魂国魄——中国古代玉器与传统文化学术谈论会文集（四）》，浙江古籍出版社，2010年；《论红山文化兽面块形玉饰的渊源》，《文物》2011年第2期。
④ 黄翠梅、郭大顺：《红山文化斜口筒形玉器龟壳说——凌家滩的启示》，《玉魂国魄——中国古代玉器与传统文化学术谈论会文集（五）》，浙江古籍出版社，2012年。

斜口筒形玉器是凌家滩文化的玉龟、玉龟状扁圆形器进一步发展的认识①。还有勾云形玉器、兽面纹玉佩等玉器也可能是在凌家滩文化玉器的影响下在辽西地区产生的，有待进一步研究。这一大批特征鲜明的玉器在辽西地区是在红山文化晚期后段突然产生，而这些玉器的器形又缺乏辽西地区的文化传统。

关于红山文化玉器与凌家滩文化玉器的关系问题，起初一些研究者曾认为凌家滩文化的玉器受到了红山文化玉器的影响②。近年来有研究者在明确红山文化和凌家滩文化之间存在文化交流关系的基础上，提出红山文化和凌家滩文化同时承袭了兴隆洼文化的独特传统③，没有认识到红山文化晚期后段玉器在年代上晚于凌家滩文化玉器这一考古学现象④。

红山文化晚期后段与凌家滩文化中相同的玉器器形，应是凌家滩文化玉器在红山文化晚期后段发展演变的结果。从玉器制作工艺的角度看，红山文化晚期后段玉器正经历着从片雕玉器向半圆雕玉器的发展，而年代在红山文化晚期后段玉器之前的凌家滩文化玉器、崧泽文化玉器是片雕玉器的代表。从玉器内容的角度看，凌家滩文化玉器对红山文化晚期后段玉器的影响，不是一两种器形，而是一批器形。这种在玉器方面所表现的文化影响，实质上反映了一种精神文化意识的影响。这种精神文化意识方面的影响，可能并不是文化思想方面的简单的模仿，而很可能是植入方式的。这是辽西地区文明化进程中受到域外文化影响与冲击的重要现象，也是促使本地区传统文化发生变化的重要动力。由此使得玉礼器在红山文化晚期后段盛行起来。

红山文化晚期后段受到辽西地区域外文化的影响，必然对本地区的文化发展产生冲击。这种文化影响可能不局限于凌家滩文化一个方面。其他考古学文化对红山文化可能也产生有影响。如大汶口文化中也蕴含着有筒形器、双联璧形饰等器形的文化因素⑤。辽西地区域外文化的影响，可能是红山文明在红山文化晚期后段形成的一个重要的动力因素。至于玉器之外的其他方面的文化影响，还有待新的发现与进一步分析。

五　红山文明发展阶段的划分

关于红山文明的发展过程，就目前的考古资料而言，主要通过分析牛河梁遗址群的发掘资料去揭示。对此，笔者曾做过初步的探索⑥。红山文明的发展过程大致可以区分为早晚五段。

第一段，以牛河梁第十六地点被上层积石冢西墙叠压的 N16M1、M10、M11 三座墓葬以及第二地点二号积石冢中心大墓 N2Z2M1、一号积石冢 N2Z1M21 墓葬为代表。

第二段，以牛河梁第十六地点上层积石冢中心大墓 N16M4 和第二地点一号积石冢两座中心墓

①　邓淑苹：《解开红山文化玉箍形器之谜?》，《故宫文物月刊》第 311 期，2009 年 2 月。
②　张明华：《凌家滩、牛河梁抚胸玉立人说明了什么》，《中国文物报》2005 年 3 月 18 日。田名利：《凌家滩遗存与红山文化》，2006 年 11 月 3 日提交在合肥召开的"江淮地区文明化进程学术研讨会"的论文，后刊于《文物研究》第 15 辑，黄山书社，2007 年。韩建业：《晚期红山文化南下影响的三个层次》，《文物研究》第 16 辑，黄山书社，2009 年。
③　刘国祥：《红山文化研究》，科学出版社，2015 年，第 735 ~ 739 页。
④　红山文化晚期后段玉器的年代在距今 5300 ~ 5000 年前后，而凌家滩文化玉器的年代在距今 5600 ~ 5300 年之前。
⑤　山东省文物管理处、济南市博物馆：《大汶口：新石器时代墓葬发掘报告》，文物出版社，1974 年。山东省博物馆、山东省文物考古研究所：《邹县野店》，文物出版社，1985 年。
⑥　朱乃诚：《中国早期文明的红山模式》，《红山文化学术研讨会论文集》，辽宁人民出版社，2013 年。

N2Z1M25、M26 为代表。

第三段，以牛河梁第十六地点上层积石冢次中心大墓 79M2 及 79M1、79M3 三座墓葬，以及第五地点一号冢大墓 N5Z1M1、第二地点一号积石冢 N2Z1M23 为代表。

第四段，以牛河梁第十六地点叠压上层积石冢南隔墙的 N16M12、M13、M14、M15 四座墓葬和第二地点一号积石冢 N2Z1M24 为代表。

第五段，以牛河梁第二地点一号积石冢 N2Z1M9 和 N16Z1①：54 石钺等遗存为代表。

这五个阶段，大致代表了红山文明从早到晚的发展过程。其中第一段至第四段是红山文明的不断发展过程，第五段是红山文明的衰落过程。在已明确的第四段遗存至第五段遗存之间可能存在着一定的间隔，其间隔期的相关遗存有待辨认。

牛河梁遗址群内属上层积石冢时期的其他遗存大都分属这五个发展阶段之内，但具体是哪些遗存分属哪一阶段，还需要进行仔细详尽的分析。

六　红山文明的发展过程

上述牛河梁遗址群上层积石冢这些考古学单位所属早晚五个阶段的确立，虽然所涉及的考古学单位不多，但为窥探红山文明的发展过程提供了一些依据。据此笔者对红山文明发展过程阐述如下一些认识。

1. 红山文明形成之前已经出现积石冢与"女神庙"

在红山文明形成之前，牛河梁一带已经形成规模较大的积石冢与"女神庙"祭祀遗存。如牛河梁遗址群第一地点的"女神庙"、第二地点四号积石冢的下层积石冢（敷石冢）。但积石冢内没有形成以随葬玉礼器为主要特征的大型石室中心墓。

2. 在红山文明形成之初开始出现大型积石冢

在红山文明形成之初，牛河梁一带开始出现以随葬玉礼器为主要特征的大型石室中心墓为中心的大型积石冢，如第二地点二号积石冢中心大墓 N2Z2M1。

3. 伴随着红山文明的发展，积石冢中心大墓的结构不断发展与完善

伴随着红山文明的发展，大型积石冢内的中心大墓的营建及其结构也逐步发展。如由牛河梁第二地点二号积石冢中心大墓 N2Z2M1 向第十六地点上层积石冢中心大墓 N16M4 的发展，再向第五地点一号冢大墓 N5Z1M1 的发展，显示了积石冢中心大墓结构的发展与不断完善。

其中 N2Z2M1（图一）①，由长方形竖穴墓室和墓口上的方正的冢（墓）台组成。墓穴开凿在山体基岩内，但较浅，深约 0.7 米。墓口上垒砌的冢（墓）台，是从墓口起筑，边长 3.6、高 0.7 米。由冢（墓）台口至墓室也形成了两个二层台。在墓口以上垒砌冢（墓）台，其目的应是为了增加墓圹的深度。但形成的墓圹的总深度仅约 1.4 米。该墓的营造结构，以地面上的砌石冢（墓）台弥补了地下墓穴规模小而浅的不足。显示的是营造该墓时，开凿基岩的功力较弱。

N16M4（图二）② 是在基岩上开辟的台阶式长方形竖穴墓室。墓圹平面呈圆角长方形，南北长 3.9、

---

① 辽宁省文物考古研究所：《牛河梁——红山文化遗址发掘报告（1983~2003 年度）》，文物出版社，2012 年，图版一一一 - 1。
② 辽宁省文物考古研究所：《牛河梁——红山文化遗址发掘报告（1983~2003 年度）》，文物出版社，2012 年，图版二七四 - 3。

东西宽 3.1 米。口大底小，圹底平面亦为长方形，东西长 2.68、南北宽 1.2～1.4 米。墓圹很深，达 4.68 米，并且在烧土硬面的中心位置上向下壁凿基岩。墓圹南壁徒直，北壁凿成两级台阶，两层台阶总宽 2 米多，总深 1～1.5 米。墓圹口以下 2.3 米处收分形成竖井式墓室圹。该墓的营建方式显然比 N2Z2M1 的浅穴式墓室的难度增大而显示其进步得多。其墓穴很深，充分显示了营建该墓时开凿基岩功力较强。

图一　牛河梁 N2Z2M1

N5Z1M1（图三）① 有地面上的圆形砌石封丘，直径约为 7.8 米。这种墓上砌石封丘，与 N2Z2M1 墓口上的冢（墓）台属于墓穴的一部分的性质不同，是冢内设冢，显示了冢体结构的进步特点。而 N16M4 墓上没有砌石封丘，而是大石块封丘。所以，N5Z1M1 地面上的圆形砌石封丘，也显示了比 N16M4 的进步。N5Z1M1 的墓穴全部是在地下辟凿基岩形成，圹口呈圆角长方形，东西长 3.8、南北宽 3.05 米，墓圹深 2.25 米。由墓圹口至墓室底，内收呈三层圹穴两个台阶。该墓虽然没有 N16M4 深，但形制却是十分规范，为罕见的双重（三重）二层台墓穴，显然比 N16M4 那种墓圹形制不甚规范的更为进步。

图二　牛河梁 N16M4

图三　牛河梁 N5Z1M1

① 辽宁省文物考古研究所：《牛河梁——红山文化遗址发掘报告（1983～2003 年度）》，文物出版社，2012 年，图版二二三 - 1。

从墓葬营造结构可以看出，由 N2Z2M1 的浅穴垒墓台的墓圹，到 N16M4 的不规范的深穴墓圹，再到 N5Z1M1 的形制规范的双重二层台深穴墓圹，红山文明的最高等级的墓葬，从形成阶段开始的少功简易的形制，逐步向费功规范的形制方向发展。

4. 在红山文明形成之初出现了随葬玉礼器的现象

在红山文明形成之初，出现了随葬玉礼器的现象。如牛河梁第二地点一号积石冢 N2Z1M21 墓葬（图四）①，随葬玉器 20 件，有斜口筒形器、勾云形器、龟、兽面牌饰、镯、喇叭形管状箍形器、竹节状管珠、10 件璧形器、2 件双联璧形饰和菱形饰。

5. 玉礼器种类伴随着红山文明的发展而逐步发展

玉礼器的制作在红山文明第二段、第三段、第四阶段时期达到了高峰，出现大型玉器，出现仿生玉雕人物，仿生动物作品及其演化作品的种类增加了。如属第二阶段的 N16M4 出土的玉人（图五）②、回首凤鸟玉冠饰（图六）③，N2Z1M26 出土的双兽面玉佩（图七）④；属第三阶段 N5Z1M1 出土的大型勾云形玉器（图八）⑤、形体较大的玉鳖（图九）⑥，第十六地点 79M2 出土的大型勾云形玉器（图一〇）⑦，第十六地点 79M1 出土的双熊首三孔玉梳背（图一一）⑧，N2Z1M23 出土的鸟兽纹玉佩（图一二）⑨；属第四阶段的 N16M14 出土的兽面玦形玉器（图一三）⑩，N2Z1M24 出土的勾云形玉器（图一四）⑪ 等。

6. 玉礼器的器形也伴随着红山文明的发展而逐步演化

玉礼器的种类从第一段到第四段存在着逐步发展的趋势。而玉礼器的器形也存在着逐步演化的现象。如兽面玦形玉器、勾云形玉器、兽面纹玉佩、斜口筒形玉器、玉龟与玉鳖等器形。

七　红山文明的衰落现象

红山文明的衰落，大致是从牛河梁上层积石冢第五段开始。代表性遗存是牛河梁第二地点一号积石冢 N2Z1M9，还有 N16Z1①：54 石钺等遗存。

N2Z1M9 位于一号积石冢东南边缘处，为石砌墓，墓葬较小，距地表较浅，砌石曾被扰动。墓室长 1.86、宽 0.25～0.56、深约 0.18 米，葬一成年男性，仰身直肢，在腹部随葬有 1 件石钺与 1 件兽面纹玉佩，兽面纹玉佩叠放在石钺上（图一五）⑫。

① 辽宁省文物考古研究所：《牛河梁——红山文化遗址发掘报告（1983～2003 年度）》，文物出版社，2012 年，图版八一－3。
② 辽宁省文物考古研究所：《牛河梁——红山文化遗址发掘报告（1983～2003 年度）》，文物出版社，2012 年，图版二七九－1。
③ 辽宁省文物考古研究所：《牛河梁——红山文化遗址发掘报告（1983～2003 年度）》，文物出版社，2012 年，图版二七六。
④ 辽宁省文物考古研究所：《牛河梁——红山文化遗址发掘报告（1983～2003 年度）》，文物出版社，2012 年，图版六三－1。
⑤ 辽宁省文物考古研究所：《牛河梁——红山文化遗址发掘报告（1983～2003 年度）》，文物出版社，2012 年，图版二二五－上。
⑥ 辽宁省文物考古研究所：《牛河梁——红山文化遗址发掘报告（1983～2003 年度）》，文物出版社，2012 年，图版二二六－上左。
⑦ 辽宁省文物考古研究所：《牛河梁——红山文化遗址发掘报告（1983～2003 年度）》，文物出版社，2012 年，图版二八七－上。
⑧ 辽宁省文物考古研究所：《牛河梁——红山文化遗址发掘报告（1983～2003 年度）》，文物出版社，2012 年，图版二八四。
⑨ 辽宁省文物考古研究所：《牛河梁——红山文化遗址发掘报告（1983～2003 年度）》，文物出版社，2012 年，图版九六－上。
⑩ 辽宁省文物考古研究所：《牛河梁——红山文化遗址发掘报告（1983～2003 年度）》，文物出版社，2012 年，图版二九四－上。
⑪ 辽宁省文物考古研究所：《牛河梁——红山文化遗址发掘报告（1983～2003 年度）》，文物出版社，2012 年，图版一〇一－上。
⑫ 辽宁省文物考古研究所：《牛河梁——红山文化遗址发掘报告（1983～2003 年度）》，文物出版社，2012 年，图版七四－4。

图四　牛河梁 N2Z1M21

图五　牛河梁 N16M4：4 玉人

图六　牛河梁 N16M4：1 回首凤鸟玉冠饰

图七　牛河梁 N2Z1M26：2 双兽面玉佩

图八　牛河梁 N5Z1M1：4 勾云形玉器

图九　牛河梁 N5Z1M1：6 玉鳖

　　N2Z1M9：2 兽面纹玉佩的形制较为简略，为扁平近椭圆条状，中部穿双孔，象征兽面的双眼，上端中间穿一孔，为系孔，下端长边缘形成四凹三凸的三组六齿扉牙。长 6.2、最宽 2.4、厚 0.4 厘米（图一六）①。这件兽面纹玉佩的特征表现了这类器演化至末尾阶段的形制特色。

　　①　辽宁省文物考古研究所：《牛河梁——红山文化遗址发掘报告（1983～2003 年度）》，文物出版社，2012 年，图版七五 - 1。

图一〇　牛河梁 N16-79M2：1 勾云形玉器

图一一　牛河梁 N16-79M1：4 双熊首三孔玉梳背

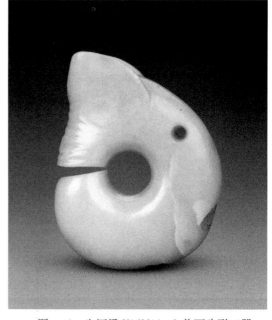

图一三　牛河梁 N16M14：3 兽面玦形玉器

图一二　牛河梁 N2Z1M23：3 鸟兽纹玉佩

图一四　牛河梁 N2Z1M24：3 勾云形玉器

图一五　牛河梁 N2Z1M9 兽面纹玉佩与
　　　　石钺出土情景

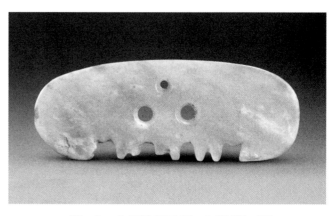

图一六　牛河梁 N2Z1M9：2 兽面纹玉佩

图一七　牛河梁 N2Z1M9：1 石钺　　　图一八　半拉山 M12：2 石钺　　　图一九　牛河梁 N16Z1①：54 玉石钺

N2Z1M9：1 石钺呈舌形，两侧边刃磨薄，刃部显锋利，器体中部上端对钻一孔，便于安装钺柄。长 11.6、最宽 8.4、厚 1.1 厘米（图一七）①。

N2Z1M9 墓葬的这些现象显示出如下这些信息：

第一，N2Z1M9 墓葬属第五段，年代可能已经进入距今 5000 年以内。

第二，牛河梁一带积石冢的使用已进入尾声，类似于 N2Z2M1、N16M4、N5Z1M1 规模的中心大墓不再见到，目前这种中心大墓在第四段也尚未见到。中心大墓的消失，显示了"一人独尊"的现象不复存在。

第三，玉礼器向小型化发展，器形逐渐简化，反映玉礼器的使用已经逐渐淡化。玉礼器体现的维系社会稳定的法则（即原始宗教信仰体系）开始崩溃。

第四，石钺的使用开始受到重视。

石钺在第四段时期已经出现。如半拉山墓地 M12 出土的一件石钺（M12：2），形制与 N2Z1M9：1 石钺相同，也是舌形，长 13.6、宽 10.3、厚 1.3 厘米（图一八）②。但是，半拉山 M12：2 石钺的刃部不锋利，作为武器的使用功能不如第五段牛河梁 N2Z1M9：1 石钺。

在牛河梁第十六地点积石层表土采集有 1 件玉石钺（N16Z1①：54），形制与 N2Z1M9：1 石钺相同，也为舌形，但器形较小，长 7.5、宽 4.7、厚 1 厘米（图一九）③。可能是第五段时期的遗存。

第五段的牛河梁 N2Z1M9：1 石钺，较为厚重，是一种武器，但形制较为原始，显示作为武器的石钺才开始在社会上发挥作用。

以上这些现象以及显示的信息表明，红山文明的社会在牛河梁上层积石冢第五段开始发生了动荡，一人独尊、崇尚原始宗教信仰的社会开始解体，红山文明开始衰落。

---

① 辽宁省文物考古研究所：《牛河梁——红山文化遗址发掘报告（1983～2003 年度）》，文物出版社，2012 年，图版七五 - 2。
② 辽宁省文物考古研究所、朝阳市龙城区博物馆：《辽宁朝阳市半拉山红山文化墓地的发掘》，《考古》2017 年第 2 期，图三七。
③ 辽宁省文物考古研究所：《牛河梁——红山文化遗址发掘报告（1983～2003 年度）》，文物出版社，2012 年，图版三〇二 - 右上。

八 红山文明使用玉器的属性

红山文明的物质文化遗存中，玉器是最为醒目、也是最为神秘的。

之所以醒目，是因为这批玉器，玉质上乘，制作精良，造型生动别致，特征鲜明，是当时手工业制作水平的最高代表，是当时最为高档的用品。

之所以神秘，是因为目前对这批玉器的使用方式、文化含义、社会意义，尚不能做出具体而精确的解读，笼统地将它们解释为神职人员使用的法器或称礼器。

红山文明的玉器与红山文化的玉器是两个含义不同的概念。红山文明玉器不是红山文化玉器的全部，而是红山文化发展进入到文明阶段的玉器。红山文明玉器是红山文明的重要遗存，也是认识红山文明特点与特征的重要内容。

目前发现的红山文明阶段的玉器，以牛河梁遗址群上层积石冢出土的玉器为主要代表。器形主要有：人、斜口筒形器、回首凤鸟冠饰、双人首三孔梳背、双熊首三孔梳背、勾云形器、兽面纹佩、双兽面佩、鸟兽纹佩、兽面牌饰、兽面玦形饰、龟、鳖、鸮、鸟、蝈蝈、蝗、棒锥形器、璧形饰、双联璧形饰、三联璧形饰、钺形璧、系璧、臂饰、镯、箍、环、珠、管、几何形坠饰、斜口筒形器芯等。这些玉器的年代大致在距今 5300 多年至距今 5000 年前后。个别玉器器类，如斜口筒形器出现的年代可能略早一点。

至于红山文明玉器的玉料来源问题，可能与兴隆洼文化玉器玉料来源问题有相同的关系。2007 年我曾提出兴隆洼文化玉器的玉料可能采自辽西兴隆洼文化分布区域①，后来在敖汉旗发现玉矿源使得对这一问题的探索获得突破。可以推测红山文明玉器的玉料主要是在红山文化分布区域内采集的仔料。而个别玉料的玉质则表现出可能是在域外采集，甚至是远距离的采集或交换获得。如双熊首三孔玉梳背、几何形玉坠饰。

关于红山文明玉器的属性，可以通过对这些玉器的使用方式进行分析。从使用方式的角度，可以将这些玉器的主要器类分属两大类来认识。

第一类属于人体的装饰品，如臂饰、各种璧形饰、镯、箍、环、珠、管、几何形饰、斜口筒形器、梳背、冠饰等。

第二类属于原始宗教信仰活动中某种仪式活动的道具，如玉人、兽面牌饰、兽面（熊首）玦形器、勾云形器、鸟兽纹佩、各种兽面纹佩、龟、鳖、鸮、蝈蝈、蝗虫、棒锥形器等。

另外还有斜口筒形器半成品等。

其中有的玉器可能具有双重使用性质。如各种玉梳背、冠饰以及玉棒锥形器等。

这两类玉器是红山文明玉器的主体。使用的目的，都是为使用者增添神秘的色彩。其中仪式活动的道具，大都为人形与仿生动物及其演化形式，表现出祖先崇拜与动物崇拜的特征。这与辽西地区自兴隆洼文化以来流行的祖先崇拜与动物崇拜的传统文化有关，但内涵与表现形式发生了质的变化。如

① 2007 年 8 月笔者在内蒙古敖汉旗政府礼堂召开的学术会议上提出这一认识。后来发表的文章见朱乃诚：《关于应用考古学研究方法研究史前玉器的若干问题》，《中国社会科学院古代文明研究中心通讯》第 16 期，2008 年；《兴隆洼文化玉器探源的思考》，《玉文化论丛（4）》，众志美术出版社，2011 年。

材质为玉器而不是陶、石、蚌器，动物种类不是传统的猪、鹿、鸵鸟而是熊、鸮（鹰）、龟、鳖等及其演化形式。这些玉器以及使用方式都是当时社会盛行原始宗教信仰活动、并将原始宗教信仰活动神圣化的结果。所以，这些玉器的属性都是"玉礼器"，是红山文化发展到晚期后段进入到红山文明时期形成的具有地域与时代特征的玉礼器。其中出土数量较多、特征最为鲜明、含义最为深邃的玉礼器是兽面玦形玉器、勾云形玉器与兽面纹玉佩。

九　红山文明社会的基本特征

红山文明社会的基本特征，最主要的有三项。对此笔者曾做过分析，这里再做简略阐述。

1. 形成了等级化社会

依据牛河梁遗址群的发掘成果，可以分析出红山文明的社会分层至少存在着六个等级。

第一等级，以积石冢中心大墓 N2Z2M1、N16M4、N5Z1M1 为代表。

第二等级，以 N2Z1M25、N2Z1M26 两座冢内中心大墓为代表。

第三等级，以 N2Z1M21、M22、M23、M24、M27 等五座土阶砌石墓为代表。

第四等级，以 N2Z1M11、M15、M16 等无圹砌石墓或无圹石匣墓为代表。

第五等级，以一些可能没有埋入积石冢的普通墓葬（有待发现）为代表的。

第六等级，以 N2Z5 垫土层中可能属奠基的 3 具人骨架、N16M4 墓圹边祭祀坑内可能与祭祀有关的人骨为代表。

一个可分为六个等级的社会，其社会组织至少存在着四级[①]。具有四级组织六个等级的社会，应该是一个较为复杂的等级化社会。

2. 形成"一人独尊"的社会现象

红山文明中存在着"一人独尊"的社会现象，是由郭大顺先生最先注意到并阐述其概念[②]。笔者分析牛河梁遗址群中心大墓，发现红山文明五个发展阶段中，前三个阶段的积石冢中心大墓，每段只有一座。如第一段的 N2Z2M1，第二段的 N16M4，第三段的 N5Z1M1。第四段尚未发现积石冢中心大墓，第五段可能不存在积石冢中心大墓。

这三座积石冢中心大墓，年代有早晚，结构不相同，显示出积石冢中心大墓由早到晚的发展状况。由 N2Z2M1 到 N16M4、再到 N5Z1M1 的发展趋势的确立，反映了红山文明最高等级墓葬形制的发展演变趋势，还反映了在红山文明发展过程中最高等级的墓葬只有一座。这充分说明了红山文明存在着"一人独尊"的社会现象。

3. 盛行祖先崇拜、动物崇拜并神化原始宗教信仰活动以维持其社会稳定发展

红山文明盛行祖先崇拜、动物崇拜并神化原始宗教信仰活动，使其社会产生了一些特殊的现象。如红山文明的社会，经济不发达，社会财富积累有限，但社会等级却表现得十分清晰。又如在红山文

---

① 朱乃诚：《中国早期文明的红山模式》，《红山文化学术研讨会论文集》，辽宁人民出版社，2013 年。
② 郭大顺：《辽西古文化的新认识》，《庆祝苏秉琦考古五十五年论文集》，文物出版社，1989 年。白云翔、顾智界整理：《中国文明起源研讨会纪要》，《考古》1992 年第 6 期。近年来，刘国祥提出"独尊一人"的概念，见刘国祥：《红山文化研究》第 746 页，科学出版社，2015 年。

明高度发展的第二、三、四阶段，不见武力现象，没有掠夺性的战争行为，但却存在着"一人独尊"所表现的个人集权现象。再如红山文明的文化发展程度不高，但玉器制作却十分精工，成为当时的一种特殊的财富。这些特殊现象都与当时盛行宗教信仰活动有关。这种盛行神化原始宗教信仰活动可能形成了一种特殊的社会凝聚力，使得其社会能够得到稳定的发展。

红山文明社会的上述三项基本特征，最具特色的是第三项，即盛行祖先崇拜、动物崇拜并神化原始宗教信仰活动以维持其社会的稳定发展。而发展到第五段时期，祖先崇拜、动物崇拜等神化原始宗教信仰活动弱化，维持其社会稳定的法则削弱而缺乏约束社会成员的凝聚力，社会出现武力现象，发生动荡，"一人独尊"的现象也随之消失，红山文明自然就衰落并且逐渐消亡。

红山文明的这些特征，决定了她是一个不成熟的文明，也是一个不能延续的早期文明。

红山文明是在辽西地区所具有的独特的自然环境条件及其特殊的历史文化背景下形成的一种早期文明。是建立在神化宗教信仰活动的基础上产生的。没有形成国家组织的管理机构，社会经济不发达，文化发展迟缓，社会组织又没有得到充分的发展。这样的文明社会，基础薄弱，缺乏进一步发展的自身能力，当资源匮乏、环境发生变化、社会失去凝聚力之时，自然会随之衰落。

红山文明是辽西地区距今5000年前后的一个"自生自灭"的早期文明。

半拉山积石冢及相关问题

吴炎亮（辽宁省文物考古研究所）

吕学明（中国人民大学历史学院）

半拉山积石冢位于辽宁省朝阳市龙城区北部，其南侧为大凌河冲击而成的平坦开阔的河谷，站在山顶眺望，整个朝阳市区尽收眼底。2014～2016 年，辽宁省文物考古研究所会同朝阳市龙城区博物馆对其进行了考古发掘，确认该积石冢经过了精心规划和营建，主体结构保存完整。积石冢分为南、北两区，祭祀遗迹全部分布于北区，墓葬主要分布在南区，在北区的祭坛外围也有零散墓葬分布。共发掘墓葬 78 座、祭祀坑 29 个、大型祭坛 1 座，在祭坛中部发现 1 座建筑基址。出土玉器 140 余件，石质及陶质人像 10 余件，以及大量的彩陶筒形器和少量的塔形器、器座、罐等陶器①。半拉山积石冢的发掘，对丰富红山文化的内涵，推进红山文化的研究具有重要的价值。

在对半拉山积石冢的考古材料进行分析的基础上，本文就红山文化的核心区与周边区、红山文化的人像、红山文化的祭祀设施及冢上建筑等问题开展讨论。

一　红山文化的核心区与周边区

我们将大凌河中上游流域认定为红山文化的核心区（图一），分布有牛河梁②、东山嘴③、胡头沟④、草帽山⑤、兴隆沟⑥、西台⑦等重要遗址。除以上经过考古发掘的遗址外，在敖汉旗老虎山河流域⑧及朝阳地区最近的考古调查中，发现了数量较多的积石冢和祭祀遗迹。核心区内有数量多、种类

① 辽宁省文物考古研究所等：《辽宁朝阳市半拉山红山文化墓地的发掘》，《考古》2017 年第 2 期；《辽宁朝阳市半拉山红山文化墓地》，《考古》2017 年第 7 期。
② 辽宁省文物考古研究所：《牛河梁——红山文化遗址发掘报告（1983～2003 年度）》，文物出版社，2012 年。本文中关于牛河梁遗址的考古发掘资料均采自此报告，不再一一注释。
③ 郭大顺、张克举：《辽宁省喀左县东山嘴红山文化建筑群址发掘简报》，《文物》1984 年第 11 期。
④ 方殿春、刘葆华：《辽宁阜新县胡头沟红山文化玉器墓的发现》，《文物》1984 年第 6 期。
⑤ 邵国田主编：《敖汉文物精华》，内蒙古文化出版社，2004 年，第 27～29 页。
⑥ 中国社会科学院考古研究所内蒙古第一工作队：《内蒙古赤峰市兴隆沟聚落遗址 2002～2003 年的发掘》，《考古》2004 年第 7 期。吉日嘎拉：《内蒙古赤峰市敖汉旗兴隆沟遗址挖掘报告》，《赤峰学院学报（汉文哲学社会科学版）》第 33 卷第 11 期，2012 年。刘国祥：《兴隆沟聚落遗址：8000 年前精美玉器，5000 年前裸女陶塑》，《文物天地》2002 年第 1 期。
⑦ 杨虎、林秀贞：《内蒙古敖汉旗红山文化西台类型遗址简述》，《北方文物》2010 年第 3 期。
⑧ 中国社会科学院考古研究所内蒙古工作队等：《内蒙古敖汉旗蚌河、老虎山河流域新石器时代遗址调查简报》，《考古》2005 年第 3 期。

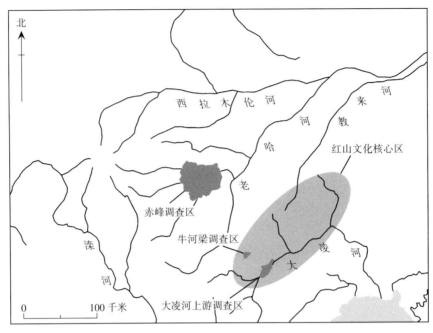

图一　红山文化的核心区

全、规模大的礼仪建筑，如女神庙、积石冢、祭坛、大型人工修筑的平台等；发现了高等级墓葬，用石板砌筑精致的棺椁，随葬雕刻精美的玉器；玉器种类十分丰富，有很多是核心区之外未曾发现的，如玉人、玉凤、玉鳖、龙凤玉佩、玉钺等。半拉山积石冢的发掘，再一次强力支撑了上述观点。墓葬和祭坛结合在一起，构成积石冢，积石冢持续修建、扩建，出土大量玉器和祭祀陶器，尤其是出土了10余件石质、陶质的人像，进一步强化了我们对红山文化核心区的认识。

在核心区之外的周边区，关于红山文化的考古资料主要来自内蒙古东南部的赤峰地区。经过考古发掘的遗址主要有红山后[1]、蜘蛛山[2]、西水泉[3]、白音长汗[4]、南台子[5]、那斯台[6]、二道梁[7]、魏家窝铺[8]、哈喇海沟[9]等。在周边区内，发现的祭祀遗存数量少，规模小。前述遗址大多为日常生活遗存，有的遗址是保存完整的大型环壕聚落，有的遗址发现了成排的房址，有的遗址发现了墓葬，出土了大量的石器、陶器以及动植物标本。通过对这些考古资料的研究，我们对红山文化的家庭、社区（community）和经济活动都有了较为深入的了解。红山文化的房屋面积较小，多在15～25平方米，也有一些在10平方米以下，个别的可达50平方米甚至100平方米。这些小房子可能是由夫妻和孩子组成的核心家庭的住所，每排或每群可能代表了超家庭的血缘组织。很少量的大房子可能是公共活动场

① 滨田耕作、水野清一：《赤峰红山后》，《东方考古学丛刊》甲种第6册，东亚考古学会，1938年。
② 中国社会科学院考古研究所内蒙古工作队：《赤峰蜘蛛山遗址的发掘》，《考古学报》1979年第2期。
③ 中国社会科学院考古研究所内蒙古工作队：《赤峰西水泉红山文化遗址》，《考古学报》1982年第2期。
④ 内蒙古文物考古研究所：《白音长汗——新石器时代遗址发掘报告》，科学出版社，2004年。
⑤ 内蒙古自治区文物考古研究所：《克什克腾旗南台子遗址发掘简报》，《内蒙古文物考古文集》第一辑，中国大百科全书出版社，1994年。
⑥ 巴林右旗博物馆：《内蒙古巴林右旗那斯台遗址调查》，《考古》1987年第6期。
⑦ 内蒙古自治区文物考古研究所：《巴林左旗友好村二道梁红山文化遗址发掘简报》，《内蒙古文物考古文集》第一辑，中国大百科全书出版社，1994年。
⑧ 内蒙古自治区文物考古研究所：《内蒙古自治区文物考古研究所60年重大考古发现》，文物出版社，2014年。
⑨ 内蒙古文物考古研究所等：《元宝山哈喇海沟新石器时代遗址发掘报告》，《内蒙古文物考古》2008年第1期。

所。红山人从事多种经济活动，包括种植粟及其他谷物，采集植物果实、根茎，饲养猪、羊，狩猎鹿等动物，从事纺织、皮革加工以及陶器、石器制作等活动。

我们对红山文化的认识和对红山文化社会的理解，是基于对核心区高度发达的礼仪遗存和周边区丰富的生活遗存的发掘与研究，这实际上是存在一定风险的拼盘式的释读，对此，我们要有清醒的认知。

对于核心区规模巨大的礼仪建筑和墓葬，自然使人们感觉到红山文化社会高度的政治统一。只有少部分人被埋葬在积石冢内，并随葬精美玉器，这些人必然有特殊的身份。所以，普遍的想法是红山社会已经产生阶层分化。由于玉器具有通神的属性，所以这些墓葬的主人通常被认为不仅掌握神权，而且还掌握政权。精雕细琢的玉器和数量众多、彩绘纹饰丰富神秘的祭祀陶器又反映了当时社会分工的细化。领导者通过礼仪或宗教获得权力和财富，而经济方面则因社会分工的细化而互相依赖。

但是，通过对周边区的大量红山文化聚落考古材料进行分析，我们发现，红山文化的社会分层和生产分工并没有达到显著的程度。在红山文化中，未发现大型的中心聚落、巨大的围墙和壕沟，也没有发现属于精英阶层的结构复杂的高等级居住建筑和具有政治功能的大型建筑。近些年来，通过系统性区域考古调查，对东山嘴遗址周边的大凌河上游流域[①]、牛河梁遗址[②]和赤峰地区[③]的红山文化社会组织形态进行了研究。前两个调查区属于红山文化的核心区，赤峰地区则属于红山文化的周边区。通过对调查资料的统计分析，我们发现在三个调查区内，红山文化行政区（supra – local community）的规模是一致的，构成模式也相同，没有本质的差别，面积在 20～60 平方千米，人口在数百至千人之间。行政区之间有经济上的互动，也存在宗教和婚姻上的联系，但看起来并没有政治性的联合。即使是牛河梁遗址，其行政区的面积和估算的人口数量也都是正常的红山文化行政区的规模，并不是一个规模巨大、高度发展的聚落，也不可能是红山文化的政治中心。

经过统计分析，我们发现了一个突出的现象，即牛河梁遗址内礼仪建筑的分布密度是 0.6 个/千米^2，大凌河上游流域是 0.1 个/千米^2，而赤峰地区仅仅为 0.004 个/千米^2，这充分证明了核心区内礼仪活动的突出性、频繁性和持续性[④]。牛河梁遗址应该是红山文化的礼仪祭祀中心，具有朝拜圣地的属性。其外围是红山文化的核心区，礼仪建筑分布密度较高。再外围是红山文化的周边区，礼仪建筑很少见。由此可见，红山文化的发展动力和凝聚力更可能是宗教和礼仪，而不是经济和军事。

二 红山文化的人像

半拉山积石冢出土了小型陶质人头像、大型陶质人像，小型石质人头像、大型石质人头像，类型

① 辽宁省文物考古研究所等：《辽宁大凌河上游流域考古调查简报》，《考古》2010 年第 5 期。
② 辽宁省文物考古研究所等：《2014 年牛河梁遗址系统性区域考古调查研究》，《华夏考古》2015 年第 3 期。
③ 赤峰中美联合考古研究项目：《内蒙古东部（赤峰）区域考古调查阶段性报告》，科学出版社，2003 年。Peterson，Christian E.，"Crafting" Hongshan Communities? Household Archaeology in the Chifeng Region，Eastern Inner Mongolia，PRC. PhD Dissertation，Department of Anthropology，University of Pittsburgh，2006.
④ Robert D. Drennan，Xueming Lu，Christian E. Peterson，*A place of pilgrimage? Niuheliang and its role in Hongshan society*，Antiquity 91：355（2017）。

图二　红山文化核心区出土的部分人像
1. 牛河梁遗址第 3 地点　2. 牛河梁遗址第 2 地点　3、4. 东山嘴遗址　5. 牛河梁遗址第 5 地点　6. 牛河梁遗址第 16 地点

全、数量多，是已发掘的红山文化积石冢之最，堪与牛河梁女神庙相比。尤其是出土了大量的石质雕像，前所未见，意义重大。在红山文化核心区内的多个地点发现了人像，如在牛河梁、东山嘴、半拉山、兴隆沟、东山岗①遗址出土了陶质、泥塑和玉雕人像（图二），在草帽山、半拉山遗址发现了石雕人像。这些人像均为考古发掘出品，文化属性明确，类型和材质多样，在中国其他地区同时期的考古学文化中是十分罕见的。

在牛河梁遗址女神庙内出土了泥塑人像，发现了头、肢体、乳房、耳朵、手等部位，多数如真人大小，也有的比真人还要大（图三）。这些塑像有的呈端坐状态，有的是塑在墙壁上的浮雕，多数具有女性特征。女神庙的人像形体较大，注重写实，真实感突出。人像的位置固定，均陈列于狭窄、幽深的神庙之中，很显然只有少数人有权力对神像进行祭祀。郭大顺先生认为，女神庙已是宗庙或其雏形，牛河梁遗址具有祖先崇拜的内涵②。

在半拉山、东山嘴、兴隆沟遗址都出土了约为真人一半大小的陶质人像，这些人像的姿势大体相近，总体为盘腿坐姿，双臂抚于身前，右手握在左手之上（图四）。这些人像写实性极强，姿态、神情、发冠表现清晰。质地较坚实，有空腔，便于搬运和摆放。兴隆沟的陶人像出土于房址内，东山嘴的陶人像出土于祭坛（实际也应该是墓葬）附近。半拉山的陶人像出土于墓圹内，考虑到其只是人像的左前部分的残块，推测应该是混入墓葬填土，而非有意填埋。结合牛河梁第 3 地点、第 16 地点、东山岗积石冢都发现这种陶人像，可以推定在积石冢上放置人像，举行祭祀活动是普遍现象。祭祀活动

① 辽宁省文物考古研究所：《辽宁考古年报——铁朝高速公路特刊》，2006 年。
② 郭大顺：《为什么说红山文化是中华古文化的"直根系"？》，《辽宁师范大学学报（社会科学版）》第 39 卷第 2 期，2016 年。

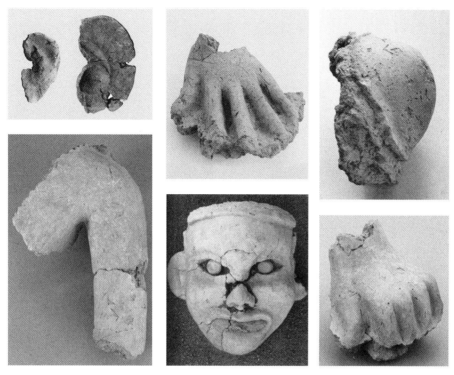

图三　牛河梁遗址女神庙出土泥塑人像残件

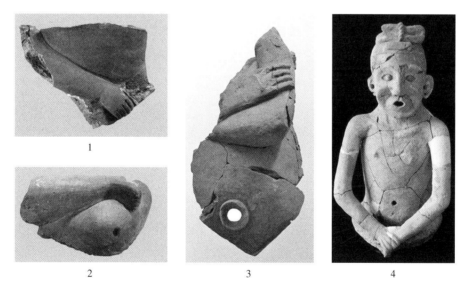

1　　　　　　　　　2　　　　　　　　3　　　　　　　4

图四　红山文化陶质坐姿半身人像
1、2. 东山嘴遗址　3. 半拉山积石冢　4. 兴隆沟遗址

完成后，这些人像可能搬回房屋内供奉。这种盘腿端坐、双手握在一处的姿态似乎是一种定式，完美地表达出祖先的庄严神态。田广林等学者认为，兴隆沟陶人像是红山文化的家族保护神①。

在半拉山和草帽山都发现了石质人像，但差异较大。半拉山的人像均为头像，呈扁平状，示人以侧面（图五，1、2）。这种侧面人像在红山文化其他遗址中很少见，仅在牛河梁遗址第2地点出土了一件三孔玉器，其两端为侧面人像（见图二，2）。半拉山石质人像多出土于墓扩内，应该是属于随葬的

① 田广林、周政、周宇杰：《红山文化人形坐像研究》，《辽宁师范大学学报（社会科学版）》第38卷第5期，2015年。

1　　　　　　　　　　　2　　　　　　　　　　3

图五　红山文化石质人像
1、2. 半拉山积石冢　3. 草帽山积石冢

祭祀品。草帽山的人像为圆雕，头部保存较好，五官清晰，还有冠，身体部分残缺（图五，3）。人像出于祭坛，推测为冢上祭祀使用，与半身陶质人像的功能一致。

在喀左东山嘴遗址出土了 2 件陶质的孕妇像，个体很小，一件残高 5 厘米，另一件残高 5.8 厘米（见图二，3、4）。通体打磨光滑，体态丰满肥硕，腹部尤圆鼓，将孕妇的形态刻画得非常形象，极富神韵。这种裸体孕妇塑像多被认为是生殖崇拜和丰产的象征，一向被摆在反映原始社会精神文化和社会关系的重要位置进行研究。

在牛河梁遗址第 16 地点 M4 中出土了一件玉质人像，呈双手抚于胸前的立姿姿态，这可能是一名巫者的形象（见图二，6）。这种形象的玉人像在安徽凌家滩遗址也有发现，凌家滩遗址还出土了双联璧、箍形器、斜口筒形器等玉器，与红山文化的同类器物十分接近，很可能是受到了红山文化的影响。

红山文化人像的造型写实性很强，身体各部位比例协调匀称，发型、冠式、服饰、姿态表现清晰。人像的质地多样，大型人像以泥塑为主，半身人像多为陶质，头像多为石雕。这些人像表现出多种含义，如祭祀祖先、生殖（丰产）崇拜、原始宗教等，极大丰富了红山文化意识形态的内涵。进一步证明了红山文化礼仪制度的丰富性和完备性，宗教和礼仪是红山文化的核心凝聚力。

三　红山文化的祭祀设施

半拉山积石冢平面近长方形，南北长约 45、东西宽约 22 米，总面积约 990 平方米。积石冢北部是祭祀区，主体结构是一座祭坛，附属有大量的祭祀坑和一座地面木构建筑。祭坛的建筑规模大、结构复杂、使用时间长，致使遗留的祭祀遗迹现象错综复杂，同时也保留了种类丰富、数量众多的祭品。祭坛是由土筑台体和石砌的墙体组成，平面近方形，南北长约 16.5、东西宽约 16 米。积石冢南部是墓葬区，发现 70 余座墓葬，是目前已知的埋葬墓葬数量最多的红山文化积石冢。

半拉山积石冢也是墓葬和祭祀设施的结合体，这一点是红山文化积石冢的共性。其特殊性在于祭坛、祭祀坑、坛上木构建筑的多样性组合，而且这些祭祀设施有明确的发展过程（图六）。

1. 红山文化的祭坛

我们认为有三个层级。

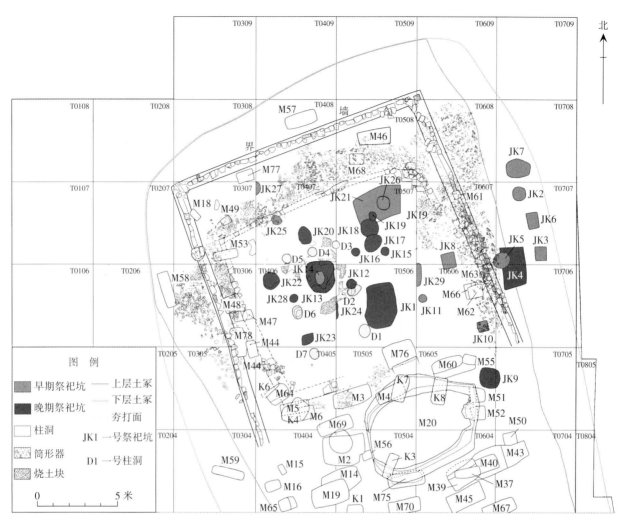

图六　半拉山积石冢祭祀遗迹分布总平面图

　　第一层级为积石冢群祭坛。以牛河梁遗址第13地点为代表，这座建筑也是牛河梁遗址的核心地点之一，与女神庙、猪首山组成牛河梁遗址的中轴线。这是一个规模巨大的圆锥状土石混筑建筑，残高约7米。中央土丘为夯筑，其外包砌白色石灰岩石块。围绕中央夯筑土丘的一圈石台阶保存较好，直径约60米，残高约1米，从这道石台阶到建筑顶部可看出有逐层起台阶的迹象。经过发掘，排除了其为积石冢的可能，考虑到其所处的位置、体量、结构和出土器物，我们认为这座巨型建筑是牛河梁遗址的中心祭坛。

　　第二层级为积石冢间祭坛。以牛河梁遗址第2地点的三号冢为代表，它是第2地点的中心建筑，积石冢围绕它来布局。其平面为三重圆形，每重圆圈由五棱或四棱的红色石柱一个挨一个紧密排列而成。每一重圆就是一层台阶，共有三层台阶，每层台阶以0.3～0.5米的高差由边缘向中心层层高起，顶部平铺一层白色石灰岩石块，这样就形成了一个结构独特而完整的圆形祭坛。

　　第三层级是积石冢。毫无疑问，红山文化积石冢本身就具有祭坛的功能。积石冢多为起台阶的圆形或方形结构，具有祭坛的形态。通常在冢边框周围摆放筒形器，很可能在顶部摆放一个塔形器，筒形器和塔形器都是红山文化的祭祀专用陶器。

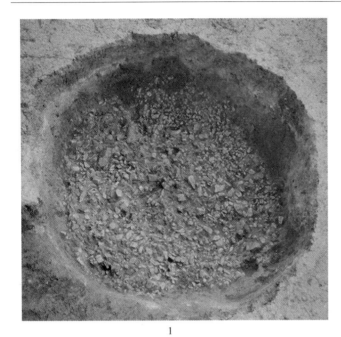

1　　　　　　　　　　　　　　2

图七　红山文化祭祀坑
1. 牛河梁遗址第 5 地点 JK2　2. 半拉山积石冢 JK4、JK5

2. 红山文化的祭祀坑

在牛河梁遗址第 5 地点和半拉山积石冢发现了祭祀坑（图七）。祭祀坑的集中发现，使我们对红山文化积石冢的功能、结构和祭祀方式有了一个全新的认识。

牛河梁遗址第 5 地点的祭祀坑数量不多，共 8 个。坑口平面呈圆形，可分为直壁平底坑和锅底状坑两种。坑壁和坑底多经火烧烤而形成硬面，坑内堆积复杂，层次较多，坑底普遍铺石块。祭祀坑内出土陶器。半拉山积石冢的祭祀坑多达 29 个，形状多样，有圆形、椭圆形、长方形。少数坑壁有火烧痕迹，坑内堆积层次简单，出土遗物有陶器、玉器、红烧土块、木炭和动物骨骼等。

相比较而言，牛河梁遗址第 5 地点的祭祀坑附属于早期积石冢，年代稍早一些。半拉山积石冢属于红山文化的晚期阶段，附属祭祀坑的年代要晚于前者。从祭祀坑的形制和堆积物来看，两者有差别。牛河梁祭祀坑形制更规整，坑底、坑壁经过烧烤，坑内堆积复杂，反映出祭祀程序庄重、繁琐；半拉山祭祀坑形制较多，有的坑并不规整，经过烧烤的也不多，堆积简单，反映出祭祀过程的简化。牛河梁祭祀坑只出土陶器，有的不出器物，坑底普遍铺石块，其上覆盖白沙土，似乎更注重祭祀的过程；半拉山祭祀坑出土陶器、玉器和动物骨骼，出土物丰富，但坑内堆积简单，似乎有些忽视祭祀的程序，而更注重献祭的祭品。

与半拉山积石冢大体同时的安徽凌家滩遗址的祭坛内也发现了祭祀坑，多呈长方形，尺寸不大。以 98YJ1 为例，坑壁和坑底嵌贴小石子，坑内还有数块 20～30 厘米的石头，出土罐、豆、盆等 4 件陶器①。同半拉山积石冢一样，这些祭祀坑与祭坛的关系密切，有特别的形制，填充石块，出土祭祀陶器。

---

① 安徽省文物考古研究所：《凌家滩——田野考古发掘报告之一》，文物出版社，2006 年。

3. 坛上建筑

在半拉山积石冢的祭坛中部发现1座建筑址，其上发现7个排列有序的柱洞（D1～D7，见图六）。柱洞整体平面排列呈长方形，南北长轴与墓地的中轴线近乎平行，南北长约6.6、东西宽约4.6米。柱洞南北向分三排，最北一排为三个柱洞，其余两排为两个柱洞，在中排两个柱洞底部各发现一块大石块作为柱础石。地面经过夯打，其上还有草拌泥烧土堆积。推测该建筑为木构框架结构，有顶盖无墙体。结合建筑址活动面和周围发现的大量祭祀坑以及在活动面上零散分布的石质人头像、陶质人头像和玉器等，我们推测这座建筑是用来放置人像及举行一些祭祀仪式的场所。

半拉山红山文化墓地祭祀性建筑的发现，表明早在新石器时代晚期的红山文化就已存在墓祭建筑，这是中国同类建筑的最早实例，为研究古代丧葬习俗提供了十分重要的资料。

祭坛与墓葬紧密结合，是红山文化积石冢的重要特色。同时，这种现象在凌家滩文化、良渚文化①也有发现。相比较而言，红山文化的祭坛层级更明显、形制更规范、属性更明确，并附属有筒形器、塔形器等专门且独特的祭祀陶器。

公元前3000年前后，是中国古代文化发展的一个高峰。各地区的考古学文化繁荣兴盛，表现为经济蓬勃发展、生产专业化、社会阶层分化，修筑大型城址，社会复杂化进程不断加快，各种文明要素不断出现和固化，向文明时代的门槛快速迈进。在社会复杂化发展的过程中，红山文化是典型代表。已有的考古发现表明，红山文化社会发展的驱动力极为独特，其核心是宗教和礼仪。红山文化的用玉制度②，对中国境内其他考古学文化产生了广泛而深刻的影响，成为具有中国特色的礼仪制度的代表，是中国文明最显著的独有要素之一。红山文化以坛、庙、冢为代表的发达的礼仪建筑，表达出礼制体系的完备、祭祀内容的丰富，体现了红山文化依靠宗教和礼仪而产生了强大的凝聚力和向心力。

---

① 浙江省文物考古研究所：《余杭瑶山遗址1996～1998年发掘的主要收获》，《文物》2001年第12期。
② 郭大顺：《红山文化的"唯玉为葬"与辽河文明起源特征再认识》，《文物》1997年第8期。

关于牛河梁第二地点四号冢几个遗迹现象的再讨论

田广林　梁景欣　田　野

（辽宁师范大学）

牛河梁红山文化遗址第二地点四号冢（Z4）为该地点揭露出来的 6 个遗迹单元中占地面积最大、地层关系最为复杂的一个。发掘材料表明，该冢在相当长的历史发展过程中，先后经历了多个不同的发展阶段，保留下来的各遗迹单位呈现出复杂的叠压打破关系。在该冢区的中部，可以明确地观察到下层积石冢被上层积石冢叠压的层位关系；在北部，见有上层积石冢叠压在灰坑 N2Z4H1 之上的地层现象；而在冢区的南部，又存在着上层积石冢之下叠压着一层垫土、该垫土层之下又叠压着下层积石冢的遗迹现象。发掘者在《牛河梁——红山文化遗址发掘报告（1983～2003 年度）》（以下简称《发掘报告》）中，把四号冢区发现的各遗迹单位，依出现时间的早晚次序，归纳为灰坑（Z4H1）、下层积石冢（Z4M）、垫土层（Z4BD）和上层积石冢（Z4B）四个部分[①]。以下拟据目前已有的考古发掘材料，就四号冢区发现的灰坑（Z4H1）、垫土层（Z4BD）和上层积石冢（Z4B）等遗迹的性质及结构布局等问题，试作进一步讨论。

一　关于灰坑 N2Z4H1

N2Z4H1 位于四号冢区的北侧，叠压在上层积石冢北部冢体之下。坑口略呈椭圆形，口径 2.8～3.6 米，坑壁略微外敞，留有较为明显的火烧痕迹，坑底近平，最深约 0.55 米。坑内堆满纯净的灰烬土，含有数量丰富的陶器残片，其中可复原者多达 14 件，器类以罐居多，其次见有盆、器盖、尊形器、小盅等。此外还出土黑色滑石质地"印章形"器、红碧石镞形细石器各 1 件以及经火烧过的鹅卵石数块。关于这座"灰坑"的性质，《发掘报告》未明确界定，只是根据坑内未发现明确的柱洞、门道之类遗迹，但坑壁留有明显火烧痕迹、坑内堆满纯净灰烬等现象，推测为临时用址。

众所周知，作为考古学术语，灰坑的概念十分宽泛，其中既有日常生活中用以储物的窖穴，也有弃置生活废品的垃圾坑，同时还有宗教礼仪生活中留下来的祭祀坑。分析此坑揭露出来的各种信息，有四点值得特别注意：

---

①　辽宁省文物考古研究所：《牛河梁——红山文化遗址发掘报告（1983～2003 年度）》，文物出版社，2012 年，第 139～209 页。

其一，尽管缺乏出土于该坑陶器碎片的详细统计数据，但同一坑中出土的陶片可复原者多达14件，这种遗迹现象在以往的相类发现中，的确十分罕见，这种现象产生的机制，绝不是日常生活过程中日用陶器破碎后作为生活垃圾的自然遗弃，应该是某种需求下一次性使用的结果。而这种一次性使用背后的社会活动，最大的可能便是祭祀。

其二，此坑出土形制规整、加工精细的2件石制品，一件为滑石质地、器表抛光、在饰有对称三凸尖顶部和长方体状器体之间起一条纽带状凸棱的印章形器（N2Z4H1∶15）；另一件为红碧石质地、采用压剥工艺方法精细加工而成的锛形器。从材质角度上说，滑石与碧石，均为广义上的玉属。坑内出土的滑石印章形器和红碧石锛形器，其性质均为玉器。这种形制规整、加工精细的高档器物之所以出现在坑内，自然也不是随意丢弃的结果，而应该与某种宗教礼仪活动有关。

其三，在此坑出土的可复原的14件陶器中，除了1件为纺轮，另外13件均为容器，其中包括4件小型器皿。在这4件小型器皿中，有2件为直腹罐形器，胎体厚重，制作粗糙，器形不够规整，器表纹饰稀疏草率，大者高4.6厘米，小者高4.3厘米；1件为折腹罐形器，高9.5厘米；另1件为大口尊形器，高7厘米。这种形体偏小、制作相对草率的小型器皿，与常见的日用陶器明显有别，考其功用，应该属于有类于明器的祭祀用器。

其四，牛河梁第二地点四号冢下层积石冢、第五地点下层冢的一个共同特征是都在冢上地表平铺一层碎石层。又据《发掘报告》，牛河梁红山文化遗址在下层冢阶段流行使用祭祀坑进行祭祀活动，第五地点下层冢地层堆积揭露出来的几座祭祀坑，是首次明确地在红山文化积石冢中发掘出的祭祀坑，这批祭祀坑的显著内涵特征一是坑内堆积多发现有纯净的沙土层和碎石层；二是坑壁或坑底普遍遗有火烧痕迹。由此可以知道，铺设在红山文化积石冢上部、祭祀坑内的碎石层，均具有标识祭祀遗存的文化符号意义。据此看来，灰坑N2Z4H1中出土的经火烧过的鹅卵石、坑壁遗留下来的火烧痕迹以及坑内充满的较为纯净的灰烬堆积，都应属于祭祀遗存。

综上所述，可以认为，牛河梁第二地点四号冢区灰坑N2Z4H1的性质应为祭祀坑。

关于灰坑N2Z4H1出现的年代，《发掘报告》认为，此坑是四号冢区内最早出现的遗迹单位，其年代要早于下层积石冢阶段。但由于该坑所处位置与位于南侧的下层积石冢群之间间隔有较大距离，不存在直接相互叠压打破的层位关系，所以使得该坑年代早于下层积石冢的判断意见，由于缺乏确切的层位学依据而显得有些不确定。正因为如此，有关研究者曾根据对于N2Z4H1出土陶器的分析结果，认为此坑的年代要晚于下层积石冢阶段，同时指出《发掘报告》中对于四号冢所界定的年代早晚顺序还有进一步调整的必要。其调整的理由有二：其一，此坑出土的筒形罐中，有两件器口下施凹弦纹，推测这两件筒形罐的凹弦纹很有可能是模仿红山文化晚期筒形器的纹饰。其二，该灰坑出土的筒形罐N2Z4H1∶2（图一，1），口部略敛，腹壁斜直，平底，形制特征与属于红山文化晚期的牛河梁遗址N5SCZ2D∶2（图一，2）极为相似；另一件筒形罐N2Z4H1∶4（图一，3），圆唇，微侈口，上腹壁稍直，自中腹器壁斜收，平底，与属于红山文化晚期的牛河梁遗址N1H1∶1（图一，4）在形态方面极为接近。因此，N2Z4H1应处于红山文化的晚期阶段[①]。

---

①　杜战伟：《中国东北南部地区新石器文化的时空框架与谱系格局研究》，吉林大学博士学位论文，2014年。

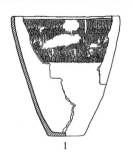 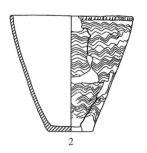 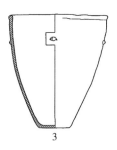 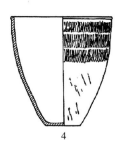

图一　牛河梁 N2Z4H1 出土筒形罐与其他地点出土同类器比较图

1. N2Z4H1：2　2. N5SCZ2D：2　3. N2Z4H1：4　4. N1H1：1

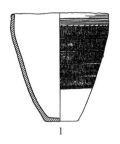  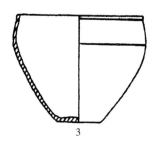 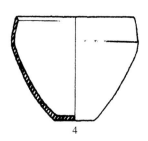

图二　牛河梁 N2Z4H1 出土筒形罐与其他遗址出土同类器比较图

1. N2Z4H1：3　2. 西 T7①：10　3. 二 T32②：2　4. 二 H57：1

不过，牛河梁第二地点四号冢区灰坑 N2Z4H1 出土陶器的形制，除了与同一遗址的同类器有着相似之处外，与其他地区红山文化遗址出土的同类器也同样存在着可资比较之处。如该坑的 N2Z4H1：3（图二，1）折肩筒形罐与赤峰西水泉出土的 T7①：10 折肩筒形罐（图二，2）[①]，在形制上也存在着很大的相似性。红山文化遗存中的这种折肩筒形罐，还见于巴林左旗友好二道梁遗址出土的 T32②：2（图二，3）、H57：1（图二，4）等同类器[②]。赤峰西水泉遗址红山文化遗存的年代处于红山文化发展的中期阶段，距今约 6000 年前后。综合各种信息，本文认为，《发掘报告》关于 N2Z4H1 出现的年代早于下层积石冢遗存的意见，当属正确，是可以采信的。

二　关于垫土层 N2Z4BD

第二地点四号冢区揭露出来的垫土层 N2Z4BD，是叠压在上层积石冢（N2Z4B）之下的一层较为特殊的土层。该土层上部的顶面近于水平，由于受到所在地势北侧高、南侧低的影响，故该垫土层堆积也相应地呈现出北侧薄、南侧厚的特点，其南侧最厚处达 0.6 米。据《发掘报告》，垫土层 N2Z4BD 的构成主体为灰烬，间杂以较多的红烧土块、陶器残片和零星的动物碎骨。垫土层之下，恰好覆盖着南侧的下层积石冢墓葬。

关于这一遗迹现象出现的时间及其形成机制，《发掘报告》的编写者根据揭露出来的层位关系，认为显然是构筑上层积石冢之前，平整自然地势的产物。同时指出，该垫土层是从层位上区分下、上

---

① 中国社会科学院考古研究所内蒙古工作队：《赤峰西水泉红山文化遗址》，《考古学报》1982 年第 2 期。

② 内蒙古文物考古研究所：《巴林左旗友好村二道梁红山文化遗址发掘简报》，《内蒙古文物考古文集》第一辑，中国大百科全书出版社，1994 年，第 96～113 页。

层积石冢和确立下、上层积石冢间早晚关系最明确的依据之一①。不过，虽然《发掘报告》中明确指出该垫土层出现于上层冢构筑之前，但其究竟属于下层冢遗存还是上层冢遗存，《发掘报告》却未能做出明确界定，因此尚有进一步讨论的余地和必要。

据《发掘报告》，在垫土层 N2Z4BD 中出土的陶器绝大多数为泥质红陶，器类以器表施挂红色陶衣、上施黑彩的塔形器、筒形器、盖盘、器盖居多，此外还有罍、钵、罐、三足杯等。在发表的 7 件筒形器中，有 5 件（N2Z4BD：75～79）属于下层积石冢阶段的 A 型筒形器，另有一件 N2Z4BD：81 筒形器也疑属下层冢阶段。由此可以得出这样的判断：即垫土层中包含的陶器残片，多属下层积石冢遗存。除此之外，该层出土的陶片，也还包含一小部分上层积石冢阶段的遗物。如该层出土的 N2Z4BD：74 塔形器器表主体所施的直角三角纹②、N2Z4BD：82 折腹盖盘外侧棱面处所施平行线间菱形纹③、N2Z4BD：61 器盖所饰勾连涡纹④，与四号冢区上层积石冢出土的同类彩陶纹饰完全相同。根据该层出土的陶器含有上层积石冢遗存这一现象可以确认，这层垫土层属于上层积石冢遗存。《发掘报告》曾根据四号冢区下层积石冢与上层积石冢在墓葬结构、形制、规格、随葬物品等方面显现出来的明显差异，指出由下层冢到上层冢之间的演变所代表的是一次激烈的社会冲突和历史变革。从垫土层出土的下层冢遗存要远远高于上层冢遗存的比例这一现象可以看出，这层垫土层出现的时间，应该发生在这场剧烈的社会变革实现后不久。

关于四号冢垫土层 N2Z4BD 的功能与性质，目前尚未见到有关的专门研究成果，发掘者在《发掘报告》中，仅仅提到是构筑上层积石冢之前平整自然地势的产物。所以，这是一个至今尚未引起学术界重视的问题。

如前文所述，构成四号冢区垫土层堆积的主体成分是灰烬，间有较多的火烧土块、祭祀用陶残片和少量石器与兽骨。这里大量的灰烬和火烧土块，无疑是下层积石冢阶段曾长期在这里的地面上举行燎祭活动留下来的遗迹，而少量属于上层冢阶段的彩陶塔形器、折腹盘、器盖等的存在，则意味着到了上层积石冢阶段，下层冢阶段这种在地面上举行祭祀的礼俗仍在传承。迹象表明，这种所谓的垫土层，应属一种可以单独存在的祭祀载体。

值得注意的是，叠压在牛河梁第二地点四号冢的下层冢和上层冢之间的这种垫土层，在已知的红山文化晚期祭祀遗存中，并非孤例。在同一地点的三号冢（N2Z3）和五号冢（N2Z5）、第五地点三号冢（N5SCZ3）以及朝阳半拉山红山文化积石冢之下，均发现布有这种人工堆筑的土层。

牛河梁第二地点三号冢（N2Z3）是一处未见墓葬的三级坛体式土石混筑建筑。经发掘确认，在该坛体之下，普遍铺设一层有陶器残片包含物的棕黄色垫土。与四号冢的垫土层一样，该处垫土也是顺山坡由上到下的走势，由北到南逐渐加厚，北侧厚约 0.3 米，南侧厚约 0.6 米。据报道，在 N2Z3 垫土

① 辽宁省文物考古研究所：《牛河梁——红山文化遗址发掘报告（1983～2003 年度）》，文物出版社，2012 年，第 177 页。
② 见辽宁省文物考古研究所：《牛河梁——红山文化遗址发掘报告（1983～2003 年度）》，文物出版社，2012 年，第 179 页 N2 图一三六-8。
③ 见辽宁省文物考古研究所：《牛河梁——红山文化遗址发掘报告（1983～2003 年度）》，文物出版社，2012 年，第 181 页 N2 图一三八-9。
④ 见辽宁省文物考古研究所：《牛河梁——红山文化遗址发掘报告（1983～2003 年度）》，文物出版社，2012 年，第 183 页 N2 图一三九-10。

层中出土的 13 件可以辨别年代早晚的筒形陶器，其中有 8 件为下层积石冢阶段的 A 型筒形器，有 5 件属于上层积石冢阶段的 B 型筒形器。这意味着，这座祭坛出现的时间与四号冢的上层冢大体同时。

第二地点五号冢（N2Z5）揭露出来的地层堆积分为两层：第一层为厚约 0.15 ~ 0.2 厘米的表土层；第二层是厚约 0.4 ~ 0.6 厘米的黑花色垫土层，南厚北薄，内含烧土块和陶器残片。这层人工垫土修筑于建在其上的方形石构坛体出现之前，石构坛体的全部结构均直接起筑于此层垫土之上。在垫土层之下，发现有开口于此层下的祭坑 2 座，人骨架 3 具。垫土层之下为次生土层。

第五地点祭坛（N5SCZ3）位于第五地点上层积石冢一号冢与二号冢的中间。据报告，该祭坛之下所叠压的石块堆积之上，覆盖有一层厚约 0.2 米的质地纯净的棕红色土层，N5SCZ3 就建造在这层纯净的棕红色土层之上。毫无疑问，牛河梁第五地点祭坛也是构筑于预先筑起的垫土层之上。

值得注意的是，牛河梁第二地点的三号冢（N2Z3）、第五地点的三号冢（N5SCZ3），在《发掘报告》中虽称积石冢，但却明确定性为祭坛。至于第二地点的五号冢（N2Z5），其基本内涵特征是未见墓葬的石构方形坛式建筑，其中发现有人牲、祭祀坑、石构祭祀封堆等祭祀遗迹，考其性质，也应为祭坛[①]。如此说来，在牛河梁遗址发现的这 3 处红山文化晚期祭坛，无一例外，全部建在一层人工堆筑的土层之上。这种现象，还见于朝阳半拉山红山文化祭坛遗址。不过，半拉山发现的这种叠压在祭坛之下的人工堆筑土层，在发掘简报中，不作"垫土"，而称"土冢"。

朝阳半拉山遗址为一处地层堆积单纯的红山文化积石冢墓地遗址[②]。发掘者在报告中把该遗址发现的遗迹内涵概括为两个方面：一是构成墓地的冢体本身；二是分布于其上的祭祀遗迹和墓葬。

发掘者关于半拉山"土冢"的表述为：是利用黄土在地表人工堆积而成的一个土台。台面较平整，平面近圆角长方形。堆积整体北宽南窄，中心和南部厚、边缘和北部薄。该土台堆积又可分为上、下两层。

早期的下层冢体是采用较纯净的黄土在地表堆积而成的一个土构平台建筑，东、西边缘弧形内收，南端近圆弧状，南北长约 50、东西最宽约 26 米，总面积约 1300 平方米。其上分布有祭祀坑多座。

晚期的上层冢体由下部黄土堆积的土冢、上部石砌的界墙及外部积石堆积三部分组成。与早期冢体相比，晚期遗存出现了三点显著变化：一是冢体是整修上个阶段冢体的产物，采用的是被扰动过的黄黑相间的花土堆积而成，其面积小于下层冢体，除了北侧边缘与下层冢体重合外，东侧、西侧、南侧边缘均向内收敛，总面积约 935 平方米。其上分布的祭祀遗迹有祭坛和祭祀坑等。

显而易见，半拉山遗址所见的"土冢"与牛河梁遗址出土的多处"垫土"，有着相同的形态特征和本质属性。就表象的建筑形态而言，目前在红山文化晚期遗存中发现的这种"垫土"或"土冢"，都是修筑在远离聚落居址的祭祀遗址的地面平台式建筑，其上往往建有祭坛，又同时发现有燎祭、坎祭等祭祀遗迹。这说明出现于红山文化晚期阶段的这种低矮的地面建筑遗迹，既是筑坛于其上的祭祀平台，同时也是一种可以独立举行某种宗教礼仪活动的祭祀场地。

在中国传统典籍中，称这种建在地面上的低矮祭祀平台曰"墠"。可以认为，红山文化祭祀遗址

① 翟超：《红山文化祭祀遗存研究》，辽宁师范大学博士学位论文，2018 年。
② 辽宁省文物考古研究所、朝阳市龙城区博物馆：《辽宁朝阳市半拉山红山文化墓地的发掘》，《考古》2017 年第 2 期，第 3 ~ 33 页；《辽宁朝阳市半拉山红山文化墓地》，《考古》2017 年第 7 期，第 18 ~ 30 页。

中发现的所谓"垫土""土冢"，就其性质而言，应为早期墠的遗迹。它的出现，与中国古代墠祭的起源，有着十分密切的内在关系。

三 关于上层积石冢

牛河梁第二地点四号冢区上层积石冢的整体结构由冢下垫土层、冢体、冢内墓葬三部分构成。其中，垫土层的性质为墠祭遗迹，已见前述。冢体位于整个冢区的北部，由先后建造的两组有相互叠压关系的石构建筑组成，可以据此将该冢区的上层冢遗存区分为早、晚两个阶段。早期阶段的冢体未见墓葬，晚期冢体发现的墓葬数量较少，均为分布零散的小型墓，未见大型的中心墓葬。这里将要重点讨论的是早期冢体的性质、上层冢阶段各遗迹单位的年代及结构布局问题。

属于早期阶段的冢体为两座东西并列分布的三级圆坛式建筑，居西者编号为 Z4B1，居东者编号为 Z4B2，其内均未发现墓葬。经发掘确认，两者在其第二层圆形石阶墙的中部有相接相交部分，表明这两座圆形冢体有着建造时间相当、相互依存、共为一体的内在关系。换句话说，这两座圆形石构建筑应属同一社群所建。在《发掘报告》中，统一称之曰 N2Z4B。

这两座起建较早的圆形冢体，最初均为建在《发掘报告》称"垫土层"，实则为"墠"之上的三级圆坛式建筑。其中位于西侧的 Z4B1 尽管残损严重，但尚能清晰地观察到冢体平面形制为圆形，由外到内砌有三重逐层高起的同心圆环状石阶墙，直径分别为 19.2、17.4、15.6 米。

位于东侧的 Z4B2，与 Z4B1 东西对应、形制相近，也为一座三级叠起的圆坛式建筑，不过其体量规模要小于 Z4B1。可辨认的三重同心圆环状石阶墙中，外环的冢界墙直径约 15.3 米，中阶墙直径约 13.4 米，内环阶墙直径约 12 米。其中外环界墙采用厚约 3 厘米的片石平砌，其高度近于地表。中环阶墙较外环界墙高出约 0.3 米，内环阶墙又高出中环阶墙约 0.2 米，由此形成一座由外到内层层高起的三级圆坛体建筑。在外侧冢界墙与中间阶墙之间形成的阶面上，贴近外环界墙内侧立置一圈排列紧密的彩陶短体筒形器，其形制及其纹饰，与 N2Z3 祭坛之下垫土层中出土的同类器高度相似[①]。在内环阶墙以内的顶部，以平铺的积石为封，形成较平的顶部台面。该冢体的建筑结构特征，也同样与 N2Z3 祭坛十分相似。

在 Z4B2 三级圆坛建筑南侧，还延伸出一个向南部扩展的地面石构平台。扩展的方式是沿原圆坛外侧向南拓展出一个整体呈梯形、周边有石砌界墙、地表以碎石铺面的地面石构平台。从北部圆形冢体顶部北端至南部梯形台面南外环界墙之间的距离长约 34.6 米，拓展的范围正好把分布于该区域南侧的下层积石冢全部叠压，从而形成一个北圆南方的大型地面平台，占地面积远远超越了西侧的 Z4B1。在扩展出来的台面范围内，未发现有筒形器等专用祭祀用陶设置，发掘者据以认为，这片南向扩展的冢界与冢体，其地位与作用与北部冢的本体有所不同。据其外侧筑有低矮的石砌边框界线、整体以一层碎石为封，形成地上台面这些内涵特征分析，这个梯形石构台面的性质，也应为墠。

① 见辽宁省文物考古研究所：《牛河梁——红山文化遗址发掘报告（1983~2003 年度）》，文物出版社，2012 年，第 134 页 N2 图八八 -14、15，第 190、191 页 N2 图一四五、一四六。

尽管在这两座叠压在下层冢之上的三级圆坛式建筑中均未发现墓葬，但在《发掘报告》中，依然将其性质定为积石冢。综合已有的各种信息，可以看出，四号冢区上层冢早期阶段的这两座圆形石构建筑，与通常意义上的红山文化积石冢差异十分明显，其中最根本的不同是未见墓葬。相形之下，这两座圆形坛式建筑与紧邻其西侧、明确定性为祭坛的三号冢（N2Z3）在建构形制、文化内涵等方面却有着诸多十分相似的共同点。所以，笔者认为，叠压在下层积石冢和上层积石冢晚期阶段遗存之间的这两座三级圆坛式石构建筑，及其南向扩展的地面石构台面的性质，均应属于坛壝类建筑遗存。

上层积石冢晚期阶段的主体建筑是叠压在两个三级圆坛式建筑（Z4B）之上的方形积石冢（Z4A）。这是一座长方形三级石砌坛体建筑，整体叠压在 Z4B1 之上。由于冢体的西部早已被季节性自然冲沟损毁，发掘时可辨认的遗迹现象是其所属的三道外、中、内环北墙，一段东侧中环阶墙，两道外、内环南墙和冢上的积石、筒形陶器。在北中环墙里侧发现有原位保存的泥质红陶、施绘黑彩的筒形器圈带，器类以短体筒形器为主，个别者为扁钵式筒形器。其形制、纹饰与 N2Z3 祭坛坛体上出土的同类器高度相似[①]。在这座三级方坛形冢体南外界墙内侧，发现墓葬 6 座，编号为 M2、M3、M10、M11、M14 和 M15。除了位于 Z4B1 外环界墙西侧的 M10、M11 两座墓葬与冢体不存在叠压打破关系之外，其余的 4 座，N2Z4M3 直接利用 Z4A 的南外墙为北侧墓壁，N2Z4M2 墓的北端打破 Z4B1 冢体的外环墙和中环墙，N2Z4M14 打破 Z4A 的南外环墙，N2Z4M15 打破 Z4A 的南内环墙。这是一个十分值得寻味的遗迹现象。这种现象本身说明，有关这批墓葬的确切归属问题，尚存在着进一步深入讨论的余地。

综合上述分析意见，可以得出如下几点基本认识：

（一）继下层冢之后出现在四号冢区范围内的两座三级圆坛式建筑及位于东侧的 Z4B2 后来沿原来圆坛外缘向南扩展出的近方形石坛建筑，其基本内涵与积石冢的根本区别在于不见墓葬。究其性质，应为坛壝类祭祀遗存。

（二）贴近 Z4B2 外环界墙内侧立置的彩陶短体筒形器，其形制和纹饰，与 N2Z3 祭坛之下垫土层中出土的同类器之间客观存在着的高度相似性，意味着 Z4B2 圆形坛体的年代应略早于 N2Z3 祭坛。而在 Z4A 北中环墙里侧发现的原位保存的短体筒形器、扁钵式筒形器，在形制、纹饰等方面与 N2Z3 祭坛坛体出土的同类器之间的高度相似性，则意味着 Z4A 圆形坛体与 N2Z3 祭坛的年代相当。结合 N2Z4B 圆坛建筑与 N2Z4A 方坛建筑之间的层位关系背景，可以确认，牛河梁第二地点四号冢发现的 N2Z4B 三级圆坛式石构建筑年代要早于 N2Z3 祭坛，这是目前已知年代最早的红山文化三级圆坛式祭坛，它的出现，对于中国古代传统祭祀文化，应该具有某种重要的文化发生学意义。

（三）牛河梁第二地点四号冢区的上层冢方形冢（Z4A）与同一地点出现的 N2Z3 祭坛，应属同一时期遗存。而 N2Z3 三级圆形祭坛应是受到四号冢区 Z4B 圆形祭坛影响的结果。至于分布于该地点 N2Z3 祭坛西侧的 N2Z2、N2Z1 两座积石冢的出现，是否受到 N2Z4A 积石冢的影响，则有待于进一步研究。

---

① 见辽宁省文物考古研究所：《牛河梁——红山文化遗址发掘报告（1983~2003 年度）》，文物出版社，2012 年，第 137 页 N2 图九一、第 198、199 页 N2 图一五三、一五四。

从随葬镯环类玉器的变化看牛河梁
红山文化墓葬的演变[*]

张星德

（辽宁大学）

牛河梁遗址 1981 年 4 月在建平县的文物普查中被发现，是目前已知红山文化遗址中规模最大、等级及社会复杂化程度最高的一处聚落群。以其有历时近千年的丰富堆积、坛庙冢相结合的多种形式、玉器为代表的遗存特色长期以来一直引人注目，对红山文化社会属性研究、中国早期文明起源研究具有重要意义[①]。然而，由于牛河梁积石墓多以玉器为随葬品，缺乏习惯上用以认识文化面貌及年代的陶器，而玉器数量又有限，本身形制变化相对较慢，在陶器对晚期红山文化分段还难以给出令人满意答案的今天，给牛河梁墓葬研究造成了一定的瓶颈。本文拟通过对牛河梁出土的红山文化镯环类玉器和墓葬的关系进行系统梳理，在探寻各自基本面貌的基础上，力图通过两者关系的研究，对牛河梁红山文化提出一些粗浅的认识。

一　牛河梁出土的玉镯与玉环

牛河梁红山文化玉器中有两类数量最多、出现频率最高的玉器，即玉镯和玉环，其外观正圆，造型简单，工艺要求不及其他几何类或各种动物类玉器，所以除非在对玉器的整体分类时会被提及，常常被排除在以往研究者的视线之外。这两类玉器从器形上观察差异甚微，仅极个别玉环个体偏小，少量有钻孔。以至于在类型学上可以将玉镯、玉环共同分类。其间最重要的区别是两者在墓内的位置不同，玉镯出土时戴于墓主人的腕部，而玉环的出土位置则比较多样，或颅顶，或肩部、腹部，或肢骨

＊ 本文为国家社科基金项目"牛河梁遗址的补充整理与研究"（项目批准号 17BKG007）的阶段性研究成果。

① 辽宁省文物考古研究所：《辽宁牛河梁红山文化"女神庙"与积石冢群发掘简报》，《文物》1986 年第 8 期；《辽宁牛河梁第二地点四号筒形器墓的发掘》，《文物》1997 年第 8 期；《辽宁牛河梁第二地点一号冢 21 号墓发掘简报》，《文物》1997 年第 8 期；《牛河梁红山文化第二地点一号冢石棺墓的发掘》，《文物》2008 年第 10 期；《辽宁牛河梁第五地点一号冢中心大墓（M1）发掘简报》，《文物》1997 年第 8 期；《辽宁凌源市牛河梁遗址第五地点 1998～1999 年度的发掘》，《文物》2001 年第 8 期；《牛河梁第十六地点红山文化积石冢中心大墓发掘简报》，《文物》2008 年第 10 期；《牛河梁——红山文化遗址发掘报告（1983～2003 年度）》，文物出版社，2012 年。魏凡：《牛河梁红山文化第三地点积石冢石棺墓》，《辽海文物学刊》1994 年第 1 期。华玉冰：《牛河梁女神庙平台东坡筒形器群遗存发掘简报》，《文物》1994 年第 5 期。李恭笃：《辽宁凌源县三官甸子城子山遗址试掘报告》，《考古》1986 年第 6 期。

旁。就玉器大小而言，玉镯外径在 4~8.8 厘米之间，以 6~7 厘米之间多见，内径在 2.9~6.7 厘米之间，以 5.5~6 厘米之间多见。玉环的外径在 4.9~12 厘米之间，也以 6~7 厘米之间多见，内径在 3.71~9 厘米之间，以 5.2~5.5 厘米之间多见。

按照断面形制，牛河梁红山文化镯环类玉器可以分为 A、B、C 三型。A 型，内缘平或略弧，两端斜起，外缘尖圆；B 型，内缘平直，外缘尖或尖圆，横断面呈三角形；C 型，内缘斜平，外缘尖薄，器面钻孔。A、B 两型镯、环均见，C 型极少，仅见 2 件（图一）。

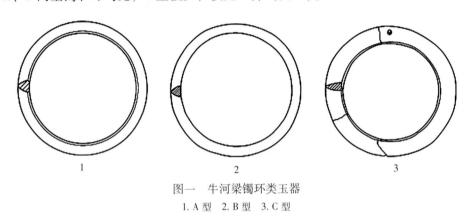

图一　牛河梁镯环类玉器
1. A 型　2. B 型　3. C 型

牛河梁墓葬出土玉镯、玉环形制情况统计见表一。

表一　牛河梁墓葬出土镯环类玉器表

器物号	名称	出土位置	形制	尺寸（单位：厘米）		
				外径	内径	厚
N2Z1M25：4	镯	右腕	A	6.4	5.2	0.6
N2Z1M25：5	镯	左腕	A	6.5	5.4	0.6
N2Z1M26：3	镯	右桡	B	7.2	5.9	0.7
N2Z1M1：1	环	颅顶	C	12	9	0.7
N2Z1M7：1	环	骨堆上	A	7.4	5.7	0.75
N2Z1M7：4	环	骨堆上	A	6.7	5.25	0.8
N2Z1M8：1	环	墓室	A	6.5	5.4	0.4
N2Z1M11：1	环	墓室	B	7	5.5	0.7
N2Z1M14：2	镯	右腕	B	6.8	5.75	0.5
N2Z1M14：3	镯	左腕	B	7.2	5.9	0.6
N2Z1M15：2	镯	右腕	B	6	5.1	0.5
N2Z1M15：3	镯	左腕	B	5.8	5	0.3
N2Z1M15：5	环	墓室	B	6.9	5.6	0.5
N2Z1M21：15	镯	右腕	B	7.8	6.2	0.7
N2Z1M22：3	镯	右腕	A	6.9	5.7	0.55
N2Z1M23：4	镯	未标	A	8	6.4	0.8
N2Z1M24：1	镯	右腕	A	7.2	6	0.5
N2Z1M24：2	镯	右腕	A	7.7	6.1	0.6
N2Z1M27：1	镯[1]	左腕	A	6.3	5.5	0.4

[1]　N2Z1M27：1 在原《报告》中称"环"，但查看文字，"出土时套于死者左腕部"，故仍应为镯。

续表一

器物号	名称	出土位置	形制	尺寸（单位：厘米）		
				外径	内径	厚
N2Z2M2：1	环	未标	A	4.9	3.71	0.4
N2Z4M2：2	环	膝下	A	6.6	5.4	0.5
N2Z4M2：3	环	膝下	A	6.6	5.4	0.5
N2Z4M14：1	环	墓室	A	7.3	5.6	0.6
N2Z4M14：2	环	墓室	A	7.2	5.6	0.6
N2Z4M15：1	环	头上方	A	6.85	5.35	0.68
N2Z4M15：3	环	左肩	A	6.8	5.2	0.65
N3M3：2	疑为 M4 镯	肱骨	A	4	2.9	0.4
N3M3：3	镯	右腕	A	6.2	5.3	0.45
N3M3：4	镯	左腕	A	5.6~6	4.6~5.1	0.4
N3M7：2	镯	右腕	A	6.9	5.9	0.45~0.5
N3M9：1	镯	右腕	A	8.4	6.7	0.8
N5Z1M7：1	镯	右腕	A	8.6	6.2	1.1
N5Z1M1：5	镯	右腕	B	8.5	6.5	1.1
N5Z2M2：2	镯	左腕	B	7.5	5.6	0.8
N5Z2M2：3	镯	右腕	B	7.6	5.7	0.7
N5Z2M3：1	镯①	不明	C	7	4.7~5	0.6
N16M1：4	环	盆骨	A	6.3	5.2	0.5
N16M1：5	环	盆骨	B	6.21	5.2	0.5
N16M10：2	环	墓室	B	6.3	5.4	0.4
N16M4：3	环②	右腕	A	7.6	6	0.9
N16M4：5	环	盆骨	A	6.55	5.53	0.5
N16M4：6	环	盆骨	B	6.6	5.5	0.45
79N16M2：2	环	胸部	A	6.25	5.3	0.4
79N16M2：8	环	脚部	B	6.4	5.4	0.4
79N16M2：3	镯	未标	A	8	6.3	0.8
N16M14：4	镯③	骨堆侧	A	8.8	6.7	0.88
N16M14：6	环	骨堆侧	A	7.5	5.7	0.69
N16M14：7	环	未标	A	7.35	5.9	0.61
N16M14：8	环	骨堆下	A	6.75	5.45~5.55	0.75
N16M15：2	环	未标	A	6.81	5.6	0.5

　　从上表可知，无论镯与环，一墓出土多件的有 N2Z1M14、N2Z1M15、N2Z1M24、N2Z4M14、N2Z4M15、N3M3、N5Z2M2、N16M14 等，同一墓葬随葬镯环类玉器一般是同型的，可能与出自同一工匠有关。

　　同时，牛河梁遗址红山文化墓葬中随葬环镯类玉器的情况有三种：单独随葬镯、单独随葬环、镯与环共存。其中是否有规律可循呢？我们进一步来分析镯环类玉器在不同冢、不同形制墓葬中出土的情况。

①　N5Z2M3：1 出土于两块下肢骨之间，墓主人为二次葬，故该器不能确指为镯，暂采用原报告提法。
②　N16M4：3 原报告称镯，出于近肘部，未套于手臂，应视为环。
③　N16M14：4 出土于肢骨堆北侧偏西，墓主人为二次葬，故该器不能确指为镯，暂采用原报告提法。

二　玉镯、玉环的出土情况

玉镯、玉环在牛河梁红山文化第二、第三、第五和第十六四个地点的墓葬中均有发现，其中包括 N2Z4 下层和 N5Z1、N5Z2 三个下层冢，以及 N2Z1、N2Z2、N2Z4A、N3、N5SCZ1、N5SCZ2、N16 西侧墓葬、N16Z1 等上层积石冢内的积石墓。

按照《报告》的分类，牛河梁积石墓可以分为 A、B、C 三型，为下文叙述方便，摘录如下：

牛河梁墓葬“可界定为 A、B、C 三型。

A 型，为土圹墓。尚未形成固定的墓室，又分为 2 个亚型：

Aa 型，仅以数块石板（少见石块）示意性地贴敷于墓圹壁上，墓的土圹壁呈口宽、底窄的倒梯形状。可称为 Aa 型土圹·敷石墓；

Ab 型，也为土圹墓，土圹壁竖直，立石板成墓室。可称为 Ab 型土圹·立石墓；

……

B 型，为石板平砌室壁，形成盖顶和铺底俱全、规矩的石砌墓室。只见于上层积石冢。也可分为两个亚型：

Ba 型，为土圹·砌石墓。见于中心墓及一些较深大的墓。

Bb 型，也为土圹·砌石墓，但土圹一侧起有台阶。

以上 A、B 型的两类墓葬，都系辟于原地表下的土圹墓。

C 型　在上层积石冢阶段，又新出现一种原地表上的墓葬。其墓室的砌筑方式，是边构筑墓室的同时，边在墓室外侧封土、垫石以加固墓壁。即这种墓无生土圹口，可统称之为 C 型。C 型也能略分为 Ca、Cb 型两种不同形制。

Ca 型，为无圹·砌石墓，都系原葬的仰身直肢葬墓。长方形墓室，砌筑则有石块平铺、石板竖立等不同做法；墓主为仰身直肢葬者，皆为 Ca 型墓。

Cb 型，无圹·石匣墓，都是捡骨二次葬。墓室形式、结构更是砌法随意，甚至有的墓室非常狭窄，似仅能容纳捡骨即可。”[①]

纵观牛河梁红山文化墓葬，上述类型还不能完全概括所有的墓葬形制，比如单纯土圹竖穴墓、土圹·砌石墓中两个亚型内均存在有底石无盖板和无底石有盖板之别等。因不影响本文分析，文中不予进一步讨论。

上述各型墓葬在牛河梁各地点的分布比较复杂，为更清晰说明镯环类玉器与墓葬的关系，我们将以冢为单位逐冢对墓内随葬有镯环类玉器的墓葬形制情况加以分析。

1. 第二地点 Z1

第二地点 Z1 出土红山文化墓葬 25 座，从形制上看包括 Bb、Ca、Cb 型，其中 N2Z1M25、N2Z1M26、N2Z1M21、N2Z1M22、N2Z1M23、N2Z1M24、N2Z1M27 均属于 Bb 型土阶·砌石墓，土圹一侧起有台阶，但是 N2Z1M25、N2Z1M26 有底石无盖板，而其余皆无底石有盖板。N2Z1M20、

---

① 辽宁省文物考古研究所：《牛河梁——红山文化遗址发掘报告（1983～2003 年度）》，文物出版社，2012 年，第 219 页。

N2Z1M1、N2Z1M2、N2Z1M4、N2Z1M5、N2Z1M9、N2Z1M14、N2Z1M15 为 Ca 型无圹·砌石墓。N2Z1M3、N2Z1M6、N2Z1M7、N2Z1M8、N2Z1M10、N2Z1M11、N2Z1M13、N2Z1M16、N2Z1M17、N2Z1M19 为 Cb 型无圹·石匣墓。该冢内共出土镯环类玉器 19 件，分别出自 N2Z1M25、N2Z1M26、N2Z1M1、N2Z1M7、N2Z1M8、N2Z1M11、N2Z1M14、N2Z1M15、N2Z1M21、N2Z1M22、N2Z1M23、N2Z1M24 和 N2Z1M27 共计 13 座墓葬。其中单独出土玉镯的墓葬是 N2Z1M25、N2Z1M26、N2Z1M21、N2Z1M22、N2Z1M23、N2Z1M24、N2Z1M27 和 N2Z1M14，单独出土玉环的墓葬有 N2Z1M1、N2Z1M7、N2Z1M8、N2Z1M11，镯、环共处的墓葬为 N2Z1M15。可知，该冢所有 Bb 型土阶·砌石墓均仅出土玉镯，所有玉环均出自 C 型的无圹·砌石墓和无圹·石匣墓，同时在无圹·砌石墓中有一座出土玉镯（N2Z1M14）、一座玉镯玉环共存（N2Z1M15）。

那么，在 N2Z1 看到的仅土圹墓以玉镯随葬和无圹墓以环或环镯共同随葬，是该冢的偶然现象，还是具有普遍意义的习俗呢？

2. 第二地点 Z2

第二地点 Z2 出土墓葬 5 座，N2Z2M1、N2Z2M3、N2Z2M4 三墓为 Ba 型土圹·砌石墓，N2Z2M1、N2Z2M3 有石铺底，N2Z2M4 无底，就规模上，N2Z2M1 规模巨大，且外围建起石台，为其余两者无法比拟的。N2Z2M2，Bb 型土阶·砌石墓，N2Z2M5 为单纯土圹墓。仅有 N2Z2M2 出土有玉环。与 Z1 相比，同为土阶·砌石墓，随葬器类有别，其区别的意义何在？暂不明确。

3. 第二地点 Z4

第二地点 Z4 下层积石冢共发现墓葬 10 座，均为 A 型。其中 N2Z4M4～N2Z4M8、N2Z4M16 六座为 Aa 型土圹·嵌石墓，N2Z4M9 和 N2Z4M1 为单纯土圹墓，N2Z4M12、N2Z4M13 两墓为 Ab 型土圹·立石墓。全部墓葬没有镯环类玉器随葬。

Z4 上层 A 冢发现墓葬 6 座。N2Z4M2、N2Z4M10、N2Z4M11 为 Ba 型土圹·砌石墓，均有石板铺底，其中 N2Z4M2 出土玉环。N2Z4M15 为 Ca 型无圹·砌石墓，N2Z4M3、N2Z4M14 为 Cb 型无圹·石匣墓，均随葬有玉环。Z4A 无圹墓随葬玉环，再一次说明第二地点无圹墓时期以随葬玉环为主。

4. 第三地点

第三地点发现墓葬 11 座，全部为 Ba 型土圹·砌石墓，其中的 N3M7、N3M9 各随葬玉镯 1 件，N3M3 随葬玉镯 2 件、玉环 1 件。N3M3：2 环直径 4、内径 2.9 厘米，是牛河梁所见最小的镯环类器。据《报告》称，M3 打破 M4 东南部，后者中下部均被 M3 占据，仅北壁大部保留，人骨架经扰动，堆放于墓室内西部。所以 M3 的玉环有可能原是 M4 的随葬品，在埋藏 M3 时被扰动并取出置于 M3 中。如是，该冢墓葬也是以玉镯随葬的。

5. 第五地点

第五地点下层积石冢包括 Z1、Z2 两座。Z1 发现墓葬 3 座，均为 Ba 型土圹·砌石墓，其中 N5Z1M7 出土玉镯 1 件。Z2 发现墓葬 1 座，未见随葬品。

第五地点上层积石冢也包括 Z1、Z2 两座积石冢。Z1 发现墓葬 1 座 N5Z1M1，属 Ba 型土圹·砌石墓，随葬玉镯 1 件。Z2 发现墓葬 4 座，其中 N5Z2M1、N5Z2M2、N5Z2M3 为 Ba 型土圹·砌石墓，N5Z2M9 为石块与陶筒形器片合筑的小型墓。N5Z2M2 随葬镯 2 件，N5Z2M3 随葬镯 1 件。

第五地点上下层积石冢均以玉镯随葬，不见玉环。

6. 第十六地点

第十六地点属于下层积石冢的遗存并未见明确的单体墓葬，属于上层积石冢的墓葬从埋葬的位置及方向可以分为三组。第一组只发现墓葬1座，即N16M9，为土坑竖穴墓，未见玉器随葬。第二组西侧墓葬，包括N16M1、N16M11、N16M10三座墓葬，其中N16M1土圹·砌石墓，随葬品中包括有2件玉环。N16M11也为土圹·砌石墓，石板盖顶，不见镯环类玉器随葬。N16M10，长方形竖穴土坑墓，立石板，石板盖顶，随葬玉器中包括玉环1件。第三组即为Z1，包括墓葬8座。其中N16M4、79N16M2、N16M14为Bb型土阶·砌石墓，有石板铺底，《报告》称均有镯和环共出，但N16M4：3出土于近肘部，看线图及照片，均未套于手臂上，也应视为环。其余为Ba型土圹·砌石墓，仅N16M15随葬玉环。

据此，我们列表二，以期更清晰显示镯环类玉器与墓葬形制及墓主人性别的对应关系。

表二　镯环类玉器与墓葬形制及墓主人性别的对应关系表

墓号	名称	墓葬形制	层位归属	墓主性别	墓号	名称	墓葬形制	层位归属	墓主性别
N2Z1M25	镯	Bb	上层	男	N2Z1M26	镯	Bb	上层	不明
N2Z1M21	镯	Bb	上层	男	N2Z1M22	镯	Bb	上层	不明
N2Z1M23	镯	Bb	上层	男	N2Z1M24	镯	Bb	上层	1男1女
N2Z1M27	镯	Bb	上层	女	N2Z1M1	环	Ca	上层	女
N2Z1M7	环	Cb	上层	男	N2Z1M8	环	Cb	上层	女
N2Z1M11	环	Cb	上层	男	N2Z1M14	镯	Ca	上层	女
N2Z1M15	镯、环	Ca	上层	女	N2Z2M2	环	Bb	上层	男
N2Z4M2	环	Ba	上层	女	N2Z4M14	环	Cb	上层	无人骨
N2Z4M15	环	Ca	上层	女	N3M3	镯	Ba	上层	女
N3M7	镯	Ba	上层	男	N3M9	镯	Ba	上层	男
N5Z1M7	镯	Ba	下层	男	N5Z1M1	镯	Ba	上层	男
N5Z2M2	镯	Ba	上层	不明	N5Z2M3	镯	Ba	上层	不明
N16M1	环	Ba	上层	男	N16M10	环	Ab	上层	不明
N16M4	环	Bb	上层	男	79N16M2	镯、环	Bb	上层	不明
N16M14	镯、环	Bb	上层	女	N16M15	环	Ba	上层	男

可见，就镯环类玉器的使用而言，牛河梁积石冢中，同一地点的同一冢同层位墓葬总是以一种相似的方式随葬的。单纯以玉镯随葬的包括N2Z1土阶·砌石墓、N3、N5Z1（下层积石冢）、N5SCZ2，墓葬中以随葬环为主配以镯的有N2Z1无圹·砌石墓、N2Z2、N2Z4A、N16西侧墓葬、N16Z1。故此，单纯以玉镯随葬，或以玉环为主个别配镯随葬这两种使用环镯类玉器的随葬模式在牛河梁是确实存在的。为叙述方便，我们分别将它们命名为模式1和模式2。那么，这两种模式究竟表述了怎样的意义呢？它们的区别因为什么而存在呢？

三　两种葬玉模式的意义

不同积石冢中相同的墓葬形式，可以采用不同的随葬模式，说明选择镯、环哪一种模式随葬，并不以墓葬形式的不同为转移，而是取决于其所处的积石冢，所以这种差别与等级、地位没有关系。

从性别与随葬镯环类玉器的关系看，在单纯以镯随葬的积石冢墓葬中，镯与墓主人的性别没有必然的对应关系，以镯随葬的墓主人既有男性，也有女性；而在流行以环随葬的积石冢墓葬中，以环随葬同样与墓主人性别没有绝对的对应关系，但是共出镯的墓葬，墓主人均为女性。模式2墓葬中这种镯与墓主人性别的对应关系，在新近发现的红山文化半拉山积石冢也得到了验证①。明显看出，两者葬镯的习俗已经发生了变化，也说明这两种模式的形成与墓主人的性别无关。

从N2Z1看，采用模式1的土阶·砌石墓与采用模式2的无圹墓仍处于同一冢域，后者仍在前者形成的冢的范围内进行埋藏，说明葬于此冢的人群没有发生质的变化，不能以族群或人群的差异来解释两种模式存在的意义。

镯环类是牛河梁墓葬中随葬频率最高的器类，其他所有类别的玉器一般都与此类玉伴出，所以它们是当时最基本的器类，可能具有身份识别功能，形成有此才有彼的配伍，亦即可以视其为墓主人身份的一种标志物。两种模式下，人们的身份识别系统是有区别的。那么，既不存在人群的差异，又有习俗上的明显区别，这种不同似乎只能以时代来加以解释了。

在牛河梁第五地点属于下层积石冢的N5Z1M7即开始了以镯随葬，再根据N2Z1层位关系，N2Z1M4、N2Z1M10、N2Z1M14叠压N2Z1M21，N2Z1M20、N2Z1M17叠压N2Z1M27，说明至少在N2Z1无圹墓晚于土圹墓，说明模式1早于模式2。由此，根据镯环类玉器随葬模式的不同，我们至少可以把牛河梁上层积石冢区分为两个阶段，早段是流行玉镯随葬的阶段，男女均使用，无环，墓葬形制皆为土圹墓；晚段流行玉环随葬，男女均使用，个别以镯随葬，或与环同时还随葬玉镯，但此类墓墓主人均为女性，墓葬形制除土圹墓外，有相当数量的无圹墓。至于土圹墓与无圹墓是否还有早晚关系，仅就环镯类玉器材料尚难以解释。

镯功能的终结，为环所代替，在陶器分期条件缺失的前提下，为认识牛河梁红山文化晚期的阶段性变化提供了新的视角。这种变化，应该是依托了一个重大的历史背景的，这个背景，可能就是伴随西阴文化结束而其影响终结所引起的辽西地区文化的又一突变。

---

① 辽宁省文物考古研究所、朝阳市龙城区博物馆：《辽宁朝阳市半拉山红山文化墓地的发掘》，《考古》2017年第2期。

红山文化晚期的社会分层

——以牛河梁遗址为例

郭 明

（辽宁省文物考古研究所）

社会分化是人口数量和群体规模增加的必然结果，可以分为横向的水平分化和纵向的垂直分化两种。后者主要体现为由于获取资源的机会和能力以及资源占有情况的不同所导致的社会财富、地位以及声望等方面的差异。社会分层[1]则是社会垂直分化的制度化表现，社会中出现了不平等，且出现了可以对社会群体及其成员在社会体系中的地位予以区分的标准。因此，社会分层也常常被作为判断社会从简单的平等社会向结构更为复杂的等级社会转变的标志。

牛河梁遗址是红山文化晚期重要的遗址群[2]，从发现之初就引起了学界的关注，并将其作为探讨中国文明起源和发展模式的重要研究对象[3]。研究者普遍认为以牛河梁遗址为代表的红山文化晚期已经进入了复杂化社会的阶段[4]，作为复杂化社会重要特征的社会分层也成为讨论的重点。对社会形态的讨论虽有酋邦[5]和古国[6]的不同表述，但以牛河梁遗址为代表的红山文化晚期社会中已经出现了社会分层则是研究者的普遍共识。

研究者分别从牛河梁遗址中出现的等级明显超过其他个体的中心大墓[7]，或者墓葬间以及不同埋葬区（如牛河梁遗址与田家沟遗址）之间的等级差异[8]对此加以分析。研究结果显示，研究者对反映

---

① 社会分层（social stratification）是指社会成员、社会群体因社会资源占有不同而产生的分化或差异现象，尤其指建立在法律、法规基础上的制度化的社会差异体系。见戴维·格伦斯基编《社会分层》，华夏出版社，2005 年，第 2～4 页。

② 辽宁省文物考古研究所：《牛河梁——红山文化遗址发掘报告（1983～2003 年度）》，文物出版社，2012 年。

③ 苏秉琦：《中国文明起源新探》，生活·读书·新知三联书店，1999 年，第 138 页。

④ 刘国祥：《牛河梁第十六地点四号大型墓及相关问题探讨》，辽宁省博物馆《辽河寻根　文明溯源——中华文明起源学术研讨会论文集》，文物出版社，2012 年，第 88 页。李新伟：《仪式圣地的兴衰——辽西史前社会的独特文明化进程》，上海古籍出版社，2017 年，第 154 页。

⑤ 王震中：《中国古代国家的起源与王权的形成》，中国社会科学出版社，2011 年，第 210 页。曹彩霞：《从酋邦理论探讨红山社会复杂化》，《赤峰学院学报（汉文哲学社会科学版）》2015 年第 5 期。

⑥ 苏秉琦：《辽西古文化古城古国——兼谈当前田野考古工作的重点或大课题》，《文物》1986 年第 8 期。

⑦ 朱乃诚：《中国早期文明的红山模式》，辽宁省文物考古研究所《红山文化学术研讨会论文集》，辽宁人民出版社，2013 年，第 168～187 页。

⑧ 栾丰实：《试论牛河梁及周边地区的红山文化晚期社会》，辽宁省文物考古研究所《红山文化学术研讨会论文集》，辽宁人民出版社，2013 年，第 58～79 页。

社会分层出现的多座大型墓葬的关系有不同的判断：或认为其分别代表不同人群单位的最高等级的墓葬①，或认为多座大型墓葬之间存在早晚关系②。两种结论所显示的社会分化的特征并不完全相同，前者显示在牛河梁遗址出现的多个规模较小的人群之间也出现了社会的垂直分化，而后者则显示牛河梁遗址的人群处于相对统一的领导之下，并未显示为小群体之间的地位差异，研究结论明显受到研究者对墓葬相对年代的不同判定的影响。

社会分层是复杂社会的表现，但不同形态的复杂社会，如酋邦、国家在社会分层的特征上可能并不相同，而考古学对社会形态和组织方式的讨论也应当建立在对社会分层的特征的进一步分析的基础之上。

本文将以牛河梁遗址的材料为研究对象，在墓葬相对年代划分的基础上，期望通过分析，对牛河梁遗址特别是红山文化晚期的社会分层有更清晰的认识，进而为社会形态和组织方式的讨论提供线索。

一 墓葬的相对年代

墓葬的相对年代是进一步分析的基础，笔者曾根据陶器特别是筒形器特征及其与遗迹组合关系的变化，将牛河梁遗址红山文化遗存分为四期③，其中遗存数量最多的第四期与《牛河梁》所划分的上层积石冢阶段较为一致，目前牛河梁遗址发现的墓葬多属于这一时期。若将第四期墓葬作为整体加以考虑，仍然会面临此前提到的问题，而对这批墓葬的相对年代的重新界定，则可以为讨论提供更为精细的时间框架。

在相关特征中，死者头向和石棺砌筑特征都是牛河梁遗址中反映时间变化的因素，两者的变化频率并不一致，综合两种特征的变化可以对牛河梁遗址第四期（上层积石冢阶段）的墓葬进行更进一步的划分。根据两者的不同组合，将第四期墓葬分为 5 段④：

1 段，墓葬西向，墓底铺设石板而无盖板；

2 段，以基岩或生土为底，不另外铺设底板，有石质盖板或盖石，墓主头向并不完全一致，多偏西；

3 段，墓葬特征与 2 段相同，死者头向偏东；

4 段，墓葬可见石板或石块的底板和盖板，死者头向东；

5 段，墓葬特征与 4 段相同，死者头向西。

除少量墓葬信息遗失严重无法确认之外，大部分墓葬都可根据此特征分别划归第四期的不同时段（表一）。以下的讨论将在新确定的墓葬相对年代的基础上展开。

---

① 栾丰实：《试论牛河梁及周边地区的红山文化晚期社会》，辽宁省文物考古研究所《红山文化学术研讨会论文集》，辽宁人民出版社，2013 年，第 58 ~ 79 页。
② 朱乃诚：《中国早期文明的红山模式》，辽宁省文物考古研究所《红山文化学术研讨会论文集》，辽宁人民出版社，2013 年，第 168 ~ 187 页。
③ 郭明：《牛河梁遗址红山文化遗存的分期与特征》，《第十届红山文化高峰论坛论文集》，吉林出版集团股份有限公司，2016 年。
④ 由于篇幅限制，具体分期方案暂不详述。

表一   牛河梁遗址第四期墓葬埋葬时间统计表

时段	N2Z1	N2Z2	N2Z4A	N3	N5	N16
1	2	2				
2	8		1	8		3
3	11	1		3	2	
4	2		2			1
5	1	1	1		2	7
合计	24	4	4	11	4	11

二   群体内部的垂直分化

N2Z1 共发现墓葬 27 座，除 2 座墓葬无法确定其准确年代，其余皆属牛河梁遗址第四期。其中 M2 破坏较为严重，基本信息不全，无法准确判定其在第四期的具体时段，其余 24 座墓葬可以分别划入第四期的 1～5 段。这些墓葬在空间上与其他埋葬单位区分明显，可视为同一社会群体。

在考古学研究中，可以通过墓葬建造、使用和相关仪式行为中所消耗能量的不同来判断个体在财富占有和社会地位方面的差异。由于仪式行为在考古材料中较难发现，分析将从墓葬规模、随葬品种类和数量入手加以讨论。

（1）墓葬规模是衡量垂直分化的重要指标之一，相关要素包括墓坑的大小、深度，石棺的有无和砌筑方式等内容。

由于后期的扰动和破坏，牛河梁遗址埋藏较浅的墓葬的墓圹范围基本难以确定，因而在确定墓坑大小方面存在难度，而埋藏深度仍然是反映墓葬建造时能量消耗的重要内容，即使受到破坏，假设受到破坏的程度基本相似，现存埋藏深度的差异亦可大体反映其在建造时所挖墓圹深度的不同，因此，此处关于墓葬规模的分析主要通过对墓坑深度和石棺砌筑方式的不同来加以统计。

根据墓坑深度的差异可将墓葬分为两组：一组为深穴墓，墓穴凿入基岩，现存墓底至墓圹开口地面的深度多在 1 米以上；另一组为浅穴墓，墓圹仅略低于地表或基本无法确定，石棺大部分的立石在地表以上，这种浅墓穴可能是埋葬行为发生时仅对地面进行简单清理并砌筑石棺的结果。报告并未对浅圹及无圹墓葬进行区分，而将两者均划归无圹墓。但从墓葬石板保留情况来看，石棺采用立置石板砌筑，无法确定其直接从地面砌石或者是仅挖浅槽，因而将其统一划归浅穴墓。

根据石棺的砌筑方法也可以分为两组：其一为长条形石板叠砌石棺，其二为长条形石板立砌的石棺。部分墓葬两种砌筑方法同时使用，两侧长边部分为石板叠砌，头或脚端则使用立置大石板，从总体来看，也应属于石板叠砌石棺之列。

统计可以发现，两种墓葬特征存在相对稳定的组合关系：石板叠砌石棺的墓葬墓穴多深入基岩，而由立置石板构成石棺的墓葬墓穴则相对较浅（表二；图一）。

由此我们可以根据墓葬规模的大小将 N2Z1 的墓葬分为三组（表三）：A 组为深穴石板叠砌石棺墓；B 组为浅穴/无圹石板叠砌石棺墓；C 组为浅墓穴/无圹立置石板墓。

表二　N2Z1 墓葬特征统计表

时段	墓葬	埋葬方式	墓坑	石棺砌筑方法	台阶	长度	宽度	深度
1	M25	仰直	深竖穴	石板叠砌	6 组	3.15	3.5	2.7
	M26	仰直	深竖穴	石板叠砌	5 组	3.4	3.9	1.9
2	M21	仰直	深竖穴	石板叠砌			2.66	1.2
	M27	仰直 & 二次	深竖穴	石板叠砌	2 组	3.3	1.86	1
	M7	二次葬	浅穴	石块叠砌				
	M14	仰直	浅穴	石板立置				0.13
	M15	仰直	浅穴	石板立置				
	M20	仰直	浅穴	石板立置		1.92	0.28	
	M11	二次	浅穴	立置与叠砌混合				
	M13	二次	浅穴	石板立置				
3	M22	仰直	深竖穴	不详				1.2
	M23	仰直	深竖穴	石板叠砌				1.9
	M24	仰直	深竖穴	石板叠砌		3.1	1.95	2.14
	M5	二次	浅穴	不规则石块叠砌				
	M8	二次	浅穴	立置与叠砌混合		0.99	0.36	
	M4	仰直	浅穴	石板立置				
	M9	仰直	浅穴	石板立置		1.86	0.56	0.18
	M17	二次	浅穴	石板立置		0.5	0.25	
	M6	二次	浅穴	石板立置				
	M19	二次	浅穴	石板立置		0.95	0.55	0.45
	M10	二次	浅穴	立置与叠砌混合				
4	M1	仰直	浅穴	石板立置				
	M16	二次	浅穴	石板叠砌		1.42	0.34	0.35
5	M3	二次	？	？				

从埋葬处理的复杂程度来看，A 组墓葬消耗能量最高，B、C 两组相差不大，都可见墓室面积较小的二次葬墓葬，在墓葬面积较为相似的情况下，石板叠砌的墓葬消耗的社会资源可能略高。

（2）随葬品的数量和种类

随葬品数量是最显著的显示墓主财富占有状况的要素，N2Z1 墓葬出土的随葬品数量存在较为明显的差异，随葬品最多者随葬玉器 20 件，而有些墓葬则无随葬品。根据随葬品数量的差异可以对墓葬进行如下分类：

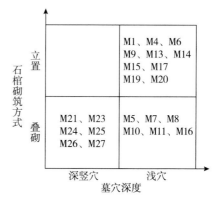

图一　N2Z1 墓葬规模要素对比图

首先根据随葬品的有无进行区分；对有随葬品的墓葬，则可以墓均随葬品数量为标准进行更进一步的划分；而将随葬品数量明显较高地偏离平均值的墓葬予以单独划分。由此，可以将 N2Z1 墓葬分为甲、乙、丙、丁四组（表四）。甲组墓葬随葬品数量明显高于依据随葬品数量所获得的平均值，乙

表三　N2Z1 墓葬规模分组表

埋葬时序	分组	墓葬数量
1	A 组	2
2	A 组	2
	B 组	2
	C 组	4
3	A 组	2
	B 组	3
	C 组	5
4	B 组	1
	C 组	1
合计		22

组墓葬的随葬品数量高于墓均随葬品数量，丙组墓葬虽有随葬品，但少于墓均随葬品数量，丁组墓葬无随葬品。统计可以发现各时段墓葬随葬品的组合情况略有差异。

表四　N2Z1 墓葬随葬品特征综合统计表

时段	墓葬	随葬品数量	数量分组	随葬品种类	种类分组
1	M25	7	乙	b + c	②
	M26	4	丙	a + b + c	①
2	M21	20	甲	a + b + c	①
	M27	2	乙	b + c	②
	M14	3		b + c	
	M15	5		b + c	
	M11	3		b + c	
	M7	4	丙	c	③
	M20	0	丁	0	④
	M13	0		0	
3	M23	4	乙	a + c	②
	M22	3		b + c	
	M24	3		b + c	
	M4	3		a + b	
	M9	2		b + c	
	M17	1	丙	a	③
	M8	1		c	
	M5	0	丁	0	④
	M6	0		0	
	M19	0		0	
	M10	0		0	
4	M1	2	丙	c	③
	M16	0	丁	0	④
5	M3	0	丁	0	④

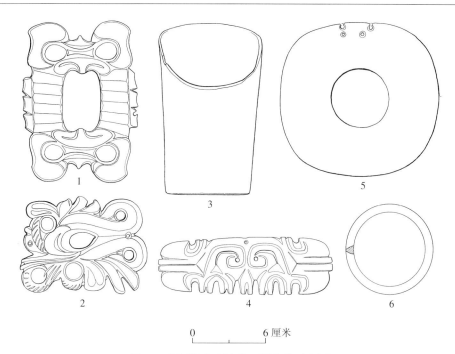

0   6 厘米

图二　牛河梁遗址随葬玉器分类示意图

a 类：1. 双兽首饰（N2Z1M26：2）　2. 龙凤佩（N2Z1M23：2）　b 类：3. 斜口筒形器（N2Z1M25：3）
4. 勾云形器（N2Z1M22：2）　c 类：5. 璧（N2Z1M15：4）　6. 镯（N2Z1M26：3）

1 段的两座墓可以根据墓均随葬品数量分为两组，不见随葬品数量明显偏高的甲组墓葬和无随葬品的丁组墓葬；

2 段墓葬可以分为四组，其中乙组墓葬数量最多，其他几组墓葬数量相对较少；

3 段墓葬随葬品数量相对较为接近，不见随葬品数量明显偏高的甲组墓葬，其余各组墓葬数量大体相当；

4 段以后未再见随葬品数量较高的甲、乙组墓葬。4 段墓葬两座，分别属于丙组和丁组。

5 段只见无随葬品的丁组墓葬。

除随葬品数量外，随葬品种类也是衡量墓葬之间可能存在的层级差异的重要因素。

随葬品中以镯、环、璧的数量最多，其次为造型相对较大的勾云形玉器、斜口筒形玉器。

根据各类玉器出现频率的差异可以将其进行如下划分（图二）：a 类，造型独特，多只有一件，如龙凤佩、玉人、玉凤；b 类，器形较大，造型及纹饰也较为复杂，数量相对较多，出现频率相对较高，如勾云形玉器、斜口筒形玉器；c 类，造型相对简单，数量多，在墓地中也较为常见，如镯、环、璧等。

根据玉器的出现频率及组合的差异，可以将墓葬分为四组：①三类随葬品同时存在；②两类随葬品共存；③仅可见一类随葬品；④无随葬品。比较可以发现，1 段①、②组墓葬各一座，不见③、④组墓葬；2 段四组墓葬皆有发现，以②组墓葬数量最多；3 段不见①组墓葬，与前一时段相比，无随葬品的④组墓葬数量有所增加；4 段仅见③、④组墓葬；5 段墓葬则仅见无随葬品的④组墓葬。

对随葬品种类和数量的综合统计（表四）可以发现，根据两种特征分别划分的结果大体相似，出土玉器种类较多的墓葬，在随葬品数量方面也相对较多，可以大体沿用依据随葬品种类的分组。例外出现在 1 段和 3 段：1 段两种分类结果明显相反，无法进行具体的区分，统一将其划归甲组；3 段 M9 可见 b、c 两类随葬品，随葬品数量略少但仍高于同时段仅见 c 类随葬品的墓葬，依据随葬品种类的分类划归乙组（表五）。

表五　N2Z1 墓葬随葬品特征综合分组表

时段	分组	墓葬编号	随葬品种类	墓葬数量
1	甲	M26、M25	a + b + c/b + c	2
2	甲	M21	a + b + c	1
	乙	M27、M14、M15、M11	b + c	4
	丙	M7	c	2
	丁	M20、M13	0	2
3	乙	M22、M23、M24、M4、M9	b + c/a + c/a + b	5
	丙	M8、M17	c/a	2
	丁	M5、M6、M19、M10	0	4
4	丙	M1	C	1
	丁	M16	0	1
5	丁	M3	0	1

（3）墓葬规模与随葬品特征

墓葬规模、随葬品种类和数量的变化都是反映垂直分化的指标，整体来看，规模较大的 A 组墓葬与随葬品规模较高的甲组墓葬的组合较为一致，而规模较小的 B、C 组墓葬的随葬品数量、种类则普遍低于 A 组墓葬，且无随葬品墓葬也皆出自 B、C 组墓葬中。

依据随葬品和墓葬规模所进行的分类仍存在一定程度的交叉（表六）：2 段随葬品数量和种类相对较多的 M14、M15 在墓葬规模上则相对较低；3 段的 M4 也是如此。

表六　随葬品特征与墓葬规模分类对比表

时段	随葬品特征	墓葬编号	墓葬规模
1	甲	M25、M26	A
2	甲	M21	A
	乙	M27	A
		M11	B
		M14、M15	C
	丙	M7	C
	丁	M13、M20	C
3	乙	M22、M23、M24	A
		M4、M9	C
	丙	M8、M17	B
	丁	M10	B
		M6、M19	C
		M5	不详

时段	随葬品特征	墓葬编号	墓葬规模
4	丙	M1	不详
	丁	M16	B
5	丁	M3	C

除了上述标准之外，墓葬附属设施的有无也是判断墓葬所耗费劳动量的重要依据，外围由冢墙和筒形器所构成的特殊设施[①]则将有附属设施的墓葬与其他墓葬区分开来，由此可以将牛河梁遗址墓葬层级划分的标准进行更进一步的细化（表七）：

表七　N2Z1 墓葬分级对照表

层级	附属设施	墓葬规模 & 随葬品种类
I	有	A&a + b + c
II	/	A&b + c/B&a + b + c
	/	B/C&b + c
	/	B/C&c/a
III	/	B/C&0

I 级墓葬有附属设施；III 级墓葬无随葬品，其余墓葬皆划归 II 级墓葬。II 级墓葬在墓葬规模和随葬品特征的不同组合显示其可能仍可细分。

墓葬规模和随葬品数量的大致相同的变化表明，N2Z1 所代表的人群中已经存在一定程度的垂直分化，占有财富较多或者社会地位较高的个体可以得到较为特殊的待遇。统计没有发现不同层级个体聚集分布的现象，除最高层级个体多为男性之外，没有发现性别具有按照层级分布的规律。

三　群体关系与人口分布

对墓葬规模和随葬品种类、数量的分析表明，各遗迹单位内的个体之间都出现了一定程度的垂直分化，也就是说基于财富占有不同的垂直分化是牛河梁遗址第四期较为普遍的现象，而这种分化是否也扩展到了以不同遗迹单位所代表的群体之间则需要进一步的比较加以确认。

随葬品数量是社会或个体占有财富情况的重要衡量指标。随葬品总量的变化表现的是特定时期特定群体的总体财富情况，对各遗迹单位随葬品数量的比较可以发现，在 3 段之前，N2Z1 随葬品的数量明显高于同时段的其他单位，第 4、5 段则以 16 地点墓葬出土遗物数量最多（表八；图三）。随葬品数量和比例在各遗迹单位的变化表明，可能存在不同社会群体在资源、财富获取能力方面的差异。而综合墓葬数量的统计结果则可以发现，随葬品总量的差异受墓葬数量的影响较为明显。

墓均随葬品数量则在一定程度上可以提供一个相对平均的变化区间。统计可以发现，不同遗迹单位墓均随葬品数量的变化趋向略有不同（图四）。

---

① 分析显示冢墙等设施并未在积石冢延续使用过程中持续发挥作用，而仅与一座或一组墓葬的使用时间相同。由于篇幅限制，在此不做详述。

表八　第四期随葬品数量综合统计表

分段	N2Z1			N2Z2			N2Z4A			N3			N5			N16		
	总额	墓葬	墓均	总额	墓葬	墓均	总额	墓葬	墓均	总额	墓葬	墓均	总额	墓葬	墓均	总额	墓葬	墓均
1	12	2	6	1	2	0.5												
2	37	8	4.6				5	2	2.5	9	7	1.3				9	3	3
3	19	11	1.7	0	1	0				0	3	0	10	2	5			
4	1	2	0.5				2	1	2							8	1	8
5	0	1	0	0	1	0	5	1	5				1	2	0.5	26	7	3.7

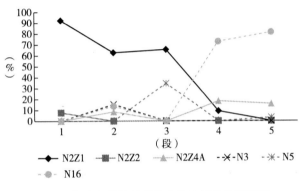

图三　各遗迹单位随葬品总量比例变化折线图

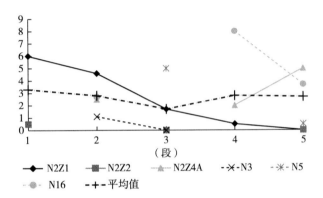

图四　各遗迹单位墓均随葬品数量变化图

　　N2Z1 第 1 段时墓均随葬品数量最高而后呈现逐渐下降的趋势，N5 和 N16 都显示为先增加而后下降的过程。各时段整体平均值较为稳定，除第 3 段时略低之外，没有发生明显的变化，这显示社会的整体财富水平并未发生明显的增加或减少。除第 5 段显示出明显的不同地点两极分化的趋势之外，其余时段仅有一个地点的数值明显高于平均值，而其他单位则都在平均值之下。高于平均值的数据分别为 1～2 段的 N2Z1，3 段的 N5，4 段的 N16，5 段的 N2Z4A 和 N16。

　　墓均随葬品数量的变化趋向与随葬品总量的变化较为相似，比较结果的差异主要出现在 3 段和 5 段：3 段随葬品总量仍以 N2Z1 最高，但墓均随葬品则显示 N5 的数量略高，而这一时段随葬品数量最高的墓葬也出现在第 5 地点。5 段 N16 随葬品总量为同时段最高，而墓均随葬品数量则以 N2Z4A 最高，不仅明显高于整体平均值，也高于 N16 的墓均随葬品数量。由于 N2Z4A 墓葬数量少，其平均值数量只能由单一数值来决定，其结果可能会偏离从多组数据中获取的平均值。

　　这也在一定程度上表明，N16 与 N2Z4A 在社会平均财富水平方面可能并无明显的差距。

　　个体随葬品数量与墓均随葬品数量差值的增大显示垂直分化的程度有所增加。而对各时段的最高平均值和随葬品最高值与整体平均值的对比可以发现，墓均随葬品数量的最高值多出现在同时段随葬品总量最高的墓葬所在的遗迹单元，而排除各时段随葬品数量明显偏高的个体之后，各遗迹单位在墓均随葬品数量的差距明显缩小，墓均随葬品数量最高值的分布也相应发生了变化（表九；图五）。

表九　随葬品数量分类统计表

时段	均值	最高均值（单位）	总量最高值（单位）
1	3.3	6（N2Z1）	7（N2Z1）
2	2.8	4.6（N2Z1）	20（N2Z1）
3	1.7	5（N5）	7（N5）
4	2.8	8（N16）	8（N16）
5	2.7	5（N2Z4A）	9（N16）

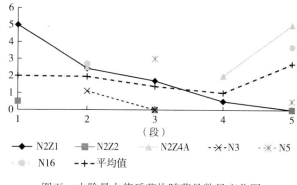

图五　去除最大值后墓均随葬品数量变化图

这种变化表明，虽然在牛河梁遗址中已经出现了以财富占有数量为特征的纵向分化，但这种分化主要表现为较高层级个体的出现，以遗迹单位为代表的各群体之间在社会平均财富水平方面相差不多，并未出现群体间的层级差异。

依据 N2Z1 的发现所确立的层级的划分标准也适用于其他地点，因此可以据此对其他遗迹单位内的墓葬进行相应的划分，并在此基础上对各层级个体的分布情况加以统计（表一〇）。统计结果显示，除 1 段墓葬数量少、统计结果可能略有偏差之外，牛河梁遗址以处于中间层级的个体数量最多。社会分层已经出现，但社会仍是以中间阶层为主体的橄榄型社会①。

表一〇　牛河梁遗址第四期墓葬层级统计表

时段	I		II		III	
	数量	比例	数量	比例	数量	比例
1	2（N2Z1M25、M26）	50%	2	50%		
2		0	13	65%	7	35%
3	1（N5Z1M1）	5.89%	9	52.94%	7	42.18%
4	1（N16M4）	25%	2	50%	1	25%
5	1（N2Z2M1）	8.33%	7	58.33%	4	33.3%
合计	5	8.77%	33	57.89%	19	34.33%

牛河梁遗址存在多个埋葬地点，但各时段最高等级墓葬只有一座（组），且其分布的位置与墓均随葬品数量最高值的分布位置基本一致。随葬品数量所显示的不同遗迹单位之间的社会财富水平明显受到最高等级墓葬的影响。相对于群体间的差异，最高等级个体与社会中其他层级的个体差异更为明显，这在一定程度上显示虽然社会中存在以埋葬单位为区分的多个社会群体，但他们都是统一的牛河梁遗址社会的有机组成部分。

四　社会规范与社会流动

如果说特殊随葬品的出现表明所有者在社会地位方面的特殊性，而随葬品数量的多少则可以看作是墓主人在财富占有方面的能力。两者的不同组合方式则暗示着与埋葬有关的社会规范的不同状态：

---

① 根据社会主体人群的财富、地位特征，即大多数人口所处的位置的差异，社会形态可以分为橄榄型社会和金字塔型社会两种，前者社会的主体处于中间阶层，而后者的社会主体部分人口处于最下阶层。

在完善的等级社会，财富与地位标记的指向基本一致，地位较高者同时也占有较多的社会资源和财富，而在等级社会的形成时期，则可能出现两者并不一致或指向相反的特征。对牛河梁遗址的分析显示：在1段时并未形成随葬品种类与数量对应一致的规则，特殊类物品的缺乏可以通过其他类别物品数量上的增加有所弥补，即可能在1段时并未形成关于随葬品使用的固定规则。而自第2段开始，随葬品种类和数量的变化表现出基本一致的特征，关于随葬品使用的规则已相对较为完善，财富占有能力与社会地位出现了一致的趋势，社会地位较高者可以相应占有较多的社会资源和财富，反之亦然。个体的层级差异则可以通过墓葬的规模、随葬品种类和数量的差异加以区分，而这一分类标准不仅适用于文中重点分析的N2Z1，也同样适用于其他单位，这种相对规范的层级划分标准显示出统一社会规范的存在。而这种统一的社会规范还表现在标示墓主身份地位的特定器物在墓葬中的规范化使用。

1. 斜口筒形玉器

牛河梁遗址墓葬出土斜口筒形玉器共计18件，除N16M10受到扰动，器物在墓葬中的实际使用位置不甚清晰外，其他墓葬中随葬的斜口筒形玉器在墓葬中摆放的位置较为相似，应是根据一定的社会规范有意放置的（表一一）。斜口筒形玉器的出土位置主要集中在头部和胸腹部，根据摆放方式可以分为长面向上和短面向上两种，摆放位置与方式的组合相对固定：

表一一　牛河梁遗址第四期斜口筒形玉器出土特征统计表

时代	等级	性别	墓葬编号	出土状态	出土位置	斜口朝向	通长（厘米）
1	I	F	N2Z1M25：3	长面向上横置	头下	右/南	13.3
		F	N2Z1M25：6	短面向上竖置	右腹	足/东	11.1
2	II	M	N2Z1M21	长面向上横置	头上	左/北	10.6
		M	N3M7	长面向上横置	头下	右/西南	13.1
		F	N2Z1M15：2	长面向上横置	头上	右/南	11.6
		F	N2Z4AM15：2	短面向上横置	头上	右/南	11.1
		F	N2Z4AM15：5	长面向上横置	足	左/北	
		F	N2Z4AM15：4	短面向上竖置	右胸	足/东	9.96
		/	N16M10	非正常位置			5.6
3	II	M	N2Z1M4	长面向上横置	头下	右/北	18.6
		/	N2Z1M22	长面向上横置	头下	右/北	9.1
4	I	M	N16M4	短面向上竖置	右胸	头	13.7
5	II	F	N16M14	短面向上竖置	二次葬	头/西	14.2
		/	79N16M2	短面向上竖置	右胸	足/东	14
		F	N2Z4AM2	短面向上竖置	右胸	足/东	17.2

位于头部位置的斜口筒形玉器通常长边在上横置，斜口部分朝向墓主身体的右侧；胸腹部位置的斜口筒形玉器皆摆放于身体右侧，短边向上竖置，可见斜口部分朝向头部和朝向足部两种摆放方式。第四期3段以前斜口筒形玉器多放置于墓主头部位置，暂时尚未发现位于胸腹部位置的斜口筒形玉器单独存在，目前这一时期位置较为明确的斜口筒形玉器皆与摆放在头部位置的共出于同一墓葬。而自4段开始，则基本不见斜口筒形器摆放于头部位置的现象，而多置于胸腹位置。不同时段斜口筒形玉

器的摆放方式略有变化，但在同一时段特征基本一致。

对墓主性别、墓葬所属群体的比较没有发现两种斜口筒形玉器的放置方式存在差异，因此可以初步认为这种斜口筒形玉器在墓葬中的使用方式是牛河梁遗址中较为通行的规范，其流行范围并不局限于某一个群体或地域。

与目前所归纳的摆放位置和规律不同的特征主要出现在第四期的2段。N2Z1M21出土者位于墓主头顶上方位置，斜面朝向墓主身体左侧，与目前发现较多的斜口方向朝向右侧相反，也与1段和同时期位于头部的筒形器摆放方式略有差异；N2Z4M15摆放于头部位置的斜口筒形玉器虽然斜口的朝向与通常所见的特征相似，但摆放时以短边在上，而其他器物则采用长边在上的摆放方式。而在第四期3段以后几乎不见较为特异的特征，这表明这种确定的规范化特征可能自第四期1段开始出现，暂时无法确定在较早阶段这种微小的差异出现的原因，没有发现采取不同处置方式的墓主在年龄、性别等方面的特殊之处，因此可以推测在开始阶段规范化的程度相对较弱，至3段开始基本确定。

5段时出土于同位置的斜口筒形玉器在具体的处理方式上同时出现了斜口方向朝向头部和足部两种不同的处置，没有发现不同的处置方式与墓主性别相关的证据。从其空间分布上来看，斜口方向朝向足部者见于79N16M2，而朝向头部方向的则见于N16M14，两座墓葬同属第16地点，前者更靠近N16的中心位置，而后者则位于N16相对偏南部位置。两者属于同一级别的墓葬，这种同时存在的墓葬在埋葬空间上的区分可能代表着社会群体内部的小群体分化，而这种并存的不同处置方式可能代表着群体特征的符号化。

2. 勾云形玉器

勾云形玉器也是牛河梁遗址中发现数量较多的玉器种类之一，目前出土位置明确者计9件，其中器形明显较小的两件分别见于N2Z1M21和N2Z1M9，在功能上可能与其他同类器物存在差别。而其他几件器物的使用则相对规范（表一二）：

表一二 勾云形玉器出土位置及相关要素统计表

时段	出土地点	形制	性别	位置	摆放方式	
2段	N2Z1M21	A	M	左肩	反面在上	斜置
	N2Z1M27	B	F	左肩上	反面在上	竖置
	N2Z1M14	A	F	左胸	反面在上	竖置
3段	N5Z1M1	A	M	右胸	反面在上	竖置
	N2Z1M22	B	?	右胸	?	竖置
	N2Z1M24	A	F/M	腹	正面在上	横置
	M2Z1M9	B	M	腹部	?	近横
5段	79N16M2	A	?	肩?	正面在上	斜置
	N16M15	B	M	右腹	正面在上	竖置

此类器物多见反面向上竖置于身体上或体侧，对其使用位置与墓主性别的比较没有发现明显的规律。对不同时段勾云形玉器摆放特征的统计则可以发现，在同一时段内特征基本一致：第2段勾云形玉器的位置位于肩部位置以上，死者身体的左侧，而自3段开始则以位于胸腹部位置为主，多偏向于墓主身体的右侧位置。摆放方式上也存在着从反面向上向正面位置向上的变化。而在3段之前，单勾

型和双勾型勾云形玉器在使用上并无差别。第四期 5 段勾云形玉器的处理方式的差别较为明显，不仅在位置和摆放方式上完全不同，这种不同恰与勾云形玉器造型的差异一致：79N16M2 出土的单勾型勾云形玉器斜置，而 N16M15 出土的双勾型勾云形玉器竖置。这两种玉器造型及使用方式的区分与第四期 5 段墓葬的空间分布状况一致，两座墓葬所属的墓葬群组之间存在一段较为明显的区分空间。这种在随葬品处理方式上的区分还见于前文所分析的斜口筒形玉器。

与层级划分关系密切的 b 类随葬品（包括斜口筒形玉器和勾云形玉器）表现出了较为明显的规范化使用倾向。器物的规范性使用与分层特征的共同出现在一定程度上表明社会分层并不是偶然的现象，个体在社会地位上的差异已经得到了社会规范的认可与强调。

牛河梁遗址随葬品种类和墓葬规模存在较为一致的变化，这种一致性在数量最多的Ⅱ级墓葬中相对较弱，在第四期的 2、3 段皆可以发现随葬品特征与墓葬特征并不完全吻合的现象：一些随葬品特征表明其级别较高，而在墓葬特征上并未显出明显的墓葬规模较高的特征。这表明虽然在牛河梁遗址中已经出现了社会分层，仍存在较强的社会流动性①。

可以 N2Z1M27、N2Z1M15 和 N2Z1M9 为例对牛河梁遗址社会中层级间的流动性特征做简要说明。

N2Z1M27 属于本文墓葬等级划分的第Ⅱ级，深穴墓，规整石板平铺叠砌砌成石棺，随葬品可见勾云形玉器和玉环两件。从墓葬规模和随葬品种类来看，M27 不仅在随葬品数量上低于Ⅰ级墓葬，也低于同处Ⅱ级的其他墓葬；同一时段被划归Ⅱ级墓葬的 N2Z1M15，随葬品种类与 M27 相似，虽然墓葬规模相对较小，但随葬品数量明显高于 M27。这表明在Ⅱ级墓葬中并没有明确的关于层级差异的标准，社会级别稍低的个体可以通过个人的努力或其他方式获得上升的空间。

N2Z1M9 根据随葬品的组合也可以划归Ⅱ级墓葬，随葬品中可见勾云形玉器和石钺各一件，而此件勾云形玉器与其他墓葬出土的同类遗物相比，明显偏小，且制作相对较为简单。所有者虽然拥有这一层级的物品，但其体量和精致程度已经明显低于同级别其他墓葬，显示其为从所属社会层级向下流动的例证。

Ⅱ级墓葬中仍可进行进一步层级划分的特征表明，处于Ⅱ级的个体还存在向上一层级或下一层级转换的可能。个体可以通过自身的努力晋级上一层级的社会，也可能因为某些原因而从中间阶层流动至下一阶层。这种社会流动性的存在表明，牛河梁遗址红山文化社会虽然出现了社会分层，但并未出现阶层固化的现象，处于主体的中间层级仍存在上升的空间，处于相对平等的社会。

社会中出现了级别较高的处于领导地位的个体，埋葬处理和随葬品的特征都显示了对最高层级个体的强调，而各时段多个埋葬单位中最高等级个体的独一性显示牛河梁遗址的社会虽然由多个以积石冢为单位确定的小型社会群体构成，共同团结在一个领袖之下。而不同时段最高等级个体源出小社会群体的差异也表明，在牛河梁遗址中可能并未出现基于血缘或亲缘关系的社会地位的继承制度②，而是按照个体的能力和对社会的贡献来获得较高的地位的。

---

① 社会流动指个人或社会对象从一个位置到另一个位置的转变，可分为水平流动（不同群体之间的变化）和垂直流动（不同层级之间的转变）两方面，在此处所涉及的为垂直流动。见戴维·格伦斯基编《社会分层》，王俊等译，华夏出版社，2005 年，第 264 页。

② 此方面内容曾以《牛河梁遗址红山文化晚期社会权力的流转》为题加以讨论，在此不再详述。文见《红山文化研究》第五辑，辽宁民族出版社，2018 年。

五　小结

本文根据《牛河梁》发表材料对牛河梁遗址第四期（上层积石冢阶段）的墓葬进行了重点分析。分析显示：

以牛河梁遗址为代表的红山文化晚期社会已经出现了基于财富和社会地位差异的社会分层，不同层级个体在随葬品组合和墓葬规模方面有相对固定的规范。但并未形成基于群体差异而有的进一步的分化，个体的能力和在社会中所发挥的作用仍是获得社会财富和地位的主要方式。这种规范的分层制度在第四期逐渐形成和完善，在第四期的较早阶段，仍处于社会规范的形成期。

社会仍以中间阶层为主体，处于最高等级的个体仍相对较少，属较为理想的橄榄型社会。中间层级个体之间在随葬品组合和墓葬处理方面的不一致变化显示社会并未形成完全固定的等级规范，个体的社会地位存在垂直流动的可能。最高层级个体埋葬位置的变化表明领导者可能产生于不同的社会群体，并未形成权力或地位世袭的制度，个体在社会中地位和权力的获取与个人的能力有关。

牛河梁遗址的多个地点共同组成了由同一个体所领导的群体，采用相同的社会规范，虽然出现了社会分层及相应的制度规范，个体仍需要通过自身能力和影响来获取相应的社会地位。

从牛河梁遗址女神庙彩绘壁画看
"舞"与"巫"字起源

马海玉

（赤峰学院红山文化研究院）

牛河梁遗址是红山文化晚期一处大型祭祀遗址群，特别是居于遗址群中心的"女神庙"更是有着重要的地位。苏秉琦先生称"'女神'是由5500年前的'红山人'模拟真人塑造的神像，而不是由后人想象创造的'神'，'她'是红山人的女祖，也就是中华民族的共祖。"[①] 郭大顺先生认为"牛河梁遗址最重要的发现还是女神庙，女神庙应是较墓地更高层次的祭祖场所，可以认为牛河梁积石冢所祭祖先亡灵为近亲，而女神庙所祭应为远祖，当时已有'远祖与近亲'之区别。女神庙已具宗庙雏形。"[②] 牛河梁女神庙内的彩绘壁画更是世界美术史上独一无二的杰作，研究彩绘壁画的内涵对于研究红山文化晚期牛河梁居民社会生活和祭祀形态具有十分重要的作用。从发掘出土的壁画遗存来看，牛河梁遗址壁画目前仅见于女神庙，且多不完整，但根据壁画风格和表现手法我们能从中得到某种启示。

一 牛河梁遗址彩绘壁画解读

牛河梁遗址彩绘壁画在第一地点 J1 北多室和南单室都有发现。墙面壁画为仿方木建筑构件，表面绘彩，残块背面多有禾草类印痕。有的残块保留有直行的边棱，可知为仿木带状部位。壁画都已残碎，表面压平，较为光滑。彩多褐色，个别为红、白色或二色、三色相间。彩绘图案大体分三种：一种为"工"字形几何纹，一种为放射状宽带几何纹，一种为对顶三角形几何纹（图一）。

"工"字形几何纹图案有两件标本。N1J1B：11 出土于北多室的中室。为墙壁所起的平带部分，平带凸起1.3厘米。有两层泥面，背面有成束状的禾草秸秆印痕，表面压平，图案为"亜"字形几何纹。N1J1B：27 残块较厚，从残缺部分彩绘图案来看，为"亜"字形几何纹。放射状宽带几何纹只有一件标本 N1J1A：51，残缺，剩余部分为一组三条放射状宽带纹，表面绘一竖条带纹与两侧各一斜条带纹相

① 苏秉琦：《写在〈中国文明曙光〉放映之前》，《华人·龙的传人·中国人——考古寻根记》，辽宁大学出版社，1994年，第103页。
② 郭大顺：《牛河梁等红山文化遗址所见"祖先崇拜"的若干线索》，辽宁省博物馆编《辽河寻根——中华文明起源学术研讨会论文集》，文物出版社，2012年，第100~105页。

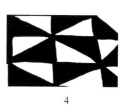

1　　　　　　　　　2　　　　　　　　　3　　　　　　　　　4

图一　牛河梁遗址 N1J1、N1J3 彩绘壁画及彩陶纹饰

1. N1J1B：11　2. N1J1B：27　3. N1J1A：51　4. N1J3：10①

交图案，每条带都由赭红色与白色相间组成，赭红色带窄而白色带宽，形成赭红色描边白色填充的效果。对顶三角形几何纹有六件标本，皆残缺，无完整的图案呈现。N1J1A：20 出土于南单室近底部。壁面压光，绘赭红色与黄白色相间对顶几何形三角纹图案。N1J1B：23、N1J1B：24、N1J1B：25、N1J1B：26、N1J1B：28 表面皆绘赭红色对顶三角纹，图案残缺。根据纹饰特点推断，该类纹饰整体应是牛河梁遗址典型的三角纹，纹样如 N1J3：10 无底筒形器上的彩陶纹饰。

从壁画彩绘纹饰形状并结合壁画出土的环境分析，彩绘壁画应不是随意而为，而是存在着明确的表意功能，有一种强烈的诉求蕴含其中。其一，壁画颜色统一，一般为赭红色、黄白色和白色相间；其二，壁画主题鲜明且并不复杂，不外乎"亞"字形或"亞"字形几何纹、对顶三角形和放射状宽带纹三类。壁画上的彩绘纹饰到底表达了牛河梁居民怎样的诉求？我们要从牛河梁遗址的祭祀特征分析。首先，牛河梁遗址第一地点 N1J1 是一处较为典型的庙址，庙址内有单室和双室，庙内供奉着的大小不一的人像和动物形神像等均以女神像为中心。其次，庙内出土的造型精美的陶质塔形器和豆形器均为无底器，不属于实用器，当与祭祀有关。因此，庙址内出土的彩绘壁画也应和祭祀活动有关，反映祭祀活动时的一种诉求，这种诉求必然和祖神或动物神等神灵相联系。

从 N1J1B：11 和 N1J1B：27 彩绘壁画施纹走向推断，该类纹饰应该是以"工"字内"cl｢"形和"Ll｢"形为基本元素构成的成组的图案，"cl｢"形和"Ll｢"形纹饰和人体手臂弯曲上扬的姿态十分相似。这种右手臂弯曲上扬、左手臂弯曲下垂（或左手臂弯曲上扬、右手臂弯曲下垂）的姿态在新石器时代晚期的秦安大地湾遗址彩绘地画和青铜时代早期新疆呼图壁县岩画中均可见到。

1982 年 10 月，在甘肃省秦安县大地湾遗址一座属于新石器时代晚期的房址 F411 中，发现一幅距今约 5000 年左右的彩绘地画（图二）。地画位于室内靠近后壁的居住面中部，由黑色颜料绘制成的。地画东西长约 1.2、南北宽约 1.1 米。地画分为上、下两部分：上部正中一人，头部如长发飘散，肩部宽平，左臂向上弯曲至头部，右臂下垂内曲，下部两腿交叉而立。手中似握棍棒类器物。该人物的左侧也绘一人，头部圆形，颈部细长，肩部左低右高，左臂弯曲上举至头部，右臂下垂两腿也相交直立，其左腿下端因居住面被破坏而残缺。其也作手握器物之状。两人相距 18 厘米。在正中人物的下方 12 厘米处，绘一略向右上方斜的黑线长方框。框内画着两个呈仰卧姿态的人体图案。左边的人物头近圆形，右臂伸展，左臂弯曲，左手枕于头部。身躯呈椭圆形，有如肋骨状弧线斑纹，腿部用双线绘制，呈弯曲"W"形。右边人物头为椭圆形，头上如长发飘散，长条形身躯上有如肋骨状弧形斑纹，腿部

---

① 辽宁省文物考古研究所：《牛河梁——红山文化遗址发掘报告（1983～2003 年度）》，文物出版社，2012 年，第 33～35 页。

图二　甘肃秦安大地湾地画

图三　新疆呼图壁县岩画

用双线绘制，也呈弯曲"W"形。对于地画内容很多学者做了研究，众说纷纭，莫衷一是。但对于地画上方人物手握之物和体形姿态很多学者均持同一种意见：认为地画上方人物手持之物是勃起的男根①，而下肢交叉直立的体形为舞蹈姿态。框内呈仰卧姿态的两个人物腿部呈弯曲"W"形的姿态在新疆呼图壁县岩画中间一组也出现过（图三）。根据内容分析，新疆呼图壁县岩画腿部呈弯曲"W"形姿态的人物为性爱活动中女性无疑。以此推断，大地湾地画框内的两个腿部呈弯曲"W"形姿态的人物也为女性，地画很可能反映了欢爱活动前后两对男女通过舞蹈类动作进行的一场肢体语言交流。

　　如果将牛河梁彩绘壁画和大地湾彩绘地画进行比较，我们会发现两者有很多相同和相似之处。其一，两者同属于新石器时代晚期，距今年代相当。牛河梁遗址属于红山文化晚期祭祀遗址，距今约5000年；大地湾四期F411房址内出土的壁画址属于仰韶文化晚期，距今约5000年。其二，两者均以彩绘图画的方式出现于房址中，而且房址所在的遗址均属于高等级中心聚落。牛河梁女神庙处于遗址群的中心，规格最高；大地湾四期F901占地420平方米，有主室、东西侧室、后室和门前附属建筑，是一座多间复合式建筑，宏伟壮观。该聚落无疑也是规格等级极高的中心聚落。其三，两个聚落内均出现大量与祖先祭祀和生殖崇拜有关的陶器（图四）。牛河梁女神庙出现了女神头像以及

大量女性乳房泥塑构件以及象征男祖和女祖的无底塔形器和无底豆形器。"塔形器是对男性的崇拜物，豆形器应该是对女性的崇拜物，两者应是一组对应的器形。"② 显然这些都和生殖崇拜有关。大地湾遗址出土的葫芦形彩陶瓶、盘口长颈彩陶壶与牛河梁遗址出土的无底塔形器和无底豆形器器形有诸多相似之处。虽然牛河梁两种器形均为无底器，而大地湾彩陶均为有底器，但两组器物均属祭祀用器无疑。所不同的是一组出自于女神庙，另一组出自于墓葬中。大地湾人头形器口彩陶瓶和牛河梁女神头像、大量的女性乳房泥塑构件都是对女性生殖崇拜的反映；男祖形器在两地也均有发现，这表明对男性的生殖崇拜也同样重要。其四，两者表现的主题均与舞蹈类活动有关。牛河梁彩绘壁画中一只手臂弯曲

---

①　邵明杰：《大地湾地画新考》，《四川文物》2009年第3期，第58~61页。
②　马海玉：《牛河梁遗址红山文化两大彩陶系统的功能浅析》，《赤峰学院学报（汉文哲学社会科学版）》2016年第10期，第1~4页。

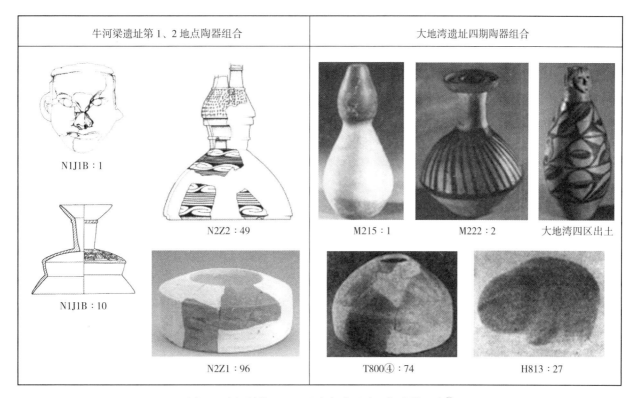

图四　牛河梁第一、二地点与大地湾四期陶器组合[1]

上扬、另一只手臂弯曲下垂的姿态也见于大地湾壁画。以上种种迹象表明，在距今约5000年的辽河流域牛河梁和渭河流域大地湾很可能存在着相近的文化信仰，即对祖先的祭祀和对生殖繁衍的渴望。而这种信仰很可能要伴随着某种类似于舞蹈类的肢体活动进行。

　　通过类似于舞蹈类的肢体活动诉求生殖繁育在距今约3000年的新疆呼图壁县岩画中表现得也十分明显（见图三）。岩画分为上、中、下三组画面，上面一组画面人物细腰肥臀，女性特征十分明显；人物均双腿直立，右手臂弯曲上扬、左手臂弯曲下垂，做某种类似于舞蹈类活动的姿态。中间一组画面人物裸露男性生殖器，身材魁梧，臀部匀称，男性特征明显。其中体形最大的一个男性个体居于中间，身旁躺着一个腿部弯曲呈"W"形的女性，表现的是一对男女忘情欢爱的场面。本组男性成员也均双腿直立，右手臂弯曲上扬、左手臂弯曲下垂。下面一组画面分上、下两个单元：上面单元表现的是一男一女两个大的个体，均双腿直立，右手臂弯曲上扬、左手臂弯曲下垂，男性生殖器指向女性臀部，似将进入欢爱状态；下面单元表现的是一个成年女性个体和数十个未成年个体，其中成年女性个体依然做舞蹈姿态，未成年个体连成两排，弯腰翘臀，个体两性特征不明显。整幅图画内容应该与舞蹈类活动、性爱和生殖三大主题有关。从这幅图画中人物形体姿势我们推断：通过肢体活动烘托男女欢爱和生殖繁育应该是新疆呼图壁县岩画的内容。虽然有学者认为这幅岩画属于距今约3000年的青铜时代早期[2]，但是通过舞蹈类活动烘托男女欢爱和生殖繁育的主题应该可以追溯到更早的史前阶段；活动者呈"亚"字形体态也应该在中国北方地区的史前阶段具有普遍意义。

①　辽宁省文物考古研究所：《牛河梁——红山文化遗址发掘报告（1983～2003年度）》，文物出版社，2012年，第20、38、130、320页。甘肃省博物馆文物工作队：《甘肃秦安大地湾第九区发掘简报》，《文物》1983年第11期，第1～14页。
②　曾德才：《新疆呼图壁生殖崇拜岩画》，《文艺理论研究》1990年第10期。

　　此外，新石器时代晚期居民日常生活或祭祀时成群或成组活动的图案在马家窑文化彩陶盆上也有所发现。属于马家窑文化晚期的青海省大通县上孙家寨出土的彩陶盆①内壁绘有四道平行带纹，最上一道较粗，口沿处也有一圈平行带纹，上下两组纹饰间有人物三组，每组两边用竖向平行线分隔，两组弧线间还有一条斜向的柳叶形宽线。每组五人，手拉手，面向一致，头上有辫发，外侧的两人的一臂均为两道线。值得注意的是在每个人物的胯部都有一棍棒状物，应是男性生殖器，这组群体性别应是男性。甘肃武威市新华乡磨嘴子遗址彩陶盆内壁绘有两组手拉手的舞蹈人物，每组 9 人。舞者头、腹部用圆球来表现，肢体、胸部为简单的线条，下肢绘长短一致的三股竖线。与上孙家寨舞蹈纹不同的是，舞蹈者脑后没有下垂的"发辫"②。根据圆鼓的腹部推断，该图案表现的应该是女性群体。这样看来，无论是甘肃秦安大地湾地画、新疆呼图壁县岩画，还是青海省上孙家寨彩陶盆、甘肃省磨嘴子遗址彩陶盆，都有性别特征明显的两个群体出现。可见，新石器时代晚期至青铜时代早期中国北方地区群巫群舞现象应该较为普遍，而且无论是女巫还是男觋都可能成为活动的主体。

　　牛河梁遗址彩绘壁画和新疆呼图壁县岩画、上孙家寨遗址、磨嘴子遗址彩陶图案也有很多可比之处。首先，根据前文所述，牛河梁"亜"字形壁画和新疆呼图壁县岩画人物均是"巫"舞的形态。整个壁画应该是由若干个"亜"字形或"亞"字形图案构成的，每个"亜"字形或"亞"字形图案代表一个祭祀活动中的巫或觋，每一组纹饰则代表一排或一列祭祀活动中的巫觋，图案整体很可能反映了一场规模宏大的祭祀活动。其次，女神庙内出土的大量人物造像以丰乳肥臀的女性为主，泥塑构件突出了女性性别特征，这和新疆呼图壁县岩画及上孙家寨遗址彩陶盆突出女性形体特征应当一致。牛河梁泥塑造像应代表了红山文化居民对女性祖先的崇拜和对生殖繁育的诉求。再次，女神庙内出土的塔形器和新疆呼图壁县岩画及磨嘴子遗址彩陶盆突出男性群体特征一致，都突出男性生殖器，表明牛河梁居民对男性祖先的崇拜和对生殖繁育的高度诉求。从女神庙出土各类器物来分析，通过舞蹈形式达到男女欢爱、生殖繁育的目的也是牛河梁红山文化居民的重要诉求。

　　牛河梁遗址放射状宽带纹和对顶三角形几何纹反应的是怎样的诉求呢？N1J1A：51 彩绘图案赭红色描边、白色填充，在红白色之间或夹有黄色，彩绘图案形成了赭红色描边白色填充的效果，三种颜色配置和远古时期人们对太阳的直观认识高度契合，虽然残缺，但我们通过三束宽带走向推断，宽带必然会最终相交，相交状态只有两种可能：一种是相交成一个实心点，一种是相交为一个空心球，无论哪一种可能都与太阳形态极为相似。对顶三角纹在牛河梁遗址也有发现，且较为典型。这类纹饰在庙底沟文化中较为普遍，当是受中原仰韶文化系统影响。纹饰的每四个对顶三角形为一组完整的图案，呈"✖"形；这类纹饰从宏观上看和小河沿文化典型符号"卍"极为相似，两者应有某种亲缘关系。放射状宽带纹和对顶三角形几何纹都应与自然现象，特别是太阳以及阴阳观念有关，牛河梁红山文化居民对太阳的崇拜和对光明的诉求与其生活的社会环境是密不可分的。其一，牛河梁女神庙属于半地穴式房址，根据倒塌堆积情况判断，该房址不属于露天建筑，应有屋顶。在这样一个相对封闭的空间祭祀，既没有宽阔的空间，也没有阳光普照，远不如在室外祭祀隆重。如何使室内充满阳光，进而完

---

① 青海省文物管理处考古队：《青海大通县上孙家寨出土的舞蹈纹彩陶盆》，《文物》1978 年第 4 期。
② 孙寿岭：《舞蹈纹彩陶盆》，《中国文物报》1993 年 5 月 30 日。

成隆重的祭祀是牛河梁红山文化居民们必须要思考的，而用彩绘壁画来实现既能节约空间，又能节省人力，还能保持祭祀活动的久远，是不二的选择。因此，在庙址内彩绘"亞"字形和"亞"字形壁画可能体现了祭祀活动中通过舞蹈向祖神和动物神致意的巫觋两个群体；彩绘类似光线的图案体现了能驱散黑暗、给神灵和舞蹈者一片光明的太阳。在阳光的照耀下，巫觋通过肢体舞蹈献媚祖神、达到祈求部落平安、繁衍生息的目的。这很可能就是牛河梁红山文化居民的终极诉求。

二　从牛河梁遗址彩绘壁画看"舞"与"巫"字起源

从牛河梁第一地点女神庙内壁画表现主题来分析，牛河梁遗址彩绘"亞"字形和"亞"字形壁画表现的是"舞"；但从象形字形体特征分析，两幅壁画和"巫"字非常形似。那么，牛河梁遗址"亞"字形和"亞"字形彩绘壁画与"舞"和"巫"字起源是否有着某种内在联系呢？关于"舞"字与"巫"字关系，陈梦家认为"巫"为"舞"字，"卜辞'舞'字作𢎛，至《说文》时代'巫'字已由从大而为从工。……'舞''巫'既同出一形，故古音亦相同，义亦相合，金文'舞''無'一字，《说文》'舞''無''巫'三字分隶三部，其于卜辞则一也。"[1] 笔者也认为"巫"即"舞"，"巫"源于"舞"，那么两者的源头在哪里呢？我们认为牛河梁女神庙出土彩绘壁画中的"亞"字形和"亞"字形应该就是最早的"巫"字，其本意是"舞"。或者说，牛河梁女神庙出土的彩绘壁画为"巫"即"舞"找到了实证。我们不难发现，牛河梁遗址"亞"形彩绘壁画图案既有"巫"字十分形似的外在特征，也有"舞"内在动感的神韵，可谓形神兼备（图五，1）。红山文化之后的小河沿文化也发现了与"巫""舞"有关的符号。在石棚山墓地 M39 彩陶壶的肩部发现一组符号（图五，2），根据符号观察我们发现"卐"和"亞"有着很多形似之处。石棚山 M39 彩陶壶肩部的"卐"形图案和牛河梁彩绘壁画"亞"都呈现舞者舞动时右手臂上扬、左手臂下垂的动感，两者应有一定的传承关系。而且，根据发掘结果可知"卐"为石棚山墓地一种主要符号，分布有固定规律，有固定含义。我们大胆推测，这组符号化的图案应该与"巫""舞"有关。现存最早的成熟文字是商代的甲骨文，这为学界普遍公认。甲骨文中有"田"字（图五，3），一般研究古文字的学者，如郭沫若、陈梦家、饶宗颐、屈万里、李孝定、于省吾、周凤五、张光直、许进雄等，皆将之定为"巫"字[2]。甲骨文"田"和牛河梁遗址"亞"形彩绘壁画图案以及大南沟彩陶符号"卐"十分形似。一方面，两者都有"工"字形元素；另一方面，在"工"字左右两区内都有相对对称的图案，像人的手臂弯曲上扬。可以说，牛河梁遗址"亞"形和"亞"形彩绘壁画图案是甲骨文"巫"字的重要源头之一。与甲骨文相比，金文中的"田"字形体基本同于甲骨文，并未有鸿沟之差异[3]。金文中的"田"字只见于《齐田姜作尊甑》（图五，4），其释文云："齐田姜作尊甑，其万年子＝孙＝永宝用昌"，此处"田"字当释"巫"为是，则"田姜"为"巫姜"，可以毋庸置疑矣[4]。可见，无论是小河沿文化"卐"形符号，还是甲骨文"田"字和金文"田"字都可以从牛河梁彩绘壁画"亞"或"亞"中找到线索，牛河梁彩绘壁

① 陈梦家：《商代的神话与巫术》，《燕京学报》第 20 期。
② 李孝定：《甲骨文字集释（第五册）》，台北历史语言研究所专刊，1965 年，第 1595～1597 页。
③ 周凤五：《说巫》，《台大中文学报》第 3 期，第 269～291 页。
④ 江椒惠：《齐国彝铭汇考》，《台湾大学文史丛刊（第 84 本）》，台湾大学出版委员会，1990 年。

　1　　　　　　　　　　　2　　　　　　　　　　3　　　　　　　　　4

图五　壁画、彩陶、甲骨文和金文上与"巫"字有关的符号
1. 牛河梁彩绘壁画　2. 石棚山 M39：1 彩陶纹饰　3. 甲骨文　4. 金文

画"亞"或"亞"当是"巫"字的重要源头之一。

　　关于"巫"字表意功能，众说纷纭，莫衷一是。许进雄认为甲骨文巫字作两工形交叉的器具形，大概是行法术时所用的工具象形①。对于金文"十"字的考释，一般研究铭文文字的学者杨树达、高鸿增、张日升、李孝定等考释均不外乎以"十"字为巫者使用的一种道具这个范围。笔者认为"巫"与"舞"既同音又同义，以舞祝神的人谓之："巫"，巫祝神的身形姿态谓之"舞"，"巫"即"舞"，两工形交叉依然是"巫""舞"的具象化。史料关于巫舞的记载颇多。《周易·巽》："用史巫纷若，吉，无咎。"孔颖达释"史、巫"："史谓祝史，巫谓巫觋，并是接事鬼神之人也。"《说文·工部》："巫，祝也。女能事无形，以舞降神者也。在男曰觋，在女曰巫。"《尚书·益稷》："予击石拊石，百兽率舞。"《周易·系辞》："鼓之舞之以尽神。"《吕氏春秋·仲夏纪·古乐》："昔葛天氏之乐，三人操牛尾，投足以歌八阕。"又"帝尧立，乃命质为乐。质乃效山林溪谷之音以歌乃以麋洛置击而鼓之，乃拊石击石，以象上帝玉磬之音，以致舞百兽。"《墨子·非乐上》引汤之官刑："其恒舞于宫，是谓巫风。"这些史料记载均体现了巫通过"舞"达到通神的目的。随着原始巫术的发展，巫和舞的内涵越加规范。汉蔡邕《月令章句》卷上："舞者，乐之容也；歌者，乐之声也。"《周礼·春官·乐师》：凡舞，有拔舞，有羽舞，有皇舞，有旄舞，有干舞，有人舞。《文王世子》："干戈，万舞，象武也；羽箭，箭舞，象文也。"可见，无论巫或觋，都是远古时期人们因有求于神灵而产生的一类特殊的群体，而舞则是在求神护佑时巫觋祝神的一种表演形式。

　　无论是"巫"还是"觋"都是指祭祀时自称能通晓神意的人，而巫觋降神以舞无非就是想达到消灾祈福、通神求雨的目的。举行奏乐舞蹈的祭礼在先秦时期的史籍中常见，通过巫舞来通神求雨、消灾祈福的记载更是不绝于史。《公羊传·隐公四年》："于钟巫之祭焉。"何休注："巫者，事鬼神祷解以治病请福者也。"《周礼·春官》："司巫：掌群巫之政令。若国大旱，则帅巫而舞雩。国有大灾，则帅巫而造巫恒；女巫：掌岁时祓除衅浴。旱暵则舞雩。"举行祈雨仪式时常有奏乐或舞蹈，如《诗经·小雅》便有记载："琴瑟击鼓，以御田祖，以祈甘雨，以介我稷黍，以谷我士女。"巫觋无论

　　① 许进雄：《中国古代社会：文字与人类学的透视》，中国人民大学出版社，2008 年，第 505～507 页。

是通过何种方式舞以降神都需要以祖神和动物神为媒介和天神沟通，因为在他们眼里天神是至高无上的，拥有绝对权威。部落居民拥有的一切都是拜上天所赐，因而"……当他们的巫师死去的时候，这些文化共同体的人们即按照他们固有的习惯，遵循着一定的秩序和原则，把他们的通神巫师分别安葬在各自的冈丘之上。"①

牛河梁女神庙是红山文化晚期一处典型祭祀遗址，庙址坐落在山梁的最高点，规模宏大。庙址内出土的遗物几乎全部为泥塑神像、彩绘壁画、无底彩陶器三种。这些遗物绝不是生活实用器，而是具有浓烈祭祀气息的祭器。泥塑神像包括祖先造像和动物造像两类，体现了牛河梁远古居民对祖先和大型猛禽猛兽的敬畏，这与牛河梁遗址红山文化的社会性质有关。"牛河梁遗址的墓葬并非来自一个血亲族群。他们是不同的氏族集团文化共同体共用的祭祀场所。……而相当多的墓葬在同一冢群内反复叠压，高密度埋葬，主从分明，形成了'坟山'现象。"② 牛河梁女神庙众多大小不一的人物造像很可能是各个地点众多积石冢内中心大墓内死去巫师们的造像，也或者是居民的祖神像。而众多猛禽猛兽造像则很可能是护佑祖神升天的助手。在这样一种氛围下，活着的巫觋要在一个充满阳光的空间通过歌舞等形式献媚祖神，愉悦祖神，使得祖神能上通天神，为人间谋福祉，因而在大巫的安排下，巫觋便创作了以巫舞和阳光为主要题材的彩绘壁画。

牛河梁遗址巫舞的出现是远古时期人类为了生存，同自然界长期斗争的结果。红山文化时期由于生产力尚不发达，人类认识自然、改造自然的水平有限，居民常对自然界有着一种畏惧和敬仰。他们认为人世间一切事物都是天地神灵在管理着，不可妄动，因而，要想能最大程度获取资源、繁衍生存就必须要定期向神灵献媚祭祀，请示神意。而和神灵沟通的人群在神界的使者即是逝去的祖神（死了的巫觋），在人间的使者则为活着的巫觋。因为这种献媚活动需要一定地位的人群、以一定规范的形式表现出来，所以以巫为载体、以舞为外在表现形式的原始巫术随即产生。在辽西地区新石器时代晚期的牛河梁遗址，巫舞是具象的，因而以图案化形式保留了下来，历经千余年的抽象化演变，经历小河沿文化至商代，巫舞已经发展为成熟的甲骨文。从某种意义上说，牛河梁遗址彩绘壁画上的"巫"是舞的形态，是最早的"巫"字，为"舞"是"巫"的最初形态找到了实证。

① 郭大顺：《从牛河梁遗址看红山文化的社会变革》，《郭大顺考古文集》（上），辽宁人民出版社，2017 年，第 54～64 页。
② 于建设：《红山文化十讲》，《赤峰学院学报》编辑部编《第五届红山文化高峰论坛专辑（2011 第二辑）》，2011 年，第 86～87 页。

庆祝郭大顺先生八秩华诞论文集

下 册

辽宁省文物考古研究所 编

文物出版社

北京·2018

一件熊陶尊及相关问题

邵国田（敖汉旗博物馆）

王冬力（朝阳市德辅博物馆）

2016 年 10 月，朝阳市德辅博物馆征集陶尊一件。2017 年 8 月，由郭大顺先生定名为"熊陶尊"。2017 年 11 月 9 日，由辽宁省文物鉴定小组拟推荐为一级文物，并鉴定为红山文化时期（图一）。

1   2   3

图一　熊陶尊照片
1. 右侧　2. 左侧　3. 正面

现就有关这件陶尊的具体情况作一介绍，并对相关问题谈一下我们的意见。

一　熊陶尊介绍

熊陶尊为夹砂红陶，外敷一层细泥，圆雕出熊形。上为椭圆形直口，口沿内侧刮出斜面，圆唇，直颈，颈向上渐收。腹为熊体，略圆鼓，右侧面漫弧，左侧面圆弧，并向头和尾部延伸。熊吻上翘，正面平，有下嘴唇的刻线。双目划刻一圆坑，再贴塑一小圆饼，故双目凸起，有镶嵌的感觉，显得格外有神。双耳为莲瓣状泥饼，贴塑于额两侧。尾部尖状后翘，呈倒三角形。四足粗壮，足底均向内侧出斜面。此尊为手捏制，在颈下的尊部，存留一排不整齐的、很窄的指尖痕，十分纤细。在熊腹之两侧，横向划刻竖向排列的"之"字纹，均四排。其中右侧为六折曲，左侧为八折曲。"之"字纹块的上下边均刻一直线与"之"字的两侧上下两端相连，形成了一独立的"之"方块，呈前宽后窄的梯形。"之"字纹均为直线，一直线一刻，刻槽的边缘见有刻线时带起的泥棱。排与排之间的"之"字纹的尖相对，形成了菱形网格纹视觉效果（图二）。

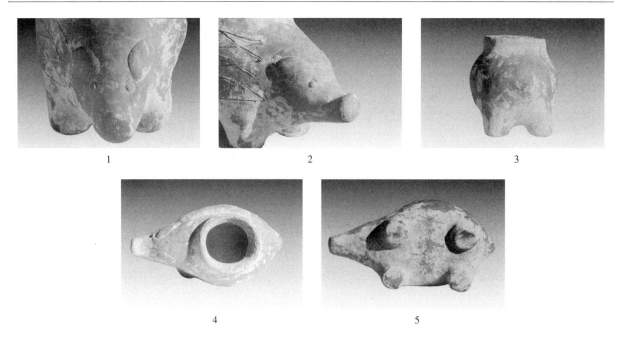

图二　熊陶尊局部照片

1. 头部正面特写　2. 头部侧面特写　3. 后视照片　4. 俯视照片　5. 仰视照片

陶尊的火候不匀，整体呈褐红色，头顶及颈部为灰红色，左侧腹呈灰色斑，臀部至尾部为褐灰色，整个口部均为灰色，四足中有三足为灰黑色，一足为褐红色。陶尊高6.5、足高0.9、口沿高1.2、体长12.2、体宽6.2、口径4.4~4.7厘米（图三）。

这件陶尊以熊为造型，写实性强，比例适中，十分生动。熊很肥胖，不仅体现在四肢上，也表现在鼓圆肥硕的躯体上。小小的圆眼，两耳高低、方向不一，可能表示的是双耳在摆动的瞬间。头扬起，双腿伫立，似在静听周围的动静和观察眼前的环境，显示出熊机敏的特质。

二　关于熊陶尊所属文化问题

这件熊陶尊由于是从民间征集而不是发掘出土，对其断代只能从陶质、陶色、纹饰和整体造型等方面用器物类型学比对的方法来推测。

此尊为泥质红褐陶，这是红山文化中最常见的陶质种类，在此之先的辽西地区几种文化中未见或很少见有泥质红陶，仅赵宝沟文化见有少量的泥质陶，但很少有红褐陶。这是将之断定为红山文化的主要理由之一。最具时代特点的是"之"字纹。辽西地区的"之"字纹是从兴隆洼文化晚期始，至赵宝沟文化虽然具有较发达的"之"字纹出现，但具有这种十分疏朗风格的"之"字纹很少见，多是压出较细密的"之"字纹。而红山文化陶器的"之"字纹分两大类，一类是细密型，一类是疏朗型。疏朗型的"之"字纹往往是横压竖排、尖角相对，形成菱形网格艺术效果。

熊的眼睛和耳朵均系用贴塑的工艺，这也是红山文化泥陶塑中所常用的艺术手法之一，如牛河梁女神庙出土的泥塑祖神像的双目即是嵌绿色玉为双睛，敖汉旗红山文化兴隆沟遗址出土的陶塑人像的双睛也是泥饼贴塑。

从熊的整个造型上观察，既写实又有夸张，头部写实，腿与躯体则增大，显示出熊的伟力无穷。

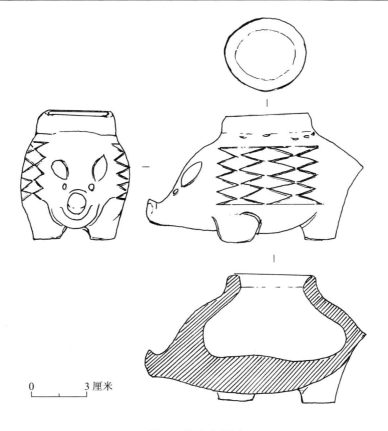

图三　熊陶尊线图

工艺有简有繁，腹之两侧刻"之"字纹，注重双目的刻画，圆坑边刻有细线的细微部位刻画得十分认真，而腿和尾作简化处理，这些均是红山文化雕塑艺术中所常用的艺术手法。

综合这几条，将这件熊陶尊年代定为红山文化时期当是可信的。

当然，也有些值得讨论的内容，或者说是我们未能弄明白的地方。

1. 熊腹部两侧的"之"字纹梯形方块代表着什么？

这种"之"字纹的上下划线的风格见有一例，即翁牛特旗解放营子出土的陶凤杯，其腹之两侧刻有成组的"之"字纹，上下刻一线，应该代表凤翅羽毛，但其竖排的纹饰并不是尖角相对（图四，1～3）。那么熊的腹部这种带边框的"之"字纹又代表什么？也是双翅吗？还是代表熊毛呢？参照陶凤杯的双翼表现手法，熊之两侧的"之"字纹也应是双"翼"。并且熊之两侧的"之"字方块呈前宽后窄的梯形，即是表现翼的形状。如果是双翼，那就是说给熊安上了翅膀，框内的"之"字就是羽毛的表现，使之具有能够飞上天际的"神力"，其威力无穷。这种想象力是超自然的。这与英国剑桥大学费芝威廉博物馆那件玉神人像披着熊皮披风双熊掌上举擎天的动作的含义是一样的（图四，4、5），说明熊是沟通天和人的重要神灵。

2. 熊陶尊是做什么的？

这是一件很小的容器。壁又较厚，内腔空间较小，实测为55毫升，容量很小。这当是所盛十分珍贵的饮料的器皿。经过中国社会科学院考古研究所化学试验室检测，内壁沉积有水果酒的有机酸成分（图五、六）。

图四　藏于赤峰市博物馆的陶凤杯及剑桥大学费芝威廉博物馆的玉神人像
1. 陶凤杯　2. 左侧纹饰拓本　3. 右侧纹饰拓本　4. 玉神人像头顶特写　5. 玉神人像正面

　　说明此熊陶尊内盛的是酒精含量并不高的果酒。尊又不是直接饮用的饮酒器皿。这只有一种解释，即这是一件祭器，即在祭祀时，将盛有果酒的熊陶尊摆放在祭礼场所的一定位置，举行完法事活动再取回或长期放在那里。

　　以上两个问题只是推测，若有道理，那么这件熊陶尊便是一件专用祭祀的神器，躯身安上翅膀，便使之具有沟通天地的能力。还有一个问题，即为何鉴定为熊的造型而不是猪？其一，赵宝沟文化和红山文化的猪的图像均有獠牙，而陶尊的兽吻上没有。其二，猪眼虽小，但是"臣"字目，这件陶尊的眼则是小圆目。其三，猪的吻很长，而这件兽吻很短。此尊的动物形象躯体肥壮，四足很粗，尾很短并呈倒三角形，均是熊的特征。

三　红山文化中有关熊资料的发现及"有熊氏"与红山文化相关的推测

　　经考古发掘，尤其是近年牛河梁女神庙的考古发掘中发现成组熊的资料，对我们认识这件熊陶尊极有帮助和启发。

牛河梁遗址出土熊资料有以下几例：

1. 牛河梁遗址 N16 – 79M1 出土的双兽（熊）首三孔玉梳背饰①（图七）。

2. 牛河梁遗址 N1H1 – 1 出土的黑熊左侧下颌骨②（图八，1）和遗址区域内采集标本黑熊下颌骨（图八，2）。

3. 牛河梁遗址 N1J1 出土的泥塑兽（熊）残件（图九，1～4）。

牛河梁发现的有关于熊的全部材料，既有墓祭的熊的下颌骨，又有神庙的泥塑像，还有用于通天的三孔玉器（即玉梳背饰），说明红山人对熊的崇拜程度之高，其上层人物既将熊头摆于墓之前的祭址，又在祖庙雕塑精美的泥塑熊并摆于中室上端，其祖先与熊密切相关，这便不得不使学者联想到黄帝族的“有熊氏”与红山文化先民的关系。苏秉琦先生认为：“《史记·五帝本纪》中所记，黄帝时代的活动中心，只有红山文化时空框架可以与之相应。”③ 郭大顺先生说：“从先红山文化到红山文化，龙题材竟有如此多的表现手法和如此多的动物原型，说明龙这种神话动物从一开始出现起就是对多种动物的崇拜，这其中尤以熊龙最值得注意。红山文化的玉雕龙中，以玉雕熊龙最为多见，分布面也最广，更一概使用了红山玉器少见而工艺水平最高的圆雕技法；女神庙中的泥塑熊龙，不仅个体特大，而且位于主室上方；此外，在积石冢前，还出有与墓祭有关的完整熊下鄂骨。可知，在红山文化发达的动物神崇拜中，熊龙应具有主神的地位，红山文化原本是一个拜熊族，这是北方特别是东北地区民族的共同习俗。史载：‘黄帝有熊氏’（《帝王世纪》），这虽不是较早的记载，却与考古发现相合，应有所本。”④

辽宁朝阳市德辅博物馆送检熊陶尊内残留物的检测报告

中国社会科学院考古研究所化学实验室 赵春燕

2018 年 3 月 22 日

一、　样品性状描述

在熊陶尊内壁上附着灰黑色残留物，用工具轻轻刮取在铝箔纸上，于显微镜下仔细观察，未见到植物或兽骨等杂物。

二、　样品的预处理

在瑞士步琪公司的快速溶剂萃取仪上进行有机酸萃取。具体的操作步骤为：将样品置于 1 1 mL 提取池中，用氯仿/甲醇(2∶1，V/V)溶液(体积比)作为萃取液，在系统压力为 1000psi、温度为 120°C 的条件下，将样品加热 6 分钟，然后，静态萃取 15 分钟，清洗体积为萃取池体积的 50%，氮气吹扫 60s，先后循环 2 次。

三、　样品的检测

采用美国赛默飞高分辨液相色谱质谱联用仪（HPLC- MS），定性分析上述萃取所得样品。分析条件为：　电源电压为 3500v 正极，2500v 负极离子模式。 源参数如下：喷雾电压：3000v；毛细管温度：320℃；加热器温度：300oC；鞘气流量：35；辅助气体流速：10.　循环时间设定为 1 秒，共包含 138 个离子对。 Q1 和 Q3 的分辨率均为 0.7FWHM。 代谢物鉴定基于 Tracefinder 搜索，使用含有 300 种化合物的自制数据库。

四、　检测结果

通过 HPLC- MS 分析，发现残留物提取液中可以检测到草酸、苹果酸、乳酸、琥珀酸及一部分氨基酸。但未发现酒石酸，可能酒石酸含量比较低，低于仪器检测线。

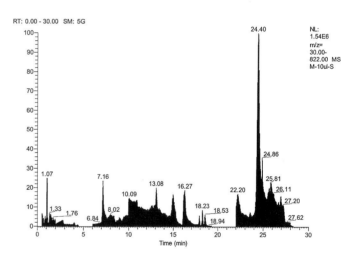

图五　熊陶尊内壁残留物检测报告

图六　熊陶尊内壁沉淀物样品质谱图

① 辽宁省文物考古研究所：《牛河梁——红山文化遗址发掘报告（1983～2003 年度）》，文物出版社，2012 年，第 414 页。

② 辽宁省文物考古研究所：《牛河梁——红山文化遗址发掘报告（1983～2003 年度）》，文物出版社，2012 年，图版三二五。

③ 苏秉琦：《论西辽河古文化——与赤峰史学工作者的谈话》，《苏秉琦文集（三）》，文物出版社，2009 年，第 227 页。

④ 郭大顺：《追寻五帝》，辽宁人民出版社，2010 年，第 75 页。

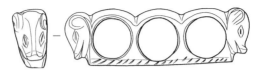

图七　双兽（熊）首三孔玉梳背饰

图八　黑熊下颌骨
1. 左侧下颌骨（N1H1－1）　　2. 采集标本

图九　牛河梁遗址女神庙出土的泥塑熊残件
1. 熊下颌（N1J1A：7）　2. 熊吻部（N1J1B：7）　3、4. 熊爪（N1J1B：8）

　　以上发现的红山文化熊资料仅在牛河梁一地，且泥塑部分又仅在祖神庙中，其他地点尚不见有熊雕艺术品出现，这一现象似在提示我们，熊神为牛河梁祖神所独享。这件熊陶尊的发现，给我们提出另外的问题，即以动物形状为器形，制作出与崇拜相关的盛酒祭器，是熊崇拜的另一种表现形式，这在红山文化中尚属首见。

四 辽西地区考古出土的史前熊的资料举例

在辽西地区近年的考古发掘中，出土了一批新石器时代中期和晚期的熊雕塑艺术品，说明熊崇拜的久远。

首先是兴隆洼文化白音长汗遗址出土的石雕熊首，出土于 7 号墓（M7：4）："磨制光滑。圆雕。短耳，竖立。两个小圆坑代表两只眼睛。嘴部向前凸，两侧两条细凹槽标示嘴。颈部呈圆柱形，后部微残，下面中部有一个圆形坑。高 2.7、直径 1.5、坑径 0.6、坑深 1 厘米。"① （图一〇）

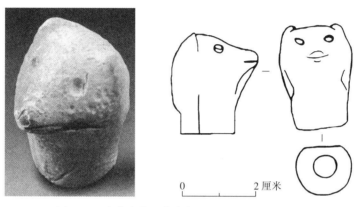

图一〇 内蒙古林西白音长汗遗址出土石雕熊首

这件石熊首系白细石制作，磨制光滑。重要的是圆柱形颈底面的一圆坑，很显然是为安柄所设，即类似权杖的杖首。7 号墓的墓主人应该是这一群落的宗教活动的首领，手持安有熊首的杖形法器，举行原始宗教活动，以驱魔降妖或治病，或保族群的平安。

赵宝沟文化遗址由于发掘得很少，尚不见有熊雕艺术品出土，但在遗址出土了熊的骨骼，说明熊也是赵宝沟人的狩猎对象。但我们在"四灵纹"陶尊见有野猪的图像。还在田野调查中采集到猪头和熊头陶塑残件，即说明赵宝沟文化也同样崇拜熊。

继红山文化之后的小河沿文化又有大量的熊雕塑等艺术品被发现。最早是在小河沿文化命名地——敖汉旗小河沿公社白斯朗营子南台地遗址发掘出土两件陶塑熊首，但发掘报告均未确定为熊："猪头饰一件（F2：8）。大耳，长嘴，小眼，耳下有一连通小孔，头内空心。雕塑得真实生动，可能是器皿上的装饰品。""狗头饰一件（F11：5）。头顶画二道黑彩，张嘴，直耳，头下有一连通小孔，头内空心，高 4 厘米。"②

现在看，这两件所谓的陶器上的饰件——猪头饰、狗头饰都不准确，应该是熊首。其双耳不大、小眼睛、短吻等均是熊面的特点，两者的颈均很短，更是熊的特征（图一一）。

---

① 内蒙古自治区文物考古研究所：《白音长汗——新石器时代遗址发掘报告》，科学出版社，2004 年，第 308 页。
② 辽宁省博物馆、昭乌达盟文物工作站、敖汉旗文化馆：《辽宁敖汉旗小河沿三种原始文化的发现》，《文物》1977 年第 12 期，第 8～9 页。

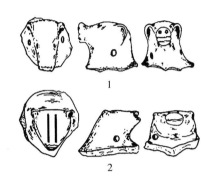

图一一　小河沿白斯朗营子南台地出土的陶塑熊首
1. F2：8　2. F11：5

20 世纪 70 年代，原昭乌达盟文物店也收集一件彩绘熊首陶罐，现藏于赤峰市博物馆，据传出土于松山区。整器除底部外绘黑、红两彩，地为淡黄色。器物是熊头的脑后部位为罐底，证明此器为表现熊首面向上，张开大口呈呼叫状。双目为两个小坑，坑周绘有三角，内又出菱形框。贴塑两个小耳，前立，腹部出桥形双耳。并绘有二方连续的相对斜三角的方块纹，极为绚丽（图一二）。

这是一件与祭祀相关的器物。熊面朝上，即向上观天，张开的大嘴似在与天对话。这种彩绘，一遇水

图一二　彩绘熊首陶罐
1. 侧视照片　2. 顶部照片

便脱落，说明不是实用器，而是专设的"神器"。

另外，在翁牛特旗解放营子墓地尚有一件彩绘熊陶首，也当是陶壶的短流。另外，还见有双熊首蚌饰，现藏于赤峰市博物馆，面部三孔代表双目和嘴，双耳直立，双臂横向伸出（图一三）。

五　小结

通过分析，我们发现，从距今 8000 年的兴隆洼文化开始，至距今 4500 年前的小河沿文化，熊崇拜没有间断。从红山文化时的独尊的神圣位置，至小河沿文化向更加普遍、世俗化方向发展。种类增多。除陶质外，还有石、蚌等器。还用于器物中的局部，如陶壶的流、柄、纽等部位；并以熊首作整器的器形，如双耳熊首罐已现两例，说明有着特殊的意义。两耳穿绳提起，罐能保持平衡，能提起行走，则证明它有实用的价值；但仅应是祭祀的神器，口很大，腹中部又有双目形成细孔，不是盛液体的容器。

从兴隆洼文化到小河沿文化的四五千年间，先民们始终将熊作为崇拜对象，并一直延续到青铜时代，如出土的西周的玉熊。至汉代更是见有多件玉熊雕件。至辽代，巴林右旗出玉卧熊的摆件。其至

1   2

图一三　翁牛特旗解放营子出土双熊首蚌饰和彩绘熊陶首
1. 双熊首蚌饰　2. 彩绘熊陶首

在近现代东北地区少数民族的调查中，见有将熊作萨满主神或与这些民族的先祖有着血缘关系的崇拜偶像，如赫哲族便将鱼皮做成熊图腾加以崇拜。

这种现象和这里的自然生态相关，辽西地区在新石器时代中期的兴隆洼文化至新石器时代晚期的小河沿文化或者青铜时代初期的夏家店下层文化，这里的植被覆盖率高达97%以上，平均温度也比现在高1.5度，有充沛的降水量，生长着大面积的针叶和阔叶的混杂林，各种飞禽、野兽生存其间，当然会有熊的出没。红山文化玉器以动物为原型的神像玉器颇多，是红山玉器最为突出的特征，即是这种自然环境的反映。也有人称之为巫玉，即巫在作法时使用的玉器。牛河梁所出土那件熊首三孔玉器即是大巫使用的通天法器，不会是简单的"玉梳背"。如果说祖神庙所供奉的是红山祖神，那么红山之祖所驾驭最高的神即是同庙发现的熊和鹰。这个祖也是最高的"巫"。

朝阳市德辅博物馆的这件熊陶尊，不仅是以熊形为祭祀盛酒之器，红山文化陶质神器出现的新器形，还引发了对古代的熊崇拜的形式及内容的新思考。我们所谈的仅是初步的认识，也希望由此引起学界更广泛地关注史前熊文化的研究。

哈民忙哈文化玉器探析

周晓晶

（辽宁省博物馆）

哈民忙哈遗址位于通辽市科左中旗舍伯吐镇东南约 15 千米处，从陶器形态和碳十四数据分析，哈民忙哈文化的年代大约相当于红山文化的晚期，早于南宝力皋吐类型①，在距今 5800～5100 年之间②。在 2010～2011 年的发掘中，出土了近千件遗物，其中包括陶器、石器、骨器、蚌器和玉器等，玉器仅出土于个别房址内，有璧、双联璧、环、斧、钺、坠饰等 8 件玉器③。在 2012 年第三次发掘中出土玉器数量较多，共有 40 余件④。哈民忙哈文化出土的玉器质地细腻温润，外缘均呈刃状，以片形器为主，器形主要有璧、璜、匕形器、简化带齿兽面形器、饰件等，其中以璧的数量最多，其次是双联璧。

从哈民忙哈文化玉器的形制面貌来看，这 50 件左右的玉器，虽然形制都比较简单，做工朴拙，但与东北地区多个考古学文化的玉器有相似之处，可见其所蕴含的文化成分并不单纯。与哈民忙哈文化玉器有关系的主要有辽西地区的兴隆洼（查海）文化玉器、红山文化玉器，科尔沁地区的南宝力皋吐类型玉器，呼伦贝尔地区的哈克文化玉器及吉林、黑龙江地区的新石器时代玉器。本文通过对哈民忙哈遗址出土的这批玉器与东北地区其他新石器时代玉器进行比较，来分析哈民忙哈玉器的基本特点。

一 哈民忙哈文化玉器与红山文化晚期玉器的关系

红山文化的中心分布地域在哈民忙哈文化以南，其晚期距今 5500～5000 年，是红山文化玉器的兴盛期。哈民忙哈文化与红山文化晚期数量最多的玉器造型都是璧和联璧，还有一些器形是传承于红山

① 内蒙古文物考古研究所、科左中旗文物管理所：《内蒙古科左中旗哈民忙哈新石器时代遗址 2010 年发掘简报》，《考古》2012 年第 3 期，第 3～19 页。

② 朱永刚：《哈民忙哈史前聚落遗址发掘述要与初步认识》，《红山文化学术研讨会论文集》第 12～17 页，辽宁人民出版社，2013 年，¹⁴C 数据为距今 5800～5200 年。吉平：《哈民忙哈遗址》，2012 年 12 月 15 日辽宁省文物考古研究所主办沈阳"红山文化学术研讨会"报告，年代为距今 5600～5100 年。

③ 内蒙古文物考古研究所、吉林大学边疆考古研究中心：《内蒙古科左中旗哈民忙哈新石器时代遗址 2011 年发掘简报》，《考古》2012 年第 7 期，第 14～27 页。

④ 内蒙古文物考古研究所阿如娜、吉平：《内蒙古通辽哈民遗址第三次发掘又获重要发现》，《中国文物报》2013 年 4 月 26 日第 8 版；《考古》2015 年第 10 期，第 25～45 页。

文化但在本地区制作，另外还有一些是流传自红山文化的玉器。

哈民忙哈文化玉器以璧形器的数量最多，根据其形状，可分为扁平的圆角长方形、近圆角方形和近圆形，内外边缘磨成钝刃状，剖面为柳叶形。一般依器形的大小，分别在上边缘钻两个小孔、一个小孔或不钻孔。

圆角长方形璧的长度与宽度相差较大，如 F46：9，长 11.1、宽 7.3 厘米，中内的大孔为长方形，上边钻两个小孔（图一，1）。

近圆角方形璧的器体长度在 6 厘米以上，长度与宽度相差一般在 2 厘米以下，上缘钻两个或一个小孔。F37②：2，长 8.7、宽 6.75 厘米（图一，2）；F46：15，长 12.4、宽 11 厘米；F46：2，长 7.5、宽 6.5 厘米；F46：7，长 6.9、宽 6.2 厘米（图一，3）。

近圆形璧的器体直径大多在 4～7 厘米之间，小于圆角方形璧，只在上缘钻一个小孔。F37：1，外径 6.9、内径 3.05 厘米（图一，4）；F46：1，外径 4.3、内径 1.8 厘米（图一，5）。

小于 4 厘米的小圆璧一般边缘不钻小孔，只有中间一大孔，与不规则形状的佩饰相当，本文称之为系璧，以区别于前几种璧。如 F37：24，外径 3.2、内径 1.3 厘米；F46：6，外径 2.1、内径 0.8 厘米；F46：16，外径 1.8、内径 0.5 厘米；F46：8，外径 3.3、内径 1.2 厘米（图一，6）。

红山文化的璧呈扁薄的圆形、圆角方形、圆角长方形或圆角梯形，中央有一大圆孔，肉较宽，一般外径大于内孔径的二倍以上，内外边缘逐渐磨薄呈刃状，剖面似柳叶形。根据笔者对红山文化玉器的研究，将红山文化晚期玉器分为五期，玉璧出现于第二期即较早阶段，此期璧的数量较少，器体较小，直径均在 10 厘米以下，以 3～4 厘米居多，肉上无小孔或有小孔，此后各期玉璧的数量大增，并且器形有由小向大发展的趋势[1]。在 2014～2016 年发掘的朝阳市半拉山红山文化墓地中，有早、晚两期墓葬，共出土了 17 件玉璧，与哈民忙哈的玉璧类似，只是从外形和中央大孔的加工方式看，做工更细致一些。早期只有 1 件，M49：1，近圆形璧，器体较小，直径 4.1 厘米，上缘有一小孔（图一，7）。晚期 16 件[2]。晚期继续流行早期的形体较小、不甚规矩的近圆形玉璧：M36：1，长 5.3、宽 5、孔径 2.6 厘米；M35：1，长 6.6、宽 5.9、孔径 2.3 厘米；M45：2，长 7.9、宽 7.6、孔径 3.4～3.7 厘米（图一，8）。此外，晚期出现比较规矩的圆形璧和圆角方形璧，做工较为精细：圆角方形璧仅有 1 件，M12：3，器体最大，长 14.5、宽 13.3 厘米（图一，9）；圆形璧 2 件：M11：2，直径 5.9、孔径 3.3 厘米；M45：4，直径 7.9、孔径 2.5 厘米（图一，10）。

哈民忙哈遗址出土的璜形器为弯弧形，一端有孔或两端有孔，均似为璧断损后改制而成的佩饰。F21：10，残长 3.4、宽 5.4 厘米（图一，11）；F21①：36，残长 3.5、宽 4 厘米；F45：14，长 4.6、厚 0.3 厘米；F46：20，长 4.3、宽 1.6、厚 0.2 厘米（图一，12）。

哈民忙哈遗址出土的玉双联璧，平面呈上小下大的"8"字形，内外边缘呈刃状，造型及缺刻处线条都不甚规整，且缺乏力度，显示出朴拙的面貌。如 F37：2，长 6.5、宽 3.1、厚 0.3 厘米（图二，1）；F46：10，长 6.2、宽 3.3、厚 0.3 厘米（图二，2）；F46：13，长 4.5、厚 0.25 厘米（图二，3）。

---

① 周晓晶：《红山文化玉器研究》，吉林大学博士学位论文，2014 年。
② 辽宁省文物考古研究所、朝阳市龙城区博物馆：《辽宁朝阳市半拉山红山文化墓地的发掘》，《考古》2017 年第 2 期，第 3～34 页。

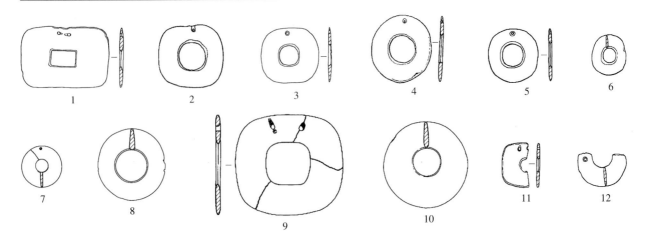

图一　玉璧与由玉璧改制的璜形器

1. 哈民忙哈 F46：9　2. 哈民忙哈 F37②：2　3. 哈民忙哈 F46：7　4. 哈民忙哈 F37：1　5. 哈民忙哈 F46：1　6. 哈民忙哈 F46：8
7. 半拉山 M49：1　8. 半拉山 M45：2　9. 半拉山 M12：3　10. 半拉山 M45：4　11. 哈民忙哈 F21：10　12. 哈民忙哈 F46：20

　　牛河梁及半拉山遗址红山文化早期的联璧与哈民忙哈文化的双联璧相似度较大，即器形不规矩，尤其是两个璧形之间的缺刻较浅。N16M1：2，长 9.1、宽 5.6 厘米（图二，4）；N16M1：3，长 9.43、宽 4.83 厘米（图二，5）；半拉山 M23：1，长 8.2、宽 3.1 厘米（图二，6）。而红山文化晚期晚段的联璧则外形规矩，两个或三个璧形之间的缺刻深浅适中。胡头沟 M3：4，高 6.4、宽 3 厘米（图二，7）；半拉山 M39：3，长 9、宽 4.2 厘米（图二，8）。

　　哈民忙哈文化中的某些玉器，似乎是红山文化晚期的舶来品。如带齿兽面形器残件 F44：1，残长 5、宽 4、厚 0.4 厘米（图三，1），以镂空技法琢成，从余存的残部看，其形制与哈民忙哈遗址出土的其他玉器风格差异很大，而与红山文化晚期出土的同类器相同。在牛河梁遗址出土了多件带齿兽面形器，完整器的尺寸都在十厘米以上。如 N2Z1M27：2，竖高 9.4、横宽 28.6、最厚 0.5 厘米；N16M15：3，长 16.4、宽 5.65、厚 0.55 厘米；N2Z1M22：2，器身长 14.2、宽 4.6、厚 0.45 厘米（图三，2）。从哈民忙哈 F44：1 的图案看，残件应是原件的四分之一左右，估计其原形与 N2Z1M22：2 基本相同，所以此器应该是从红山文化中心区传播而来的。另一件似璜形的残器 F45：16 两端各一小孔，其中一孔已豁断，长 4.6、宽 0.6 厘米，其断面呈三角形，应该是由红山文化常见的剖面呈三角形的镯残器改制而成（图三，3）。

　　简化带齿形器为横置的长椭圆形，边缘呈钝刃状，中部以打凹技法琢磨出四道凹沟和三道凸棱，在下缘形成相应的三个凸齿。这种造型的玉器最早见于红山文化晚期，N2Z1M9：2，长 6.2、最宽 2.4、厚 0.4 厘米（图三，4），外形与红山文化大型具象的带齿兽面形器相比有一定的相似性，但形体较小，又比较简化、抽象，应该是带齿兽面形器的简化形式。商代妇好墓中也出土了一件与红山文化晚期的造型基本相同的简化带齿形器，1976AXTM5：948 长 6.5 厘米（图三，5），说明这种器形流传的时间较长。哈民忙哈遗址出土了两件简化带齿形器：F46：11，长 8.8、宽 3.2、厚 0.4 厘米，在上缘中部和左侧边各有一小孔（图三，6）；F47：2，长 6.1、宽 2.5、厚 0.6 厘米，上边缘中部有三小孔，其中两个已豁，左侧边一小孔，背部从左至右有一道贯通的凹沟，从断面看呈半圆形，且有明显的螺旋痕，应该是用管钻加工出来的（图三，7）。与红山文化和商代的同类器相比，这两件简化带齿形器

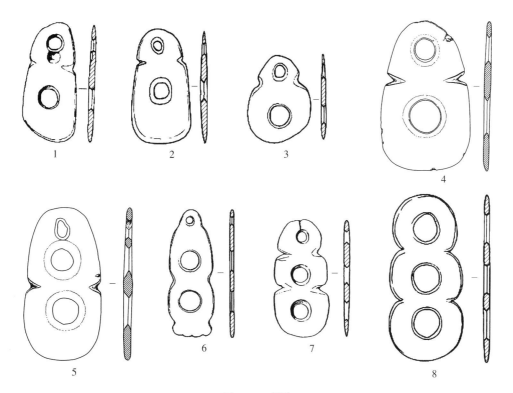

图二　玉联璧

1. 哈民忙哈 F37∶2　　2. 哈民忙哈 F46∶10　　3. 哈民忙哈 F46∶13　　4. 牛河梁 N16M1∶2　　5. 牛河梁 N16M1∶3
6. 半拉山 M23∶1　　7. 胡头沟 M3∶4　　8. 半拉山 M39∶3

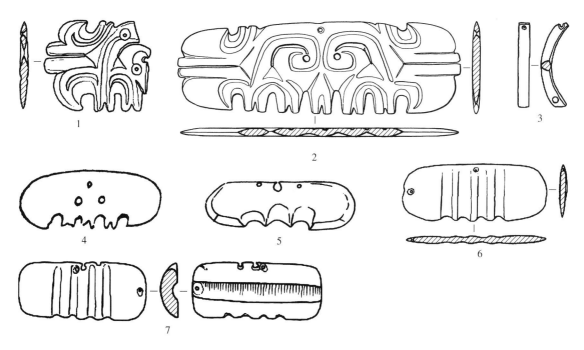

图三　带齿兽面形玉器等

1. 哈民忙哈 F44∶1　　2. 牛河梁 N2Z1M22∶2　　3. 哈民忙哈 F45∶16　　4. 牛河梁 N2Z1M9∶2　　5. 妇好墓 1976AXTM5∶948
6. 哈民忙哈 F46∶11　　7. 哈民忙哈 F47∶2

做工更为拙朴，与哈民忙哈遗址出土的其他玉器风格一致，因此笔者认为哈民忙哈的简化带齿形器是受红山文化影响而由本地玉工制作的，同时说明这种造型的玉器传播地域也较广。

二　哈民忙哈文化玉器与吉黑地区新石器时代玉器的关系

在哈民忙哈遗址中出土了多件不规则形状的刃边玉器，器缘呈刃状，在器体的上端或中央有一可穿绳系挂的小孔。从形制特征来看，它们的制作工艺较为原始。F46∶4 上窄下宽似鸡心形，居中偏下部有一两面对钻的小孔，长 3.5、最宽 2.3、厚 0.2 厘米（图四，1）；F45∶7 似菱形，上端一小孔，长 4.4、最宽 2.7、厚 0.4 厘米（图四，2）；F47∶5 呈钩形，顶端一小孔，长 4.8、宽 3.5、厚 0.36 厘米（图四，3）。

不规则形状的刃边器广泛存在于东北地区包括红山文化和吉林、黑龙江地区的新石器时代文化中，甚至远至俄罗斯的东西伯利来和远东地区。在吉林的农安左家山①、长岭腰井子②和黑龙江的密县新开流③、鸡西刀背山④、饶河小南山⑤、尚志亚布力⑥等新石器时代遗址都出土了这类玉器，其年代早至距今 7500～5500 年。这些遗址中出土的玉器多为器体扁薄、外形不甚规则、边缘呈刃状、剖面似柳叶形的不规则形刃边器、形体较小的璧和联璧，与哈民忙哈遗址出土的玉器风格基本一致。

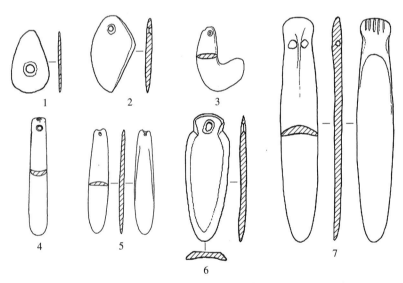

笔者曾在 1998 年"北京出土玉器研讨会"的论文中提出："从考古资料看，扁平形玉器的边缘逐渐磨薄呈刃状、剖面似柳叶形的制玉工艺，在距今 7000～6500 年左右最先产生于吉黑地区，并在该地区得到发展，开始时多为不规则形状的佩饰，逐渐进化为圆角方形、圆角长方形或近圆形的璧；并在距今 6000 年左右逐渐传播到辽西地区。"认为吉黑地区的刃边形玉器早于辽

图四　玉刃边器与匕形器

1. 哈民忙哈 F46∶4　2. 哈民忙哈 F45∶7　3. 哈民忙哈 F47∶5　4. 阜新查海 T0307②∶1
5. 饶河小南山 M1∶23　6. 哈民忙哈 F47∶8　7. 哈民忙哈 F46∶14

西红山文化分布区，红山文化的玉刃边璧形器是受到吉黑地区玉器风格影响的结果⑦。在吉林和黑龙江地区的新石器时代遗址中出土的玉器，有的年代偏早，并对红山文化玉器的风格有很大影响，自 20

①　吉林大学考古教研室：《农安左家山新石器时代遗址》，《考古学报》1989 年第 2 期，第 187～212 页。
②　吉林省文物考古研究所等：《吉林长岭县腰井子新石器时代遗址》，《考古》1992 年第 8 期，第 673～688 页。
③　黑龙江省文物考古工作队：《密山县新开流遗址》，《考古学报》1979 年第 4 期，第 491～518 页。
④　武威克、刘焕新、常志强：《黑龙江省刀背山新石器时代遗存》，《北方文物》1987 年第 3 期，第 2～5 页。
⑤　佳木斯市文物管理站、饶河县文物管理所：《黑龙江饶河县小南山新石器时代墓葬》，《考古》1996 年第 2 期，第 1～8 页。
⑥　黑龙江省文物考古研究所：《黑龙江尚志县亚布力新石器时代遗址清理简报》，《北方文物》1988 年第 1 期，第 2～7 页。
⑦　周晓晶：《倭肯哈达玉器及相关问题探析》，1998 年 1 月提交"北京出土玉器研讨会"的论文，杨伯达主编《出土玉器鉴定与研究》，紫禁城出版社，2001 年，第 1～9 页。

世纪90年代末期以来已有多位学者发表文章论及这一问题，与笔者的观点不谋而合①。笔者还以这种观点为依托，认为牛河梁第二地点一号冢M21所出的部分玉器时代较早，在牛河梁红山文化玉器的发展演变过程中具有承前启后的重要作用②。

三 哈民忙哈文化玉器与南宝力皋吐类型玉器的关系

南宝力皋吐墓地位于通辽市扎鲁特旗，大约为距今5000～4000年③。据研究，哈民忙哈文化与南宝力皋吐类型的分布范围有很大的重合，两者之间有先后继承关系④。南宝力皋吐发掘的玉器有形体较小的不规则形刃边器（图五，1）、小型无小孔的璧（图五，2）等⑤。从玉器的风格看，南宝力皋吐墓地出土的璧和坠饰与哈民忙哈玉器一样具有刃边的特点，与以前在吉林、黑龙江地区所见的玉器形态也非常接近。邓聪认为南宝力皋吐类型玉器的原料、工艺和器形较之红山文化玉系统疏远，而与呼伦贝尔的哈克文化甚至更北的俄罗斯远东地区出土的玉器联系密切⑥。

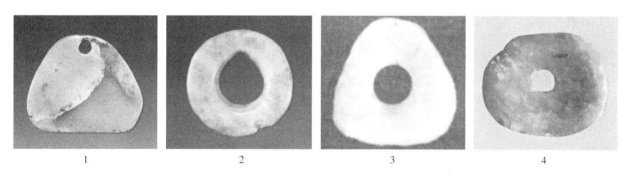

1   2   3   4

图五　南宝力皋吐与哈克文化的玉器
1. 南宝力皋吐不规则形刃边器　2. 南宝力皋吐小型璧　3. 哈克不规则形刃边器　4. 哈克小型璧

四 哈民忙哈文化玉器与哈克文化玉器的关系

哈克文化是一支分布于内蒙古东北部呼伦贝尔草原上的新石器时代考古学文化，年代跨度较大，

① 郭大顺：《玉器的起源与渔猎文化》，《北方文物》1996年第4期，第14～21页。周晓晶：《东北新石器时代玉器初探》，北京大学硕士研究生学位论文，1997年；《倭肯哈达玉器及相关问题探析》，《出土玉器鉴定与研究》，紫禁城出版社，2001年，第1～9页；《吉黑地区新石器时代玉器探究》，《北方文物》2000年第4期，第1～6页。刘国祥：《黑龙江饶河小南山遗存的文化性质与年代探讨》，《中国文物报》1999年3月24日；《聚宝山遗址出土玉器年代分析》，《中国文物报》1999年12月8日；《黑龙江尚志亚布力遗存试析》，《中国文物报》2000年1月12日；《黑龙江史前玉器研究》，《中国历史博物馆馆刊》2000年第1期，第72～86转96页；《吉林史前玉器试探》，《北方文物》2001年第4期，第6～16页。
② 周晓晶：《承前启后的红山文化玉器——牛河梁第二地点一号冢21号墓玉器研究》，杨伯达、郭大顺、雷广臻主编《古玉今韵》，中国文史出版社，2008年，第158～166页。
③ 朱永刚、吉平：《关于南宝力皋吐墓地文化性质的几点思考》，《考古》2011年第11期，第67～72页。
④ 郑钧夫：《燕山南北地区新石器时代晚期遗存研究》吉林大学博士学位论文，2012年6月。
⑤ 内蒙古自治区文物考古研究所、扎鲁特旗人民政府：《科尔沁文明——南宝力皋吐墓地》，文物出版社，2010年。
⑥ 朱永刚、吉平：《关于南宝力皋吐墓地文化性质的几点思考》，《考古》2011年第11期，第67～72页。

约在距今 7000～4000 年之间①。发现的玉器有不规则形刃边器（图五，3）、小型璧（图五，4）等②。哈克文化中的璧形体较小，都在 10 厘米以下，大多在 3～4 厘米之间，肉上无小孔，形状不规则，做工与哈民忙哈文化玉器中的刃边器特征相同，比红山文化中的同类器更为古朴、原始。值得注意的是，此类玉器在哈克文化中出现的时间要早于哈民忙哈文化。

五　其他

玉匕形器是兴隆洼文化（图四，4）和小南山文化（图四，5）的代表器形，其时代早于红山文化。在哈民忙哈遗址中也出土了匕形器，器身的正面内凹，背部略凸，有两件标本：F46：14，长 15.3、宽 2.7、厚 0.5 厘米（图四，7）；F47：8，长 6.2、宽 2.2、厚 0.3 厘米（图四，6）。与兴隆洼文化和小南山文化的匕形器相似又有不同，不同的是器体以束颈的形式明显地区分出柄部与身部，柄部有上下对穿孔或背面牛鼻式穿孔，应该是哈民忙哈自己的产品。

有学者通过对红山文化和哈民忙哈文化玉器上带有大孔玉器的穿孔技术的考察，认为哈民忙哈文化玉器的穿孔是采用实心钻、琢击和旋转研磨等多种组合工艺，而红山文化玉器则以采用空心双面管钻技术为主③，反映出两者属于大约同时的互不相属的玉器工匠集团；而哈民式穿孔技术，应该来源于中国吉、黑和贝加尔湖周围的玉文化④。

六　结语

从出土的哈民忙哈文化玉器看，那里的玉器成分复杂，可分为几种情况：

一是玉匕形器，与兴隆洼文化与小南山文化相似，但又具有自己的特点，说明是哈民忙哈文化本身制作的玉器。

二是不规则形状刃边器和小型刃边的璧，这类玉器流传时间与分布地域都很广泛。据目前的研究，在东北地区出土这类玉器的考古学文化中，哈克文化早于哈民忙哈文化，南宝力皋吐类型晚于哈民忙哈文化，红山文化晚期相当于哈民忙哈文化，吉黑地区玉器出现早于红山文化晚期，而更北部的俄罗斯西伯利亚地区的玉器出现时间更早。所以，有理由推断：扁薄刃边形器类最初应该是发源于北部并逐渐南传，哈民忙哈文化的扁平刃边形器是与红山文化一样受北部影响并流行，但在这一地区发展较为缓慢，持续流行的时间较长。

三是受红山文化玉器的影响最明显，不但模仿制作了红山文化晚期的简化带齿形器，同时还收藏有属于红山文化晚期的带齿兽面形器残件，改制红山文化玉镯为佩饰。

① 赵宾福：《东北新石器时代考古》，吉林大学出版社，2003 年，第 399 页。徐琳：《故宫博物院藏哈克文化玉石器研究》，《故宫博物院院刊》2012 年第 1 期，第 67～80 页。
② 刘景芝、赵越：《呼伦贝尔地区哈克文化玉器》，刘国祥、于明主编《名家论玉（三）——2010 海拉尔"中国玉文化名家论坛"文集》，科学出版社，2010 年，第 37～43 页。此外，刘景芝在 2010 年海拉尔会议的报告中，公布了该遗址 M3 中出土的 1 件玉坠饰，这是经考古调查出土或采集的第 15 件哈克文化玉器。
③ 郭大顺、孙力：《旋转技术在红山文化玉器中的应用》，澳门黑沙史前轮轴机械及相关问题国际会议，2013 年 6 月 18～19 日，澳门民政总署。
④ 邓聪、吉平：《从哈民玉器谈玉器穿孔南北的体系》，北京大学中国考古学研究中心、郑州市文物考古研究院、北京大学玉器与玉文化研究中心编《玉器考古通讯》2014 年第 1 期（总第 3 期），第 11～16 页。

偏堡文化陶器再论

宫本一夫

（日本九州大学）

一 开始

　　辽东半岛在战前就因鸟居龙藏于 1905 年在老铁山积石冢调查发掘的史前遗址而知名。战前的辽东半岛除积石冢等墓葬遗迹外还发现有较多的贝丘遗址，对于习惯了绳纹贝丘的日本考古学者来说属于比较熟悉的埋藏环境。不单是因为当时的殖民政策，相似的埋藏环境也使辽东半岛成为具有魅力的考古田野。但是，关于这一地区考古学年代框架的建立始于中华人民共和国成立后，特别是旅顺博物馆主持进行的旅顺一带史前遗址调查，以及广鹿岛、大长山岛等辽东半岛岛屿地区贝丘遗址的调查发掘等一系列工作之后，使年代框架的建立成为可能。许玉林、许明纲的分期文章属于最初的研究成果[1]。大致同一时期的小川（大贯）静夫在利用东京大学馆藏的战前资料基础上，对新石器时代的年代框架进行了尝试性的研究[2]。综合以上的分期研究，宫本一夫在利用上马石贝丘上层 A 区、BⅡ区和墓葬材料的基础上，不仅对新石器时代也包括青铜时代进行了详细的分期研究[3]。以上关于建立年代框架的研究使辽东半岛与山东半岛陶器分期间的对应关系、辽东与辽西分期的平行关系更加明晰化，进而与中原之间的相对关系也明朗化。可以说辽东半岛是建立包括朝鲜半岛、日本列岛的东北亚地区史前陶器分期框架的中枢地区。

　　此后关于新石器时代的分期研究，随着新材料的增加对于偏堡类型的陶器分期有了更加细致的研究[4]。偏堡类型属于新石器时代后期的考古学文化，主要分布在辽东地区，作为东北亚史前时代一支重要的考古学文化在以往研究中并未给予足够的重视。偏堡类型的分布以沈阳为中心，南端为辽东半

① 许玉林、许明纲、高美璇：《旅大地区新石器时代文化和青铜时代文化概述》，《东北考古与历史》，文物出版社，1982 年，第 23 ~ 41 页。
② 小川（大貫）静夫：《極東先史土器の一考察》，《東京大学文学部研究室研究紀要》第 1 号，1982 年，第 123 ~ 149 頁。
③ 宫本一夫：《中国東北地方における先史土器の編年と地域性》，《史林》第 68 巻第 2 号，1985 年，第 1 ~ 51 頁；《遼東半島周代併行土器の変遷－上馬石貝塚 A・BⅡ区を中心に－》，《考古学雑誌》第 76 巻第 4 号，1991 年，第 60 ~ 86 頁；《遼東半島土器編年と上馬石貝塚出土土器の位置づけ》，《遼東半島上馬石貝塚の研究》，九州大学出版会，2015 年，第 124 ~ 178 頁。
④ 宫本一夫：《遼東新石器時代陶器編年的再探討》，《东北亚考古学研究——中日合作研究报告书》，文物出版社，1997 年，第 120 ~ 144 页。古澤義久：《遼東地域と韓半島西北部先史土器の編年と地域性》，《東京大学考古学研究室紀要》第 21 号，2007 年，第 83 ~ 131 頁。

岛，西端为新民县东高台山遗址，北端为大兴安岭山脉的南麓，东端为朝鲜半岛西北部的堂山和双鹤里遗址，属于具有一定时间跨度和空间分布范围的一类遗存，因此被命名为偏堡文化[①]。

战前日本学术振兴会的考古学者主持发掘的辽东半岛大长山岛上马石贝冢和文家屯贝冢中，发现了属于偏堡文化的陶器。特别是在文家屯贝冢的考古发掘报告中，对偏堡文化所处的年代进行了尝试性研究[②]。本文首先介绍上马石贝冢出土的偏堡文化陶器，然后在分期基础上从各个类型陶器分布的地域差别来研究偏堡文化的起源及传播过程。此研究又与属于朝鲜半岛无纹陶器文化最早阶段的突带纹陶器的起源研究相衔接。此外，本文对中国考古学界不怎么关注的陶器制作技术进行了研究，通过制陶工艺来考察偏堡文化、朝鲜半岛无纹陶器文化以及日本列岛的弥生文化这一系列贯穿于东北亚农耕社会的文化遗存间的陶器谱系关系或者说制陶工艺的谱系关系。

二　上马石贝冢西丘东南崖出土的偏堡文化陶器

1941 年梅原末治等调查、发掘了上马石贝冢，出土地点和层位不同的陶器正好构成了辽东半岛的陶器谱系序列[③]。与以往的研究相比，此遗址陶器可分为小珠山下层、小珠山中层、偏堡、小珠山上层、双坨子 1～3 三期、上马石上层、尹家村上层等不同时期，除吴家村时期外基本包含了辽东半岛全部陶器类型。

其中偏堡文化的陶器仅出土于西丘东南崖，这一位置的偏堡文化陶器属于具有共存关系的遗物。如图一所示可分为红褐陶、褐陶、黑褐陶、红陶四类。

1. 红褐陶

钵：7、9 为陶钵。7 的口沿部内折，为折沿敛口钵。9 属于小型陶钵，口沿部内收成敛口。7 为外表面红色的红褐陶，内表面有纵向的木理纹。

筒形罐：10 的口缘由断面方形的泥条贴附而成，其表面施有锯齿状的压印纹。其他为腹部有纵向附加堆纹的陶器，附加堆纹表面饰有刻划纹。根据附加堆纹带的宽度和高度又可分为隆起（13）和微隆起（16、17）两种。

2. 褐陶

筒形罐：11 的口缘由断面正方形的泥条贴附而成，其表面施有压印纹。

壶：1 的颈部有波状压印纹，属于未知类陶壶。

3. 黑褐陶

筒形罐：12 的口缘由断面三角形的泥条贴附而成，其表面和外缘分别施有斜线纹和压印纹，腹部有纵向的直线纹和横向的绫杉纹。15 有可能是 12 的腹片，腹部贴附有波状附加堆纹，其表面施有绫杉压印纹，堆纹带下部可见木理纹。14 为贴附有表面为压印纹的附加堆纹带的筒形罐腹片，其内侧可见木理纹。

罐：4 的口沿部外翻，口沿表面有横向抚平的痕迹。口沿外侧和内侧均可见用手指抚平的横向或

① 李恭笃、高美璇：《试论偏堡文化》，《北方文物》1998 年第 2 期，第 11～16 页。
② 宫本一夫：《辽东新石器时代陶器编年的再探讨》，《东北亚考古学研究——中日合作研究报告书》，文物出版社，1997 年，第 120～144 页。
③ 宫本一夫编：《遼東半島上馬石貝塚の研究》，九州大学出版会，2015 年。

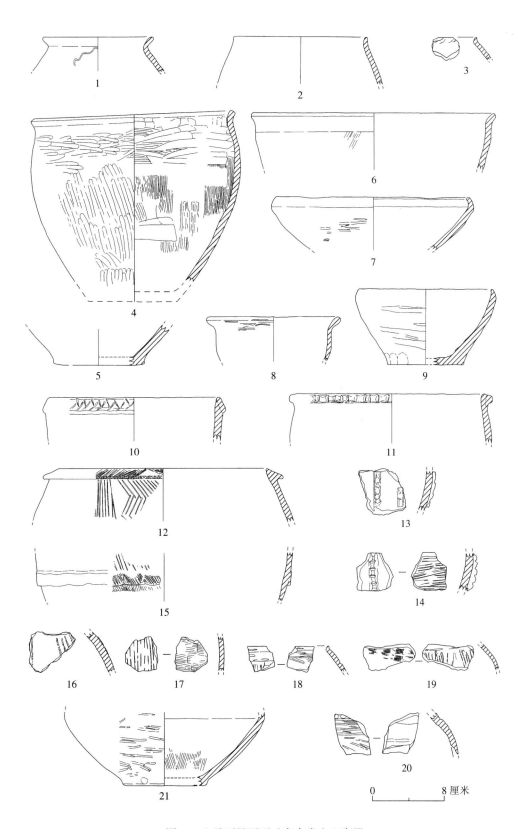

图一 上马石贝冢西丘东南崖出土陶器

纵向痕迹，此外，下腹部内侧可见木理纹痕迹。6 的口沿部同样外翻且可见横向抚平痕迹。5 可能是罐的底部。

壶：肩部有平行压印纹的很可能是属于陶壶的残片。

4. 红陶

无颈壶为弧腹钵形器。3、18 口沿部内倾的同时，缘部纵向竖起。21 推测为无颈壶的下半部个体。19 为肩部残片，暂不确定是否为无颈壶残片。

虽然上马石贝冢西丘东南崖的出土遗物不多，但是均为偏堡文化陶器，属于具有共存关系的遗物。筒形罐的口缘部多由泥条贴附而成，泥条断面可分为方形和三角形两种，推测其存在由方形到三角形这一变化过程，即图一筒形罐 11→10→12 这一顺序演变。同时敞口罐与筒形罐共存（图一，4、6），如图所示的敞口罐在辽东半岛和辽东地区均未见，反而与胶东半岛大汶口文化的陶罐存在谱系关系。此外，尽管钵和壶具有共存关系，但是无颈壶均为红陶，很可能也与胶东半岛有联系。张翠敏认为偏堡文化三堂遗址的三足钵与胶东半岛白石村 2 期具有相关性①，也佐证了笔者观点。但是，口缘部由泥条贴附而成的筒形罐作为偏堡文化的典型器在辽东地区以外并未发现，也不存在与山东地区相关的可能性。

耐人寻味的是，在辽东、辽西、山东等地均未见的木理纹在此处出现了。木理纹在同属为偏堡文化的文家屯贝冢出土的筒形罐上也有发现，可以说属于偏堡文化陶器制作的常见工艺。此外，这一制陶技艺在朝鲜半岛无纹陶器文化和日本列岛弥生文化的陶器中均有发现，可见偏堡文化在这一制陶工艺传播的谱系关系上具有非常重要的作用。

三　偏堡文化陶器分析

随着辽宁省瓦房店市长兴岛三堂村遗址的发掘，使偏堡文化的进一步分期成为可能②。陈全家等将三堂村 1 期遗存中的第 5 地层与其叠压的 1 号房址相对比，发现断面为方形的附加堆纹带由筒形罐的口沿下部逐渐上移到口缘部，到肇工街 1 期时附加堆纹带基本与口缘捏合成一体且断面变为三角形③。也就是说三堂 1 期可分为早、后两段，肇工街 1 期位于三堂 1 期后段之后④。笔者同意以上分期，即将偏堡文化划分为早、中、后三期（图二）。此外，文家屯遗址 A、B 地点也发现了偏堡文化遗存，与吴家村同时期的 A 地点出土的筒形罐附加堆纹带断面为方形，属于偏堡文化早、中期。B 地点仅发现断面为三角形的附加堆纹带，属于偏堡文化后期。由此可见，吴家村时期偏堡文化已出现在辽东半岛，到后期偏堡文化作为一支当地仅存的考古学文化进一步发展。

此外，陈全家等还将晚于三堂 1 期的三堂 2 期遗存划归为小珠山上层文化，也就是说偏堡文化和小珠山上层之间的相对年代关系是明确的⑤。上马石贝冢西丘东南崖出土的陶器也符合以上分期，如

① 张翠敏：《论三堂一期文化筒形罐》，《辽宁省博物馆馆刊》第 3 辑，辽海出版社，2008 年，第 195～208 页。
② 辽宁省文物考古研究所、吉林大学考古学系、旅顺博物馆：《辽宁省瓦房店市长兴岛三堂村新石器时代遗址》，《考古》1992 年第 2 期，第 107～121、174 页。
③ 陈全家、陈国庆：《三堂新石器时代遗址分期及相关问题》，《考古》1992 年第 3 期，第 232～244 页。
④ 中国社会科学院考古研究所东北工作队：《沈阳肇工街和郑家洼子遗址的发掘》，《考古》1989 年第 10 期，第 885～892 页。
⑤ 陈全家、陈国庆：《三堂新石器时代遗址分期及相关问题》，《考古》1992 年第 3 期，第 232～244 页。

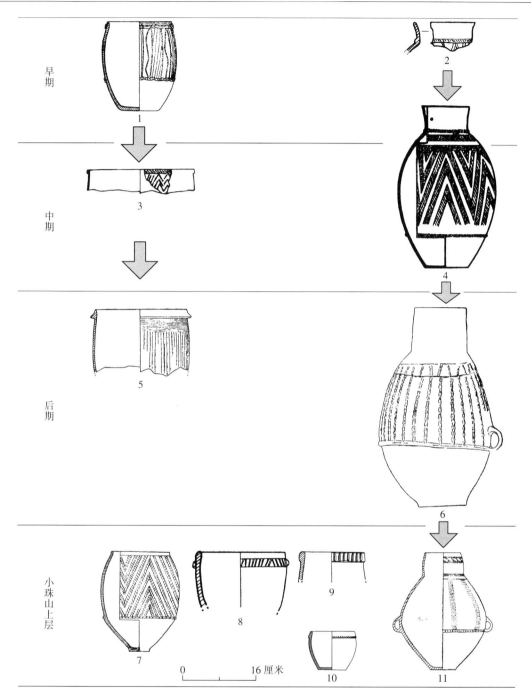

图二 偏堡文化陶器型式变迁图

1~4. 三堂 5、6. 肇工街 7、11. 北沟西山 8~11. 郭家村

图一筒形罐 11→10→12 的变化过程。如张星德①所述偏堡文化前期附加堆纹带与口沿间的距离至少 5 毫米以上，上马石贝冢西丘东南崖出土遗物中图一、11、12 分别属于偏堡文化中、后期的陶器，未见早期器物。

笔者认为三堂 1 期的部分遗存与吴家村时期相并存，但是大部分遗存年代要晚于吴家村时期。也

① 张星德：《偏堡文化陶器分期及其相关问题》，《边疆考古研究》第 13 辑，科学出版社，2013 年，第 97~113 页。

就是说，在吴家村时期，偏堡文化从下辽河流域发展到辽东半岛，这一认识主要是依据文家屯 C 区遗存而得出的①。另一方面，古泽义久依据大潘家村遗存将吴家村期和三堂 1 期划分为年代不同的两个时期②。

此后，中国社会科学院考古研究所主持发掘的小珠山遗址中，在地层关系上发现偏堡文化陶器所处层位晚于小珠山中层、早于小珠山上层③。发掘者将其称为小珠山 4 期陶器，认为不同于三堂 1 期。小珠山 4 期陶器的附加堆纹带与口缘捏合成一体、腹部有篦齿纹，明显具有偏堡文化中后期的特征，至少可以将其划定为偏堡文化中后期，与上马石贝冢东南崖出土陶器处于同一时期。小珠山上层遗存中也发现了口缘部有附加堆纹带的陶器，但是通过地层关系可以看出其明显晚于偏堡文化。

文家屯 A 区发现有部分属于吴家村期的陶器，还发现有属于偏堡文化前期、即附加堆纹带位于口沿下部的陶器，由此可见吴家村期与偏堡文化前期很可能处于同一时期。之所以得出上面的认识还因为在小珠山遗址中，发现了偏堡文化中、后期晚于小珠山中层的地层关系。此外，在朝鲜半岛西北部堂山遗址的堂山上层中发现有偏堡文化陶器，在堂山下层中发现了吴家村期陶器，同时还伴出带有附加堆纹的陶器，后者推测为偏堡文化前期和吴家村期陶器的折中器物④。

安志敏提出过将辽东半岛划分为分别以旅顺和长山群岛为中心的两个区域，陶器分期也要分区域进行这一观点⑤。如果辽东半岛可以划分为西部和中部两个地区的话，小珠山遗址所处的广鹿岛和上马石遗址所处的大长山岛应该分别属于西部和中部地区。小珠山遗址所属的西部地区还包括金州以南的辽东半岛南端一带。另一方面，上马石贝冢所属的中部地区还包括貔子窝的单砣子⑥和高丽寨等遗址。西、中部的地区划分在大贯静夫⑦和白石溪雅⑧关于青铜器分期的研究中就已提出，但是在新石器时代也同样适用。关于这一地区划分的验证需要关注属于小珠山中层后半期的吴家村期⑨。在上马石贝冢发现了除吴家村之外各个时期的陶器，其中吴家村期的遗存在太子河上游的马城子下层⑩、丹东地区的阎坨子⑪和鸭绿江下游的美松里下层、清川江流域的堂山下层⑫等遗址中均有发现，且具有一定的时间跨度⑬。吴家村遗存的分布范围如图三所示，从辽东半岛西部到辽东内陆的太子河流域，再从丹东地区和鸭绿江下游到清川江流域所在的朝鲜半岛西北部地区。

① 岡村秀典編：《文家屯 1942 年遼東先史遺跡発掘調査報告書》，遼東先史遺跡発掘報告書刊行会，2002 年。
② 古澤義久：《遼東地域と韓半島西北部先史土器の編年と地域性》，《東京大学考古学研究室紀要》第 21 号，2007 年，第 83 ~ 131 頁。
③ 中国社会科学院考古研究所、辽宁省文物考古研究所、大连市文物考古研究所：《辽宁长海县小珠山新石器时代遗址发掘简报》，《考古》2009 年第 5 期，第 16 ~ 25 页。
④ 車達万：《堂山 조개무지 遺蹟発掘報告》，《朝鮮考古研究》第 4 期，1992 年。
⑤ 安志敏：《中国辽东半岛的史前文化》，《东方学报》京都第 65 册，1993 年，第 1 ~ 21 页。
⑥ 澄田正一：《遼東半島の先史遺跡——貔子窩付近分布調査》，《愛知学院大学人間文化研究所紀要人間文化》第 5 号，1990 年。
⑦ 大貫静夫：《双砣子 3 期文化の土器編年》，《遼寧を中心とする東北アジア古代史の再構成》，平成 16 年度 ~ 平成 18 年度科学研究補助金（基盤研究 B）研究成果報告書，2007 年，第 59 ~ 101 頁。
⑧ 白石渓冴：《遼東地域における商代後期から西周併行期の土器編年 - 大嘴子遺跡の土器編年を中心として -》，《中国考古学》第 11 号，2011 年，第 101 ~ 132 頁。
⑨ 宮本一夫：《中国東北地方における先史土器の編年と地域性》，《史林》第 68 巻第 2 号，1985 年，第 1 ~ 51 頁。
⑩ 辽宁省文物考古研究所、本溪市博物馆：《马城子——太子河上游洞穴遗存》，文物出版社，1994 年。
⑪ 丹东市文化局文物普查队：《丹东市东沟县新石器时代遗址调查和试掘》，《考古》1984 年第 1 期，第 21 ~ 36 页。
⑫ 車達万：《堂山 조개무지 遺蹟発掘報告》，《朝鮮考古研究》第 4 期，1992 年。
⑬ 古澤義久：《遼東地域と韓半島西北部先史土器の編年と地域性》，《東京大学考古学研究室紀要》第 21 号，2007 年，第 83 ~ 131 頁。

偏堡文化在早、中期以辽西东部到辽河下游这一区域为中心，进而扩展到吴家村类遗存的分布范围。偏堡文化遗址的集成如表一所示，各个遗址都可以按照筒形罐的型式变化划分为早、中、后三期。此外表一中作为偏堡文化的后续，小珠山上层文化中亦可见口缘部带有附加堆纹的陶器，平壤市南京遗址尽管不是在筒形罐而是在陶壶上也可以见到偏堡文化的文化要素。结合表一和偏堡文化分布图可以看出，偏堡文化早期或早、中期主要分布在辽西东部（图四），后期时其分布范围扩大到辽东内陆、辽东半岛及朝鲜半岛西北部地区（图五）。通过

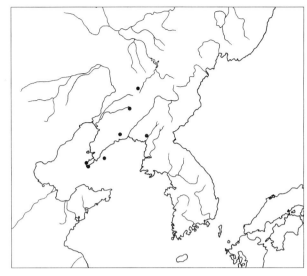

图三　吴家村期遗址分布

偏堡文化不同时期的分布范围可以看出，其由起源地辽西东部到辽河下游、再到辽东东部这一扩散过程。这一扩散过程与王闯提出的从辽东半岛西岸到东部的辽东东部及北部的辽河下游这一传播过程①明显不同，而与张翠敏认为偏堡文化的起源地为辽东中部②这一认识在型式分布论上有重合之处。

古泽义久通过辽河下游的沈阳地区未见吴家村而仅见偏堡文化陶器提出两者没有共存关系，进而否定笔者提出的偏堡文化在吴家村期传入到吴家村分布范围内这一观点③。其实沈阳地区不见吴家村期的陶器也可以理解为两者各有不同的分布区域。通过陶器谱系可以看出吴家村期由小珠山中层演化而来，小珠山中层文化在辽东内陆的马城子遗址和吉长地区的左家山Ⅳ期中均有发现，可见其属于分

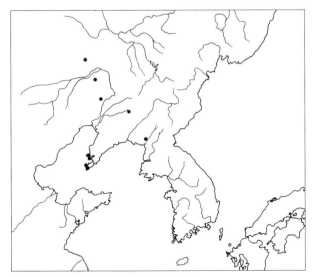

图四　偏堡文化早期遗址分布

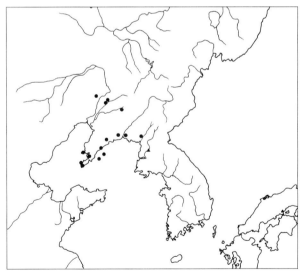

图五　偏堡文化中、后期遗址分布

①　王闯：《偏堡文化陶器分期与年代》，《赤峰学院学报》2011 年第 32 卷第 5 号，第 10~16 页。
②　张翠敏：《论辽南地区偏堡类型因素》，《东北史地》2004 年第 4 期，第 31~35 页。
③　古澤義久：《遼東地域と韓半島西北部先史土器の編年と地域性》，《東京大学考古学研究室紀要》第 21 号，2007 年，第 83~131 页。

布于整个辽东地区的一种陶器类型。吴家村陶器分布在从辽东半岛南端到鸭绿江下游及太子河流域的辽东东部及周边地区，分布在辽西东部到辽河下游地区的偏堡文化随着时期变化扩散到辽东东部也是可以解释得通的（图六）。也就是说，笔者以前提出的吴家村期遗存分布在辽东半岛东部及周边地区，偏堡文化前期（三堂1期）的遗存分布在辽西东部到辽河下游地区这一观点是成立的（见图六；表一）。进而到了吴家村期之后，在辽东半岛南部仅存偏堡文化中、后期遗存的这一现象也可通过小珠山遗址的地层关系得到验证①。此外，偏堡文化这一分布情况在青铜时代的高台山文化中再次出现。

　　关于偏堡文化，通过最近发掘的南宝力皋吐墓地可以看出，其与辽西的小河沿文化属同一时期②。此外南宝力皋吐墓地的碳十四测年为公元前2500～前2000年③，与辽东半岛的文化分期和实测年代相比并不矛盾。以上的年代关系可以看出，认为偏堡文化陶器上的纵向附加堆纹等文化要素要到山东北辛文化中去寻找这一观点很难成立④，偏堡文化应该是以辽西东部和辽河下游为中心的、属于新石器时代晚期的一支考古学文化。此外，偏堡文化中的纵向附加堆纹很可能是由辽西东部南宝力皋吐墓地中发现的指压纹演化而来的⑤。波状附加堆纹等代表偏堡文化特征的纹饰起源地应该去辽

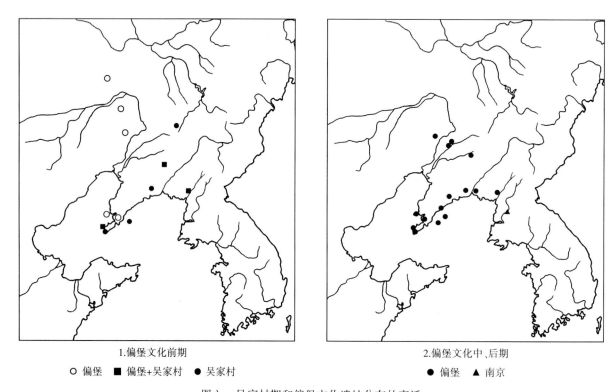

1.偏堡文化前期　　　　　　　　　2.偏堡文化中、后期
○ 偏堡　■ 偏堡+吴家村　● 吴家村　　　● 偏堡　▲ 南京

图六　吴家村期和偏堡文化遗址分布的变迁

① 中国社会科学院考古研究所、辽宁省文物考古研究所、大连市文物考古研究所：《辽宁长海县小珠山新石器时代遗址发掘简报》，《考古》2009年第5期，第16～25页。
② 内蒙古文物考古研究所、扎鲁特旗文物管理所：《内蒙古扎鲁特旗南宝力皋吐新石器时代墓地C地点发掘简报》，《考古》2011年第11期，第24～37页。
③ 朱永刚、吉平：《关于南宝力皋吐墓地文化性质的几点思考》，《考古》2011年第11期，第67～72页。
④ 朱永刚：《辽东地区新石器时代含条形堆纹陶器遗存研究》，《青果集——吉林大学考古专业成立二十周年考古论文集》，知识出版社，1993年，第146～153页。
⑤ 内蒙古文物考古研究所、扎鲁特旗文物管理所：《内蒙古扎鲁特旗南宝力皋吐新石器时代墓地C地点发掘简报》，《考古》2011年第11期，第24～37页。

表一　偏堡文化遗址统计表

遗址名	所在地	偏堡文化分期			小珠山上层	文献
		早期	中期	后期		
南宝力皋吐	内蒙古扎鲁特旗南宝力皋吐村	○				内蒙古文物考古研究所、扎鲁特旗文物管理所2010[①]
大沁他拉	吉林省奈曼旗大沁他拉镇	○				朱凤瀚1979[②]
高台山	辽宁省新民县高台子乡高台子村	○	○	○		沈阳市文物管理办公室1982[③]
偏堡	辽宁省新民县偏堡	○	○			东北博物馆文物工作队1958[④]
新乐	辽宁省沈阳市北区			○		沈阳文物管理办公室1978[⑤]
肇工街	辽宁省沈阳市铁西区肇工街			○		中国社会科学院考古研究所东北工作队1989[⑥]
猴侯	辽宁省瓦房店市					王枞1993[⑦]
蛤皮地	辽宁省瓦房店市交流岛	○		○		辽宁省文物考古研究所等1992[⑧]
三堂	辽宁省瓦房店市长兴岛	○		○		同上
大潘家村	辽宁省大连市旅顺口区江西镇	○		○	○	大连市文物考古研究所1994[⑨]
文家屯	辽宁省大连市旅顺口区营城子	○				冈村秀典编2002[⑩]
郭家村	辽宁省大连市旅顺口区铁山公社				○	辽宁省博物馆、旅顺博物馆1984[⑪]
小珠山	辽宁省大连市长海县广鹿岛		○			中国社会科学院考古研究所等2009[⑫]
上马石	辽宁省大连市长海县大长山岛		○			本文
马城子B洞	辽宁省本溪满族自治县南店乡	○				辽宁省文物考古研究所等1994[⑬]
北甸	辽宁省本溪满族自治县南店乡			○		同上
塔寺屯	辽宁省普兰店市城子坦镇			○		澄田1990[⑭]
小业屯	辽宁省庄河市光明山乡			○		王嗣洲、金志伟1997[⑮]
北沟西山	辽宁省岫岩满族自治区岫岩				○	许玉林、杨永芳1992[⑯]
石佛山	辽宁省东沟县石沸山			○		许玉林1990[⑰]
双鹤里	［韩］平安北道龙川郡双鹤里		○			都宥浩1960、李炳善1963[⑱]
新岩里	［韩］平安北道龙川郡新岩里				○	李淳镇1965[⑲]
堂山	［韩］平安北道定州郡堂山	○				车达万1992[⑳]

① 内蒙古自治区文物考古研究所、扎鲁特旗人民政府：《科尔沁文明——南宝力皋吐墓地》，文物出版社，2010 年。
② 朱凤瀚：《吉林奈曼旗大沁他拉新石器时代遗址调查》，《考古》1979 年第 3 期，第 209～222 页。
③ 沈阳市文物管理办公室：《沈阳新民县高台山遗址》，《考古》1982 年第 2 期，第 121～129 页。
④ 东北博物馆文物工作队：《辽宁新民县偏堡沙岗新石器时代遗址调查记》，《考古通讯》1958 年第 1 期，第 1～7 页。
⑤ 沈阳市文物管理办公室：《沈阳新乐遗址试掘报告》，《考古学报》1978 年第 4 期，第 449～466 页。
⑥ 中国社会科学院考古研究所东北工作队：《沈阳肇工街和郑家洼子遗址的发掘》，《考古》1989 年第 10 期，第 885～892 页。
⑦ 王枞：《瓦房店市猴山遗址调查》，《大连文物》1993 年第 1 期。
⑧ 辽宁省文物考古研究所、吉林大学考古学系、旅顺博物馆：《辽宁省瓦房店市长兴岛三堂村新石器时代遗址》，《考古》1992 年第 2 期，第 107～121、174 页。
⑨ 大连市文物考古研究所：《辽宁大连大潘家村新石器时代遗址》，《考古》1994 年第 10 期，第 877～894 页。
⑩ 冈村秀典编：《文家屯 1942 年遼東先史遺跡発掘調査報告書》，遼東先史遺跡発掘報告書刊行会，2002 年。
⑪ 辽宁省博物馆、旅顺博物馆：《大连市郭家村新石器时代遗址》，《考古学报》1984 年第 3 期，第 287～329 页。
⑫ 中国社会科学院考古研究所、辽宁省文物考古研究所、大连市文物考古研究所：《辽宁长海县小珠山新石器时代遗址发掘简报》，《考古》2009 年第 5 期，第 16～25 页。
⑬ 辽宁省文物考古研究所、本溪市博物馆：《马城子——太子河上游洞穴遗存》，文物出版社，1994 年。
⑭ 澄田正一：《遼東半島の先史遺跡——貔子窩付近分布調査》，《愛知学院大学人間文化研究所紀要人間文化》第 5 号，1990 年。
⑮ 王嗣洲、金志伟：《大连北部新石器文化遗址调查简报》，《辽海文物学刊》1997 年第 1 期，第 1～5 页。
⑯ 许玉林、杨永芳：《辽宁岫岩北沟西山遗址发掘简报》，《考古》1992 年第 5 期，第 389～398 页。
⑰ 许玉林：《辽宁东沟县石沸山新石器时代晚期遗址发掘简报》，《考古》1990 年第 8 期，第 673～683 页。
⑱ 都宥浩：《朝鲜原始考古学》，1960 年。李炳善：《鸭绿江流域 빗살 무늬 그릇 遺蹟의 特性関한 若干의 察》，《考古民俗》第 1 号，第 12～24 页，1963 年。
⑲ 李淳镇：《新岩里遺蹟発掘中間報告》，《考古民俗》第 3 号，1965 年，第 40～49 页。
⑳ 车达万：《堂山 조개무지 遺蹟発掘報告》，《朝鲜考古研究》第 4 期，1992 年。

西东部寻找。因此，大兴安岭南麓的草原地带应该是辽西的小河沿文化与辽东的偏堡文化相互邂逅的所在。

属于偏堡文化早、中期的三堂 1 期遗存中发现了玉璇玑和成熟型的石刀，其年代与四平山积石冢接近。四平山积石冢的最早期出土有属于大汶口文化末期到山东龙山文化初期的陶鬶①，由此判断三堂 1 期处于大汶口文化末期到山东龙山文化初期这一阶段。也就是说偏堡文化早、中期大致相当于大汶口文化末期到山东龙山文化初期，在这一阶段山东的考古学文化传播到辽东半岛②。在上马石贝冢的偏堡文化陶器中，褐陶罐 a 式和红褐陶钵 a 式的谱系关系均可以追溯到胶东半岛地区的大汶口文化末期。此外，无颈壶的红陶烧制工艺也可在胶东半岛发现，很可能是制陶工艺由胶东半岛传播到了辽东半岛。在此之后的小珠山上层文化明显受到山东龙山文化的影响，并且在后期山东龙山文化已成为当地的主体文化。也就是说，在山东龙山文化初期，通过文化传播或人口移动发生了扩散现象，到了之后的文化稳定阶段就形成了小珠山上层文化。

四　偏堡文化的制陶工艺

1941 年由日本学术振兴会调查、发掘的中国辽宁省大连市长海县大长山岛上马石贝冢，除吴家村期之外，从新石器时代前期的小珠山下层到青铜器时代的上马石上层文化、再到初期铁器时代的尹家村 2 期的一系列考古学文化遗存均有发现。此外，通过此遗址的分析可以做出以青铜器时代为中心的长时间跨度的、详细的分期结果，进而可以明晰整个东亚陶器谱系间的平行关系③。表二是东亚陶器分期表，其中在辽东半岛的新石器时代到青铜器时代和初期铁器时代，发现了能代表无纹陶器和弥生陶器制作工艺的要素：即宽幅黏土带、黏土带间外侧接合、木理纹以及地面堆烧特有的黑斑。不同地区间出现相似工艺的原因值得探讨，表三是探讨的结果④。木理纹是无纹陶器和弥生陶器时代器面修整时产生的代表性纹饰，修整方法是用木板的板口刮划器表使其平整、光滑。这种木理纹在无纹陶器之前的新石器时代和弥生之前的绳纹时代的陶器中均未见到，明显属于外来的陶器修整方法。尽管偏堡文化的陶器数量较少，不能得出非常确定的认识，但是在其陶器上也发现了宽幅黏土带、黏土带间外侧接合、木理纹以及地面堆烧特有的黑斑。此外，在偏堡文化之后的小珠山上层和青铜器时代、初期铁器时代中前述四要素齐备的陶器并未发现。如偏堡文化后续的小珠山上层文化中，未见地面堆烧特有的黑斑。除此之外，在无纹陶器早期和碳十四测年⑤与其同时期的双砣子 2、3 期也发现了宽幅黏土带、黏土带间外侧接合、木理纹，但是所占比例较低，并非主体工艺。上马石上层文化之后未见宽幅黏土带，即制陶工艺上的谱系关系并未延续到上马石上层文化。如果在辽东半岛找寻无纹陶器的谱

① 宫本一夫：《辽东半岛四平山积石墓研究》，《考古学研究（九）》，文物出版社，2012 年，第 612 ~ 637 页；《東北アジアの初期農耕と弥生の起源》，同成社，2017 年。
② 宫本一夫：《辽东半岛四平山积石墓研究》，《考古学研究（九）》，文物出版社，2012 年，第 612 ~ 637 页。
③ 宫本一夫：《遼東半島周代併行土器の変遷－上馬石貝塚Ａ・BⅡ区を中心に－》，《考古学雑誌》第 76 卷第 4 号，1991 年，第 60 ~ 86 页；《遼東半島土器編年と上馬石貝塚出土土器の位置づけ》，《遼東半島上馬石貝塚の研究》，九州大学出版会，2015 年，第 124 ~ 178 页。
④ 三阪一德：《遼東半島先史時代の土器製作技法の変遷－上馬石貝塚を中心として－》，《遼東半島上馬石貝塚の研究》，九州大学出版会，2015 年，第 179 ~ 202 页。
⑤ 安在晧：《韓半島青銅器時代의時期区分》，《考古学誌》第 16 辑，韩国国立中央博物馆，2010 年，第 5 ~ 56 页。

系关系的话，与其制陶工艺和实测年代相近的辽东半岛双砣子2、3期应该首先被考虑到，但事实是其与偏堡文化的谱系关系更加明晰。偏堡文化之后前述的制陶工艺四要素呈现逐渐消失的趋势，特别是双砣子3期或上马石A区下、上层阶段之后不见木理纹，与此同时窄幅黏土带和黏土带间内侧接合成为主要的制陶工艺，其与无纹陶器和弥生陶器间的关系渐行渐远。

在辽东地区与无纹陶器和弥生陶器制陶工艺相同四要素齐备的仅有偏堡文化。特别是在偏堡文化时期木理纹明显，在上马石贝冢和文家屯贝冢均可见到这一纹饰。此外，在内蒙古扎鲁特旗南宝力皋吐遗址①也发现有木理纹。偏堡文化时期不单是木理纹的开始，也是这一纹饰在其文化内普及的阶段。在南宝力皋吐遗址的陶器中地面堆烧特有的黑斑也有发现，同时在偏堡文化中地面堆烧这一制陶工艺也是确实存在的。

表二　东亚陶器分期表

年代	中原	山东	胶东半岛	辽东半岛	辽河下流	鸭绿江下流	朝鲜半岛西部	朝鲜半岛中、南部	北部九州
BC5000	裴李岗	后李						新石器早期	绳纹早期
	仰韶半坡类型	北辛	白石村	小珠山下层	新乐下层	后洼下层			
BC4000	仰韶史家类型	大汶口前期	邱家庄	小珠山下层		后洼上层	智塔里		绳纹前期
	仰韶庙底沟类型	大汶口前期	北庄1期	小珠山中层	马城子		金滩里1期	新石器前期	
BC3000	仰韶半坡晚期	大汶口中期	北庄2期	吴家村	偏堡	阎坨子		新石器中期	绳纹中期
	庙底沟2期	大汶口后期	杨家圈1期	偏堡	偏堡	双鹤里1期	南京1期	新石器后期	
BC2000	王湾3期	龙山前期	杨家圈2期	小珠山上层	肇工街1期	双鹤里2期	南京2期	新石器晚期	绳纹后期
	新砦	龙山后期	杨家圈3期	双砣子1期	高台山	新岩里1期			
	二里头文化	岳石	昭各庄	双砣子2期	高台山	新岩里第3地点第I文化层			
BC1500	二里岗文化	岳石	芝水	双砣子3期	高台山	新岩里2期	驹形陶器1期	突带纹陶器	
	殷墟期	大辛庄	珍珠门	双砣子3期	新乐上层			横带斜线纹陶器（可乐洞）	
BC1000	西周	西周		上马石A地点上层	新乐上层	新岩里3期		横带斜格子纹陶器（欣岩里）	绳纹晚期
			西周	上马石A地点上层	郑家洼子	美松里上层		孔列文土器（驿三洞）	
	春秋	春秋	春秋	上马石BII地点	郑家洼子	墨房里	驹形陶器2期	先松菊里（休岩里）	
BC450					郑家洼子		驹形陶器3期	松菊里	弥生前期
	战国	战国	战国	尹家村2期	郑家洼子		驹形陶器4、5期	黏土带陶器	

_____

① 内蒙古自治区文物考古研究所、扎鲁特旗人民政府：《科尔沁文明——南宝力皋吐墓地》，文物出版社，2010年。

表三　上马石贝冢制陶工艺变迁

	黏土带接合方式						器面修整				烧成		黑色	红色研磨
	窄幅黏土带	中间	宽幅黏土带	水平	内侧	外侧	非木板木理纹	木板制木理纹	旋转指痕	平行线拍打痕	开放式堆烧	覆盖式堆烧		
小珠山下层期	●	×	×	○	○	○	●	×	×	×	?	?	×	×
小珠山中层期	?	?	?	?	?	?	?	?	?	?	?	?	?	?
吴家村期														
偏堡类型	?	?	△	?	?	○	×	●	?	×	?	△	?	○
小珠山上层期～双砣子1期	?	△	△	?	?	○	○	○	●	○	?	?	●	×
双砣子2、3期～上马石上层期（C区）	?	△	△	○	?	●	×	○	○	×	?	?	●	●
双砣子2、3期～上马石上层期（A区下层）	×	●	×	?	?	●	×	○	○	×	?	?	●	
上马石上层期（A区上层）	×	●	×	?	○	●	×	○	○	×	?	?	●	×
上马石上层期（BⅡ区）	×	●	×	○	?	●	×	○	●	×	?	?	?	△
上马石上层期（西丘）	?	?	?	?	?	?	×	○	○	?	?	?	●	×

注：●高比率　○有　△可能有　×可能没有　？不明

与无纹陶器和弥生陶器一样四要素齐备的史前考古学文化在辽东半岛有且仅有偏堡文化。偏堡文化后期到小珠山上层文化的过渡期正处于东北亚初期农耕化第2阶段的寒冷期，属于文化传播或移动时期（图七）。这一时期由于气候寒冷和人口压力导致了农耕民的移动，在这之后制陶工艺由无纹陶器到弥生陶器的过渡期很可能也属于文化传播或移动时期。如前所述，偏堡文化由辽西东部传播到辽东，进而成为朝鲜半岛西部篦齿纹陶器中壶形器的来源。这一传播过程与东北亚初期农耕化第2阶段相一致①。此外，偏堡文化中出现的红色研磨技术很可能是朝鲜半岛无纹陶器时代的红色研磨壶的来源，这也是非常有趣的现象。通过偏堡文化中以石磨盘、石磨棒、石铲②等为代表的农耕石器以及断面为长方形的四棱石斧，可以看出其属于初期农耕社会。这一社会集团在东北亚初期农耕化第2阶段由于气候寒冷而南下的过程显而易见（见图七）。在东北亚初期农耕化第2阶段，偏堡文化向辽东南下的同时大汶口文化晚期、龙山文化初期的稻作农耕文化由胶东（山东）半岛北上到辽东半岛即二重的文化传播现象。

偏堡文化处于中国大陆新石器时代末期地域间关系发生变化的变动期。在此之前主要为华北地区和中国东北之间南北向的陶器交流，到了这个时期变化为东西向的交流方式。特别是以长城地带为中心的内蒙古中南部地区的老虎山Ⅱ期和海生不浪文化③与辽西地区的小河沿文化之间的陶器相类似，

①　宫本一夫：《東北アジアの初期農耕と弥生の起源》，同成社，2017年。
②　内蒙古自治区文物考古研究所、扎鲁特旗人民政府：《科尔沁文明——南宝力皋吐墓地》，文物出版社，2010年。
③　宫本一夫：《接触地帯に見られる地域性と集団関係－内蒙古中南部新石器時代の事例から－》，《考古学研究会50周年紀年論文集『文化の多様性と比較考古学』》，2004年，第19～28頁。

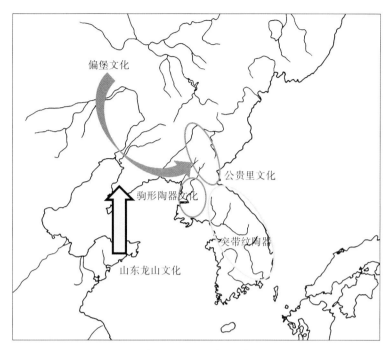

图七　东北亚初期农耕化第 2 阶段

长城地带的文化交流进入加速期①。作为长城地带东西向文化交流的东端，在这一时期偏堡文化由辽西东部扩展到辽东地区。

五　朝鲜半岛无纹陶器文化的成立

如表二所示东北亚的陶器分期以山东半岛为媒介构建了与中原地区的相对年代关系。通过上马石贝冢各个地点和层位的陶器类型学研究建立了辽东半岛陶器的谱系关系②。这一变化过程基本与笔者提出的分期研究相一致，并且通过类型学研究明确了陶器类型式的细微变化和谱系关系。尽管都属于辽东半岛，但是位于辽东半岛西部的半岛南端和位于辽东半岛中部的上马石贝冢各个时期出土的陶器还是有所不同的。辽东半岛内中、西部间的差别并未对陶器分期的整体框架产生影响。因此，辽东半岛和胶东半岛以及以山东半岛为媒介建立的与中原地区间的相对年代关系与以往的认识③相比并未发生变化。

除建立了迄今为止比较详尽的相对年代关系表之外，与朝鲜半岛特别是无纹陶器时代的陶器分期间的相对关系也进一步明晰化。近年韩国考古学会对无纹陶器的分期研究进一步充实化，特别是对地域性和各系统间的平行关系尤为关注，因此并不强求要建立一个唯一的陶器分期或谱系关系④。本文采用了学界普遍赞同的安在晧的无纹陶器分期结果，如表二所示认为无纹陶器早期的突带纹（附加堆

①　宮本一夫：《中国古代北疆史の考古学的研究》，中国书店，2000 年。
②　宮本一夫：《遼東半島上馬石貝塚の研究》，九州大学出版会，2015 年。
③　宮本一夫：《中国東北地方における先史土器の編年と地域性》，《史林》第 68 卷第 2 号，1985 年，第 1~51 页；《遼東半島周代併行土器の変遷－上馬石貝塚 A・B Ⅱ区を中心に－》，《考古学雑誌》第 76 卷第 4 号，1991 年，第 60~86 页；《辽东新石器时代陶器编年的再探讨》，《东北亚考古学研究——中日合作研究报告书》，文物出版社，1997 年，第 120~144 页。
④　韓国青銅器学会編：《韓国青銅器時代編年》，《韓国青銅器学会学術叢書 2》，書景文化社，2013 年。

纹）陶器与辽东和西北朝鲜为并行关系①。

辽东半岛双砣子 3 期到上马石 A 区下层与朝鲜半岛南部无纹陶器的分期相对应，裴真晟通过陶壶横向纹饰带与辽东半岛簋形器和红色圈足钵形态等的变化具有相似性，进而推断辽东半岛、辽东、西北朝鲜、朝鲜半岛南部等地区的陶器分期具有并行关系②。此外，辽东内陆的陶器分期和朝鲜半岛南部突带纹陶器的突带纹纹样和形态变化间具有型式上的对应关系，并且这一对应关系也得到了碳十四测年的佐证③。

通过以上的回顾，如果朝鲜半岛南部无纹陶器早期开始出现的制陶工艺起源于辽东偏堡文化这一关系成立的话，分期表中可以看出两者之间的时间差。通过对这些地区间关系的详细研究所建立的包括上马石贝冢的详尽的谱系关系可以看出，从辽东半岛到辽东内陆、鸭绿江下游、大同江流域这一扩散过程如表二所示。对于这些地区间平行关系的研究都是由日本学者完成的④。同时与朝鲜半岛南部的关系，近年安在皓和裴真晟的陶器分期研究再一次确认为平行关系⑤，综合以上研究制成了表二。此外，关于大同江流域青铜器时代分期，宫里修在从新考证北朝鲜研究史的基础上进行了新的分期研究⑥，其类型的划分方式也在表二中体现出来了。

偏堡文化到小珠山上层的过渡期与东北亚初期农耕化第 2 阶段相一致，同时山东半岛的文化也传播到辽东半岛地区，其中偏堡文化的典型陶器从辽东到新石器时代末期大同江流域的南京 2 期均有分布。尽管典型器仅有陶壶，但也可以明显看出偏堡文化的影响。如图八所示，偏堡文化的陶壶以辽东为中心，西南到辽东半岛的小珠山上层，东部到鸭绿江下游的堂山上层，进而扩散到大同江流域的南京 2 期。辽东半岛小珠山上层的陶壶就是以筒形罐和陶壶为代表的偏堡文化传播到这一地区后在当地发展而来的，上马石贝冢出土的广口壶 a 式也属于这类陶壶。在偏堡文化向东传播的过程中，比传播时期晚一个阶段的新岩里⑦ 1 期的陶壶也属于偏堡文化在当地发展而来的。这一类陶壶与偏堡文化相同，均为颈部和下腹部有附加堆纹带，其间为几何形纹饰带。到这一阶段为止，偏堡文化的制陶工艺在鸭绿江下游仍有残留。起始期的实测年代为公元前 2000 年左右，朝鲜半岛南部无纹陶器早期的突带纹陶器年代约滞后 500 年左右。这一时间差正是偏堡文化的制陶工艺传播到朝鲜半岛在当地形成无纹陶器文化的过程。

以上对陶器的类型学和制陶工艺的分析所见的从辽东到朝鲜半岛西北部的渐变过程，都是在偏

---

① 安在皓：《韓半島青銅器時代 의 時期区分》，《考古学誌》第 16 辑，韩国国立中央博物馆，2010 年，第 5 ~ 56 页。

② 裴眞晟：《無文土器文化 의 成立 과 階層社会》，서경문화사，2007 年。

③ 安在皓：《韓半島青銅器時代 의 時期区分》，《考古学誌》第 16 辑，韩国国立中央博物馆，2010 年，第 5 ~ 56 页。

④ 大贯静夫：《东北亚洲中的中国东北地区原始文化》，《庆祝苏秉琦考古五十五年论文集》，文物出版社，1989 年，第 38 ~ 64 页。小川（大貫）静夫：《極東先史土器の一考察》，《東京大学文学部研究室研究紀要》第 1 号，1982 年，第 123 ~ 149 页。宫本一夫：《中国東北地方における先史土器の編年と地域性》，《史林》第 68 卷第 2 号，1985 年，第 1 ~ 51 页；《遼東半島周代併行土器の変遷 – 上馬石貝塚 A・BⅡ区を中心に – 》，《考古学雑誌》第 76 卷第 4 号，1991 年，第 60 ~ 86 页；《遼東半島上馬石貝塚の研究》，九州大学出版会，2015 年；《辽东新石器时代陶器编年的再探讨》，《东北亚考古学研究——中日合作研究报告书》，文物出版社，1997 年，第 120 ~ 144 页。古澤義久：《遼東地域と韓半島西北部先史土器の編年と地域性》，《東京大学考古学研究室紀要》第 21 号，2007 年，第 83 ~ 131 页。

⑤ 安在皓：《韓半島青銅器時代 의 時期区分》，《考古学誌》第 16 辑，韩国国立中央博物馆，2010 年，第 5 ~ 56 页。裴眞晟：《無文土器文化 의 成立 과 階層社会》，서경문화사，2007 年。

⑥ 宫里修：《コマ型土器から花盆形土器へ》，《古代》第 128 号，2012 年，第 201 ~ 221 页。

⑦ 李淳鎮：《新岩里遺蹟发掘中间报告》，《考古民俗》第 3 号，1965 年，第 40 ~ 49 页。

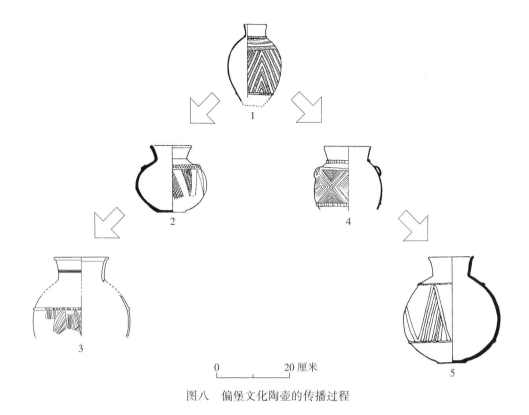

图八　偏堡文化陶壶的传播过程

堡文化及其后的阶段发生的。一直以来，对于史前时代辽东到朝鲜半岛西北部的鸭绿江下游到清川江以北这一区域，均认为属于同一文化圈①。仅从偏堡文化来看，以往在辽东的偏堡和肇工街、辽东半岛的三堂和上马石、鸭绿江下游的双鹤里和新岩里、清川江流域的堂山上层等遗址均有偏堡文化遗存②，近年在辽东内陆太子河流域的马城子下层③、鸭绿江下游即丹东地区的石佛山等遗址也发现有偏堡文化的地层。由此可见，偏堡文化至少在清川江以北的朝鲜半岛西北部有稳定的分布。随着这一发展趋势，陶壶也传播到大同江流域属于新石器时代末期的南京1、2期中，与之类似的传播过程在鸭绿江上游同样可以看到。这一文化的扩散期与笔者提出的东北亚初期农耕化第2阶段相一致（见图七）。

首先可以确认仅陶壶传播到了大同江流域的朝鲜半岛西部地区，其次要关注属于新石器时代末期的南京2期文化的12号房址中出土的共存遗物（图九，4～7）。此外，在南京1期的37号房址中出土下腹部有附加堆纹带、其上为几何形纹饰带的陶壶（图九，1），这类陶壶在吴家村时期并不存在，并且可见木理纹，由此推测应为偏堡文化时期。在南京2期发现的两条附加堆纹带间为微隆起斜格子纹的陶壶（图九，4），与上马石贝冢广口壶a式相类似，由此判断其与小珠山上层为同一时期。即笔者提出的东北亚初期农耕化第2阶段与南京1期相一致。

① 小川（大贯）静夫：《極東先史土器の一考察》，《東京大学文学部研究室研究紀要》第1号，1982年，第123～149頁。宫本一夫：《中国東北地方における先史土器の編年と地域性》，《史林》第68巻第2号，1985年，第1～51頁。
② 宫本一夫：《辽东新石器时代陶器编年的再探讨》，《东北亚考古学研究——中日合作研究报告书》，文物出版社，1997年，第120～144页。
③ 辽宁省文物考古研究所、本溪市博物馆：《马城子——太子河上游洞穴遗存》，文物出版社，1994年。

南京 1 期中除有偏堡文化的陶壶外还有篦齿纹的深腹罐（图九，2），延续了新石器时代文化的特征。之后与小珠山上层同时期的南京 2 期文化中篦齿纹深腹罐（图九，5）成为主体器类，并且出现了带有短斜线纹和无纹的深腹罐（图九，6、7）。无纹深腹罐与偏堡文化带有刻划纹的附加堆纹带相结合就形成了驹形陶器 1 期文化，这类器物是口缘部有附加堆纹带的小平底陶瓮（图九，9、10）。偏堡文化的文化要素随着时间变化，在朝鲜半岛西部产生了驹形无纹陶器文化。

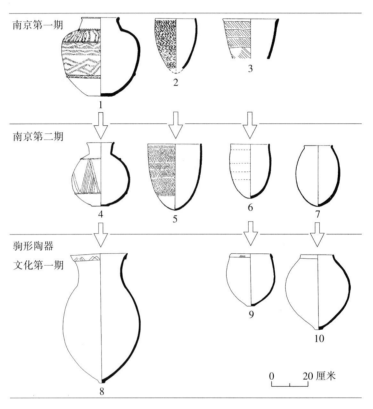

图九　朝鲜半岛西部篦齿纹到无纹（驹形）陶器的变化

关于以上的陶器变化，大贯静夫认为属于无纹陶器的新岩里文化系统要在朝鲜半岛西北部寻找其来源①，而不应该简单地认为其由辽东传播而来，即朝鲜半岛西北部的当地文化催生了朝鲜半岛南部的无纹陶器文化。换句话说，就是鸭绿江下游的偏堡文化与鸭绿江中、上游的新石器时代文化相互接触形成了公贵里类型（深贵里 1 号房址，图一〇），然后以公贵里类型为媒介催生了朝鲜半岛南部的突带纹（附加堆纹）陶器文化（图一一）。

裴真晟认为，通过与吴家村和偏堡文化接触产生了位于清川江流域的细竹里 II 1 类型，这一类型很可能是朝鲜半岛南部可乐洞类型的来源②。关于无纹陶器的形成模式，金壮锡提出的朝鲜半岛南部

①　大貫静夫：《欣岩里類型土器の系譜論をめぐって》，《東北アジアの考古学第二［槿域］》，東北亞細亞考古学研究会编，1996 年，第 71～93 页。
②　裴眞晟：《無文土器의 成立과 系統》，《嶺南考古学》32 号，2003 年，第 5～34 页。

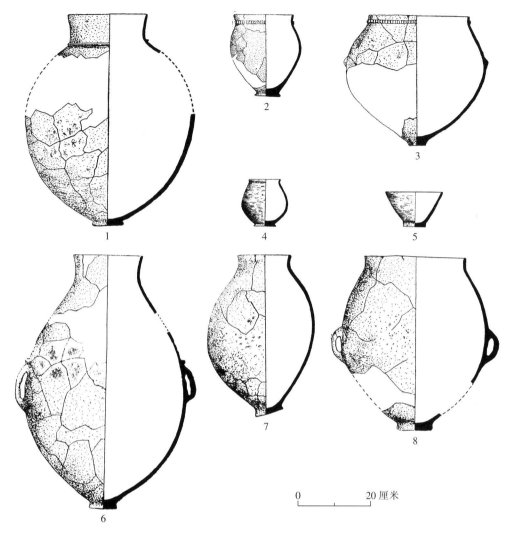

0   20 厘米

图一〇　公贵里类型（深贵里 1 号房址）陶器

无纹陶器文化的形成经历了一个多样化的过程这一认识应该是贴切的①。在东北亚农耕化第 3 阶段，双砣子 2、3 期陶器和石器文化以朝鲜半岛西北部为媒介对朝鲜半岛南部产生了直接的影响，因而出现了无纹陶器前期的横向纹样带陶器②。

　　此处再论朝鲜半岛无纹陶器的成立。朝鲜半岛南部无纹陶器早期为突带纹陶器，对这一器物成立过程的研究无疑是解决无纹陶器成立问题的关键所在。鸭绿江中、上游地区在延续本地新石器时代陶器传统的基础上，尽管证据不充分但大致可以看出，在与偏堡文化接触及其后的发展过程中产生了带有附加堆纹的陶瓮和壶等公贵里类型的陶器（深贵里 1 号房址）。公贵里类型陶器催生了朝鲜半岛南部的突带纹陶器（见图一一）。公贵里类型陶器尽管也属于突带纹陶器文化，与偏堡文化间的地理位置可以看出其属于周边地区的陶器文化，正是以周边地区为媒介才使朝鲜半岛南部的突带

① 裴眞晟：《無文土器 의 成立 과 系統》，《嶺南考古学》32 号，2003 年，第 5～34 頁。金壮錫：《무문토기시대조기설정론재고》，《韓國考古學報》69 輯，2008 年，第 94～115 頁。
② 裴眞晟：《無文土器文化 의 成立 과 階層社會》，서경문화사，2007 年。

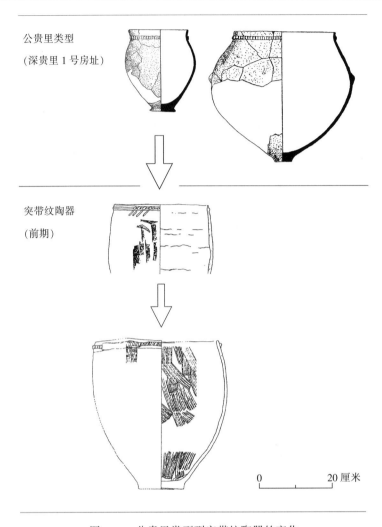

公贵里类型
(深贵里 1 号房址)

突带纹陶器
(前期)

0　　　　　　　20 厘米

图一一　公贵里类型到突带纹陶器的变化

纹陶器得以成立。李隋峥通过对朝鲜半岛南部无纹陶器较早阶段的陶器类型、石器组合、房址构造等方面的分析得出其来源于鸭绿江中、上游的公贵里这一认识[1]。

　　偏堡文化周边地区都是经过一个当地化过程而形成的突带纹陶器文化，扩展到朝鲜半岛南部导致了南部地区突带纹陶器的出现。朝鲜半岛南部的突带纹陶器与大同江流域的驹形陶器并不相同，且初期阶段也未见陶壶仅见带有突带纹的陶瓮。此类瓮形器与鸭绿江中、上游的公贵里类型（深贵里 1 号房址）的突带纹陶器相类似，正是以此为媒介才使朝鲜半岛南部的突带纹陶器得以成立。此外，偏堡文化的宽幅黏土带、黏土带外侧接合、木理纹等制陶工艺也向周边地区扩散，与朝鲜半岛南部制陶工艺的谱系关系可见一斑，进而催生了朝鲜半岛南部的无纹陶器文化。

六　结语

　　偏堡文化是分布在辽西东部到辽东、年代为公元前 2400 年左右、与东北亚初期农耕化第 2 阶段

① 李隋峥:《韓半島南部突帯文土器文化의成立過程》，慶北大學校文學碩士学位论文，2013 年。

相一致的一支考古学文化。在东北亚初期农耕化第 2 阶段,通过陶器分期和各期分布来看,偏堡文化经历了从辽西东部和辽河下游到辽东、再到朝鲜半岛西北部这样一个扩散过程。偏堡文化属于粟和黍的农耕社会,由于发生在东北亚初期农耕化第 2 阶段的短期气候寒冷化迫使这一农耕社会向东方发展。同时期胶东半岛的稻作农耕也传播到辽东半岛[1],所以说这一时期具有农耕传播的二重性。偏堡文化的东传使朝鲜半岛西北部的篦齿纹陶器群出现了新器类即陶壶这一器物组合上的变化,同时其东传也是朝鲜半岛各地出现驹形和突带纹等无纹陶器文化的诱因。偏堡文化的农耕化扩散到了鸭绿江中、下游和大同江流域等不同的新石器文化社会,并催生了当地新陶器文化的形成。以上可总括为朝鲜半岛的青铜器时代无纹陶器文化。特别是朝鲜半岛南部出现的无纹陶器早期的突带纹陶器很有可能就是起源于鸭绿江中游的公贵里类型。如前所述,公贵里类型正是由于与以口缘部带附加堆纹的筒形罐为代表的偏堡文化相接触而产生的。朝鲜半岛无纹陶器和弥生文化的制陶工艺四要素即宽幅黏土带、黏土带外侧接合、木理纹、地面堆烧所特有的黑斑等这些特征,已在辽东半岛偏堡文化的上马石贝冢中发现了。朝鲜半岛无纹陶器和弥生陶器都是在偏堡文化这一外来文化制陶工艺的影响下产生的,也可以说正是随着偏堡文化的扩散在鸭绿江中、下游和大同江流域产生了无纹陶器文化。至少是与鸭绿江中、下流域的偏堡文化相接触产生了公贵里类型,这一文化类型在突带纹陶器时期传播到朝鲜半岛南部地区,由此可见朝鲜半岛的突带纹陶器不但在陶器纹饰和形态上,而且在制陶工艺方面均与偏堡文化有所联系。在东北亚初期农耕化第 2 阶段,作为农耕社会的偏堡文化发生了东传,进而对朝鲜半岛无纹陶器和弥生文化等东北亚农耕文化的成立产生了重要的作用。由此可见,偏堡文化不仅是辽东地区当地的地域性考古学文化,而应以其对东北亚农耕社会的成立具有重要贡献这一角度重新认识。

---

① 宫本一夫:《東北アジアの初期農耕と弥生の起源》,同成社,2017 年。

辽东半岛新石器时代积石冢再探讨

张翠敏

（大连市文物考古研究所）

一　积石冢的分布

辽东半岛地区新石器时代积石冢主要分布于半岛南端的大连地区环渤海沿岸山脊上，即旅顺与瓦房店南部沿海之间渤海沿岸山脊，具体包括旅顺口区、甘井子区、金州新区、瓦房店市南部沿海和长兴岛，以旅顺口区和甘井子区分布最为密集，大连市内和金州新区只有少量分布。黄海沿岸新石器时代积石冢数量略少，大连地区的庄河、长海县、普兰店尚未发现新石器时代积石冢。大连地区新石器时代积石冢群大都由若干个积石冢组成，极少数为单个积石冢。积石冢分布于相对突出的山头，往往沿山脊成群分布，相邻山脊积石冢连接在一起，构成一个庞大的积石冢群。每一处积石冢群附近都有一个比较大的同时期遗址。遗址和墓葬相对应。

渤海沿岸积石冢分布如下（自南向北）：

（1）老铁山—将军山积石冢群[①]，分布于半岛尖端老铁山和将军山山脊，发现积石冢约有40多座，附近有郭家村新石器时代遗址[②]。

（2）羊头洼北部积石冢群，大约有53座积石冢[③]，分布于羊头洼周边山脊，如东大山[④]、石线山、牛群山、大甸子[⑤]，附近有大潘家新石器时代遗址[⑥]。

（3）炮台山—簸箕山—平山积石冢群，发现积石冢约43座[⑦]，而实际数量已经超出这个数，附近有蛎渣台新石器时代遗址[⑧]。

（4）四平山积石冢群，以黄龙尾半岛为中心，周边多个山头都有分布，比如锅顶山、张墓后山、

---

① 澄田正一、小野山节、宫本一夫：《辽东半岛四平山积石塚の研究》，京都柳原出版社株式会社，2008年。旅大市文物管理组：《旅顺老铁山积石墓》，《考古》1978年第2期。中国社会科学院考古研究所：《双砣子与岗上——辽东史前文化的发现和研究》，科学出版社，1996年。

② 辽宁省博物馆等：《大连市郭家村新石器时代遗址》，《考古学报》1984年第3期。

③ 澄田正一、小野山节、宫本一夫：《辽东半岛四平山积石塚の研究》，京都柳原出版社株式会社，2008年，第181页，图28。

④ 澄田正一、小野山节、宫本一夫：《辽东半岛四平山积石塚の研究》，京都柳原出版社株式会社，2008年，第188页，图36。

⑤ 见旅顺考古调查资料。

⑥ 大连市文物考古研究所：《辽宁大连大潘家村新石器时代遗址》，《考古》1994年第10期。

⑦ 澄田正一、小野山节、宫本一夫：《辽东半岛四平山积石塚の研究》，京都柳原出版社株式会社，2008年，第190页，图38。

⑧ 见大连市调查资料。

东大山、东葫芦山、于大山、旗山、大牛角山、大老孤山[①]等都曾发现积石冢，尤以四平山积石冢群数量最多，规模最大，数量达60座。目前除了四平山积石冢保存完整外，其他山头的积石冢多已消失。附近有文家屯新石器时代遗址[②]，四平山等积石冢应该是文家屯上层人们的公共墓地。

（5）将军王山积石冢群，位于大黑石村将军王山和王石山一带[③]，当年日本人调查时有81座，现基本不存。最近几年新发现的鞍子山积石冢群[④]，规模比较庞大。

（6）岳山、石灰石矿等积石冢，位于大连市内甘井子区岳山和石灰石矿山，岳山积石冢已消失。

（7）王宝山积石冢群[⑤]，位于金州新区大魏家临海砣子上，由9座积石冢组成。附近有台山新石器时代遗址[⑥]。

（8）魏山、小岛、大望山积石冢群，数量达40多座，主要位于瓦房店谢屯镇、长兴岛、复州湾、老虎屯等地，附近有交流岛蛤皮地[⑦]、谢屯镇的赵屯和东大山、长兴岛三堂[⑧]、复州湾的铁架山等新石器时代遗址。

黄海沿岸新石器时代积石冢发现地点有：大连西岗区的烈士山，金州新区的张家岚后山[⑨]、东太山、邱上沟、董家沟北山[⑩]等。

到目前为止，辽东半岛营口和丹东地区尚未发现新石器时代积石冢。考古调查资料显示，营口地区很少发现新石器时代遗址。丹东的鸭绿江下游地区新石器时代遗址分布较多。

二　积石冢的类型

辽东半岛新石器时代积石冢可分为两大类。一是由近圆形或不规则形积石冢组成的积石冢群。积石冢的数量不等，大小不一，有单个墓室积石冢，也有多个多排墓室积石冢，主要分布于旅顺、金州、瓦房店和甘井子区。已发掘的地点有将军山、王宝山、张家岚后山等，王宝山积石冢的规模比较大，张家岚后山积石冢规模较小。二是由长条形单排或多排墓室构筑的积石冢组成的庞大积石冢群，主要分布于老铁山、黄龙尾半岛、鞍子山周边、甘井子区和旅顺口区交界处的炮台山、簸箕山等。已发掘的地点有老铁山、四平山、东大山、鞍子山等，规模庞大，墓室众多，似长龙沿山脊绵延分布。从积石冢分布的位置和地貌看，大多数积石冢都分布于石灰岩地貌的山脊，山脊的每一个高点几乎都有积石冢分布，冢内的墓室从山顶到山下顺势依次接筑而成。积石冢内的墓室基本上都是长方形，用比较规整的石块砌筑。墓室的高度从不足1米到数米不等，冢上的封石是由未加工的大小不一的石块堆积而成。

① 澄田正一、小野山节、宫本一夫：《辽东半岛四平山积石塚の研究》，京都柳原出版株式会社，2008年，第17~18页，图5、6，第173页，图19。
② 辽东先史遗迹发掘报告书刊行会编：《文家屯——1942年辽东先史遗迹发掘调查报告书》，京都大学人文科学研究所考古学研究室，2002年。
③ 澄田正一、小野山节、宫本一夫：《辽东半岛四平山积石塚の研究》，京都柳原出版株式会社，2008年，第192页，图40。
④ 《辽宁大连鞍子山积石冢的发掘——2015年社科院考古所田野考古成果（二）》，"中国考古网"2016年1月6日。
⑤ 王冰、万庆：《辽宁大连市王宝山积石墓试掘简报》，《考古》1996年第3期。另见大连市文物考古研究所王宝山积石冢2013年发掘资料（未发表）。
⑥ 见金州新区调查资料。
⑦ 辽宁省文物考古研究所：《瓦房店交流岛原始文化遗址试掘简报》，《辽海文物学刊》1992年第1期。
⑧ 辽宁省文物考古研究所等：《辽宁省瓦房店市长兴岛三堂村新石器时代遗址》，《考古》1992年第2期。
⑨ 大连市文物考古研究所等：《大连张家岚后山积石冢发掘简报》，《北方文物》2015年第4期。
⑩ 见金州新区调查资料。这三处积石冢被定为青铜时代，但也有可能为新石器时代，还需要发掘材料证实。

以上两类积石冢也有共存现象，如老铁山—将军山积石冢，它们分布在两个相连的山脊上，将军山积石冢平面近圆形的较多，而老铁山积石冢则长条形的较多，这主要取决于积石冢所在山脉的地理条件。

积石冢所用石材均为就地取材，均取自积石冢周围岩石。四平山积石冢、炮台山—簸箕山、鞍子山、王宝山等积石冢均用石灰岩，旅顺的牛群山积石冢则用沉积岩。

1. 平面近圆形或不规则形积石冢

老铁山—将军山积石冢群位于旅顺老铁山、将军山和刁家村北山山脊，是由40多个积石冢组成的庞大积石冢群。将军山积石冢的形式有圆形、不规则形，老铁山积石冢多为长条形，积石冢分一次砌筑或多次接筑。冢内有单排墓室，也有双排或多排墓室，墓室砌法与四平山相同。墓室均为长方形。1964年发掘的将军山积石冢M1发现9个墓室[①]，为多次接筑而成，随葬品多为小型明器，陶器以红褐陶占多数，其次为泥质黑陶，有杯、盆、罐、豆、器盖、三环足器、鬶等，还有玉器和石器。1973年发掘的将军山积石冢M1则为单排墓室，发现6个墓室[②]。1975年发掘的老铁山积石冢M4有两排墓室，发现9个墓室[③]，随葬品有杯、罐、器盖、豆、三环足器等（图一）。该积石冢附近有郭家村新石器时代遗址，当为郭家村上层人们的公共墓地（图二）。

王宝山积石冢群位于金州大魏家后石村沿海砣子上，山顶地势比较平坦开阔，由9座积石冢组成。1992年曾试掘一次，2013年全面发掘。积石冢平面近圆形，冢内墓室结构形式复杂，由中心向四周多次接筑而成。各墓室有明显边界，以长方形墓室居多，方向不尽相同。中心大冢用加工规整的石块砌筑墓圹，形成方坛，内有多个墓室，然后以这个方坛为中心依次向外接筑墓室，从时间看中心墓室最早，越向外越晚。相邻墓室共用墓壁。人骨相对保存略好一些，多为单人仰身直肢葬，也有部分火葬和丛葬。随葬品多为小型明器，与老铁山和将军山积石冢、四平山积石冢基本一致。夹砂红褐陶的比例大大增加，泥质黑陶的数量减少。王宝山积石冢附近有台山新石器时代遗址，当为台山上层人们的公共墓地。

张家岚后山积石冢位于金州新区董家沟街道张家岚后山上，在黄海沿岸，仅见到一个积石冢，被破坏严重。积石冢大致为圆形，内有多排墓室，墓室多为长方形，墓底铺有整齐石块，墓壁用规整石块砌成，仅存11个墓室。人骨几乎没有见到，仅见到一点残渣。随葬品主要是夹砂红褐陶系列，有少量泥质黑陶系列陶器，器形有杯、罐、豆、鼎、器盖等（见图一）。

从随葬品分析，老铁山—将军山积石冢、王宝山积石冢主要相当于龙山文化早中期，少量延续至龙山晚期。张家岚后山积石冢出土随葬品主要相当于龙山文化晚期，少量可到龙山文化中期。

2. 长条形积石冢

四平山积石冢群是黄龙尾半岛最大的积石冢群，1941年日本人对部分积石冢进行了发掘。积石冢一般沿山脊分布，从山顶依次向下分布，山顶积石冢规模最大。积石冢采用当地的石灰岩构筑，呈单排顺势依次接筑[④]。墓室为长方形，用略微规整的石块砌成，底面略微平整铺石块，有的墓室上面盖石板，墓室上堆砌大小不一的石块。积石冢两侧有明显的边界。墓室内出土少量人骨，骨架保存不好，

---

① 中国社会科学院考古研究所：《双砣子与岗上——辽东史前文化的发现和研究》，科学出版社，1996年，第59页，图三七。
② 旅大市文物管理组：《旅顺老铁山积石墓》，《考古》1978年第2期，第81页，图二。
③ 旅大市文物管理组：《旅顺老铁山积石墓》，《考古》1978年第2期，第82页，图三。
④ 四平山已发掘的积石冢全部是单排墓室，根据鞍子山积石冢的发掘，这种类型的积石冢可能不仅仅是单排墓室，两侧可能还存在墓室。

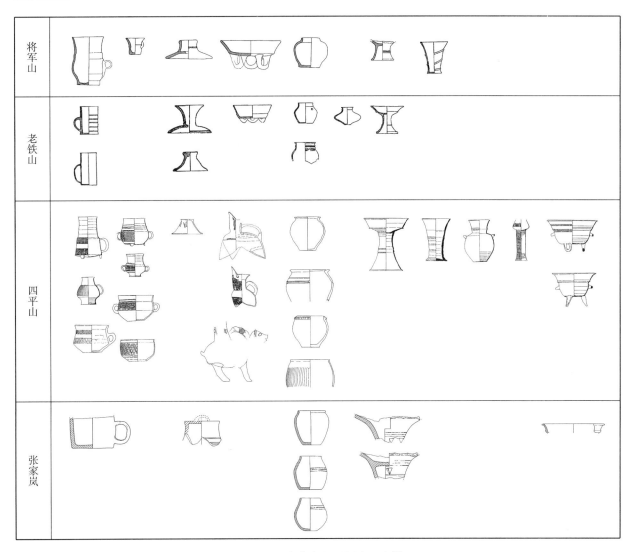

图一　辽东半岛积石冢出土陶器

极少见到火烧的痕迹。随葬品有陶器和玉石器、牙器、骨器、贝饰等。龙山文化典型黑陶数量较多，与山东龙山文化陶器完全一致。红褐陶系列数量较多，有两类：一类是土著文化的筒形罐、钵或杯等；第二类是受龙山文化影响而产生的红褐陶系列，比如罐、器盖、杯、高柄杯、鬶、壶等（见图一）。

鞍子山积石冢位于甘井子区营城子街道后牧城驿与革镇堡交界处的鞍子山北部支脉，距双砣子遗址数千米，距四平山、文家屯 10 千米左右，由多个积石冢组成，已发现墓室 133 座。由山顶向山下依次分布，规模庞大。积石冢有一排中心墓室，墓室一般为长方形，边界清晰规整，用整齐的石块砌成，然后向两侧接筑，一个积石冢内有数十个墓室。人骨保持略好一些，但腐蚀严重，一般为单人直肢葬，也有双人合葬、二次葬、捡骨葬和火葬也有一定数量。随葬品与其他积石冢一致，以夹砂红褐陶为主，黑陶系列次之，随葬品以龙山早中期居多。鞍子山积石冢距双砣子遗址最近，双砣子下层内涵比较丰富，发现数量较多的龙山时期的陶器，有的还比较早，因此双砣子下层应包括小珠山三期（龙山时期）①，鞍子山积石冢可能为双砣子下层人们的墓葬。

_____

① 张翠敏：《小珠山三期文化与双砣子一期文化再认识》，《北方文物》2012 年第 4 期。

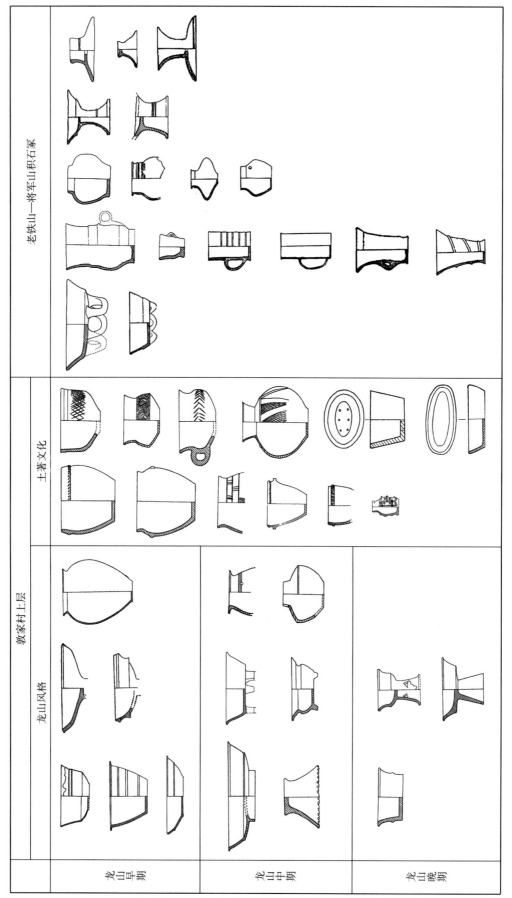

图二　郭家村上层与老铁山—将军山积石冢出土陶器

　　已发掘的积石冢，其随葬品以小珠山三期为主，相当于龙山时期，而且以龙山早中期为主，龙山晚期的比较少（图三）。积石冢与附近的新石器时代遗址有明确的对应关系。每个积石冢内的各墓室存在关联，死者很可能存在血缘关系。需要说明的是，积石冢毕竟发掘得较少，要想了解各积石冢全面情况还需要更多发掘资料。

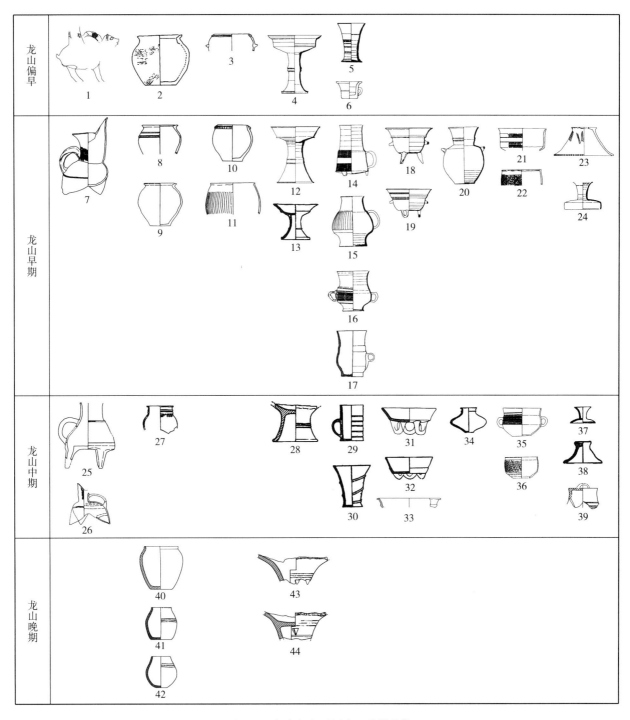

图三　辽东半岛积石冢出土陶器分期

1～12、14～16、18～26、35、36. 四平山积石冢　　13、27、29、30、32、34、37、38. 老铁山积石冢　　17、28、31. 将军山积石冢
33、39～44. 张家岚后山积石冢

三　积石冢与龙山文化的关系

辽东半岛的地理位置比较特殊，它与东北腹地考古学文化联系主要是在小珠山一期和三堂一期。小珠山一期压印"之"字纹筒形罐，与新乐下层非常相似，同属于筒形罐系统。距今5000年左右的三堂一期与偏堡文化①应为同一文化。从小珠山二期开始，大汶口文化影响辽东半岛，山东移民陆续从海路登上了辽东半岛，辽东半岛文化始终清晰体现了两种不同文化因素：土著文化和大汶口文化。小珠山三期，龙山文化对辽东半岛影响强烈，并达到高峰，影响范围扩大。从小珠山二期开始，山东半岛和辽东半岛始终保持密切联系，直至双砣子二期（岳石文化时期）。目前尚未发现小珠山一期和小珠山二期墓葬，三堂一期墓葬也不明朗。

龙山文化对辽东半岛的影响可谓深刻，尤其是大连地区，从已发掘和调查的遗址和墓葬中可看到大量的龙山文化的器物，但土著文化代表器物筒形罐依然存在。小珠山三期文化出土的龙山文化和土著文化器物哪一类占的比例更大，目前尚没有做过详细统计。从器形看，龙山文化因素占主要地位，因为龙山文化陶器种类比较多，辽东半岛单一的筒形罐似乎不占主要地位，但积石冢则是辽东半岛土著文化特征，与龙山文化土坑墓区别甚大。

辽东半岛文化与龙山文化的关系多年来一直存在争议，不少学者倾向于辽东半岛南端划入龙山文化分布范围；也有学者认为以当地土著文化为主，深受山东龙山文化影响；还有的学者认为是龙山文化与当地土著文化融合的结果。不可否认，龙山时期确有移民涌入辽东半岛，为当地注入新的活力，影响深远。在丹东地区的石佛山②、岫岩北沟西山③等遗址也能看到龙山文化因素，说明龙山文化已影响到鸭绿江下游地区。辽东半岛对山东半岛的影响则较弱。

辽东半岛新石器时代积石冢深受龙山文化强烈影响，出土丰富的龙山文化陶器，种类多于土著文化陶器，比如四平山积石冢。这说明两个问题，一方面，四平山积石冢存在高规格的墓葬，一些磨光黑陶（礼器）很可能是从山东直接运过来的；另一方面，毕竟考古发掘资料有限，发掘的仅仅是其中的一部分，并不能反映积石冢群的全貌。每个积石冢群附近都有相对应遗址分布。如果仅发现积石冢，而附近没有发现遗址，很有可能与遗址遭到破坏有关。

除了四平山积石冢发现大量与龙山文化一模一样的陶器外，比如黑陶三足杯、双耳杯、鼎、豆等与胶县三里河④同类器完全一致。其他积石冢内也发现大量受龙山文化影响的陶器，这些陶器应是受龙山文化黑陶影响而产生的红褐陶系列，属于本土龙山文化⑤，夹砂红褐陶器的形制和风格与龙山文化一致，但陶器的质地、制作工艺以及精细程度都远远不如龙山文化泥质黑陶器，这表明，这些陶器应该是受龙山文化黑陶影响而产生的，是在辽东半岛制作的陶器，很可能是由移居辽东半岛的龙山人及其后代制作的陶器。由于辽东半岛的地理环境和人文因素，陶质发生改变，但形制和制陶工艺并没有发生变化。另外一些小型积石冢或者低规格积石冢都普遍存在这种情况。四平山积石冢出土那么多

①　东北博物馆文物工作队：《辽宁新民县偏堡沙岗新石器时代遗址调查记》，《考古通讯》1958年第1期。
②　许玉林：《辽宁东沟县石佛山新石器时代晚期遗址发掘简报》，《考古》1990年第8期。
③　许玉林、杨永芳：《辽宁岫岩北沟西山遗址发掘简报》，《考古》1992年第5期。
④　中国社会科学院考古研究所：《胶县三里河》，文物出版社，1988年。
⑤　中国社会科学院考古研究所：《辽宁长海县小珠山新石器时代遗址发掘》，《考古》2009年第5期。

精美的龙山黑陶器，属于特例，而且四平山积石冢仅仅发掘了一部分，其他积石冢的情况我们还不了解。像王宝山积石冢、鞍子山积石冢、张家岚后山积石冢以及早年调查的一些积石冢，出土夹砂红褐陶系列陶器往往占主流，泥质黑陶反而减少。

土著文化筒形罐在积石冢里大量存在，演变轨迹非常清晰。筒形罐是东北地区新石器时代代表器物，小珠山一期的压印"之"字纹、席纹筒形罐，到小珠山二期变成了刻划纹筒形罐，变形刻划席纹和各种刻划纹占了很大比例，筒形罐的形制变化不大。到了小珠山三期，素面筒形罐占较大比例，而一部分陶器口沿叠唇风格明显，这显然是受三堂一期影响所致。四平山37号积石冢发现了1件三堂一期筒形罐，饰竖条附加堆纹①。王宝山和鞍子山也发现过这类陶器。联系到瓦房店小岛积石冢附近也发现三堂一期陶片，积石冢的年代有可能进入三堂一期。根据大连考古资料，积石冢的年代最早为小珠山三期早段，相当于龙山早期，四平山积石冢出土了大汶口晚期的猪形鬶②等陶器，说明四平山积石冢的年代最早可到龙山早期，也有可能到大汶口晚期。

目前辽东半岛还没有发现明确的小珠山二期墓葬，但遗址较多，比如小珠山遗址、吴家村遗址所在的广鹿岛乃至长海县各个岛屿，都没有发现小珠山二期和小珠山三期墓葬。

小珠山三期遗址和积石冢出土的陶器有较大区别，遗址主要是实用器，个体比较大，而墓葬多为明器和礼器，个体比较小，而且以夹砂红褐陶系列为主，虽然器形受龙山文化影响，但可看出土著文化因素比较浓厚，体现了龙山文化与当地土著文化融合的现象。即使四平山积石冢高规格的大墓也同样随葬不同风格陶器，即龙山文化的精美黑陶和土著文化的夹砂红褐陶以及受龙山文化影响的红褐陶。

除陶器外，积石冢还出土不少玉器，如牙璧、环、珠、锛、锥形器等，与山东半岛一致。玉牙璧分布于辽东半岛和山东半岛，从大汶口晚期开始出现，延续至龙山时期。这个被赋予特殊功能的玉器，其功能尚没有定论，可能与宗教、装饰品、航海工具有关。"或许说明山东地区牙璧出现较早，随着人口的迁徙和文化的传播，这种习尚也传到了辽南地区。由于辽南地区是岫岩玉的故乡，玉材资源极为丰富，包括牙璧在内的一些玉器，很可能是在这里制作好了再返运回山东地区的。"③ 四平山出土多件玉牙璧④，最早的牙璧出自36号冢Q室，形制一般为三瓣，个别为二瓣，在郭家村、王家村、吴家村、文家屯、三堂等遗址都有出土，有陶质和玉质，玉牙璧比较多。值得注意的是，烟台地区却很少发现玉牙璧。

四 积石冢的源流

东北地区最早的积石冢可追溯到红山文化。红山文化距今五六千年，分布在西拉木伦河、老哈河、大凌河流域及燕山南北地区。目前发现的红山文化积石冢主要分布在辽西。以多个大型积石冢组成的积石冢群为主要特征，积石冢修建在平缓的山岗上，向下挖竖穴土坑，砌成石棺墓。积石冢都有方形或圆形方坛，周围有一周筒形器，每个冢内都有中心大墓，周围分布着多个石棺墓，冢内的墓葬互不

---

① 澄田正一、小野山节、宫本一夫：《辽东半岛四平山积石塚の研究》，京都柳原出版株式会社，2008年，第54页，图171。

② 澄田正一、小野山节、宫本一夫：《辽东半岛四平山积石塚の研究》，京都柳原出版株式会社，2008年，第46页，图38、223。

③ 栾丰实：《海岱地区考古研究》，山东大学出版社，1997年，第393页。

④ 澄田正一、小野山节、宫本一夫：《辽东半岛四平山积石塚の研究》，京都柳原出版株式会社，2008年，第94页，图85。

相连，以随葬大量玉器为突出特征，陶器比较少，以单人仰身直肢葬为主，合葬较少，尚未发现火葬和二次葬，比如牛河梁①、田家沟、半拉山②等积石冢。

红山文化积石冢与辽东半岛积石冢有相似之处，但区别甚大。相似之处为：都是由若干积石冢组成的冢群，每个积石冢内有若干墓室。两者不同之处有以下几点：

（1）形制不同

红山文化积石冢一般建在平缓的山顶上，土层较厚，建造前先平整地面垫土，然后向下挖坑修建石棺墓或土坑墓，用略微加工的扁平板岩垒砌成规则的石棺墓。冢内有一个大型的中心墓室，其他石棺墓在其周边分布，方向不甚一致，互不相连。辽东半岛积石冢一般分布在高高的山脊上，比较陡峭。在建造前略微平整地面，或在基岩上直接垒砌，石块略加工或不加工，属于地上建筑。冢内各墓室联系紧密，以中心墓室为主，然后向外接筑，相邻的墓室借用墓壁，形成"蜂窝状"，或者沿山脊依次接筑成"长龙"，延绵多个山脊。墓室多为长方形，不太规则。

（2）葬俗不同

红山文化积石冢一般为一次葬，合葬较少，不见二次葬和火葬、捡骨葬、丛葬。随葬品以玉器为主，陶器较少，有祭祀遗迹。辽东半岛积石冢除了单人一次葬外，也有合葬，同一冢内有二次葬、火葬、丛葬，葬俗多样化。随葬品以陶器为主，多为小型明器，另外还有玉器、石器、骨器等。

（3）文化内涵不同

红山文化积石冢出土器物以红山文化玉器为主，陶器较少，积石冢周围有一周筒形器，有祭坛。坛、庙、冢是红山文化典型特征。辽东半岛积石冢不仅出土有土著文化器物，还有大量来自龙山文化的器物，体现了土著文化和龙山文化的融合现象，而且龙山文化的器物或者受龙山文化影响器物占的比例较大。目前尚未发现明确的祭祀遗迹。

当然，红山文化和辽东半岛新石器时代文化积石冢不是同时代产物，两者时间相差很大，文化内涵没有统一衡量标准，但是可以作为参考。

红山文化积石冢与辽东半岛新石器时代积石冢有相同之处，但更主要的是差别，两者在形制、葬俗和文化内涵方面存在巨大差异，有各自的特征。红山文化主要分布于辽宁西部、内蒙古东南部，辽阳、鞍山、营口等地极少发现新石器时代遗存。因此辽东半岛积石冢源头是否来自红山文化，目前还没有足够的证据，但红山文化积石冢可能对辽东半岛积石冢产生过一定影响。

辽东半岛积石冢属于土著文化墓葬形式，在山东半岛尚未发现，但在胶东文登市旸里店墓地发现了大汶口晚期或龙山早期的石棺墓③，形制与辽东地区青铜时代石棺墓几乎一致。尽管积石冢内发现大量龙山文化器物，但仍可排除积石冢起源于山东半岛的可能性，因为山东半岛流行土坑墓，没有发现火葬、丛葬。那么，辽东半岛积石冢是否为本地起源，目前虽然没有足够的证据，但也不排除这种可能性，关键要找到小珠山一期和小珠山二期墓葬。

积石冢在辽东半岛延续时间很长，一直到春秋时期。双砣子二期没有发现积石冢，但双砣子三期

① 辽宁省文物考古研究所：《牛河梁——红山文化遗址发掘报告（1983～2003年度）》，文物出版社，2012年。
② 辽宁省文物考古研究所等：《辽宁朝阳市半拉山红山文化墓地》，《考古》2017年第7期。
③ 烟台市博物馆等：《文登市旸里店墓地发掘简报》，《海岱考古》第七辑，科学出版社，2014年。

分布众多积石冢，其形制与小珠山三期积石冢有明显继承发展关系。从双砣子三期开始，辽东半岛一改与山东半岛长期密切联系现象，成为土著势力的天下，没有外来文化入驻。双砣子三期文化积石冢有于家村砣头积石墓地①、土龙子积石冢②等。春秋时期的岗上楼上墓地③、卧龙泉墓地④、双砣子积石冢等都是以曲刃青铜短剑为主要特征，从双砣子三期至春秋时期积石冢演变轨迹非常清晰。以曲刃青铜短剑、弦纹壶等为主要随葬品的墓葬形式还有石棚墓、石棺墓、大石盖墓等等，分布于辽东地区，属于双房文化分布范围。辽东半岛积石冢对高句丽积石冢产生过巨大影响。辽东半岛积石冢的土著特征鲜明，延续时间长，传承、演变脉络非常清晰，揭示了积石冢是本地起源的概率大大增加。

辽东半岛新石器时代积石冢的墓主人是山东移民还是土著居民？积石冢出土龙山文化陶器，从一个侧面反映了墓主人应有山东过来的龙山移民，甚至是掌握一定权力的部族首领，也有可能是掌握一定权力的土著人。龙山文化对生活在辽东半岛的土著人群来说是非常先进的，接纳先进的文化一直是土著文化的传统，因此不排除有权势的人在墓葬中使用高规格的龙山文化礼器。积石冢内的同一个墓室出土两套不同风格陶器，表明龙山移民和土著居民都可能同时使用两类不同陶器，两者的融合达到了一致。

辽东半岛新石器时代积石冢在墓葬体量、规格、出土器物等方面已出现了分化，有的墓葬规模大，出土器物众多，而有的墓葬规模小，随葬品数量比较少，说明社会已经出现分层。积石冢的大小、位置与出土器物数量有明显的不同和分化。四平山36号积石冢E室出土近百件器物⑤，红褐陶占绝对优势，如钵、杯、鬶、壶、豆、罐、器盖等，其次为泥质黑陶，如壶、杯、罐、盒等。比较小的积石冢或者低规格的积石冢出土的红褐陶器物占多数。四平山32号冢A室随葬品却不足十件⑥。

四平山积石冢出土的不同器物组合，比如"A类：杯（饮酒器），B类：杯＋罐、壶（贮藏器），C类：杯＋罐、壶＋钵、盆（供膳器），D类：杯＋罐、壶＋钵、盆＋鬶（温酒器），E类：杯＋罐、壶＋钵、盆＋鬶＋鼎（炊器）"⑦，有学者认为这样的器物组合构成了明显的阶层差异。从36号冢的各墓室随葬品的数量和规格可清晰看出墓主人的地位和阶层。

王宝山积石冢的6号冢是中心大冢，出土器物和墓葬规格都比较高，反映了社会阶层分化已经产生。特别是一些高规格的礼器属于山东龙山文化的舶来品，应是具有一定地位的统治者才能控制使用。从发掘情况分析，龙山文化器物和受其影响而产生的器物占有很大的比重，但土著文化因素仍顽强存在。

小珠山三期，辽东半岛社会形势已经十分复杂了，来自山东半岛的势力与本土土著文化势力一直相互交融，同时社会产生了分化。

---

① 旅顺博物馆等：《大连于家村砣头积石墓地》，《文物》1983年第9期。
② 吴青云：《辽宁大连市土龙子青铜时代积石冢群的发掘》，《考古》2008年第9期。
③ 中国社会科学院考古研究所：《双砣子与岗上——辽东史前文化的发现和研究》，科学出版社，1996年。
④ 中国社会科学院考古研究所：《双砣子与岗上——辽东史前文化的发现和研究》，科学出版社，1996年。
⑤ 澄田正一、小野山节、宫本一夫：《辽东半岛四平山积石塚の研究》，京都柳原出版株式会社，2008年，第36~40页。
⑥ 澄田正一、小野山节、宫本一夫：《辽东半岛四平山积石塚の研究》，京都柳原出版株式会社，2008年，第27页。
⑦ 澄田正一、小野山节、宫本一夫：《辽东半岛四平山积石塚の研究》，京都柳原出版株式会社，2008年，第208页。

五　结语

辽东半岛新石器时代积石冢在墓葬形制上受到红山文化积石冢一定影响，但土著文化特征更为显著，并且传承发展轨迹清晰，从小珠山三期早段出现积石冢，一直延续至双砣子三期——春秋时期，甚至对高句丽积石冢产生了巨大影响，而且葬俗多样化，龙山文化不见的火葬、二次葬和丛葬在积石冢内都有发现，延续时间很长，西周至春秋时期的积石冢和其他墓葬形式都发现了火葬。葬俗多样化是土著文化的典型特征。因此，辽东半岛新石器时代积石冢不排除本地起源的可能性。

积石冢多分布于新石器时代遗址集中区域，特别是小珠山三期文化广泛分布区域，即辽东半岛南端的渤海沿岸。墓葬内出土陶器有两类，一类是龙山文化系统，一类是本地土著文化系统，龙山文化系统陶器数量比较多，说明积石冢与龙山移民的关系非常密切。在龙山文化的强烈影响下，山东半岛移民与土著文化融合，在居住址和墓葬中一直反映出特色鲜明的两条主线。山东移民在辽东半岛接纳了土著文化墓葬形式，同时土著文化接受了龙山文化先进因素，使辽东地区成为与东北腹地区别甚大、与隔海相望的山东半岛联系最为紧密的特殊区域。

敖汉旗夏家店下层文化遗址分布概述

——以第二次文物普查所获资料为据

邵国田

（敖汉旗博物馆）

敖汉旗位于内蒙古自治区东南部，是赤峰市所辖的一个旗。南部与辽宁省朝阳市的北票、朝阳、建平三县为邻，东面与通辽市的奈曼旗相依，西、北面与松山区和翁牛特旗隔河相望。总面积为8300余平方千米。

敖汉旗地处燕山北麓的努鲁尔虎山脉北侧，松辽平原的南缘，地貌从南向北倾斜呈三级阶梯状，平均海拔600米左右。南部为山区，海拔700~800米。中部为浅山丘陵区，平均海拔600米左右。北部为科尔沁沙地的草原荒漠区，海拔在400~500米，最低海拔为300余米。年均降水量300余毫米。

境内较大的河流有5条，第一条老哈河以及注入该河的两条支流——蚌河和饮马河；第二条孟克河，是一条内陆河，注入奈曼旗的舍力虎泡子；第三条教来河。以上三条河均从南向北流。另外两条为老虎山河和牤牛河，均向南流（图一）。

这里黄土发育，河流纵横，河流两岸多台地和缓坡地，故很适宜古代人类居住。经第二次文物普查（以下简称为二普），全旗发现各个不同历史时期的遗址和墓地共3800余处（后经补查的有200余处，总数达到4000余处），其中夏家店下层文化的遗址（墓葬）居多。登录于《中国文物地图集·内蒙古自治区分册》的夏家店下层文化遗址就有2313处[①]，占敖汉旗登录的遗址近70%（《中国文物地图集·内蒙古自治区分册》共刊录敖汉旗的文物点为3409处）。这个数字虽然高出夏家店下层文化分布区的其他县级所获得的夏家店下层文化遗址数，但也绝不是敖汉旗境内实际存在的夏家店下层文化遗址数，充其量只占70%左右。这是因为当年文物普查是分组进行，组与组之间存在着调查水平和责任心的差别，致使普查的成果也不尽相同。加之敖汉旗北部（即第三级区域挨近老哈河一侧）为科尔沁沙地的活动沙丘集中区，应该掩埋住一些遗址，故出现文物点的空白区。再加之20世纪70年代敖汉旗大面积的植树造林和小流域治区等农田基本建设大会战，造成部分遗址被破坏和灭失。

尽管如此，但由夏家店下层文化遗址自身的两特点，即：一是立体分布，从山顶到台地均存在遗址，不易全面受到破坏，如平整土地很难波及山顶上；二是文化堆积较厚，多数厚达几米或十余米，

---

① 国家文物局主编：《中国文物地图集·内蒙古自治区分册》，西安地图出版社，2003年，上册第163~209页，下册第212~425页。

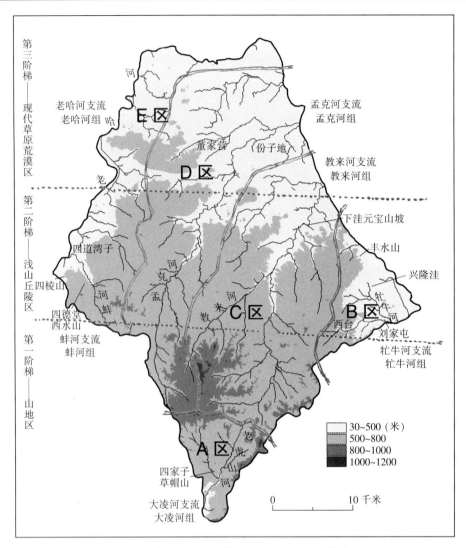

图一　敖汉旗地貌三级阶梯交界线与夏家店下层文化分区示意图

这便不比新石器时代诸文化的聚落一次布局、文化层普遍较薄那样脆弱，故不易灭失且目标明显而不易在普查中漏掉。故敖汉旗二普（1981～1988 年）中拉网式调查所获夏家店下层文化遗址的田野调查资料，对认识该文化遗址分布规律甚至其社会结构等问题具有一定的价值。

在《中国文物地图集·内蒙古分册》已刊录的敖汉旗夏家店下层文化遗址中，有 194 处叠压于新石器时代诸文化遗址之中，这部分遗址多系坡地型或台地型，并且仅占遗址总面积的一小部分。余下的 2119 处遗址也有少部分被夏家店上层文化、战国、汉代乃至辽、金、元等遗址所叠压或打破。这部分遗址多属台地型。现代民居很少破坏到夏家店下层文化遗址，因为两者的选地高差很大。

在总体分布上看，夏家店下层文化的聚落存在着十分明显的"一大几小，成群分布"的特点，敖汉旗的同类文化遗址也不例外。再就是立体分布，在高山顶部、坡地上和河两岸的台地上均可见到，有学者归纳出"高山型"和"台地型"，并有"隔河相望，两两相对"的规律。但这一群与那一群有何关系，高山型的群体与台地型群体是否存在某种内在关系，一群中的中心遗址与"卫星"遗址又是什么关系等等，或许从敖汉旗所发现的这些遗址可以得以启示。

从敖汉旗二普所掌握的资料看，夏家店下层文化的遗址尽管是立体分布，但仍然是以河流为纽带、以高山为依托的这种在史前文化聚落分布的总规律，重要的生活地点仍是河流两岸的台地之上。所以，我们在分区时是以敖汉旗境内的五条河流为主线，以分水岭为界，从南至北共分为五区，即老虎山河区（A区）、牤牛河区（B区）、教来河区（C区）、孟克河区（D区）、老哈河右岸敖汉段（E区）。在每一区内的每一群是以相邻较近的遗址勾画在一起，群与群之间有一定的距离。群内又分几组，以虚线隔出。河流上源两岸的群之间并不以河为界，便勾画成一群；河道较宽、中下游两岸的遗址，如果体积较大，尽管存在互应关系，也画成两群。以下将我们的分群分区情况做一介绍。

一　老虎山河流域（A区）夏家店下层文化遗址分布

这一区位于敖汉旗的最南端，呈倒三角形。现行政区划为四家子镇，二普时为两个乡镇，即北部的林家地乡和原四家子镇。这一区域还包括金厂沟梁镇西南椴木梁一带往南的三个村。总面积约475.74余平方千米（图二）。

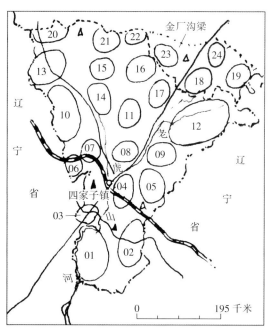

图二　老虎山河流域（A区）夏家店下层文化遗址群分布示意图

这一区为山区。大凌河支流——老虎山河从金厂沟梁镇与四家子镇交界处的菜园子平顶山一带（主峰海拔1123米，属辽宁省）起源，向西南流经老虎山村后向南拐去。另一源位于热水汤村北面的高山处，这条河流经四家子镇政府西侧汇入老虎山河。这里高山耸立，重峦叠嶂，河两岸的台地较窄，故遗址多为高山型，台地型仅占三分之一左右。二普中，在这一区共发现303处遗址（含有后来补查的3处）。除有5处单独存在的遗址外，其余遗址均划出群，共24群，其中4群（A18、A19、A23、A24）在金厂沟梁境内。其余为四家子所辖。

1. 老虎山河主河道的夏家店下层文化遗址群分布（图三）

老虎山河流经老虎山东侧略向南转折，便与从辽宁建平喀喇沁的一条河在北牛夕河相汇，再往南与辽宁省便以老虎山河为界。所以从牛夕河向南约7千米长便是老虎山河的左岸，台地上分布着各时代的古遗址。在这长 7、宽约 2 千米范围之内的夏家店下层文化遗址构成一群（编号 A01）。其内又可分出 6 小群，临河的台地上有三组，即最南的尉家台组、中间的池家湾子组和北面的北牛夕河组（两河交汇处的半岛形台地，是辽代金原县城故址）。与之对应的又有三组，东西相距不足 1 千米，自南向北分别是鹰窝沟组、南山嘴组和东三家组，这三组多在坡地和小山顶上分布。遗址面积最大的是池家湾子组靠东的一处遗址，地表可见石砌的椭圆形围墙，墙外石护坡，东西最大径 128 米，南北最小径 63 米，是这一群的中心遗址。值得注意的是，这一群的两纵排各三组均按河流的方向分布，其横向又有内在的联系。这一群 6 组共有遗址 19 处。

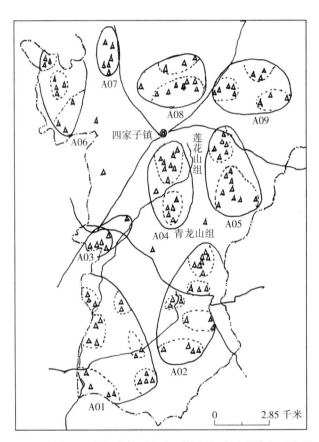

图三　老虎山河主河道的夏家店下层文化遗址群分布示意图

与 A01 群东西相对应的是 A02 群。在这一群内从南向北排列共 5 组计 20 处遗址。其方向似与大山的走向相一致。再往东便是与辽宁省的分界岭，南北走向的分界岭主峰（最高峰大青山，海拔高度为 1153 米，据考证这里是元代的青峦岭，曾立碑。山上平坦，疑为夏家店下层文化山城遗址，因在辽宁境内未作调查）又向东西伸出若干山梁并连接着台塬，每一山梁、台塬便分布着一小群夏家店下层文化的遗址。最南端一组为水泉沟组，共 4 处遗址；最北面一组为水泉屯组，有 7 处遗址；中间三组各 3 处遗址。这一群的遗址面积都很小，有几处位于山顶部，如和尚帽子山，仅数百平方米。最大的遗址为 2000 余平方米。

以上 A01 群和 A02 群的遗址均有石砌围墙，保存也很好，有的高达 2~3 米，当地称之为"城荐子"。还有些地名因此而命名，如城子沟村就因为那条沟有东西对应的两座山城。

再向北即老虎山群（A03），这是一群很注重防御功能的群体。老虎山为相对独立的一座山，顺着山脊修筑一道石墙，在石墙上还修筑类似"堡垒"的小石城，至顶部则修筑一个大的堡垒。石墙一直砌筑到山脚下，延绵约 2 千米长，类似燕长城，故最初被误认为是战国长城。这样便形成一个向东弯弧的围墙，在围墙内侧的山怀中又砌筑两座较大的坡地型城址，形成层层设防、戒备森严的独立群体。另外，在离这组山城较近的老虎山河右岸有一处面积达 1 万余平方米的台地型遗址，土筑围墙。1974年秋，平整土地时破坏了城址一角，见有白灰居住面的房址数座，说明规格较高。这处土筑围墙的城址当为老虎山群的中心遗址。老虎山群向东，便是青龙山群（A04）和五马沟群（A05），两群东西对应，间隔约 1.5 千米的漫洼。每群中又分南、北两组。青龙山群的南组为青龙山组，北组为莲花山组。共有遗址 14 处。其中青龙山组遗址很具特色，总面积达 1.2 万平方米。山顶砌筑略呈长方形的围墙，北坡为断崖，东、西、南三面坡度较缓，砌筑九层阶梯状台面，边沿以石块垒筑。至两边侧又筑竖向围墙，上接山顶城址。每层阶梯台面上又有石砌的圆形房址。这座山城与三面坡地型遗址相近，形成统一体。这种梯田式建筑的夏家店下层文化遗址在敖汉旗并非孤例。同时也说明高山型和台地型遗址是相互遗存的内在联系。青龙山遗址当为南组的中心遗址。

莲花山组与青龙山组南北隔河相对应。这一群的中心遗址，位于八家村南侧的坡地上，面积为 1 万平方米。其余面积较小。

青龙山群往东即五马沟群，此处的努鲁儿虎山脉呈南北走向，遗址群便位于其西侧山麓间。群内分南、北两组，均系山城，共有遗址 15 处。

在这两群的西南侧各有一处单独存在的遗址，其位于 A03、A04、A02 三群之间三角空间地带，高出地面 1 米余，圆台状，有土筑围墙城基，面积 4200 平方米，文化层厚 2～3 米。这处在平地凸起的遗址似乎和周围的三群山城构成一定的依存关系，具有节制三群的特殊位置。

再往北，即四家子镇镇政府北侧有两处遗址群，两群东西隔河相望，群内遗址均横向成群。东群为马架群（A09），共有 11 处遗址，分三组，三组遗址位于一群小山包上，是主峰的过渡地带。其中西侧的杏花山组为 5 处遗址，为较为独立的一座小山。西群为大王山群（A08），分布 11 处遗址，分南、北两组，遗址为东西向排列。大王山海拔 862.5 米，是这一区域的制高点。两组遗址均在山坡半山腰和梁岗顶部。这两群不仅群内的各组遗址横向排列，群体也呈东西长、南北窄的窄长形。这应与山脉的走向有关系。与之相邻的位于热水汤河河流两岸的相对两群即 A06 号群和 A07 号群，均顺河流方向向南排列。

2. 老虎山河上游的夏家店下层文化遗址群分布（图四）

这一区最大的群为 A12，由 45 处遗址组成，位于老虎山河主要发源地平顶山的西南群峰和沟壑间，构成一个分布密集、相对独立和封闭的群体。在东起夹山沟村、西南至乌兰宝村的长约 9.5、宽约 4 千米的狭长山谷中，遗址多在山顶或坡地上，面积均较小，多为几百至一二千平方米。可分出 7组，有的组成排，隔沟相对。最大的遗址为南石匠沟里遗址，位于台地之上，面积 1.5 万平方米，处于长力哈达组的中心部位。

与 A12 群隔河相望的是红石砬群（A11 群）和解放营群（A17 群）。这两群虽也在山地之上，但视野较开阔，前面有较宽的河滩地。解放营群有 4 处遗址，分南、北两组，均在小山包上堆积很高的

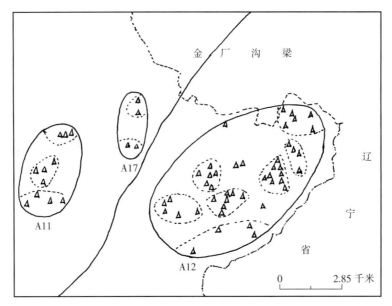

图四　老虎山河上游夏家店下层文化遗址群分布示意图

文化层，当地称之为"城子山"，面积多在 2000 平方米左右。在北组孤山顶上的一处遗址，椭圆形石围墙的北坡暴露大面积的红烧土，并见一座直径 3 米的窑址，城内面积 3200 平方米，是这一群面积最大者，并设有专门的窑区。

红石砬群共有 11 处遗址，分南北排列的三组。南部和中部两组均为山城，北组如小古力吐村的三处相邻的遗址为坡地和台地型，其中小古力吐北遗址为台地型，面积 1.3 万平方米，是这三组中面积最大的中心遗址。

老虎山河属于金厂沟梁境内的共有 4 群（A18、A19、A23、A24），总计 42 处遗址。这里是老虎山的源头，山较高，故以山城为主。最东一群（A19）共 9 处遗址，为东、西马架子群，两个马架子各一组，并各有一座土筑围墙的台地型遗址，面积在 2000 平方米左右。其余遗址位于山顶上或半山腰上。东偏北一群为椴木梁群（A24），共 7 处遗址。其中椴木梁遗址面积较大，为台地型遗址，面积达 4600 余平方米，并见椭圆形石砌围墙。其余为山城，最西方向为罗峪沟群（A23），共有 13 处遗址，分为东、西两组，其中东边一组的中心遗址为罗峪沟西北遗址，总面积 14000 平方米，并筑有围墙。其余遗址均环绕这处大遗址的山顶处所建。西南一群为石匠沟群（A18），这一群共有遗址 13 处，分东、西两组。这一群地势较其他三群略缓，遗址多分布于坡地上。东组以丁家地遗址面积最大，约 1500 平方米。

3. 老虎山河北部区及孟克河分界的遗址分布（图五）

从北向南流的热水汤河即源于汤梁一带，这里是老虎山河与孟克河的分水岭，也是敖汉旗海拔较高的区域。在此河的东面还有一河叫大西沟，与热水汤河在扣和林一带汇合。故形成南北走向的三道山岭，其中西线山岭的遗址分布较密集，可分为三群（A10、A13、A20），共 47 处遗址；中间一道山较低矮，分三群（A11、A14、A15），共有 12 处遗址；东道岭有三群（A16、A21、A22），有遗址 22 处。中心遗址在 1 万平方米左右。如 A10，共分四组，在四座小山城之东有一处独立存在的遗址即杨树西遗址，为台地型城址，面积达 1 万平方米，是这一群的中心遗址。A13 的车杖子东遗址为一座山

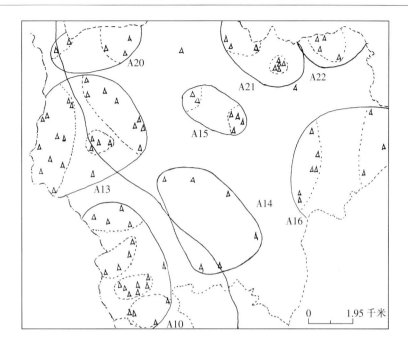

图五　老虎山河北部区及孟克河分界处夏家店下层文化遗址群分布示意图

城，面积达到 1 万平方米。其他遗址多是数百平方米至一二千平方米。在分水岭的高山顶部的遗址面积甚至不足 100 平方米。不过这一山环内的遗址分群界清晰，群与群之间的距离较大，平均 3 ~ 4 千米。

二　牤牛河上源（B区）夏家店下层文化遗址群分布

这一区位于敖汉旗的东南一隅，二普时为三个乡，即宝国吐、大甸子、王家营子。区划后大甸子与宝国吐合并，称"兴隆洼镇"。王家营子乡归贝子府镇所辖。这里属敖汉旗三级阶梯的第二级，但南部尚有高山峻岭。牤牛河在此有三个源头，即发源十二连山的王家营子河，为西北—东南流向；第二条是源于佛爷岭的大甸子河，东西流向；第三条为源于风水山一带，向南流经宝国吐。王家营子和大甸子的西北部为教来河流域。敖润勿苏部分的东南属于这一流域，总面积为 584 平方千米（图六）。

现将本区遗址分两部分介绍如下。

1. 大甸子遗址及其周围的夏家店下层文化遗址分布（图七、八）

B 区可以划分出 32 个夏家店下层文化遗址群，共含遗址 303 处，单独存在的有 6 处。另发现 3 处墓地（其中大甸子和范杖子墓地已发掘，石匠沟墓地仅在调查中清理 1 座残墓）。

B 区夏家店下层文化遗址分布总的趋势是，北部以宝国吐为中心外延 5 ~ 6 千米的空白地带，四面环山形成盆地式的平缓丘陵区。在盆地的西缘便是一群遗址（B24），这一群共有 8 个遗址点，以已发掘的大甸子城址为中心，隔沟的西南侧又有小城址，其余的 6 处未设围墙，当为这两座城内的居民加工或制作生活用品的加工生产区。与东城隔沟的遗址便是一片窑区，面积达 2 万平方米，主要烧窑的场区是向西北方向的缓坡，陶窑从坡底到坡顶横向成排分布，十分密集。其余 5 处距遗址略远，均未设围墙。

在敖汉旗境内，至今尚未发现有遗址超过面积达 6 万余平方米的大甸子城址这类台地型遗址，大

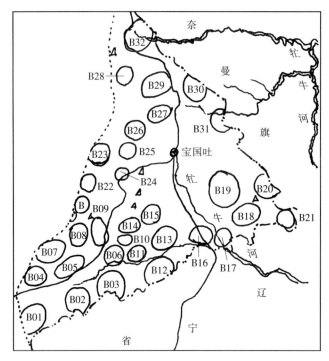

图六 牤牛河上源（B区）夏家店下层文化遗址群分布示意图

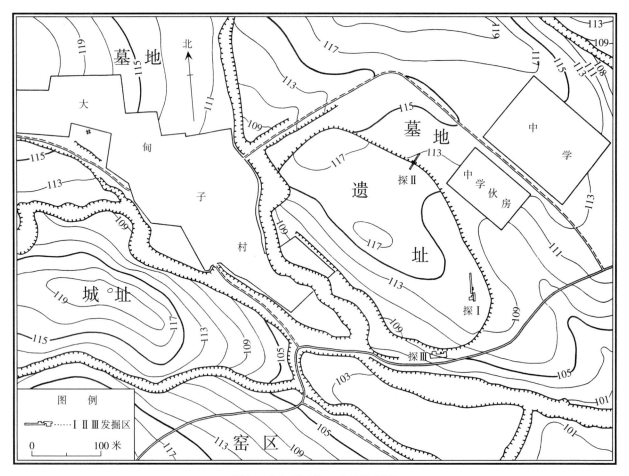

图七 大甸子遗址、墓地地形图

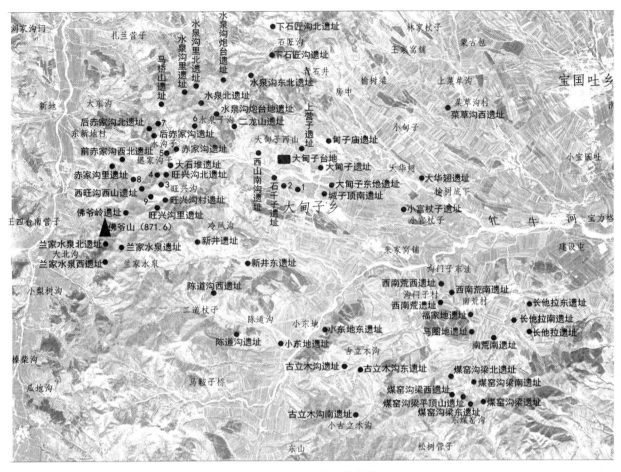

图八　大甸子遗址分布图

甸子城址应该是这一区域的总的中心[①]。距大甸子遗址最近的山城遗址是西面的佛爷岭（B33）和北面的下石匠沟（B22）两群，相距5千米左右。佛爷岭海拔871.6米，高耸于群山之中，十分雄伟，且南北成岭为教来河与牤牛河的分水岭，也是这一带的制高点。在山之巅有一座面积不大的石砌山城，环之略矮的山顶或梁岗上修筑7处小城，与主岭的山城似众星拱月。

　　佛爷岭之南北和东西两侧共分布有5群。南面为兰家水泉群，有3处。正北方为赤家沟群，系教来河流域，共5处。东北侧为旺兴沟群，即在佛爷岭山脚下，共5处。紧邻的是水泉沟群，共9处，是较大的一群。正西方是短西沟群，共有12处，是最大的一群，亦属教来河流域。

　　大甸子遗址群（B24）的正北也是一群较矮的群山，即上石匠沟群（B25），共9处遗址和1处墓地。在上石匠沟村保存完好2座城址，两者隔沟相对。北城为土筑方城，南北长120余米，东西宽89米，墙基宽7、残高达3米，墙外有宽8米的围壕，东侧隔壕即是墓地。南城土筑围墙，南北长96、东西宽79、基宽3.5、残高1.7~3米。南侧又有石砌门道显露地表，宽4.5米，并见有石砌台阶。这两处城址便是上石匠沟群的中心遗址。与上石匠沟群有关联的便是下石匠沟群，有4处遗址，均为坡地型遗址。

　　上石匠沟过东梁，便是沟门子（B28）、岱王山（B26）、哈布齐拉（B27）、范杖子（B29）、兴隆

[①]　中国社会科学院考古研究所：《大甸子——夏家店下层文化遗址与墓地发掘报告》，科学出版社，1998年。

沟（B30）、苏吉（B32）6 个群体，共 36 处遗址点，距大甸子最近距离约 7 千米。岱王山为这一区域的最北面的制高点，主峰海拔 764.6 米，顶部修筑一座近似长方形、面积为 2000 平方米的石城，并见石砌圆形房址。环之又修筑面积 1200 平方米的二层台面，两者高差 7 余米。在周围的小山头上又修筑 7 座小城，最小者仅有 400 余平方米，近似现在的"哨所"。

山之东南的坡地上便是范杖子石头堆地遗址，为两个相接的直径 100 米左右的圆形土筑围墙遗址，外有宽 4 米的环壕。遗址的西北坡便是墓地。这处 2 万平方米的遗址，便是这一带的中心遗址。

大甸子遗址正南方约 10 千米的大东山顶处有一座小石城，周围的小山头未见遗址。这座山也是这周围群山的制高点，海拔 730.3 米，山之下的东北坡古立木沟、西南荒有稀落的几处遗址构成一群。

再往西 10 千米便是兴隆洼、小束龙沟、佟家窝铺等群，其中大青山、大架子是这一带的制高点，且其顶部均有石城。

至此，大甸子遗址的四周形成更大范围的群组圈，各方均以制高点的群山主峰为中心点的群落屏障，更显示出大甸子遗址凌驾于其他群的独特位置。

2. 王家营子河流域夏家店下层文化遗址分布（图九）

牤牛河的另一条源流——王家营子河，有 13 个遗址群。遗址群分布十分密集，群与群之间的空白地较小，仅相距 3～5 华里。群内遗址相对集中，如河之源的十二连山东群（B07）、瓦房沟群（B08）、石碴子群（B09）。其中十二连山的主峰位于这道岭的最西端，与贝子府镇交界，山之南岫为辽代遥辇氏鲜质可汗的家族墓地，据耶律延宁墓志载，在辽代这座山称"楼山"，其名当与山之巅的夏家店文化石筑山城有关，远望层层叠筑，类似楼阁①。主峰海拔高度为 924.2 米，是这带的制高点，也是牤牛河水系与教来河水系的分水岭，向东延绵约 7 千米，相连的山峰有 11 座，每个山头几乎都有山城遗址。而燕国长城也是在这道山岭之上，往往叠压于夏家店下层文化的城址之上。主峰的山城略呈三角形石围墙，基宽 1、残高 1 米，总面积约 600 平方米。在东坡下的 8 米处又砌筑一座长方形石城，面积 120 平方米。南墙外顺坡又修筑一层台面，宽 5、高差 2～5 米，边沿的石块砌垒，台面上见圆形房址 10 余座。石砌的燕长城就从顶峰山城爬过。

在瓦房沟群（B08）的东面有一座独立的小山，当地称之为"锅底山"，其顶部筑圆形石城，基宽 1.5、残高 0.5 米，面积为 500 平方米，城之外有半圆石砌马面 20 余处。再往下修筑二层台面，上有房址 10 座。接顶部东西侧墙顺坡向南砌 6 层台面，形如梯田，直至山脚处。边沿以石块垒筑，每层台均有房址分布。这处遗址保存完好，遗迹清晰，从山顶到山脚下均有围墙围拢，形成了防御功能完整的独立体，成为这一群东面的"门户"。而中心遗址西庙，为面积 2 万平方米的台地型遗址。

王家营子河的中部为两群相近的台地型遗址，即柳树行子群（B12）和阿府营子群（B13），遗址均在河两岸的台地上，十分密集。阿府营子群的北面最高山为老牛圈山，南为最高山纱帽山，两座山均有山城，是南、北两个遥相呼应的制高点。

---

① 邵国田、刘宪桢：《汉文〈耶律君宁墓志铭〉与〈耶律延□墓志铭〉考释》，（韩国檀国大学附设北方文化研究所）《北方文化研究》2014 年第 5 期，第 29～54 页。

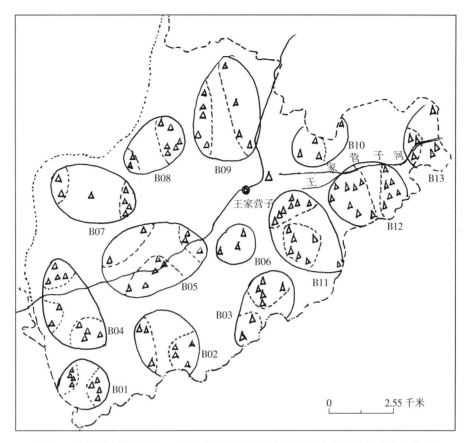

图九　牤牛河上源支流——王家营子河流域夏家店下层文化遗址群分布示意图

这条河的下游还有刘家屯群（B18）、石头井子群（B17）以及与宝国吐河相汇处的大青山群（B19）等，其分布形态与王家营子河的中段相似，不一一叙述。

三　教来河流域（C区）的夏家店下层文化遗址群分布

这一区域在二普时所涉及的乡镇有金厂沟梁、贝子府、克力代、敖吉、丰收、白塔子、敖音勿赤、苏下洼等8个，局部涉及的有王家营子西北部、大甸子西部、高家窝铺、牛古吐的东部以及新窝铺南部。总面积2715余平方千米。教来河源于努鲁尔虎北麓的金厂沟梁、贝子府、克力代一带的高山，从西南向东北流去，至下洼镇东部出界流入奈曼旗，全长130千米，是敖汉旗境内河流中流域最宽、流量最大的一条河。主要支流有杜力营子河、白塔子河、腾克里河、干沟子河等。敖汉旗三级台阶式地貌在这一区域内均有涉及，是观察夏家店下层文化遗址南北因地貌不同而变化最全的一条河。

这一流域分布的夏家店下层文化遗址共1021处，从南至北可划出136个群，未划入群的有19处。面积不足敖汉旗全境的三分之一，但遗址点几乎占敖汉旗全境夏家店下层文化遗址的一半，平均2.5平方千米就有一处遗址。

在这区中，我们选择南、中、北三个地点（乡、镇）和一条支流的遗址群作一介绍，分别代表三种地貌的遗址分布状况。南部选原贝子府乡，中部选白塔子河汇入教来河处的敖吉、白塔子、高家窝铺三乡的毗邻区，北部选择原下洼镇及新窝镇的南部，另选择白塔子河的发源地及中段的丰收乡以观察支流的遗址分布状况。其他乡镇情况略去。

1. 贝子府河的夏家店下层文化遗址分布（图一〇）

贝子府乡南北长约 28.5、东西最宽 15 千米，总面积约 321.38 平方千米。中南部全是山区，北部有燕长城在乡政府后山横向穿过，进入到第二阶级的浅山丘陵区。南部最高山为平顶山，海拔 1074米，是教来河主要源头之——贝子府河的发源地，也是内蒙古与辽宁的分界。

境内已调查发现遗址 155 处，可分出 20 个群，较为均匀地遍布全乡。群与群之间最大的距离 3～5千米，最小的距离也有 1 千米。群中遗址最多的 15 处，最少的有 3 处。

最南端一群为平顶山群（C14），共有 8 处遗址，其中的平顶山顶部就是一处山城遗址。平顶山不仅是这一区域的制高点，也是努鲁尔虎山主峰，山虽陡峭难攀，但顶部平坦如垠，有东西长约 300、南北宽约 50 米，总面积约 1.2 万平方米的椭圆形石筑围墙城址，残基高约 1 米。地表全部覆盖着腐殖

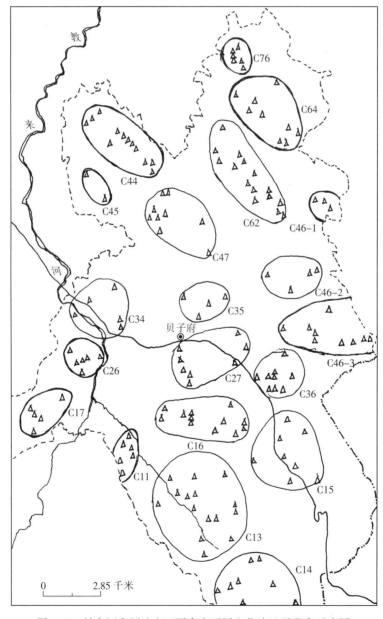

图一〇　教来河发源地山区夏家店下层文化遗址群分布示意图

土，下切 20 余厘米方见有陶片。站在山顶上南望可见 40 余千米外的北票县城；东、西两侧如波涛汹涌的群山，尽收眼底。北望如前述的十二连山的主峰，贝子府后山的长城也历历在目。如此雄伟和高耸群峰的山顶上修筑这样一座山城，只有身临其境，才能感悟到 4000 年前古人的创造力。他们将山头修成如此大的平面，并筑有如此坚固的围墙要耗费出巨大的力量。

平顶山东、西两侧的群山中也见有山城遗址，如东面的"铲子山"和西北的东围子东山均修筑山城。东围子山城面积为 1.36 万平方米，修在平整后的山顶之上，石砌围墙呈不规则形，北侧有一层面，南侧有四层相连接的半圆台面，每层宽 10~16 米，且均暴露房址。这一群也有台地或坡地型遗址，但面积均很小，不具有中心遗址的特征。

贝子府中部的西侧便进入教来河的主流区，沿河两岸的 4 千米范围之内分布两个群，南为邓家湾群（C26），北为后坟村群（C34），多为台地型遗址，有的是在临岸的小山顶上，台地型遗址最大面积近 1 万平方米。

在燕长城沿线上有三个群，并与长城东西平行分布，即最西面的瓦盆窑群（C47）、中部的北新地群（C62）和东部的十二连山西群（C64）。这种现象不能认为两者有着内在的必然联系，但遗址群的分布当与山峰、河流的走向有关，或者都是从防御功能去考虑，从总体布局去设计。更有意思的现象是，长城路过设力虎河的北新地遗址群，这是南北向河流的关隘所在，两岸的夏家店下层文化山城遗址上边存在战国陶片，说明他们利用了夏家店下层文化山城作为防御工事而不再修城障之类的防御设施。这种现象也见于松山区池家湾夏家店下层文化山城遗址，战国时又重新加固增补夏家店下层文化城址的城墙。

2. 白塔子河与教来河交汇处的夏家店下层文化遗址分布（图一一）

这里属于教来河在敖汉境内的中段，白塔子河在此与教来河汇合。白塔子地名是因在辽代武安州城址相对河之北岸矗立的一座白色砖砌辽代佛塔，故名。燕北长城即从塔旁穿过后进入教来河畔。

在两河夹角地带，分布着密集的夏家店下层文化遗址。教来河左岸有 3 群（C60、C70、C71），共 23 处遗址；白塔子河两岸有 5 群（C93、C94、C95、C68、C69），共 44 处。最高点为锅底山（C69），因修筑的山城形制像扣着的锅底，故名。海拔 846.8 米。山顶上有一座面积仅 40 平方米的椭圆形小城。从主峰起分别向东北的杏叶沟和西南的孙家窝铺延伸成岭。东北一侧山峰陡峭；山城连成一线，延绵 5 千米，几乎每个山头上都有一座山城。而两河的台址上便分布着土筑围墙的遗址，其中位于白塔子河右岸的范杖子西侧台源上的黄土梁子遗址面积最大（C95），近似长方形，南北长 300、东西宽 90 余米，土筑墙基宽 5、残高 1.5 米，外侧有环壕，内侧暴露房址。这应该是白塔子河一侧的中心遗址。

在与范杖子群相对应的是白塔子河左岸属敖吉乡的肋条山群（C93），共有 5 处遗址，均处在较矮的小山之上。其中，肋条山顶上的山城面积达 1500 平方米，有椭圆形石围墙。20 世纪 80 年代初由中国社会科学院考古研究所内蒙古工作队做了局部清理，在城内的中心部位（也是最高点）清理出最大径 6、最小径 4.9 米如葵花形的"祭坛"遗址。还清理 2 座房址，直径 4.2 米（发掘材料至今尚未报道，仅见《中国文物地图集·内蒙古自治区分册》的记录）。

在锅底山的东侧即教来河川，密集分布着四群（C42、C60、C71、C70）。其中最大一群是十八里

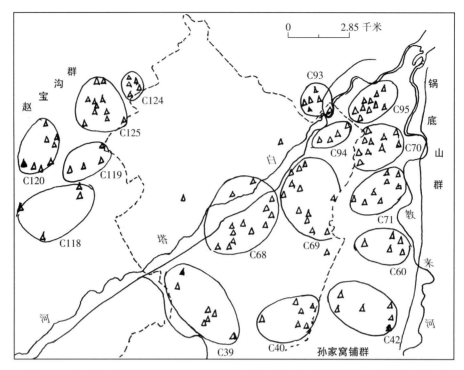

图一一　教来河区域的白塔河与教来河交汇处的夏家店下层文化遗址群分布示意图

台群（C42），共有 10 处遗址，中心遗址位于十八里台村的北侧、教来河左岸临河的台地上，见有椭圆形土筑围墙，南北最大径 225、东西最大径 133 米，基宽约 10、残高 2～3 米。内有南北向平行的三道土筑隔墙。暴露房址数十座。另 9 处遗址位于西部小山顶或山坡之上，面积均很小。这处遗址是周围（不仅是两河夹角处，也包括教来河中段）面积最大的一处，这一群也应是这一群组的主群。

　　从这一群组再向南 2～3 千米为空白地带，至分水岭的孙家窝铺东山又有一群组，共 2 群，白塔河一侧为东西排列的两群（C39、C40）。孙家窝铺群（C40）主峰为孙家窝铺东山，与锅顶山相距约 5 千米，山顶有一座约 750 平方米的小山城。

　　与锅底山群和赵家沟群两群相邻的是位于两群之西北的赵宝沟群。两者最近的距离 5 千米，最远的距离 7 千米，两主峰（即锅底山与赵宝沟的梯子山）相距 13 千米。空白地带间虽有向阳的台地、缓坡等很适宜居住的地理环境，也见早至新石器时代、晚至战国和辽金时的遗址，但唯不见有夏家店下层文化遗址分布，显系特意留出的空白地带。

　　赵宝沟位于白塔子正北方约 7 千米的两道东南走向的山岭之中，中间有一条小河源于沟里的山涧，至今泉水仍涓流不息，向东约 5 千米处折向东南，在白塔子村汇入白塔子河。向东流经的一段狭长山谷中河两岸的台地、山坡之上，乃至山头顶部分布着夏家店下层文化遗址共 33 处，形成相对独立又十分封闭的聚落群组。整个沟内可分出 5 群，另山前的白壕沟村一处遗址也应与此群相关。赵宝沟河的折角处也是这群山的沟口，两岸很窄，相对各筑一城（C124）。河之右岸高台地修筑一座石城，现保存较高的石围墙，左岸的台地上则修筑长方形土城。相对的两城似进入山里的"关隘"，担负着这一族群的安宁。再往沟里便是东西隔河相对的 2 座台地型城址和 1 座山城，山城位于鸡冠山的山顶上，面积 600 平方米，接近沟口的西侧石城。椭圆形石砌围墙的外侧修筑半圆形马面式建筑，墙基宽 3.5 米，与沟口的两处遗址成一小群。

第二群与第一群相距 0.8 千米。共有 11 处遗址，中心遗址为张富营子村东南侧，为土筑围墙，面积 2.7 万平方千米，是赵宝沟群组面积最大的一处（C125）。南临最高的山峰"梯子山"，在梯子山山顶与山之西北坡上修筑一座山城，山顶上为长方形石砌城墙，南北 72、东西 69 米，基宽 3、残高 0.5 米。向西北坡面延伸出三层阶梯式台面，远望如梯子，故名。

再向沟里约 1 千米又有南、北相应的两群。北群（C120）在另一处沟岔的山环中，有 8 处遗址，中心遗址面积 8000 平方米，位于小山包的顶部。南群为腰营子群（C119），共有 4 处遗址，其南山名为四棱子山，山顶修筑面积达 2000 平方米的山城，中间高、四周低，环城的四周修筑三层宽 7 米的阶梯状台面。

第四群（C118）位于赵宝沟里村，共 4 处遗址。中心遗址位于村之东北侧的山坡上，长方形土筑围墙，面积约 5000 平方米，北依的小山顶为一处小山城，与赵宝沟文化的命名地——赵宝沟北大地遗址相邻。

赵宝沟群组的遗址保存相当完整，除农耕外，未遭受其他建设的人为破坏。走遍全沟的遗址，似走进废弃不久的村落。北面坡地多为土筑的围墙高高隆起，南坡多为石砌的城墙半塌半立。给人印象最深的是每一群的南山最高峰上均有一座山城，类似每一群的"岗哨"，形成三者之间近可相呼相应，远可观望其他群组。遗址无论大小均筑城，形成了完整的防御体系。这一群组是观察夏家店下层文化社会结构的最佳标本。张富营子群是这一群组的中心群，其他群为依附于中心群负责保卫、联络、提供生活资源的小群体，呈现出多层面的社会结构。

赵宝沟群组与锅底山、孙家窝铺的两个群组也提供了各群之间隔离带成因的最好例证。三者间既有内在联系，又相对独立。在同一道川或同一道山峰的群与群之间联系得可能更为紧密，如锅底山群与孙家窝铺群接近，但两者保持着一定的距离，而且无论是山城，哪怕在同一道岭，也无论是台地遗址，哪怕是不同的两条河，均拉开几乎同等的距离，这就说明，处于每一区域制高点的山城，是这一区域群组联系的纽带而不是界限，虽不排除有崇拜山陵祭祀的功能，但主要的功能应是防御。

3. 丰收乡全境即白塔子河上游河段的夏家店下层文化遗址分布（图一二）

教来河有几条较大的支流，如上段的克力代河，中段的白塔子河，下段的腾克力河和干沟子河等，这些支流的遗址分布情况如何，应该选出一条较典型的支流做一介绍。白塔子河处于中段，前一节已介绍这条河汇入教来河的地段，现将其源流处及中段再加以说明，以便了解教来河全流域内夏家店下层文化遗址的分布情况。

白塔子河源于海拔高度 1255 米的四道营子大山。四道营子山是敖汉旗境内的最高峰，也是孟克河与教来河的分水岭。河流从发源处向东北流去。全境共 223.29 平方千米，南北宽、东西窄，大部分是白塔子河流域，即夹于两道南向山岭之间。燕南长城横穿中南部。长城以南为高山区，以北为浅山丘陵区。

丰收乡境内共发现夏家店下层文化遗址 139 处，可分为 18 个群。最大的群为河南杖子群（C135）和门斗营子群（C38），各发现 17 处和 15 处遗址；最小的有 3 群（C37、C67、C68），遗址均为 3 处，均位于河中段的左岸台地上。群与群隔离带多在 1 千米左右，并顺河流流向排列。在东侧的南半部分为南北排列的共 8 群，即于杜力营子河的分水岭两侧河道之上。山东侧和山西侧两两对应。

跨主河道两岸的门斗营子群（C38）是最大的一群，在约 6 平方千米的河岸山坡或台地上分布着

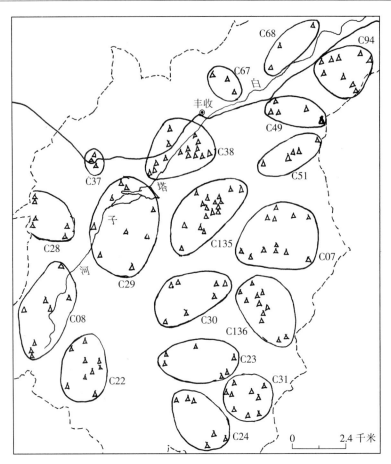

图一二   白塔子河上游丰收河段夏家店下层文化遗址群分布示意图

15 处遗址。南部位于河左岸"大砚台山"和"小砚台山"的临河山岗上，各修筑一座如圆砚台形石筑山城，其中"大砚台山"山城为南北长约 150、东西宽约 130 米的椭圆形山城，城内有相互交叉的石隔墙。这是这一群山城中面积最大的一座。"小砚台山"山城面积为 2000 平方米。位于门斗营子村北侧的一座土筑椭圆形城址为台地型遗址，面积近 1 万平方米，应该是这一群的中心遗址。

这一区域群体界限明显，有星罗棋布之感。

4. 教来河下游的夏家店下层文化遗址分布（图一三）

这一群主要在原下洼镇，也包括敖音勿苏的北部和新窝铺的南部。牛古吐乡的东部和敖吉的北部虽属这一河段的流域，但未列入图中。全部约 500 平方千米。这一区内汇入教来河的河之右岸有高力板河和干沟子河，左岸有腾克力河和乌兰勿苏河。全境即敖汉三级阶梯地貌中的第二阶梯的北部和第三阶梯的南部。燕北长城顺教来河的两岸奔来至卜金沟村向西折去。通过这一地域的夏家店下层文化遗址的分布，可以了解敖汉旗东部两种不同地貌的遗址分布规律。

这一区域共有遗址 133 处，可分为 27 个群。其中河右岸有 15 个群，有遗址 85 处，有 1 处未归入群。河左岸共 12 个群，有遗址共 45 处，有 2 处未归入群。两岸的面积基本相同，但右岸遗址多出左岸差不多一倍。如果再横向按阶梯去比较，则相差更多，第三阶梯共有 10 群 33 处，第二阶梯则有 16 群 100 处，相差两倍以上。

我们再将最南端酒局子群、中部八旗与卜金沟两群和最北端的乌兰勿苏群做一比较，看看同一区

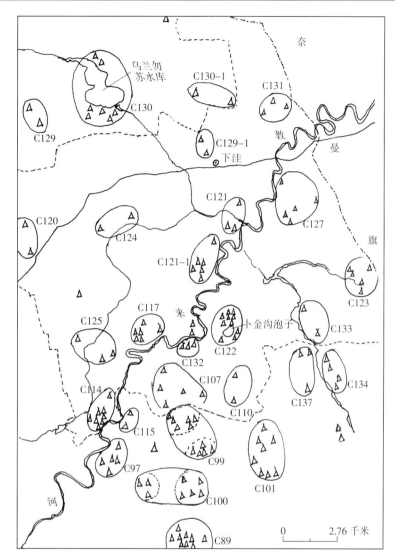

图一三　教来河下游夏家店下层文化遗址群分布示意图

域南北遗址分布的不同变化。

（1）酒局子群（C89）。位于干沟子河的中段，与大甸子乡的五行吐鲁群相邻，北面又紧接朝阳沟群。遗址均位于河两岸约2平方千米的台地和坡地上。中心遗址位于酒局子村西约300米，地表可见土筑的长方形城墙，南北110、东西约90米，基宽约2、残高1米，墙外侧有围壕，文化层厚约2米。其余遗址面积均很小。

这里要提及朝阳沟群（C100）的西杨树洼山城，它是这一地带的制高点，山顶上建一小城，经中国社会科学院考古研究所内蒙古工作队试掘其局部，发掘出两座石砌的夏家店下层文化墓葬（材料未发表）。

（2）八旗群（C132）与卜金沟群（C122）。这两群均位于第二级阶梯的最北沿。遗址分布在两岸的台地之上及河左岸的元宝山顶和北坡。元宝山顶为东西横向的一道尖山脊，在山脊顶峰修筑8个圆台式建筑，虽有陶片，但不似居住的场所，面积很小。相对应的河右岸有一座凸起小山，当地称为东山，山顶修筑一座小山城，山脚下的东南便是一座小湖泊，现仍有数十亩的水面。环小湖的周围台地上分布着十分密集的夏家店下层文化土筑围墙遗址，共 9 处，其中，紧靠村子的后山山坡上的遗址面积为 4.8 万平方米，是教来河所见面积最大者。这一群形成十分封闭隐秘的独立群体，有山城，有台地的中心城和附于其的"卫星"式小城，又环泊而居，西临大河，地理环境十分优越。

元宝山、东山似教来河最北面的一道关隘，向北则是平原。战国时分别在长城内外修筑城堡，即八旗东城子河长城线以北的六和城城址。早在距今 4000 年左右，先民们也看到这一地理优势，修筑城址等设施增加这道关隘的防御。

（3）乌兰勿苏群（C130）。乌兰勿苏也有一个淡水湖泊，现水面超过 6 平方千米。原来是个自然湖泊，水满则溢向教来河，现已修筑土坝拦截。这里的台地上共分布着 8 处夏家店下层文化遗址，其中心遗址位于湖泊东岸，面积 1.1 万平方米，有椭圆形土筑围墙，其余遗址环湖泊分布。

进入平原的夏家店下层文化遗址，可能是由于缺少群山的屏障，也只能筑墙维护其安全，其数量骤减，而湖泊是他们赖以生存的生居选地，也是群团的重要地理坐标。环泊而居不仅是这两例（并举卜金沟群），在这以北的孟克河流域更加明显。

四　孟克河流域（D区）的夏家店下层文化遗址分布

孟克河位于敖汉旗的西半部，从西南向东北方向倾斜，南北长约 210 千米，东西平均流域宽度约 60 千米，总流域面积约为 2300 平方千米。孟克河源于热水汤北的汤梁的大山之中，向北流经敖汉旗政府驻地新惠后，折向东北方向，故新惠之南流域较窄，向下渐宽，至下游达 80 千米左右。

二普时从南到北有新地乡、新惠乡、新惠镇、玛尼罕乡、哈沙吐乡、双井乡、木头营子乡、长胜镇等，还涉及高家窝铺、牛古吐、敖润苏莫苏木等乡镇的局部。纵贯敖汉地貌的三个阶梯台面。

这一区域在二普期间共调查发现 355 处夏家店下层文化遗址，可分为 53 个群，集中分布于新地乡、新惠乡、玛尼罕乡，共 43 个群 288 处。北部的 6 个乡镇（敖润苏莫苏木、长胜乡、木头营子乡、双井乡、哈沙吐乡、新窝铺乡）共发现 7 个群共 38 处。其余分布在高家窝铺、牛古吐等乡（图一四）。敖润苏莫苏木的东荷叶勿苏遗址是海拔最低的一处遗址，苏木东西 40 千米，又位于孟克河下游地区，沙漠有可能掩盖了一批夏家店下层文化遗址。东荷叶勿苏遗址给我们提供这样的信息，它是这一群中唯一裸露出的一处有土筑围墙的遗址，其他的被沙丘吞没。

新地乡面积为 309 余平方千米，在原敖汉区化中算是面积较小的乡，但夏家店下层文化遗址密度却很大，共发现 155 处遗址，分 19 个群，不到 2 平方千米就有一处遗址，且群与群之间的界限明显，空白区虽然不大，但很清晰，两区之间的最近距离仅 3 千米，最远的 5 千米左右。最大的群为 17 处遗址，超过 10 处遗址以上的有 4 个群。可分出三个群组，即汤梁北至原新地乡政府处，共 5 群；新地乡政府至孟克河谷新地乡最北端的邢家窝铺群，共 5 群；东侧山岭中共 5 群，均顺河谷和山势纵向排列。其形式如白塔子河的丰收段。

中段的玛尼罕乡，455 平方千米内共 11 群 52 处遗址，有 4 处遗址单独存在，有 5 群排列于河两岸的台地之上。最北一群为道力板群，再往西北则出现大面积的空白地带。

五　老哈河右岸敖汉段及蚌河、饮马河流域（E区）夏家店下层文化遗址分布

这一区域位于敖汉旗西北侧，老哈河的右岸及两条较大的支流——蚌河和饮马河流域，总面积约

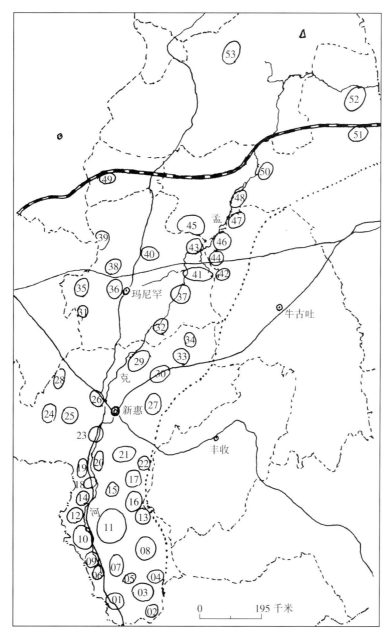

图一四　孟克河流域（D区）夏家店下层文化遗址群分布示意图

1716平方千米。这一区二普时分五个乡镇，即康家营子、古鲁板蒿、四道湾子、四德堂、萨力巴，现四德堂合并于四道湾子镇，还包括敖润苏莫苏木靠近老哈河台地一线。这一区域地处敖汉旗地面的第二阶梯台面和第三阶梯台面上。

在这一区域内的夏家店下层文化遗址的分布依然是南密北疏，共发现遗址238处，可划分为35个群体。大体分两部分，即老哈河右岸和两条支流流域。从这一区的遗址分布可以看出支流与大川遗址分布的关系，即支流遗址分布的密度与规模要大于大川。

现将蚌河支流的遗址以及围绕城子山遗址的饮马河和孟克河玛尼罕段遗址分布情况介绍如下。

1. 蚌河川四德堂段的遗址情况

蚌河源于辽宁省建平县，从侯杨杖子村入敖汉境，流经四德堂乡，呈东南—西北流向，敖汉段长约25千米，其中四德堂段长约20千米。河道很窄且蜿蜒曲折。总流域面积为219.96平方千米。在河两岸的台地和山梁上分布着8个群共47处遗址（图一五）。

最北面为香营子群（E17），共有10处遗址，面积最大者为3500平方米。燕北长城从遗址中间穿过。东西两岸的山坡很近，而且均修筑围墙，形成进入这一群组的"门户"。再往南为黑土营子群，有5处遗址，面积也很小，多在坡地之上。其余几群范围也都很小，分布形式相似。河岸台地面积最大的是刘杨杖子遗址，地表可见南北长约200、东西宽约120米的椭圆形土筑围墙，是南端一群的中心遗址，这一群也应该是蚌河群组的中心群。

在距河道的东、西两侧均约5千米左右处各有一座高山，西山为大黑山，海拔高度为936.5米，是老哈河东区的制高点，环山周围有8处山城遗址（E18）。山顶遗址为石砌梯形围墙，面积约100平方米。在山头之北侧的缓坡地上修筑一座方形战国时期小城堡，战国时便利用大黑山的制高点建一便于观望的哨所，北距长城线约6千米。

东侧为大架沟的架子山，海拔999.8米，是东部群山的制高点，与大黑山遥相呼应，再往北则无高山，直至老哈河均为浅山丘陵。山顶修筑一座总面积1000余平方米的山城。顶部为圆坛状，面积150余平方米，其周围的坡下修三层台面，最下层台面坡度最大，石砌护坡，最宽处5米。第二层台面有3座房址裸露。山之北侧又有7处遗址分布（E05）。

大架子山之北3千米相对应的是草帽山山城遗址，总面积为9000平方米，由顶上的圆形山城和南距约30米的方形城址组成。以草帽山为中心又构成一小群（E05－1）。

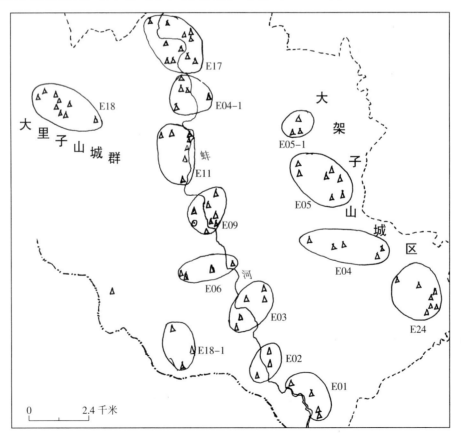

图一五　老哈河右岸区的蚌河流域夏家店下层文化遗址群分布示意图

　　大架子之南又有两群山城遗址，即石匠沟群（E04）和铁匠沟群（E24）。草帽山、大架子山和这两群顺山势走向呈东南—西北一线排列，形成山城的群组，与蚌河川群组平行并列，两者间为平均距离5千米的空白区。大黑山、大架子山与香营子三群似构成"联防"的势态，而大黑山为单独一群，向南向北均为空白地带。

　　2. 城子山群及相对应的饮马河川与孟克河川的夏家店下层文化遗址分布

　　在敖汉旗的地名中，叫城子山的不下几十处，均因山顶上修筑了夏家店下层文化山城，故名之。然而，保存最好、面积最大的是位于萨力巴西北角的城子山山城遗址（图一六）。

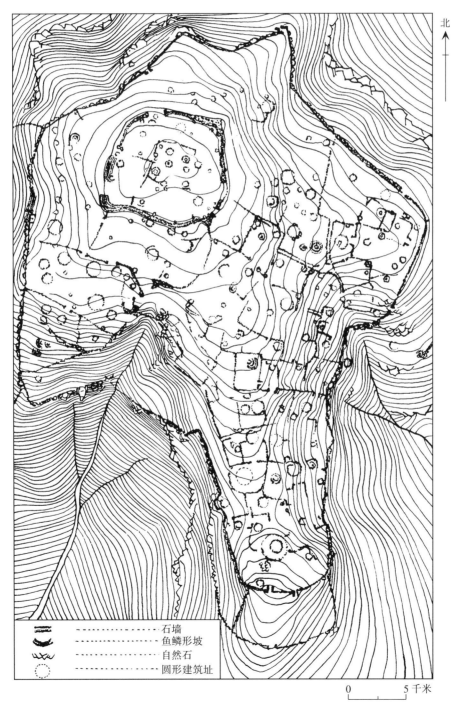

北

石墙
鱼鳞形坡
自然石
圆形建筑址

0　　　　5千米

图一六　城子山1号遗址平面图

城子山山城位于城子山顶部,依山势修筑不规则石围墙,面积约15万平方米。围墙基宽1~3、残高0.5~1.5米。围墙内可分为六区,近西北侧中心区地势明显高出,并砌筑"回"字形双重围墙。各区内的遗迹显露地表,可见方院、房址等建筑200余处。各区间的隔墙均有门道,外围墙也见有多处门址。环山城有9处小遗址分布,如较小的几座山头上均修筑小城。

城子山为敖汉北部即第二阶梯的北沿的最高峰,海拔855.6米。向南成岭,南约7千米处为另一高峰鸭鸡山,海拔876.5米,形成另一群,有遗址4处。向东北约3千米为孙家水泉群,有遗址6处。这是饮马河流域遗址群组。山岭的东侧即为孟克河流域,有一条支流就源于城子山的东南山涧,向东北流去汇入孟克河。在城子山与鸭鸡山间有4群。这六群均环绕城子山,构成一独立的群组。

城子山西约10千米处便是饮马河川。环绕河之上下约11千米范围内有7群,组成一群组。其中,最南端西侧张家水泉群(E14)的制高点为嘎拉登山,有19处遗址。最北面为乌兰召水库的遗址群(E20),有遗址5处。最多的萨力巴群(E18)有遗址18处。

城子山向东约11千米为孟克河川,相对应的遗址群有6群,最大一群为辽代降圣州所在地——五十家子大南营子至北二十家子群(D36-1),共有遗址9处。其他5群较小,各3~6处遗址。这六群构成相对独立的群组。

横向观察城子山群组与东、西两侧河群组,虽相距较远,但构成一定的呼应关系。它们相对独立,自成一体,但又相互平行排列,每一群组南北距离相当(图一七)。

老哈河右岸遗址群中每一处遗址的面积均较小,超过1万平方米的不多。多为台地型,筑有土筑围墙。

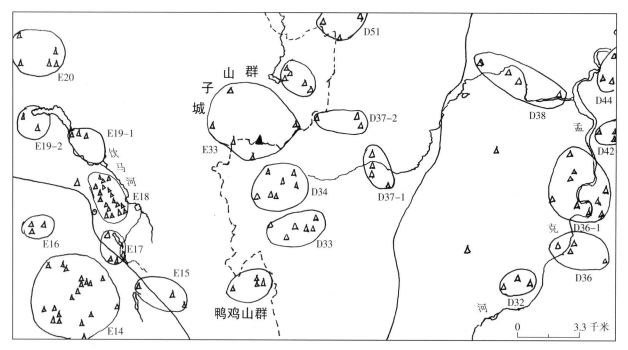

图一七　城子山夏家店下层文化山城遗址群及周围遗址群分布示意图

六 小结

敖汉旗所分布的夏家店下层文化遗址以上按河流流域划分为五区，应是五个较大的、以河流为纽带的大的社会团体。在每一团体中又分有若干群组，便是低于这一流域的第二级团体，第二级团体又分为中心群组与依附群组，在这一级团体中发挥着不同的作用。再往下便是一个相对独立的小团体，即以一大几小为特点的遗址群。群体的每一处遗址，即是同一群中的最基层的社会单位。各处遗址的社会职能应有所区别。中心遗址应是同一群中具有管控权力的遗址，一般设有较坚厚的围墙和较宽的环壕。环绕中心遗址的遗址，虽也多设围墙，但自是出于自身的安全考虑。不设围墙的，则处于被管控的地位，应是与生产劳作有关的基层团体，如负责保卫、制作城内居民生活所需或专门祭祀而烧制大批量的陶器等职责。

现在要思考的是高山型遗址与台地型遗址的关系。牤牛河区的大甸子群与佛爷岭石匠沟群、岱王山群、大东山群等形成更大范围的群组，这一较为独立的社会集团与其南的王家营子河群组构成了南北呼应的两大二级集团，这就形成以分水岭为界限的集团分隔。但是分水岭上这些制高点的山城群组又承担什么样的社会功能？

一条河流域之内往往有为顺河走向并与河道以台地、台塬相连左右的两道分水岭，每道分水岭上又再形成若干个近能俯视周围每一个群或每一处遗址、远能望见另外的制高点的山城。所以，制高点上的遗址是群与群之间可视范围之内的联络点，或另外一种形式的纽带。

夏家店下层文化遗址立体分布的用意不会是为了居住，而是完全从防御角度去考察和设计，使山前山后、这条河和那条河均形成一个统一的社会整体，使其群体在最短的时间内能完成统一的行动，或通过各制高点观察远方强群的重要行动。

敖汉旗境内夏家店下层文化遗址分布密度最大的是浅山丘陵区，即第二级阶梯台面上，大甸子、城子山两处大遗址均分布于这一区域。如果以敖汉旗的遗址分出等级来，那么城子山超过10万平方米，属于第一级；第二级超过5万平方米，也仅有大甸子；第三级1万~5万平方米，多是各群组的中心遗址；1万平方米以下的为一般性遗址。

迄今为止，尚未见有超过城子山的山城遗址，也尚未见有超过大甸子的台地型遗址。这两处遗址都显示出其修筑工程浩大，没有"国家"的力量很难完成。

族群认同背景下的辽西含东北系铜剑晚期遗存初步考察

华玉冰　苏　哲　于佳灵

（辽宁大学历史学院　辽宁省红山文化遗产研究重点实验室）

在对早期遗存[①]进行初步研究的基础上，本文重点考察辽西地区含东北系铜剑晚期遗存，即：夏家店上层文化衰落之后，在辽西地区新兴的，与早期"和尚沟类型""十二台营子类型"文化面貌有别者，年代范围大体为春秋晚期至战国晚期（被燕文化全面替代之前）。

在上述时段内，辽西地区呈现出多种考古学文化并存的局面。即使是含东北系铜剑遗存的文化面貌也较为复杂，在这方面虽已有许多研究成果，但诸多问题仍不清楚。

辽宁建昌东大杖子墓地的发现，为探讨诸含东北系铜剑遗存的文化来源、相互关系等问题提供了新的线索，现以该墓地研究为基础，对相关遗存再做讨论如下。

一　东大杖子墓地分期及其阶段性特征

东大杖子墓地规模较大，截止 2012 年计发掘墓葬 47 座，资料已全部发表[②]。

2016、2018 年，张依依、于佳灵分别完成了硕士论文《东大杖子墓地研究》（下简称《研究》）[③] 和《东大杖子墓地葬制初步考察》（下简称《考察》）[④]，其中《考察》最终完善了墓地分期（分为两期，个别墓葬期属较《研究》做了调整，增加了 M40、M47），更加明确了不同期别、类别的墓葬特征。

在上述研究基础上，本文亦将东大杖子墓地分为两期。两期遗存从非燕式陶器的组合、器形等方面看都有所不同，但相关墓葬形制、殉牲特点以及共见东北系铜剑等葬俗一脉相承，表明属同一文化的两个不同的发展阶段。分别简要介绍如下。

（一）第一期遗存

墓葬绝大部分为东西向。以填石墓（墓上封石、穴内填石，有木棺、椁）为主，约占 80%，余为

①　华玉冰：《族群认同背景下的辽西含东北系铜剑早期遗存初步考察》，《庆祝林沄先生八十岁华诞论文集》，待刊。
②　辽宁省文物考古研究所等：《辽宁建昌东大杖子墓地 2000 年发掘简报》，《文物》2015 年第 11 期。成璟瑭等：《辽宁建昌县东大杖子墓地 2001 年发掘简报》，《考古》2014 年第 12 期。万雄飞等：《辽宁建昌县东大杖子墓地 2002 年发掘简报》，《考古》2014 年第 12 期。徐韶钢等：《辽宁建昌东大杖子墓地 2003 年发掘简报》，《边疆考古研究》第 18 辑，科学出版社，2015 年；《辽宁建昌县东大杖子墓地 M40 的发掘》，《考古》2014 年第 12 期。高振海等：《辽宁建昌县东大杖子墓地 M47 的发掘》，《考古》2014 年第 12 期。
③　张依依：《东大杖子墓地研究》，辽宁大学硕士学位论文，2016 年。
④　于佳灵：《东大杖子墓地葬制初步考察》，辽宁大学硕士学位论文，2018 年。

土坑木棺墓。其中填石墓又可分为在木棺椁底部、四周、上部均填石，在木棺椁周边、上部填石和仅在木棺椁上部填石三种情况。比较而言，其随葬品均较为丰富。

据随葬品尤其是陶器组合的变化，本期遗存可分为两段。

第Ⅰ段：以 M23、M25 等为代表。随葬器类较少，陶器组合为斜颈壶、盂，此外还有豆。铜器仅见东北系铜剑、戈等。不见燕式或仿燕式铜、陶礼器（图一）。

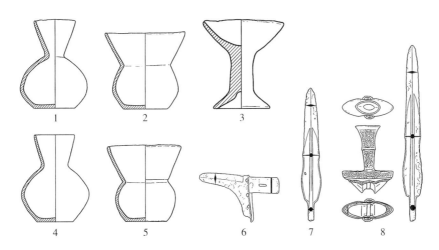

图一　东大杖子墓地一期Ⅰ段典型墓葬随葬器物组合图

1、4. 陶斜颈壶（M23∶1、M25∶1）　2、5. 陶盂（M23∶3、M25∶8）　3. 陶豆（M23∶4）

6. 铜戈（M25∶2）7、8. 铜剑（M23∶2、M25∶3）

第Ⅱ段：以 M4、M5 等为代表。陶器种类增多：其中Ⅰ段流行器物依然存在，但形态略有变化；新见带流弦纹壶、尊、盆、钵等以及燕式仿铜陶壶。新见燕式铜容器敦等，车马器辖、軎等，武器类与前段类别相同，形态有所变化（图二）。

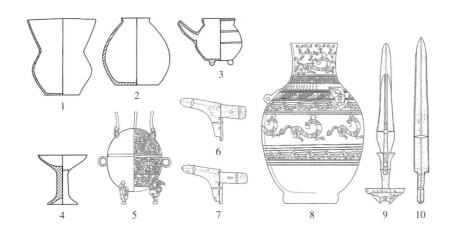

图二　东大杖子墓地一期Ⅱ段典型墓葬随葬器物组合图

1. 陶盂（M5∶22）　2、3、8. 陶壶（M5∶13、M5∶14、M5∶1）　4. 陶豆（M5∶18）　5. 铜敦（M5∶15）

6、7. 铜戈（M5∶24、M5∶11）　9、10. 铜剑（M5∶9、M5∶10）

从墓地布局看，本期墓葬主要分布于墓地的西南部，整体又有从西南向东北部发展的趋势。随葬品较为丰富的墓葬皆处于各阶段所属墓区的中间部位，无随葬品的墓葬围绕在其外围。有殉牲的墓葬主要见于Ⅱ段，包括 M7、M18、M19 等，均为填石墓，相邻分布。殉牲种类有马、牛两种，放置于填土中。

本期墓葬的年代为春秋晚期至战国早期。

（二）第二期遗存

墓向、墓葬类型与第一期相同。土坑木棺墓有所增加，但仍以填石墓为主，约 70% 左右，多仅在木棺椁上部填石。

据随葬品尤其是陶器组合的变化，本期遗存亦可分为两段。

第Ⅰ段：以 M16、M32 等为代表。与第一期相比，陶器组合方面差异显著，以具本地特点的高领敞口罐、直领壶为主，少见具燕文化因素的陶器；燕式或仿燕式铜器数量增多，种类有鼎、豆、敦、壶等。兵器中新见胡部有 4 个子刺的戈。车马器种类与前期同，辖軎形态稍有变化（图三）。

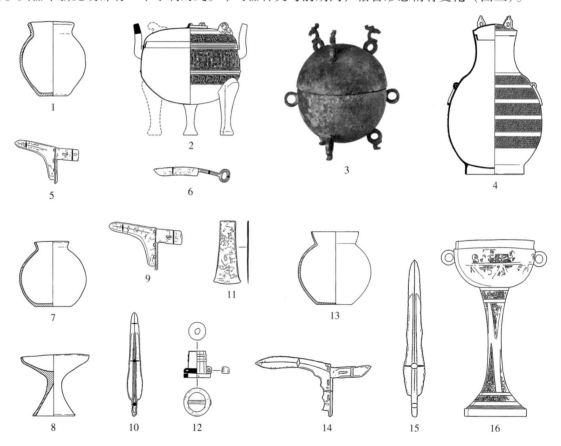

图三　东大杖子墓地二期Ⅰ段典型墓葬随葬器物组合图

1、7、13. 陶罐（M32∶9、M16∶11、M10∶1）　2. 铜鼎（M32∶27）　3. 铜敦（M32∶23）　4. 铜壶（M32∶25）　5、9、14. 铜戈（M32∶13、M16∶6、M10∶01）　6. 铜环首刀（M32∶12）　8. 陶豆（M16∶23）　10、15. 铜剑（M16∶13、M10∶5）　11. 铜钺（M16∶15）　12. 铜辖軎（M16∶34-1）　16. 铜豆（M10∶8）

第Ⅱ段：可分为两组。

甲组以 M40、M47 这两座大型土坑木棺椁墓为代表。随葬品以燕式仿铜陶礼器为主，均有幔帐类棺外饰物。其中 M40 出有 7 鼎 6 簋 4 盨，M47 则是 5 鼎 4 簋 2 盨。据仲蕾洁研究[①]，M40 在器物组合、

———————————

①　仲蕾洁：《东大杖子 M40 初步研究》，辽宁大学硕士学位论文，2016 年。

同类器物形制等方面与九女台 M16①、东斗城 M29② 等燕墓极为类似。但上述两座墓葬均为东西向，大量殉牲，种类有马、牛、羊、猪、狗等，与燕墓截然有别。燕式陶器皆为仿品，且 M40 所出的灯、壶形豆，M47 所出的牛尊等也不见于燕墓。

乙组以 M20、M45 等填石墓为代表。仿燕式陶器明显增加，如盖豆、盖鼎、盖罐、圈足壶等。具有本地文化因素的陶器仅见高领敞口罐，新见叠沿罐；铜容器数量极少。车马器较上一段变化不大，兵器中新见双胡戈（图四）。

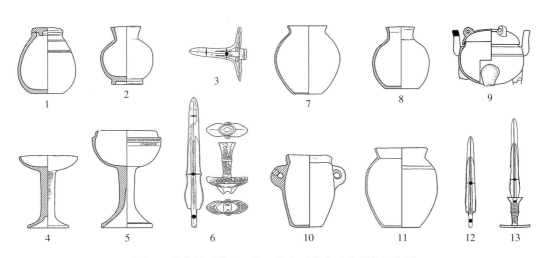

图四　东大杖子墓地二期 Ⅱ 段典型墓葬随葬器物组合图

1. 陶盖罐（M20：4）　　2. 陶壶（M20：1）　　3. 铜戈（M20：6）　　4、5. 陶豆（M20：23、M20：20）　　6、12、13. 铜剑（M20：8、M12：4、M15：3）　　7、8、11. 陶罐（M15：1、M34：5、M44：15）　　9. 陶盖鼎（M15：2）　　10. 陶双耳罐（M12：3）

从墓地布局看，第二期墓葬主要见于墓地的东北部。有殉牲的墓葬明显增多，亦存在殉牲墓葬集中相邻分布现象。除两座大型土坑墓外，有殉牲者均为填石墓。

张依依在《研究》一文中，将本期墓葬的年代定为战国中晚期，相对较为宽泛。

裴炫俊在《东周时期燕文化的扩张与东北地区文化的变迁》（下简称《变迁》）③ 一文中，对东大杖子墓地的 13 座墓葬（均属本文划分的第二期）进行了断代。与《研究》相比较，各墓葬的相对早晚排列顺序基本相同，大的年代框架并不相悖。只是《变迁》将属二期 Ⅰ 段的 M11、M16 的年代定为战国早期，《研究》定为战国中期偏早阶段。考虑到铜礼器使用的滞后性，定为战国早期晚段至战国中期早段较为合理。本期 Ⅱ 段乙组的 M20、M45，两文均定为战国中期晚段。对甲组的 M40，仲蕾洁定为战国中期晚段，《变迁》将 M40、M47 定为战国晚期甚至更晚。综合各种因素考虑，本文以为定为战国中期晚段至晚期早段较为合适。

二　相关含东北系铜剑晚期遗存内涵分析

2010 年，乔梁曾将夏家店上层文化之后、燕文化全面进入之前的辽西地区考古遗存划分为七种文

---

① 河北省文物研究所：《燕下都》（上册），文物出版社，1996 年。
② 河北省文化局文物工作队：《1964～1965 年燕下都墓葬发掘报告》，《考古》1965 年第 11 期。
③ 裴炫俊：《东周时期燕文化的扩张与东北地区文化的变迁》，北京大学博士学位论文，2016 年。

化类型，分别以水泉墓地北区、铁匠沟墓群、五道河子墓群、北山根墓葬、黄家店土城子墓葬、乌兰宝拉格墓群、三官甸墓群为代表。其中后三种类型均见有东北系铜剑，乔梁认为它们之间的差异也较大①。在当时资料的基础上，取得上述认识无疑是很有见地的。

随着新资料的增多，尤其是东大杖子墓地分期研究的深入，上述时段内辽西含东北系铜剑遗存还有重新整合与进一步分析的必要。

现以乔梁的分群研究为基础，结合其未提及的重要考古资料加以分析，以便弄清含东北系铜剑遗存的三种类型其相互关系。

（一）关于"黄家店土城子类型"诸遗存

这类遗存除乔梁提及的两处墓地外，朝阳吴家杖子墓地更具典型性。

1. 典型墓地分析

朝阳吴家杖子墓地②共发掘 17 座墓，分为两种形制。一种为"封石墓"，近东西向，规模较大，均遭破坏，在 I M3 发现牛、狗头骨 8 个个体；另一种为"土坑木棺墓"，皆近东西向。墓地出土陶器 3 件，皆斜颈壶。分别见于 II 区 M1、M4（共存环首铜刀）、M11，皆殉牲，种类有猪、牛、犬，皆葬头骨。II 区其他墓葬的葬俗与上述墓葬相同，随葬品有铜盘口柱脊直刃剑、齿柄刀、环首刀、璜形双孔片、带钩、环、泡饰、镞等，还有骨哨、角镳、贝币、蚌串饰等。发掘者推测墓地的上限年代不会早于战国早期。

综合考察墓地遗存，可以得出如下认识。

（1）总体看，该墓地与东大杖子墓地葬俗相同。

其"封石墓"实际上就是东大杖子墓地的"填石墓"，而"土坑木棺墓"中有的也有填石迹象，如 II M6（原文介绍，据河卵石范围断定其棺的规格）。此外，墓向，殉牲种类、部位，摆放位置等两者皆相同。

（2）墓地出土陶器 3 件，皆为斜颈壶，见于东大杖子墓地早期遗存中。

（3）墓地年代下限可以定为战国早期，上限年代可以早到春秋晚期，主要依据如下。

第一，II M4 与陶壶共出一件铜刀（II M4：1），也见于玉皇庙 M380，定为刀币，据洪猛研究，年代为春秋晚期晚段③。

第二，以侈口、高领、垂鼓腹为典型特征的斜颈壶，少见于辽西地区早期相关遗存中，故学者多认为其来源于辽东。纵观辽东地区青铜时代诸考古遗存，类似的壶见于马城子文化晚期（不晚于西周早期）以及由该文化在本地区发展起来的新城子文化（西周早中期至战国初）、在西流松花江流域发展起来的西团山文化（西周中期至战国）中，但形态均较之有一定的差别。比较而言，与东辽河流域的后太平类型④中的 Aa 型斜颈壶最为接近。而后太平类型中见有较多的新城子文化因素，结合东大杖子墓地早期遗存中见带流的"弦纹壶"等情形综合考虑，梁会丽认为朝阳吴家杖子墓地发现

① 乔梁：《燕文化进入前的辽西》，《内蒙古文物考古》2010 年第 2 期。
② 田立坤：《朝阳吴家杖子墓地发掘简报》，《辽宁考古文集（二）》，科学出版社，2010 年。
③ 洪猛：《玉皇庙文化初步研究》，吉林大学博士学位论文，2014 年。
④ 吉林省文物考古研究所等：《后太平——东辽河下游右岸以青铜时代遗存为主的调查与发掘》，文物出版社，2011 年。

的斜颈壶似该文化因素南行而致①，是有道理的。从相关研究成果看，这类壶的出现年代应不晚于春秋晚期（图五）。

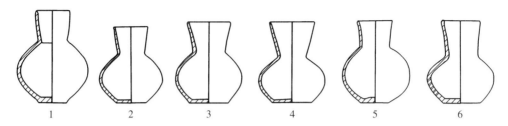

图五　斜颈壶比较图

1. 后太平07SHⅡM15：59　2、5. 郑家洼子M6512：62、M2：3　3、4. 吴家杖子ⅡM4：2、ⅡM1：1　6. 黄家店土城子

第三，吴家杖子墓地ⅡM2出土了一批铜器，其盘口柱脊直刃剑（ⅡM2：1），据朱永刚②推测可能脱胎于銎柄式柱脊剑，以往在建平一带有出土，在凌源五道河子墓地③也有发现，可见其在辽西地区一度较为流行。这类剑最多见于玉皇庙文化，流行年代为春秋中期晚段至战国中期早段。从这柄剑的形态看，年代不晚于战国早期。环首刀（ⅡM2：5），在北方地区春秋战国时期遗存中广为流行，从其刀身较宽、环柄较圆的形态看，年代不晚于战国初，与怀来北辛堡M1：79④最为接近。璜形双孔片，常见于玉皇庙文化，与玉皇庙墓地M174：7最为接近，据洪猛⑤研究，年代为春秋晚期晚段。此外，墓地出土的带钩（ⅡM7：1）与玉皇庙文化（梨树沟门墓地⑥）出土者较为相像，流行年代为战国早期。

2. 其他墓地

兴城马圈子墓地⑦共清理了34座墓葬，均为长方形土坑竖穴墓，无葬具，头向东。仅4座墓葬见随葬品，其中M2见有斜颈壶、环首刀，M3见斜颈壶，其他两座墓葬分别出土砺石和石饰品各1件。发掘者认为该墓葬的年代大体在战国早期，定年偏晚。从其斜颈壶的形态看，与吴杖子墓地、东大杖子墓地早期遗存所出土者完全相同。

喀左县黄家店土城子墓葬⑧为长方形土坑竖穴，头向东，有殉犬的习俗。出土东北系铜剑，伴出青铜戈、车軎、三翼铜镞和泥质颈部较直的垂腹壶及盖壶、弦纹罐等，调查者将该墓的年代判定为战国中期前后，大体无误。

① 梁会丽：《后太平墓地分期研究——以陶器的类型学分析为依据》，《边疆考古研究》第15辑，科学出版社，2014年。
② 朱永刚：《试论我国北方地区銎柄式柱脊短剑》，《文物》1992年第12期。
③ 辽宁省文物考古研究所：《辽宁凌源县五道河子战国墓发掘简报》，《文物》1989年第2期。
④ 河北省文化局文物工作队：《河北怀柔北辛堡战国墓》，《考古》1966年第5期。
⑤ 洪猛：《玉皇庙文化初步研究》，吉林大学博士学位论文，2014年。
⑥ 承德地区文物保护管理所、滦平县文物保护管理所：《河北省滦平县梨树沟门墓群清理发掘简报》，《文物春秋》1994年第2期。
⑦ 辽宁省文物考古研究所等：《兴城马圈子青铜时代遗址发掘报告》，《辽宁省道路建设考古报告集（2003）》，辽宁民族出版社，2004年。
⑧ 省文物普查训练班：《1979年朝阳地区文物普查发掘的主要收获》，《辽宁文物》1980年第1期。又见靳枫毅：《论东北地区含曲刃青铜短剑的文化遗存（上）》，《考古学报》1982年第4期。也见王成生：《辽宁出土铜戈及相关问题的研究》，《辽宁考古文集》，辽宁民族出版社，2003年。

3. 相关认识

上述三处墓地随葬陶器几乎皆为斜颈壶及其变体，表明其文化内涵较为接近；从吴家杖子、兴城马圈子墓地的葬俗及随葬陶器特征看，与东大杖子墓地早期遗存文化内涵相同，黄家店土城子墓葬出土陶器具有东大杖子晚期遗存特征；吴家杖子 M2 出土遗物表明，约在战国早期前后，该类遗存与具有玉皇庙文化因素的遗存共存。

（二）关于"乌兰宝拉格类型"诸遗存

郭治中在《水泉墓地及相关问题之探索》① 一文中认为水泉墓地南区墓葬与乌兰宝拉格墓地关系密切，前者的年代早，后者的年代晚。有一定的道理，再分析如下。

1. 水泉墓地南区墓葬

水泉墓地资料未全部发表，具体情况不详。据郭治中的综合研究可知，墓地北区、南区墓葬葬俗及随葬品既有联系、又有区别，故学术界对整个墓地是否属于同一考古学文化、两区墓葬是同时并存抑或存在年代早晚等都有不同的看法。

以东大杖子墓地考古发现为基础，可以得出几点初步认识。

（1）以水泉墓地北区墓葬为代表的水泉文化遗存，与以东大杖子墓地为代表的遗存属截然不同的两种考古学文化，几乎不见物质层面上的文化联系。

（2）水泉墓地南区墓葬见有东大杖子墓地的文化因素，主要体现在如下几个方面。

其一，出现与北区墓葬不同的少量"砌石墓"，惜未见结构图发表；其二，殉牲置于填土中，种类大体相同，有葬头骨或下颌骨现象；最为重要的是见有东北系铜剑，新出现的泥质陶器多具东大杖子墓地早期同类陶器特点。如数量最多的敞口盉与之完全相同，数量次之的角把罐应为带流壶的变体，钵口罐的形态、壶罐类器物腹饰弦纹的特点等也都可以与东大杖子墓地出土者相联系。

需要说明的是，带流壶还见于姚金沟墓葬②，王立新等认为该墓的年代为春秋早期前后③，王双超定为春秋中期④。东大杖子墓地、水泉南区、喀左老爷庙出土者或许都是出于文化联系、文化交流而不断加以改造的产物（图六）。

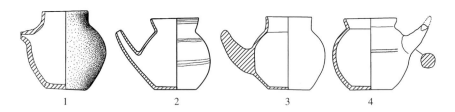

图六　带流壶与角把罐比较图
1、2. 带流壶（81 姚金沟 M1：1、东大杖子 M4：5）　3. 角把罐（老爷庙）　4. 角把罐（水泉南区）

① 郭治中：《水泉墓地及相关问题之探索》，《中国考古学跨世纪的回顾与前瞻》，科学出版社，2000 年。
② 辽宁省文物考古研究所、朝阳市博物馆：《朝阳袁台子——战国西汉遗址和西周至十六国时期墓葬》，文物出版社，2010 年。
③ 付琳、王立新：《朝阳袁台子周代墓葬的再分析》，《北方文物》2012 年第 3 期。
④ 王双超：《袁台子墓地东周时期墓葬研究》，吉林大学硕士学位论文，2016 年。

对敞口盂的来源，郭治中等追溯至喀左后坟①及喀左和尚沟 A 地点（M2∶1）②出土者，但形态过于原始。南沟门墓地③出土的类似品或年代较早，在朝阳袁台子王坟山墓地仅见 1 件④，形态也不甚规整，井沟子⑤出土者应为受此类器物的变体（图七）。

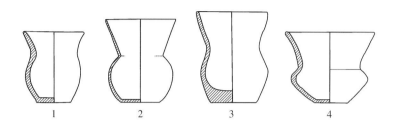

图七　敞口盂比较图
1. 喀左南沟门　2. 水泉南区 M108∶2　3. 袁台子 M50∶1　4. 林西井沟子

（3）水泉墓地南区墓葬具有较多的自身特点，可单独划分为一种文化类型。

从发表的资料看，南、北区墓葬深度不同，有打破关系者皆前者打破后者，且墓向有所不同，属于不同时期的两片墓地的可能性较大。

南区墓葬均以长方形土圹竖穴墓为主，多南北向。殉牲中见牛、猪、狗的蹄骨。随葬陶器以夹砂陶为主，夹砂陶中以叠沿罐最多等特点表明，其与北区墓葬有联系，但北区所见的大量环耳罐不见于南区的现象也值得注意。郭治中认为南区墓葬的下限年代为战国早期至早中期左右，可从。

2. 敖汉乌兰宝拉格墓地

原应有墓葬近百座，遭严重破坏。1993 年调查和清理了部分墓葬，资料已发表⑥。1995 年又进行了小规模的抢救清理，郭治中报道了部分资料⑦。皆土坑竖穴墓，部分有木质葬具，分为东西向和南北向两类，交错分布。部分墓葬有殉牲，放置在填土中，有牛和狗的头骨。从公布的资料看，器形以罐和豆为主，另有盘、盆、匜、鼎等燕式器物。发表 1 件东北系铜剑、2 件铜带钩。发掘者认为此处墓地年代在战国中期前后。

从目前发表的资料看，可得出如下初步认识。

（1）从随葬品看，包括 93ASWM1～M3 等一组墓葬，出土的叠沿罐、鼓腹罐和角把罐等，皆与水泉南区的同类器相同或相似，可归为同一文化类型。所见东北系铜剑、铜带钩、玛瑙环等皆见于东大杖子墓地早期遗存，表明两墓地之间有文化联系。这批墓葬出土具有土著文化特色的矮柄陶豆，与东

①　喀左县文化馆：《记辽宁喀左县后坟村发现的一组陶器》，《考古》1982 年第 1 期。
②　辽宁省文物考古研究所等：《喀左和尚沟墓地》，《辽海文物学刊》1989 年第 2 期。
③　省文物普查训练班：《1979 年朝阳地区文物普查发掘的主要收获》，《辽宁文物》1980 年第 1 期。郭大顺：《试论魏营子类型》，《考古学文化论集（一）》，文物出版社，1987 年。图见于朱永刚：《大、小凌河流域含曲刃短剑遗存的考古学文化及相关问题》，《内蒙古文物考古文集》第二辑，中国大百科全书出版社，1997 年。赵宾福：《中国东北地区夏至战国时期的考古学文化研究》，科学出版社，2009 年。
④　辽宁省文物考古研究所、朝阳市博物馆：《朝阳袁台子——战国西汉遗址和西周至十六国时期墓葬》，文物出版社，2010 年。
⑤　王刚：《林西县井沟子夏家店上层文化墓葬》，《内蒙古文物考古》1998 年第 1 期。
⑥　邵国田：《敖汉旗乌兰宝拉格战国墓地调查》，《内蒙古文物考古》1996 年第 1、2 合刊。
⑦　郭治中：《水泉墓地及相关问题之探索》，《中国考古学跨世纪的回顾与前瞻》，科学出版社，2000 年。

大杖子墓地所见同类陶豆有所不同，两者可能均为受到夏家店上层文化陶豆影响的变体。

（2）包括95ASWM8、M10、M11等一组墓葬，随葬品皆为仿燕式陶礼器。裴炫俊①认为其与燕山以南的燕文化有所不同，并将年代定在战国中期范围内，较为可信。

3. 相关认识

水泉南区墓葬与乌兰宝拉格墓地遗存在文化内涵方面有极为密切的联系。

从新器形出现的年代及特征看，水泉南区墓葬文化内涵的改变，无疑受到了以东大杖子墓地为代表的早期遗存影响。而乌兰宝拉格墓地发现的仿燕文化因素也可认为是东大杖子墓地晚期遗存的持续影响所致。

（三）关于"三官甸类型"

这一类型以凌源三官甸②墓地为代表。发现若干墓葬，1976年基本建设时破坏。据当事人回忆：墓葬皆单身葬，头东脚西。多数墓较小，风化砂石垫底，只葬东北系铜剑或少量铜镞。大型墓2座，四壁用不规则的石块砌成，随葬器物较多。其一出土双蛇衔蛙饰、蛙形饰、蛙形节约等，墓外侧有一陪葬马匹坑；其二出土虎衔兔饰、虎形节约。墓地搜集遗物还有铜鼎、戈、刀、斧、凿等。陶器有一件夹砂红陶壶和鼓风管。调查者将墓地年代定为战国中期。

综合目前的研究成果，对这批资料认识如下。

（1）将墓地的年代定为战国早期至中期前段较为合理。

朱永刚认为，三官甸东北系铜剑形态早于喀左老爷庙出土者，年代在春秋战国之交或战国早期③；对其所出铜鼎，赵少军定为战国早期④，裴炫俊定为战国中期前段⑤；对其所出铜戈，井中伟认为与太原金胜村 M251：649 - 2、M251：726 - 3⑥ 戈比较接近，可定在战国早期⑦。所出铜刀，据吕学明研究，其年代在春秋晚期至战国早期⑧。所出马镳，邵会秋研究也大体在这一年代范围⑨。

（2）从文化内涵看，这类遗存具有自身的特点，暂可作为一个文化类型。

与大体同期的五道河子类型相比，文化内涵有区别，但也有联系（详后）。

与东大杖子墓地同期遗存比较，石构墓葬的形制或有所不同。在所见燕文化因素方面有相同之处，但后者不见各类动物牌饰。从出土陶壶的形态看，也有所不同。

与本地区较早的十二台营子类型相比，一些器物纹饰、使用动物造型的牌饰等特点，有相同之处。但绝大多数器物均为新出现，如：铜带钩、环首铜刀，具有燕式风格的容器、车马器、武器等，且动物形象也有一定的差异。

———————————

① 裴炫俊：《东周时期燕文化的扩张与东北地区文化的变迁》，北京大学博士学位论文，2016年。

② 马云鸿：《辽宁凌源县三官甸青铜短剑墓》，《考古》1985年第2期。

③ 朱永刚：《大、小凌河流域含曲刃短剑遗存的考古学文化及相关问题》，《内蒙古文物考古文集》第二辑，中国大百科全书出版社，1997年。

④ 赵少军：《试论凌河类型的石构墓葬》，《北方文物》2017年第1期。

⑤ 裴炫俊：《东周时期燕文化的扩张与东北地区文化的变迁》，北京大学博士学位论文，2016年。

⑥ 山西省考古研究所等：《太原晋卿墓》，文物出版社，1996年。

⑦ 井中伟：《先秦时期青铜戈·戟研究》，吉林大学博士学位论文，2006年。

⑧ 吕学明：《中国北方地区出土的先秦时期铜刀研究》，科学出版社，2010年。

⑨ 邵会秋：《先秦时期北方地区金属马衔研究》，《边疆考古研究》第3辑，科学出版社，2005年。

（四）其他考古发现

除上述类型外，还有一些零星考古发现，逐一分析如下。

1. 喀左老爷庙青铜短剑墓①

为土坑墓，单人直肢仰身葬，头东脚西。随葬东北系铜剑、戈、带钩、铃、环，陶角把罐、双耳陶壶，滑石圆柱形饰件等。

老爷庙出土的角把罐与东大杖子墓地所出的带流壶相比较，造型更为类似，从特征看不晚于水泉南区及乌兰宝拉格墓地出土者。共出的双耳壶似为北山根墓葬（原称市政园林处，为"石椁墓"）②同类陶壶的变体。

对老爷庙墓葬的年代，吕军推定在春秋晚期至战国早期③。从上述分析看，较为合适。从陶器所反映的内涵看，与东大杖子、乌兰宝拉格类遗存都有文化联系。

2. 于道沟墓地④

1990年和2004年两次共发现墓葬12座。笔者参与过该墓地发掘并担任报告主要执笔，其中一些认识存在问题，重新讨论如下。

1990M1发现的遗物为同一地点的征集品（建昌县文管所同志现场考察定为窖藏，事后多次询问，确认现场未发现石块，遗迹形态不详），包括豆、罐等陶器，东北系铜剑、中原式直刃剑、双胡戈、镞、刀、斧、凿等铜器以及磨石、耳瑱、绿松石珠等。从同类器物形态看，属东大杖子墓地晚期晚段遗存。

2004年发掘的11座墓葬墓向有所不同。其中近东西向的墓葬共5座，多有棺，随葬品见有铜戈、铜带钩、陶罐、耳瑱等。原认为东北—西南向的M6出土陶双耳罐与"水泉文化"关系较为密切，有误，其立领内缩的形态与有盖器物的特征类似。上述诸墓葬均具有东大杖子墓地晚期遗存特点。

3. 袁台子王坟山墓地⑤

报告编写者将王坟山墓地（一般称为袁台子墓地，改为王坟山墓地较为适当，下同）的相关墓葬分为甲、乙、丙、丁、戊5类，大体可从，但对各类墓葬的文化属性与年代判定则存在很大的问题，试分析如下。

发掘者将甲类墓的年代定为西周早中期，属凌河文化。潘玲等认为M122、M123、M126随葬品可见玉皇庙文化的影响，少量青铜器的动物造型还有夏家店下（上？）层文化晚期阶段动物造型的遗风，年代为春秋中期至战国早期⑥，本文表示赞同。同时认为M125和M129的年代为春秋战国之际至战国早期或早中期，过于宽泛。

乙类墓两座，一为袁台子遗址中79M1，一为姚金沟墓葬81姚M1；皆不在王坟山墓地内。

丙类墓，是王坟山北区墓葬中少有的几座东西向墓。有殉牲，种类以猪、犬头骨为主。随葬陶器叠沿罐、单环耳罐、敞口罐等有自身的特点，泥质直口弦纹罐（M2:4）具有东大杖墓地同类器物特

---

① 刘大志、柴贵民：《喀左老爷庙乡青铜短剑墓》，《辽海文物学刊》1993年第2期。

② 傅宗德、陈莉：《辽宁喀左出土战国器物》，《考古》1988年第7期。

③ 吕军：《中国东北系青铜短剑研究》，吉林大学博士学位论文，2006年。

④ 辽宁省文物考古研究所等：《辽宁建昌于道沟战国墓地调查发掘简报》，《辽宁省博物馆馆刊2006》，辽海出版社。

⑤ 辽宁省文物考古研究所、朝阳市博物馆：《朝阳袁台子——战国西汉遗址和西周至十六国时期墓葬》，文物出版社，2010年。

⑥ 潘玲、于子夏：《朝阳袁台子甲类墓葬的年代和文化因素分析》，《北方文物》2013年第1期。

点，与乌兰宝拉格95ASWM8：5形态较为接近。铜器仅见带钩。

丁类墓，少见燕式陶器，墓向、殉牲特点及随葬陶器特征与水泉墓地很接近。

戊类墓，葬俗与丁类墓基本相同，殉牲少见，随葬器物以燕式仿铜陶礼器为主。

综合上述分析，对该墓地墓葬可得出如下初步认识。

墓地南区墓葬（发掘报告以公路为界分东、西区，实际南区、北区间距较远）与北区不同，含较多的玉皇庙文化及郑家洼子类型因素；北区丙类、丁类、戊类墓葬文化因素较为复杂，可单独列为一种文化类型（详后）。

三　辽西含东北系铜剑晚期遗存的类型及与相关文化的关系

辽西地区含东北系铜剑晚期遗存的文化面貌较早期发生了很大的变化，不属于同一考古学文化范畴，即便同为晚期遗存，也可以划分为不同的类型。

综合前文分析，现将含东北系铜剑晚期遗存初步划分为"三官甸""东大杖子""王坟山""乌兰宝拉格"四种。此外，同期辽西地区还有"五道河子类型""燕文化"等，相互间也有文化联系。现就相关问题讨论如下。

（一）三官甸类型及其与五道河子类型的关系

三官甸与五道河子类型有密切的关系，这也是将前者单独划分出来的重要原因之一。

1. 三官甸类型

以前述的凌源三官甸墓地为代表，类似的墓葬和墓地还有如下几处。

喀左南洞沟[①]墓葬，石椁墓，东西向。随葬东北系铜剑，伴出铜簋、戈、刀、鳡鱼形当卢、节约、车軎、衔、节状器、带钩等，此外还有石斧、陶罐。与之类似的陶罐还见于凌源河汤沟M7401[②]，共存东北系铜剑、青铜矛以及另一种肩部带疣状耳的陶罐。此外，喀左南沟门墓地[③]也出土东北系铜剑，共出陶器有黑褐陶罐及绳纹盆等。该墓地规模较大，时间跨度较长，但资料未正式发表，具体情况不详。

上述墓地或墓葬规格较大者为"石椁"墓，也有土坑墓。皆东西向，除三官甸一座墓外见一陪葬马匹坑外，不见殉牲习俗。随葬品中见有具有玉皇庙文化特点的器物，主要为动物形装饰品和车马器；同时具有中原文化因素，包括铜礼器、兵器等；随葬陶器更多具有十二台营子类型特点。

据此，也可将王坟山甲类墓、喀左北山根墓葬纳入该类型的范畴。对北山根墓葬出土的双耳壶，朱永刚认为和内蒙古崞县窑子遗存[④]（春秋晚期至战国早期）及滦平梨树沟门墓地遗存（春秋晚期至战国中期）[⑤]有关[⑥]。该墓葬同出中原式陶鼎，也有具有水泉南区遗存特点的叠沿罐。出土铜器有青铜短剑（未发表图，文字描述较为模糊）、带钩等，可见其文化内涵较为复杂。

① 辽宁省博物馆、朝阳地区博物馆：《辽宁喀左南洞沟石椁墓》，《考古》1977年第6期。
② 靳枫毅：《朝阳地区发现的剑柄端加重器及其相关遗物》，《考古》1983年第2期。
③ 郭大顺：《试论魏营子类型》，《考古学文化论集（一）》，文物出版社，1987年。
④ 魏坚：《凉城崞县窑子墓地》，《考古学报》1989年第1期。
⑤ 承德地区文物保护管理所、滦平县文物保护管理所：《河北省滦平县梨树沟门墓群清理发掘简报》，《文物春秋》1994年第2期。滦平县博物馆：《河北省滦平县梨树沟门山戎墓地清理简报》，《考古与文物》1995年第5期。
⑥ 朱永刚：《大、小凌河流域含曲刃短剑遗存的考古学文化及相关问题》，《内蒙古文物考古文集》第一辑，中国大百科全书出版社，1997年。

该类型流行的年代为春秋晚期至战国中期前段。

2. 五道河子类型

以凌源五道河子墓地①为代表。共清理了 11 座墓葬，除 M5 发掘者称之为砾石石椁墓（与东大杖子墓地的填石墓相同）外，余均为土坑竖穴墓。皆头向西北，墓底铺桦树皮，有使用木棺者，墓底或填土中发现成堆或成排放置的马牙。随葬品皆为铜器，兵器有中原系统的剑、戈，工具有斧、凿和环首刀，装饰品以动物形牌饰比较突出。金器有璜形饰和所谓的牛形牌饰。据中原式铜戈、剑等因素分析，发掘者认为五道河子墓群的年代相当于战国中晚期。

对这类遗存的性质，有研究者认为与玉皇庙文化有关②，杨建华认为应与之相区别③。

3. 几点认识

（1）五道河子墓地的年代有待斟酌，当与三官甸类型的年代相同。

将五道河子墓地的年代定为战国早中期，甚至战国晚期④，主要依据的是 M1 出土的两件铜戈，证据并不充分。其他类器物的年代都在春秋中晚期至战国中期前段之间。

（2）三官甸、五道河子类型表明，该阶段、该区域文化面貌并不单纯。

三官甸、五道河子类型流行年代大体相同，皆为夏家店上层文化消亡之后，地域相同，具有一定的共性文化因素。

在辽西努鲁尔虎山东部地区，玉皇庙文化的因素较多，并非自晚期始见。如，朝阳袁台子王坟山甲类墓中的高领垂腹壶（M122：12）也见于玉皇庙墓地（YYM232：1），甚至规格亦相同。喀左北山根墓葬出土的两件双耳罐和梨树沟门墓葬征集者极为接近；铜兵器中的盘口柱脊直刃剑，在建平一带多有发现，五道河子和吴家杖子ⅡM2 出土者皆接近于梨树沟门墓葬所出。五道河子所出的马形牌饰、金璜形饰、带钩、人形及其他形饰，朝阳吴家杖子ⅡM2 所见的铜璜形饰，朝阳王坟山甲类墓中的各类动物形象的铜扣、牌饰等，皆流行于玉皇庙文化。

据现有研究成果，夏家店上层文化消亡后，诸多文化因素融入到了玉皇庙文化中。那么，是否可以这样推测，上述相关文化因素同时进入努鲁尔虎山以东的南部地区，与含东北系铜剑的三官甸类型保持着密切的关系。

（二）东大杖子类型及其与乌兰宝拉格类型的关系

乌兰宝拉格类型文化面貌的改变，无疑受到了东大杖子类型的影响，但不宜界定为同一文化类型。

1. 东大杖子类型

本文将东大杖子墓地分为两期，以目前的考古发现看，亦可作为东大杖子类遗存的分期。在此基础上，仅就东大杖子类型不同时期的范围、渊源及发展过程，谈一些不成熟的看法。

（1）早期遗存及其文化来源

综合墓葬形制、葬俗、随葬品等诸多因素，可将朝阳吴家杖子、兴城马圈子、喀左老爷庙青铜短

① 辽宁省文物考古研究所：《辽宁凌源县五道河子战国墓发掘简报》，《文物》1989 年第 2 期。
② 靳枫毅等：《山戎文化所含燕文化与中原文化因素之分析》，《考古学报》2001 年第 1 期。
③ 杨建华：《再论玉皇庙文化》，《边疆考古研究》第 2 辑，科学出版社，2004 年。
④ 井中伟：《先秦时期青铜戈·戟研究》，吉林大学博士学位论文，2006 年。

剑墓等纳入东大杖子类型早期范畴，主要见于辽西努鲁尔虎山以东偏南部地区。

从早期遗存随葬品特征看，文化成分较为复杂，不同墓地又有自身的特点。如兴城马圈子、吴家杖子墓地出土陶器仅见斜颈壶（受后太平类型影响），共存铜环首刀；在喀左一带也见有仅出土土著陶豆的遗迹单位；而东大杖子墓地早期遗存除见有上述遗物外，还见盉（可能源于和尚沟类型）类器物、带流弦纹壶（受新城子文化影响）等。需要说明的是，吴家杖子ⅡM2还发现有盘口柱脊直刃剑、泡饰等具有"玉皇庙文化"因素的一批器物。

综合上述分析推测，东大杖子类型是以本地文化为基础，整合吸收多种文化因素形成的。

从填石墓与土坑墓共存这种葬俗看，其主体人群应源于本地，可能与和尚沟类型的某类人群有关。同时，与属玉皇庙文化的某类人群关系也很密切，其线索除见于吴家杖子墓地（墓地为统一规划的整体）外，五道河子墓地M5与东大杖子墓地流行的填石墓几无二致，葫芦沟墓地与遗址①出土陶豆与东大杖子墓地所见者完全相同，葬俗也有类似之处。

此外，与辽东地区新城子文化、后太平类型和中原燕文化都有联系。

水泉南区墓葬大口盉等新文化因素的出现，可视为受该类型影响所致（详后）。值得注意的是，王坟山墓地丙类墓葬皆东西向，分布于墓地北区中部一线，随葬部分陶器具有东大杖子类型风格，不排除人群流动的可能。

（2）晚期遗存及其影响

东大杖子墓地晚期阶段，出现了一批既随葬东北系铜剑（有含金柄者）与土著陶器，又共存大量燕式铜礼器、兵器、车马器的墓葬，还见有长宽近10米、仅随葬燕式仿铜陶礼器、大量殉牲具有"诸侯"级别者的墓葬，表明墓地邻近地区应为具有一定辐射力的政治中心。

但就目前的考古发现看，确属东大杖子类型晚期阶段者，仅有建昌于道沟墓地、喀左土城子墓地等，范围与早期基本相同。

就本类型土著文化因素而言，也仅见于乌兰宝拉格墓地、袁台子王坟山墓地。而就燕文化因素而言，三处墓地皆普遍存在。

2. 乌兰宝拉格类型

据前文分析，乌兰宝拉格类型还包含水泉南区墓葬。

以目前发表的资料看，可将乌兰宝拉格墓地分为两期。早期包括93ASWM1、M2、M3等一组墓葬，晚期包括95ASWM8、M10、M11等一组墓葬。水泉墓地南区墓葬与乌兰宝拉格墓地早期遗存在文化内涵方面有密切的联系。

该类型早期遗存墓向以南北向为主，出土的夹砂陶器以筒腹叠沿罐、折沿鼓腹罐为主，个别见于北区墓葬，但从形态看与王坟山墓地同类器物形态更为接近。泥质陶器以侈口鼓腹罐、大口盉、角把罐最为多见，与东大杖子墓地早期晚段遗存同类器物类似或相同。

该类型晚期遗存中东西向、南北向墓葬混杂分布，早期夹砂类陶器基本不见，斜腹盆、矮领鼓腹罐等与东大杖子墓地晚期遗存同类器物相同。

---

① 北京市文物研究所：《军都山墓地——葫芦沟与西梁坨》，文物出版社，2009年。

3. 初步认识

结合出土遗物及墓向看，乌兰宝拉格类型早期遗存与王坟山类型关系密切。东北系铜剑伴同相关泥质陶器的出现显然是受到了东大杖子早期遗存的影响。晚期遗存中，仅见东大杖子类型的土著陶器，王坟山类型影响较少。

（三）王坟山类型与燕文化的关系

袁台子王坟山墓地丙、丁、戊类墓葬（春秋晚期至战国晚期）的文化因素较为复杂，与东大杖子类型有别，似可单独划分为一种文化类型——王坟山类型，现就相关问题简要加以讨论。.

1. 王坟山墓地丙、丁、戊类墓葬属同一考古学文化

前文已述，王坟山甲类墓见于墓地南区，与三官甸类型有关；乙类墓属十二台营子类型，不在本墓区内。

报告编写者及诸多研究者多将丙、丁、戊类墓葬（春秋晚期至战国晚期）分别定为"凌河文化"和燕文化两种，更多地考虑到了物质文化因素的比重，有讨论的必要。

从墓地北区墓葬布局看，上述三类墓葬混杂分布，但无一例打破关系，除丙类墓外，皆近于南北向。从随葬品看，不乏"凌河文化"与燕文化遗物共存者。打破上述墓葬者，多为汉代墓葬。上述迹象表明，王坟山墓地北区春秋晚期至战国时期墓葬应为同一人群共同体的墓地，期间可能有不同文化的居民迁入（如丙类墓人群），但主体族群并未改变。因而，应将王坟山墓地上述墓葬看作同一考古学文化更为合适。如此，可以打破文化因素的桎梏，更加细微地了解这一族群的分化、重组、认同的动态过程，与燕文化的族群联系以及文化联系。

2. 王坟山类型的来源及与相关文化的关系

王坟山类型墓葬的随葬品以陶器为主，其叠沿罐、单錾耳罐等显然具有"十二台营子—郑家洼子类型"的特点，从出现年代考虑应受本地早期文化影响。同类器物也见于水泉文化及乌兰宝拉格类型早期遗存中，表明上述遗存文化联系密切。而其环耳罐尤其是双环耳罐的文化因素可能与水泉文化有关。而大量的燕式陶器显然取材于燕文化。

从葬俗特点看，王坟山墓地墓葬大体分为东西向与南北向两类。其中南区甲类墓为东西向，汉墓皆南北向；北区丙类墓（可能为间接源于东大杖子类型的人群）近东西向，其他墓葬皆接近于南北向。这种现象表明，墓向与族群有密切的关系。

以目前的考古发现看，含东北系铜剑遗存的墓葬尤其是大墓无一例外的都是近东西向，因而王坟山墓地北区墓葬不见东北系铜剑，恐怕不是等级较低的原因，更可能与人群背景有关。而且，除丙类墓外，其他墓葬不见殉牲，也是这类遗存的最大特点。

从形成后的燕文化墓葬看，绝大部分为南北向。就河北、辽宁地区能确属燕文化的墓葬看，全部亦然，如河北徐水大马各庄春秋墓①、北京怀柔城北东周墓葬②、唐山贾各庄战国墓③、天津东郊张贵

---

① 河北省文物研究所等：《河北徐水大马各庄春秋墓》，《文物》1990 年第 3 期。
② 北京市文物工作队：《北京怀柔城北东周两汉墓葬》，《考古》1962 年第 5 期。
③ 安志敏：《河北省唐山市贾各庄发掘报告》，《考古学报》1953 年第 6 期。

庄战国墓①、辽阳徐往子战国墓②、辽阳新城战国墓③、沈阳热闹街战国墓④、喀左眉眼沟战国墓⑤、锦西台集屯徐家沟战国墓⑥等（部分墓葬遭到破坏，葬制不清，未统计），加之随葬小石板等因素看，不排除其与燕人族群有关。

四　族群认同背景下的辽西东北系铜剑遗存

结合《族群认同背景下的辽西含东北系铜剑早期遗存初步考察》⑦，现对辽西地区含东北系铜剑遗存产生、文化类型及相互关系等认识简要总结如下。

（一）关于东北系铜剑的起源

对东北系铜剑起源于何时、何地，以往有诸多的看法。以现有的发现看，出现于下辽河平原北部地区的可能性最大，可能早至西周初，主要依据如下。

1. 从类型学的角度看，年代较早的剑多分布于新乐上层文化分布区。

新民北崴⑧、抚顺甲帮⑨等遗址及墓葬中出土的东北系铜剑形态最为原始，剑叶前段较短且呈三角形。与之相比，辽西地区较早时期的剑整体多略显细长，见于辽东较早者则多宽肥（图八）。

2. 下辽河北部区与辽西地区相关遗存的特殊联系，是促使这类剑在辽西东部地区迅速流行的重要原因。

东北系铜剑之所以很快遍及辽西努鲁尔虎山以东地区，基于两地区较早时期诸文化间的密切关系，有文化认同基础。从考古发现看，商代晚期至西周初，两地区的文化面貌日近趋同，具体表现为：都具有高台山文化、魏营子文化因素；皆受到周（燕）文化的影响，其中主要分布于大、小凌河流域的魏营子文化与周（燕）文化关系密切，借用杨建华的研究成果，很可能是与琉璃河遥相呼应的一个据点，与北方广大地区如周原和灵石等地的文化有联系⑩；沈阳老虎冲遗址的特殊"灰坑"所见青膏泥、木椁等因素也是明证；更值得注意的是，都是"北方青铜器遗存"（抄道沟类型）的波及地带。

3. 东北系铜剑广布辽东，则伴随着文化突变。

商末以来，新乐上层文化与马城子文化关系密切，有学者甚至将其归为同一考古学文化。周初，与新乐上层文化密切相关的老虎冲类型、由马城子文化发展而来的新城子文化融为一体，并迅速扩展至辽东地区。与之形成鲜明对比的是，盛极一时的双砣子三期文化衰落，许多遗址毁于大火。新见双砣子遗址土坑墓⑪、普兰店双房盖石石棺墓⑫等含青铜短剑遗存。

---

① 天津市文物组、天津市历史博物馆：《天津东郊发现战国墓简报》，《文物参考资料》1957 年第 3 期。云希正、韩嘉谷：《天津东郊张贵庄战国墓第二次发掘》，《考古》1965 年第 2 期。
② 邹宝库等：《辽宁辽阳市徐往子战国墓》，《考古》2017 年第 8 期。
③ 李庆发：《辽阳市新城战国墓》，《中国考古学年鉴》，文物出版社，1984 年。穆启文：《辽阳新城战国墓发现与研究》，《辽宁省博物馆馆刊 2009》，辽海出版社。
④ 金殿士：《沈阳市南市区发现战国墓》，《文物》1959 年第 4 期。沈阳市文物管理办公室：《沈阳市文物志》，沈阳出版社，1993 年。
⑤ 朝阳地区博物馆、喀左县文化馆：《辽宁喀左大城子眉眼沟战国墓》，《考古》1985 年第 1 期。
⑥ 锦州市博物馆：《辽宁锦西县台集屯徐家沟战国墓》，《考古》1983 年第 11 期。
⑦ 华玉冰：《族群认同背景下的辽西含东北系铜剑早期遗存初步考察》，《庆祝林沄先生八十岁华诞论文集》，待刊。
⑧ 沈阳市文物考古研究所 2017 年发掘资料，资料未发表，见于相关媒体报道，照片为李树义先生提供，特此致谢。
⑨ 徐家国：《辽宁抚顺市甲帮发现石棺墓》，《文物》1983 年第 5 期。
⑩ 杨建华：《燕山南北商周之际青铜器遗存的分群研究》，《考古学报》2002 年第 2 期。
⑪ 中国社会科学院考古研究所：《双砣子与岗上——辽东史前文化的发现与研究》，科学出版社，1996 年。
⑫ 许明纲、许玉林：《新金双房石棚和石盖石棺墓》，《辽宁文物》1980 年第 1 期；《辽宁新金双房石盖石棺墓》，《考古》1983 年第 4 期。许玉林、许明纲：《新金双房石棚和石盖石棺墓》，《文物资料丛刊 7》，文物出版社，1983 年。

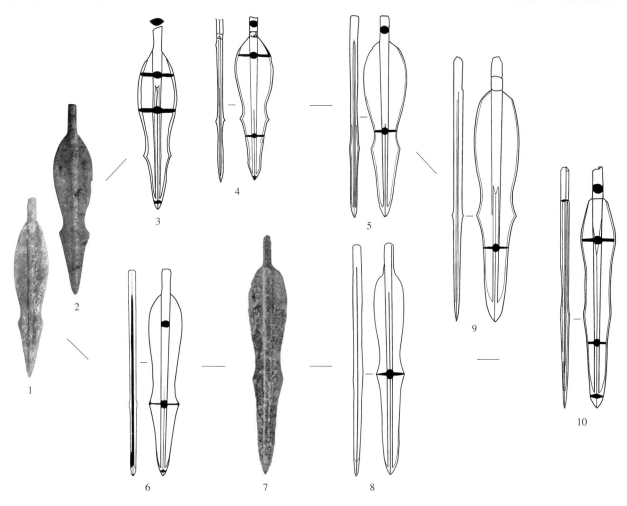

图八　东北系铜剑演变示意图

1. 沈阳北崴　2. 抚顺甲帮　3. 永吉星星哨　4. 清原门脸　5. 大连双坨子　6. 朝阳广富营子　7. 宁城南山根　8. 喀左和尚沟
9. 朝阳十二台营子　10. 沈阳郑家洼子

4. 东北系铜剑可能属于某种社会共同体的标识物。

从东北系铜剑的构造看，一直采用分体、组装的形式，适于立置而不利于作为兵器使用，犹如同期中原地区的各类礼器，很可能是既体现某种社会关系又代表某种精神信仰的精心创造物。夏家店上层文化中见有连铸的仿东北系铜剑的现象表明，这种器物所体现的核心价值与其属于某类族群无干。

上述辽西、下辽河平原、辽东地区文化格局的改变以及东北系铜剑的出现，背后一定隐含有重大的历史事件。结合文献记载推测，可能与箕氏占据辽东、朝鲜有关，其中辽西是其后方。或许喀左一带青铜礼器、北方系铜器窖藏均与这一事件有联系。

（二）辽西含东北系铜剑的文化类型及发展演变过程

考古学文化研究的一个基本层次就是试图将其与某一特定族群相联系，而将辽西地区所有含东北系铜剑遗存定为一种考古学文化，显然不能实现这一目的。

在早期遗存[①]初步研究的基础上，本文将辽西地区所有含东北系铜剑的遗存初步划分为五种类型。

① 华玉冰：《族群认同背景下的辽西含东北系铜剑早期遗存初步考察》，《庆祝林沄先生八十岁华诞论文集》，待刊。

族群也不单纯，而且是不断分化与重组的结果，与政治共同体、族群共同体密切相关。现分期归纳总结如下。

1. 西周至春秋早中期——"和尚沟类型"

这一时期，辽西东部区的含东北系铜剑遗存为"和尚沟类型"。这一类型的出现，与早期辽西、下辽河平原北部区相关族群具有文化认同基础密切相关。

此时，辽西西部区为强势的夏家店上层文化。从葬俗及随葬品特征看，至少包含来自三个不同区域的人群。其主体显贵人群来自于西拉木伦河流域，最早吸收了大量新兴的北方文化因素，并对其他相关人群施加影响；其次为生存于老哈河流域、大小凌河流域的土著居民，地位次之，既有独立的分布区，又有与其他居民混居者；此外，还有来自于松嫩平原者，主要见于夏家店上层文化核心区北部。

据分析可知，以物质文化相似性而确定的夏家店上层文化人群构成较为复杂。从西周中期以后，来自松嫩平原的西部人群依然延续、本地人群文化兴起的情况看，夏家店上层文化所代表的并非是一个新的族群，可能更具有方国联盟的意味。

因之，将其整体看作是"山戎"，或许不完全确切。按照齐桓公伐山戎的时间推算，春秋早中期明显衰落的是其最显贵的人群，文献记载损失最惨重的还有"令支""孤竹"。

2. 春秋中晚期——"十二台营子类型"

约春秋早期，下辽河平原区的文化因素进入（亦可称之为回流）辽西。随着辽西强大政治势力的削弱，与本地文化因素相结合，迅速形成了十二台营子—郑家洼子一类遗存，流行年代为春秋中晚期。春秋晚期以后，该类型因素主要见于辽东，主要遗物如多纽铜镜等在辽西基本不见。

3. 春秋晚期至战国中期前段——三官甸类型

三官甸类型与早期本地含东北系铜剑遗存——"和尚沟类型"的相同之处在于高等级墓葬形制，但整体文化面貌则有了较大的变化。与"十二台营子—郑家洼子类型"相比较，出土陶器方面也有一定的相似性，如王坟山甲类墓 M129：8 的叠沿罐形态、M123：13 壶体遍饰弦纹的特点等。上述遗存的关系不明，故暂单列一种文化类型，更可能是前者的延续。

4. 春秋晚期至战国晚期——东大杖子类型、乌兰宝拉格类型

东大杖子类型与乌兰宝拉格类型在墓葬形制、殉牲习俗、土著陶器特点等方面有相似之处，但差异更大。从分布地域、文化来源等方面看皆有别，故定为不同的文化类型。其中后者受到了前者的影响。

王坟山类型是否属东北系铜剑遗存尚有疑问，但无疑与之具有文化联系。

（三）余论

试图将历史时期考古学文化（或类型）与族属联系起来，是考古学研究的一个重要目标。

从极少且不能肯定是否确切的文献资料看，辽西地区两周时期的"民族"与"方国"都不止一个，因此将努鲁尔虎山以东这一广大区域内的所有考古遗存定为一种考古学文化，显然不能达到这一目的。即使从考古学文化研究的角度看，也只是具有"文化区"的意味。

将辽西含东北系铜剑遗存划分为五种文化类型，并非是严格按照考古学文化的标准进行的界定，

而是考虑到了政治共同体的变化。这是因为，构成同一考古学文化的原因有多种，历史时期国家或某种政治共同体的影响尤为关键。如，燕文化的形成就是周人、商人、张家园上层文化居民在周封地范围内经长期融合的产物。随着其疆域的不断扩展，部分土著居民还在不断融入，在初始时期保持更多的自身文化特点，而后逐渐趋向一致，战国列国文化都经历了同样的过程。汉朝建立后，所在区域文化几乎完全统一，也是很好的例证。但不容忽视的是族群认同背景。

在此，本文就标题"族群认同"这一概念谈一点初步理解。一般认为，族群认同的产生，是国家形成过程中的一个普遍特征，更与殖民扩张存在密切关系。族群认同是人们与不同起源和认同的人们之间互动中的产物，既可以是自己选择的，也可以是强加的。构成族群有两大元素，一是血统，另一是文化。单凭血统而产生的族群认同是不完善、不牢固的，对于强化族群或国家的凝聚力，也不能产生持久的、可靠的作用。

从辽西含东北系铜剑的诸遗存看，和尚沟类型与魏营子文化有关，就葬俗观察，或许其主体族群未变，故有学者将两类型定为同一考古学文化。但政治共同体发生了变化，魏营子文化时期与燕文化的政治、血缘联系被隔断，受到了夏家店上层文化主体族群的影响或控制，各族群上层间有密切的文化联系，故有学者将其归属为夏家店上层文化。

十二台营子类型、三官甸类型的出现，或可表明是前期相关族群分化的产物：部分族群与下辽河平原北部区的老虎冲—郑家洼子类型融合；部分则与夏家店上层文化密切相关的五道河子类型保持密切的文化联系，不可否认的是，后者与燕文化的关系也很密切。

东大杖子类型、王坟山类型晚期阶段，对燕文化高度认同。不排除后者与燕的某一族群有血缘联系，在文化上，三者则有悠久的记忆积淀。乌兰宝拉格类型的出现，有更多的强加成分。结合燕文化进入辽东的过程看，郑家洼子类型是先导。本溪上堡墓地①的考古发现表明，燕文化与郑家洼子文化因素仍同时存在。

《史记·匈奴列传》："燕有贤将秦开，为质于胡，胡甚信之，归而袭破走东胡，东胡却千余里……燕亦筑长城，自造阳至襄平，置上谷、渔阳、右北平、辽西、辽东郡以拒胡。"

含东北系铜剑遗存不属于"胡"，已是学界共识。从目前的考古发现看，燕文化在战国中期已影响至辽西，置五郡筑长城只是固土，而非拓疆行为，含东北系铜剑遗存的某些族群已不属于"非我族类"的范畴。燕"逐朝鲜侯"，也只是将含东北系铜剑遗存中的高层集团赶走而已。

[附记]

郭大顺、林沄两位先生是同学，皆为东北系铜剑研究领域最有成就者。将两篇具有密切关系的论文分别献给教导我成长的两位恩师，权作汇报，恭祝两位先生八十岁华诞。

本研究得到国家社会科学研究基金重大项目"东大杖子墓地及相关遗址勘探、发掘资料的整理与研究"（12&ZD193）的资助。感谢学生范佳微为本文使用文献进行校对并配图。

---

① 魏海波、梁志龙：《辽宁本溪县上堡青铜短剑墓》，《文物》1998年第6期。

试论双房文化的类型划分

刘兆霖　徐昭峰

（辽宁师范大学历史文化旅游学院）

双房文化，又名"双房遗存"或"双房类型"①。双房遗存是以辽宁省大连市新金县双房遗址发现的石棚墓、大石盖石棺墓为代表的考古学文化遗存。赵宾福经过系统论述，将此类遗存命名为"双房文化"②。王巍指出，双房遗存的分布范围是一个动态的发展过程，最早出现在辽东半岛南部，之后逐渐向北、向东扩展。至西周晚期，已遍布辽东地区，到春秋与战国相交之际或稍晚，双房遗存衰亡。双房遗存应是双砣子三期文化与庙后山文化（马城子文化）相互碰撞而形成的一个新的考古学文化遗存，对应的可能是貊族的遗存③。赵宾福通过对双房文化中的陶器以及青铜器进行分析，进一步将双房文化分为三期；在属于双房文化第一期的 33 种陶器当中，有 18 种陶器可以在双砣子三期文化晚期陶器中找到各自渊源，有 9 种与马城子文化晚期同类陶器存在明显承袭关系④。吴世恩分别探讨了双房文化的分期和源流问题，将双房文化分为三期，早期年代约在西周中期到晚期，中期年代约在春秋早期到春秋中期，晚期年代约在春秋晚期到战国前期。他认为双房文化应源于庙后山文化（马城子文化），而衰落原因是来自辽西地区的一股强大北方青铜文化进入了辽东半岛，导致双房文化陡然衰退⑤。

一　分布范围和类型划分

（一）分布范围

关于双房文化的分布范围，有学者认为其北抵辽宁抚顺、清原一带，西达下辽河东岸的辽阳左近，南到辽东半岛南部，东达鸭绿江下游左岸的朝鲜西北部⑥。

---

① 朱永刚：《东北青铜文化的发展阶段与文化区系》，《考古学报》1998 年第 2 期。王巍：《双房遗存研究》，《庆祝张忠培先生七十岁论文集》，科学出版社，2004 年。
② 赵宾福：《中国东北地区夏至战国时期的考古学文化研究》，科学出版社，2009 年。
③ 王巍：《双房遗存研究》，《庆祝张忠培先生七十岁论文集》，科学出版社，2004 年。
④ 赵宾福：《中国东北地区夏至战国时期的考古学文化研究》，科学出版社，2009 年，第 158～193 页。
⑤ 吴世恩：《关于双房文化的两个问题》，《北方文物》2004 年第 2 期。
⑥ 王巍：《双房遗存研究》，《庆祝张忠培先生七十岁论文集》，科学出版社，2004 年。

有学者认为在辽东地区青铜时代中、晚期存在四种类型遗存——双房类型、新城子类型、尹家村类型和东山类型①。根据该文的分布图可以看出，双房类型大致分布于辽东半岛；新城子类型大致分布于本溪太子河附近；尹家村类型大致分布于大连旅顺口区；东山类型大致分布于丹东附近，鸭绿江西北。综合以上可以看出，这四种类型的大致范围在太子河流域以南、鸭绿江西北部的整个辽东半岛地区。

我们将属于双房文化墓葬点、遗址点标注于地图上，可以更直观地看出双房文化的分布范围（图一）。双房文化最北可达到法库—西丰地区，最西到达辽河以东沿岸，最南到达辽东半岛黄海北岸，最东到达鸭绿江附近。

（二）类型划分

关于双房文化区域类型的研究仅有少数学者进行讨论，且没有定论，我们主要通过对各区域墓葬类型、墓葬中的器物组合变化、各区域间存在的空间隔断等特征，来分析其区域类型。如图一，我们可以看出，这些墓葬点与遗址点多数分布在江河附近，且较为密集。其一是辽东半岛，墓葬及遗址有一部分分布在长海县广鹿岛上，一部分在旅顺口区左近，一部分在碧流河流域，一部分在丹东地区的太洋河、瑷河附近，墓葬形制丰富，包括石棚墓、大石盖墓、石棺墓以及土坑竖穴墓。其二是太子河流域，不见遗址，墓葬主要分布在本溪市及辽阳市附近，墓葬形制包括石棺墓、土坑竖穴墓。其三是浑河流域，墓葬主要分布在沈阳、抚顺以及清原一带，墓葬形制主要包括石棺墓、土坑竖穴墓；遗址主要分布在沈阳附近。其四是法库—西丰一线，遗址、墓葬主要分布在西丰、法库两市附近，墓葬形制均为石棺墓。

根据以上分布来看，石棺墓是双房文化最为流行的墓葬。辽东半岛的双房文化墓葬种类较多，石棚墓、大石盖墓应为该区特有的墓葬；太子河流域和浑河流域均流行石棺墓和土坑竖穴墓；法库—西丰地区仅有石棺墓。故从墓葬形制上来看，辽东半岛、太子河流域和浑河流域、法库—西丰地区均存在不同，均拥有各自的特点。

从器物组合上来看，辽东半岛主要器物组合包括无耳壶、横耳壶、竖耳壶、叠唇罐、无耳罐、豆、青铜剑、青铜斧，太子河流域主要器物组合包括无耳壶、横耳壶、无耳罐、青铜剑、青铜斧，浑河流域主要器物组合包括无耳壶、横耳壶、无耳罐、竖耳罐、青铜剑、青铜矛、青铜斧，法库—西丰地区的主要器物组合包括无耳壶、横耳壶、青铜剑、青铜斧。以上四个地区均出现了无耳壶、横耳壶、青铜剑以及青铜斧。故我们认为无耳壶、横耳壶、青铜剑、青铜矛应为双房文化基本器物组合，典型器物组合则为无耳壶、横耳壶、无耳罐、青铜剑、青铜斧。

辽东半岛出现的叠唇罐、竖耳壶、豆，在其他三个地区均未见到。豆是小珠山三期文化时期从山东地区输入辽东半岛的，自此后至双房文化时期均存在该器类，说明辽东半岛的双房文化拥有明显的地域特点。太子河流域不见竖耳壶、叠唇罐以及豆，浑河流域出现了新器形竖耳罐、青铜矛，说明三个区域内的双房文化均存在一定差异。法库—西丰地区为双房文化最北端，出土器形十分单调，即使与临近的浑河流域也存在一定的差异。

以上四个地区各有特点：辽东半岛的大石盖墓、石棚墓等墓葬形制是其他地区不见的，叠唇罐、

① 华玉冰、王来柱：《新城文化初步研究——兼谈与辽东地区相关考古遗存的关系》，《考古》2011年第6期。

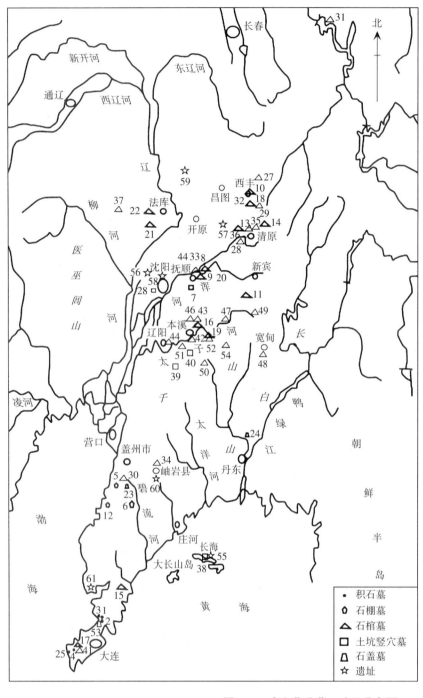

1.岗上 M2、M7、M12~M14、M16、M19　2.楼上 M5、M6　3.营城子黄咀子　4.旅大小潘家村　5.伙家窝堡1号　6.双房2号石棚墓、M6　7.抚顺塔峪乡　8.抚顺大甲邦　9.抚顺八宝沟 M6　10.西丰消防队　11.本溪龙头山　12.瓦房店铧铜矿石棚墓　13.清原李家卜　14.清原门脸　15.金州赵王村　16.本溪梁家村 M1、M2　17.旅顺蒋家村M1　18.西丰和隆皁丰屯　19.本溪通江峪　20.抚顺小青岛 M5　21.法库石硷子 M1　22.法库黄花山 M1　23.碧流河 M16、M23、M15　24.凤城东山 M6、M4、M5、M10、M1、M9、西山 M1　25.卧龙泉　26.郑家洼子M6512、M659　27.西丰金山屯　28.清原斗虎屯　29.西丰诚信村　30.新金王屯M1~M3　31.辽源腰岭子　32.西丰和隆忠厚屯　33.大伙房1956年1号　34.岫岩县西房身　35.清原土口子中学　36.清原夏家卜马家店　37.法库长条山 M4、M5、M9　38.上马石 M2~M4　39.辽阳亮甲山 M1、M3、M5　40.本溪南芬火车站　41.尹家村M12　42.辽阳二道河子1号　43.本溪上堡 M1~M4　44.辽阳接官厅 M11　45.抚顺祝家沟 M2~M4　46.本溪沙窝　47.本溪刘家哨　48.宽甸赵家堡　49.抚顺马架子　50.凤城小陈家　51.本溪北台　52.本溪虎沟　53.旅顺后牧城驿 M1、M3　54.本溪新城子墓地　55.上马石ⅠT1②、ⅡT1②、ⅠT6②　56.沈阳新民公主屯后山 F1　57.开原李家台　58.郑家洼子 T7　59.铁岭昌图翟家村　60.岫岩真武庙 B 区　61.大连瓦房店魏山

图一　双房文化墓葬、遗址分布图

竖耳壶、豆等器类也是其他地区不见的；太子河流域主要流行石棺墓，横耳壶为其最为典型的陶器，辽东半岛双房文化早期不见横耳壶，中期才见到，故推测辽东半岛的横耳壶应源于太子河流域；浑河流域墓葬流行石棺墓和土坑竖穴墓，但出现了新器类鋬耳罐和青铜矛；法库—西丰地区仅流行石棺墓，器类较为简单。

根据以上分析，辽东半岛、太子河流域、浑河流域、法库—西丰地区四个地区分布地域有别，其墓葬形制、器物组合均有一定差异，故可将双房文化划分为四个地方类型，分别暂定名为双房文化辽东半岛类型、太子河类型、浑河类型和西丰—法库类型。

遗址的发现情况也支持上述墓葬的类型划分。

双房文化的遗址主要有大连瓦房店巍山遗址①、长海县上马石上层、新民公主屯后山 F1、开原李家台、尹家村、郑家洼子、铁岭昌图翟家村、岫岩真武庙 B 区等。

辽东半岛区的遗址出土器物主要有壶、罐、豆、碗、尊形器、甗等陶器，有斧、刀、锛等石器，有骨镞、鱼钩、锥、凿等骨器以及网坠；太子河流域不见遗址；浑河流域遗址出土器物有罐、钵等陶器，有石斧等石器以及纺轮和网坠；法库—西丰地区遗址出土器物有罐、壶、钵、碗、豆等陶器，有青铜镞、剑等铜器以及铁镰和骨镞等。

双房文化的遗址目前在辽东半岛地区发现最多，浑河流域、法库—西丰地区亦有发现，虽然遗址内出土器物不同，但同样都以生活器具为主。其中辽东半岛地区临海，所以出现了大量捕鱼工具，其他地区则少见。在法库—西丰地区发现早期铁器，说明该地区受到来自具有中原文化因素的燕文化影响。

双房文化青铜剑、斧、矛以及镞、刀等武器的出现，不仅说明当时人类社会文明迅速发展，青铜器广为使用，还说明当时的武装冲突频繁和战争的常态化，正和东周时期天下大势相一致。

关于双房文化的分期问题。王巍将双房文化分为两期：一期相当于西周时期，二期相当于春秋时期②。赵宾福分别以陶器和青铜器为视角，其中陶器主要包括壶、罐、豆三类，青铜器包括剑、斧、矛三类，将双房文化分为三期：早期遗存以岗上墓地、碧流河石棺墓、双房 2 号石棚墓、凤城东山石棺墓等为代表，年代相当于西周时期；中期遗存以公主屯后山遗址、郑家洼子 M6512、抚顺针织厂、旅大卧龙泉等为代表，年代相当于春秋时期；晚期遗存以大连尹家村、辽阳亮甲山、双房 M6、抚顺祝家沟等为代表，年代相当于战国时期③。朱永刚将陶壶分为三期，早期年代可以早到西周中期，中期年代定为西周晚期至春秋早期，晚期年代推定在春秋中期或偏晚④。吴世恩将双房文化分为三期，早期年代约在西周中期到晚期，中期年代约在春秋早期到春秋中期，晚期年代约在春秋晚期到战国前期⑤。我们赞同赵宾福的分期观点。

二　墓葬形制及器物组合的演变

（一）各类型的早晚演变

根据考古资料，分别对不同类型早、中、晚三期的墓葬形制（图二至图四）以及出土器物组合的演变归纳如下：

1. 辽东半岛类型

（1）墓葬形制

早期：积石墓、石棺墓、石棚墓、大石盖墓；

中期：积石墓、石棺墓、大石盖墓、土坑竖穴墓；

晚期：石棺墓、大石盖墓、土坑竖穴墓。

---

① 王珬：《辽宁省瓦房店市谢屯乡青铜时代遗址调查》，《北方文物》1992 年第 1 期。
② 王巍：《双房遗存研究》，《庆祝张忠培先生七十岁论文集》，科学出版社，2004 年。
③ 赵宾福：《中国东北地区夏至战国时期的考古学文化研究》，科学出版社，2009 年，第 158～193 页。
④ 朱永刚：《辽东地区双房式陶壶研究》，《华夏考古》2008 年第 2 期。
⑤ 吴世恩：《关于双房文化的两个问题》，《北方文物》2004 年第 2 期。

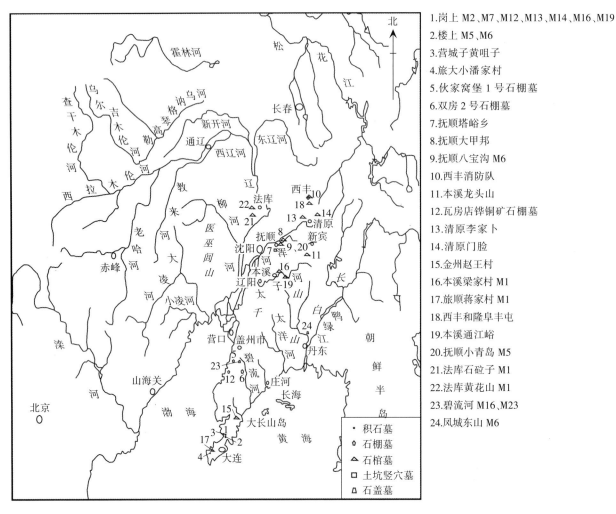

1.岗上 M2、M7、M12、M13、M14、M16、M19
2.楼上 M5、M6
3.营城子黄咀子
4.旅大小潘家村
5.伙家窝堡 1 号石棚墓
6.双房 2 号石棚墓
7.抚顺塔峪乡
8.抚顺大甲邦
9.抚顺八宝沟 M6
10.西丰消防队
11.本溪龙头山
12.瓦房店铧铜矿石棚墓
13.清原李家卜
14.清原门脸
15.金州赵王村
16.本溪梁家村 M1
17.旅顺蒋家村 M1
18.西丰和隆阜丰屯
19.本溪通江峪
20.抚顺小青岛 M5
21.法库石砬子 M1
22.法库黄花山 M1
23.碧流河 M16、M23
24.凤城东山 M6

图二　双房文化早期墓葬分布图

（2）器物组合（表一）

早期为无耳壶、竖耳壶、叠唇罐、无耳罐、豆以及青铜剑、斧组合；

中期为无耳壶、横耳壶、竖耳壶、叠唇罐、无耳罐以及青铜剑组合；

晚期为无耳壶、横耳壶、竖耳壶、叠唇罐、无耳罐、豆以及青铜剑、斧组合。

根据以上分析可以看出，双房文化辽东半岛类型早期流行的积石墓与石棚墓，在中、晚期逐渐消失；石棺墓和大石盖墓一直流行于该区，且大石盖墓仅出现在辽东半岛与丹东地区，其他类型不见这种墓葬形制；在中、晚期又出现土坑竖穴墓。辽东半岛器物组合中不见青铜矛与錾耳罐，而叠唇罐、竖耳罐和豆则是辽东半岛独有的器形；横耳罐早期不见，中、晚期出现并流行。

表一　辽东半岛类型器物组合表

器类 分期	陶器							青铜器		
	无耳壶	横耳壶	竖耳壶	叠唇罐	无耳罐	錾耳罐	豆	剑	斧	矛
早	√		√	√	√		√	√	√	
中	√	√	√	√	√			√		
晚	√	√	√	√	√		√	√	√	

2. 双房文化太子河类型

（1）墓葬形制

早期：石棺墓；

晚期：土坑竖穴墓、石棺墓。

（2）器物组合（表二）

早期为横耳壶、无耳罐以及青铜剑、斧组合；

晚期为无耳壶、横耳壶、无耳罐以及青铜剑、斧组合。

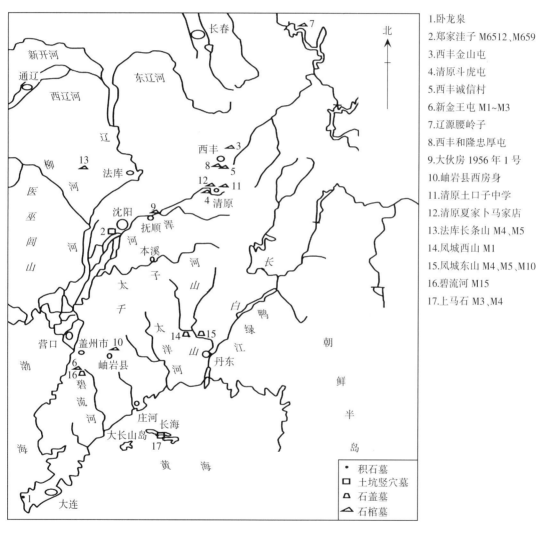

1. 卧龙泉
2. 郑家洼子 M6512、M659
3. 西丰金山屯
4. 清原斗虎屯
5. 西丰诚信村
6. 新金王屯 M1~M3
7. 辽源腰岭子
8. 西丰和隆忠厚屯
9. 大伙房 1956 年 1 号
10. 岫岩县西房身
11. 清原土口子中学
12. 清原夏家卜马家店
13. 法库长条山 M4、M5
14. 凤城西山 M1
15. 凤城东山 M4、M5、M10
16. 碧流河 M15
17. 上马石 M3、M4

图三　双房文化中期墓葬分布图

由于发掘材料有限，并未在双房文化太子河类型发现中期墓葬。根据以上分析可以看出，太子河类型主要流行石棺墓，到晚期才出现土坑竖穴墓。太子河类型的器物组合早期器类仅见横耳壶、无耳罐以及青铜剑、斧，晚期增加无耳壶；其与辽东半岛类型一样不见青铜矛与鋬耳罐，也不见辽东半岛类型的叠唇罐、竖耳罐与豆。

表二　太子河类型器物组合表

器类\分期	陶器							青铜器		
	无耳壶	横耳壶	竖耳壶	叠唇罐	无耳罐	鋬耳罐	豆	剑	斧	矛
早		√			√			√	√	
晚	√	√			√			√	√	

3. 双房文化浑河类型

（1）墓葬形制

早期：土坑竖穴墓、石棺墓；

中期：土坑竖穴墓、石棺墓；

晚期：土坑竖穴墓、石棺墓。

（2）器物组合（表三）

早期为横耳壶和青铜剑组合；

中期为无耳壶、无耳罐、鋬耳罐以及青铜剑、斧、矛组合；

晚期为无耳壶、横耳壶、无耳罐以及青铜剑、矛组合。

表三　浑河类型器物组合表

器类\分期	陶器							青铜器		
	无耳壶	横耳壶	竖耳壶	叠唇罐	无耳罐	鋬耳罐	豆	剑	斧	矛
早		√						√		
中	√				√	√		√	√	√
晚	√	√			√	√		√		√

　　根据以上分析可以看出，浑河类型墓葬形制较为单一，从早期到晚期仅流行土坑竖穴墓和石棺墓这两种形制的墓葬。浑河类型的器物组合早期器类较少，仅为横耳壶和青铜剑；中期器类最多，增加了无耳壶、无耳罐、鋬耳罐和青铜斧、矛；晚期较中期器类略少，鋬耳罐和青铜斧消失。浑河类型进入双房文化中期后，开始出现了鋬耳罐与青铜矛，而鋬耳罐、青铜矛应属于本地特有器物，其他三个类型均不见。

4. 双房文化法库—西丰类型

（1）墓葬形制

早期：石棺墓；

中期：石棺墓；

晚期：石棺墓。

（2）器物组合（表四）

早期为横耳壶；

中期为横耳壶、无耳壶以及青铜斧组合；

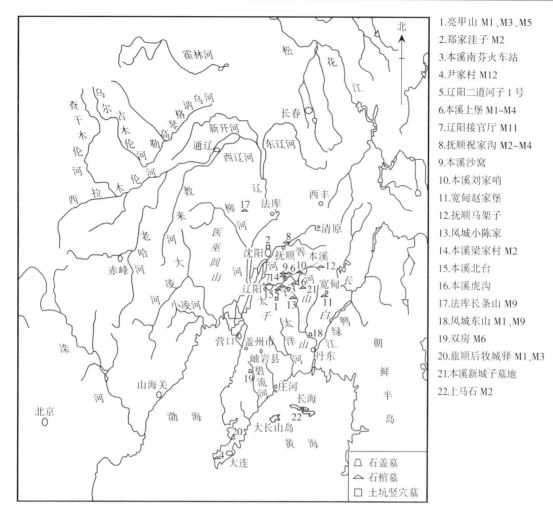

1.亮甲山 M1、M3、M5
2.郑家洼子 M2
3.本溪南芬火车站
4.尹家村 M12
5.辽阳二道河子 1 号
6.本溪上堡 M1~M4
7.辽阳接官厅 M11
8.抚顺祝家沟 M2~M4
9.本溪沙窝
10.本溪刘家哨
11.宽甸赵家堡
12.抚顺马架子
13.凤城小陈家
14.本溪梁家村 M2
15.本溪北台
16.本溪虎沟
17.法库长条山 M9
18.凤城东山 M1、M9
19.双房 M6
20.旅顺后牧城驿 M1、M3
21.本溪新城子墓地
22.上马石 M2

图四　双房文化晚期墓葬分布图

晚期为青铜剑和青铜斧组合。

根据以上分析可以看出，法库—西丰类型的墓葬形制更加单一，仅流行石棺墓。从器物组合看，早期不见青铜器；晚期不见陶器。陶器只有横耳壶和无耳壶两种。

表四　法库—西丰类型器物组合表

器类\分期	陶器							青铜器		
	无耳壶	横耳壶	竖耳壶	叠唇罐	无耳罐	竖耳罐	豆	剑	斧	矛
早		√								
中	√	√							√	
晚								√	√	

由于双房文化分布地域较广，传播时间较长，文化自身的发展不平衡等因素，所以导致越往北，双房文化因素影响越弱。从各个区域类型双房文化遗存丰富程度上来看，可以进一步证明双房文化应发源于辽东半岛，并向北传播。在北向扩展过程中，双房文化不断受到北方各文化的影响与冲击，逐渐在扩展过程中产生变异，像叠唇罐、竖耳罐以及豆等土著器形在北向扩展时逐渐消失，像积石墓、

石棚墓、大石盖墓等墓葬形制未能传到北方，同时还不断吸收来自北方的器形，如横耳壶、錾耳罐、青铜矛等。

（二）文化整体的早晚演变

1. 墓葬分析

纵观整个双房文化可以看出，早期墓葬形制较为丰富，包括积石墓、石棺墓、石棚墓、大石盖墓和土坑竖穴墓；中期墓葬形制仅不见石棚墓，且积石墓仅有一处；晚期墓葬形制仅有大石盖墓、土坑竖穴墓以及石棺墓。

根据以上分析可以总结出双房文化墓葬的演变规律：

其一，双房文化早期墓葬形制较为丰富，随着时间的推移，越晚墓葬形制越单一；

其二，积石墓、石棚墓、大石盖墓仅出现在辽东半岛以及丹东地区，双房文化偏北地区不见；

其三，石棺墓为双房文化最为流行的墓葬形制，此墓葬形制在整个文化分布区以及各期段均存在。

器物组合情况较为复杂，早期为无耳壶、横耳壶、竖耳壶、叠唇罐、无耳罐、豆和青铜剑、斧组合（表五）；中期为无耳壶、横耳壶、竖耳壶、叠唇罐、无耳罐、錾耳罐和青铜剑、斧、矛组合（表六）；晚期为无耳壶、横耳壶、竖耳壶、叠唇罐、无耳罐、錾耳罐、豆和青铜剑、斧、矛组合（表七）。从三表可以看出，双房文化早期没有发现錾耳罐和青铜矛，中期才开始出现。横耳壶、无耳壶、无耳罐和青铜剑、斧这几种器形分布较广，数量较多，应为双房文化典型器。

表五　双房文化墓葬早期器物组合表

器类 分区	陶器							青铜器		
	无耳壶	横耳壶	竖耳壶	叠唇罐	无耳罐	錾耳罐	豆	剑	斧	矛
辽东半岛	√		√	√			√			
太子河流域		√			√			√	√	
浑河流域		√						√		
法库—西丰		√								

表六　双房文化墓葬中期器物组合表

器类 分区	陶器							青铜器		
	无耳壶	横耳壶	竖耳壶	叠唇罐	无耳罐	錾耳罐	豆	剑	斧	矛
辽东半岛	√	√	√	√				√		
太子河流域		√						√		
浑河流域	√				√	√		√	√	√
法库—西丰	√	√							√	

根据以上分析可以总结出双房文化器物组合的演变规律：

其一，叠唇罐、竖耳壶、豆为辽东半岛及丹东地区特有的陶器器形，其他地区不见；

其二，横耳壶是该文化偏北区域特有的陶器器形，双房文化中期后传入辽东半岛；

其三，錾耳罐、青铜矛为浑河流域特有器形，其他地区不见，其产生于双房文化中期；

表七　双房文化墓葬晚期器物组合表

器类 分期	陶器							青铜器		
	无耳壶	横耳壶	竖耳壶	叠唇罐	无耳罐	錾耳罐	豆	剑	斧	矛
辽东半岛	√	√	√	√	√		√	√	√	
太子河流域	√	√			√			√	√	
浑河流域	√	√			√	√		√		√
法库—西丰								√	√	

其四，在双房文化晚期，法库—西丰地区和太子河流域发现铁器，辽东半岛以及丹东地区发现"燕式豆"，太子河流域发现"燕式罐"，均说明双房文化受到燕文化的强烈影响。但辽东半岛大量的铁器农具、中原式青铜武器和货币的出现是在燕入辽东之后还是秦灭燕之后，还需深入探讨。

2. 遗址分析

双房文化早期遗址有大连瓦房店巍山遗址，中期遗址有上马石Ⅰ T1②、上马石Ⅱ T1②、开原李家台、新民公主屯后山 F1，晚期遗址有上马石Ⅰ T6②、尹家村 H11、郑家洼子 T7、铁岭昌图翟家村、岫岩县真武庙 B 区（图五）。

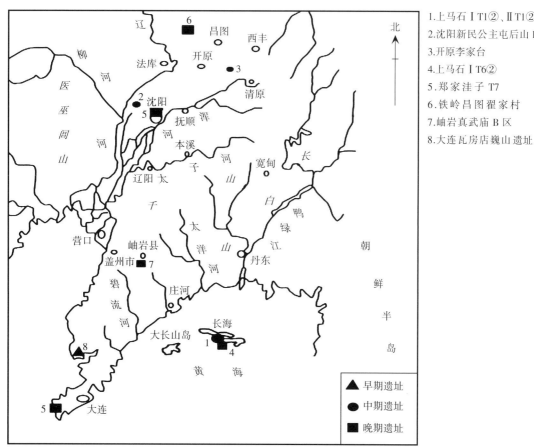

1.上马石Ⅰ T1②、Ⅱ T1②
2.沈阳新民公主屯后山 F1
3.开原李家台
4.上马石Ⅰ T6②
5.郑家洼子 T7
6.铁岭昌图翟家村
7.岫岩真武庙 B 区
8.大连瓦房店巍山遗址

图五　双房文化遗址分布图

早期遗址仅一处，分布在辽东半岛地区；中、晚期遗址在辽东半岛、浑河流域、法库—西丰地区均有出现。从遗址的分布图和数量上来看，"双房人"早期主要生活在辽东半岛沿海地区，中期扩展到了浑河以北地区，晚期遗址遍布全区。

早期遗址中出土的遗物主要有壶、罐、碗、尊形器、石斧、石锛、石刀、网坠；中期遗址出土的遗物主要有壶、甗、罐、钵、碗、豆、石斧、石镞、网坠等；晚期遗址出土遗物主要有罐、豆、壶、骨锥、骨簪、骨鱼钩、骨吊针、骨凿、石刀、棍棒头、网坠、纺轮、铜剑、铜镞、铁镰。

将遗址中出土物与墓葬中的遗物相比较可以看出，壶和罐是双房文化最为流行的陶器组合。遗址中很少出现青铜器，墓葬中普遍出现。其中，墓葬中的出土物有陶器和青铜器的巨大差异，如岗上墓地，M2、M12、M13 均出土陶器，而 M14、M16、M19、M7 均有青铜器出现，出土铜器的墓葬均靠近中心墓葬 M7。其他墓地也普遍存在此类情况。说明该时期的社会组织关系和双砣子三期文化完全不同，贫富差别和严格的等级制度在双房文化时期已经是社会的普遍现象。

［附记］

本文为国家社科基金后期资助项目"辽东半岛新石器至青铜时代考古学文化研究"（17FKG003）、教育部人文社会科学重点研究基地重大项目"新石器时代的东北：文化、生业、社会研究"（17JJD780002）、辽宁省大学生校外实践教育基地——辽海考古实践教育基地（10165201502）阶段性成果。

福建漳州鸟仑尾遗址相关问题的探讨 *

杨建军

（珠海市博物馆）

鸟仑尾遗址位于福建省漳州市南靖县金山镇河乾村西北面约 300 米的鸟仑尾山坡上。鸟仑尾是一座相对独立的小山，平面大致呈"人"字形，由平坦的山顶和向东南、西南延伸的山脊组成。1986 年文物普查时发现，推测是墓葬区。2002 年夏，漳龙（漳州—龙岩）高速公路漳州段第二期工程即将动工，对该遗址进行了复查，基本未受到破坏。由于公路将从遗址中间穿过，2002 年 10 月至次年 1 月对遗址进行抢救性发掘。发掘分为北（山顶）、东南（东南脊）、西南（西南脊）三区，布探方 82 个，发掘面积 2050 平方米。

鸟仑尾遗址最重要的发现是 23 座墓葬，出土遗物较丰富。墓葬以长方形竖穴土坑为主，个别为梯形和方形。少量墓底设 1~2 个腰坑，有 2 座在墓坑西壁有二层台，M5 在墓底四角发现柱洞。墓向以西北—东南向为主，个别东西向和西南—东北向。无人骨和葬具。随葬品以陶、石器为主，有少量玉器，有些器物呈上下重叠摆放。有的墓葬陶器被打碎后陶片散落在各个角落，或用陶豆足、口沿等残器随葬，发掘报告认为打碎器物随葬是一种有意识的行为，类似史前某些地方流行的"碎物葬"习俗。

发掘报告①将该遗址分为两期：第一期包括③层及③层下墓葬，典型单位有 M1~M9、M11~M15、M17、M21 共 16 座墓葬，年代在商代早期或早中期之间；第二期包括②层及②层下墓葬，典型单位有 M10、M16、M18~M20、M22、M23 共 7 座墓葬，年代约为商代晚期。

本文在发掘报告基础上，从遗址分期和墓葬分类与等级划分两个方面再加以分析。

一 遗址分期

（一）陶、石器分型

鸟仑尾遗址出土的陶器有尊、豆、罐、壶、杯、盅、匜、瓮、釜、钵、支脚、纺轮等，石器有戈、矛、镞、锛、刀、凿、饼、球、凹石、砺石、环、钏、玦、石片等。由于石戈具有反映时代的意义，又是粤东闽南地区当时一种重要的常见兵器，因此与陶器一起进行分型研究。

---

* 本文属《广州大典》与广州历史文化研究博士学位论文资助专项（1312013–23000–4222009）。

① 福建博物院文物考古研究所、漳州市文物管理委员会办公室：《鸟仑尾与狗头山——福建省商周遗址考古发掘报告》，科学出版社，2004 年。

1. 陶尊

据底部的形制可分两类。

甲类，圜平底或微凹。据折肩部位有无凸棱可分两型：

A 型，有凸棱。又据口部的形制可分三亚型：

Aa 型，高领，大敞口（图一，1）。

Ab 型，宽沿，侈口（图一，2）。

Ac 型，短沿，侈口（图一，3）。

B 型，无凸棱。又据口部和肩部的形制可分三亚型：

Ba 型，高领，直口微侈，圆鼓肩（图一，4）。

Bb 型，高领，侈口，溜折肩（图一，5）。

Bc 型，矮领，侈口，溜折肩（图一，6）。

乙类，圈足。又据圈足的形制可分两型：

A 型，筒状（图一，7）。

B 型，喇叭状（图一，8）。

2. 陶豆

据盘部形制可分为八型：

A 型，斜直壁，盘外底锐折。又据圈足的形制分为两亚型：

Aa 型，高柄喇叭状圈足（图二，1）。

Ab 型，高柄筒状圈足（图二，2）。

B 型，斜弧壁，腹较深（图二，3）。

C 型，斜直壁，浅腹（图二，4）。

D 型，宽折沿外翻，浅弧腹（图二，5）。

E 型，侈口，浅折腹（图二，6）。

F 型，直口，深折腹（图二，7）。

G 型，直口，深弧腹（图二，9）。

H 型，敛口，深弧腹（图二，8）。

3. 陶罐

该遗址绝大部分陶罐无耳和把手，首先对此类罐进行分型。据底部形制可分四类：

甲类，凹底。据肩部形制可分两型：

A 型，折肩。又据肩腹的形制可分四亚型：

Aa 型，窄折肩较平，鼓腹（图三，1）。

Ab 型，窄折肩，扁腹（图三，2）。

Ac 型，广折肩较平（图三，3）。

Ad 型，广折肩下溜（图三，4）。

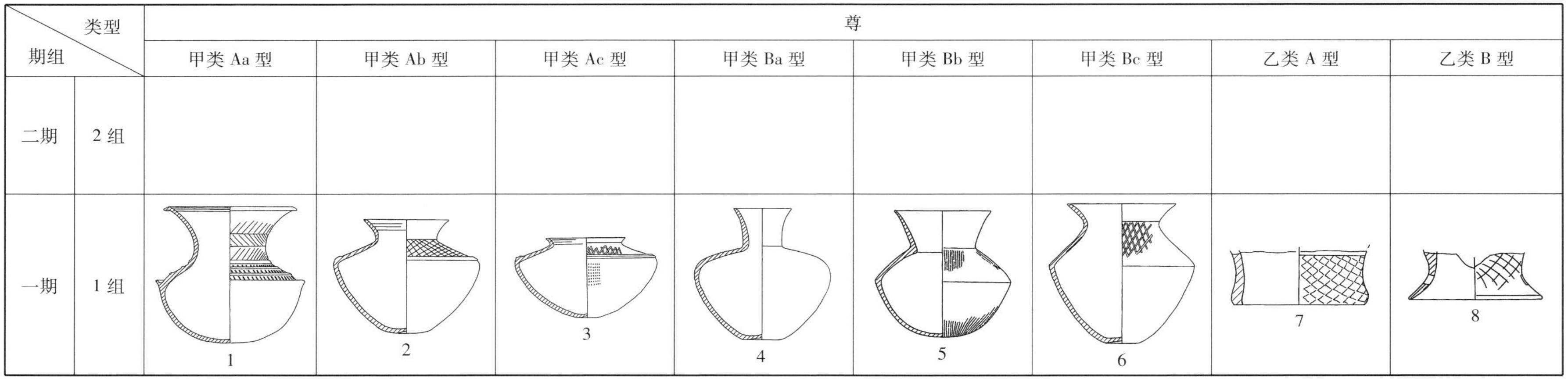

图一　福建漳州鸟仑尾遗址陶尊分期图

1. M15：4　2. M15：2　3. M2：18　4. M19：5　5. M13：3　6. M7：3　7. M23：27　8. M19：6

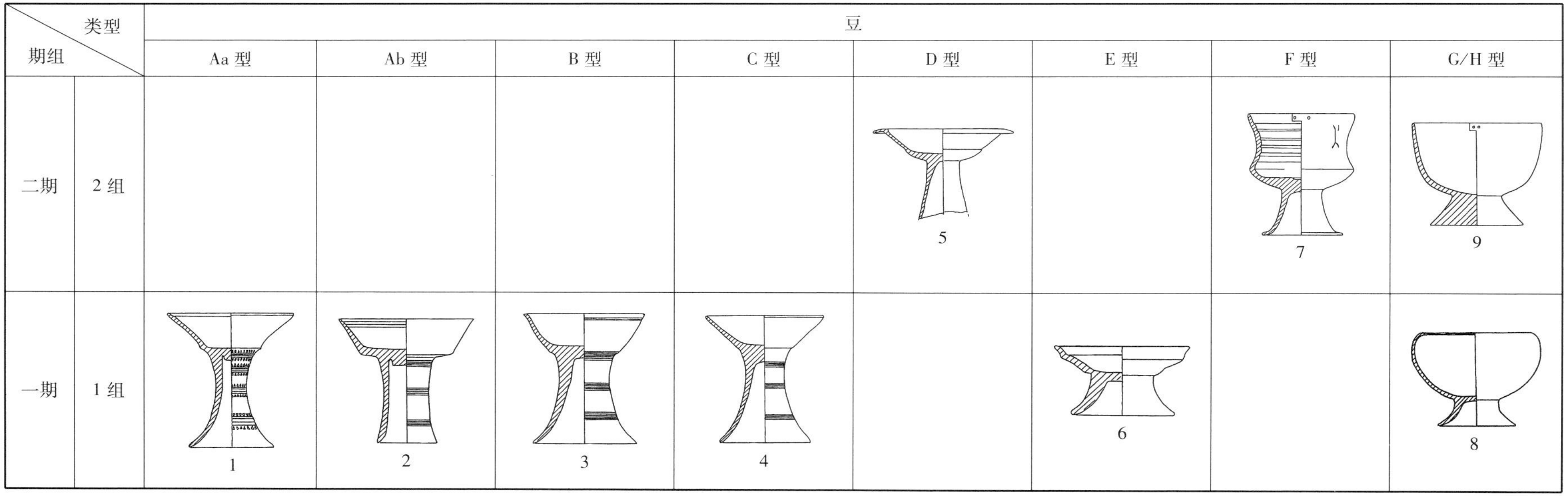

图二　福建漳州鸟仑尾遗址陶豆分期图

1. M4：3　2. M8：1　3. M2：4　4. M4：1　5. M22：10　6. M20：8　7. M10：2　8. M4：2（H 型）　9. M18：7（G 型）（5～7 为釉陶）

B 型，圆肩。又据口部形制可分四亚型：

Ba 型，卷沿，侈口（图三，5）。

Bb 型，宽折沿，侈口（图三，6）。

Bc 型，短沿微侈（图三，7）。

Bd 型，宽沿，小直口微侈（图三，8）。

乙类，圜底。又据腹部的形制可分三型：

A 型，圆鼓肩（图三，9）。

B 型，长直腹（图三，10）。

C 型，垂腹（图三，11）。

丙类，平底。据底部的形制可分两型：

A 型，圜平底。又据肩腹的形制可分五亚型：

Aa 型，圆肩较平（图四，1）。

Ab 型，溜肩，折腹（图四，2）。

Ac 型，扁圆腹（图四，3）。

Ad 型，球腹（图四，4）。

Ae 型，长直腹（图四，5）。

B 型，锐折大平底。又据腹部的形制可分两亚型：

Ba 型，下腹内弧收（图四，6、7）。

Bb 型，下腹斜直（图四，8）。

丁类，圈足（图四，9）。

此外，还有个别陶罐带耳或带把手，其中带把手罐仅存口部（图四，10、11）。

4. 陶壶

据腹部的形制可分两型：

A 型，折腹。又据口部的形制可分两亚型：

Aa 型，矮领，侈口（图五，1）。

Ab 型，高领，大敞口（图五，2）。

B 型，圆腹。又据腹部和圈足的形制可分四亚型：

Ba 型，垂圆腹，覆钵状圈足（图五，3、4）。

Bb 型，垂圆腹，大喇叭状圈足（图五，5）。

Bc 型，圆腹，喇叭状圈足（图五，6）。

Bd 型，圆腹，实心假圈足（图五，7）。

5. 陶杯

据腹部的形制可分两型：

A 型，斜直深腹（图五，8、9）。

B 型，圆弧腹（图五，10）。

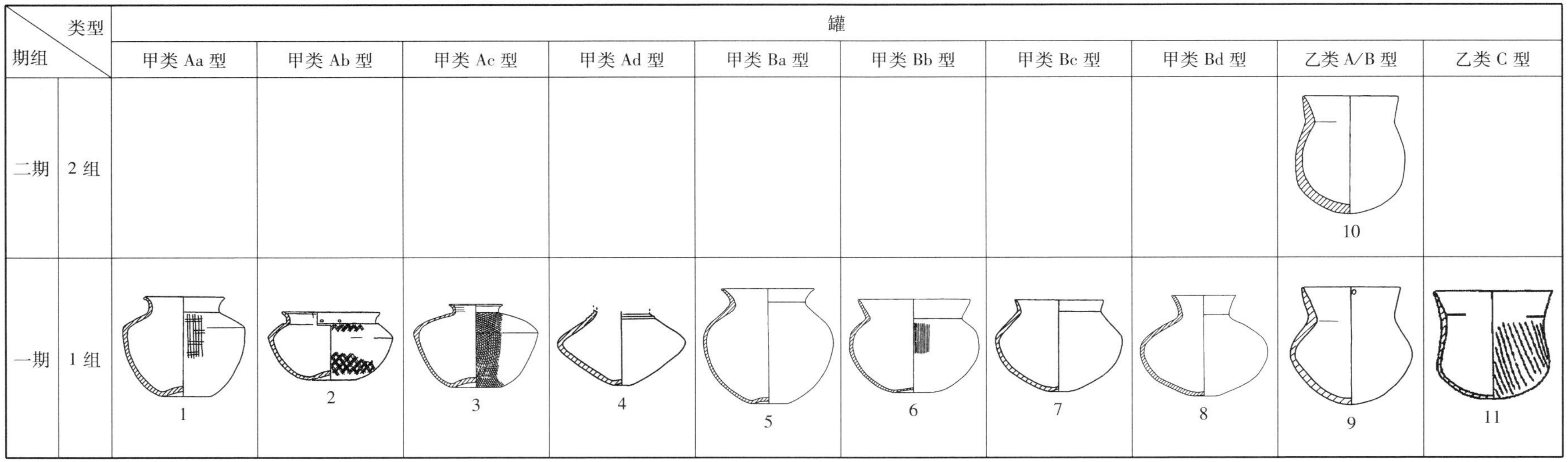

图三 福建漳州鸟仓尾遗址陶罐分期图

1. M7：11　2. M4：10　3. M4：15　4. M8：10　5. M1：1　6. M13：2　7. M7：33　8. M5：11　9. M20：2（乙类A型）　10. M10：3（乙类B型）　11. M22：5

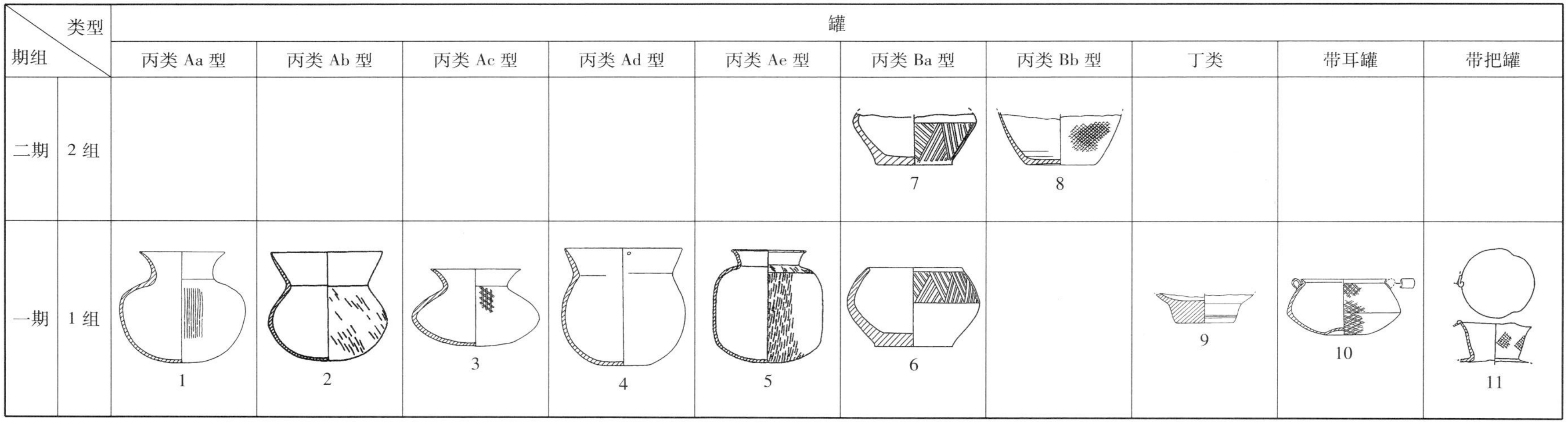

图四 福建漳州鸟仓尾遗址陶罐分期图

1. M14：1　2. M13：10　3. M7：7　4. M16：1　5. M3：10　6. M11：2　7. T0811②：21　8. M18：1　9. M2：2　10. M23：39　11. M7：21（7为釉陶）

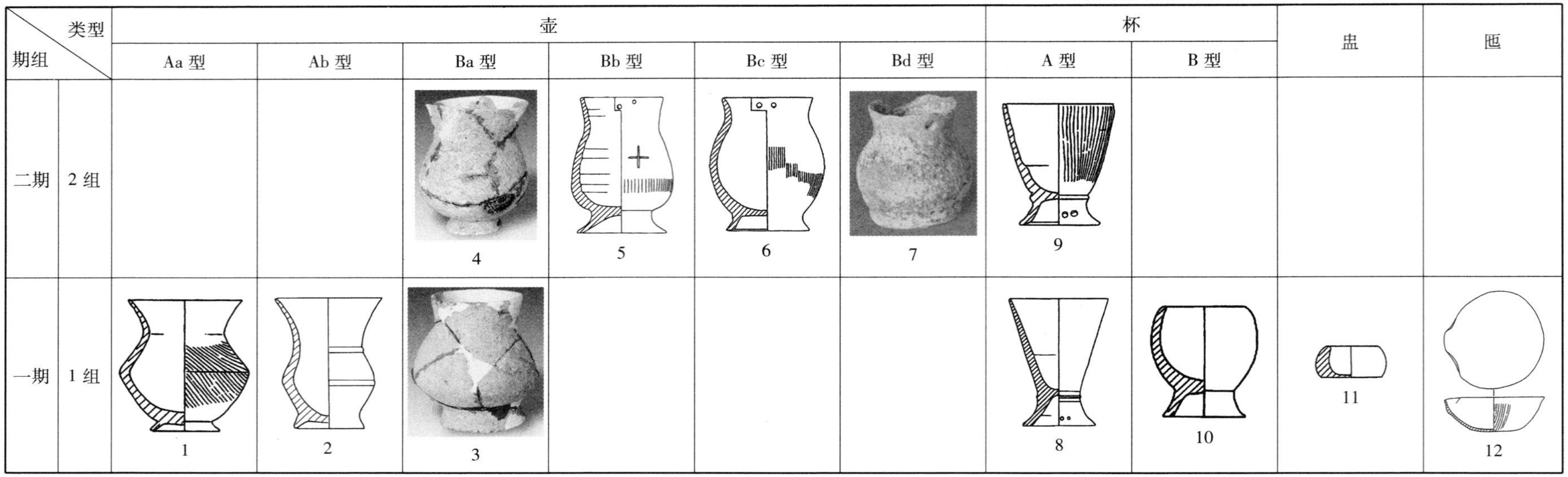

图五　福建漳州鸟仑尾遗址陶壶等分期图

1. M13：6　2. M21：1　3. M7：11　4. M10：1　5. M18：3　6. M22：1　7. M22：4　8. M19：4　9. M10：4　10. M14：2　11. M7：29　12. M8：6（5、6、9 为釉陶）

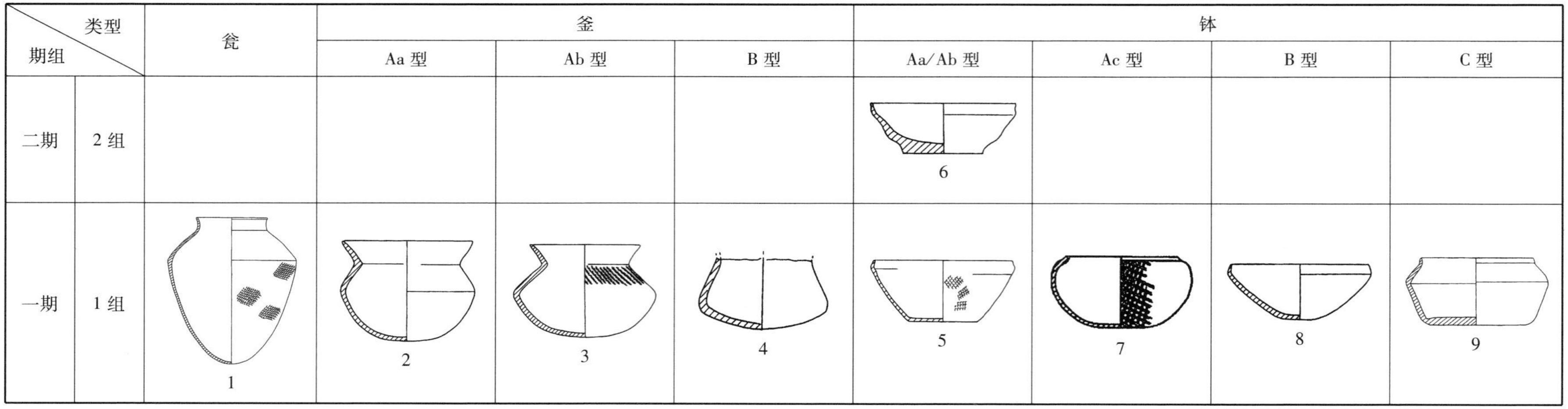

图六　福建漳州鸟仑尾遗址陶釜等分期图

1. M13：1　2. M8：3　3. M5：6　4. M13：8　5. M11：3（Aa 型钵）　6. T1921①：7（Ab 型钵）　7. M3：7　8. M17：8　9. M23：18（6 为釉陶）

6. 陶釜

据肩腹的形制可分两型：

A 型，折肩。又据折肩的形制可分两亚型：

Aa 型，窄折肩（图六，2）。

Ab 型，广折肩（图六，3）。

B 型，垂圆腹（图六，4）。

7. 陶钵

据口部的形制可分三型：

A 型，子口。又据腹部的形制可分三亚型：

Aa 型，斜直壁（图六，5）。

Ab 型，斜曲壁（图六，6）。

Ac 型，圆弧腹（图六，7）。

B 型，敛口（图六，8）。

C 型，直口（图六，9）。

8. 陶支脚

据体部的形制可分三型：

A 型，大致呈筒状，实心。据底部的形制可分两亚型：

Aa 型，平底（图七，1）。

Ab 型，凹底（图七，2）。

B 型，亚腰状，实心（图七，3）。

C 型，略束腰筒形，空心（图七，4）。

9. 陶纺轮

据其纵剖面的形制可分四型：

A 型，喇叭形，顶面小（图七，5）。

B 型，梯形，顶面大（图七，6）。

C 型，长条形（图七，7）。

D 型，六棱形（图七，8）。

10. 石戈

据内援之间有无明显分界可分三型：

A 型，内援无明显分界。又据援的形制可分两亚型：

Aa 型，弧刃弧收锋（图七，9）。

Ab 型，直刃折收锋（图七，10）。

B 型，内援有分界。又据援的形制可分两亚型：

Ba 型，弧刃弧收锋（图七，11）。

Bb 型，直刃折收锋（图七，12、13）。

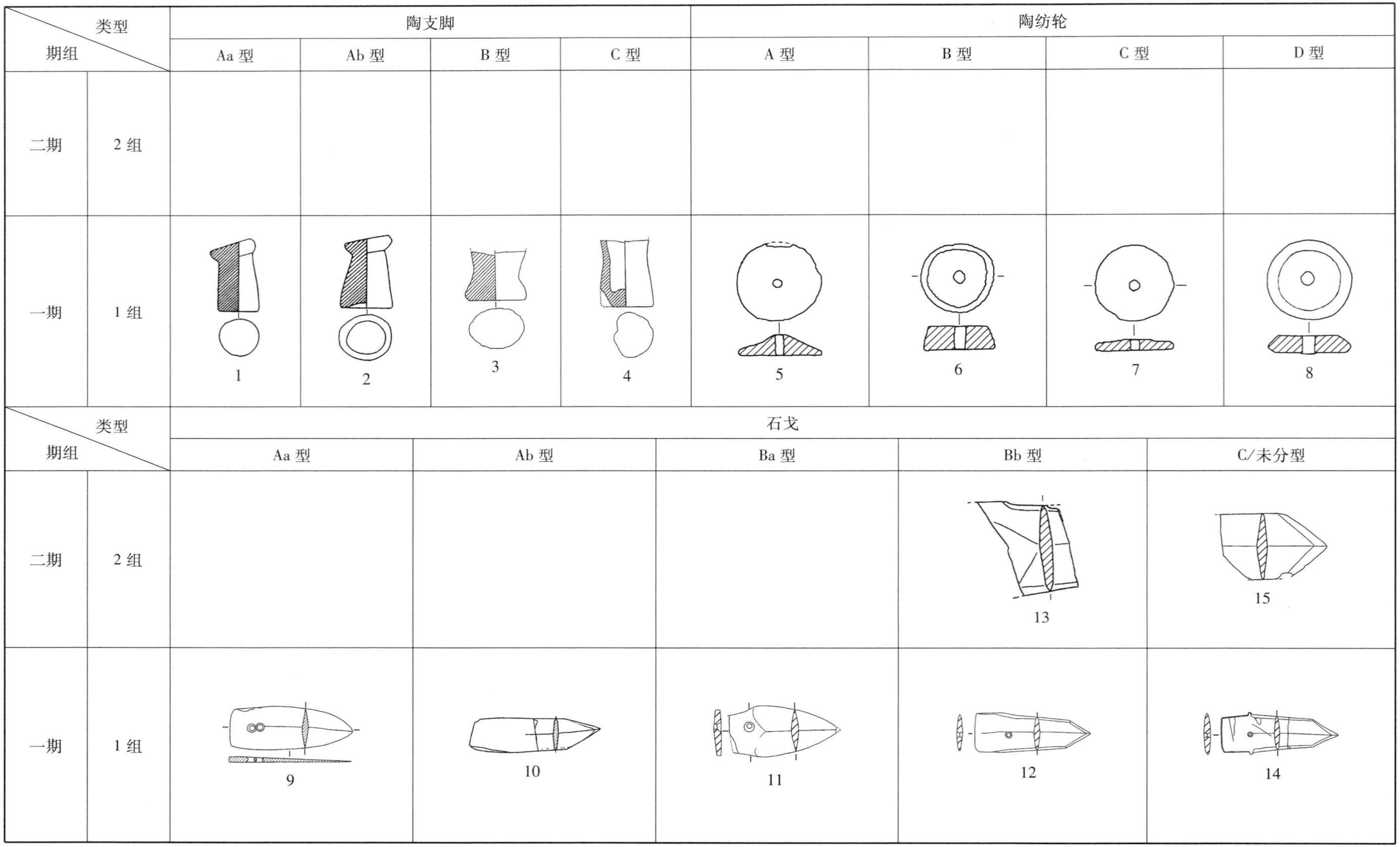

图七　福建漳州乌仑尾遗址陶支脚等分期图

1. M13：11　2. M3：13　3. M9：3　4. M13：9　5. M4：12　6. M14：4　7. M15：6　8. M23：13　9. M23：40　10. M17：2　11. M20：9　12. M16：6　13. M18：4　14. M16：5（C 型）
15. T0811②：6（未分型）

C 型，有短阑（图七，14）。

（二）分组与分期

该遗址地层保存较好，只受到局部破坏。北区堆积稍薄，②层下即为生土，在②层下仅清理出 3 座墓葬。东南区和西南区文化层堆积较厚，有的区域厚度超过 1 米，可分为三层，绝大多数墓葬均在 ③层下发现。结合发表的器物图，整理出如下有意义的层位关系：

（1）T1011②→T1011③→M17→生土

（2）T0811②→T0811③→M16、M19、M20→生土

在第（1）组层位关系中，T1011②发表有陶豆等，T1011③未见陶器发表，M17 全部发表，陶器有尊、豆、壶、罐、钵等，可比陶器是豆。其中 M17：7 豆的圈足残，属于 A 型，为敞口，斜直腹，外底锐折平底，下附筒状高直柄，未见施釉；T1011②：12 豆存盘部，属于 F 型，为直口，深折腹盘，内外施灰褐色釉。从层位关系可知，未施釉的 A 型早，施釉的 F 型晚。

在第（2）组层位关系中，T0811②发表有陶罐等，T0811③发表有陶钵，M16、M19、M20 均发表有陶罐等，因此可比陶器为罐，但 M19 仅见罐口沿。从完整器来看，M16：1 和 M20：2 罐，分别属于丙类 Ad 型和乙类 A 型（图四，4；图三，9），均宽沿，侈口，口沿处有一穿孔，其中前者为圆腹圜平底，后者为鼓肩圆腹圜底，均未见施釉；T0811②：21 罐的口部残，属于丙类 Ba 型（图四，7），鼓肩，下腹内弧收，平底，器表施酱褐釉。由层位关系可知，未施釉的丙类 Ad 型和乙类 A 型早，施釉的丙类 Ba 型晚。

据层位关系、典型陶器的特征、共存关系等，可将鸟仑尾遗址分为两组，每组的典型单位如下：

1 组：M1~M9、M11~M17、M19、M20、M23、T0811③。

2 组：M10、M18、M22、T1011②、T0811②。

通过与漳州虎林山、松柏山遗址的陶、石器比较，可知两组是由早及晚连续发展的阶段，陶器特征鲜明，差别明显，可分为两期，1 组为一期，2 组为二期。

（三）各期文化特征与年代

在器类上，鸟仑尾一期有陶尊、豆、罐、壶、杯、盅、匜、瓮、釜、钵、支脚、纺轮和石戈等，二期有陶豆、罐、壶、杯、钵和石戈等。一期器类、器形丰富，其中尊、盅、匜、瓮、釜、支脚、纺轮等仅见于一期。两期共同的器类为陶豆、罐、壶、杯、钵和石戈等，但在器形上是有差别的，如豆在一期有 A、B、C、E、H 型，二期则有 D、F、G 型；罐在一期有甲类、乙类 A 型、乙类 C 型、丙类 A 型、丙类 Ba 型、丁类、带耳罐和带把罐，二期仅有乙类 B 型、丙类 B 型；壶在一期有 A、Ba 型，二期则为 B 型；杯在一期有 A、B 型，二期仅有 A 型；钵在一期有 Aa、Ac、B、C 型，在二期仅有 Ab 型；石戈在一期有 A、B、C 型，二期有 Bb 型等（表一）。

在器形上，首先是尊，仅见于一期，以折肩、圜底微凹为常见，还有圜底尊和圈足尊。较有特色的是甲类 A 型尊，折肩较平，在折肩的部位有明显的凸棱，下腹斜弧收，一般底部较小，其中口部形制差别明显，有高领大敞口、宽沿侈口和短沿侈口。其他肩部无凸棱的可见圆鼓肩和溜折肩，底部亦较小，口部有高领和矮领。圈足尊仅见残圈足，均为矮圈足，有亚腰筒状和喇叭状，有的喇叭状圈足上有对称的一对方形镂孔。在纹饰上，常见高领、肩部和圈足上刻划叶脉纹和网格纹。此外，肩腹部

还有拍印细绳纹、斜线纹、圆点纹等。高领大敞口尊施纹最具特色，除在高领上刻划叶脉纹外，有的在口沿上有一周小镂孔与宽带凸棱组合，肩上常见多道凸棱，且凸棱之间亦刻划网格纹或斜线纹，折肩部位的凸棱尤为明显，有的高达1.2厘米，厚达0.5厘米。

表一　福建漳州鸟仑尾遗址分期表

器形	尊								豆									壶					
期组	甲Aa	甲Ab	甲Ac	甲Ba	甲Bb	甲Bc	乙A	乙B	Aa	Ab	B	C	D	E	F	G	H	Aa	Ab	Ba	Bb	Bc	Bd
二期 2组													√		√	√		√		√	√	√	
一期 1组	√	√	√	√	√	√	√	√	√	√	√	√				√	√	√	√	√			

器形	罐																				
期组	甲Aa	甲Ab	甲Ac	甲Ad	甲Ba	甲Bb	甲Bc	甲Bd	乙A	乙B	乙C	丙Aa	丙Ab	丙Ac	丙Ad	丙Ae	丙Ba	丙Bb	丁类	带耳罐	带把罐
二期 2组										√							√	√			
一期 1组	√	√	√	√	√	√	√	√			√	√								√	√

器形	杯		盅	匜	瓮	釜			钵					支脚				纺轮				石戈					
期组	A	B				Aa	Ab	B	Aa	Ab	Ac	B	C	Aa	Ab	B	C	A	B	C	D	Aa	Ab	Ba	Bb	C	未分型
二期 2组	√						√																		√	√	
一期 1组	√		√	√	√	√	√	√	√	√	√	√	√	√	√	√	√	√	√	√	√	√	√	√			√

豆在一期以敞口浅盘高柄豆为常见，少见矮柄豆。高柄豆的盘部以斜直腹、平底锐折为特色，另还有斜弧腹和斜直腹盘；高柄以亚腰喇叭状为主，个别高柄大致呈筒状。矮圈足豆的盘部可见敞口浅折腹和敛口深弧腹。在纹饰上，常见高柄豆的柄部施3～5组复线凹弦纹组合或3～4组凹弦纹与锥刺纹组合的纹饰，有的还在近盘底外壁、内外口沿部位兼施复线凹弦纹。此外，有的高柄上见有5组等距竹节状凸棱。在浅折腹矮圈足豆的器表还施酱褐色釉。

二期则以深折腹中高柄圈足豆为特色，该类器形较一致，为直口或微侈，上腹内弧、下腹锐折弧收，深腹，中高柄喇叭状圈足，口沿处常见对称的两对小圆孔。此外，还有宽沿大敞口浅盘高柄豆、直口深腹矮圈足豆，后者在口沿的一侧有一对小圆孔，且圈足为实心。二期以釉陶为主，常见施（酱、黄、灰）褐及酱黑釉，在深折腹豆的上、下腹外壁及圈足上可见刻划符号。

罐，一期器形丰富，形制多样，绝大多数无耳或把手，此类罐从底部看，有凹底、圜底、平底和圈足四种。其中凹底罐有的底部很小、微内凹，有折肩和圆肩，腹部最大径在肩部；口部有直领侈口、卷沿侈口、折沿侈口等，有的直领侈口口沿上有对称的两对圆形小镂孔。圜底罐一般直口微侈，有圆鼓肩和垂腹，在圆鼓肩罐的口沿有对称的一对圆形小镂孔。平底罐的底部可分为圜平底和锐折平底两型，其中前者一般宽沿侈口，肩腹部形制有别，有圆肩较平、溜肩折腹、扁圆腹、球腹、长直腹等；后者为敛口圆肩。此外还有个别罐有实心的矮圈足、双横耳、三横耳、短流单錾。带耳罐均为短沿侈口，垂折扁腹，凹底或圜平底，横耳位于口沿的下方。短流单錾罐仅残存口部，为高领，口沿一侧有短流，錾已断。在纹饰上，常见单线菱格纹、双线菱格纹、梯格纹、席纹、竖条纹、复线三角纹等，一般在口沿以下通体施纹，个别在口沿外壁亦施纹，敛口圆肩罐仅在上腹部施纹。个别残罐的器表施酱褐色釉。

二期仅见个别圜底罐和平底罐，且平底罐均残。圜底罐直口微侈，长直腹。平底罐从残器可知有圆肩罐，其下腹内弧收，另外一件则下腹部斜直。在纹饰上，平底罐均施纹或有施釉现象。在平底圆肩罐的器表可见施酱褐釉，且下腹部刻划复线三角纹，而残斜直腹罐上则拍印细方格纹。

壶，均为矮圈足。一期有折腹和垂圆腹壶，多呈覆钵状。其中折腹壶均为侈口，有的领部很高，与腹部高度相当；垂圆腹壶则为直口微侈。在纹饰上，仅见折腹壶的腹部拍印篮纹，个别圆腹壶有施釉现象。二期均为溜肩圆腹壶，有的为垂腹，腹部最大径在下部。口部一般为直口或微侈，口沿上常见对称的一对或两对圆形穿孔。在纹饰上，二期常见竖条纹、斜线纹，多施于腹部，有的在口沿外壁亦有施纹。施釉现象增多，一般在内外施酱（黄）褐色釉，有的器腹上有刻划符号。Ba 型垂圆腹壶见于一、二期，但器形上未见明显变化。

杯，均为喇叭状矮圈足，其中斜直腹杯见于一、二期，杯腹瘦长，圈足一侧均有并列的一对圆形小穿孔，器形未见明显变化。圆弧腹杯仅见于一期，杯身较短。在纹饰上，可见斜直腹杯的腹、足交界处有凸棱，或在凸棱上下施弦纹，其中二期的斜直腹杯通体施酱褐色釉，腹部拍印间断条纹。

钵，一般为平底，口沿短，有子口、敛口和直口。一期三种口沿的钵均有，器形亦差别大，腹部有斜直腹、扁圆腹和折肩腹，底部有大有小。二期仅见子口钵，斜壁微弧曲。在纹饰上，一期的子口钵腹部可见拍印细方格纹或双线菱格纹，二期在子口钵的内外可见施酱褐色釉。

此外，盅、匜、瓮、釜、支脚、纺轮等仅见于一期。盅的器形极小，壁厚，敛口，扁弧腹，大平底，口径小于底径。匜均为敞口斜壁浅腹，圜底或圜平底，口沿一侧有短流。有的匜腹壁施篮纹。瓮的器体较大，长体深腹，矮直口，折肩，尖圆底，在折肩以下拍印细方格纹。釜均为圜底，折肩或垂圆腹，折肩釜均为折沿侈口，垂圆腹釜口部均残缺。折肩釜或在肩部施粗绳纹。支脚有实心柱体、实心亚腰形和空心筒状，多平底。仅实心柱体者有完整器，其顶部为圆饼形斜坡状出檐，一般体瘦，平底或凹底。均为素面。纺轮的中心有圆孔，据纵剖面的形制可分为喇叭形、梯形、长条形和六棱形，除梯形者略厚外，余皆较薄，均为素面。

石戈，一期形制多样，二期均为残器。一期以无阑有脊戈为主，其中多数内援之间无明显分界，弧刃弧收锋，个别为直刃折收锋。内援之间多为一穿，个别 2～3 个穿孔，亦有无穿者。穿多双面钻，个别为单面钻。无阑戈中有少量内、援有明显分界者，即内窄于援或内宽于援；内援交界处均有一穿，弧刃弧收锋或直刃折收锋。一期出土一件有阑戈，即在内援之间有短阑，为短直内，援部有脊，直刃折收锋。二期从残器可知有内宽于援者，亦有直刃折收锋者。

在年代方面，属于第一期的 M2 底部采集的木炭标本碳十四测年为 3550±60BP，但未经树轮校正。

根据器形比较，一期甲类 Aa 型尊（图一，1）与福建漳州松柏山遗址①陶尊（M1：2）器形接近，尤其是高领大敞口的风格十分接近；颈部刻划叶脉纹亦见于松柏山遗址的陶尊（M4：10）；另外，其肩部有多道凸棱，且折肩部位凸棱明显的特点在松柏山遗址的陶尊（86 禁山 M1：3）上可见。一期乙类 B 型尊的圈足（图一，8）与福建漳州虎林山遗址②一期陶尊（M2：16）和松柏山遗址陶尊

---

① 福建博物院、漳州市文管办、漳州市博物馆：《虎林山遗址》，海潮摄影艺术出版社，2003 年，第 98～155 页。经分析，我认为松柏山遗址的年代大约为商代中期。

② 福建博物院、漳州市文管办、漳州市博物馆：《虎林山遗址》，海潮摄影艺术出版社，2003 年。虎林山遗址分为两期，经分析，我认为一期年代约为商代中期，二期年代约为商代晚期。

（M1：5）的圈足接近，纹饰基本相同，均为刻划网格纹。一期 B 型豆（图二，3）与松柏山遗址陶豆（86 禁山 M1：4）器形接近。一期甲类 Aa 型罐（图三，1）与香港南丫岛大湾遗址一期 Aa 型陶罐（M7）①接近。因此推测，鸟仑尾一期与漳州松柏山遗址、虎林山一期、南丫岛大湾一期年代相当，约为商代中期。

　　二期 F 型豆（图二，7）与虎林山遗址二期豆（M19②：12）器形接近甚至相同，一般施酱（黄）褐釉，口沿有对称的两对圆形小孔，且常见刻划符号。二期的圈足壶（图五，5、6）上施酱（黄）褐釉，口沿上常见对称的一对或两对小圆孔，器表施条纹及器腹上有刻划符号的特征，亦见于虎林山二期的圈足壶。因此推测，鸟仑尾二期与漳州虎林山二期年代相当，约为商代晚期。

二　墓葬分类与等级划分

　　根据以上分期，鸟仑尾这 23 座墓葬，属于一期的 20 座，属于二期的 3 座。其分布情况为：西南区 15 座，分布在山顶向西南延伸的山脊上，其中一期 12 座、二期 3 座；东南区 5 座，分布在山顶向东南延伸的窄长条山脊上，均属于一期；北区 3 座，分布在山顶平坦的台地上，均属于一期。

　　（一）墓葬的分类

　　鸟仑尾墓葬中石锛的随葬很普遍，23 座墓葬中有 19 座随葬石锛，因此按照墓葬中有无石锛分为两类，第一类为石锛墓，一期 17 座、二期 2 座。第二类为非石锛墓，共 4 座，其中一期 3 座、二期 1 座。

　　（二）墓葬等级的探讨

　　1. 一期

　　共 20 座，其中石锛墓 17 座、非石锛墓 3 座。

　　首先是石锛墓，石锛的数量差别很大，为 1~28 件不等，常见的随葬品有石戈、砺石和陶罐、尊、纺轮等，据随葬品的数量和主要配置，可将石锛墓分为四组（表二）：

表二　福建漳州鸟仑尾遗址一期石锛墓分组与随葬品配置

随葬品 组别	总数	石锛	石戈	玉玦	陶罐	陶尊	陶纺轮
1	61	28	12	4	2	2	4
2	35	12	—	—	13	3	3
3	11~18	1~8	1~2		1~2	1~5	1~6
4	5~10	1~3	1~2	—	1~2	1~2	1~3

　　第 1、2 组均仅有一座墓，在随葬品数量和配置上与第 3、4 组差别较大。受资料的局限，目前只能分为四组。各组在石锛、戈的数量上差别明显，如锛在第 1 组 28 件，第 2 组 12 件，第 3 组最多可见 8 件，第 4 组最多可见 3 件。戈在第 1 组为 12 件，第 2 组未见，第 3、4 组最多为 2 件。第 1 组还有玉玦随葬，其他三组均未见。在陶罐的随葬上应有差别，第 1 组因只有一座墓葬，可随葬的最高数量

　　①　杨建军：《香港南丫岛大湾遗址相关问题探讨》，《华夏文明》2017 年第 11 期，第 22~30 页。

不明，但第 2 组有 13 件，第 3、4 组均最多 2 件。陶尊、纺轮在第 1、2 组未见明显的配置规律，也可能受墓葬数量的局限，但在第 3、4 组是有明显差别的。如尊在第 3 组最多为 5 件，第 4 组最多为 2 件；纺轮在第 3 组最多为 6 件，第 4 组最多为 3 件。

其次是非石锛墓，据随葬品的差别可分为两类，一类为纺轮墓，即随葬品中有陶纺轮的墓葬，共 2 座；一类为陶器墓，即随葬品中仅见除陶纺轮之外的陶器的墓葬，为 1 座。2 座陶纺轮墓在随葬品的数量和配置上差别明显，据此可分为两组：

（1）组：随葬品 17 件，其中陶器有纺轮、豆、罐各 4 件，匜、支脚各 1 件，石器有镞、砺石、饼各 1 件。

（2）组：随葬品 7 件，仅见陶器，其中纺轮和罐各 3 件，豆 1 件。

陶器墓的随葬品为 5 件，其中尊 1 件，豆和支脚各 2 件。

因此，非石锛墓总体上可分为两个组：

1 组：纺轮墓（1）组，随葬品 17 件。

2 组：包括纺轮墓（2）组和陶器墓，随葬品 5～7 件。

综合一期的石锛墓与非石锛墓的分组，基本上可分为四个级差：

第一级：石锛墓 1 组，随葬品 61 件。

第二级：石锛墓 2 组，随葬品 35 件。

第三级：包括石锛墓 3 组、非石锛墓 1 组，随葬品 11～18 件。

第四级：包括石锛墓 4 组、非石锛墓 2 组，随葬品 5～10 件。

2. 二期

共 3 座，其中石锛墓 2 座、非石锛墓 1 座。墓葬数量少，随葬品数量亦不多，差别不明显，基本组合为陶壶、豆和罐。

石锛墓据随葬品数量和主要配置，可分为两组：

1 组：随葬品为 10 件，其中石锛 3 件、陶壶 4 件。

2 组：随葬品为 7 件，其中石锛 1 件、陶壶 2 件，另有石戈 1 件。

此外，以上两组均随葬陶豆和罐，且数量相同，分别为 2 件和 1 件。因此，两组的配置差别主要体现在石锛和陶壶的数量上。

非石锛墓的随葬品均为陶器，据一期的墓葬分类，可称为陶器墓，仅 1 座，随葬品 4 件，其中壶、豆、罐、杯各 1 件。

综合二期石锛墓与陶器墓的组别分析，可分为三个级差（表三）：

第一级：石锛墓第 1 组，随葬品 10 件。

第二级：石锛墓第 2 组，随葬品 7 件。

第三级：陶器墓，随葬品 4 件。

各级之间随葬品的总体差别不大，配置差别主要体现在陶壶、豆和石锛的数量上。壶在三个级别中分别为 4、2、1 件，豆在第一、二级相同，为 2 件，第三级为 1 件，锛在第一、二级分别为 3、1 件，而第三级未见。

表三 福建漳州鸟仑尾遗址二期墓葬级差与随葬品配置

级差＼随葬品	总数	陶壶	陶豆	陶罐	陶杯	石锛	石戈
一	10	4	2	1	—	3	—
二	7	2	2	1		1	1
三	4	1	1	1	1	—	—

（三）认识

据发掘报告，鸟仑尾遗址出土的石器中，以石锛数量最多，有大、中、小型，大者长达16厘米以上，小者长仅二三厘米，厚仅0.5厘米，共有110件，占石器总数的70%，其中地层出土16件，余皆为墓葬所出，前文已分析，在23座墓葬中有19座为石锛墓。其次是石戈，有31件，其中地层出土5件，余皆墓葬出土，占石器总数的20%。其他石器如矛、镞、砺石等数量较少，只有一至数件。可见该遗址的石锛和石戈是非常重要的两种石器，石锛是当时主要的生产工具，石戈为当时的主要兵器，分析这两种石器具有重要的意义。

随葬品在一定程度上可以反映墓主人生前所从事的生业活动。石锛的普遍随葬，一方面反映出石锛是当时重要的生产工具，另一方面也反映出以石锛为工具的加工制造活动是当时一种主要的生产活动。另外，一、二期共12座墓随葬石兵器戈、矛和镞，以戈为主，其中11座伴出石锛，只有一座一期的石镞墓（M4）未见石锛共出，这些兵器墓的墓主人所从事的职业在一定程度上与作战活动有关，伴出石锛可能反映出他们平时还从事生产活动。此外，非石锛墓有4座，其中纺轮墓2座，其一还共出兵器石镞等，另有陶器墓2座，这些墓的墓主人似与石锛墓的墓主人生前所从事的生业活动不同。

值得注意的是，鸟仑尾墓葬共有9座墓随葬纺轮，纺轮的数量1~6件，均属一期，这些墓葬中陶纺轮与石锛共出的有7座，陶纺轮与兵器石戈或矛、镞共出的有5座，其中4座墓葬石锛与石兵器共出，仅有1座未见石锛或石兵器。据对粤中地区商代早中期墓葬的分析经验，通常情况下，陶纺轮与石锛或兵器不共出，所以鸟仑尾墓葬的纺轮随葬是否与性别有关很难推断，由于鸟仑尾墓葬数量不多，个中原因有待将来更多的考古发现。

在墓葬分级上，一期可分为四个级差，二期可分为三个级差，级差的出现具有等级的意义，尤其是一期的第一、二级与第三、四级之间差别明显，说明自一期商代中期前后已出现明显的等级和贫富差别。一期时居于第一、二级的均为石锛墓，同时也是兵器墓。第一级墓葬随葬品61件，其中石锛28件、石戈12件。第二级墓葬随葬品35件，其中石锛12件、石镞1件、陶罐13件。数量和主要随葬品石锛、戈和陶罐的配置远远高于第三、四级别的墓葬，一方面说明石锛、戈和陶罐的数量具有指示等级的意义，另一方面也说明墓主人身份的高低可能与掌握军权有关，推测第一、二级墓葬的墓主人是作战活动中的头目，属于不同级别的军事首领。非石锛墓在一期仅居于第三、四级，在二期属于最低的一个级别第三级，说明非石锛墓的墓主人社会地位较低，低于部分随葬兵器的石锛墓的墓主人。二期受墓葬资料的局限，其级差探讨应该不全面，较高级别的墓葬目前未见。

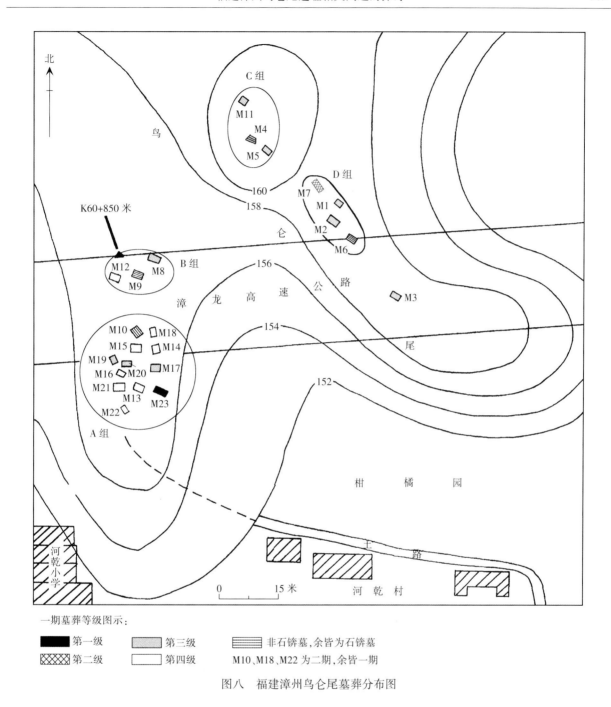

图八 福建漳州鸟仑尾墓葬分布图

在墓葬结构上，一期有腰坑的墓葬见于第一、三级，其中第一级墓葬在墓底靠近东西壁有两个腰坑，腰坑内均放置少量石器，第三级墓葬中有 2 座各有一个腰坑。有 2 座墓葬均在墓坑西壁有二层台现象，见于第三、四级墓葬。二期墓葬均未见腰坑和二层台。

在墓葬布局上，有聚群分布的特点，可至少区分出四个群组（图八）。如西南区的 A 组，墓葬数量最多，一期墓葬位于中部的位置，由第一、三、四级墓葬构成，其中第一级位于东部，第三级位于第一级的偏北位置，呈东西向排列，第四级分布于第三级的南北两侧。二期的 3 座墓葬位于一期墓葬的南北两侧边缘，有三个级差墓葬，其中第一级位于南侧，第二、三级位于北侧。位于东南区的 D 组，有 4 座墓葬，由第二、三、四级墓葬构成，其中第二级位于北侧，第三级的位置在第二级的东南，第四级位于第三级的东南，不同的级别往东南方向逐次分布。位于西南区偏北的 B 组和位于北区的 C 组均有 3 座墓葬，其中 B 组由第三、四级墓葬构成，第三级位置偏东北，第四级位置偏西南。C 组均为第三级墓葬。另外，东南区的 M3 位于 D 组的东南，与 D 组距离稍远，可能属于其他群组。这些由不同级差的墓葬构成的群组是否与家族或其他的某种社会组织有关，有待进一步探讨。

［附记］

1993～1998 年，我在辽宁省文物考古研究所工作。由于辽宁省所与世界银行的合作项目的机缘，我与著名考古学家、时任辽宁省文化厅副厅长的郭大顺先生接触很多。那段工作经历让我快速成长，受益匪浅。当我从东北走到岭南，经历地域与时间的洗礼之后，深切感受到郭先生既担任行政职务又潜心学术的不易。今以拙文一篇请先生指教，衷心祝愿他健康长寿！

论南越国时期镂孔圈足铜器的社会意义

卢智基

古代墓葬内发现多不胜数的器物，这是埋葬者刻意地挑选这些器物作为陪葬品，或是把一些珍贵宝物珍而重之存放着，表示这类器物被归纳为珍宝，并赋予此物有特别的象征意义。器物的形态可能随着时间而有变化，但是经过几千年历史，依然具有象征或提高地位之功用①。这说明珍贵器物或威信财（Prestige Goods）自古代开始已被视为象征社会阶级地位的物品之一。

威信财作为形式化器物而流传，依器物的特质分为舶来品、奇珍异品、精致手工艺品、罕有材料珍品等②。从其分类可归纳威信财的来源：舶来品是来源于其他地区的交流，但奇珍异品、精致手工艺品及罕有材料珍品有可能是由其他地区传入，后两者更多是由本地特定族群成员制作而成，故此推断威信财的建立不仅以实体为主，同时也包含着人力及技术的控制，这是强化权力与威信而发展的"威信技术"（Prestige Technologies）③，借着"威信技术"展示对财富与人力的控制，由调配和贮存过剩的生产资源制作威信财，并奖赏参与制作的成员借此建立等级制度，反映他们控制财富与权力的能力，像是现代的金字塔式管理，统治者站在金字塔的顶端，控制大部分财富与权力。

20世纪80年代于广州市发现的南越王墓，便是西汉初年岭南地区站在金字塔顶端的统治者，代表西汉初期岭南地区最高统治的政权。墓内出土大量不可胜数的珍贵随葬品，分别有金、银、铜、陶、玉、石、玛瑙、玻璃、丝织等器物，这些器物的数量及质量与中原王侯等级的墓葬无异。例如南越王墓发现的丝镂玉衣，这都是汉初皇室贵族王侯以玉作葬的风尚，南越王在岭南社会复制汉式的丧葬礼仪建立政治社会等级的威信财模式，显示仅有在上者才能拥有这些象征着地位与权力的陪葬品。同时，南越王墓内部分器物只见于墓内，在赵氏政权统治的岭南地区未有再发现。以玻璃为器、以金作佩、以玛瑙配饰等都是汉初岭南地区难得一见的珍品。然而，分布在四周的南越国时期数座墓出土了一些镂孔圈足铜器，外形与汉式圆壶相近，而纹饰则为典型的云雷纹与弦纹组合，主要特征是圈足以镂孔为饰。但这些富有地方特色的器物未有在南越王墓中发现，只见于中国广东、广西及越南清化省三地

---

① Clark, Grahame, "The Symbolic of Preciuos Substances", *Symbols of Excellence*, Cambridge: Cambridge University Press, 1986, p. 82.

② Plourde, Aimee M., "Prestige Goods and the Formation of Political Hierarchy: a Costly Signaling Model", *Pattern and Process in Cultural Evolution*. Ed. Stephen Shennan Berkeley: University of California Press, 2009, pp. 265 – 276.

③ Hayden, Brian, "Practical and Prestige Technologies: the Evolution of Material Systems", *Journal of Archaeological Method and Theory* 5: 1 (1998): pp. 1 – 55.

的零星墓葬中。本文将从近年于越南新发现的镂孔圈足器，探讨汉时期此器在中国两广地区及越南清化省等地的社会意义。

蒋廷瑜于 2012 年发表《镂孔圈足铜壶研究》介绍了中国两广及越南北部的镂孔圈足铜器[①]，并对器物的年代及墓主人身份分别进行分析讨论。全洪以广州龟山南越国木椁墓为题，透过铜壶研究墓葬年代，又指出镂孔圈足铜壶是汉与越人结合而成的器物[②]。对于铜壶的年代，蒋、全两位先生持相同的意见，镂孔圈足壶流行于南越国时期。本文将根据前人的论述及中国两广、越南北部发现的镂孔器物，对汉式铜壶与岭南镂孔圈足共存的现象进行探讨。

一　镂孔圈足器的分类

以吴小平对汉代铜壶体系作基础[③]，据岭南镂孔圈足器的外形及形态差异，分为圆壶及扁壶两类。镂孔圈足器中以圆壶为主，扁壶则仅见广西罗泊湾墓一例。除壶外，在越南北部地区还发现瓿、簋等其他类型。

（一）圆壶

圆壶分为盖、口沿、颈、肩、腹、圈足等六个部分。在颈或肩的部位置有器耳。主要特点是口部微侈，长颈，腹部近似圆鼓或椭圆形，随着铜壶的发展，圈足渐渐以高足为主，于壶的颈部或肩部两侧并附有器耳。

镂孔圈足圆壶的分布范围广泛，散布于中国两广地区及越南北部地区，又以越南北部较为集中。迄今为止发现的镂孔圈足圆壶达 10 余件。现将依据分布地点简述之。

广东地区发现的 3 件圆壶都出土于广州汉墓中，分别是市内的竹园岗[④]、柳园岗[⑤]及西村增埗[⑥]，而广西地区则仅有贺县高寨出土的 1 件[⑦]。

1. 竹园岗

竹园岗墓葬（《广州汉墓》报告编为 M1180）位于广州华侨新村墓葬群的西北面。此墓为有墓道及前后室的木椁墓，共出 120 多件器物。墓内除出土有铜鼎、盆、盂、釜、镜外，还发现有铁器及玉器如玉璧、佩、杯、印。反映墓主人并非一般的百姓，应是一位颇有社会地位及财富之人士。发现的玉印刻文"李嘉"两字，应是墓主的私印。

铜壶高 43、腹径 36.6、圈足径 33 厘米。直口，短颈，鼓腹，圜底，圈足。颈部附有器耳。上半部作圆环形，中段各铸短柱，并与颈壁铸合，耳根弯曲，以缠绳纹及"S"形卷涡纹装饰，由侧面观

① 蒋廷瑜：《镂孔圈足铜壶研究》，广西壮族自治区博物馆等编《广西与东盟青铜文化学术研讨会论文集》，科学出版社，2012 年，第 180 ~ 187 页。
② 全洪：《重识龟岗汉冢——广州东山龟岗南越木椁墓年代及墓主问题》，香港历史博物馆（编）《岭南印记：粤港澳考古成果展国际学术研讨会论文集》，香港康乐及文化事务署，2014 年，第 84 ~ 95 页。
③ 吴小平：《汉代铜壶的类型学研究》，《考古学报》2007 年第 1 期，第 29 ~ 60 页。
④ 广州市文物管理委员会、广州市博物馆、中国社会科学院考古研究所：《广州汉墓》，文物出版社，1981 年，第 131 ~ 132 页。
⑤ 黄淼章：《广州瑶台柳园岗西汉墓群发掘纪要》，林业强编《穗港汉墓出土文物》，广州博物馆、香港中文大学文物馆，1983 年，第 248 ~ 256 页。
⑥ 广州市文物管理委员会、广州市博物馆、中国社会科学院考古研究所：《广州汉墓》，文物出版社，1981 年，第 227 页。
⑦ 广西壮族自治区文物工作队、贺县文化局：《广西贺县河东高寨西汉墓》，《文物资料丛刊 4》，文物出版社，1981 年，第 29 ~ 42 页。

之，器耳的曲线与壶颈平行。环耳内各有一个指环状的鼻，鼻面饰有叶脉纹。耳是穿绳提取用，鼻是穿绳系盖用。器上有三饰纹带：近口沿一周为折带纹，上下有四线旋纹相间；肩部一周以正中为界，分为左右两组，两组纹饰相同，为对称排列的连续式旋涡纹，上下以小点弦纹带相间；腹部一周分两组，中间由两个"S"形纹作连续式的组合，其上为绳索纹，每段纹样均以弦纹相间，上下以小点弦纹带相间。圈足为喇叭筒形状，饰以三角形镂孔纹饰（图一，8）。

2. 西村增埗

西村增埗墓葬（《广州汉墓》报告编为 M2060）为有墓道及竖穴分室的木椁墓，虽然出土的铜器数量减少，然而陶器数量相对地增加，并出现以陶代替铜器的情况。包括仿铜的陶鼎与提筒，并出现陶屋、井、灶、仓等陶制模型。

铜壶高 38、腹径 32 厘米。器身有三周饰纹带，分别在近口沿、肩及腹部位置。近口沿的饰纹带以编织纹为主，上下以弦纹相间。颈部的饰纹带是对称排列的勾连云雷纹，上有弦纹，下则有小点纹装饰。腹部的饰纹带也以勾连纹为饰，上下则以重圈纹带相间。圈足则以云纹镂空（图一，9）。

整体的纹饰与竹园岗的纹饰相近。而器耳的形态则与柳园岗、竹园岗相同。

3. 柳园岗

在广州市西北面的柳园岗共发现 40 多座墓葬[1]，于 M11 木椁墓中发现 101 件陪葬物，以漆器为主，也有陶器和铜器，铜器有鼎、盆、镜等典型汉式器物。

铜壶高 26.4、腹径 16.7 厘米。直口，短颈，鼓腹，圜底，圈足。器耳置于颈部位置，器耳的长度高于口沿。上半部作圆环形，中段各铸短柱，并与颈壁铸合，耳根弯曲。器上仅有两条饰纹带，分别置于颈部及腹部。主体以雷纹作饰，上下以斜纹相间。圈足以镂空三角形作孔，与其他的镂孔圈足壶比较，此壶的圆足高度相对地矮小（图一，7）。

4. 玉子岗

玉子岗墓葬（《广州汉墓》报告编为 M1149）位于广州华侨新村墓葬群的中心区。此墓为设有墓道的木椁墓，以铜器、陶器、玉器及滑石为陪葬物，墓内发现的玉鼻塞及玉鱼，显示受到汉代以玉作葬的模式影响，也是众多墓葬中，罕见以玉塞为葬的。镂孔圈足器残破未能复原，仅余器盖。盖面饰有三角形、圆圈及点线图案。盖的沿边有耳横出，已断。圈足以直条形作为镂孔纹饰[2]。

5. 贺县高寨

广西贺县铺门乡高寨汉墓位于贺江东岸，分别清理 8 座西汉前期墓葬及 3 座西汉后期墓葬，而发现镂孔圈足铜壶的 M1 年代为西汉后期[3]。M1 为竖穴土坑墓，墓内除发现镂孔圈足铜壶外，也出土百乳纹铜镜、镜扫与铜矛，还有陶鼎、瓿、灯等。镂孔圈足壶的器形与广州地区发现的铜壶近似，然而纹饰上则有差别。器高 31、腹径 31 厘米。

① 黄淼章：《广州瑶台柳园岗西汉墓群发掘纪要》，林业强编《穗港汉墓出土文物》，广州博物馆、香港中文大学文物馆，1983年，第 248～256 页。
② 广州市文物管理委员会、广州市博物馆、中国社会科学院考古研究所：《广州汉墓》，文物出版社，1981 年，第 132 页。
③ 广西壮族自治区文物工作队、贺县文化局：《广西贺县河东高寨西汉墓》，《文物资料丛刊 4》，文物出版社，1981 年，第 29～42 页。

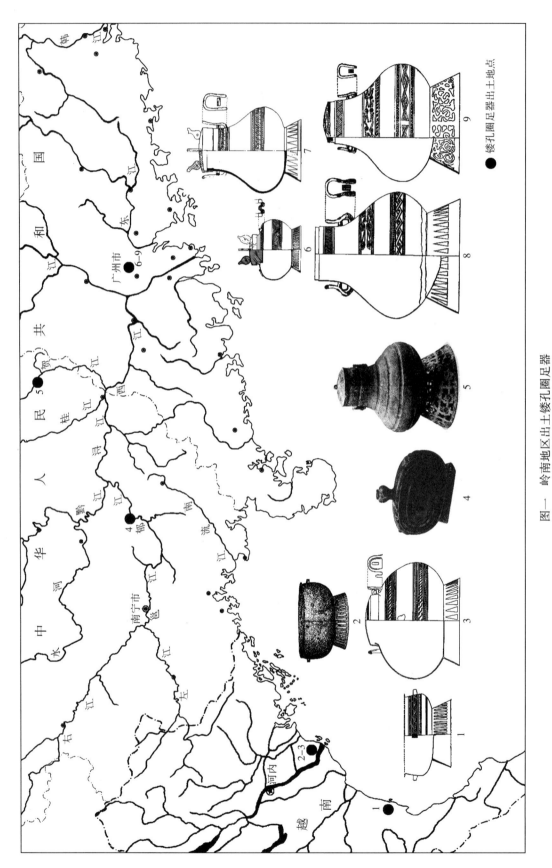

图一　岭南地区出土镂孔圈足器

1、2. 簋（鼎乡、越溪）　3. 瓶（越溪）　4. 扁壶（贵县罗泊湾）　5、7～9. 圆壶（5 贺县高寨、7 柳园冈、8 竹园冈、9 西村增埗）　6. 瓿（柳园冈）（各器比例不一）

器身有六周饰纹带，分别在颈部饰有两周，肩部一周，腹部三周。器耳的上半部作圆环形，中段各铸短柱，并与颈壁铸合，耳根弯曲，以缠绳纹及卷涡纹装饰，由侧面观之，器耳的曲线与壶颈平行。环耳内各有一个指环状的鼻，饰有叶脉纹。颈部饰以圆圈及三角纹饰，其余部位的纹带以谷纹为饰。圈足镂孔以 6 组双"S"形云纹图案组成（图一，5）。

6. 香港艺术馆藏

此器曾载于《穗港汉墓出土文物》图录①，描述为"传广州东山出土，香港艺术馆藏品（杨铨先生旧藏）"。器高 51 厘米。无盖。器身共三周饰纹带：近口沿的纹饰，与竹园岗铜壶相同，都是折带纹，上下有四线弦纹相间；肩部饰有勾连云纹，其上是双线弦纹夹绚索纹，下则为双线弦纹夹折线带；腹部近圈足处为一周勾连纹，上下分别有一周双线弦纹相夹的切线圆圈圆点纹带。圈足则以镂空云纹装饰。器耳附于颈与肩之间两侧，其形与竹园岗壶相近。另外两侧穿耳铸于颈部（图二，1）。

香港艺术馆的网上藏品记录，将此器定于春秋时期，命名为"青铜双耳莲瓣盖壶"。器物图像显示，铜壶附有器盖，近似八瓣莲花形，盖身如鼓状，中间微膨，身饰以勾云连纹。此铜壶与《广州市第一次展览会》图册内的铜壶相近，图册并附说明曰："南越铜壶，高一尺八寸，腹径九寸。有盖，无铭，花纹与伏波铜鼓略同。此壶有两器，其一于民国五年发现于广州东山木冢者缺盖断足；此器于民国廿年北江出土，盖足俱完，为二千年前西汉时物。南海潘氏藏品。"② 全洪对此做了详细地对比，指出《穗港汉墓出土文物》与《广州市第一次展览会》图录刊载的铜壶，与在香港大学冯平山博物馆展览的铜壶是同一件器物。若再比较香港艺术馆的网上藏品记录，三器为同一器应该无疑。

7. 越南历史博物馆藏

蒋廷瑜《镂孔圈足铜壶研究》一文中介绍越南地区发现的铜壶③，分别藏于越南历史博物馆及清化省博物馆，合共 4 件。越南历史博物馆藏铜壶 2 件，蒋氏分别命名为"越南 1 号铜壶"及"越南 2 号铜壶"。

越南 1 号铜壶，器身有谷纹带五周，上下以凹弦带纹为饰。分别于颈部饰有两周，肩部一周，腹部一周。器耳则附于颈部，形制与两广地区发现的镂空铜壶相同，倒"U"形，上段向外弯；中段铸有短柱与颈壁铸合，耳根弯曲，器耳以绳纹为饰。器盖圆隆，上铸有三柱状纽，盖边有麦穗纹，口沿卧刻汉字篆体铭文，曰"金镂壶一容一石名曰万岁第末十六"。圈足则饰有连续云雷纹镂孔图案（图二，2）。

越南 2 号铜壶，有盖，附器耳，高颈，圆腹，高圈足。器身有两周纹饰带，分别置于颈及腹部，颈部为雷纹，腹部则为勾连云纹。上下纹饰锈饰不清。器耳附于肩上，与"越南 1 号铜壶"的器耳形制相若，两侧器耳上面呈弧形，中部紧贴于器身，下部则隆起。高圈足饰镂空云纹（图二，3）。

① 林业强编：《穗港汉墓出土文物》，广州博物馆、香港中文大学文物馆，1983 年，第 154～155 页。

② 《广州市第一次展览会》，上海良友图书印刷公司，1933 年。

③ 蒋廷瑜：《镂孔圈足铜壶研究》，广西壮族自治区博物馆等编《广西与东盟青铜文化学术研讨会论文集》，科学出版社，2012 年，第 180～187 页。

图二　岭南地区发现镂孔圈足器

1. 香港艺术馆藏铜壶　2. 越南1号铜壶　3. 越南2号铜壶　4. 东山文化1号铜壶　5. 东山文化2号铜壶　6. 东山文化3号铜壶　7. 东山
文化4号铜壶　8. 东山文化5号铜壶　9. 东山文化6号铜壶　10. 河内博物馆藏铜簋（各器比例不一，图片来源于各图录及相关报告）

8. 越南出版报告内的东山文化铜壶

两件"提梁壶"分别见于《2006年考古发现与研究》① 中，报告者指出"提梁壶"具有汉越风格
的特征，以下将分别详述之，称为"东山文化1号铜壶"及"东山文化2号铜壶"。

---

① 阮越东、段继南：《两件具有越汉风格的铜壶》，《2006年考古发现与研究》，河内社会科学出版社，2005年，第251～252页
（越南文）。

东山文化1号铜壶，器高51、腹径38、圈足高14、圈足径34厘米。侈口，直颈，圆腹，高圈足。器身的颈及腹处各刻一周纹带。器耳置于肩上，呈倒"U"字形。盖上铸有盖纽，并以活动环链与颈部连接。圈足以鹿纹图案镂孔装饰，分为上下两行，各8只，合共16只。每头鹿姿势相若，头部长角，尾部突起，状若跳姿势（图二，4）。

东山文化2号铜壶，高51、腹径37、圈足高12、圈足径32.4厘米。侈口，直颈，圆腹，高圈足。器身的颈及腹处各刻一周纹带。器耳置于肩上，呈倒"U"字形。盖上铸有盖纽，并以活动环链与颈部连接。圈足以旋转纹图案镂孔装饰，分为上下两行（图二，5）。

又于《2011年考古发现与研究》中报道4件镂孔圈足铜壶[①]，现分别称为"东山文化3~6号铜壶"，以下分别简述之。

东山文化3号铜壶，高26.5、腹径13.5、圈足径11厘米。无盖，颈两侧附有四耳，颈及腹皆有纹饰，以小圆点、锯齿纹、三角形交叉相向为饰。器座的镂孔纹饰近似三角形（图二，6）。

东山文化4号铜壶，高40、腹径38、圈足径25厘米。直口，短颈，鼓腹，圈足。器身有三周纹带，分别在颈部、肩部及腹部各有一周。颈及腹部的两周纹饰都是切线圆圈圆点纹带，上下有两弦纹相间。器耳的形制与广州竹园岗壶相同，器耳铸于颈部与肩部之间，呈"U"字形，上半段微向外弯曲，中段有短枝与器身相连。此铜壶附有器盖，盖身饰有两周纹饰，分别在颈部及腹部，器盖呈半月弧形状，盖顶有盖纽。圈足则饰以近似三角形的镂孔纹饰（图二，7）。

东山文化4号铜壶与2005年报告的清化省发现的铜壶[②]是否为同一件，由于报告内未有详细的属性，有待日后的核实。

东山文化5号铜壶，高23、腹径18、圈足径12厘米。直口，短颈，鼓腹略尖，椭圆形圈足偏高。此壶与东山文化4号铜壶的纹饰相近。圈足则略高，其纹饰与高寨的铜壶相近。从报告中可见，由若干组图案组成，每组图案分别于右面以"C"形弯曲细长纹及左面上下各置卷云纹组成，并于中间以弦条分隔（图二，8）。

东山文化6号铜壶，依报告所述是从器物展览中获悉该器，故此未有器物尺寸。直口，短颈，腹部略为平扁，器耳附于肩上，与其他东山文化铜壶的器耳相近。圈足底部残缺，从残留的镂孔纹看，估计是三角形。器身饰以三周纹带，分别位于颈、肩及腹部。颈部纹饰由于锈蚀不清。肩部三角编织纹而成，上下各以弦纹相间。腹部的纹饰都是上下弦纹相间，中间以斜纹填充（图二，9）。

（二）其他类型

镂孔圈足铜器不仅以壶类为主，还有罗泊湾的扁壶，柳园岗、越溪的铜瓿，越溪、鼎乡的铜簋等。越南北部地区的器形较中国两广地区为丰富。而罗泊湾汉墓出土的扁壶颇为特别，其器形及装饰都与秦汉文化较为接近，显示此器在岭南地区的发现仅是个例。镂孔圈足多以壶为主，其次则是瓿及簋。现就不同器形分别详述之。

① 黄春征、阮文山：《东山文化四件越汉风格的铜壶》，《2011年考古发现与研究》，河内社会科学出版社，2012年，第170~172页（越南文）。

② 段英俊：《在清化发现的东山铜器》，《2005年考古发现与研究》，河内社会科学出版社，2006年，第344~347页（越南文）。

1. 扁壶

扁壶分为口、颈、肩、腹、圈足五个部分，有的在肩上设有铺首衔环。主要特点是蒜头小口，短颈，腹部近似椭圆形，圈足呈长方形。谢崇安指出此类型扁壶是蒜头长颈壶与秦式扁壶融合发展而成的，其流行时代约为战国至东汉早期。谢氏将此壶分为三个亚型，罗泊湾汉墓壶属于短束项型，与其近似的有清化东山发现的铜壶，但后者并没有镂孔的装饰[1]。

广西贵县罗泊湾 M1 发现丰富的陪葬品，多达 170 多件，以铜器为主，包括铜鼓、提筒、鼎等象征身份的重要器物。其中一件铜扁壶的圈足以镂孔为纹饰，故此一并列入讨论之列[2]。高 26.4、底阔 21.5 厘米。壶口为六瓣蒜头形，与秦文化的蒜头壶之标志性器物近似。短颈，宽肩，两肩各有一铺首衔环，扁圆形腹。圈足呈长方形，足部以三角形镂孔纹装饰。各圈足面分别饰有 4、16、4、16 个大小相近的三角形镂孔纹饰（图一，4）。

2. 簋

簋分为口沿、腹、圈足三部分。仅见于越南地区，以鼎乡出土数量较多，主要特征为侈口、贯耳、鼓圆腹，圈足的直径较口沿为小，镂孔多以三角形为纹饰。

海防市越溪墓葬内共清理 5 座船棺葬，仅一座发现可复原的陪葬物达 107 件，器物以青铜器为主，占整体的 87%。除镂孔圈足铜瓿外，也发现镂孔圈足铜簋[3]。铜簋高 14、口径 21.9 厘米。近口沿之处两侧各置有环形贯耳。器身无纹。圈足以长梯形镂孔为纹饰（图一，2）。

鼎乡遗址位于越南北部的义安河，已清理墓葬 319 座，墓葬分布非常密集。墓坑一般可以分为两层，上层多以石块及陶片作覆盖物，或未有任何覆盖物。下层多以瓮棺，或继续以陶片覆盖部分或全部死者，覆盖的形状呈圆形、长方形或方形，并有以陶片砌成的墓葬呈长方形。葬具多以瓮棺为主。出土器物非常丰富，铜器有兵器，如矛、匕首、箭镞、鱼叉、钺、靴形钺、锛、锥、凿、锸、钩、弩机；工具有提筒、盘、壶、勺；装饰物包括耳环、手镯、扣饰、串饰；乐器有鼓、铃等。石器则有锛、匕首及钺的石范、磨盘、砺石、石锤，以石作为装饰品的耳环、镯及串饰、"獠牙"等。陶器则有纺轮、砝码、器座、豆、盘、锅、罐、大口杯、壶等，并发现玻璃制的玦饰、管饰及珠等及少量的铁器与骨器[4]。其中出土的镂孔圈足铜簋器高 11.5、口径 21.5 厘米。器身有两道纹饰，以云雷纹为饰，上下以弦纹及点纹相间。近圈足的位置有弦纹。圈足以长条形镂孔作纹饰（图一，1）[5]。

韦伟燕在《东山文化与越文化的关系——以越南海防市越溪二号的研究为中心》一文中引用《鼎村墓地发掘报告》报道鼎乡出土两件镂孔圈足的铜簋，圈足均以三角形镂孔为饰[6]。又《越南文物》

① 谢崇安：《试论秦式扁壶及其相关问题》，《考古》2007 年第 10 期，第 62～73 页。
② 广西壮族自治区博物馆：《广西贵县罗泊湾汉墓》，文物出版社，1988 年，第 35～36 页。
③ 越南历史博物院编，何世坤译：《储藏于越南历史博物院之越溪古墓遗物》，1965 年。
④ 郑明轩：《雄王时期的重要遗址：鼎乡（义安）》，《考古学》1974 年第 14 期，第 38～53 页（越南文）。吴任红：《第二阶段鼎乡（义定）发掘》，《考古学》1983 年第 2 期，第 19～28 页（越南文）。范明玄：《第二阶段鼎乡（义定）发掘（1980～1981）》，《1981 年考古发现与研究》，河内社会科学出版社，1980 年，第 85～87 页（越南文）。Keiji Imamura and Chu Van Tan（eds），*The Lang Vac Sites，Volume I：Basic Report on the Vietnam-Japan Joint Archaeological Research in Nghia Dan District，Nghe An Province*，1990－91. Tokyo：The 21st Century COE Program "Construction of Death and Life Studies Concerning Culture and Value of Life"，Graduate School of Humanities and Sociology，The University of Tokyo，2004.
⑤ 范明玄：《东山文化的一致性与多样性》，河内社会科学出版社，1986 年，第 115～116 页（越南文）。
⑥ 韦伟燕：《东山文化与越文化的关系——以越南海防市越溪二号的研究为中心》，《学术探索》2015 年第 11 期，第 129～135 页。

图录中刊载河内博物馆藏的铜簋（BTHN4880）[①]，侈口，圆鼓腹，双贯耳。器身有两周纹饰带，分别置于近口沿及近底部位置，前者以双云雷纹，上下分别有一周双线弦纹相夹的斜纹带。于器身有清晰的合范缝。圈足以三角形镂孔为纹饰（图二，10）。

3. 瓿

瓿分为盖、领口、肩、腹、底（圈足）五个部分，肩上设有铺首衔环。主要特点是短直领，广鼓肩，弧腹，底部分为平底及圈足两类型，底附有三足脚。铜瓿主要发现于广州地区，在揭阳、越南清化及陶盛亦各发现1件。此器是秦汉时期流行于岭南及福建的器物[②]。圈足瓿仅见于柳园岗，且以镂孔圈为饰。

柳园岗除发现铜壶外，也发现以长条形作为镂孔纹饰的铜瓿。此器高18.7、口径8.5、腹径17.9厘米。木漆盖直唇，圆腹。于肩部置有半环形耳，两端的耳根各饰有重圈，在环形耳两侧有残耳根。器上有两条饰纹带，分别置于肩部及腹部。肩部的纹带以雷纹作饰，上下以带斜纹的弦纹带相间。腹部则是编织纹饰，上下也是以带斜纹的弦纹带相间。圈足以镂空长条形作孔（图一，6）。

4. 瓶

瓶分为盖、肩、腹、圈足四个部分，肩上设有器耳。主要特点是短直领，广宽肩，鼓腹。

海防市越溪墓的铜瓶，器高28.1、腹径33厘米。盖上有三重圆圈纹饰，由内至外的圆圈纹饰，分别以对向的斜线、圆点纹及对向的斜线填满。器身饰有两条纹带，以"S"形连纹为主，上下以点纹及联珠圆圈点纹相间。圈足以三角纹镂孔作为纹饰（图一，3）。

二　镂空圈足器的分布与内涵

从已发表的报告中，中国两广与越南北部镂空圈足器估计有数十件以上，现有的分布情况以越南北部发现的数量最多而类型也较丰富。然而，该地区发现的镂空圈足器仅有数件具有明确的出土信息，其他圈足器则是收集而获得。在岭南地区发现镂孔圈足器的地方主要在城邑地区，如广州、罗泊湾、贺州、清化、越溪等地，这些地点都是汉初时期郡县设置之区域，其中广州更是西汉初南越国时期重要的政治、军事、经济中心。近数十年在广州地区发现除南越王墓外，以王墓为中心的周边墓葬资料也不断更新，在墓葬发现的陪葬品都反映汉越器物共存，而且个别墓葬出土的器物数量庞大，显示贵族王侯官吏的墓葬多集中于此范围。本文讨论的镂孔圈足器仅见于少数墓葬之中，这些墓葬内共出器物的数量多而且非常珍贵（表一），除广西高寨及义安鼎乡只发表发掘简报外，其他墓葬皆已发表考古发掘报告，详细记录各墓的出土状况，有助进一步探讨墓葬内涵。

以广州玉子岗墓葬为例，墓内不仅发现有铜鼎、釜、盉、盆等器物，而且发现玉鼻塞及玉鱼陪葬，显示受到汉以玉为葬之风的影响，推断墓主人是一位能掌握社会地位及财富的贵族或官吏，才能享有以玉作葬的特权。竹园岗墓内也出土有铜鼎、釜、盉、盆、镜和铁斧、铁剑、"李嘉"玉印、玉璧、玉佩及玉杯等，显示墓主人地位与玉子岗的墓主人相若。柳园岗则有铜鼎、木俑、镇墓俑等。罗泊湾设有的陪葬坑，在南越国时期，只有南越王墓具有此特征，故罗泊湾汉墓主人的身份地位之高，也不

① Luu Tran Tieu（Ed.），*Vietnamese Antiquities*，Ha Noi：Ministry of Culture-Information；Department of Conservation and Museology National；Museum of Vietnamese History，2003，p. 68.

② 李龙章：《岭南地区出土青铜器研究》，文物出版社，2006年，第88~89页。

表一　出土镂孔圈足器墓葬资料

地点	镂孔圈足器 （高；腹径） （厘米）	共出器物	年代	资料来源
海防越溪 （M4）	瓿（28.1； 33.1） 簋（14； 口径21.9）	铜鼓（1）、提筒（2）、盉（3）、鼎（1）、盆（1）、勺（1）、灯（1）、匕首（3）、剑（1）、矛（9）、刮刀（2）、镦（6）、凿（9）、斧（38）、钩（3）、锉（1）、削刀（4）、铃（1）、钟（4）；木桨（1）、矛杆（8）、（?）匣（1）；扣饰（?）；皮件带漆（?）；磨石（1）；编织物	战国晚期	储藏于越南历史博物院之越溪古墓遗物（1965）
义安鼎乡	簋（11.5； 口径21.5）	*出土于铜鼓之内	战国至西汉初期	《考古学》（1974－15）
广州柳园岗（M11）	壶（26.4； 16.7） 瓿（18.7； 17.9）	陶罐（7）、瓮（1）、瓿（2）、盒（1）、小盒（1）、碗（1）、璧（1）；铜鼎（2）、盆（1）、镜（1）、勺（1）；漆木俑（24）、剑（12）、斗拱（1）、钺（1）、鸠杖（1）、镇墓俑（1）、壶（1）、盘（1）、奁（2）、钫（1）、盆（1）、案（1）、碟（3）、耳杯（1）、杯（1）、璧（3）、梳（1）	西汉初期	穗港汉墓出土文物（1983）
广州竹园岗（M1180）	壶（43； 36.6）	陶瓮（19）、四耳瓮（3）、罐（24）、双耳罐（7）、双联罐（1）、四联罐（2）、瓿（1）、盒（2）、壶（6）、钫（2）、鼎（4）、提筒（1）、匏壶（1）、三足盒（19）、格盒（1）、铜甑（1）、瓿（1）、釜（2）、熏炉（1）、器盖（1）；铜瓿（1）、卮（2）、鼎（1）、鍪（1）、釜（1）、盂（1）、盆（1）、（?）方盆（1）、镜（1）、铙（1）、冒（2）；铁釜（1）、矛（1）；玉璧（1）、佩（1）、印（1）、杯（1）；石鼎（1）、暖炉（1）	西汉初期	《广州汉墓》（1981）
广州玉子岗（M1149）	壶（残）	陶罐（1）、三足罐（2）、四联罐（1）、瓿（2）、小瓶（1）、钫（2）、三足盒（1）、三足小盒（6）、盆（1）、熏炉（1）；铜卮（1）、鼎（3）、釜（1）、盂（1）、盆（1）；玉鼻塞（1）、鱼（1）；石鼎（1）	西汉初期	《广州汉墓》（1981）
广西罗泊湾（M1）	扁壶（26.4； 圈足阔21.5）	陶罐（4）、三足罐（2）、甑（1）、釜（1）、盒（5）、三足盒（21）、纺轮（14）、珠（2）；铜剑（3）、镦（3）、镞（43）、鼓（2）、提筒（4）、鼎（6）、钫（1）、壶（1）、杯形壶（1）、镳壶（1）、提梁漆绘筒（1）、三足案（2）、盘（4）、盆（6）、钵（1）、铜（1）、匜（3）、勺（4）、灯（1）、镜（2）、镜刷柄（2）、带钩（7）、车盖弓帽（30）、车轴头（3）、衡末（6）、軛勾（2）、"工"字形器（1）、方箍（1）、踵饰（1）、锣（1）、钟（3）、环（7）、銙泡（6）、扣饰（13）、衔（1）、节约（12）、鞭首（2）、纽饰（3）、吊锤（1）；铁剑（2）、镦（4）、（?）利器（4）、锸（1）、削（1）、釜（1）、釜架（3）、棍（3）、钉（3）、环（1）、箍（3）；金耳挖（1）；银针（3）、戒指（1）；锡球（1）、片（1）、针（1）；玉印（1）、璧（2）、环（1）、饰片（1）；玛瑙扣（1）；琉璃珰（1）、珠（1）、碎片（1）；琥珀珠（2）；石块（8）；竹笛（1）、尺（1）、篓（1）、筐（?）、器盖（1）；木尺（2）、镜（1）、梳竹篦（26）、削（14）、刀（1）、剑（1）、鞘（2）、杖（1）、案（1）、六博盘（1）、鼓腔（2）、鼓槌（1）、筑（1）、十二弦乐器（1）、（?）岳山（4）、俑（12）、兽面（2）、鹅头（1）、木雕（?）、器座（17）、纺织工具一套（91）、武器柄（18）、木棍（1）、木瓢（1）、葫芦瓢（2）；漆耳杯（20?）、盘（10?）、奁（1）、盂（1）、豆（1）、梳篦盒（1）、方盒（1）、桶（1）、盾（?）、器足（2）、器盖（?）、夹纻胎漆器（6）、甲片（20）；木牍（5）、木简（9）、封泥匣（5）；麻鞋、布袜；漆缬纱帽；植物种子	西汉初期	《广西贵县罗泊湾汉墓》（1988）
广州西村增埗（M2060）	壶（38；32）	陶瓮（1）、罐（2）、四耳罐（15）、五联罐（1）、瓿（2）、钫（2）、壶（3）、小壶（1）、匏壶（2）、提筒（1）、鼎（6）、盂（5）、灶（1）、井（1）、仓（1）、屋（1）、纺轮（11）；铜温酒樽（2）、盆（1）；铅纽饰（1）；锡泡钉（8）、镈（3）、当颅（1）、盖弓帽（19）、马衔镳（2）、车軎（3）；玉璧（1）、珠饰（19）；石鼎（1）；漆碗（1）、盘（3）、耳杯（8）；木船（1）、盾（6）、柲（4）；橄榄、乌榄、李、梅	西汉中期	《广州汉墓》（1981）
广西高寨（M1）	壶（31；31）	陶鼎、瓿、罐、壶、灯；铜矛、盆、镜、镜刷；珠饰	西汉后期	《文物资料丛刊4》（1981）

言而喻。越溪墓的葬式以船棺为葬，在 4 座墓葬中仅一座有陪葬器物，发现有大量铜器、漆器、木器及编织物等多达 170 多件，铜器中有东山文化典型的器物组合如铜鼓、提筒、盅、匕首，也有汉式鼎、瓿、灯等，说明此墓之主人可能是当时地区的上层统治阶层，才可同时拥有东山与汉式的威信财。

属于西汉中期的西村增埗墓葬，虽然陪葬品中只有铜温酒樽与盆，但发现有陶制的提筒和鼎，并有以陶灶、井、仓、屋等模型。这些陶制模型是南越国后于岭南地区大、中型汉墓中常见器物组合，以西村增埗墓葬为例，除出土有陶模型组合外，还有日常用的陶器、铜锡器马具、玉器、木器、石器等，显示墓葬主人属于社会上层阶级。事实上，以陶制模型作为陪葬品自西汉中期以后开始普及，也成为威信财之一。

从以上各墓的陪葬品，发现有镂孔圈足器的墓葬主人应是掌握社会权威及财富之人，可将镂孔圈足器视为威信财之一。在蒋廷瑜的论述中[①]，分别就竹园岗、柳园岗及高寨三座墓葬分析墓主人的身份，指出前两座墓葬主人属于南越国时期的官吏，在竹园岗的陶器戳印中有"常御""居室"，而柳园岗的陶器则有"臣辛"二字的戳印在陶瓿之上。前者与汉制的居室令相若，属于执掌诏狱的主要官员之一，同时也兼任陶器的监制，故竹园岗墓主人李嘉可能是担任居室令丞的官员。而柳园岗墓主也是南越国的中、小级官吏，随葬品中发现有木俑及红漆的木鸠杖。木俑置于木椁上，疑似守墓之卫士，木身有断发文身之图案。断发文身是百越族群之风俗，《原道训》曰："九嶷之南，陆事寡而水事众，于是民人被发文身，以像鳞虫"[②]，由此可知，断发文身是在岭南的自然环境下而产生的风俗。墓主可能是岭南百越之族群，又墓内的"臣辛"戳印陶器，显示墓主人在南越国担任官职。而木鸠杖之发现，蒋氏指出鸠杖具有特殊意义，从汉代的相关律令推断，鸠杖相当于符节，持有鸠杖者被视为有权力之人。高寨汉墓出土的器物不多，仅有铜壶、矛、镜，陶鼎、瓿、罐、灯及料珠等。西汉中期以后，岭南地区以陶代铜作为陪葬品的情况日渐普遍，其中铜鼎、提筒、壶、瓿、灯等的威信财被陶器取代，除陶器外，滑石也成为取代铜器的材料，而高寨墓出土的器物也出现相近以陶模型陪葬品的威信财。虽然未能确切指出墓主人的身份，但可确定其社会地位和财富与一般平民存在明显差异。还有，在铜器被逐渐取代的客观环境下，镂孔圈足器依然以铜器制作，显示圈足器有着特别的象征意义。

镂孔圈足器主要流行于南越国时期，由竹园岗、柳园岗、玉子岗、罗泊湾等墓葬出土的器物反映南越国时期是汉越文化共存的时代，如罗泊湾汉墓发现的铜鼓、提筒、钫、镂壶、壶等是汉越文化共存的反映。与西汉后期西村增埗、高寨两墓的器物比较，明显地出现变化：陶器的数量增加，除陶提筒外，器物都是沿于汉代器物发展而来，并且出现以陶制模型作为陪葬器物的情况，墓葬年代亦相对地较晚。由西村增埗出土的陶提筒观之，器形宽矮，两边各有一对小孔，此提筒不仅在纹饰上简化，而且器形上已出现很大变化。西汉前期广州汉墓内发现的陶提筒与西村增埗亦有明显差异。虽然前者与铜提筒相比，纹饰已经简化，但造型基本和铜提筒无异，相反西村增埗的形态已变得简化，趋于融合西汉后期的汉文化系统的模式。可推论镂孔圈足在广州地区的流行时间为西汉中后期阶段。

---

① 蒋廷瑜：《镂孔圈足铜壶研究》，广西壮族自治区博物馆等编《广西与东盟青铜文化学术研讨会论文集》，科学出版社，2012年，第 187 页。

② 刘文典著，冯逸、乔华点校：《淮南鸿烈集解》，中华书局，1989 年，第 19 页。《淮南鸿烈集解》中指的"九嶷"是指苍梧之山也，即今日的广西境内。被者，翦也。百越族群的居地多虫鱼猛兽，为避免猛兽的袭击，于是断发文身，与鳞虫无异以避害。

因为越南北部发现的镂孔圈足器主要是采集而来，仅越溪及鼎乡两遗址的镂孔圈足器是考古发掘，故此对越南北部的镂孔圈足器未能获悉准确年代。因此需凭借越溪及鼎乡遗址而推断镂孔圈足器在越南北部流行的相关年代。另一方面，两处遗址发现的只有铜簋及瓶，没有较流行的圆壶类型，所以推断年代也只可作参考之用，未能涵盖岭南地区的整体情况。越溪遗址出土器物比较单纯，以青铜器为主，其中的铜鼓、提筒、盉、勺、铜铃等都是东山文化的器物，铜鼓、提筒及瓢上的纹饰具有地方特征，如羽人船纹、鹭、几何云雷纹饰组合等，这是典型的东山文化流行使用的纹样。又部分器物受到百越文化的影响，如铜鼎、矛、钺、刮刀等。铜鼎的形制与广东四会鸟旦山 M1 的铜鼎相近①，两者的形态皆是三足外撇，断面呈半圆形，垂腹。遗址内不同类型的铜矛都可与岭南地区出土的铜矛作比较，如平骹口的尖叶铜矛与平乐银山岭 M7 铜矛②，有纽耳的燕尾式骹口铜矛与罗定背夫山 M1 铜矛③，其年代都是战国时期。墓内发现编织纹的凤形铜钺也见于春秋战国时期的岭南地区。从以上举出的例子，推断越溪墓葬可能是战国时期（晚期），而晚至西汉初年南越国时期之前。因为在墓内未找到汉初的器物，似乎西汉初年的南越国扩展未有达至越溪墓主人的活动区域。及后南越王对越南北部用兵，才可见汉文化的影响。汉文化的影响则可见义安的鼎乡墓，墓葬的年代由战国至汉武帝时期。在鼎乡墓葬发现的东山文化器物已显示其年代特征，除铜鼓外，也发现镂空茎首青铜剑、立体人像青铜匕首、几何形纹提筒等典型性器物。在墓中发现的半两及四铢半两④，证明墓葬的年代晚至西汉初期。由此可知，铜簋或瓶的年代可上溯至战国晚期，而晚期的时期约为西汉初期。

依据吴小平对汉代铜壶的研究，以圈足的差异分为三型四期。第三期的铜壶圈足器形出现变化，颈变长，圈足也渐渐提高而向外侈；腹部则由圆鼓发展为后期的扁平形态，第三和第四期的年代约为西汉晚期至东汉中晚期阶段⑤。在越南北部采集的镂孔圈足壶如越南 1、2 号铜壶及东山文化 1、2、5 号铜壶的特征是圈足略为偏高，颈部偏长而圆鼓腹。与越南铜壶及东山文化铜壶器形较为相近的有高寨镂孔圈足器，此墓葬的年代为西汉晚期。高寨的圈足和两广地区比较，都是略为偏高，而且镂孔纹饰也不是两广地区常见的几何形图案，而是 "S" 形的云雷纹饰，以此为纹饰见于越南 2 号铜壶及香港艺术馆藏品，后者圈足则矮小，稍有差异。

总括现今已报告的资料，镂孔圈足器的年代最早是战国晚期的瓶、簋，后来发展至圆壶类型，而圆壶的形态也是随着汉式铜壶的演化而有所改变。其中高圈足特征的镂孔圈足器在越南北部继续发展，年代估计约为东汉中晚期。也可以推断镂孔圈足器最晚可能至东汉中晚期继续在越南北部发展。

三　镂孔圈足器作为威信财的意义

岭南地区的百越族群早于春秋战国时期，与中原地区的联系已非常频密，及后秦设三郡，族群之

---

① 广东省博物馆：《广东四会鸟旦山战国墓》，《考古》1975 年第 2 期，第 102～108 页。
② 广西壮族自治区文物工作队：《平乐银山岭战国墓》，《考古学报》1978 年第 2 期，第 211～251 页。
③ 广东省博物馆、罗定县文化局：《广东罗定背夫山战国墓》，《考古》1986 年第 3 期，第 210～220 页。
④ Keiji Imamura and Chu Van Tan（eds），*The Lang Vac Sites*，*Volume I*：*Basic Report on the Vietnam - Japan Joint Archaeological Research in Nghia Dan District*，*Nghe An Province*，1990 - 91. Tokyo：The 21ˢᵗ Century COE Program "Construction of Death and Life Studies Concerning Culture and Value of Life"，Graduate School of Humanities and Sociology，The University of Tokyo，2004，p. 111.
⑤ 吴小平：《汉代铜壶的类型学研究》，《考古学报》2007 年第 1 期，第 29～35 页。

间的接触日趋频繁与紧密，不同族群的接触自然不可避免。随着大量北人南来令人口数量有所增加，南来族群主要聚居于城邑要道之地区，构成族群边界的密切联系，甚至不可分割。根据现有镂空圈足器发现的地点推断，越南红河流域是主要分布区，东面则有零星分布，再考虑越溪遗址发现的铜瓿及簋的年代，与清化省发现的"越南铜壶"及"东山铜壶"的年代，镂孔圈足器的发展主要都在越南北部区域并往东面传播。

因此，可以说镂孔圈足器只分布于特定区域（岭南地区），流传于特定的时间（汉时期），及发现在一些特别族群成员墓葬中（蒋廷瑜指出是南越国时期中级官吏），显示此器物的流通有其局限性，并非一般族群成员可拥有。故此可说此器具有特定的社会意义，被珍而重之作为陪葬品置于墓中。符合象征权威财富的象征性器物，可称镂孔圈足器为威信财，此器作为重要的象征性器物在岭南地区某些族群成员流传着、发挥其特有的功能。

威信财主要由制作、交流及累积等三方面形成社会层级系统[1]。制作就是指"威信技术"的控制。交流主要是一个上层交流网络系统的建立[2]，以大洋洲的族群为例，交流网络主要从婚姻或重要的交易而成，统治者对外来的威信财进行垄断式的控制。并由亲属系统作对等的交流，但是在政治及宗教上则可出现不对称的交流。简单而言，交流网络是局限性地在统治者的管理手中，而威信财的控制一直都是由他们监控，故此有助社会层级的系统确立及维持。所谓威信财的累积，是指将有价值的器物刻意囤积，即使这些仅是日常可得之器物，族群内的成员皆可拥有这些日常器物，假若大量器物集中累积于少数族群成员，便呈现资源分配不均的现象，出现以聚器为特征的"财富"。随着交易网络的建立，更具象征意义的器物出现，金属器如金、银、铜等器物作为象征性器物的重要载体发现于墓葬之内，器物与神圣、社会地位联系一起[3]，为这些器物赋予新的意义。

镂孔圈足器出现于岭南地区，从墓葬出土资料所得，此器仅限于社会特定的阶层才可拥有。器物表面的纹饰，主要由几何形纹图案、弦纹、圆点纹、勾连云雷纹、绹纹等组合而成，这些图案组合常见于越南北部东山文化的铜鼓、提筒、盉、瓢等器物上，显示镂空圈足器与东山文化有着一定的联系。还有，镂孔圈足器的器耳与铜提筒上的器耳形制也是一脉相承的，两者都呈"U"字形，上半段微向外弯曲，中段有短枝与器身相连；或是贯耳。仅有罗泊湾汉墓镂孔圈足扁壶的器耳，以中原地区流行的铺首衔环作器耳，呈现出"汉"文化在岭南的发展，是众多镂孔圈足器的特例。由于镂孔圈足器之器身纹饰、器耳、镂孔圈足都显现这类器物的地方特色，黄展岳先生就南越国青铜器进行论述，将特征"直口，鼓腹，圜底，喇叭形圈足，圈足上有三角形镂孔，颈部附双耳"的器物，称为"越式壶"[4]，也就是本文论述的镂孔圈足铜圆壶。事实上，不仅是圆壶，瓿、簋、瓶等镂孔圈足器也是岭南

① Kajsa Ekholm, "External Exchange and the Transformation of Central African Social System", *The Evolution of Social Systems*. Ed. Friedman, J. & Rowlands, M. J. Pittsburgh: University of Pittsburgh Press, 1978, pp. 115 – 136.

② Friedman, Johnathan, "Catastrophe and Continuity in Social Evolution", *Theory and Explanation in Archaeology: the Southampton Conference*, Ed. Colin Renfrew, Michael J. Rowlands and Barbara Abbott Segraves – Whallon New York: Academic Press, 1982, pp. 175 – 196.

③ Renfrew, Colin, "Systems of Value among Material Things: the Nexus of Fungibility and Measure", *The Construction of Value in the Ancient World*. Ed. John K. Papadopoulos and Gary Urton, Cotsen Institute of Archaeology, UCLA, 2012, pp. 251 – 253.

④ 黄展岳：《论南越国出土青铜器》，载中国古代铜鼓研究会编《铜鼓和青铜文化的新探索》，广西民族出版社，1993 年，第 224 页。

越式器物，此器物的制作者是否由岭南本地族群制作或外来输入，因为未能对相关器物进行科学测试，有待进一步的探讨，在现阶段可由器物纹饰及形制推断器物的由来。上文已论述器物的纹饰是岭南本地的特色，器形方面则受到中原内地的影响，特别是圆扁壶的发展，本地族群尝试改造圆壶以附合当时社会的需要，如在罗泊湾汉墓中出现以铜鼓鼓面作三足案，或同墓的蒜头壶，故此，器物改造在岭南地区是颇为普遍的。这种镂孔制作风格在战国时期的越溪已经出现，到西汉初期的柳园岗也发现瓿及圆壶两类镂孔圈足器，而且柳园岗墓主人可能属于百越族群的"长老"，在社会拥有权威与财富（墓内出土大量的器物可证之），可以推断此器在上层百越族的流行程度。此器可能是在岭南地制作或加工而成，越溪墓中出土大量的青铜器可证明本地已有制作铜器的能力，因此岭南族群制作此器也是有其可能性的。

然而，在汉墓之中普遍发展镂孔圈足圆扁壶，表示族群利用此器物进一步提升其功效。威信财作为古代社会阶级及政治等级制度的象征器物，族群中成员利用威信财建立权威，权威建立后令大部分的族群成员愿意将自己的权力转移及接受威信财持有者的管治[1]。诚如伦福儒教授（Colin Renfrew）所言，当有价值的东西出现，社会便进入不平等的状况[2]。换句而言，威信财对于社会地位的确立及提高起着重要的功用。对中非 Kongo 王国[3]、大洋洲美拉尼西亚（Melanesia）[4]及 Caroline 岛[5]、北海道爱奴族[6]等研究族群如何透过威信财来获取社会的认同及地位，主要是部分族群成员由控制对外贸易圈以达到掌握威信财的流通，由于威信财是珍贵但不具有实用器的功能而是有象征意义的器物，而持有威信财的族群成员大部分是社会地位高而财富多，故此，掌握大量威信财的成员，就表示他们是在族群中控制大量财富及权位的"重要成员"。

换句而言，镂孔圈足圆扁壶的主人也被赋予相同的权力象征。在西村增埗墓葬，器物组合呈现汉文化的特征，大量的日常陶器作为陪葬品。整体而言，陶器或滑石代替铜器作为陪葬品的发展脉络中，铜器似乎被全面取代，以易于取得的陶料作为陪葬物，这种随葬风尚在岭南地区，特别是政治、经济及文化中心的城邑要地普遍流行。然而镂孔圈足器作为岭南本地的器物，为何没有被陶器化，反而能继续以铜器载体作为陪葬品？此器由岭南本地族群制作，为何在北来汉文化统治集团的墓葬中出现？

或许从罗泊湾汉墓以铜鼓面作三足案可推断镂孔圈足的由来。铜鼓是南方地区重要的威信财，它不仅是伴舞的乐器，也是族群首领的重要器物，显示族中之首的权力与地位，它亦是祭祀时的重要器物。在近代的民族调查中，铜鼓依然是丧葬之中的重要器物，由报丧、入殓、守灵、吊唁、送葬及陪

① Plourde, Aimee M., "Prestige Goods and the Formation of Political Hierarchy: a Costly Signaling Model", *Pattern and Process in Cultural Evolution.* Ed. Stephen Shennan, Berkeley: University of California Press, 2009, p. 266.

② Renfrew, Colin, "Systems of Value among Material Things: the Nexus of Fungibility and Measure", *The Construction of Value in the Ancient World.* Ed. John K. Papadopoulos and Gary Urton, Cotsen Institute of Archaeology, UCLA, 2012, p. 252.

③ KajsaEkholm, "External Exchange and the Transformation of Central African Social System", *The Evolution of Social Systems.* Ed. Friedman, J. & Rowlands, M. J. Pittsburgh: University of Pittsburgh Press, 1978, pp. 115 – 136.

④ Friedman, Johnathan, "Catastrophe and Continuity in Social Evolution", *Theory and Explanation in Archaeology: the Southampton Conference,* Ed. Colin Renfrew, Michael J. Rowlands and Barbara Abbott Segraves – Whallon, New York: Academic Press, 1982, pp. 175 – 196.

⑤ Bascom, William R., "Ponapean Prestige Economy", *Southwestern Journal of Archaeology,* 4（1948）: pp. 211 – 221.

⑥ 宇田川洋：《アイヌ文化の形成過程をめぐる一試論：威信財もしくはikor の存在を考える》，《国立歴史民俗博物館》第 107集，2003 年，第 217 ~ 249 页。

葬等丧葬过程中，铜鼓都有着不同的作用①。铜鼓作为如此重要的器物，罗泊湾三足案以铜鼓面改造，鼓面朝底，别有用途。此器高11、口径60.5、底径55厘米。鼓面铸有三马蹄形足，胸两侧各有一对活动环耳②。案的中心有烧烤痕迹，估计是实用之器。

铜鼓是族群的威信财，代表着权威与财富，是一种神圣不可侵犯的象征器物，故此将铜鼓改作案并作烧烤之用，表示墓主人并非是一位视铜鼓为重器的族群，否则不会将之作为烧烤之用。相反，镂孔圈足铜圆壶多见于汉"官吏"墓之中，显示此器物是"官吏"群组的象征器物之一。可能有专门负责制作此器的族群成员，而成品仅流通于此群组之中，他们并"珍而重之"地将之作为陪葬品。假设此器是"官吏"掠夺而得的，那么制作族群的原意是本身使用，于是制作者便无须将此器混杂不同文化的因素（西汉初期分布于越南北部的大部分威信财都具有地方特色），而是如铜鼓、提筒、盅等威信财一样，器形及纹饰上均充分体验本地族群的特色。因此，估计镂孔圈足器是为"官吏"而特别制作，并且将百越族群元素注入汉式器物上，凸显汉越之间的关系。百越族群借着镂孔圈足器以建立社会的关系，使岭南汉越族群能在各自空间下发展。

所以，岭南地区的威信财——镂孔圈足器，不仅代表着社会某族群成员的身份，也是百越族群企图透过镂孔圈足器与汉统治阶层取得联系，并借此维系彼此社会权威与财富的稳定，这也许是汉时期的岭南社会得以稳定发展的因素之一。

---

① 蒋廷瑜：《铜鼓与丧葬礼仪》，载氏著《蒋廷瑜集——岭南铜鼓论集》，线装书局，2011年，第159~169页。
② 广西壮族自治区博物馆：《广西贵县罗泊湾汉墓》，文物出版社，1988年，第38页。

辽宁汉代砖室墓分期研究

卢治萍

（辽宁省文物考古研究所）

辽宁地区汉墓有土坑、砖室和石室墓三类，其中砖室墓发现最多。目前发表者已 200 余座，包括营口地区天瑞水泥厂[①]、熊岳镇胜利村汉墓[②]、盖县九垅地、东达营子、草房村[③]、镶黄旗汉墓[④]，大连地区普兰店姜屯汉墓、旅顺营城子[⑤]、前牧城驿[⑥]、牧羊城[⑦]、刁家屯[⑧]、营城子牧城驿[⑨]、沙岗子[⑩]、农科院汉墓[⑪]，鞍山地区羊草庄、调军台[⑫]，辽阳苗圃[⑬]、青年大街汉墓[⑭]，沈阳地区则有小东汉墓[⑮]、沈州路东汉墓[⑯]、八家子[⑰]、大南益文小区[⑱]、大南街[⑲]、五爱[⑳]、热闹路天主教堂修女院[㉑]、红宝山[㉒]、

---

① 辽宁省文物考古研究所：《辽宁营口鲅鱼圈区天瑞水泥厂》，《北方文物》2016 年第 2 期。

② 崔艳茹、崔德文：《辽宁营口熊岳镇胜利村汉墓清理简报》，《北方文物》2002 年第 1 期。

③ 许玉林：《辽宁盖县东汉墓》，《文物》1993 年第 5 期。

④ 魏耕云、杨帅：《镶黄旗汉墓群清理简报》，《文物鉴定与鉴赏》2018 年第 1 期。

⑤ 许明纲：《旅大市营城子古墓清理》，《考古》1959 年第 6 期。东亚考古学会：《东方考古学丛刊甲种第四册·营城子——前牧城驿附近的汉代壁画砖墓》，1934 年。

⑥ 旅顺博物馆：《辽宁大连前牧城驿东汉墓》，《考古》1986 年第 5 期。张翠敏、王宇、刘金友：《前牧城驿汉墓发掘报告》，《大连土羊高速公路发掘报告集》，科学出版社，2010 年，第 51 页。

⑦ 东亚考古学会：《南山里——南满洲老铁山麓的汉代砖墓》，1933 年，第 3~46 页。

⑧ 东亚考古学会：《南山里——南满洲老铁山麓的汉代砖墓》，1933 年，第 53~63 页。

⑨ 东亚考古学会：《南山里——南满洲老铁山麓的汉代砖墓》，1933 年，第 67~72 页。

⑩ 许明纲、吴青云：《辽宁大连沙岗子发现二座东汉墓》，《考古》1991 年第 2 期。韩建宏、张志成、张翠敏、王宇：《沙岗子汉墓发掘报告》，《大连土羊高速公路发掘报告集》，科学出版社，2010 年。

⑪ 刘金友、闫永生：《大连沙岗子农科院汉墓发掘简报》，《大连考古文集（第一集）》，科学出版社，2011 年。

⑫ 辽宁省文物考古研究所、鞍山市博物馆：《辽宁省鞍山市调军台墓地发掘简报》，《北方文物》2016 年第 3 期。

⑬ 辽宁省文物考古研究所：《辽宁辽阳苗圃墓地西汉砖室墓发掘简报》，《文物》2014 年第 11 期。

⑭ 王来柱：《辽阳青年大街发现的两座汉墓》，《辽宁考古文集》，辽宁民族出版社，2003 年。

⑮ 刘焕民：《沈阳小东汉墓葬群勘探调查与发掘》，《辽宁考古文集（二）》，科学出版社，2012 年，第 173 页。

⑯ 沈阳市文物考古研究所：《辽宁沈阳沈州路东汉墓发掘简报》，《北方文物》2004 年第 3 期。

⑰ 沈阳市文物考古研究所：《辽宁沈阳八家子汉魏墓葬群发掘简报》，《北方文物》2004 年第 3 期。

⑱ 沈阳市文物管理办公室：《沈阳大南益文小区汉墓清理简报》，《沈阳文物》创刊号 1992 年。

⑲ 沈阳市文物考古研究所：《沈阳大南街古代遗存发掘报告》，《沈阳考古文集（第 2 集）》，科学出版社，2009 年。

⑳ 沈阳市文物考古研究所：《沈阳市五爱墓群发掘报告》，《沈阳考古文集（第 5 集）》，科学出版社，2015 年。

㉑ 沈阳市文物考古研究所：《沈阳热闹街天主教修女院古代墓群 2007 年考古发掘报告》，《沈阳考古文集（第 2 集）》，科学出版社，2009 年。

㉒ 沈阳市文物管理办公室：《红宝山汉墓群清理简报》，《沈阳文物》1993 年第 1 期。

伯官屯①、下伯官②、上伯官③、青桩子④、偏堡子⑤汉墓，抚顺刘尔屯⑥、李石开发区四号路⑦、小甲邦汉墓⑧，辽西地区仅有凌海市西网汉墓⑨和朝阳袁台子西区 XM1⑩。其中姜屯⑪和羊草庄⑫两处墓地墓葬成片分布，时代演变特征明显，发表全面详细，为砖室墓研究提供了宝贵的材料。目前未有专文对辽宁汉代砖室墓进行研究，但多篇文章有所涉及⑬。本文意在通过对辽宁汉代砖室墓形制及其随葬器物的类型学研究，以期建立分期标尺，并在此基础上就相关问题略疏浅见。

一　墓葬形态分析

辽宁地区汉代砖室墓根据墓葬形制和规模可分为砖椁墓和砖室墓两大类。

（一）砖椁墓

墓葬规模较小，多无墓道，砖椁平面呈长方形，椁室较窄且低，多长 2.2~2.6、宽 1~1.3、高 0.6~1 米。墓砖以榫卯砖、方砖和小条形砖为主，其中榫卯砖使用最为普遍。砖椁内多置有木棺，均为单人葬。随葬品较少，多为实用器，以壶、罐为主。目前发表者 10 例，包括辽宁抚顺李石开发区四号路墓群 M2⑭，抚顺刘尔屯汉魏墓群 M7、M16、M17⑮，鞍山羊草庄 M22、M27、M54、M55、M72、M74（图一）。

（二）砖室墓

砖室墓较砖椁墓规模大，一般长 2.5、宽 1 米以上。根据墓室情况可分为单室、双室、多室、异型、复合型五型（图二）。

A 型：单室墓。此型墓均只有一个主墓室，多为中小型墓。根据墓道、甬道及侧室的有无，可分为五个亚型。

Aa 型：有甬道，由墓道、甬道、墓室组成。墓室多呈长方形和正方形，也有弧长方形，甬道和墓室总长在 2.6~4 米之间。墓道的修筑有位于主室一端正中和偏于主室一侧两种方式，如姜屯 M46、M27。

① 沈阳文物工作组：《沈阳伯官屯汉魏墓葬》，《考古》1964 年第 11 期。

② 沈阳市文物考古研究所：《沈阳下伯官屯汉墓 2007 年发掘报告》，《沈阳考古文集（第 2 集）》，科学出版社，2009 年；《沈抚公路二号线建设工程文物勘探及墓葬清理》，《沈阳考古文集（第 5 集）》，科学出版社，2015 年。

③ 沈阳市文物考古工作队：《沈阳上伯官汉墓清理报告》，《辽海文物学刊》1991 年第 2 期。沈阳市文物考古研究所：《沈阳上伯官汉墓 2005 年发掘报告》，《沈阳考古文集（第 2 集）》，科学出版社，2009 年。

④ 沈阳市文物考古研究所：《沈阳青桩子汉魏墓群 2013 年发掘简报》，《沈阳考古文集（第 5 集）》，科学出版社，2015 年。

⑤ 沈阳市文物考古研究所：《沈阳辽中偏堡子汉墓群 2014 年发掘报告》，《沈阳考古文集（第 5 集）》，科学出版社，2015 年。

⑥ 辽宁省文物考古研究所：《辽宁抚顺市刘尔屯汉魏墓群的发掘》，《考古》2014 年第 4 期。肖景全、郭振安：《辽宁抚顺市刘尔屯村发现两座汉墓》，《考古》1991 年第 2 期。

⑦ 辽宁省文物考古研究所、抚顺市博物馆：《辽宁抚顺李石开发区四号路墓群发掘简报》，《北方文物》2013 年第 11 期。

⑧ 李继群、郑晨：《抚顺小甲邦东汉墓》，《辽海文物学刊》1992 年第 1 期。

⑨ 付俊山：《锦县西网汉墓发掘简报》，《辽宁文物》1981 年第 1 期。

⑩ 辽宁省文物考古研究所、朝阳市博物馆：《朝阳袁台子——战国西汉遗址和西周至十六国时期墓葬》，文物出版社，2010 年，第 145 页。

⑪ 辽宁省文物考古研究所：《姜屯汉墓》，文物出版社，2013 年。

⑫ 辽宁省文物考古研究所：《羊草庄汉墓》，文物出版社，2015 年。

⑬ 梁振晶：《辽东地区汉墓陶器分期初步研究》，《沈阳考古文集（第 6 集）》，科学出版社，2017 年，第 164 页。刘俊勇、王博妍：《辽南汉墓分区研究》，《辽宁师范大学学报（社会科学版）》2013 年 3 月。张永珍：《辽沈地区汉魏晋墓葬的类型与分期研究》，吉林大学硕士论文，2007 年。

⑭ 辽宁省文物考古研究所、抚顺市博物馆：《辽宁抚顺李石开发区四号路墓群发掘简报》，《北方文物》2013 年第 11 期。

⑮ 辽宁省文物考古研究所、抚顺市博物馆：《辽宁抚顺市刘尔屯汉魏墓群的发掘》，《考古》2014 年第 4 期。

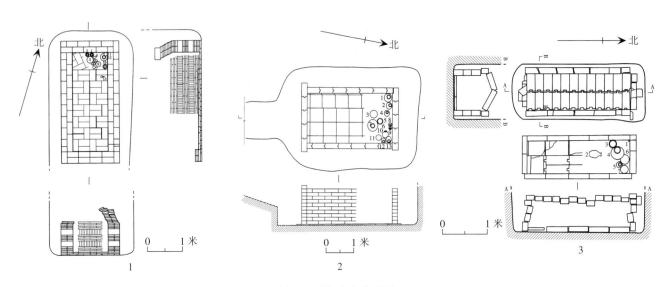

图一　砖椁墓墓葬形制

1. 抚顺李石开发区四号路 M2　2、3. 抚顺刘尔屯汉魏墓 M16、M17

　　Ab 型：无甬道，墓室仅一间主室。墓室总长在 2.5~4.5 米之间。墓道多位于主室一端正中，也有偏于主室一侧的。墓室一般为方形或者长方形，如鞍山调军山 M7、营口天瑞水泥厂 M6、姜屯 M1、姜屯 M50、姜屯 M127。

　　Ac 型：除一间主室外，还附有侧室。此类型墓葬仅见姜屯 M21，主室长 2.86 米，侧室位于主室的东壁。

　　Ad 型：墓室平面呈"T"字形。主室为后室，长 2~3 米，附带一置随葬品的前室。如沈阳八家子 M7。

　　Ae 型：单一主室，附有多个壁龛。墓室长 2~3 米。如盖县九垅地 M1。

　　B 型：双室墓。此类墓葬的共同特点是中轴线上有前、后两重主室，多为中型墓。根据主室之间甬道及耳室的有无，可分为 3 个亚型：

　　Ba 型：墓室整个为长方形，前、后室是根据铺地砖高低和砖砌隔墙划分的。两室间不设甬道。此类型墓葬不计墓道的总长度在 5.3~12.3 米之间。有的墓前室为主室，后室摆放随葬品，如姜屯 M45。也有前、后室各葬一人者，如营城子 M46。

　　Bb 型：墓道、甬道和前、后室均位于一条中轴线，一般前室较小，后室较大，前后室总长在 4~6 米。如沙岗子 M3、姜屯 M64、姜屯 M26、沈阳上伯官屯 M1、东达营 M1 等，其中上伯官屯 M1 在前室南北两侧各有双壁龛。

　　Bc 型：前、后室位于中轴线上，除墓道总长 4.5~6 米。侧室位于主室一侧，如姜屯 M49。

　　Bd 型：前、后室位于中轴线上，双侧室，主室有回廊。如 1934 营城子 M2。

　　C 型：多室墓。中轴线上配置多室，此类墓葬的共同特点是中轴线上有前、中、后三重主室，多为大型墓，主室之间不设甬道。此类墓葬不计墓道的总长度在 8.5~13.5 米之间，如姜屯 M108、姜屯 M10。

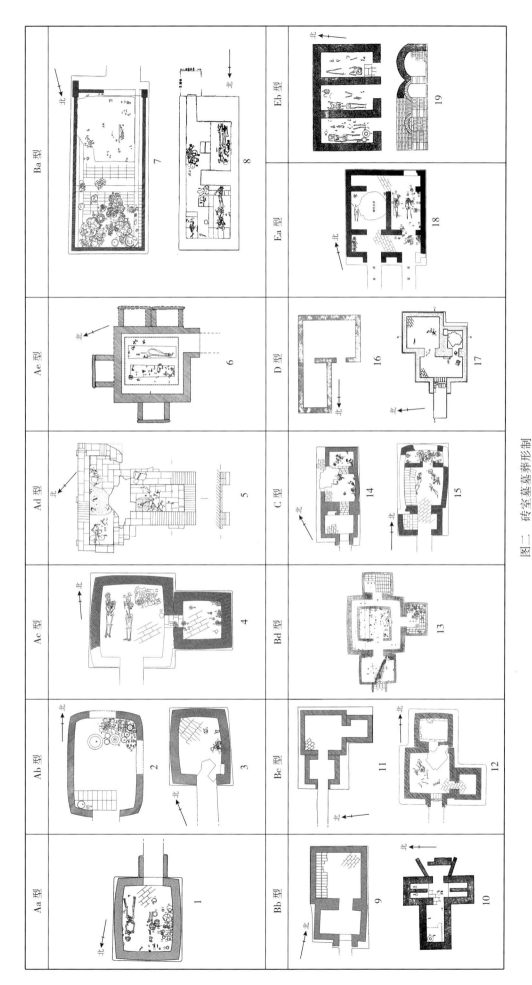

图二　砖室墓墓葬形制

1. 普兰店姜屯M46　2. 旅顺前牧城驿M802　3. 普兰店姜屯M21　4. 普兰店姜屯M127　5. 沈阳八家子M7　6. 盖县九垄地M1　7. 普兰店姜屯M45　8. 旅顺营城子M46　9. 普兰店姜屯M64（花纹砖墓）　10. 沈阳上伯官屯M1　11. 普兰店姜屯M49（花纹砖墓）　12. 普兰店姜屯M32（倒"品"字形）　13. 旅顺1934营城子M2　14. 普兰店姜屯M108　15. 盖县九垄地M5　16. 普兰店姜屯M20（花纹砖墓）　17. 普兰店姜屯M108　18. 普兰店姜屯M20（花纹砖墓）　19. 沈阳伯官屯M4~M6

D 型：异型墓。此类墓葬的主室多于一间，且墓道、甬道和主室不在一条中轴线上。如盖县九垅地 M5、姜屯 M108。

E 型：复合式砖室墓。此类墓葬由两座或者三座墓组合而成，有各自的墓道，主室中间隔有界墙。根据隔墙形式可分为 2 个亚型：

Ea 型：主室有界墙相隔，但前、后室相通。如姜屯 M20。

Eb 型：互不相通，完全独立。如沈阳伯官屯 M4 ~ M6、红宝山 M6。

二　随葬器物类型学研究

辽宁汉代砖室墓出土器物以陶器为主，还有少量铜器、车马具和装饰品、钱币。随葬陶器基本可分为生活用器、仿铜器类、仿漆木器、模型明器，日常生活用器有各类壶、罐和盘、钵，仿铜器类可见壶、鼎、灯，仿漆木器有耳杯、盒、奁、勺等，模型明器则以灶、井、仓、人俑、案等常见。现将一些出现频率相对较高的典型陶器的型式进行分析如下（图三至图六）。

1. 壶

数量最多。小口，束颈，弧腹，平底。根据口部形态可以分为两型：

A 型：侈口。数量较多。根据唇部、腹部形态可以分为三个亚型：

Aa 型：唇部略外翻。根据腹部形态可分为三式：

Ⅰ式：颈部较高，腹部较鼓，最大径位于器身中部偏下。如羊草庄 M22：6。

Ⅱ式：颈部变矮，腹部变长，最大径位于器身中部。如羊草庄 M3：12。

Ⅲ式：颈部更矮，整个器身变矮，最大径位于器身中部偏上。如羊草庄 M53：9。

演变趋势：颈部渐短，器形渐渐趋于矮胖，最大径逐渐上移。

Ab 型：叠唇。根据口部、腹部、底部和整体器形可分为三式：

Ⅰ式：腹部圆弧，最大径位于器身中部偏下，底部中心略内凹，如 1982 刘尔屯 M1：6。

Ⅱ式：敞口渐大，腹部渐凸，最大径位于器身中部，平底。如刘尔屯 M21：1。

Ⅲ式：敞口更大，腹部凸起，最大径位于器身中部偏上，平底假圈足。如羊草庄 M64：2。

演变趋势：敞口逐渐增大，腹部越来越外凸，最大径逐渐上移，底部由中心内凹发展成假圈足。

Ac 型：球腹。

Ⅰ式：敞口，最大径位于器身中部，底部中心略内凹。如 1982 刘尔屯 M2：1。

Ⅱ式：敞口渐大，腹部渐凸，最大径位于器身中部偏上，平底。如天瑞水泥厂 M17：13。

演变趋势：敞口逐渐增大，器形渐渐趋于矮胖，最大径逐渐上移，底部由中心内凹发展成平底。

B 型：盘口，有的有盖。根据腹部形态可分为两式：

Ⅰ式：最大径位于器身中部，底部略内凹。如姜屯 M19：11。

Ⅱ式：颈部增长，最大径位于器身中下部，平底。如姜屯 M45：26。

演变趋势：颈部增长，最大径位置逐渐下移。

2. 罐

圆肩，弧腹，平底。根据口部不同可分为三型：

A 型：敛口。根据领部和腹部变化可分为三式：

Ⅰ式：领部较高，口部微敛，最大径位于腹部。如羊草庄 M3：6。

Ⅱ式：领部变矮，敛口更甚，腹部最大径上移，底部增厚，似假圈足。如苗圃 M20：24。

Ⅲ式：敛口更甚，最大径位于肩部，底部假圈足十分明显，已凸出于下腹部器壁。如姜屯 M57：3。

演变趋势：敛口逐渐明显，器形渐渐趋于矮胖，底部假圈足逐渐明显。

B 型：敞口。根据领部形态分两个亚型：

Ba 型：矮领。唇略外翻，肩部饰有凸弦纹，下腹部、底部饰有绳纹。根据腹部、底部和整体器形可分为三式：

Ⅰ式：领部较矮，唇部略外翻，最大径位于上腹，平底较大，器形较矮胖。如 1982 刘尔屯 M1：9。

Ⅱ式：敞口更甚，唇部外翻，腹部最大径下移，平底。如姜屯 M45：31。

Ⅲ式：敛口更甚，最大径位于肩部，底部假圈足十分明显，已突出于下腹部器壁。如姜屯 M27：20。

演变趋势：敛口逐渐明显，器形渐渐趋于矮胖，底部假圈足逐渐明显。

Bb 型：高领。根据口、腹、底部和整体器形可分为三式：

Ⅰ式：领部较矮，口部略外敞，最大径位于上腹，平底。如姜屯 M46：4。

Ⅱ式：领部增高，腹部最大径下移，平底。如熊岳胜利村汉墓出土罐。

演变趋势：领部增高，腹部最大径下移。

C 型：直口，叠唇。根据整体器形可分为两式：

Ⅰ式：领部较矮，最大径位于上腹，平底略内凹。如刘尔屯 M21：22。

Ⅱ式：领部增高，腹部最大径下移，平底。如李石开发区 M3：8。

演变趋势：领部增高，腹部最大径下移。

3. 盆

敞口，弧腹，平底。根据腹部形态可分为三型：

A 型：浅腹。根据整体器形和底部可分为三式：

Ⅰ式：底部中心略内凹，腹部略弧。如 1982 刘尔屯 M1：11。

Ⅱ式：平底，斜腹，器形渐矮。如羊草庄 M6：4。

Ⅲ式：假圈足，器形渐矮似盘。如苗圃 M20：46。

演变趋势：器身渐矮，由平底发展为假圈足。

B 型：折腹。根据腹、底部变化可分为三式：

Ⅰ式：小平底，底部中心略内凹，腹部略折。如抚顺李石开发区四号路 M1：22。

Ⅱ式：平底，底部增大，折腹逐渐明显。如沈阳小东 M4：3。

Ⅲ式：假圈足，折腹明显。如苗圃 M21：46。

演变趋势：折腹逐渐明显，由平底发展为假圈足。

C 型：深腹。根据腹部和底部变化可分为三式：

Ⅰ式：平底，弧腹。如抚顺刘尔屯 M15：1。

Ⅱ式：平底，腹部最大径上移。如沈阳小东 M4：5。

Ⅲ式：假圈足，腹部略折。如姜屯 M57：14。

演变趋势：最大径逐渐上移，由平底发展为假圈足。

4. 钵

弧腹，平底。根据腹部和底部的变化可分为四式：

Ⅰ式：敛口，平底，最大径接近于口部。如 1982 刘尔屯 M2：13。

Ⅱ式：敛口，平底，底部加厚，最大径下移。如天瑞水泥厂 M17：1。

Ⅲ式：敛口，假圈足，最大径下移至器身中部。如小东汉墓 M6：1。

Ⅳ式：口微侈，假圈足，腹部略折。如姜屯 M57：7。

演变趋势：敛口发展为微侈口，最大径逐渐下移，由平底发展为假圈足。

5. 盘

敞口，浅腹，腹部微折，小平底，假圈足。根据腹部形态可分为两式：

Ⅰ式：腹部较深。如姜屯 M40：19。

Ⅱ式：浅腹。如姜屯 M13：10。

演变规律：腹部由深变浅。

6. 盒

由盒盖和盒身组成。根据盒身、盖形态可分为两型：

A 型：盖与盒身相扣，并不套合。如羊草庄 M23：6、M23：8。

B 型：盒身和盖为子母口。盒身为直口，腹部出棱，平底。盒盖正抵于盒身腹部窄棱，亦可称为套盒。根据盒盖顶部可分为两亚型：

Ba 型：平顶。根据盒盖和盒身形态可分为三式：

Ⅰ式：盒盖顶部平顶明显，盒身折腹，以凸出的腹部固定盒盖，小平底。如羊草庄 M23：1。

Ⅱ式：盒身折腹处凸出一周窄棱，盒盖可卡在棱处，小平底加厚发展为假圈足。如刘尔屯 M21：18、M21：19。

Ⅲ式：盒盖顶部平顶处变小，盒身下腹部增长，器形整体变高，假圈足更加明显。如苗圃 M21：29。

演变趋势：盖顶部渐隆起，平顶→圆顶。盒身逐渐变瘦高，由平底→假圈足。

Bb 型：圆顶。根据盒盖和盒身形态可以分为两式：

Ⅰ式：盒盖为敛口，盒身折腹，以凸出的腹部固定盒盖，小平底。如羊草庄 M6：10。

Ⅱ式：盒盖为直口，盒身折腹处凸出一周窄棱，盒盖可卡在棱处，小平底加厚发展为假圈足。如羊草庄 M56：8。

演变趋势：盒盖顶部逐渐隆起，口部敛口→直口，盒身折腹处凸出一周窄棱逐渐明显。盒身逐渐变瘦高。

7. 尊

口部平面呈圆形，平底，底部外粘贴三足。根据口部形态分为两型：

A 型：直口。根据器身形状分为两个亚型：

Aa 型：器身为筒形。根据器身、足部形态分为三式：

Ⅰ式：器身较高，外壁口部和腹部有数周凸起弦纹，仿铜尊风格明显。如姜屯 M18∶2。

Ⅱ式：器身变矮，流行外壁素面，仿铜尊风格明显减弱，兽蹄足增高。如羊草庄 M3∶3。

Ⅲ式：器身变矮，兽蹄足增高。如姜屯 M27∶1。

演变趋势：器身逐渐变矮，足逐渐增高，仿铜器风格逐渐减弱。

Ab 型：器身为钵形。根据腹部和足形态可分为两式：

Ⅰ式：器身较高，足部成兽蹄足形但较为修长。如羊草庄 M23∶4。

Ⅱ式：器身变矮，折腹斜收，小平底，足变为锥状足。如苗圃 M20∶44。

演变趋势：器身逐渐变矮，器身逐渐变为折腹钵形，足由兽蹄足变为锥状足。

B 型：敞口，器身较高。如羊草庄 M22∶11。

8. 灯

敞口，盘下接喇叭形灯座，灯座上部有孔。根据足部形态可分为三式：

Ⅰ式：灯座较粗，呈筒状。如羊草庄 M11∶7。

Ⅱ式：灯座柄部细长，座呈覆盘状。如苗圃 M20∶22。

Ⅲ式：灯座柄部增高，整个器形瘦高，如姜屯 M49∶10。

演变趋势：器形矮胖→瘦高。

9. 耳杯

口部平面呈椭圆形，敞口，弧腹，平底，口部粘贴双耳。分三式：

Ⅰ式：口部较为短宽，双耳较短小。如 1982 刘尔屯 M1∶12。

Ⅱ式：口部较为瘦长，双耳增宽，底部增厚。如羊草庄 M3∶4－1。

Ⅲ式：口部更为瘦长，双耳增宽，底部增厚为假圈足，底内流行纹饰装饰。如羊草庄 M12∶4－5。

演变趋势：器身逐渐细长，双耳逐渐增宽变长，底部由平底变为假圈足。

10. 长颈瓶

小口，颈部细长，鼓腹，平底。可分为两型：

A 型：瘦高。根据口部形态可分为两个亚型：

Aa 型：直口。根据颈部形态可分为两式：

Ⅰ式：口部较为短宽，器形较矮。如羊草庄 M7 填∶3。

Ⅱ式：口部较为瘦长，底部增厚。如小东汉墓 M14∶1。

演变趋势：器形矮胖→瘦高。

Ab 型：侈口。根据颈部形态可分为两式：

Ⅰ式：口部较为短宽，器形较矮。如羊草庄 M63 填∶1。

Ⅱ式：口部较为瘦长，底部增厚。如小东 M14∶3。

演变趋势：器形矮胖→瘦高。

B 型：较为矮胖。如旅大营城子 M52∶24。

11. 奁

由盖和奁身组成，盖可套于奁身外，盖顶有四个乳丁。根据奁形状可分为三型：

A 型：圆角长方形。根据形状可分为三式：

Ⅰ式：平面呈椭圆形。如姜屯 M132：9。

Ⅱ式：平面呈亚腰形。如姜屯 M148：10。

Ⅲ式：平面呈亚腰形更明显。如姜屯 M57：9。

演变趋势：平面椭圆形→亚腰形。

B 型：平面呈圆形。根据形状可分为三式：

Ⅰ式：直口，直腹，平底，器身较高。如姜屯 M40：12。

Ⅱ式：直口，腹部内凹，平底，器身较矮。如姜屯 M57：21。

演变趋势：器身高→矮，奁身腹部由直壁→内凹。

C 型：平面呈长方形。根据盖的形态可以分为两式：

Ⅰ式：盖直口、直腹，盖身较矮。如青桩子 M5：13。

Ⅱ式：盖壁向外撇，盖身较高。如苗圃 M21：26。

演变规律：盖壁直→向外撇。

12. 灶

根据灶面形态可分为四型：

A 型：灶面为圆形。根据灶面形态、火眼、烟孔可分为三式：

Ⅰ式：灶面较平整，无烟孔。如羊草庄 M22：15 - 1。

Ⅱ式：灶面多有三个火眼，烟孔位于后部。如羊草庄 M3：9 - 1。

Ⅲ式：灶面圆形更为规整，火眼一大两小，灶门处有装饰。如青桩子 M7：36。

演变趋势：器形更为规整，火眼由三个一样大发展到一大两小，逐渐出现烟孔。

B 型：灶面为梯形。烟孔位于灶面后端。根据灶面形状和挡烟板有无，可分为四式：

Ⅰ式：灶面为圆角梯形。如姜屯 M19：17。

Ⅱ式：灶面为圆角梯形，灶面正对灶门出一长条形挡烟板。如羊草庄 M53：6 - 1。

Ⅲ式：灶面由圆角梯形向直角梯形过度，更为规整，灶面正对灶门出一长条形挡烟板。如羊草庄 M52：4 - 1。

Ⅳ式：灶面为直角梯形，在灶面下方，灶门上有一长条形挡烟板，器形规整。如苗圃 M21：13。

演变趋势：灶面由不规整的圆角梯形→规整的直角梯形，挡烟板位置在灶面→灶门上方。

C 型：灶面为一端平直，一端圆弧。烟孔位于灶面后端，灶门位于前端直壁，门落地。分两式：

Ⅰ式：灶面较为圆弧。如姜屯 M85：10。

Ⅱ式：器形较为规整，灶面转角较明显。如天瑞水泥厂 M17：7。

演变趋势：器形逐渐规整，灶面转角明显。

D 型：灶面为三角形。分两式：

Ⅰ式：灶面为圆角三角形。如李石开发区四号路 M1：23。

Ⅱ式：三角形，转角明显。如姜屯 M27：15。

演变趋势：器形逐渐规整，三角形器形明显。

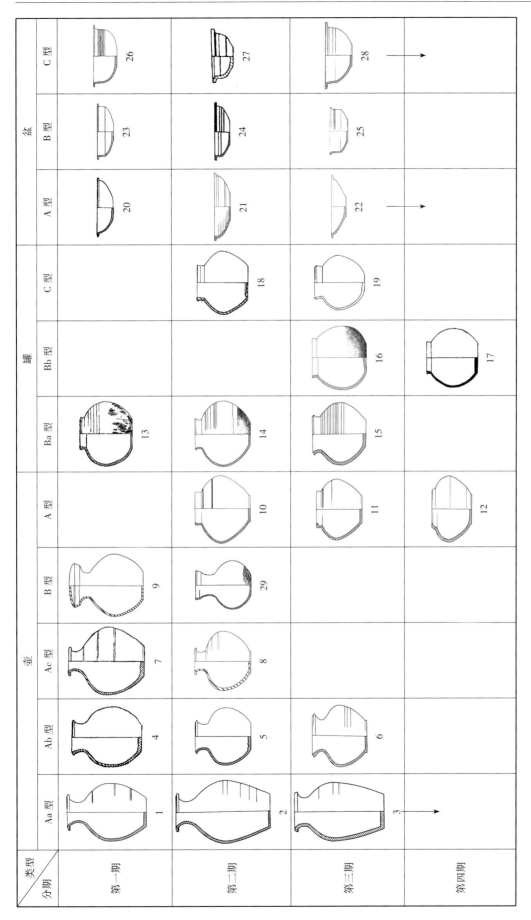

图三 典型器物分期图（一）

1. 羊草庄 M22：6　2. 羊草庄 M3：12　3. 羊草庄 M53：9　4.1982 刘尔屯 M1：6　5. 刘尔屯 M21：1　6. 羊草庄 M64：2　7.1982 刘尔屯 M2：1　8. 天瑞水泥厂 M17：13　9. 姜屯 M19：11　10. 羊草庄 M3：6　11. 苗圃 M20：24　12. 姜屯 M57：3　13.1982 刘尔屯 M1：9　14. 姜屯 M46：4　17. 姜屯 M27：20　16. 姜屯 M45：31　15. 姜屯 M45：31　18 刘尔屯 M21：22　19. 李石 M3：8　20.1982 刘尔屯 M1：11　21. 羊草庄 M6：4　22. 苗圃 M20：46　23. 李石 M1：22　24. 小东 M4：3　25. 苗圃 M21：46　26. 刘尔屯 M15：1　27. 小东 M4：5　28. 姜屯 M57：14　29. 姜屯 M45：26

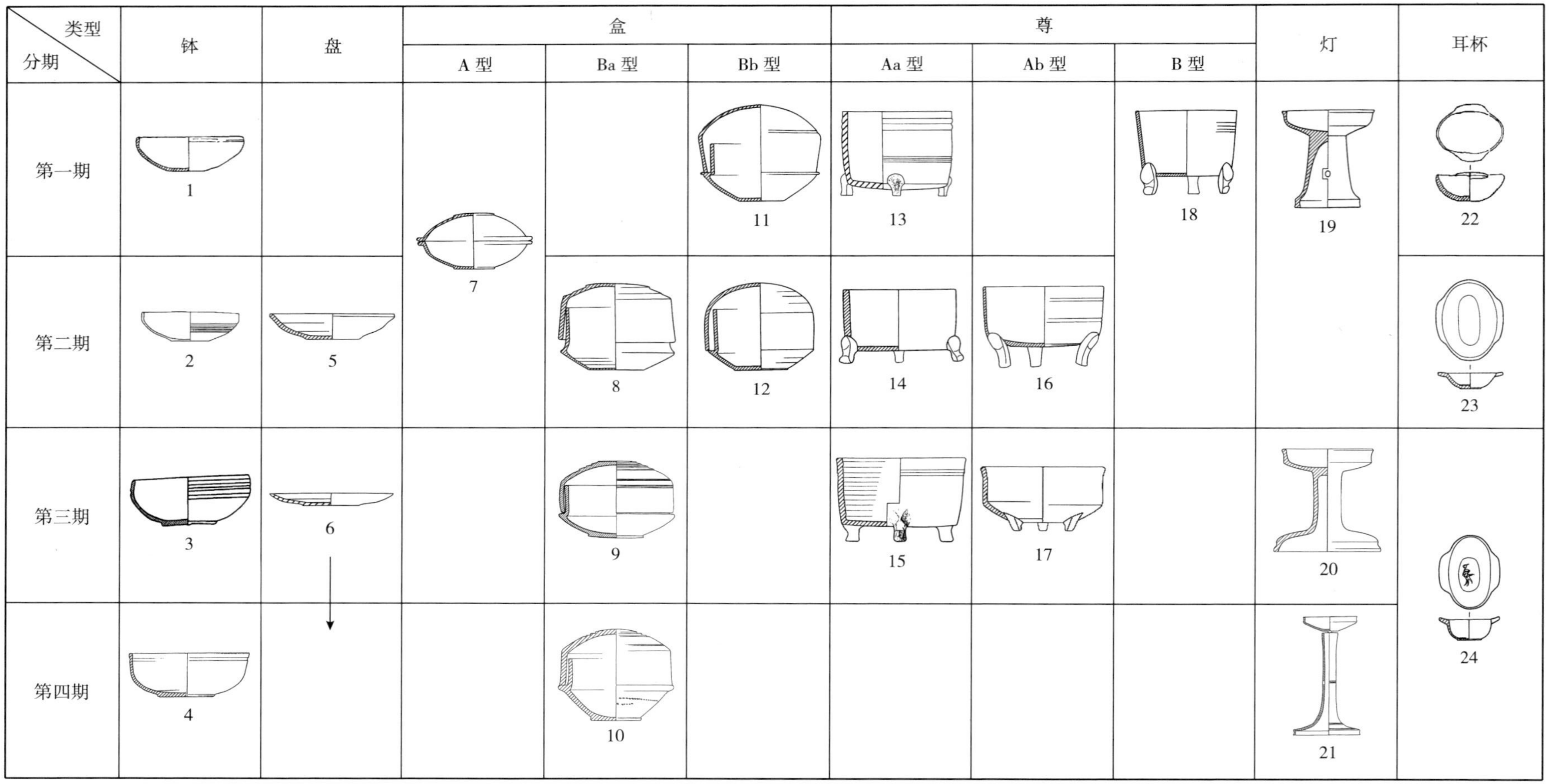

图四　典型器物分期图（二）

1. 1982 刘尔屯 M2：13　2. 天瑞水泥厂 M17：1　3. 小东 M6：1　4. 姜屯 M57：7　5. 姜屯 M40：19　6. 姜屯 M13：10　7. 羊草庄 M23：6　8. 羊草庄 M23：1　9. 刘尔屯 M21：18　10. 苗圃
M21：29　11. 羊草庄 M6：10　12. 羊草庄 M56：8　13. 姜屯 M18：2　14. 羊草庄 M3：3　15. 姜屯 M27：1　16. 羊草庄 M23：4　17. 苗圃 M20：44　18. 羊草庄 M22：11　19. 羊草庄 M11：7
20. 苗圃 M20：22　21. 姜屯 M49：10　22. 1982 刘尔屯 M1：12　23. 羊草庄 M3：4－1　24. 羊草庄 M12：4－5

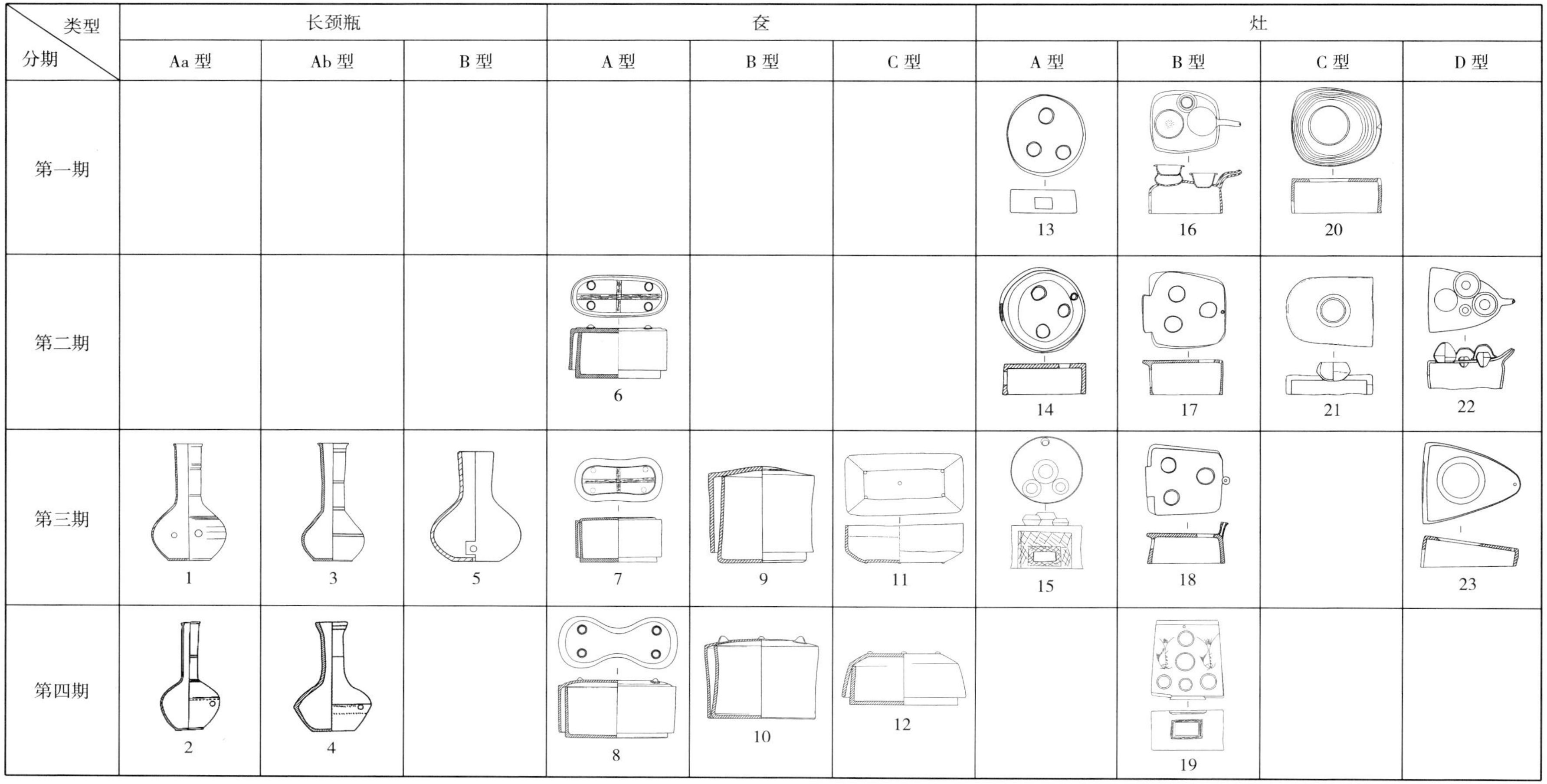

图五　典型器物分期图（三）

1. 羊草庄 M7 填：3　2. 小东 M14：1　3. 羊草庄 M63 填：1　4. 小东 M14：3　5. 旅大营城子 M52：24　6. 姜屯 M132：9　7. 姜屯 M148：3　8. 姜屯 M57：9　9. 姜屯 M40：12　10. 姜屯 M57：21　11. 青桩子 M5：13　12. 苗圃 M21：26　13. 羊草庄 M22：15－1　14. 羊草庄 M3：9－1　15. 青桩子 M19：17　17. 羊草庄 M7：36　16. 青桩子 M53：6－1　18. 羊草庄 M52：4－1　19. 苗圃 M21：13　20. 姜屯 M85：10　21. 天瑞水泥厂 M17：7　22. 李石 M1：23　23. 姜屯 M27：15

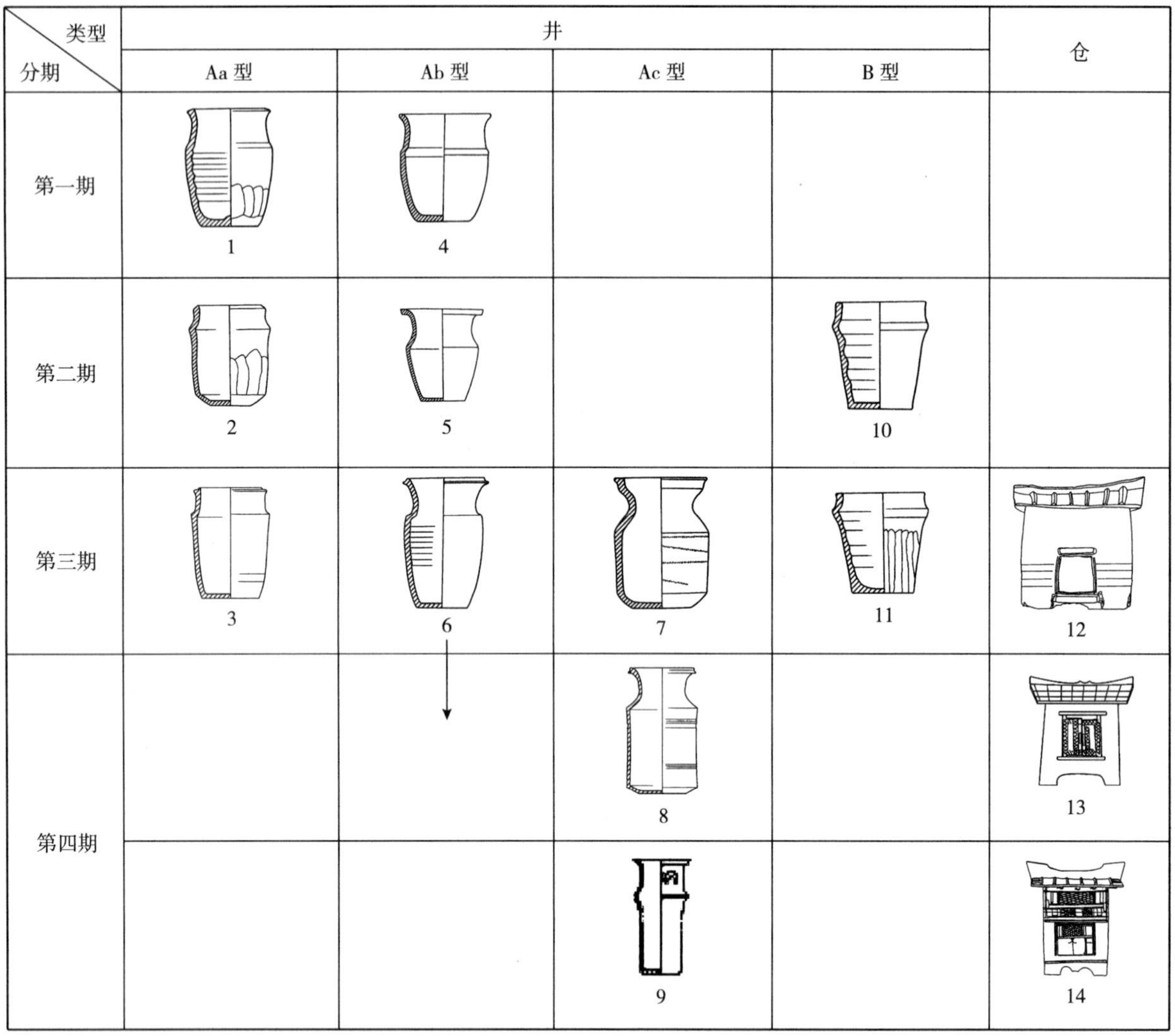

类型 分期	井				仓
	Aa 型	Ab 型	Ac 型	B 型	
第一期	1	4			
第二期	2	5		10	
第三期	3	6	7	11	12
第四期	↓		8		13
			9		14

图六　典型器物分期图（四）

1. 羊草庄 M22：12　2. 羊草庄 M6：3　3. 苗圃 M20：25　4. 姜屯 M85：7　5. 姜屯 M117：16　6. 姜屯 M27：18　7. 姜屯 M40：5－1
8. 苗圃 M21：9　9. 营口沙沟子 M1：14　10. 羊草庄 M3：10　11. 羊草庄 M53：4－1　12. 姜屯 M40：10　13. 苗圃 M21：23　14. 姜屯
M49：2

13. 井

口平面呈圆形，平底。根据口部形态可分为两型：

A 型：敞口。根据口、颈、腹部形态可分为三个亚型：

Aa 型：小敞口，斜腹。

Ⅰ式：折肩斜腹，平底。如羊草庄 M22：12。

Ⅱ式：束颈更加明显，腹部斜收加剧，小平底。如羊草庄 M6：3。

Ⅲ式：腹部加长，器形整体细长。如苗圃 M20：25。

演变规律：敞口加大，束颈明显，整体器形变得细长。

Ab 型：大敞口，束颈，斜腹。根据肩腹部变化可分为三式：

Ⅰ式：折肩斜腹，平底。如姜屯 M85：7。

Ⅱ式：束颈更加明显，腹部斜收加剧，小平底。如姜屯 M117：16。

Ⅲ式：腹部加长，器形整体细长，如姜屯 M27：18。

演变规律：敞口加大，束颈明显，整体器形变得细长。

Ac 型：直腹。根据整体器形可分为三式：

Ⅰ式：折肩，斜腹，平底。如姜屯 M40：5 - 1。

Ⅱ式：腹部加长。如苗圃 M21：9。

Ⅲ式：腹部更长，器形整体细长，肩部出一凸棱，颈部有对称半月形镂孔。如营口沙沟子 M1：14。

演变规律：敞口加大，束颈明显，整体器形变得细长。

B 型，敛口。根据腹部和整体形态可分为两式：

Ⅰ式：折肩，斜腹，平底。如羊草庄 M3：10。

Ⅱ式：腹部斜收更甚，整体器形较Ⅰ式低矮。如羊草庄 M53：4 - 1。

演变规律：整体器形变得矮胖。

14. 仓

房屋形，由房盖和房身组成。房盖为悬山顶，两面坡状，两侧有对称的瓦垄。根据仓顶和整体器形可分为三式：

Ⅰ式：仓顶垂脊两端翘起，仓身为长方形或者梯形，底部以四柱支撑，整体装饰简单，有的装饰有窗。如姜屯 M40：10。

Ⅱ式：仓顶有"山"字形片状正脊，底部为弧形镂孔做成四脚，整体装饰较Ⅰ式复杂。如苗圃 M21：23。

Ⅲ式：仓顶片状正脊增大，装饰有包括窗、各种形状的镂孔以及后门等，整体造型复杂，装饰精致。如姜屯 M49：2。

演变规律：形制、装饰逐渐复杂。

三　墓葬分期与变迁分析

辽宁汉代砖室墓中只发现一座有明确纪年的墓葬，典型墓例之间缺乏叠压打破关系，但是一些墓中随葬品丰富，且出土"五铢"或"货泉"等钱币，为墓葬分期提供了便利。一般认为辽宁西汉墓葬以土坑墓为主，至西汉晚期，土坑墓中以模型明器、生活用具为主的随葬品组合开始出现，如鹅房 M6[①] 和苗圃 M33、M34[②] 等正与砖室墓早期墓葬出土随葬品风格一致。而对辽阳石室墓的研究也较为充分，发表了众多的考古报告和研究论文[③]，一般认为这批墓葬为汉魏之际，正可作为砖室墓晚期阶段随葬品组合的参考标尺。综合以上分析，我们将辽宁汉代砖室墓分为如下四期（附表一）：

---

① 李文信：《东北文物工作队一九五四年工作简报》，《文物参考资料》1955 年第 3 期。
② 辽宁省文物考古研究所：《辽宁辽阳市苗圃墓地汉代土坑墓》，《考古》2015 年第 4 期。
③ 刘未：《辽阳汉魏壁画墓研究》，《边疆考古研究（第 2 辑）》，科学出版社，2004 年。辽宁省文物考古研究所：《辽宁辽阳南郊街东汉壁画墓》，《文物》2008 年第 10 期。孙守道：《论辽南汉魏晋墓葬制之发展演变》，《辽海文物学刊》1989 年第 1 期。李文信：《辽阳北园画壁古墓记略》，《李文信考古文集》，辽宁人民出版社，1992 年。张小舟：《北方地区魏晋十六国墓葬的分区与分期》，《考古学报》1987 年第 1 期。

第一期，共收录6座。墓葬形制以 Ab 型砖室墓为主，还见有 Ba 型以及砖椁墓。随葬品组合以 A Ⅰ、B Ⅰ、C Ⅰ盆，Ba Ⅰ罐和 Ab Ⅰ、B Ⅰ壶为主，货币见有洛阳烧沟汉墓"五铢"第 Ⅱ 型[1]和新莽时期铸造的"大泉五十"，还出土了同于洛阳烧沟汉墓第四型第二式和第六型第一式的昭明镜和规矩镜，此两类镜流行于西汉末至东汉初期。综上所述，可推断第一期墓葬的年代应为西汉末期至东汉初期。

第二期，共收录21座。墓葬形制仍以 Ab 型为主，并发现有 Aa 型、Bb 型、C 型，开始出现三壁外弧的长方形单室墓。随葬品方面，本期新出现了长颈瓶、盘等器，随葬品组合以 B Ⅱ盆、A Ⅰ罐、Aa Ⅱ壶、A Ⅰ灶、Ⅱ耳杯、B Ⅰ奁为主，勺、案等也较为常见。货币见有西汉晚期"五铢""货泉"和洛阳烧沟汉墓Ⅲ型"五铢"，还出土了同于洛阳烧沟汉墓第五型的四乳四螭纹铜镜[2]。综合以上因素，我们认为此期年代为东汉早期。

第三期，共收录15座。这一时期的砖室墓分布较广。墓葬形制以 Aa 型、Ab 型、Bb 型、Bc 型为主，四壁外弧的单室、双室墓增多。随葬品方面，B 型盘口壶和 A、C 型灶基本不见，新出现的器形有 Ac 型井以及仓、俑等模型明器。组合以 A Ⅱ盆、Ba Ⅲ罐、A Ⅱ尊、镣斗、白陶瓮、Ⅱ灯、A Ⅲ盆、Ⅲ耳杯、Ac Ⅰ井、Ⅰ仓、C Ⅱ灶为主，勺、案、盘、碗、耳杯、俑、动物俑也较为常见。货币见有"货泉""货布"和洛阳烧沟汉墓Ⅲ、Ⅳ型"五铢"等。综合以上因素，我们认为此期为东汉中期。

第四期，共收录24座。可分为早、晚两段。这一时期的砖室墓分布较广。墓葬形制以 Ab 型、Aa 型、Bb 型、Bc 型为主。早段出现了花纹砖墓，晚段花纹砖墓较少。随葬品方面，Ba 型罐和 Aa、B 型井基本不见。早段以 A Ⅱ盆、Ba Ⅲ罐、A Ⅱ尊、镣斗、白陶瓮、Ⅱ灯、A Ⅲ盆、Ⅲ耳杯、Ac Ⅰ井、Ⅰ仓、C Ⅱ灶为主，勺、案、盘、碗、耳杯、俑、动物俑也较为常见，晚段模型明器增加了楼、俎、槌、有把杯。货币见有"货泉""货布"和洛阳烧沟汉墓Ⅲ、Ⅳ、Ⅴ型"五铢"等。综合以上因素，我们认为此期为东汉晚期至曹魏早期。早段墓葬九垄地一号花纹砖墓中，出有"永和五年造作"的文字砖。永和为汉顺帝年号，永和五年为公元140年，是东汉晚期偏早。而晚段陶器组合同于2000年发掘的苗圃汉魏石室墓第三期[3]，因此晚段可能为汉魏之际。

四　有关问题的讨论

（一）墓葬区域特征分析

辽宁汉代砖室墓主要分布在辽东地区，辽西发表者仅两例，由于墓例过少，暂无法讨论。辽东地区汉代砖室墓从墓葬形制、随葬品上看，虽然较为一致，但也有一些区别。根据这些区别，我们可把砖室墓分为两个小区：辽东半岛和辽东平原。辽东半岛主要集中在大连和营口地区，而辽东平原则主要集中于辽阳、鞍山、抚顺、沈阳地区。

辽东半岛的汉代砖室墓形制比较多样，除砖室墓外还有砖贝混筑墓。东汉中晚期流行弧壁墓和花

---

① 洛阳区考古发掘队：《洛阳烧沟汉墓》，科学出版社，1959年，第224页。
② 洛阳区考古发掘队：《洛阳烧沟汉墓》，科学出版社，1959年，第175页。
③ 吉林大学边疆考古研究中心、辽宁省文物考古研究所：《辽宁辽阳苗圃汉魏石室墓2008年发掘报告》，《考古学报》2015年第4期。

纹砖墓，墓葬规模较大，结构复杂，随葬品丰富，白陶器流行①。随葬品组合方面，实用器以壶、罐、瓮、钵、盘为主，生活明器有尊、盒、灯、熏，模型明器有仓、井、灶、俑、猪等。

辽东平原地区墓葬形制以 Ab 型为主，墓葬规模较小，形制简单。随葬品组合方面，实用器以壶、罐、瓮、钵、盘为主，生活明器有尊、盒、灯，模型明器有仓、井、灶等。随葬品类没有辽东半岛丰富。

但这两区差异情况可概括为大同小异，随葬品组合、墓葬形制均较为一致。据《后汉书·郡国志》载，辽东郡有 11 县，其中的襄平、新昌、望平、安市、平郭、西安平、汶、番汗、沓氏九县皆为西汉辽东郡属县，东汉沿用，候城划归玄菟郡。候城县治多认为位于沈阳老城区②，而抚顺小甲邦、上伯官城址则可能为玄菟郡第二次、第三次迁址③，但从砖室墓情况来看，沈阳、抚顺等地东汉时虽已划归玄菟郡，但与辽东郡各县尤其是郡治襄平及其附近即今辽阳、鞍山地区墓葬在形制和随葬品上仍表现出较强的一致性。

（二）弧壁砖室墓

弧壁砖室，即砖砌墓壁呈弧形向外凸出，是魏晋南北朝高等级墓葬的典型形制。这是一种符合力学原理的设计，有助于承受较多的墓外土壤压力。这样的墓葬建造难度较大，但内部空间更宽敞，也更加坚固，因此常被高等级墓葬采用④。

目前东汉时期弧壁砖室墓集中于辽东半岛沿海地区、胶东沿海和朝鲜乐浪地区。三者之间关系，由于材料较为零散难以下结论。王培新在整理乐浪墓葬材料时讨论了乐浪弧壁砖室墓与中国内地墓葬的关系，认为源自辽东，由于汉末公孙氏势力的扩张而带到了山东半岛和乐浪地区⑤。而李梅田则认为乐浪地区已发表的汉末以后砖室墓几乎都采取了弧壁、穹隆顶的形制，显然是该地的主流墓葬形制，而在辽东和山东发现的同时期墓葬绝大多数是直壁砖室墓或石室墓，弧壁砖室墓所占比例很小，有在本地滋生发展起来并传入辽东和内地的可能⑥。

辽宁的弧壁砖室墓集中发现于营口、旅大沿海地区，未见于辽东腹地辽阳、鞍山、抚顺、沈阳等地砖室墓集中分布区。辽宁弧壁墓出现于东汉早期（图七），从三壁弧形开始逐渐发展为四壁外弧，在东汉中期最为流行，东汉晚期逐渐减少，发展轨迹明显。而朝鲜乐浪地区则产生于东汉晚期，流行于汉魏之际⑦。因此，从产生时间上看，辽东半岛地区较早。胶东地区发表材料较少还无法比较，但从规模上来看，辽南与朝鲜乐浪地区规模较为接近，均为主室 2~3 米者，未见如烟台福山东留公汉墓主室长 6、宽 5 米的大型墓葬。因此我们认为，弧壁墓从辽东半岛传播至朝鲜乐浪地区的可能性较大。但与胶东地区弧壁墓的关系还需要进一步研究。辽东腹地未发现此类弧壁墓，可知传播路线为海路。王绵厚研究汉魏时期海路由山东"东莱郡"（大致包括胶东）经由庙岛群岛可以到辽东"马石津"（辽南旅顺口老铁山）和"沓津道"（辽南普兰店沙湾河口）⑧。可见胶东地区与辽东半岛海路便利。

① 徐政：《辽宁地区两汉时期白陶器初步研究》，《北方文物》2016 年第 3 期。
② 冯永谦：《汉候城、高显考辨》，《沈阳地方志资料丛刊》第 6 辑，1986 年 3 月。
③ 王绵厚：《玄菟郡的"三迁"与高句丽的"南北二道"》，《东北史地》2016 年第 4 期。
④ 李梅田：《魏晋南北朝墓葬中的弧壁砖室现象研究》，《国家博物馆馆刊》2012 年第 7 期。
⑤ 王培新：《乐浪文化——以墓葬为中心的考古学研究》，科学出版社，2007 年，第 33 页。
⑥ 李梅田：《魏晋南北朝墓葬中的弧壁砖室现象研究》，《国家博物馆馆刊》2012 年第 7 期。
⑦ 辽宁省文物考古研究所、抚顺市博物馆：《辽宁抚顺市刘尔屯汉魏墓群的发掘》，《考古》2014 年第 4 期。
⑧ 王绵厚：《东北古代交通》，沈阳出版社，1990 年，第 72 页。

文献中也多沟通三地海路的记载。如《三国志·魏书·管宁传》载："遭王道衰缺，浮海遁居。"《后汉书·循吏王景传》："王景八世祖仲，本琅琊不其人，浮海至乐浪山中，因而家焉。"因此，东汉时期胶东地区、辽东半岛、朝鲜乐浪地区海路交通是十分便利的，有助于人口流动和文化传播。

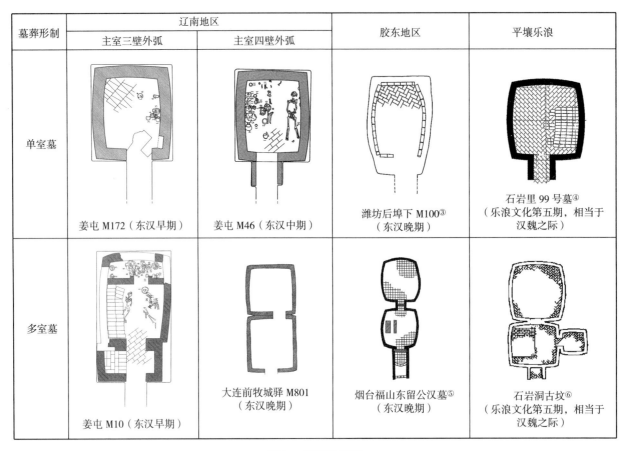

墓葬形制	辽南地区		胶东地区	平壤乐浪
	主室三壁外弧	主室四壁外弧		
单室墓	姜屯M172（东汉早期）	姜屯M46（东汉中期）	潍坊后埠下M100③（东汉晚期）	石岩里99号墓④（乐浪文化第五期，相当于汉魏之际）
多室墓	姜屯M10（东汉早期）	大连前牧城驿M801（东汉晚期）	烟台福山东留公汉墓⑤（东汉晚期）	石岩洞古坟⑥（乐浪文化第五期，相当于汉魏之际）

图七　弧壁墓举例

五　结语

通过对辽宁砖室墓的墓葬形制和随葬品的类型学分析，可以把东汉时期本区的砖室墓分为四期：第一期为西汉末期至东汉初期，第二期为东汉早期，第三期为东汉中期，第四期为东汉晚期至汉魏之际。这四期在墓葬形制和随葬品方面存在明显的继承发展关系，同时每期又有新的随葬品种类出现。从随葬品组合和器形上，辽西地区由于发现较少暂不讨论，而辽东地区发现较为丰富，可分为两个小区——辽东平原、辽东半岛。其间差异不大，随葬品组合基本一致。墓葬形制上辽东半岛流行多室墓，大型多室墓较多，晚期常见的弧壁墓是朝鲜平壤乐浪地区砖室墓形制，两者可能存在承继关系。

①　山东省文物考古研究所：《山东潍坊后埠下墓地发掘报告》，《山东省高速公路考古报告集（1997）》，科学出版社，2000年。
②　王培新：《乐浪文化——以墓葬为中心的考古学研究》，科学出版社，2007年，第30页。
③　山东省文物管理处：《山东福山东留公村汉墓清理简报》，《考古通讯》1956年第5期。
④　王培新：《乐浪文化——以墓葬为中心的考古学研究》，科学出版社，2007年，第34页。

附表一　砖室墓典型墓例分期统计表

分期	墓葬名称	墓葬形制	墓壁	砌筑方式	随葬品（陶器）	随葬品（其他）	备注
第一期（西汉末至东汉初）	1982刘尔屯M1	Ab型	直壁	墓壁锥卵砖顺砌，墓底顺方砖	盆AⅠBⅠ，罐BaⅠ，耳杯Ⅰ	西汉五铢、黛板、方石砚、铜带钩、筒瓦2	
	1982刘尔屯M2	Ab型	直壁	墓壁锥卵砖顺砌，墓底顺方砖	盆CⅠ，罐BaⅠ，壶AbⅠ	西汉五铢	
	羊草庄M22	砖椁墓	直壁	墓壁错缝顺铺，墓底"人"字形平铺	壶AaⅠ，盆BⅠ，灶AⅠ，井AaⅠ，尊B	大泉五十	
	姜屯M85	Ab型	直壁	墓壁三顺一丁墓底斜铺	盆AⅠCⅠ，壶BⅠ，灶CⅠ，井AbⅠ		
	姜屯M45	Ba型	直壁	墓壁错缝顺铺，墓底平铺	罐BaⅠ，壶BⅠ，盆AⅠBⅠCⅠ，耳杯Ⅰ，仿铜陶礼器（壶、尊、灯、鼎、扁壶、厄、博山炉、烤炉）	铜车马明器、玉圭、玉璧、石黛板、耳裆	
	沙岗子农科院	Ab型	直壁	不详，砖木混筑贝墓	罐BaⅠ，盆BⅠCⅠ，博山炉、井AaⅡ，竹节颈壶	昭明镜、规矩镜	
	羊草庄M56	Ab型	直壁	墓壁错缝顺铺，墓底"人"字形平铺	盆AⅡ，壶AaⅠ，尊B，井AaⅠ，灶AⅡ，盒BbⅠ		
第二期（东汉早期）	羊草庄M6	Ab型	直壁	墓壁错缝顺铺，墓底"人"字形平铺	盆AⅡ，罐CⅠ，壶AaⅠ，尊B，井AaⅡ，灶AⅡ，盒BbⅡ	五铢	
	羊草庄M3	Ab型	直壁	墓壁三顺一丁，墓底"人"字形平铺	盆AⅠBⅠ，罐AⅠ，壶AaⅡ，尊B，井BⅠ，灶AⅡ，耳杯Ⅰ	货泉	
	羊草庄M7	Ab型（与M8同封并葬墓）	直壁	墓壁二顺一丁，墓底人字形平铺	盆BⅡ瓶，罐AⅠ，壶AaⅡ，灶AaⅠ，井AⅠ，长颈瓶AaⅠ，耳杯Ⅱ	货泉、东汉五铢	
	羊草庄M11	Ab型	直壁	墓壁三顺一丁，墓底平铺	盆AⅠ，壶AaⅠ，灶AⅡ，井AaⅡ，尊AⅠ，耳杯Ⅱ	东汉五铢	
	羊草庄M48	Ab型	直壁	墓壁三顺一丁，墓底生土经过平整	盆AⅠ，罐AⅠ，壶AaⅡ，灶AⅠ	耳裆、东汉五铢	
	羊草庄M51	Ab型	直壁	墓壁三顺一丁，墓底"人"字形平铺	盆AⅠ，罐AⅠ，壶AaⅡ，灶BⅡ，耳杯Ⅱ	西汉五铢、东汉五铢	

续附表一

分期	墓葬名称	墓葬形制	墓壁	砌筑方式	随葬品		备注
					陶器	其他	
	刘尔屯 M17	砖椁墓	直壁	墓壁槎卯砖顺铺，墓底平铺	盆 B Ⅱ、罐 A Ⅰ		
	刘尔屯 M21	Ab 型	直壁	墓壁槎卯砖顺铺，墓底平铺	盆 A Ⅱ B Ⅱ C Ⅱ、罐 A Ⅰ C Ⅱ、壶 Ab Ⅱ、井 B Ⅰ、灶 A Ⅱ、盒 Ba Ⅱ、耳杯 Ⅱ	西汉五铢、筒瓦	
	小东 M4	Ab 型	直壁	墓壁错缝顺铺，墓底"人"字形平铺	盆 B Ⅱ C Ⅱ、罐 A Ⅱ、灶 B Ⅱ、仓 Ⅰ		
	李石开发区四号路 M1	Ab 型	直壁	墓壁槎卯砖顺铺，墓底平铺	盆 A Ⅰ C Ⅰ、壶 Ab Ⅰ、耳杯 Aa Ⅰ、尊 Aa Ⅰ、罐 A Ⅰ	黛板	
第二期（东汉早期）	天瑞水泥厂 M17	Ab 型	直壁	墓壁平铺，墓底斜铺	盆 C Ⅰ、灶 C Ⅱ、俑	西汉五铢、货泉	
	姜屯 M19	Ab 型	直壁	墓壁平铺，墓底斜铺	盆 C Ⅰ、罐 Ba Ⅰ Ab Ⅰ、壶 B Ⅰ Ab Ⅰ、灶 B Ⅰ、尊 Aa Ⅱ、井	四乳四螭铜镜、石球、骨饼、铜带钩、西汉五铢	
	姜屯 M40	Bb 型	直壁	墓壁三顺一丁，墓底斜铺	盆 A Ⅱ B Ⅱ、盎 B Ⅰ、灶 C Ⅰ、井 Ac Ⅰ、鼎、俑、器盖 Ⅱ	琉璃耳珰、铁镢	
	姜屯 M56	Bb 型	直壁	墓壁三顺一丁，墓底斜铺	盆 A Ⅱ B Ⅱ、盎 B Ⅰ、灶 C Ⅰ、盉 B Ⅰ、仓 Ⅰ、井 Ⅰ、耳杯 Ⅱ	货泉	
	姜屯 M10	C 型	三弧壁	墓壁三顺一丁，墓底斜铺	盆 A Ⅱ、壶 Ab Ⅱ、灶 C Ⅰ、井 Ab Ⅱ	琉璃耳珰	
	姜屯 M127	Ab 型	三弧壁	墓壁三顺一丁，墓底楔形砖斜铺	盆 A Ⅱ、壶 Ab Ⅰ、灶 C Ⅰ、井 Ab Ⅰ	琉璃耳珰	
	姜屯 M34	Aa 型	弧壁	墓壁三顺一丁，墓底为"人"字形砌筑	盆 C Ⅰ、壶 Ab Ⅰ、灶 C Ⅰ、井 Ab Ⅱ	琉璃耳珰	
	88 沙岗子 M1	Ab 型	直壁	墓壁三顺一丁，墓底为斜铺	盆 B Ⅱ C Ⅱ、灶 C Ⅰ、井 Ab Ⅰ		
	88 沙岗子 M2	Ab 型	直壁	墓壁三顺一丁，墓底为斜铺	盆 C Ⅱ、灶 C Ⅰ、井 Ab Ⅱ	八乳规矩镜	
	前牧城驿 M2	Ab 型	直壁	贝砖合筑	盆 B Ⅱ C Ⅱ、井 Ab Ⅰ、灶 B Ⅰ、白陶瓮	琉璃珠、铜泡	

续附表一

分期	墓葬名称	墓葬形制	墓壁	砌筑方式	随葬品		备注
					陶器	其他	
第三期（东汉中期）	小东 M3	Aa 型	直壁	墓壁平铺，墓底"人"字形平铺	盆 AⅢBⅢCⅢ、耳杯Ⅲ、钵Ⅲ、灶 DⅠ	琉璃耳珰	
	小东 M6	Ab 型	直壁	墓壁三顺一丁，墓底为"人"字形平铺	盆 CⅢ、耳杯Ⅲ、钵Ⅲ、灶 DⅠ	琉璃耳珰	
	青桩子 M5	Ab 型	直壁	墓壁子母砖平砌，墓底子母砖连缝横铺	壶 AaⅡ、罐 BaⅢ、耳杯Ⅲ、盒 BaⅡ、盆 AⅢ、仓Ⅰ、方案、多枝灯	琉璃耳珰、东汉五铢、筒瓦	
	青桩子 M7	Ab 型	直壁	墓壁子母砖平砌，墓底子母砖连缝横铺	罐 BaⅡ、壶 AⅢ、盘Ⅰ、灶 AⅢ、耳杯Ⅱ、井 AcⅠ、器座		
	羊草庄 M52	Ab 型	直壁	墓壁二顺一丁，墓底为"人"字形砌筑	盆 AⅡ、壶 AaⅢ、长颈瓶 AaⅠ、耳杯Ⅱ、尊 AbⅡ、灶 BⅡ		
	羊草庄 M59	Ab 型	直壁	墓壁三顺一丁，墓底为"人"字形平铺	盆 AⅡ、耳杯Ⅲ、长颈瓶 AbⅠ		
	羊草庄 M63	Ab 型	直壁	墓壁三顺一丁，墓底为"人"字形砌筑	盆 AⅡ、耳杯Ⅲ、长颈瓶 AbⅠ、壶 AaⅡ	东汉五铢	
	羊草庄 M64	Ab 型	直壁	墓壁三顺一丁，墓底为"人"字形平铺	壶 AbⅢ、灶 BⅡ、井 BⅡ、长颈瓶 B、耳杯Ⅲ		
	姜屯 M42	Bb 型	四壁外弧	墓壁三顺一丁，墓底"人"字形平铺	盆 CⅡ、尊 AaⅢ、灯Ⅰ、仓Ⅰ、井 AcⅡ、耳杯Ⅲ、俑	琉璃耳珰、东汉五铢	
	姜屯 M106	Bc 型	四壁外弧	墓底斜铺	盆 BⅡ、灶 CⅠ、奁 CⅠ、尊 AⅡ、井 AbⅡ、盘Ⅱ、圆案		
	姜屯 M46	Aa 型	四壁外弧	墓壁平直三顺一丁，墓底"人"字形平铺	罐 BbⅠ、盆 AⅢCⅢ、盘Ⅱ、仓Ⅰ、耳杯Ⅱ、灶 DⅠ、井 AbⅡ		
	沙岗子 M2	Aa 型	直壁	墓壁三顺一丁，墓底"人"字形平铺	盆 AⅢ、罐 BaⅢ、尊 AaⅡ、镰斗、白陶瓷、灯Ⅱ、耳杯Ⅲ、井 AcⅠ、灶 CⅡ	研磨石、五铢	
	沙岗子 M4	Bb 型	直壁	墓壁三顺一丁，墓底"人"字形平铺	盘Ⅰ、盆 AⅡ、耳杯 AⅡ、尊 AaⅡ、灯、鼎、炉、盒 BaⅡ、奁 AⅡ、仓Ⅰ、灶 CⅡ、俑、猪		
	沙岗子 M5	Bb 型	直壁	墓壁三顺一丁，墓底平铺	盘Ⅰ、盆 AⅡ、耳杯ⅢⅢ、盒 BaⅡ、灯Ⅱ、镰斗、鼎、炉、仓Ⅱ、俑、猪	黛板、铁镞	
	盖县九垄地 M4	Ab 型	直壁	不详	盆 AⅡ、罐 BbⅡ、奁 AⅡ、灯Ⅰ、鼎、炉、灶 CⅡ、镰斗、俑、猪		

续附表一

分期	墓葬名称	墓葬形制	墓壁	砌筑方式	随葬品 陶器	随葬品 其他	备注
第四期（东汉晚期）早段	苗圃 M21	Aa 型	直壁	墓壁三顺一丁，墓底"人"字形平铺	盆 AⅢBⅢ、罐 AⅢ、长颈瓶 AbⅡ、井 AcⅡ、灯Ⅱ、方案、耳杯ⅢⅣ、尊 AbⅡ、器座、方奁		
	沈州路 M2	A 型	直壁	墓壁破坏严重，砌筑方式不详，墓底"人"字形平铺	长颈瓶 AbⅡ、方案、器座		
	调军台 M1	Ab 型	直壁	墓壁平直三顺一丁，墓底平铺	罐 AⅠ、长颈瓶 AbⅡ、灶 BⅢ		
	调军台墓地 M7	Ab 型	直壁	墓壁平直三顺一丁，墓底平铺	长颈瓶 AbⅡ、壶 AaⅢ		
	羊草庄 M12	Ab 型	直壁	墓壁三顺一丁，墓底楔形砖、长条砖、石板组合	长颈瓶 AaⅢ、壶 AaⅢ、尊 AbⅡ	东汉五铢	
	羊草庄 M53	Aa 型	直壁	墓壁一顺一丁，墓底"人"字形	长颈瓶 AaⅢ、壶 AaⅢ、尊 AbⅡ、盆 AⅡ、耳杯Ⅲ、灶 BⅡ	琉璃耳珰、东汉五铢	
	姜屯 M53	Bb 型	四壁外弧	墓壁三顺一丁，墓底斜铺	壶 AaⅢ、灶 DaⅡ、盆 AⅡBⅡ、钵Ⅲ		
	姜屯 M26	Bb 型	直壁	墓壁三顺一丁，墓壁楔形卵砖	盆 CⅠ、仓Ⅰ、灶 BⅣ、耳杯Ⅲ		花纹砖
	沙岗子 M1	Bb 型	直壁	墓壁三顺一丁，墓底平铺	罐 BaⅢ、奁 AⅡ、井 AbⅢ、灯Ⅱ、耳杯Ⅱ、鼎、圆案、仓Ⅰ、俑、灶 BⅢ	鹿骨、狗骨、羊骨、长宜子孙连弧纹铜镜、五铢、银指环、琉璃耳珰、铁钉	
	沙岗子 M3	Bb 型	直壁	墓壁三顺一丁，墓底平铺	奁 AⅠBⅡ、盆Ⅰ、耳杯Ⅲ、灯Ⅲ、灶 BⅢ、仓Ⅰ、俑	铜顶针、铁削、五铢钱	
	前牧城驿 M801	Bb 型	四壁外弧	墓壁三顺一丁，墓底"人"字形	奁 AⅠ、俑、仓Ⅰ、耳杯Ⅲ	西汉五铢、货泉	
	熊岳胜利村	Bb 型	直壁	墓壁三顺一丁	盆 AⅠ、盘 AⅢ、罐 BaⅣ、奁 AⅡ、耳杯Ⅲ、井 AbⅢ、镶斗、鼎、俑、仓Ⅰ		花纹砖
	盖县九垄地 M1	Ae 型	直壁	不详	耳杯Ⅲ	琥珀珠、琥珀坠、绿松石珠、铜带钩	花纹砖墓

续附表一

分期	墓葬名称	墓葬形制	墓壁	砌筑方式	随葬品		备注
					陶器	其他	
第四期（东汉晚期）晚段	姜屯 M20	Ea 型	直壁	墓壁三顺一丁、墓底斜铺榫卯砖和长条砖	盆 AⅢ、钵Ⅳ、罐 AⅢ、灶 BⅢ、耳杯Ⅱ、圆案、楼	金戒指、银顶针、银饰件、银镯、铜镜、玛瑙煤精串饰、方黛板、耳珰	花纹砖墓
	姜屯 M49	Bc 型	直壁	墓壁三顺一丁、墓底斜铺榫卯砖	罐 AⅢ、耳杯Ⅲ、井 AcⅡ、灯Ⅲ、仓Ⅲ、俎、楼		花纹砖墓
	姜屯 M57	Bb 型	直壁	墓壁"人"字形砖铺椁床	罐 AⅢ、盘Ⅱ、钵Ⅳ、奁 AⅢ BⅡ、灯Ⅲ、仓Ⅲ、井 AcⅢ、方案、俎、楼		
	姜屯 M64	Bb 型	直壁	墓壁三顺一丁、墓底斜铺榫卯砖铺椁床	奁 BⅡ、圆案、楼、炉	黛板	花纹砖墓
	姜屯 M66	Ab 型	直壁	墓壁三顺一丁、墓底斜铺	罐 AⅢ、仓Ⅲ、奁 AⅢ、钵Ⅳ	黛板、连弧纹铜镜	
	姜屯 M134	Bb 型	直壁	墓壁三顺一丁、墓底斜铺	盆Ⅰ、灶 BⅢ、炉、俎	簪、东汉五铢	
	姜屯 M148	Ab 型	直壁	墓壁"人"字形砖铺	罐 AⅢ、耳杯Ⅲ、奁 BⅡ、井 AcⅢ、圆案、盘Ⅱ	东汉五铢	
	姜屯 M155	D 型	直壁	墓壁三顺一丁、底榫卯砖	楼、方案、盘Ⅱ、灶 BⅢ	东汉五铢	花纹砖墓
	姜屯 M158	Ab 型	直壁	墓壁三顺一丁、墓底基岩	罐 AⅢ、耳杯Ⅲ、奁 BⅡ、井 AbⅢ、圆案、盘Ⅲ、楼、仓Ⅲ、灶 BⅡ	"位至三公"铜镜、错银铜带钩、银茅、银指环	花纹砖墓
	盖县九垄地 M3	Aa 型	直壁	墓壁花纹砖平铺、墓底大方砖	耳杯Ⅲ、仓Ⅲ、灶 BⅢ、盆 CⅢ、圆案、盘、奁 CⅢ、灯Ⅲ		花纹砖墓
	青砣子 M8	Eb 型	直壁	墓壁两顺一丁、墓底长方形砖横向错缝平铺	钵Ⅱ、盘Ⅰ、尊 AaⅠ、耳杯Ⅲ、奁 BⅡ、炉、三足壶、俎、甑	东汉五铢	

海昏侯墓出土青铜提梁卣浅议

路懿菡

（大连现代博物馆）

南昌西汉海昏侯刘贺墓历经 5 年的抢救性考古发掘，至 2015 年底已出土各类文物 2 万余件。墓葬椁室设计严密、布局清晰，由主椁室、回廊形藏阁、车库和甬道构成。在回廊形藏阁内共出土金器、青铜器、铁器、玉器、漆木器、陶瓷器、竹编、草编、纺织品和简牍、木牍等各类珍贵文物 6000 余件（套）①。在众多精美非凡的随葬品中，一件具有强烈商周风格的青铜提梁卣格外引人注目，无论是形制、纹饰，还是器底所铸的铭文，都显示出器主身份的特殊和尊贵，同时此卣腹部的凤鸟纹饰更是暗示出其与先前发现的同样装饰有此种纹饰的一批商末周初的青铜礼器之间存在着千丝万缕的联系。

一 器主身份

海昏侯墓出土的青铜卣器底铸有"子畎父乙"（图一）四字铭文。"父乙"为日名亲属称谓，为作器的对象。"子畎"则为作器者，该卣是"子畎"为祭祀"父乙"而作。商代甲骨卜辞和金文中见有大量"子某"，董作宾早在 20 世纪 30 年代便首先提出"子某"为"王子"说，并举出卜辞所见"子某" 20 余例，认为都是武丁之子②。胡厚宣对此又做了进一步的考辨，指出有些"子某"应该是以封地为名的武丁之子③。丁山则认为"子某"当是"王子某"的省称，武丁之子及武丁之诸父兄

图一 海昏侯墓出土青铜卣器底铭文

弟也可以用"子某"相称④。日本学者贝冢茂树认为称"子某"者包括殷王之子及王室贵族之子⑤。

① 《江西南昌西汉海昏侯墓考古取得重要发现》，《中国文物报》2015 年 11 月 6 日。
② 董作宾：《甲骨文研究断代例》，《庆祝蔡元培先生六十五岁论文集（上）》，1935 年，第 193 页。
③ 胡厚宣：《殷代婚姻家族宗法生育制度考》，《甲骨学商史论丛初集》，齐鲁大学国学研究所，1944 年。
④ 丁山：《殷商民族方国志》，《甲骨文所见氏族及其制度》，中华书局，1988 年。
⑤ 贝冢茂树：《古代殷帝国》，日本京都出版社，1957 年。

杨升南曾在其所主编的《甲骨学一百年》中，统计出甲骨文中有称"子某"者124位，称"某子"者31位，称"某子某"者5位，共160位[1]。据宋镇豪统计，"甲骨金文中称'子某'者有156名，称'某子'者有29名，其中人地同名者有90例，约占总数185名的49%。"[2] 对于"子"的具体含义，学界亦存有多种意见。陈梦家认为："子与小子当是一种身份的称号。"[3] 林沄先生则言："不能把卜辞中凡称'子某'者，一概断定是商王之子"、"'多子'最有可能指和商王同姓的贵族……而'子'则是这些家族的首脑们的尊称。"[4] 朱凤瀚则径直指出："王卜辞中所见'子某'一般是指王子……王卜辞中称其他贵族家族内的'多子'与非王卜辞中所见'子某'是指这些商人家族内族长之子。"[5] 由此可见，商代卜辞和金文中出现的大量"子某"当为王子级别的高级贵族，与商王的关系极为密切。而且据宋镇豪的研究，甲骨金文中185名称"子某"者中，有90例是人地同名的情况，如"子商""子刀""子渔""子黄"等中的"商""刀""渔""黄"又同时作为地名出现，"就是说，子名与地名的同一，有其内在的自然属性和社会属性，而后者是人地同名的本质所在。换言之，这批子已成家立业，以其受封的各自土田相命名，由此构成分宗立族的家族标志。"[6]

因此，我们认为"子某"作为与商王关系密切的高级贵族，其本身不但身份尊贵、在王朝政治生活中扮演着极其重要的角色，而且有的已经获得封地，成为独立的宗族家族。

据此来看"子眈父乙"的称名方式，常见于殷墟晚期的铜器之上，如现藏于上海博物馆的子工父辛爵（《集成》6410），为殷墟四期器。还有子刀父己鼎（《集成》1879）、子刀父丁瓠（《集成》7229）、子刀父乙鼎（《集成》1826）、子刀父辛鼎（《集成》1881）等。因此，我们认为这件出土于海昏侯墓的青铜提梁卣当为商末周初时期一位王子级别的高级贵族为祭祀其父辈所作之器。

二 青铜卣的年代和原出土地

海昏侯墓出土的青铜卣最为鲜明的时代特征在于其腹部所装饰的凤鸟纹饰（图二）。这种凤鸟纹饰极为夸张华丽，圆睛钩喙，羽冠呈旄节状，花冠较阔似绶带，为长羽飘逸状，羽冠宽阔向后平伸，末端向上卷曲，上布有羽状小歧羽，排列整齐。尾羽部分呈宽条状，向后弯折下垂，其上同样布满与羽冠相同形状的歧羽，似锯齿状。有学者将此种凤纹命名为"花冠凤纹"[7]（图三）。此种凤纹非常少见，只流行于西周初早期。目前所见的带有此种凤纹的铜器至少有8件：

（1）1927年出土于宝鸡戴家湾的凤鸟纹方鼎[8]；

（2）美国赛克勒美术馆藏凤鸟纹方座簋[9]；

① 杨升南：《甲骨学一百年》，北京社会科学文献出版社，1999年，第451~452页。
② 宋镇豪：《商代社会生活与礼俗》，中国社会科学出版社，2011年，第442页。
③ 陈梦家：《殷虚卜辞综述》，中华书局，2004年，第561页。
④ 林沄：《从武丁时代的几种"子卜辞"试论商代的家族形态》，《古文字研究（第三辑）》，中华书局，1979年，第324页。
⑤ 朱凤瀚：《商周家族形态研究》，天津古籍出版社，2004年，第63页。
⑥ 宋镇豪：《夏商社会生活史》，中国社会科学出版社，1994年，第187页。
⑦ 马承源：《商周青铜器纹饰综述》，《中国青铜器研究》，上海古籍出版社，2002年，第369页。
⑧ 中国社会科学院考古研究所：《殷周金文集成》，中华书局，2007年，第01242号。
⑨ 容庚：《商周彝器通考》，上海人民出版社，2008年，第2.297号。

　图二　海昏侯墓出土青铜卣　　　　　　　　　　　图三　花冠凤纹纹饰

（3）大英博物馆藏凤鸟纹圆鼎[1]；

（4）上海博物馆藏凤鸟纹簋[2]；

（5）布伦戴奇收藏的中子其弓觥[3]；

（6）1998年陕西陇县博物馆征集的凤鸟纹方座簋[4]；

（7）陕西韩城梁带村 M27 出土的青铜提梁卣[5]；

（8）陕西宝鸡石鼓山 M4 出土的球腹凤纹簋[6]。

以上诸器中，凤鸟纹方鼎（图四）系1927年宝鸡戴家湾出土，凤鸟纹方座簋（图五）亦出于此地。球腹凤纹簋（图六）则出土于与戴家湾隔河相望的石鼓山。陇县博物馆所征集的凤鸟纹方座簋虽无明确的出土地点，"但推测也应该是关中西部文化的产物"[7]。张懋镕曾言："这种羽毛绽开的凤鸟纹又非常罕见，可以认为这种凤鸟纹具有强烈的地方色彩，主要流行于宝鸡、陇县一带……所以宝鸡戴家湾一带很可能是这种凤鸟纹铜器的原产地"，并进而指出："鉴于某些比较有特色的纹饰往往在一个相对狭小的地区流行，这种纹饰就具有地域特点，我们可以据此来判断装饰有相同纹饰的数件铜器的流行区域，这对于判断某些传世铜器的来源，以及将它们做综合研究，都具有一定的意义。"[8] 由此来看，宝鸡地区确为这种凤鸟纹的流行区域，而装饰有此种纹饰的铜器无疑都与宝鸡地区存在千丝万缕的联系。

除却凤鸟纹饰而言，海昏侯墓出土的青铜提梁卣的形制亦具有强烈的时代风格和地域特色。该卣的横截面作椭圆形，子口上承器盖，器盖两端外挑出两尖角，器盖、器身和圈足部分均饰有扉棱，提梁两端有掌状角兽首饰。这种形制的提梁卣多见于商末周初，尤其是这种掌状角兽首饰一般多见于宝

① Jessica. Rawson：*Western Zhou Ritual Bronzes from the Arthur M. Sackler Collections*，Volume Ⅱ B，Harvard University Press. 1990.

② 陈佩芬：《夏商周青铜器研究》，上海古籍出版社，2004 年，第 306 页。

③ 中国社会科学院考古研究所：《殷周金文集成》，中华书局，2007 年，第 09298 号。

④ 梁彦民：《陇县新发现的鸟纹方座簋》，《文博》2001 年第 5 期。

⑤ 陕西省考古研究院等：《陕西韩城梁带村遗址 M27 发掘简报》，《考古与文物》2007 年第 6 期。

⑥ 陕西省考古研究院等：《陕西宝鸡石鼓山商周墓地 M4 发掘简报》，《文物》2016 年第 1 期。

⑦ 梁彦民、雒有仓：《殷末周初长冠大鸟纹略说》，《文博》2006 年第 4 期。

⑧ 张懋镕：《上海博物馆藏金读记》，《上海文博论丛》2006 年第 3 期。

图四　凤鸟纹方鼎
（1927 年宝鸡戴家湾出土）　图五　凤鸟纹方座簋
（1927 年宝鸡戴家湾出土）　图六　球腹凤纹簋
（宝鸡石鼓山出土）

鸡地区出土的凤鸟纹卣上，如现藏于美国弗利尔美术馆的凤鸟纹卣①，便是 1929 年出土于宝鸡戴家湾，另有一件形制、纹饰完全相同，只是大小有异的提梁卣现藏于美国波士顿美术馆②。2013 年宝鸡石鼓山 M3 西周墓葬中出土了一大一小的两件户卣（图七），其形制与戴家湾所出之凤鸟纹卣基本相同，有研究者指出："石鼓山出土铜卣 7 件，凤鸟纹卣 2 对 4 件。戴家湾出土铜卣 11 件，凤鸟纹卣 5 件。其中石鼓山的卣与戴家湾鼎卣除族徽铭文不同外，形制、纹饰和尺寸都基本相同。卣身呈扁圆形，腹部倾垂，提梁与器身相接处有角冠高耸的兽头，角冠呈手掌状，十分奇特。"③ 因此，我们认为无论是从纹饰还是形制上看，海昏侯墓的这件青铜卣极有可能出土于宝鸡地区，而墓主刘贺本人传奇的经历，更为此推论增添重要的佐证。

图七　宝鸡石鼓山 M3 户卣

刘贺，汉武帝孙，其父刘髆于天汉四年（前 97 年）被封为昌邑王，后元元年（前 88 年），刘髆卒，年仅五岁的刘贺嗣位。元平元年（公元前 74 年）汉昭帝刘弗陵崩，身后无子，大将军霍光选中刘贺承嗣帝位。二十七天后，霍光以"荒淫迷惑，失帝王礼谊，乱汉制度"的罪名废黜刘贺帝位，后令其返回昌邑。元康三年（前 63 年），刘贺又被汉宣帝废为海昏侯，移居豫章（今江西南昌）。神爵三年（前 59 年）卒。《汉书·武五子传·昌邑王刘髆》载："废贺归故国，赐汤沐邑二千户，故王家财物皆与贺。及哀王女四人，各赐汤沐邑千户。"

① 该卣著录在弗利尔美术馆馆藏图录 John Alexander Pope, et al, *The Freer Chinese Bronzes*, Volume Ⅰ, Plate 50, Smithsonian Institution, Washington, 1967. 另见台北"故宫博物院"编辑委员会：《海外遗珍·铜器（一）》第 90 号，台北"故宫博物院"，1999 年。
② 中国青铜器全集编辑委员会：《中国青铜器全集（6）》，文物出版社，1997 年，图 153。
③ 任雪莉：《百年牵手　同气连枝———新出宝鸡石鼓山铜器与戴家湾铜器的对比研究》，《周野鹿鸣———宝鸡石鼓山西周贵族墓出土青铜器》，上海书画出版社，2014 年，第 35 页。

刘贺离开长安时应该带走了大量的王室财物，海昏侯墓中出土的数量巨大的金器、青铜器等精美文物足以证明史载不虚。就在刘贺卒后的神爵四年（前58年），美阳（今周原）便出土了著名的尸臣鼎，这也是史籍上所载的周原地区青铜器出土的最早记录。由此能看出早在西汉初期甚至更早的时期，宝鸡地区便有商周铜器出土，海昏侯墓中的这件青铜卣很可能就是当时出土于宝鸡一带，后辗转成为刘贺的私人收藏，最终随葬于地下。

三　器主与出土地关系

如上文所述，海昏侯墓出土的青铜卣的主人应该是一位王子级别的商王室贵族，其最初的出土地极有可能就在宝鸡地区一带，时代当为商末周初。与之前发现的装饰有长冠凤纹的其他诸器相比，该卣器主的身份尤为引人注目，作为商室贵族所铸之器为何会带有此种具有强烈地域特色的长冠凤纹？这不禁让人重新审视该卣的器主与器物出土地的关系，即此器为何会出现在远离商都之外的"西土"之地？同时此前一直被视为"宝鸡特色"的长冠凤纹是否亦是"商人制造"？

研究者多以"凤鸣岐山"的周人受命的政治预言来解释周人对凤纹的偏爱和凤纹从西周早期开始成为主题纹饰的原因，但却忽视了一个重要方面，即商人对"凤"亦有着异乎寻常的崇拜。殷墟甲骨文中的"凤"正是至上神上帝的使者：

（1）于帝史凤二犬。（《合集》14225，一期）

（2）燎帝史凤一牛。（《合集》14226，一期）

图八　冉父丁卣
（现藏于上海博物馆）

妇好墓中出土的玉凤，说明武丁时代商人心目中便有了"凤"的形象。商末时期，一种羽冠华丽的大鸟纹开始作为主题纹饰出现在青铜器上。马承源言："其纹饰见于商末周初之器，形象似一华丽的禽鸟，头上有三叉戟式的羽冠，与甲骨文字比较非常相似。据此，我们可以较有根据地确定它是凤纹。"[1] 此种凤纹被命名为"多齿冠凤纹""多齿形鸟冠和金文皇字上部完全一致，皇字上部的多齿冠就是有羽饰的冠，下部的土是冠托，这是许多人都讨论过的。皇字以冠形代表权力，故其字有大义。皇本身是冠，凤鸟头上的冠型既与皇同，则此鸟应即皇鸟。"[2] 与此种凤纹极为相似的另一种凤纹见于殷墟郭家庄 M160 出土的亚止凤纹卣，该卣的主人便是止族的军事首领，身为贵族，时任武官。现藏于上海博物馆的冉父丁卣（图八）同样装饰有多齿冠凤纹，陈佩芬曾指出："这类卣的形制，以前在周人早期政治中心

---

① 马承源：《中国青铜器研究》，上海古籍出版社，2002年，第365页。
② 马承源：《中国青铜器研究》，上海古籍出版社，2002年，第368页。

陕西宝鸡，曾与柉禁一起出土。学者以为是西周早期器，1965 年河南辉县当时商人活动地区也出土了同样形制和纹饰的卣。在 1971 年湖南宁乡黄材出土的戈卣，与本器的形制、纹饰相同，器表色泽也相同，为绿色的碱式盐酸铜，深度矿化。可见这种宽腹的卣，商周之际都有出土，而从铭文风格的特点看，应该属于商末之器。"① 亚止风纹卣的出土可以证明多齿冠凤纹在殷文化核心区域的流行。此外，2000 年在孝民屯东南地发掘了一处大型的殷代铸铜作坊遗址，出土了大量的陶范。据发掘报告可知，"孝民屯东南地铸铜作坊遗址的使用年代较长，出现于殷墟二期，发展于殷墟三期，繁荣于殷墟四期，消亡于商周更替之际。""过去殷代较少见的直棱纹、凤鸟纹在此次发掘的陶范中占一定数量。"② 尤其是 H31：14、H31：15 和 H31：17 三块陶范，与宝鸡戴家湾出土的凤鸟纹卣之间存在着密切的关系③，有学者甚至认为该卣就是商代末期在殷墟孝民屯铸铜作坊铸造的，周初作为战利品被周人从殷墟带入宝鸡④。无独有偶，石鼓山 M4 中出土的 50 件青铜礼器中，有 8 件带有铭文，且皆为具有典型殷商文化特征的日名和族徽，对此，研究者认为，"殷商族群的铜器出现于宝鸡地区，从器主与器物所在地的关系而言，不外两种方式，其一，商人迁居西土，随身自带家族重器，并随葬于墓葬或埋入窖藏……其二，周人通过战争方式掠夺殷商族群的重器归自己所有，随后也随葬于墓葬。"⑤ 由此，我们或许可以解释海昏侯墓出土的属于商王室贵族的凤纹青铜卣最有可能在宝鸡出土的原因。同时，我们认为这种华丽的长冠凤纹或许与多齿冠凤纹一样，都是商人风崇拜的体现，其最初的产地应该也在殷墟。

传世文献和甲金文字都显示，周人完全接受了商人的上帝崇拜。在陕西凤雏村遗址甲组基址 H11 窖穴中发现有 4 片分别刻有"巳（祀）凤""凤""凤、见（现）出"和"风（凤）双"的甲骨卜辞⑥。此 4 片甲骨卜辞上所见之"凤"，其形体结构大致相同：均为头上带有抽象化的羽冠的短尾鸟。凤雏 H11 窖穴的年代被认定为"周公文王时"⑦。据此可见周人对"凤"的崇拜正是源于上帝崇拜，而在商末周初的历史情境下，周人正是借助上帝的权威来宣示自己灭商的合法性的。作为上帝的使者，能够传达上帝命令的"凤"自然就成为周人心目中至高无上的存在。胜利归来的周人，将从商都掠夺来的青铜重器作为战利品分赐友族，迫不及待地宣示自己取商而代之的合法性和作为胜利者的无上荣光。

四 余论

海昏侯墓所出的这件青铜卣为重新审视宝鸡地区先前出土的装饰有长冠凤鸟纹的青铜礼器的文化族属提供了新的资料。该卣作为商王室贵族所作之器，具有典型的商式风格，长冠凤纹的出现则有力

① 陈佩芬：《夏商周青铜器研究》，上海古籍出版社，2004 年。
② 中国社会科学院考古研究所安阳工作队：《2000～2001 年安阳孝民屯东南地殷代铸铜遗址发掘报告》，《考古学报》2006 年第 3 期。
③ 李永迪、岳占伟、刘煜：《从孝民屯东南地出土陶范谈对殷墟青铜器的几点新认识》，《考古》2007 年第 3 期。
④ 王学荣、何毓灵：《安阳殷墟孝民屯遗址的考古新发现及相关认识》，《考古》2007 年第 1 期。
⑤ 丁岩、王占奎：《石鼓山商周墓地 M4 再识》，《文物》2016 年第 1 期。
⑥ 陈全方：《陕西岐山凤雏村西周甲骨文概论、人名地名官名兽名等统计表》，《四川大学学报丛刊第十辑·古文字研究论文集》，四川大学出版社，1999 年。
⑦ 李学勤：《西周甲骨的几点研究》，《文物》1981 年第 9 期。

地显示出一直被视为宝鸡地区特色纹饰的这种凤纹或许正是来自于安阳殷墟，同样是商人的创造。商末周初的宝鸡地区，不但是各种文化的融会之地，更是在当时的政治舞台上扮演着举足轻重的角色。张懋镕曾对宝鸡地区出土的带有族徽铭文的青铜器数量进行统计，共计有 59 种，认为宝鸡地区是除了殷墟之外族徽铜器种类最多、最集中的区域[①]。如冉、戈等殷商大族所作之器都出现在宝鸡地区商末周初的墓葬中。不同族徽同出于一墓葬，正说明原属于不同商室大族的青铜礼器作为战利品被带入宝鸡。这件出土于海昏侯墓的青铜卣或许也具有相似的命运。

---

① 张懋镕：《宝鸡出土周初青铜器的历史地位》，《宝鸡文理学院学报（社会科学版）》2013 年第 3 期。

三燕文化研究的回顾与展望

田立坤

（辽宁省博物馆）

魏晋十六国时期，辽西地区多民族错居杂处，相互影响、交流，以至融合，其中慕容鲜卑与汉文化的交流与融合，是贯穿辽西地区魏晋十六国时期历史的主线。"三燕文化"即指在此历史背景下形成的以辽宁朝阳、北票为分布中心，以慕容鲜卑为主体，在汉文化影响下，同时也吸收了匈奴、乌桓、夫余、高句丽、拓跋鲜卑等多种文化因素，具有强烈的自身特点和不可分割的内在联系的魏晋十六国时期考古遗存①。

自 1990 年提出"三燕文化"概念以来，又有大量的考古新发现和新的研究成果问世，既极大地丰富了三燕文化内涵，又提出了很多新问题，因此，回顾三燕文化研究历程、展望三燕文化研究前景，对促进这一课题的深入研究很有必要。

一 三燕文化研究回顾

三燕文化考古发现，可以追溯到 1956 年首次在辽宁北票房身村发现的慕容鲜卑墓葬，其分布范围不仅仅限于三燕故地辽宁朝阳地区，内蒙古、河北、河南、山东也都有发现。

（一）1989 年以前的发现与研究②

辽宁北票房身村发现的三座石椁墓是最早发现并被确认的"晋代鲜卑贵族墓葬"，1960 年陈大为发表发掘简报③。此后相继发表的考古资料有：义县保安寺石椁墓④、北票西官营子北燕太平七年（415 年）冯素弗夫妇墓⑤、内蒙古哲里木盟（现通辽市）科左后旗舍根墓地⑥、朝阳后燕建兴十年（395 年）昌黎

---

① "三燕文化"概念是笔者 1990 年在大连"环渤海考古国际学术讨论会"上提出的。具体内涵界定为："三燕遗存是慕容鲜卑在汉文化的强烈影响下，同时也受到匈奴、高句丽等程度不同的影响而形成的一种具有自身特点的文化遗存，不能简单视为慕容鲜卑遗存。"参见《三燕文化遗存的初步研究》，《辽海文物学刊》1991 年第 1 期。2000 年，对"三燕文化"概念又做了补充、完善。参见《三燕文化墓葬的类型与分期》，巫鸿主编《汉唐之间文化艺术的互动与交融》，文物出版社，2001 年。
② 这里的"发现"是指考古调查、发掘资料的发表，而不是最初的发现，特此说明。
③ 陈大为：《辽宁北票房身晋墓发掘简报》，《考古》1960 年第 1 期。
④ 刘谦：《辽宁义县保安寺发现的古代墓葬》，《考古》1963 年第 1 期。
⑤ 黎瑶渤：《辽宁北票西官营子北燕冯素弗墓》，《文物》1973 年第 3 期。
⑥ 张柏忠：《哲里木盟发现的鲜卑遗存》，《文物》1981 年第 2 期。

太守清河武城崔遹墓①、河南安阳孝民屯晋墓②、朝阳袁台子东晋壁画墓③、辽宁本溪晋墓④、朝阳八宝石椁墓与大平房壁画墓及北庙壁画墓⑤、朝阳单家店西晋十六国墓⑥以及后燕龙腾苑遗址的调查。

这一时期的研究，大多是通过文献与相关考古遗存的比对，或具体遗存的互相比较，对各遗存年代、性质进行推定。陈大为依据《晋书·慕容廆载记》，推测房身墓地出土的"花树状金饰"（金步摇——笔者注）"可能就是鲜卑族慕容部人的'步摇冠'或吐谷浑部人的'金花冠'之类的冠饰"，认定"房身村晋墓"为"晋代鲜卑贵族的墓葬"⑦。将考古遗存与文献中所记曹魏初年入居辽西的慕容鲜卑相对应，为后来的发现与研究所证实，奠定了相关研究的基础。

根据北票西官营子 M1 出土的"范阳公章""辽西公章""车骑大将军章""大司马章"，《辽宁北票西官营子北燕冯素弗墓》作者考定墓主人为死于十六国北燕太平七年（415 年）的北燕王冯跋之弟冯素弗。同时指出该墓出土的"马镫是现知有确切年代的同类器物中较早的一副"⑧。

1981 年，张柏忠将以科左后旗舍根墓地出土的轮制细泥陶壶、手制夹砂陶罐，饰磨光暗纹和滚轮压印纹为代表的一类考古遗存命名为"舍根文化"。通过与北票房身墓地出土的同类器物的类型学对比分析，将"舍根文化"认定为汉晋时期"东部鲜卑"的遗存⑨。

1981 年，在辽宁省考古、博物馆学会成立大会上，董高、孙国平分别提交了《朝阳地区鲜卑马具的初步研究》和《试论鲜卑族的步摇冠饰》⑩ 的论文。

1983 年，《安阳孝民屯晋墓发掘报告》作者通过与房身墓地、后燕崔遹墓、北燕冯素弗墓出土陶器比较认为，"这批墓葬的年代定在西晋末、东晋初年的十六国早期（即公元四世纪初到四世纪中叶）是较恰当的。"通过葬俗比较，"初步认为这五座墓葬也可能是鲜卑人的墓葬，至少可以说是受鲜卑的影响并和鲜卑族有密切的关系。"⑪

1984 年，《朝阳袁台子东晋壁画墓》作者通过与辽阳上王家村晋代壁画墓⑫、北燕冯素弗墓、后燕崔遹墓的比较，"推定袁台子墓的相对年代，当在东晋的四世纪初至四世纪中叶"⑬。

最先对辽西地区魏晋十六国时期考古遗存进行综合研究的是宿白先生的《东北、内蒙古东部的鲜卑遗迹——鲜卑遗迹辑录之一》⑭。该文对北票房身墓地、义县保安寺石椁墓、北燕冯素弗夫妇墓进行了重点讨论。肯定了北票房身墓地为慕容鲜卑遗存以及"金花冠饰"为金步摇的推测。并指出"镶嵌

---

① 陈大为等：《辽宁朝阳后燕崔遹墓的发现》，《考古》1982 年第 3 期。

② 中国社会科学院考古研究所安阳工作队：《安阳孝民屯晋墓发掘报告》，《考古》1983 年第 6 期。

③ 辽宁省博物馆文物工作队等：《朝阳袁台子东晋壁画墓》，《文物》1984 年第 6 期。

④ 沈白文：《辽宁本溪晋墓》，《考古》1984 年第 8 期。

⑤ 徐基等：《辽宁朝阳发现北燕、北魏墓》，《考古》1985 年第 10 期。

⑥ 李宇峰：《辽宁朝阳西晋十六国时期墓葬清理简报》，《北方文物》1986 年第 3 期。

⑦ 陈大为：《辽宁北票房身村晋墓发掘简报》，《考古》1960 年第 1 期。

⑧ 黎瑶渤：《辽宁北票西官营子北燕冯素弗墓》，《文物》1973 年第 3 期。

⑨ 张柏忠：《哲里木盟发现的鲜卑遗存》，《文物》1981 年第 2 期。

⑩ 董高：《朝阳地区鲜卑马具的初步研究》；孙国平：《试论鲜卑族的步摇冠饰》，《辽宁省考古、博物馆学会成立大会会刊》，1982 年，沈阳。

⑪ 中国社会科学院考古研究所安阳工作队：《安阳孝民屯晋墓发掘报告》，《考古》1983 年第 6 期。

⑫ 李庆发：《辽阳上王家村晋代壁画墓清理简报》，《文物》1959 年第 7 期。

⑬ 辽宁省博物馆文物工作队等：《朝阳袁台子东晋壁画墓》，《文物》1984 年第 6 期。

⑭ 宿白：《东北、内蒙古东部鲜卑遗迹——鲜卑遗迹辑录之一》，《文物》1977 年第 5 期。

饰物的指环"为匈奴文化中所常见，随葬的日用器物、葬俗都受到汉族的影响，表明慕容鲜卑与汉族关系密切。关于义县保安寺石椁墓，"金饰品与慕容相类，陶器和各种珠饰则与拓跋相近"，时代早于房身慕容鲜卑墓地。北燕是北方佛教传播的重要地区之一，冯素弗墓出土的鎏镂坐佛像，是这一地区发现的最早的佛像。关于冯素弗墓出土的玻璃器，很可能是西方输入品，"或许是经由柔然辗转传来的"。

1984 年，杨泓发表《中国古代马具的发展和对外影响》一文，指出：公元 4 世纪初是马具发展的关键时期，安阳孝民屯晋墓和朝阳袁台子晋墓出土的成套马具，提供了马具发展关键时期的典型实物标本。高句丽墓葬出土的马具与安阳孝民屯、朝阳袁台子晋墓出土的马具具有相同的特点，形制几乎是相同的，明显是接受了以安阳孝民屯 154 号墓为代表的马具的影响，在朝鲜半岛南部的新罗遗物中也可以看到同样的影响，这种影响也波及日本[①]。

1986 年，徐基在中国考古学会第六届年会上提交《关于鲜卑慕容部遗迹的初步考察》一文，重点介绍了 1973～1979 年间，朝阳地区博物馆和朝阳县文化馆在朝阳市附近（包括北票房身村等相邻地段）调查和清理的几座石椁墓以及有关的零散资料。这批尚未发表的资料包括成套的马具，内容极为丰富。该文结合以往的相关发现与研究成果，从陶器组合、头戴和装饰品、成套的马具具装和兵器、墓葬制度和习俗四个方面，总结出"慕容鲜卑文化"特征。认为慕容鲜卑遗存明显地可以分成三组："第一组可视为鲜卑族慕容部的民族文化"，"第二组器物，为汉族、匈奴族或其他民族传入的部分"，"第三组器物，系指鲜卑慕容部在周边民族先进技术、文化影响下，学习仿造的部分"。将鲜卑慕容部遗存分成四组 6 段："第一组以新开河流域（西辽河下游）的舍根墓群为代表"，该组的"第一段当早至东汉中晚期或略早，第二段以定在魏晋之际为宜。即公元 2 世纪初至 3 世纪中叶"；"第二组（即第3 段）主要以大凌河中游的北票房身村北沟墓地早期墓为代表。……时代以定在西晋为宜，即公元 3 世纪中叶至 4 世纪初"；"第三组（即第 4 段）在辽西是以朝阳市（龙城）为中心，它包括朝阳市东北的北票县房身北沟墓地后期墓和朝阳市西南面的汉代'柳城'附近的袁台子、腰而营子墓，安阳孝民屯的几座墓亦应划在此组"；第四组"前段（第 5 段）以后燕崔遹墓和北燕冯氏墓为代表。……本组后段（即第 6 段）的完整的考古资料不多。朝阳附近发现的几座墓和零星的采集品可为代表。"[②]

1987 年，张小舟发表《北方地区魏晋十六国时期墓葬的分区与分期》，对辽西地区魏晋十六国时期墓葬进行了分期研究[③]。

这一时期发表的资料和研究成果数量虽然不多，但是，其重要性不言而喻。如朝阳姚金沟石椁墓出土刻有"燕建兴十年昌黎太守清河武城崔遹"十五字、"燕建兴十年昌黎太守清河东武城崔遹"十六字两方墓表，下葬年代和墓主人官职、籍贯、姓名一目了然；北票西官营子石椁墓亦可通过随葬的四枚印章考定墓主人为卒于北燕太平七年的冯素弗；北票房身村晋墓出土的金步摇，将墓主人与文献中的慕容鲜卑直接联系在一起，为研究十六国考古遗存性质、年代提供了准确的标尺，奠定了坚实基础。

关于冯素弗墓出土的玻璃器为"西方输入品"，高句丽、新罗、日本成套马具是接受安阳孝民屯154 号晋墓、朝阳袁台子晋墓马具影响的产物的观点，具有开创性，为以后的深入研究拓宽了视野。

---

① 杨泓：《中国古代马具的发展和对外影响》，《文物》1984 年第 9 期。
② 徐基：《关于鲜卑慕容部遗迹的初步考察》，《中国考古学会第六次年会论文集》，文物出版社，1990 年。
③ 张小舟：《北方地区魏晋十六国墓葬的分区与分期》，《考古学报》1987 年第 1 期。

还需特别提出的是，《关于鲜卑慕容部遗迹的初步考察》一文，对已发现的相关考古遗存进行了综合的文化因素分析和分期研究，提出"慕容鲜卑文化"概念，不再停留在对墓葬具体年代的考定或族属辨识上，可谓是这一课题研究的一大进步。

1984 年，朱子方发表《记后燕龙腾苑遗址的发现》称："在'十年动乱'期间，笔者被下放到北票县桃花吐公社林四家大队插队落户。一九七二年调到朝阳地区宣传馆（今朝阳博物馆）工作。一日，由林四家到朝阳镇上班，路经陵北公社木营子大队，发现村后有一座人工修筑的土山，当地群众叫做'东团山子'。土山基部约一五○余米，由于大队砖厂在这里建窑取土烧砖，土山已被挖去大部，最高顶峰已不存在，残存高度约十八米左右。然版筑遗迹，宛然可见。窑工同志们反映：在取土过程中，曾经发现往山上运土的大车道，十分清楚，辙宽度与现在的大车相差无几。"通过调查勘探，结合相关文献记载，"我们进一步推定：这座人工修筑的假山，就是龙腾苑里的景云山。"① 经调查确认后燕龙腾苑之所在，也是这一时期的一个重要发现。

（二）1990 年以来的发现与研究

20 世纪 90 年代以来，新发表的重要墓葬资料有：锦州安和街石室墓②、北票喇嘛洞墓地出土的铜鎏金马具③、朝阳奉车都尉墓④、朝阳袁台子石室墓⑤、北票仓粮窖墓地⑥、锦州东晋永昌三年（永昌二年三月改元太宁，永昌三年实为太宁二年，324 年）李廆墓⑦、朝阳十二台子乡砖厂墓地⑧、十二台子乡砖厂 88M1⑨、朝阳田草沟墓地⑩、朝阳三合成墓地⑪、内蒙古科左后旗新胜屯鲜卑墓地⑫、锦州市前山十六国墓地⑬、北票大板营子墓地⑭、北票喇嘛洞三燕文化墓地⑮、山东青州出土十六国时期鎏金铜马具的砖室墓⑯。

发表的城址与建筑址资料有：朝阳北塔下三燕宫殿基址⑰、朝阳龙城宫城南门遗址⑱、北票金岭寺建筑址⑲。

在充分吸收前期研究成果的基础上，自 20 世纪 90 年代以来，综合研究与专题研究都取得了新的进

① 朱子方：《记后燕龙腾苑遗址的发现》，《东北地方史研究》1984 年创刊号。
② 刘谦：《锦州北魏墓清理简报》，《考古》1990 年第 5 期。
③ 田立坤等：《朝阳发现的三燕文化遗物及相关问题》，《文物》1994 年第 11 期。陈山：《北票新发现的三燕马具》，《文物》2003 年第 3 期。
④ 田立坤：《朝阳前燕奉车都尉墓》，《文物》1994 年第 11 期。
⑤ 孙国平等：《辽宁朝阳袁台子北燕墓》，《文物》1994 年第 11 期。
⑥ 孙国平等：《辽宁北票仓粮窖鲜卑墓》，《文物》1994 年第 11 期。
⑦ 辛发等：《锦州前燕李廆墓清理简报》，《文物》1995 年第 6 期。
⑧ 辽宁省文物考古研究所等：《朝阳王子坟山墓群 1987、1990 年度考古发掘的主要收获》，《文物》1997 年第 11 期。
⑨ 辽宁省文物考古研究所等：《朝阳十二台子乡砖厂 88M1 发掘简报》，《文物》1997 年第 11 期。
⑩ 辽宁省文物考古研究所等：《朝阳田草沟晋墓》，《文物》1997 年第 11 期。
⑪ 于俊玉：《朝阳三合成出土的前燕文物》，《文物》1997 年第 11 期。
⑫ 田立坤：《科左后旗新胜屯鲜卑墓地调查》，《文物》1997 年第 11 期。
⑬ 鲁宝林等：《辽宁锦州市前山十六国时期墓葬的清理》，《考古》1998 年第 1 期。
⑭ 万欣：《辽宁北票市大板营子墓地的勘探与发掘》，《辽宁考古文集》，科学出版社，2000 年。
⑮ 辽宁省文物考古研究所等：《辽宁北票喇嘛洞墓地 1998 年发掘报告》，《考古学报》2004 年第 2 期。
⑯ 刘允泉等：《山东青州出土十六国时期鎏金铜马具》，《文物》2018 年第 2 期。
⑰ 辽宁省文物考古研究所等：《朝阳北塔——考古发掘与维修工程报告》，文物出版社，2007 年。
⑱ 田立坤等：《朝阳古城考古纪略》，《边疆考古研究》第 6 辑，科学出版社，2007 年。
⑲ 辛岩等：《辽宁北票金岭寺魏晋建筑遗址发掘报告》，《辽宁考古文集（二）》，科学出版社，2010 年。

展。20 世纪 80 年代及以前辽西地区魏晋十六国时期考古遗存的发现与研究，取得了很多成果，对推动这一课题的研究起到了很大作用。但是，毋庸讳言，这一时期发表的报告多是对遗存的具体描述、年代推定、墓主族属考证，各遗存之间的相互比较，也仅限于年代方面的参证。在遗存的命名上，则是发现地点与年代或墓主名、族名的简单相加，如"北票房身村晋墓""安阳孝民屯晋墓""袁台子东晋壁画墓""北燕冯素弗墓""后燕崔遹墓"，缺少整体上的认识与综合研究。或者笼统地称之为"鲜卑遗存""鲜卑马具""慕容鲜卑文化"。如此则无法解释如十二台子乡砖厂土坑竖穴木棺墓与后燕崔遹墓墓主人前者是慕容鲜卑，后者是中原世家大族，时代前后相距一百多年，但是两者都使用形制独特的前大后小的木棺这一现象；有些重要遗存如袁台子壁画墓则被排除在外，显然失之片面，不能从整体上全面、准确地概括其丰富的文化内涵。基于此，1990 年，我们将以朝阳为中心分布的、具有内在联系的魏晋十六国时期考古遗存作为一种考古学文化——三燕文化，视为一个整体，分为连续发展的三期。早期以十二台子乡砖厂土坑竖穴木棺墓地为代表，年代上限为莫护跋入居辽西之时，即曹魏初年，下限到慕容廆从辽东北迁回"徒河之青山"，即公元 289 年。中期以北票房身墓地和袁台子壁画墓等为代表，下限至前燕灭亡，即公元 370 年①。晚期为后、北燕时期，以崔遹墓和冯素弗墓为代表，下限至北燕灭亡的公元 436 年。

通过对墓葬形制分类研究，确认以十二台子乡砖厂墓地为代表的墓圹、木棺都呈前大后小的梯形土坑竖穴木棺墓属慕容鲜卑的传统，以锦州李廆墓为代表的砖室墓属中原汉文化的传统，以袁台子壁画墓为代表的石板搭盖石室墓属辽东汉魏墓的传统，以喇嘛洞墓地为代表的矩形土坑竖穴木椁墓属夫余的传统，其中梯形土坑竖穴木棺墓自始至终占据主导地位，如后燕崔遹墓和北燕冯素弗墓那种前大后小的石椁墓都是受其影响而衍生的②。

对具体的个案研究，揭示构成三燕文化丰富内涵的历史背景。如袁台子壁画墓残存墨书题记有"……二月己……［丿］子……"字样，经考证复原为"□□□［年］二月己□［朔］□［戊（庚）］子……"，属纪年内容。结合墓葬形制、壁画内容都与辽阳魏晋壁画墓有直接渊源关系，以及当时发生的重大事件，再将残存的墨书题记纪年部分进一步复原为"［永和十年］二月己［卯朔十（廿二）日戊（庚）］子"（354 年）或"［太和元年］二月己［巳朔廿日戊］子"（366 年），确认此墓为晋咸和九年（334 年）被慕容皝从辽东迁徙到棘城的"辽东大姓"遗存③。

北票喇嘛洞墓地是目前发现规模最大、出土遗物最多、最丰富的三燕文化墓地，与以往发现的三燕文化墓葬既有明显的共性，也有显著的区别，与被认为属汉魏时期夫余人的西丰西岔沟、榆树老河深墓地在葬俗上有密切的渊源关系。结合文献所记慕容鲜卑曾前后两次攻打夫余，并劫掠大批夫余人的史实，确认喇嘛洞三燕文化墓地的主体人群应是夫余人④。

专题研究主要有玻璃器、金步摇、马具、城址与遗址，以及体质人类学、铁器等等。

---

① 关于三燕文化的分期，1991 年发表的《三燕文化遗存的初步研究》将中期下限划到前燕的建立，2001 年发表的《三燕文化墓葬的类型与分期》改中期下限到前燕灭亡，这里采用的是后者。
② 田立坤：《三燕文化墓葬的类型与分期》，巫鸿主编《汉唐之间文化艺术的互动与交流》，文物出版社，2001 年。
③ 田立坤：《袁台子壁画墓的再认识》，《文物》2002 年第 9 期。
④ 田立坤：《关于北票喇嘛洞三燕文化墓地的几个问题》，《辽宁考古文集》，辽宁民族出版社，2003 年；《论喇嘛洞墓地出土的马具》，《文物》2010 年第 2 期。关于喇嘛洞三燕文化墓地的资料，参见万欣执笔《辽宁北票喇嘛洞墓地 1998 年发掘报告》，《考古学报》2004 年第 2 期。

冯素弗墓出土的玻璃器，宿白先生早在《东北、内蒙古东部鲜卑遗迹——鲜卑遗迹辑录之一》中就已经指出，"很可能为西方输入品，……或许是经由柔然辗转传来的"。安家瑶的进一步研究成果表明，冯素弗墓出土的五件玻璃器皿为罗马帝国领域中的产品①。

金步摇研究，孙机发其端，通过《续汉书·舆服志》中所记东汉皇后盛装谒庙时戴的首饰"金步摇"、辽西地区出土的金步摇实物，与1864年在顿河下游新切尔卡斯克萨尔马泰女王墓中出土的公元前2世纪金冠、1979年在阿富汗北部席巴尔甘金丘6号大月氏墓出土的公元1世纪前期金冠的比较，认为"步摇装饰起源于西方，步摇冠约在公元前后正式形成，然后向东传播，横跨欧亚大陆经我国到达日本，流行时间长达600多年，是一个值得注意的文化现象"②。徐秉琨踵其后，根据公元前2600～前2500年的美索不达米亚平原南方的乌尔王朝皇家墓园出土的"用琉璃、红玉髓珠串缀金摇叶而制成的饰圈"，认为金步摇叶是"发源于西亚和西域，经过中国，尤其是经过鲜卑慕容部传到朝鲜半岛和日本的一项服饰品"③。并进一步考证认为，曹魏初年入居辽西的莫护跋，就是东汉后期檀石槐鲜卑部落大联盟中部的"慕容大帅"，力主《晋书·慕容廆载记》慕容鲜卑的"慕容"为"步摇"音讹说④。万欣认同上述研究成果，同时还提出，金步摇3世纪晚期至4世纪早期在大凌河中游的流行，形成了"慕容氏摇叶文化"⑤。

《续汉书·舆服志》中所记皇后谒庙时戴的金步摇、三燕文化的典型遗物金步摇，虽然都是源自于西方，但是形制不同。皇后谒庙时所戴为"爵兽步摇"，三燕文化的为"花树步摇"，两者传入中国的时间与路线也不相同，"爵兽步摇"是汉代通过丝绸之路传入中原地区的，"花树步摇"则是曹魏初年随着慕容鲜卑从草原南下传入辽西地区的，因此，不宜不加区别，混为一谈。慕容鲜卑与"步摇"的关系也还有进一步研究的必要⑥。

高句丽和朝鲜半岛南部的新罗、伽耶马具以及日本古坟时期的马具，都直接或间接受到三燕文化马具的影响，这一方面的研究受到学术界的格外关注⑦。

马具个案研究有甲骑具装⑧、高桥鞍⑨、鸾镳⑩、装饰纹样⑪、马镫⑫等。

① 安家瑶：《中国的早期玻璃器皿》，《考古学报》1984年第4期。
② 孙机：《步摇、步摇冠、步摇饰片》，《文物》1991年第11期。
③ 徐秉琨：《慕容鲜卑·三国·古坟——中国　朝鲜　日本古代的文化交流》，辽宁古籍出版社，1996年。
④ 徐秉琨：《步摇与慕容鲜卑》，《文史》2014年第4期。
⑤ 万欣：《鲜卑墓葬、三燕史迹与金步摇饰的发现与研究》，《辽宁考古文集》，辽宁民族出版社，2003年。
⑥ 田立坤：《步摇考》，《4～6世纪的北中国与欧亚大陆》，科学出版社，2006年。
⑦ 杨泓：《中国古代马具的发展和对外影响》，《文物》1984年第9期。魏存成：《中国北方地区四五世纪的马具》，《高句丽渤海考古论集》，科学出版社，2015年。田立坤等：《朝阳发现的三燕文化遗物及相关问题》，《文物》1994年第11期；《日本古坟时代马具三则》，《东北亚考古学论丛》，科学出版社，2010年。董高：《3至6世纪慕容鲜卑、高句丽、朝鲜、日本马具之比较研究》，《文物》1995年第10期。徐秉琨：《慕容鲜卑·三国·古坟——中国　朝鲜　日本古代的文化交流》，辽宁古籍出版社，1996年。孙守道：《中国三燕时期与日本古坟骑马文化的比较研究》，《东北亚考古学研究》，文物出版社，1997年。王巍：《从出土马具看三至六世纪东亚诸国的交流》，《考古》1997年第12期。
⑧ 田立坤、张克举：《前燕的甲骑具装》，《文物》1994年第11期。白荣金等：《辽宁北票喇嘛洞十六国墓葬出土铁甲复原研究》，《文物》2008年第3期。万欣等：《辽宁北票市喇嘛洞墓地ⅠM17铁甲堆积室内清理》，《辽西地区魏晋十六国时期都城文化研究》，辽宁人民出版社，2017年。
⑨ 中国社会科学院考古研究所技术室：《安阳晋墓马具复原》，《考古》1983年第6期。田立坤：《高桥鞍的复原及有关问题》，《东北亚考古学论丛》，科学出版社，2010年。
⑩ 田立坤：《鸾镳考》，《辽宁省博物馆馆刊2011》，辽海出版社，2011年。
⑪ 田立坤：《三燕文化马具装饰纹样研究》，《辽宁省博物馆馆刊2012》，辽海出版社，2013年。
⑫ 田立坤：《古镫新考》，《文物》2013年第11期。

棘城是前燕的第一个都城，20世纪90年代调查、确认棘城遗址所在，也是三燕文化研究的重要收获①。

龙城，慕容鲜卑所建的第一座城②，也是前燕、后燕、北燕的都城。2003～2006年对朝阳老城区的发掘，发现三燕龙城宫城南门遗址，不仅了解到其结构和使用沿革，而且确定了龙城宫城的准确位置，为研究龙城的整体布局和所受曹魏邺城的影响提供了重要的线索③。

北票金岭寺大型建筑址是这一时期考古的重要发现，很可能就是慕容儁为其祖父慕容廆所建的"廆庙"④。

铁器保护与研究⑤，朝阳老城、金岭寺建筑址出土建筑构件研究⑥，是这一时期三燕文化研究的新成果。

朱泓等对朝阳十二台乡砖厂土坑竖穴墓地、北票喇嘛洞三燕文化墓地人骨标本研究成果表明，十二台乡砖厂土坑竖穴墓地居民基本种系特征属于低颅性质的古蒙古高原类型；喇嘛洞三燕文化墓地居民与十二台乡砖厂土坑竖穴墓地居民差异显著，总体特征比较接近高颅性质的古东北类型和古华北类型；喇嘛洞居民和鲜卑人之间存在着很大的遗传学距离，直接排除了喇嘛洞三燕文化居民为鲜卑人的可能性，间接支持运用考古类型学对墓葬形制、随葬遗物研究，结合相关文献得出的十二台乡砖厂土坑竖穴墓地为慕容鲜卑遗存，喇嘛洞三燕文化墓地为夫余遗存的结论⑦。这一研究成果对促进三燕文化研究起到了重要的推动作用。

关于袁台子壁画墓等壁画构图、技法特点等，有刘中澄⑧、郑岩⑨的研究。

日本、韩国学者对辽西地区魏晋十六国时期考古发现也十分关注，在马具、装身具的研究方面取得了很多成果。1996年，辽宁省文物考古研究所与日本奈良文化财研究所合作，对以喇嘛洞墓地出土铁器为主的保护与研究，目前已完成了四个合作研究项目，形成《东北亚考古学论丛》《辽西地区东晋十六国都城文化研究》两部相关成果⑩。

---

① 田立坤：《棘城新考》，《辽海文物学刊》1996年第2期。

② 田立坤：《龙城新考》，《边疆考古研究》第12辑，科学出版社，2012年。

③ 田立坤、万雄飞、白宝玉：《朝阳古城考古纪略》，《边疆考古研究》第6辑，科学出版社，2007年。万雄飞：《三燕龙城宫城南门遗址及其建筑特点》，《辽西地区魏晋十六国时期都城文化研究》，辽宁人民出版社，2017年。

④ 田立坤：《金岭寺建筑址为"廆庙"说》，《庆祝张忠培先生八十岁论文集》，科学出版社，2014年。

⑤ 辽宁省文物考古研究所、日本奈良国立文化财研究所：《辽宁北票市喇嘛洞鲜卑贵族墓地出土铁器的保护处理及初步研究》，《考古》1998年第12期。北京科技大学冶金与材料史研究所等：《北票喇嘛洞墓地出土铁器的金相实验研究》，《文物》2001年第12期。万欣：《喇嘛洞铁工初论——兼议中国慕容鲜卑、朝鲜三国时期和日本古坟时代铁器葬俗的一致性与差异性》，《东北亚考古学论丛》，科学出版社，2010年。韩汝芬：《北票冯素弗墓出土金属器的鉴定与研究》，《辽宁省博物馆馆刊（2010）》，辽海出版社，2010年。

⑥ 李新全：《三燕瓦当考》，《辽海文物学刊》1996年第1期。万雄飞、白宝玉：《朝阳老城北大街出土的3～6世纪莲花瓦当初探》，《东北亚考古学论丛》，科学出版社，2010年。王飞峰：《三燕瓦当研究》，《边疆考古研究》第14辑，科学出版社，2013年。李新全：《三燕文化界格图案瓦当源流考》，《辽西地区魏晋十六国时期都城文化研究》，辽宁人民出版社，2017年。王飞峰：《三燕、高句丽莲花纹瓦当的出现及其关系》，《辽西地区魏晋十六国时期都城文化研究》，辽宁人民出版社，2017年。

⑦ 朱泓：《朝阳魏晋时期鲜卑墓葬人骨研究》，《辽海文物学刊》1996年第2期。朱泓、曾雯、张全超、陈山、周慧：《喇嘛洞三燕文化居民族属问题的生物考古学考察》，《吉林大学社会科学学报》2012年第1期。

⑧ 刘中澄：《关于朝阳袁台子晋墓壁画的初步研究》，《辽海文物学刊》1987年第1期。

⑨ 郑岩：《魏晋南北朝壁画墓研究》，文物出版社，2002年。

⑩ 辽宁省文物考古研究所、日本奈良文化财研究所：《东北亚考古学论丛》，科学出版社，2010年；《辽西地区东晋十六国时期都城文化研究》，辽宁人民出版社，2017年。

二　三燕文化研究展望

回顾六十多年来辽西地区魏晋十六国时期考古发现与研究，从对具体遗存的描述、考证，到整体上作为一种考古学文化——三燕文化，再对构成三燕文化的各种因素及个案进行研究，不断深化对三燕文化的认识，丰富了三燕文化内涵，拓宽了新的研究领域，使三燕文化成为魏晋十六国时期考古研究、东北亚地区考古研究、东西文化交流考古研究中的重要课题。所以，从这一点来说，三燕文化研究才刚刚破题，还有很多问题需要去发现、研究。

一是要拓宽视野。目前在辽宁本溪、抚顺以及河南、山东都发现有三燕文化遗存，所以三燕文化研究不能仅局限于辽西中心分布区。

二是三燕文化的类型问题。十二台乡砖厂墓地与大板营子墓地的木棺虽然都为梯形，但是前者在圹壁上开龛，内置牛骨、陶尊，后者壁上无龛，牛头为殉，置于头前的二层台上。再者，十二台乡砖厂墓地最常见的陶器组合为侈口展沿壶、侈口束颈壶、夹砂大口罐，大板营子墓地绝不见侈口束颈壶。喇嘛洞墓地陶器组合与十二台乡砖厂墓地相同，但是，矩形土坑竖穴、木椁、头向东北、填土中置陶器，与十二台乡砖厂墓地、大板营子墓地截然不同[1]。这种差异具有划分类型的意义，我曾据此提出，"朝阳十二台乡砖厂墓地、喇嘛洞墓地、北票大板营子墓地都各有区别于其他两墓地的特点。可进一步划分为三燕文化十二台乡砖厂类型、喇嘛洞类型、大板营子类型。"[2]　现在看来，这一认识是符合实际的。

三是三燕文化中的西方因素问题。三燕文化中的西方因素可分为以金步摇为代表的黄金制品、六方连续纹样、玻璃器三组：三燕文化中的金步摇为慕容鲜卑所固有，随慕容鲜卑传入辽西[3]，冯素弗墓的玻璃器可能是经柔然传入的[4]，六方连续纹样是通过什么渠道传入辽西的，目前还说不清楚。在河南密县打虎亭汉墓中，六方连续纹样与胡旋舞共存[5]，可见六方连续纹样与粟特人有密切关系[6]。据《魏书·安同传》称："安同，辽东胡人也。其先祖曰世高，汉时以安息王侍子入洛。历魏至晋，避乱辽东，遂家焉。父屈，仕慕容暐，为殿中郎将。"[7]　被称为辽东胡人的安同，实际应是粟特地区的安国人。另据出土于西安的唐永泰元年《康晖墓志》，前燕还曾封康迁为归义侯[8]，康氏也是粟特人。毫无疑问，已有粟特人加入前燕政权中[9]，六方连续纹样是否通过他们传入的不得而知。

四是辽海地区的氐人遗存问题。晋太和五年（370年）十一月，前秦灭前燕，占领辽海地区。晋太元五年（380年）四月，因受到苻坚的排挤，前秦镇北将军、幽州刺史苻洛曾在和龙起兵反苻坚。

---

①　关于十二台乡砖厂墓地、喇嘛洞墓地的差异可参见《三燕文化墓葬的类型与分期》，载巫鸿主编《汉唐之间文化艺术的互动与交流》，文物出版社，2001年。
②　田立坤：《采铜集》"后记"，文物出版社，2016年。
③　田立坤：《步摇考》，《4～6世纪的北中国与欧亚大陆》，科学出版社，2006年。
④　宿白：《东北、内蒙古东部鲜卑遗迹——鲜卑遗迹辑录之一》，《文物》1977年第5期。
⑤　河南省文物研究所：《密县打虎亭汉墓》，文物出版社，1993年。
⑥　田立坤：《六方连续纹样考》，《新果集——庆祝林沄先生七十华诞论文集》，科学出版社，2009年。
⑦　《魏书》卷三十《安同传》，中华书局，1974年，第712页。
⑧　吴钢主编，王京阳等点校，陕西省古籍整理办公室编：《全唐文补遗》第五辑《康晖墓志》，三秦出版社，1998年，第408页。
⑨　田立坤：《前燕的两个粟特家族》，《粟特人在中国：考古发现与出土文献的新印证》，科学出版社，2014年。

苻坚平定苻洛叛乱后，分幽州置平州，以石越为平州刺史，镇龙城①。淝水之战后，前秦无力再继续控制关东，太元十年（385 年）二月，前秦昌黎太守宋敞烧毁龙城宫室，退出辽海地区②。在前秦占领的十四年间，有大批的氐人活动于辽海地区。辨认氐人遗存，具有重要的学术价值③。

五是三燕文化中的高句丽与夫余因素问题。慕容廆、慕容皝时期，有大批的夫余、高句丽人被迁到辽西，聚居在龙城周边，对刚刚建立的慕容燕构成威胁。为此，封裕曾上书慕容皝："句丽、百济④及宇文、段部之人，皆兵势所徙，非如中国慕义而至，咸有思归之心。今户垂十万，狭凑都城，恐方将为国家深害，宜分其兄弟宗属，徙于西境诸城，抚之以恩，检之以法，使不得散在居人，知国之虚实。"喇嘛洞墓地即为慕容廆时迁到辽西的夫余人遗存。喇嘛洞三燕文化墓地发掘报告出版之后，对该墓地的研究将是东北亚地区考古研究的一个长时间热点。高句丽遗存也有线索可寻⑤。高句丽、夫余人被迁辽西不久，即随慕容鲜卑南下中原，参与到十六国民族大融合的洪流之中。相信以后会有更多新的发现，为高句丽、夫余历史考古，乃至十六国历史考古研究提出新的课题。

六是棘城、龙城问题。目前对棘城还仅仅是停留在位置的考定上，龙城研究刚刚起步。相关的金岭寺建筑址、龙腾苑遗址也值得高度关注。

七是朝鲜半岛和日本古坟中的三燕文化遗物问题。北燕灭于北魏后，三燕文化在辽西地区成为绝响，但是因北燕王冯弘率龙城数万人随高句丽逃往辽东，所以具有三燕文化特征的马具、黄金制品在朝鲜半岛和日本的古坟时代继续流行，其中有些是此前被高句丽劫掠过去的，有些是北燕遗民带过去或在当地制作的，有些是当地土著制作的。辨识、研究这些遗物，揭示其对当地社会政治、经济、文化的影响，也是一项很有意义的工作。

三燕文化还有很多问题值得研究，不再一一备述。

三　结语

回到开篇，回顾三燕文化研究历程、展望三燕文化研究前景，目的是希望能促进对这一课题的深入研究，多出成果。实现这一目标，最关键的是靠人，套用一句习见的话，就是要"加强队伍建设"，望有志于此研究的诸君努力！

［附记］

今年春天，郭先生电话称，他八十岁生日时要出一本文集，希望我能写一篇回顾三燕考古研究的文章，收入集中。遵命谨作小文，是为先生杖朝之寿。

2018 年 7 月 25 日

---

① 《资治通鉴》卷一百四晋太元五年："四月，（苻）洛帅众七万发和龙。"
② 《资治通鉴》卷一百六晋太元十年，"二月，（幽州刺史王）永使宋敞烧和龙及蓟城宫室，帅众三万奔壶关；（慕容）佐等入蓟。"
③ 考古发现已有前秦辽东太守吕宪墓表，幽州刺史吕他墓表。见路遥：《后秦〈吕他墓表〉与〈吕宪墓表〉》，《文博》2001 年第 5 期。
④ 此处所说的"百济"实为"夫余"。参见田立坤：《四世纪夫余史迹钩沉》，《由考古与史料看中古早期的北中国》，德国 Harrassowitz 出版。
⑤ 辽宁省文物考古研究所等：《辽宁省朝阳县土城子两座前燕墓》，《北方文物》2015 年第 2 期。

高句丽竖耳罐研究[*]

李新全

（辽宁省文物考古研究所）

高句丽早期陶器中最具特色的陶器之一是竖耳罐，不仅数量多，而且特征鲜明，均为折沿，方唇，束颈，微鼓腹，平底，颈部均对置竖桥状耳。这种竖耳罐在有的考古报告中被称为"壶"，笔者认为称竖耳罐较准确。这种竖耳罐在辽宁桓仁五女山城、下古城子城址、王义沟遗址、小北旺墓群，新宾的永陵南城址，丹东叆河尖古城址，清原任家堡石棺墓；吉林集安的国内城址、万宝汀墓区 M242、山城下墓区 M356、禹山墓区 M3241、良民墓地和朝鲜半岛北部的鲁南里、土城里、鲁南里南坡洞、南坡洞 M163 发现过。

笔者认为，以往的学者由于受到资料的局限，未能对高句丽早期陶器中最具特色的竖耳罐给予足够的重视，下面拟结合近年来的考古新发现，首先对其型式进行划分，其次探讨各型式的年代，并在此基础上，探寻其发展演变规律、来源与流变及其传播途径。

一 竖耳罐的类型与式别

据现有的资料，可将高句丽的竖耳罐划分为四型。

1. A 型竖耳罐

束颈，颈部明显且较长，溜肩，腹部整体瘦长，最大腹径在腹中部。可分为 3 式（图一）。

Ⅰ式，典型标本 4 件。清原任家堡石棺墓出土的 2 件均为泥质灰黑陶，含沙量较小。折沿，方唇，束颈，弧腹，小平底。一件肩部有对称的乳丁状盲耳，另一件则没有。五女山城 T50③：1，夹细砂灰褐陶，方唇，折沿，束颈，微鼓腹，底残。在颈部双竖桥状耳中间对置盲耳。国内城 2001JGDSCY：18，侈口，方唇，直颈，弧腹，底残。颈腹交接处有对称的竖桥状耳，两耳之间施对称的乳丁耳。

Ⅱ式，五女山城 H5：1，夹砂灰褐陶，方唇，折沿，束颈，微鼓腹，底残。

Ⅲ式，典型标本 4 件。永陵南城址 2 件：F2：14，夹砂灰褐陶，方唇，折沿，束颈，微鼓腹，平底；F5：40，夹砂灰褐陶，方唇，折沿，束颈，微鼓腹，平底。下古城子采：2，夹砂灰褐陶，方唇，折沿，颈微束，弧腹，平底，口沿下有一周指捺窝纹。山城下墓区东大坡 M356 一件，夹砂红褐陶，方唇，折沿，束颈，微鼓腹，平底。

---

* 本文得到国家社科基金项目资助（项目编号：17VGB016）。

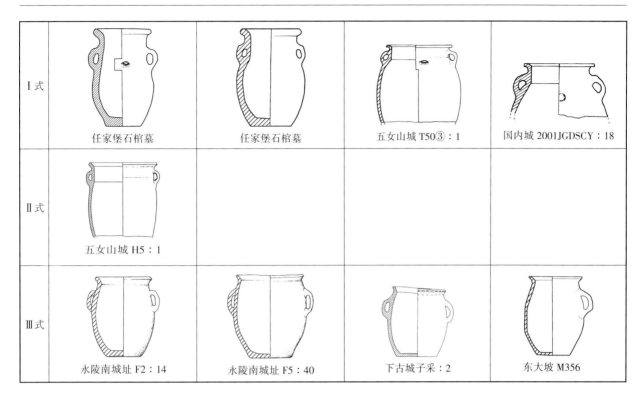

图一　A 型竖耳罐

2. B 型竖耳罐

束颈，颈部明显且较长，鼓肩，腹部整体矮胖，最大腹径在上腹部。可分为 2 式（图二）。

Ⅰ式，王义沟遗址出土。夹砂灰褐陶，方唇，折沿，束颈，鼓肩，腹微鼓矮胖，底残。在颈部双竖桥状耳中间对置舌状盲耳。

Ⅱ式，标本 3 件。五女山城 F47：1，夹砂灰褐陶，器表抹光，方唇，折沿，束颈，鼓肩，腹微鼓矮胖，平底。王义沟遗址 M1：1，夹砂灰褐陶，方唇，折沿，束颈，鼓肩，腹微鼓矮胖，平底。鲁南里遗址出土的夹砂竖耳罐的特征与前两者基本一致，唯器腹比前两者更矮胖。

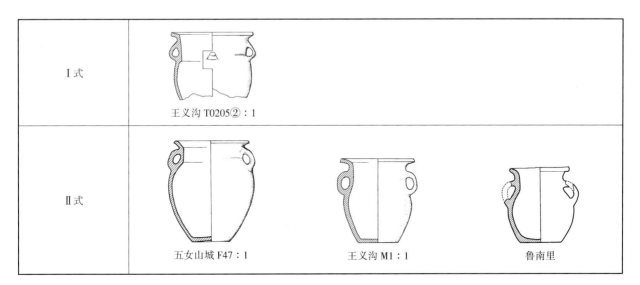

图二　B 型竖耳罐

3. C 型竖耳罐

卷沿，束颈，颈部不明显，溜肩，腹部整体瘦长，最大腹径在上腹部。可分为 2 式（图三）。

Ⅰ式，五女山城 F57∶1，夹砂含云母灰褐陶，器表抹光，方唇，卷沿，束颈，溜肩，弧腹瘦长，平底。

Ⅱ式，标本 3 件。万宝汀墓区 M242∶2，夹砂灰褐陶，卷沿，方唇，束颈，溜肩，弧腹瘦长，平底。禹山 M3241∶2，夹砂黄褐陶，圆唇，折沿，深腹，平底。国内城土垄中出土的 1 件，T2④∶6，夹砂灰陶，侈口，折沿，弧腹，底残。

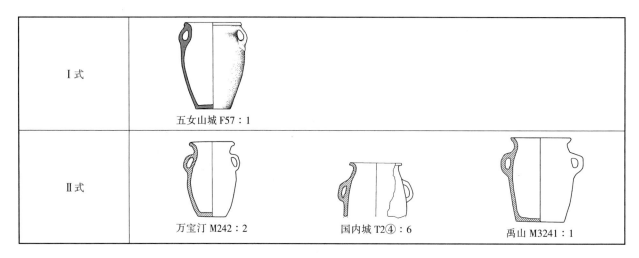

图三　C 型竖耳罐

4. D 型竖耳罐

卷沿，颈部不明显，溜肩，腹部整体矮胖，最大腹径在腹中部。可分为 2 式（图四）。

Ⅰ式，标本 2 件。鲁南里遗址出土，夹砂陶，卷沿，圆唇，束颈，溜肩，鼓腹，最大腹径在腹中部，平底。小北旺墓群出土，夹砂褐陶，卷沿，近方唇，束颈，溜肩，鼓腹，最大腹径在腹中部，平底。

Ⅱ式，标本 2 件。土城里遗址出土，夹砂陶，卷沿，圆唇，颈微束，溜肩，弧腹，最大腹径在腹中部，平底。鲁南里南坡洞遗址出土，夹砂陶，口微侈，圆唇，弧腹，最大腹径在腹中部，平底。

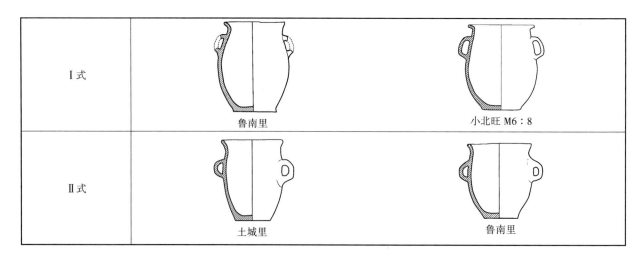

图四　D 型竖耳罐

二　竖耳罐的年代

1. A 型竖耳罐的年代

根据上面对 A 型竖耳罐的式别划分,下面探讨各式别的相对年代。

五女山城 T50③出土的 A 型 I 式竖耳罐,属于五女山第三期文化,笔者在报告中将此期年代确定在高句丽建国之际,时代大体应在两汉相交之际,是明确的高句丽早期遗物①。集安国内城东市场地点石砌遗迹出土的竖耳罐(2001JGDSCY:18,原报告称为"壶")与其形制特征最为接近,它们的共同特点是:侈口,折沿,方唇,束颈明显,腹微鼓,平底。颈部与肩部之间对置竖桥状耳和舌状或乳丁状盲耳。共同的特征表明它们的年代也应该一样,时代大体应在高句丽建国前后。与上述两件高句丽最早的竖耳罐颇为相似的陶罐以往曾在辽宁清原县任家堡大南沟②一座被破坏的石棺墓中发现过两件,一件肩部有对称的乳丁状盲耳,另一件则没有。两者均束颈明显,器耳竖跨口沿与肩部之间,时代应该一致。它们的具体年代可根据同墓共出的其他陶器进行推测,任家堡大南沟墓葬另出一件双联罐,形制与洛阳烧沟汉墓③、广州汉墓④出土的西汉同类器物相似,时代在西汉初期。考虑到这种双联罐流传到东北地区所需要的时间差,我们推测任家堡大南沟墓葬的年代应在西汉中晚期。

出土 A 型 II 式竖耳罐的五女山城 H5,也属于五女山第三期文化,考虑到其束颈不如 I 式明显,颈部之间已没有对置的舌状或乳丁状盲耳,年代明显晚于 I 式,故其年代应在高句丽建国初期。

出土 A 型 III 式竖耳罐的永陵南城址 F5 共出有水波纹小口罐,这种罐在朝阳北票喇嘛洞墓地经常出土,喇嘛洞墓地的年代一般认为在 3 世纪后半叶至 4 世纪中叶⑤,永陵南城址 F5 的竖耳罐年代也应与之相当。下古城子城址出土的竖耳罐与永陵南城址 F5 的竖耳罐形制风格最为相近,年代也应相近。山城下墓区东大坡 M356 的年代,报告者将其定为公元 1~3 世纪,失之宽泛。笔者认为其年代应在 3 世纪末,理由有二:一是该墓的形制为方坛阶梯石圹串墓,这种墓葬形制与桓仁高力墓子 M15、M19 相近,而报告者将这两座墓的年代定为南北朝初期,笔者认为失之过晚,应定在魏晋时期为宜;二是从出土遗物来看,墓中出土的单耳杯(实际应是竖耳罐)的形制与上述竖耳罐的形制接近,年代亦应相近。

2. B 型竖耳罐的年代

根据上面对 B 型竖耳罐的式别划分,下面探讨各式别的相对年代。

出土 B 型 I 式竖耳罐的王义沟遗址包含有高句丽建国前后的遗存,该竖耳罐的形制特点与五女山第三期文化的竖耳罐(T50③:1)和集安国内城东市场地点石砌遗迹的竖耳罐(2001JGDSCY:18)形制特征最为接近,它们的共同特点是:侈口,折沿,方唇,束颈明显。在颈部双竖桥状耳之间对置舌

---

① 辽宁省文物考古研究所:《五女山城——1996~1999、2003 年桓仁五女山城调查发掘报告》,文物出版社,2004 年,第 287 页。

② 佟达等:《辽宁抚顺大伙房水库石棺墓》,《考古》1989 年第 2 期。

③ 洛阳地区考古发掘队:《洛阳烧沟汉墓》,科学出版社,1959 年,图四九 - 15。

④ 中国社会科学院考古研究所等:《广州汉墓》,文物出版社,1981 年,图五○ - 1。

⑤ 田立坤:《关于北票喇嘛洞三燕文化墓地的几个问题》,《辽宁考古文集》,辽宁民族出版社,2003 年。

状或乳丁状盲耳。因此，其时代也应在高句丽建国前后。

出土 B 型 Ⅱ 式竖耳罐的五女山城 F47，属于五女山第三期文化，笔者将此期遗存年代确定在高句丽建国前后。考虑到其束颈不如 Ⅰ 式那么长，颈部之间已没有对置的舌状或乳丁状盲耳，明显晚于 Ⅰ式，故其年代应在高句丽建国初期。同样，王义沟遗址 M1 和鲁南里遗址出土的竖耳罐与前者形制风格相近，颈部之间的盲耳也已消失，只是腹部更加矮胖，其年代应与前者相同或略晚于前者。

3. C 型竖耳罐的年代

根据上面对 C 型竖耳罐的式别划分，下面探讨各式别的相对年代。

出土 C 型 Ⅰ 式竖耳罐的五女山城 F57，属于五女山第三期文化，笔者将此期遗存年代确定在高句丽建国前后，时代在两汉之际。

出土 C 型 Ⅱ 式竖耳罐的万宝汀墓区 M242 的年代，报告者将其定为 3 世纪末期[1]，笔者认为定得有些偏晚，综合墓内出土的全部遗物来看，应定在 3 世纪前半叶为妥。禹山 M3241 的年代，据发掘者研究，约在公元 3 世纪前后[2]，笔者认为应定在 3 世纪中叶。国内城土垄中出土的竖耳罐口沿（T2④∶6）与前两者的口沿相近，年代也应在 3 世纪中叶。这也与文献记载的国内城首次修筑的时间[3]相符。

4. D 型竖耳罐的年代

根据上面对 D 型竖耳罐的式别划分，下面探讨各式别的相对年代。

出土 D 型竖耳罐的鲁南里遗址、土城里遗址、鲁南里南坡洞遗址，朝鲜学者定其年代为公元前 2世纪至公元前后[4]，韩国学者则通常认为是公元 3 世纪[5]。笔者认为朝鲜和韩国的学者对上述遗址的年代划分得过于笼统，应该细分。鲁南里遗址出土的 D 型 Ⅰ 式竖耳罐口沿卷得较甚，腹微鼓，双竖耳的位置靠上。土城里遗址和鲁南里南坡洞遗址出土的 D 型 Ⅱ 式竖耳罐口沿较直，弧腹，双竖耳的位置下移。因此，笔者认为 D 型 Ⅰ 式竖耳罐的年代应在公元 3 世纪前半叶，D 型 Ⅱ 式竖耳罐的年代则在公元3 世纪后半叶。

三　竖耳罐的演变规律

从上述类型学的排比以及各式竖耳罐的相对年代的考订，总结各型竖耳罐的发展演变规律如下：

A 型竖耳罐，口部由折沿、有较长的束颈发展为侈口、无颈，口腹比越来越大；腹部由瘦长发展为矮胖；竖耳由最初置于颈肩之间发展到最后置于上腹部，时代越晚，位置越下移；颈部的盲耳由最初起装饰性的作用发展为盲耳的消失。

B 型竖耳罐，颈部由长变短，腹部越来越矮胖，竖耳的位置逐渐下移，颈部的盲耳由有到无。

C 型竖耳罐，口沿由略折发展为卷沿，颈部越来越不明显，口径与底径及最大腹径越来越相近，双竖耳逐渐下移。

---

① 吉林集安县文管所：《集安万宝汀墓区 242 号古墓清理简报》，《考古与文物》1982 年第 6 期。

② 孙仁杰：《高句丽串墓的考察与研究》，《高句丽研究文集》，延边大学出版社，1993 年。

③ 李健才：《再论高句丽迁都到国内以前有无汉代县城的问题》，《东北史地》2004 年第 6 期。

④ ［朝］郑灿永：《鸭绿江秃鲁江流域遗迹调查报告》，《遗迹发掘报告 13》，1983 年。转引自吉林大学郑元喆硕士论文《高句丽陶器研究》第 40 页，2005 年。

⑤ ［韩］崔钟泽：《高句丽土器研究》，汉城大学校博士学位论文，1999 年。转引自吉林大学郑元喆硕士论文《高句丽陶器研究》第 40 页，2005 年。

D 型竖耳罐，口沿由卷沿发展为微侈，颈部由束颈变直，口径越来越大，双竖耳逐渐下移。

四　竖耳罐的源流及传播途径

1. A 型竖耳罐

探寻 A 型竖耳罐的根源，我们从沈阳市文物考古研究所近几年在沈阳市区的基建考古的发现中找到了线索。如在辽宁大学遗址学生宿舍楼地点（HLXT14⑤：5）、国际交流大楼地点（03HLG 采：2、03HLG 采：5)[1] 和中国刑事警察学院遗址[2]（06H6：1）均有发现。虽然有的研究者将上述遗址确定为新乐上层文化，并将该文化分为早晚两期，认为早期年代相当于夏至早商时期，晚期年代相当于商代晚期[3]。笔者对新乐上层文化的年代有不同的看法，简单的类型学对比很容易把本来属于不同时代的东西误认为同一时期。如在没有搞清楚甲遗存的某器物与乙遗存的同类器物之间是共时关系，还是历时关系之前，仅凭两者形制相近，就机械地断言两者时代相同，显然与事实不符。这是因为，通常一种器物会随着时间的推移而发生一定的变化，但有时一种器物也会延续很长时间而未发生变化或变化甚微，以至于如果不仔细观察的话，竟难以察觉。因此，笔者认为进行类型学研究时，一定要全面、综合地考虑同某种器物共存的甲遗存与乙遗存的所有的可对比资料，不仅要进行横向对比，而且还要进行纵向对比，这样才有可能得出正确的结论。笔者认为，根据目前的考古发现，主要存在于沈阳地区的新乐上层文化延续时间就很长，其晚期年代已进入战国中晚期。如辽宁大学遗址出土的陶豆座、陶釜口沿残片[4]，即与新乐上层文化遗物共出。尤其是 2007 年沈阳市文物考古研究所与吉林大学联合发掘的沈北新区道义遗址，在一座灰坑（H38）的底部出土了一大片泥质灰陶绳纹陶片[5]，而灰坑的上部出土的却是典型的新乐上层文化遗物，进一步表明新乐上层文化可以晚到战国晚期。再有，中国刑事警察学院遗址[6]出土的竖耳罐上半部（06H6：1）已经变为折沿，与高句丽早期的这种竖耳罐的形制十分接近，年代也不会相差太远（图五）。否则的话，清原县任家堡大南沟石棺墓中怎么会突然出现

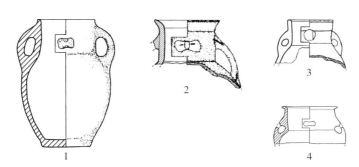

图五　沈阳市区出土新乐上层文化竖耳罐

1. 辽大 LXT14⑤：5　2. 03HLG 采：2　3. 03HLG 采：5　4. 刑事警察学院 06H6：1

---

① 沈阳市文物考古研究所：《辽宁大学青铜时代遗址发掘简报》，《边疆考古研究》第 5 辑，科学出版社，2006 年，第 294 ~ 326 页。

② 赵晓刚：《沈阳地区新乐上层文化初探》，吉林大学硕士学位论文，2007 年，第 15 页。

③ 赵晓刚：《沈阳地区新乐上层文化初探》，吉林大学硕士学位论文，2007 年，第 31 页。

④ 沈阳市文物考古研究所：《辽宁大学青铜时代遗址发掘简报》，《边疆考古研究》第 5 辑，科学出版社，2006 年，第 294 ~ 326 页。

⑤ 沈阳市文物考古研究所、吉林大学 2007 年道义遗址发掘材料。

⑥ 赵晓刚：《沈阳地区新乐上层文化初探》，吉林大学硕士学位论文，2007 年，第 15 页。

时代在西汉中晚期且与高句丽早期相近的竖耳罐。再者，按照上述学者的说法，新乐上层文化晚期的年代果真在商代晚期，而清原县任家堡大南沟石棺墓的年代据我们推测在西汉中晚期，它们之间存在着近千年的时间差距，而两者之间有些器物的形态从类型学角度观察已十分接近，中间并不存在大的缺环，那么我们又如何理解两者之间竖耳罐的相似性，而高句丽早期的这种竖耳罐岂不成了无源之水、无本之木。相反，按照笔者对这种陶器断代的思路上溯，我们竟然发现这种陶罐在沈阳地区有着非常悠久的发展演变历史和比较清晰的演变轨迹。

在高台山文化中有一种被称作陶罐或壶的器物，实际上就是这种竖耳罐的前身。如新民腰高台山76M4∶4等。它们的特点是直口，高领，腹微鼓，平底。颈与肩连接有对称的竖桥耳，颈部有对称的横錾耳，向前追溯，阜新平安堡遗址二期文化遗存的竖耳筒形罐①就应是这种竖耳罐的祖型。

高台山文化的这种竖耳罐被后来的新乐上层文化所继承，并且在新乐上层文化中发展演变了很长时间，最后随着燕文化的东扩而传播至辽东山地（图六）。

2. B 型竖耳罐

探寻 B 型竖耳罐的根源，线索也在沈阳地区的新乐上层文化之中。如在辽宁大学遗址研究生教学楼地点②出土的 HLYT1⑤a∶2、HLYT2⑤b∶4 和 HLYT2⑤a∶8，均应是这种竖耳罐的口部。如上所述，新乐上层文化延续的时间很长，应该是从商周之际一直延续到战国中晚期。上引辽宁大学遗址研究生教学楼地点出土的3件竖耳罐口沿之间就存在着明显的早晚演变关系，即由直口发展为折沿。

再向前追溯，在高台山文化中的东高台山墓葬③中出土的竖耳罐（80T1M76∶1），直颈，抹斜口，腹圆鼓矮胖，平底。颈肩部对置竖桥耳，在竖桥耳之间对置横錾耳。这就是 B 型竖耳罐的祖型（图七）。

3. C 型竖耳罐

探寻 C 型竖耳罐的根源，由于缺乏具体的实物证据，笔者在此只能做些推测，设想 C 型竖耳罐可能是高句丽早期的夹砂大口罐在 A、B 型竖耳罐的影响下，在颈部安置了双竖耳所产生的（参见图七）。

4. D 型竖耳罐

探寻 D 型竖耳罐的根源，笔者设想它应与 C 型竖耳罐一样，可能是由高句丽早期的夹砂大口罐在 A、B 型竖耳罐的影响下，在颈部安置了双竖耳所产生的（参见图七）。

五　结语

据现有的资料，可将高句丽的竖耳罐划分为 A、B、C、D 四型。

这种竖耳罐从高句丽建国前即已存在，一直延续到高句丽中期早段。也就是说，从公元前1世纪一直存续到公元4世纪末。

---

① 吉林大学、辽宁省文物考古研究所：《阜新平安堡遗址发掘报告》，《考古学报》1992 年第 4 期。
② 沈阳市文物考古研究所：《辽宁大学青铜时代遗址发掘简报》，《边疆考古研究》第 5 辑，科学出版社，2006 年，第 294～326 页。
③ 沈阳市文物管理办公室：《新民东高台山第二次发掘》，《辽海文物学刊》1986 年创刊号。

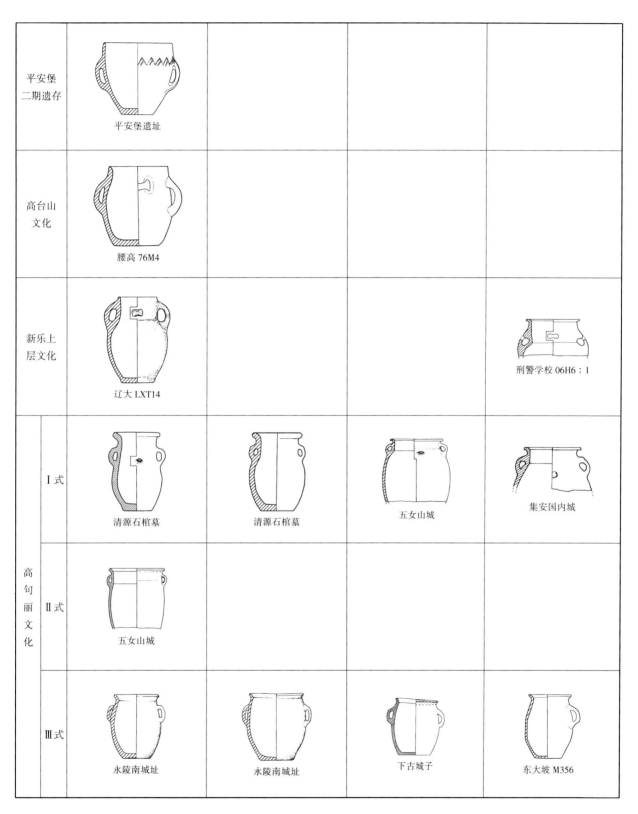

图六　高句丽 A 型竖耳罐渊源及演变图

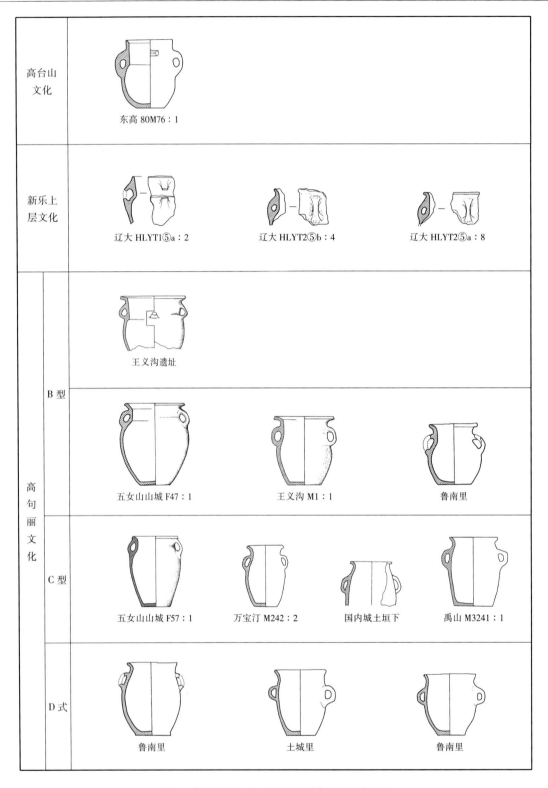

图七 高句丽 B、C、D 型竖耳罐渊源及演变图

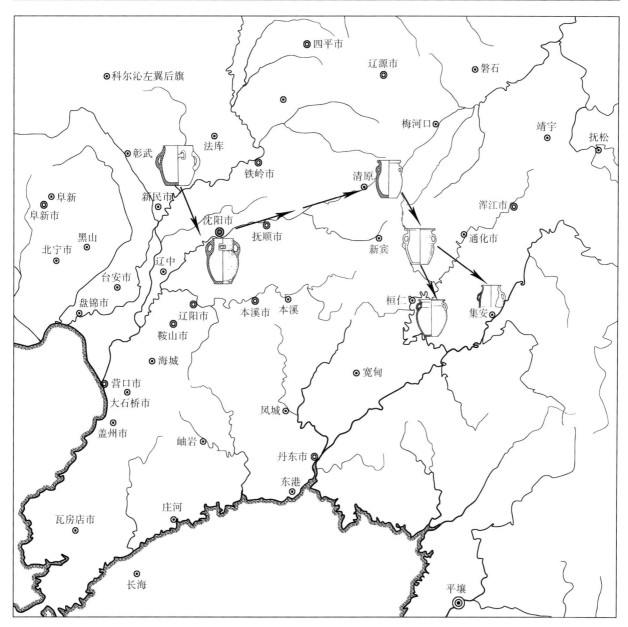

图八　高句丽竖耳罐传播示意图

　　竖耳罐的传播途径是：由下辽河流域的彰武县、新民市东传到浑河流域的沈阳市，然后又溯浑河
而上，东传到浑河上游的抚顺市清原县，再由浑河上游传到邻近的富尔江流域的上游，顺富尔江南下
传到浑江流域的桓仁地区，最后由浑江流域东传到鸭绿江流域的集安、朝鲜半岛北部一带（图八）。

五女山山城遗迹研究三题

梁志龙

(辽宁省本溪市博物馆)

五女山山城位于辽宁省桓仁县，是高句丽建于山上的第一座王都，1996～1999、2003 年对山城进行了调查和发掘，取得了重要成果，第一次明确了山城存在五期文化，其中第三、四期分别为高句丽早期与中期遗存。发掘结束后，对城内遗迹、遗物的研究逐步深入。本文试对五女山山城城墙筑造年代和二、三号大型建筑址的性质等问题进行探讨，不当之处，敬请批评。

一 城墙的筑造年代

五女山山城城墙分为两类，一类是陡峭的悬崖和山梁构成的天然墙，另一类是以加工石料砌筑的人工墙，本文所说的城墙，即指人工墙。

五女山山城人工墙主要筑于山腰东部和南部、山上西门两侧及山顶东北部山谷中，总长度为 565 米。东墙第二段长 110 米，保存较好，砌筑方法具有代表性，现介绍如下：东墙北段石墙外壁基部多以厚重的长方形大石条叠筑 1～5 层，上面砌筑楔形石（图一）；南段城墙外壁均以楔形石砌筑，不见大石条（图二）。壁面收分现象较为明显。内壁多以稍作加工的块石和板石砌筑，壁面平齐，不作收分（图三）。内壁砌筑后，培土封护，培土最厚的地方达 1.6 米。培土上部经过平整，修成了宽约 2 米的马道（图四）①。关于五女山山城城墙的年代，我们在编写《五女山城》发掘报告时，将其视为五女山山城第三期文化遗存，推定时代在两汉之际，相当于高句丽建国前后②。时过不久，我们发现这一认识有误，并准备撰文予以修正，但因准备不足，修正的文章迟迟没有写出。

20 世纪 90 年代，日本学者田中俊明就已经提出，"五女山山城开始使用时期与现存城墙筑造时期未必是同一时期"，并根据东门附近城墙状态，联想到积石冢基坛部分的发展过程，将城墙年代推定为 3～4 世纪③。这一观点，没有引起研究高句丽学者的广泛关注。2008 年，中国学者李新全也认为五女

① 辽宁省文物考古研究所：《五女山城——1996～1990、2003 年桓仁五女山城调查发掘报告》，文物出版社，2004 年，第 16 页。
② 辽宁省文物考古研究所：《五女山城——1996～1990、2003 年桓仁五女山城调查发掘报告》，文物出版社，2004 年，第 287 页。
③ 田中俊明：《高句丽前期王都卒本的营筑》，原文载《高丽美术馆纪要》第二号，1998 年；中译文载《东北亚考古资料译文集·高句丽、渤海专号》，北方文物杂志社，2001 年。

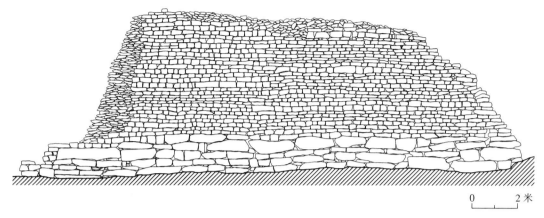

0 2 米

图一 五女山山城东墙第二段北部外壁局部立面图

0 1 米

图二 五女山山城东墙第二段南部外壁局部立面图

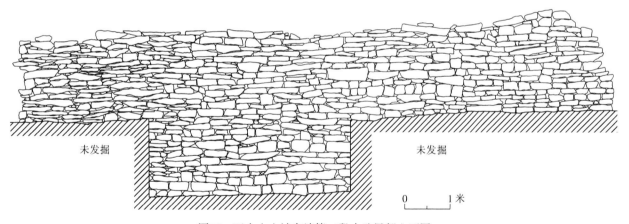

未发掘 未发掘

0 1 米

图三 五女山山城东墙第二段内壁局部立面图

山山城"城墙的建造年代约在魏晋时期","现存城墙并非高句丽建国初期所筑，而是后来修筑的"[①]，所持观点与田中俊明基本一致。

五女山山城城墙不为高句丽建国初期筑造，那么，它应该筑于什么时候呢？我的观点是，它属于五女山山城第四期文化遗存，筑造年代应在公元5世纪或更晚时期。

第一，东墙内壁培土中曾出土残陶器，可作为证据之一。

————————————

① 李新全：《从考古发现论五女山山城的时代和性质》，《东北アジア古代文化论丛》，日本北九州中国书店，2008年，第232页。

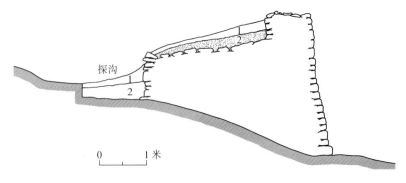

图四　五女山山城东墙第二段剖面图
1. 表土　2. 培土

五女山山城石墙内壁均培土封护，有的培土将内壁埋入一半，有的培土则埋至墙顶，将内壁全部覆盖。1997 年，为了搞清东墙培土掩埋下的内壁砌筑状况，我们沿着东墙第二段内壁布置探沟一条，在培土中，集中发现了五六片陶片，其中包括口沿残片，陶质均为泥质黄褐陶，应为同一个体的陶器残存，观察口沿，器形为盘口壶。由于陶片过于碎裂及缺失较多，最终没能复原。在编写《五女山城》报告中，由于没有介绍这条探沟，因此对探沟里出土的这件残陶器也没有进行介绍和描述，忽视了这件残陶器对确定城墙年代的关键性和重要性。李新全后来在一篇文章中也提及了这件陶器①。城墙内壁培土，是随着内壁的修筑同时进行，因此培土里包含物的年代，不会晚于石墙的修筑时间，或与城墙修筑年代相当，很可能为筑墙者遗弃的物品。最近，李新全说，这件盘口壶的口沿形制与本溪小市晋墓、冯素弗墓出土的同类器物相近。这件残陶器的黄褐陶泥质，在五女山山城四期文化陶器中普遍存在，据此分析，这件残陶器，应为五女山山城四期遗物，进而推断，城墙属于五女山山城四期遗存。

第二，东墙石隙中曾发现陶片，可作为证据之二。

1989 年，我与辽宁省博物馆李大均陪同吉林省考古专家李殿福、历史学家孙玉良考察五女山山城，在石墙内发现一件陶片。第二年，两位先生联名撰文，记载了这一发现："去年我们调查时，在南墙石隙之中拾到一枚陶片，为夹砂灰褐陶，火候低，质地松软粗糙，与附近石器时代遗址内所散布的陶片相似。它是生活在这一代桂娄部落人们的生活用具的残片，很可能是邹牟王最初率领桂娄部落的人们修筑此城时所散落的。为此城的始筑年代提供了旁证。"② 这片陶片是我在不经意中发现的，在我的记忆中，这片陶片不是发现于南墙石隙中，而是从东墙石隙中掏出。陶质确为夹砂灰褐陶，但其内含有云母，外饰水波纹。这类质地的陶片及纹饰，见于五女山山城四期文化陶器中，如 F4 出土的具有水波纹的陶壶、水波纹陶片③，地层中出土的具有水波纹的直口壶④等。这类陶片，不见于桓仁地区新石器时代遗址，也不见于高句丽建国前后的五女山山城三期文化，因此，李殿福等对陶片年代的推定不准确。这件陶片进入石隙中有两种可能，一是当时筑墙者所为，二是后人所为，真实情况我们现在无法掌握，若是前者的话，这一陶片，无疑是城墙筑造年代的又一实物佐证。

① 李新全：《从考古发现论五女山山城的时代和性质》，《东北アジア古代文化论丛》，日本北九州中国书店，2008 年，第233 页。
② 李殿福、孙玉良：《高句丽的都城》，《博物馆研究》1990 年第 1 期。
③ 辽宁省文物考古研究所：《五女山城——1996～1990、2003 年桓仁五女山城调查发掘报告》，文物出版社，2004 年，第155 页。
④ 辽宁省文物考古研究所：《五女山城——1996～1990、2003 年桓仁五女山城调查发掘报告》，文物出版社，2004 年，第192 页。

第三，出土的加工石料的铁工具，可作为证据之三。

五女山山城四期文化出土铁器较多，铁器中存在加工石料的工具。如铁器窖藏出土的铁锤（JC：10）、铁刹子（JC：11）、刃部堆颓的铁斧（JC：8）、铁楔子（JC：12）、顶端经过长期捶打边缘卷损的铁凿子（JC：13）①。此外，F29出土了1件铁刹子（F29：1）②，F54出土了1件铁楔子（F54：1）③，在同期地层堆积中，还出土了1件铁刹子（T41②：5）④（图五）。五女山山城四期文化采用石料的遗迹还有房址，房址内大多铺设石块和板石构筑的火炕，火炕用石多为不做加工的毛石，因此这些工具不为铺设火炕所用。五女山山城城墙，无论是外壁、还是墙芯所用石料，大都经过加工，成为楔形石或梭形石，因此推测这些铁质工具，当是砌筑城墙时用来加工石料的。这些工具为五女山山城四期文化遗物，证明城墙亦为四期文化遗存。我们有理由相信，四期文化房址的主人，直接参加了城墙的修筑工程，反言之，城墙的修筑者，就是四期文化房址的主人。

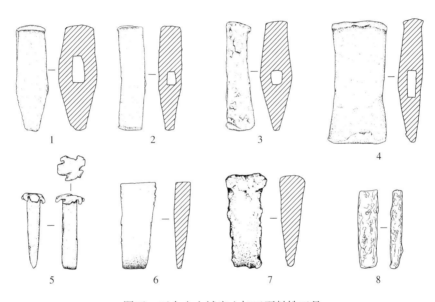

图五　五女山山城出土加工石料铁工具

1. 锤（JC：10）　　2、3. 刹子（JC：1、F29：1）　　4. 斧（JC：8）　　5. 凿（JC：13）
6～8. 楔子（JC：12、F4：1、T41②：5）

在五女山山城四期铁器窖藏中，不仅出有加工石料的铁工具，而且出有具有断代意义的铁马镫，同类马镫还见于F42及城内采集遗物中（图六）。有人曾将高句丽马具分为四期，而这类马镫被划入第四期马具之中，时代"自5世纪中叶到6世纪末叶，大体相当于南北朝时期"⑤。这类马镫的出土，对于推定五女山山城城墙的筑造年代，具有不可忽视的重要性。

我们否定了五女山山城城墙为高句丽建国初期筑造，但不否定五女山山城为高句丽建于山上的第一座王都，即史书中记载的纥升骨城。五女山最初作为高句丽都城使用，可能直接利用了天险般的山

---

① 辽宁省文物考古研究所：《五女山城——1996～1990、2003年桓仁五女山城调查发掘报告》，文物出版社，2004年，第169、170页。
② 辽宁省文物考古研究所：《五女山城——1996～1990、2003年桓仁五女山城调查发掘报告》，文物出版社，2004年，第126页。
③ 辽宁省文物考古研究所：《五女山城——1996～1990、2003年桓仁五女山城调查发掘报告》，文物出版社，2004年，第161页。
④ 辽宁省文物考古研究所：《五女山城——1996～1990、2003年桓仁五女山城调查发掘报告》，文物出版社，2004年，第201页。
⑤ 董高：《公元3～6世纪慕容鲜卑、高句丽、朝鲜、日本马具之比较研究》，《文物》1995年第10期。

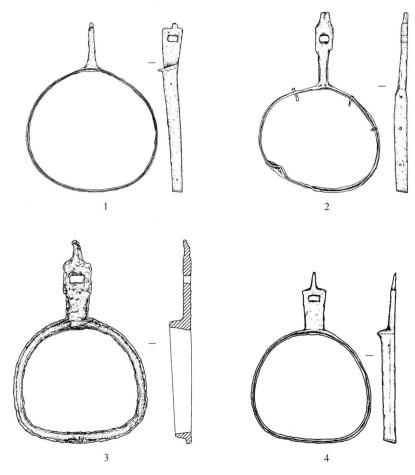

图六　五女山山城出土铁马蹬
1. JC : 35　2. JC : 34　3. F42 : 7　4. 03 采 : 47

势，没有筑墙。到了五女山城四期文化阶段，这里虽然已经不再是高句丽都城所在，但因其重要的地理位置，筑起了城墙，建成了具有军事意义的城堡，其历史背景，应与当时高句丽国力增长及积极的军事防御有关。

综上，五女山山城城墙，应筑于高句丽长寿王时期（413～490 年）。

二　二号大型建筑址的性质

五女山山城二号大型建筑址（编号 J2）位于城内山上西南部，为半地穴式建筑，平面呈长方形，西、南、北三面砌墙，东面直接利用山坡的土坎为壁。石墙分内、外两重，中间有沟相隔。内重石墙内壁用楔形石叠筑，现存 1～4 层，外壁用石板和楔形石叠筑，现存 1～3 层，墙内插置长条石和梭形石，墙宽 2～3、存高 0.6～0.8 米。外重石墙内壁用石板与楔形石叠筑，现存 3～5 层，外壁用楔形石砌筑，现仅存 1 层，墙内填充块石、碎石，墙宽 2～3、存高 0.2～0.4 米。地面为略向西南倾斜的自然基岩，较为平整，长 24.5、宽 16 米（图七）①。

① 辽宁省文物考古研究所：《五女山城——1996～1990、2003 年桓仁五女山城调查发掘报告》，文物出版社，2004 年，第 83 页。

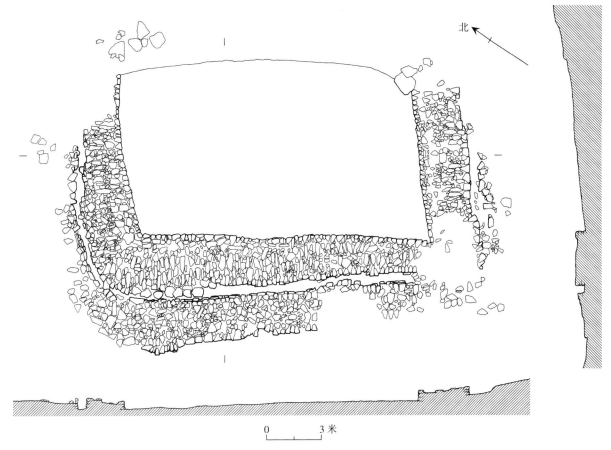

北

0 ___ 3 米

图七　五女山山城二号大型建筑址 J2 平、剖面图

这处建筑址，属于五女山山城四期文化遗存。

关于这处建筑址的性质，有多种推测，如粮仓说、议事厅说、马圈说、蓄水池说①。《五女山城》发掘报告中，明确表示关于它的性质和功用"尚未发现足资定论的确凿证据"，但却倾向于粮储遗址的考虑②。现在看来，这个考虑有误。

发掘这处建筑址的时候，我们曾经怀疑它是山城内的另一处蓄水池，但因池中无水的缘故，这一想法最终被放弃了。其实，将二号大型建筑址视作蓄水池，应该比其他推测更接近实际状况。

二号大型建筑址所在的位置，是山顶比较低洼的地方，东、南部为高起的坡地，西、南部为坡下。雨水会沿着东南部的山坡流向这里，而坡地内含的山水，也会潜流此处。建筑址西、南、北三面砌筑石墙，正是防止积水外流的设施。东部的坡上没有筑墙，可能是池水主要来源之地。由于天长日久，原来的水脉当已封断。

这处建筑址，"三面围绕双重石墙，一面凿修山坡为壁"，实际上就是个大池子。底面为自然基岩，积水不会渗漏。在基岩上，不见任何人工修凿迹象，表明这上面没有建筑。值得注意的是，在建筑址的西墙外，堆筑着一条土塄，长约23、宽6、高1.5米。这条土塄，应是修筑这处建筑址时，从

① 李新全：《从考古发现论五女山山城的时代和性质》，《东北アジア古代文化论丛》，日本北九州中国书店，2008 年，第226 页。
② 辽宁省文物考古研究所：《五女山城——1996～1990、2003 年桓仁五女山城调查发掘报告》，文物出版社，2004 年，第288 页。

里面挖掘出来的泥土堆积而成。说明这个建筑址的大坑状态，是人工挖掘形成的。

建筑址的双重石墙，很可能是两次修筑的结果。外重石墙为第一次修筑。或许后来水源渐渐缺失，池子过大，池水过浅，不便蓄水，也不便汲水，于是在原来的石墙里侧，重新修筑了三面石墙，缩小了池子面积，形成了现在的内墙。

双重石墙之间的沟，没有实际功用。

这里，顺便谈谈吉林龙潭山山城内的"旱牢"。旱牢是城内重要的一处建筑，圆形深坑状，周围以花岗岩块石垒砌，筑法与"水牢"（蓄水池）相同，径长 10.6、深 2～3 米[1]。李文信早年调查龙潭山山城时，称之为"巨井一眼，其中无水"[2]，后来，多人推测"旱牢"为储藏军事物质的仓库或地窖[3]。但也有学者提出不同看法，认为"旱牢"也是一处蓄水池，现在"已经干涸而已"[4]。目前，在辽宁境内发掘的高句丽山城中，发现的蓄水池大多为圆形，形如大井，如丹东虎沟山城[5]、沈阳石台子山城[6]、辽阳燕州城[7]等。龙潭山山城"旱牢"的形式，与这些蓄水池非常相似，把它视作蓄水池具有合理性。

一座山城内，建设两个蓄水池，应与城内人口、马匹数量增多有关。

三　三号大型建筑址的性质

五女山山城三号大型建筑址（编号 J3）位于城内山上东南部，建于人工修整的平台上，南为高约 4 米的崖壁。平台分大、小两部分，大平台居东，长 20.6、宽 8 米，小平台居西，比大平台略低，长 13、宽 5.1 米。建筑址的主要部分位于大平台上，共有三排础石，呈西北—东南方向排列，每排础石现存 9～11 块，横向间距 1.4～2.4、纵向间距 1.4～1.7 米。础石多为自然石块，大小不一，有的础石下面及周围补垫小石块。小平台上的建筑，因被晚期房址破坏，已不清楚。在南部石崖下面的黄土塄中，建有两座房址（图八）[8]。

这处建筑，属于五女山山城四期文化遗存。

《五女山城》发掘报告对这处建筑址的性质未做推论，但根据密集的础石分布状况，提出了这组建筑不是民居的观点。

经过多年思考，我认为这处建筑应该是粮仓。

高句丽山城主要用于战时的防守，平时城内应有粮食储备，这点，从史料中可以获得证据。《周书·高丽传》记载，高句丽后期王都平壤城（大城山城），"城内唯积仓储器备寇，贼至日，方入固守"。积仓，就是储存谷物的粮仓，于是我们知道，平壤城内存在粮仓建筑。《册府元龟·帝王部》记

---

① 董学增：《龙潭山高句丽山城》，《吉林史迹》，吉林人民出版社，1984 年，第 17 页。
② 李文信：《吉林市附近之史迹及遗物》，《历史与考古》（沈阳博物馆专刊第一号），1946 年。
③ 康家兴：《吉林市龙潭山的山城和"水牢"》，《吉林省文物工作通讯》，1957 年。董学增：《吉林市龙潭山高句丽山城及其附近卫城的调查报告》，《北方文物》1986 年第 12 期。
④ 李健才：《吉林市龙潭山山城考》，《博物馆研究》1995 年第 2 期。
⑤ 冯永谦：《高句丽泊汋城址的发现与考证》，《北方史地研究》，中州古籍出版社，1994 年。
⑥ 辽宁省文物考古研究所、沈阳市文物考古研究所：《石台子山城》（上），文物出版社，第 178 页。
⑦ 辽宁省文物考古研究所发掘资料。
⑧ 辽宁省文物考古研究所：《五女山城——1996～1990、2003 年桓仁五女山城调查发掘报告》，文物出版社，2004 年，第 89 页。

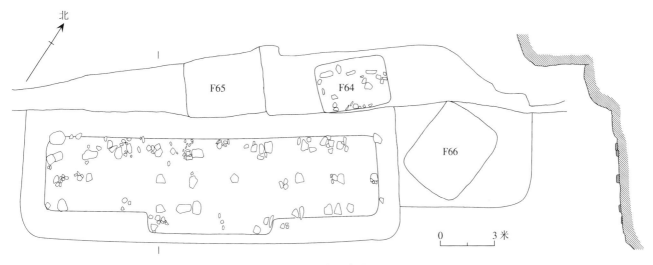

图八　五女山山城三号大型建筑址 J3 平、剖面图

载，贞观十九年（645 年），唐军攻拔高句丽盖牟城后，"获户口二万余人，仓粮十余万石"，于是我们又知道，盖牟城里也有粮仓。《新唐书·高丽传》记载，唐军围攻安市城时，高句丽北部耨萨高延寿等引兵来援，唐太宗分析敌情，说："彼若勒兵连安市，而壁据高山，取城中粟食之，……此上策也。"这里的"城中"，指的是安市城里，于是我们又知道，安市城中储有谷物，应该也有粮仓。唐太宗准备攻打建安城时，曾谓"建安特险绝，粟多而士少"，于是我们又知道，建安城里储存了好多粮食，一定存在规模较大的粮仓建筑。

　　根据上引文献分析，五女山山城也该建有粮仓。

　　高句丽山城内的粮仓应该是什么形式的呢？从高句丽自家建设的"桴京"推测，应是干栏式建筑。

　　《三国志·高句丽传》记载，高句丽"无大仓库，家家自有小仓，名之为桴京"。我曾撰文考证，桴京，即是现今中国东北地区农家院中常见的粮仓，因其储存的多为苞米，故今多称苞米仓子，又因其为干栏式建筑，分上、下两层，故又被称作苞米楼子[1]。集安麻线沟一号壁画墓南侧室的南壁上部，绘有一幅干栏式仓廪图，画的就是"桴京"。这个建筑可分上、下两部分，下部为六根赭色柱子，直直的立起。上部为六根柱子托起的仓廪，仓廪立支四根赭色楹柱，"横向交加木头，组成栅栏状"（图九）[2]。这幅壁画提醒我们，高句丽自家储粮的仓廪，采用的是干栏式建筑，而山城内的粮仓，也该采用这种建筑形

图九　集安麻线沟一号壁画墓干栏式仓廪图

　　① 吉林省博物馆集安考古队：《吉林集安麻线沟一号壁画墓》，《考古》1964 年第 10 期。
　　② 梁志龙：《高句丽史物小考》，《博物馆研究》2003 年第 3 期。

式，只不过体量要比自家的粮仓大了许多。

根据五女山山城三号大型建筑址的遗存，结合壁画上的仓廪图，我们对这处建筑试做复原。

础石是木柱的奠基石。

五女山山城三号大型建筑址每块础石上面，都应该立置一根木柱，形成底架，架上撑起的便是仓廪。在木柱的顶端，横向铺陈木柱或木板，形成平面隔断，这层隔断，便是仓廪的底面。在这层隔断上，再立支木柱，构建储粮的仓廪。仓廪四周，横向交加木棒，形成栅栏，然后在木棒栅栏上抹泥，形成墙面。发掘这组建筑时，发现大量红烧土块，土块上有"木棒或木条印痕"，可能就是这种栅栏墙倒塌后的遗留。在地面上，发现了厚约1厘米左右的黑色灰烬层，并发现部分础石酥裂，这些现象表明这处建筑最终被火烧毁。三号大型建筑址出土遗物中的铁削，可能是割裂装粮的筐、袋口部的工具，而铁钉、铁鼻、铁挡片、铁合页等，似与木结构干栏式建筑的仓门有关。根据《五女山城》报告刊布的这组建筑平面图及文字描述获知，这处干栏式建筑，下部应该由3排柱子组成，每排柱子数量9～11根，建筑总长18.3、宽4.3～4.9米。

干栏式建筑的上层脱离地面，具有防潮、防水、便于通风的特点，如果在下部柱子上采取阻隔措施，也具有防鼠功能。采取这种形式在高句丽山城中建筑粮仓，有利于粮食的储藏。

近年，对辽宁盖州青石岭山城进行了发掘，在城内东南侧发现了大型建筑址，这处建筑址分布在由北向南的四个台地上，已经发掘的二号建筑址，残长约110、宽约9米，残存41列础石①。如果对这个建筑址进行复原，也应该是一处规模宏大的干栏式建筑，其性质很可能是储粮的仓库。很多学者将青石岭山城推定为高句丽建安城，这样大规模的仓储建筑的存在，正与文献记载建安城"粟多"的特征相合。

吉林集安丸都山城宫殿址，也分布在四层台基上，每层台基都分布着横竖成行的础石，发掘者认为宫殿址采用了木质材料作为墙体，由于没有发现取暖设施，进而推测这个宫殿址是作为夏宫使用的②。其实，从础石排列密集这一特征分析，这处宫殿址，也应该存在干栏式建筑。考虑到高句丽后期王都平壤城内"唯积仓储器备寇"的情况，在这些干栏式建筑中，不排除存在粮仓的可能。

五女山山城三号大型建筑址南部黄土塄中的两座房址，很可能是粮仓保管员或管理员的住房。由此推测，官府对山上工作人员粮食的供给，采取的当为分配制度。

---

① 王飞峰等：《辽宁省盖州市青石岭山城发掘收获及现场讨论会纪要》，《中国文物报》2016年11月18日。
② 吉林省文物考古研究所、集安市博物馆：《丸都山城》，文物出版社，2004年，第172页。

卒本与高句丽早期王都

王志刚

（吉林省文物考古研究所）

高句丽王都研究是一个重要的学术课题，历来为学界所关注。目前，学界多认为高句丽王都从大的地区来看曾"三治两迁"。早期王都位于今中国辽宁省桓仁县，中期王都位于今中国吉林省集安市，晚期王都位于今朝鲜平壤市。

本文主要对高句丽早期王都及文献中与高句丽早期王都存在密切关联的"卒本"的地理空间范围进行考证。

一　文献记载和以往研究

《三国史记·高句丽本纪》记载："始祖东明圣王，姓高氏，讳朱蒙（一云邹牟，一云象解）……与之俱至卒本川（魏书云至纥升骨城）。观其土壤肥美，山河险固，遂欲都焉。而未遑作宫室，但结庐于沸流水上居之。国号高句丽，因以高为氏。"① 此条文献中出现了"卒本川"和"沸流水"的地理概念。

高句丽迁都国内之后，《三国史记·高句丽本纪》中多次出现高句丽王到卒本祭祀始祖庙的记载。如新大王三年（167年）"秋九月，王如卒本，祀始祖庙。"故国川王二年（180年）"秋九月，王如卒本，祀始祖庙。"东川王二年（228年）"春二月，王如卒本，祀始祖庙。大赦。"等等②

好太王碑记载："惟昔始祖邹牟王之创基也，出自北夫余……于沸流谷忽本西城山上而建都焉。"③出现了"沸流谷"和"忽本"的地理概念。

魏存成认为，上述文献中出现的"卒本川""卒本""忽本""沸流水""沸流谷"应为同一地点，"沸流水""沸流谷"应指水而言（后文统称"沸流水"），"卒本川""卒本""忽本"当指山间平地（后文统称"卒本"）④。这一观点，基本取得学界共识，但对"沸流水"和"卒本"的具体所指，学

---

① （高丽）金富轼著，孙文范等校勘：《三国史记（校勘本）》，吉林文史出版社，2003年。
② （高丽）金富轼著，孙文范等校勘：《三国史记（校勘本）》，吉林文史出版社，2003年。
③ 耿铁华：《高句丽好太王碑》，吉林大学出版社，2012年。
④ 魏存成：《高句丽遗迹》，文物出版社，2002年。

界却有不同观点。

第一类观点认为："沸流水"指今浑江，"卒本"在今辽宁省桓仁县县城附近，高句丽的早期都城与位于桓仁县城附近的五女山城和下古城子城址密切相关。此类观点可细分为三种观点。第一种观点以魏存成为代表。魏存成从高句丽都城的整体特征出发，认为高句丽以山城和平原城结合作为都城的模式在集安为都期间已经完备，倾向于五女山城和下古城子城址结合，共同作为高句丽的早期都城[1]。第二种观点以李新全为代表。李新全并未否认五女山城和下古城子城址间的密切关系，但根据好太王碑"于沸流谷忽本西城山上而建都焉"的记载，认为高句丽的第一座都城应为山城，即五女山城，亦即为《魏书》所记之纥升骨城[2]。第三种观点以耿铁华为代表。耿铁华根据《魏书》"朱蒙至纥升骨城，遂居焉"的记载，认为朱蒙建国定都时纥升骨城已经存在，本地在高句丽建国前当有一座西汉城址，进而认为下古城子城址为纥升骨城[3]。

第二类观点以日本学者田中俊明为代表。他认为："沸流水"指今富尔江，"卒本"在今辽宁省桓仁县城东侧，富尔江与浑江交汇处附近。五女山城是高句丽建都之纥升骨城，位于富尔江口的喇哈城与五女山城共同作为高句丽早期都城[4]。田中俊明后又提出，五女山城为高句丽早期都城，喇哈城和下古城子城址可能都与早期都城有关[5]。

以往观点在"沸流水"和"卒本"的考证上虽存争议，但因好太王碑"城山上而建都焉"的记载，多认可了五女山城与高句丽早期王都有密切关系。尤其1996~2003年经过辽宁省文物考古研究所等单位对五女山城的系统发掘，发现了年代可早至高句丽建国初期的大型建筑遗迹，更使五女山的山上部分为高句丽早期王都的学术观点得到了学界的普遍认可。

但金旭东在其博士论文《西流松花江、鸭绿江流域两汉时期考古学遗存研究》中，通过对五女山三期文化的遗存规模、年代和性质等方面的研究，提出了不同意见。他认为："将五女山城比定为高句丽的早期都城是缺乏足够证据的。"同时认为，下古城子城址的年代不可能早至高句丽建国初，进而否定了下古城子城址为纥升骨城以及与五女山城共同作为高句丽早期都城的学术观点[6]。

李新全和金旭东两位观点相左的关键，在于对五女山J1年代和性质意见的不同。笔者也不揣浅陋，试通过对J1年代、性质的探讨，结合对下古城子城址、喇哈城等学界认为可能与高句丽早期王都有关遗存的分析，进一步探讨高句丽的早期王都问题。

二　高句丽早期王都探讨

（一）五女山上一号建筑址（J1）的年代和性质

《五女山城》考古报告在各期文化特征及其年代中认为："本期发现的一号大型建筑址，与本期其

---

① 魏存成：《高句丽遗迹》，文物出版社，2002年。
② 李新全：《高句丽的早期都城及迁徙》，《东北史地》2009年第6期。
③ 耿铁华：《高句丽纥升骨城新考》，《高句丽考古研究》，吉林文史出版社，2004年。
④ 田中俊明著，陈春霞译，刘晓东校：《高句丽前期王都卒本的营筑》，《东北亚考古资料译文集·高句丽、渤海专号》，北方文物杂志社，2001年。
⑤ 田中俊明著，慕容大棘译：《高句丽的前期王都》，《历史与考古信息·东北亚》1999年第2期。
⑥ 金旭东：《西流松花江、鸭绿江流域两汉时期考古学遗存研究》，吉林大学博士学位论文，2011年。

他房址截然不同，为柱础式地面建筑……从其规模和形制观察，应是本期等级较高的一处建筑。"报告在关于高句丽初期都城的探讨部分，提出："（山上一号建筑址）不当为一般民众的居住址……一号大型建筑址与高句丽中、后期宫殿遗址相比，规模较小，但在高句丽早期山城中就出现这样大的建筑，不是一般意义上的事情，可能与高句丽初期在五女山上建立都城有着直接关系。……一号大型建筑址作为高句丽政权初创阶段应该具有的高等级建筑性质。"① （图一）

发掘者认为 J1 当为高句丽建国初期的高等级建筑，与高句丽早期都城存在直接关系。这就说明，J1 不仅在年代上应与高句丽建国初年相吻合，建筑等级也需具备高句丽宫室的级别。下面将对 J1 的年代和性质分别予以探讨。

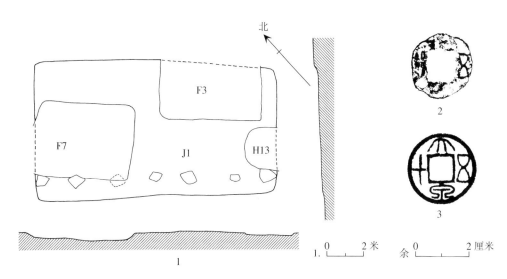

图一　五女山城山上一号建筑址（J1）平、剖面图及出土遗物
1. J1 平、剖面图　2. "五铢"　3. "大泉五十"

1. J1 的年代

J1 中只出土了 1 枚西汉"五铢"钱和 1 枚新莽"大泉五十"铜钱，两者成为 J1 断代的重要依据。

《五女山城》考古报告中并未指明两枚铜钱的出土位置，只是笼统地描述为："（J1）出土遗物仅有五铢和大泉五十铜钱各一枚。"② 但李新全在论文《高句丽的早期都城及迁徙》中，在对 J1 的描述中却对两枚铜钱出土的层位有明确说明："（J1）础石与土坎之间是平坦的地面，踩踏板结。屋内地面出土'五铢''大泉五十'铜钱，结合本期灰坑和房址内出土的竖耳罐的特征来看，时代当在高句丽初期。"③ 根据此段引文的描述，两枚铜钱应出土于 J1 的屋内地面之上。若此描述无误，根据考古层位学理论，两枚铜钱代表的是 J1 的使用年代而非建筑年代。因此，不仅不能因为 J1 屋内地面出土了新莽时期"大泉五十"铜钱，而将 J1 的年代上限定为不早于公元 9 年，恰恰相反的是，在不考虑文化传播的延时性和铜钱流通时间可能较长等不可预见因素的前提下，反而可以据此认定 J1 的使用年代不晚

① 辽宁省文物考古研究所：《五女山城——1996～1999、2003 年桓仁五女山城调查发掘报告》，文物出版社，2004 年。
② 辽宁省文物考古研究所：《五女山城——1996～1999、2003 年桓仁五女山城调查发掘报告》，文物出版社，2004 年。
③ 李新全：《高句丽的早期都城及迁徙》，《东北史地》2009 年第 6 期。

于新莽时期。而且，考古工作在房址地面上发现的遗物，应为房址废弃前最后保留的遗物。特别是规模较大的高等级建筑，因其等级高，地位重要，沿用时间往往较长，建筑废弃后保留于建筑屋内地面之上的遗物，只能代表建筑最晚一个时期的使用年代。这一年代刻度，可能与建筑的始建年代存在比较长的时间间隔，而更为接近建筑的废弃年代。因此，J1 的始建年代早至高句丽建国初期是极有可能的。

上述认识的得出是在认定两枚铜钱出土于 J1 屋内地面之上的前提下。但是，必须考虑到另外一种可能性。因 J1 破坏较为严重，发掘时仅存一排础石，建筑内未发现明确的地面，也未见墙体、门址等迹象。而 J1 为带有础石的地面建筑，础石大小不一，没有明显的加工痕迹，形状不规则。一般来讲，这种形状不规则、大小不一的础石应为暗础，础石的整体应置于建筑室内的地面之下。所以不得不考虑出土两枚铜钱的所谓 J1 现存"地面"是否确实为原建筑的室内地面。如果 J1 室内原地面已经被破坏，进而导致了建筑内大部分础石缺失，现存于南部的础石也已整体置于现室内地表之上。那么两枚铜钱就并非直接放置于 J1 室内的地面之上，而是 J1 已废弃，室内地面经破坏后散落在发掘出土位置的。如果是这种情况，两枚铜钱实际上就应位于 J1 的废弃堆积之中，而只能代表 J1 的废弃年代，而非使用年代。如此说来，J1 的始建和使用年代早到两汉之际是极有可能的。

综上，笔者认为《五女山城》考古报告对 J1 的年代界定总体无误。从理论上看，J1 的建筑年代极有可能早至西汉末期，使用年代到两汉之际至东汉初年。

2. J1 的性质

J1 为带有础石的地面建筑，规模较大，13 米有余的长度已经与国内城体育场地点发现的 F2、F3、F4 接近[①]，而后者为高句丽中期建筑，年代相差数百年，足见 J1 卓尔不群的地位。J1 周边未见瓦件，础石均为板石，不能承担较大的负重，应非瓦顶建筑。这应该与其年代较早，高句丽尚未掌握独立制瓦技术有关。目前高句丽建国初期的遗存发现数量较少，难以进行横向对比。但考虑高句丽建国初期政权不稳、国力有限，目前发现的考古遗存均较单薄，高等级建筑遗迹仅此一例，再结合集安地区四五世纪高句丽中期建筑遗迹的规模考虑，J1 应该可以达到高句丽建国初期高句丽王宫室建筑的等级。起码来说，目前在高句丽建国初期这一时间刻度内，没有比 J1 等级更高、更具宫室建筑可能性的其他选择。

结合上文对 J1 的年代分析，其建筑和废弃年代与《三国史记·高句丽本纪》中东明圣王四年（前34 年）"秋七月，营作城郭宫室"和琉璃明王二十二年（3 年）高句丽迁都国内的时间大致相符。J1 的废弃可能与公元 3 年琉璃明王迁都国内城事件存在直接关系，是迁都导致高句丽政权移民及庙舍的直接反映。

综上，笔者认为，不管五女山三期文化的年代下限晚至何时，但其年代上限与高句丽建国时间接近，五女山三期文化中应该涵盖了高句丽建国之初的遗存。五女山上一号建筑址 J1 的始建、使用和废弃年代与《三国史记》记载的高句丽建国、以卒本为都和迁都国内的时间大致相符。J1 的建筑规模和

---

① 吉林省文物考古研究所、集安市博物馆：《国内城——2000～2003 年集安国内城与民主遗址试掘报告》，文物出版社，2004 年。

等级，是目前发现的高句丽建国初期最高等级的建筑遗存，应为建国初期高句丽王的宫室建筑。

（二）下古城子城址和喇哈城的年代

1. 下古城子城址

1998 年，辽宁省文物考古研究所等单位对下古城子城址进行了调查和试掘。发掘认为，下古城子城址城墙下叠压的 H1 中出土有五女山三期文化陶片，城址的筑造年代应与高句丽建国初期平行或略晚于这一时期。并认为，下古城子城址城墙的构筑方式与国内城下土垣、凤林古城、保安村古城城墙相同，进而将下古城子城址的修筑年代推定在高句丽建国初期[①]（图二）。

以往有学者通过文献记载和史地考证，认为下古城子城址为高句丽建国之初的早期都城纥升骨城[②]。李新全等认为下古城子城址是在高句丽建国前，高句丽民族在汉文化影响下自行修筑的土城[③]。金旭东认为，虽然城墙下叠压的 H1 中出土了五女山三期文化遗物，但并不能就此认为下古城子城址的始建年代与五女山三期文化相当，也存在下古城子城址的始建年代要晚于五女山三期文化的可能性。同时，他从高句丽建国初期的国力等方面考虑，认为下古城子城址的建造年代至少应晚于公元 107 年玄菟郡迁往辽东[④]。

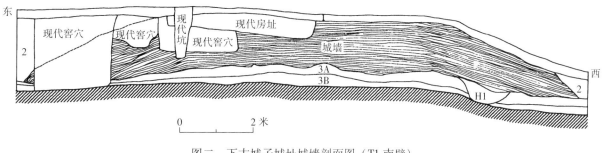

图二　下古城子城址城墙剖面图（T1 南壁）

根据现有资料，笔者认为可以从出土遗物和城墙结构两个方面对城址的年代进行探讨。

从遗物断代上看，笔者赞同金旭东的分析，虽然 H1 中出土的陶器均为五女山三期文化遗物，但只能说明下古城子城址的始建年代不早于五女山三期文化，存在同时或较晚两种可能性。笔者在博士论文《高句丽王城及相关遗存研究》中已经论证，五女山三期文化的年代跨度较大，虽然上限可至高句丽建国之初，但年代下限可能已晚至公元 3 世纪末至 4 世纪初，仅根据下古城子城址现有考古资料难以确认其准确的始建年代[⑤]。

从城墙的构筑方式上看，《五女山城》考古报告认为下古城子城址城墙的构筑方式与吉林集安国内城下的土垣、黑龙江省友谊县凤林古城和双鸭山市保安村古城相同，普遍流行于汉晋时期的东北地

① 辽宁省文物考古研究所：《五女山城——1996～1999、2003 年桓仁五女山城调查发掘报告》，文物出版社，2004 年。
② 耿铁华：《高句丽纥升骨城新考》，原载于《北方民族》2001 年第 2 期。转引自耿铁华：《高句丽考古研究》，吉林文史出版社，2004 年。
③ 李新全、梁志龙、王俊辉：《关于高句丽两座土城的一点思考》，《东北史地》2004 年第 3 期。
④ 金旭东：《西流松花江、鸭绿江流域两汉时期考古学遗存研究》，吉林大学博士学位论文，2011 年。
⑤ 王志刚：《高句丽王城及相关遗存研究》，吉林大学博士学位论文，2016 年。

区。这一认识本身存在一定的问题。2009、2011 年吉林省文物考古研究所等单位对国内城东墙的 3 个地点进行了解剖，已经明确了国内城石墙下发现的土筑部分并非年代较早的土墙，而是石墙内部的土筑墙芯。不仅墙体的石筑和土筑部分一体构筑而成，而且土芯内部分出土遗物的年代不会早于公元 4 世纪①。笔者也曾撰文对国内城城垣历次解剖资料进行了逐一分析和综合研究，所得学术结论与 2009、2011 年吉林省文物考古研究所对国内城发掘的学术认识相符②。

凤林古城和保安村古城的城墙形制和构筑方式与下古城子城址还是有一定区别的。比较而言，凤林古城和保安村古城城墙结构相似，城墙夯层的厚度严重不均，各层间厚薄差距极大，构筑极为随意，夯层分布的随意性极强，明显不及下古城子城址城墙的夯层规整（图三，Ⅰ）。更为重要的是，凤林古城和保安村古城的年代也无法早至两汉之际，而是魏晋时期城址。

保安村古城 T01 的发掘，形成了一个贯通城内堆积、城墙主体和城外壕沟的剖面（图三，Ⅱ）。从考古层位学上明确了古城城墙构筑于第 2 层之上，而第 2 层及其上遗迹均属城址的晚期文化堆积，年代为魏晋时期。因此，保安村古城的始建年代不会早于魏晋时期。保安村古城发掘报告的结语部分对比了保安村古城晚期遗存与凤林古城 7 城区晚期遗存间的关系，认为两者虽同属凤林文化城址，但从年代上保安村古城晚期遗存要早于凤林古城 7 城区晚期遗存③。凤林古城的考古调查和考古发掘报告对 7 城区城墙和遗物的认识与前述一致，凤林古城城墙属凤林文化时期构筑，年代为魏晋时期④。

因此，遗物和城墙结构所反映出的遗存信息，不仅无法证明下古城子城址的始建年代早至高句丽建国初期，反而表明城址的始建年代很可能已晚至魏晋时期。当然，目前对下古城子城址的考古工作开展较少，上述观点尚有待考古工作证实。

2. 喇哈城

桓仁地区目前除下古城子城址外，尚有一座平地城——喇哈城。城址现已位于桓仁水库淹没区内，枯水时节仍可见部分城垣。清宣统元年出版的《怀仁县志》记载了此城，梁志龙根据县志提供的地理方位，对城址进行了调查。

城址位于浑江南岸的平原上，距原浑江江岸约 500 米，平面近方形，边长约 200 米，城墙石料经加工，多为楔形石。因此，梁志龙认为喇哈城为高句丽城址⑤。由于城址现已位于水库淹没区内，枯水时节虽可辨城垣轮廓，但无法对城内进行实地调查，对城址的资料记录很少。仅从城址城墙以楔形石垒砌的特点判断，应属高句丽中期或以后建筑的城址。

田中俊明认为富尔江与浑江合流处为文献中"卒本"所在。这一区域内的喇哈城，虽现存石筑城垣，但可能为利用原有汉代土城包石筑就。喇哈城与其西侧的五女山城形成平原城与山城互为依托的关系，共同作为高句丽早期都城⑥。这一认识目前看来除与好太王碑"忽本西城山上而建都焉"的记

① 吉林省文物考古研究所、集安市博物馆：《集安国内城东、南城垣清理收获》，《边疆考古研究》第 11 辑，科学出版社，2012 年。
② 王志刚：《国内城始建年代再探讨》，《中国考古学会第十五次年会论文集》，文物出版社，2013 年。
③ 黑龙江省文物考古研究所：《黑龙江双鸭山市保安村汉魏城址的试掘》，《考古》2003 年第 2 期。
④ 靳维柏、王学良、黄星坤：《黑龙江友谊县凤林古城调查》，《北方文物》1999 年第 3 期。黑龙江省文物考古研究所：《黑龙江友谊县凤林城址 1998 年发掘简报》，《考古》2000 年第 11 期。
⑤ 梁志龙：《桓仁地区高句丽城址概述》，《博物馆研究》1992 年第 1 期。
⑥ 田中俊明著，陈春霞译，刘晓东校：《高句丽前期王都卒本的营筑》，《东北亚考古资料译文集·高句丽、渤海专号》，北方文物杂志社，2001 年。

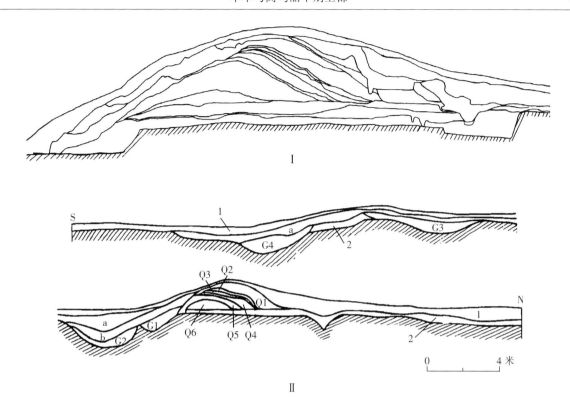

图三　凤林古城、保安村古城城墙剖面图
Ⅰ. 凤林古城城墙剖面　Ⅱ. 保安村古城城墙剖面（T01）
1. 耕土层　2. 灰褐色土　Q1、Q3、Q5. 黄色细沙　Q2、Q4、Q6. 沙土混合土　a. 细沙　b. 沙土混合土

载中卒本与高句丽建国地点的方位相符外，并无考古实证依据。五女山城和喇哈城相距过远，难以发挥互相呼应的作用。且目前并无任何遗迹、遗物依据说明喇哈城石墙内存在汉代土墙。甚至在目前高句丽考古发现中也未见明确的在原汉代城址土墙外包石的高句丽城址。因此喇哈城虽可能为高句丽少见的位于平地之上的城址，但仅具现有资料难与高句丽早期王都扯上关系。

（三）高句丽早期王都的探讨

根据现有考古资料，位于五女山上、以 J1 为代表的部分五女山第三期文化遗存最有可能是高句丽早期王都遗存。下古城子城址和喇哈城不仅不见高等级建筑遗迹，城址年代也都有待商榷，不适宜作为与五女山上高句丽早期王都遗存对应的平地城来开展研究。

五女山上目前尚未发现高句丽建国初期的城垣。高句丽建国初期以五女山为都时期，很可能主要利用五女山上的自然地势作为天然城邑，仅以天险为城，或仅在出入要道之处构以木栅或少量石筑结构作简单防御，并未大规模构筑石筑城墙。

目前学界对高句丽建国时就构筑了都城的主要依据是好太王碑"于沸流谷忽本西城山上而建都焉"的记载。但此记载中无论"忽本西"这一相对地理方位，还是"城山上"的含义，都可有比较宽泛的理解。所谓的"城山上"的含义并不一定指在山上筑城，也可指以山上为城。正如后文将要论证的好太王碑中"忽本西"的相对方位也未必指"忽本"以西，也可指"忽本"西部。

高句丽建国时利用西汉旧城即纥升骨城的说法只见于中国诸正史。其中最早的是《魏书》。《魏书·高句丽传》记载："与朱蒙至纥升骨城，遂居焉，号曰高句丽，因以为号焉。"《魏书》之后的史书承袭了这一说法。但《魏书》成书时代过晚，已至 6 世纪后半，存在以较晚出现的城址名称代替早期地名的可能。这一点，在国内与国内城的地名与城名关系问题上也出现过类似问题。而现有考古发现也不支持这一区域存在汉代土城的认识。

高句丽建国初期国力较弱，五女山三期文化遗存不丰富，缺乏大规模遗迹和高等级遗物。《三国志·高句丽传》载："（高句丽）都于丸都之下，方可两千里，户三万。多大山深谷，无原泽。随山谷以为居，食涧水，无良田，虽力佃作，不足以实口腹。"《三国志》的成书时间应为 3 世纪末叶，此时高句丽全国仅有三万户，而普通平民维持日常生计仍相当艰难。就此可见高句丽建国之初国力、人力情况之一斑。高句丽在建国之初应无力构筑一座规划完备的山城。

因此，笔者以为，高句丽建国之初根本就没有构筑山城，而只是以自然天成的五女山山顶当作天然城邑，作为临时王都。由于高句丽以五女山的山上部分为都时很可能没有构筑城垣，所以称之为"高句丽早期都城"似有不妥，故本文称为"高句丽早期王都"。从另一个思路出发，如果邹牟王真在建国之初就构筑起了城郭，为何在 5 世纪初成文的好太王碑中并未直接说明邹牟王建都于某城或建某城而定都，却仅记为"城山上而建都焉"呢。

当然，上述观点的考古资料基础仍相当薄弱，需要进一步开展相关的考古工作证实。但也应看到，目前无论从考古发现还是从文献记载上考察，都没有比五女山的山上部分更符合高句丽早期王都特征的遗址。从桓仁地区高句丽遗址的整体特征来看也基本支持这一观点，这一点在下文对桓仁地区高句丽遗存的整体研究中将会进一步论证。

三　"卒本"的地理空间范围考证

上文推定五女山的山上部分为高句丽早期王都。基于这一认识，认为"卒本"位于今桓仁县县城附近的观点，虽与考古发现相对较为契合，但五女山位于桓仁县城东侧，两者的方位关系与好太王碑的记载相悖。认为"卒本"位于浑江、富尔江交汇处的观点，虽与好太王碑中"卒本"与高句丽建都地点的方位相符，但这一区域高句丽建国前后至建国初期遗存显然不抵桓仁县城附近丰富，难以与考古发现匹配。

笔者曾在博士论文中对桓仁县境内高句丽遗址的年代和分布特点做了探讨。研究发现，年代约在高句丽建国前后至建国初期的遗址均大体分布于西起桓仁县城、东至富尔江与浑江交汇处浑江中游这一区域之内。笔者以为，这一区域即为文献中"卒本"的地理空间范围。如果综合考虑高句丽中期前后浑江中游区域重要高句丽遗址的分布情况，此范围可南北略有扩展，大致为东至富尔江汇入浑江江口南侧的喇哈城，南至米仓沟墓，西至马鞍山山城和四道河墓群，北至东古城遗址和大荒沟墓群（图四）。理由大致如下。

第一，目前在桓仁境内发现的高句丽建国初期遗存均位于这一地理空间之内。

目前可基本明确年代属高句丽建国初期的遗存有五女山第三期文化遗存、桓仁下古城子城址 H1 及城内采集的部分遗物、王义沟遗址晚期遗存。此外，高丽墓子墓群、大荒沟墓群、上古城子墓群的部分积石墓以及桓仁水库淹没区墓群的部分墓葬可能亦属高句丽早期遗存，这些遗存均位于上述地理区间之内。

图四 "卒本"地理空间范围示意图

同时，桓仁县境内迄今发现的年代可能早至高句丽建国前后的望江楼墓地、石哈达遗址等也位于这一区间内。

第二，在高句丽中期以后，年代大致在4世纪末至5世纪初以后，这一区域的高句丽遗址仍比较密集，是桓仁地区和浑江流域遗址密集度最高的。这一区域仅约占桓仁县地域面积的五分之一，遗址数量却占到了桓仁县高句丽遗址数量的约五分之四。遗址的类型丰富，山城、平地城、遗址、建筑址、墓葬均有发现。除遗址分布密集，这一区域内还发现了目前中国境内除集安外少见的高句丽壁画墓米仓沟将军墓；东古城遗址采集有瓦；凤鸣遗址采集有卷云纹瓦当[①]。密集的遗址、高等级墓葬和建筑瓦件的发现，说明这一区域是浑江流域高句丽统治的核心区域。

第三，将"卒本"的地理空间范围界定在这一区域与文献记载和考古发现相吻合。

以往学界在高句丽早期王都研究上主要着眼于城址，忽视了桓仁县城和浑江与富尔江交汇处之间桓仁水库淹没区的重要意义。桓仁水库淹没区在20世纪五六十年代调查时即发现墓葬750余座，两次对高丽墓子墓群的发掘，均发现有高句丽建国前后至高句丽建国初期的墓葬。这些墓葬必然并非孤立的存在，应存在与墓葬对应的高句丽早期遗址。与桓仁水库淹没区墓群关联的遗址，可能是五女山城，可能位于桓仁县城附近，当然也可能位于水库淹没区内尚未被发现。但无论是何种情况，以往无论将

---

① 凤鸣遗址采集有瓦当的信息，笔者听闻自辽宁省文物考古研究所李新全先生，目前此资料未见发表。

"卒本"推定于何地，均将桓仁水库淹没区内密集、丰富的高句丽遗存排除在"卒本"的地理空间之外，显然并不合适。恰恰相反，桓仁水库淹没区内的大量高句丽时期遗存，无疑成为联通桓仁县城平野和富尔江、浑江交汇处平野的纽带和桥梁，说明两者并非彼此独立，而是处于同一个大的地理空间之内。

以往观点均将"卒本"这一地理空间范围推定得过小。实际上，"卒本"与"国内"是史书中对高句丽早期和中期王都所在区域的称呼。"国内"为一较大的地理空间概念，包括了以今集安市通沟平原为中心的鸭绿江中游右岸的广大区域，其中包含尉那岩、豆谷、国岗、柴原等多个地理单元。"卒本"与"国内"相对，亦应是一个较大的地理空间概念。

从文献角度考察，将"卒本"推定为上述空间范围，五女山城位于"卒本"之内中部偏西的位置。这一点恰与好太王碑中"忽本西城山上而建都焉"的记载相吻合。只不过需将好太王碑中的"忽本西"理解为"卒本"这一地理范围的西部，而非西侧。而从《三国史记》中高句丽迁都国内之后，多代高句丽王至卒本祭祀始祖庙的记载来看，始祖庙显然位于"卒本"的范围之内。就此看来，将高句丽早期王都推定于"卒本"范围之内也显然比将两者分开更为合理。

综上，笔者认为，"卒本"实则是对高句丽民族发源地之一和高句丽早期王都所在地浑江中游区域的一个整体称谓，与指代高句丽另一起源之地和高句丽中期王都所在地鸭绿江中游区域的"国内"概念对应，均指一个较大的地理空间范围。因此，将"沸流水"推定为浑江，"卒本"推定为东至富尔江汇入浑江江口、西至桓仁县城西侧浑江南折江湾附近这两者之间浑江中游的较大区域是比较合适的，这一认识既与文献记载吻合，也与考古发现相符。

四　余论

以往对高句丽早期王都的研究，主要关注于都城考证，且想当然的将某座城址与高句丽早期王都对应。高句丽建国初期虽名为国，却很可能并不具备国家的完整元素，而实为部落或部落联盟性质的政体形式。文献中"本涓奴部为王，稍微弱，今桂娄部代之"①，即是高句丽建国初期类部落联盟政体的一个反映。这一时期高句丽人口稀少、国力微弱，无力做大规模的营建活动。而统治的核心区域王都距玄菟郡较近，中原政权的军事威胁时刻存在，政权维系尚且艰难，更难进一步发展。这一时期选择地势险要、易守难攻的五女山山上部分作为王都完全是从自保出发，不得不将防御能力作为首要标准，克服五女山山上交通不便、供给困难、发展空间极度有限的诸多缺点。从考古发现上看，高句丽建国初期很可能不筑城垣，仅据五女山天险为都，所以称其为"都城"是不严谨的。在需据山险而图自保的政权建立初期，如有实力，增强山城的防御实为上策，不太可能在山下平地耗费大量财力、人力构筑防御能力很弱的平地城。从逻辑上来说，高句丽政权建立初期，如无礼制上"筑城以卫君"的考虑，若山城发挥了防御功能，则无必要构筑平地城；若平地城具有足够的防御能力，则无须据山城而守。而在高句丽政权建立初期，是不太可能有上述王都营建的礼制需求的。因此，高句丽建国初期

---

① 《三国志》卷三十《乌丸鲜卑东夷列传·高句丽传》："（高句丽）本有五族，有涓奴部、绝奴部、顺奴部、灌奴部、桂娄部。本涓奴部为王，稍微弱，今桂娄部代之。"《后汉书》卷八十五《东夷列传·高句骊传》："（高句丽）凡有五族，有消奴部、绝奴部、顺奴部、灌奴部、桂娄部。本消奴部为王，稍微弱，后桂娄部代之。"

以山城和平地城结合作为王都的观点无论从这一时期大的历史背景考虑，还是从考古发现考察，无论从实用性出发，还是从逻辑上分析，都是难以成立的。

"卒本"距离玄菟郡较近，且这一区域大的自然地理特点不利防御。故而虽然五女山从单体的自然地理环境和防御能力远胜丸都山，桓仁县城所处的浑江中游冲积平原的面积和环境也优于集安通沟平原，"卒本"的交通便利程度更远胜于"国内"地区，高句丽政权在建国仅40年后却要迁都"国内"，这是与高句丽政权建立初期，统治者以避祸求存为主要思想、躲避中原政权追讨的无奈之举。《三国史记》中琉璃明王二十一年（2年）掌牲薛支逐豕至国内尉那岩得之后，返见琉璃明王建议其迁都国内处记载："臣逐豕至国内尉那岩，见其山水深险、地宜五谷，又多麋鹿鱼鳖之产。王若移都，则不唯民力之无穷，又可免兵革之患也。"就此也可以看出迁都国内的原因，不仅是国内自然条件易于生存，而相当一部分是因为国内"山水深险"，"可免兵革之患"。集安市区所在的通沟平原附近自然地理环境相对封闭，且远离汉四郡统治的核心区域，更易于高句丽政权自保和发展。

由于高句丽王都在"卒本"地区的时间较短，且处于政权建立初期，未在这一区域留下较高等级的遗存，对这一区域的营建也似乎并无整体规划。桓仁县迄今发现的遗址主要沿水系分布于河谷近周，这是高句丽遗址分布的普遍特点，此外似乎并无规律。现有工作在桓仁县境内极少发现瓦件，包括五女山城、高俭地山城等城址均不见瓦件，是这一区域遗址级别较低的标志。所以，笔者一直不认同《五女山城》报告中提出的在高句丽迁都"国内"之后，五女山城仍具有"圣都"意义。唯有《三国史记》中屡次出现的高句丽王至卒本祭祀始祖庙的记载，在"卒本"范围内寻找始祖庙是一项考古工作的重点。始祖庙当位于"卒本"内的平野之上，而非五女山上。而遗址内见有瓦件，是作为始祖庙遗址的重要遗物参考。以往桓仁境内只有东古城遗址发现过瓦，故而笔者曾将其作为可能为始祖庙遗址的重要参考。但东古城遗址未见瓦当，地理位置也偏离"卒本"中心区域较远，这成为推定其为始祖庙的最大问题。近年从李新全先生处得知凤鸣遗址采集过卷云纹瓦当，遗址位置也处于桓仁市区平野周边，地理环境优越。凤鸣遗址的发现是极为重要的线索，应将凤鸣遗址作为疑是始祖庙来重点开展考古工作。

朝阳博物馆馆藏"率义侯印"考论

马文涛

（朝阳博物馆）

随着我国的选官制度从夏商周的世卿世禄制转为秦朝的军功受爵开始，以血缘为纽带的政治就逐渐被国君任免所替代，伴随着这种制度的出现，印封制度也孕育而生。因此，印玺不仅是权力的代表，更是封建选官和任免制度的传承，同时，由于各个时期印玺的造型、工艺、书法等不同，它不仅代表当时的审美与人文精神，更代表国家地区的一段历史。

朝阳博物馆馆藏文物中共有印玺31套42件，其中有一枚马纽"率义侯印"，形制特别。以下笔者将基于古印玺专家的研究成果，通过大量的文献搜集，对其来源、年代以及其意义加以分析、考证。

一　朝博馆藏"率义侯印"介绍

1. 文物来源

此件文物由征集购买而得。20世纪80年代，朝阳县文化馆一位工作人员由胜利乡一位农民陪同前往北四家子乡进行文物收购和考古调查时，在当地老乡家中发现此印。经了解，此印是老乡在自家地里挖掘而出，没有其他文物同时出土。

2. 器物描述

此印为方形，青铜质地，重量为77克。印整体长、宽均为2.35厘米，通高3厘米，方形印体高1厘米，马纽长2.6、前宽1.5、后宽1.25、纽高2厘米。印面阴刻"率义侯印"四字篆书，直势方折，构图紧密，不留刀锋，字体雄劲。印纽为一匹卧马，四腿跪卧。卧马通体线刻鬃毛，脸部略显粗糙，马耳、鼻、嘴部刻饰明显，马鼻和嘴鼻由于长时间磨损已略显平圆。胸前刻饰双铃，马尾直垂于印台上。座、纽应为分铸，合为一体，马腿、马尾与印台形成两个穿孔，马腹部下方也有一穿孔（图一）。

二　与其他"率义侯印"比对

根据笔者对当前资料的搜集，已知国内"率义侯印"有四枚，除朝博馆藏一枚外，其余分别为天津市艺术博物馆收藏一枚，中国嘉德2017秋季"金银雅玩"专场拍卖一枚，《大风堂古印举》一书中记录孙家潭收藏一枚。

1. 正视图　　　　　　　　2. 侧视图　　　　　　　　3. 印面图

图一　朝阳博物馆馆藏的"率义侯印"

1. 天津市艺术博物馆藏"率义侯印"①

印体长、宽均为 2.45 厘米，通高 3 厘米。铜质，马纽，马身呈卧式，马身下有一孔。正方形印面，阴文四字等分印面，文字布局合理，小篆阴刻、錾刻纤细，留有刀锋，刀法均取直势（图二）。

1. 实物照片　　　　　　　　　2. 印文

图二　天津市艺术博物馆的"率义侯印"

2. 2017 年嘉德拍卖的"率义侯印"

印体长、宽均为 2.45 厘米，通高 3.06 厘米。铜质，马纽，马身下有一孔，极少部分有鎏金包裹。正方形印面，阴文四字等分印面，文字布局合理，小篆阴刻，不留刀锋，刀法均取直势（图三）。

3. 孙家潭收藏的"率义侯印"②

印体长、宽均为 2.5 厘米，通高 3.3 厘米。材质为铜鎏金，印体边角圆顿，做工精细，鎏金整体包裹较好，部分脱落。马纽，马身腰部有一圆孔。正方形印面，阴文四字等分印面，印文凿刻，凹槽底呈"U"形，此印纽文字布局合理，小篆阴刻，不留刀锋，刀法均取直势（图四）。

---

① 李东琬：《天津市艺术博物馆藏古玺印选》，文物出版社，1998 年，第 69 页。
② 孙家潭：《大风堂古印举》，西泠印社出版社，2000 年，第 12 页。

1. 实物照片　　　　　　　2. 印面

图三　2017 年嘉德拍卖的"率义侯印"

1. 实物照片　　　　　　　2. 印文

图四　孙家潭收藏的"率义侯印"

以上四枚率义侯印，均为马纽，马身作卧姿，造型生动，神态娴静；材质均为青铜，印台都较为厚实；印面整体长、宽均在2.5厘米左右，通高在3厘米左右；印文端庄，印文结构方正平直，笔画流畅雄健。其中孙家潭收藏的"率义侯印"保存最为完整，雕刻最为精细，马首部位轮廓曲线更有立体效果，马鬃更栩栩如生，且马身有凿刻的斜式排列线条纹饰，逼真工致。根据这四枚"率义侯印"的对比，孙家潭收藏的"率义侯印"鎏金包裹最好；嘉德拍卖的鎏金大部分缺失，只有少部分存留；天艺博收藏的也是大部分鎏金缺失，因此推测朝博馆藏"率义侯印"外层也应有鎏金包裹，现已完全脱落。从马腿部、腹部与印台部位的构造可以看出，天艺博、嘉德拍卖、孙家潭收藏的三枚"率义侯印"马纽与印台连接的部位除了后期的凿穿孔外没有缝隙，应该为整体浇铸，而朝博的"率义侯印"马四腿与印台之间有两长穿孔，且腹部有空，马腿略显单薄，应为分铸后合为一体。

三　率义侯年代来历考论

1. 率义侯官阶考证

率义侯中"率义"为封号，"侯"为爵位。十六国前赵、后赵、北魏均设置此官位。北魏孝文帝太和十七年（493 年）定为五品下，二十三年（499 年）改为从五品。所谓率义就是躬行仁义，率就是行的意思。出处在《左传·哀公十六年》："叶公曰：'周仁之谓信，率义之谓勇。'"《后汉书》记载："永宁元年（120 年），辽西鲜卑大人乌伦、其至鞬率众诣邓遵降，奉贡献。诏封乌伦为率众王，其至鞬为率众侯，赐彩缯各有差。"① 《资治通鉴》记载："是岁（太兴二年，319年），蒲洪降赵，赵主曜以洪为率义侯。"② 此段文字与《晋书》中的记录相互呼应，记录了蒲洪即"符洪"，其家族世代为氐族酋长，因家中池塘中有大量蒲草，高五丈，五节，如竹形，所以被称为"蒲家"，后因此为姓。刘曜建前赵国后，在长安称帝，以蒲洪为宁西将军，封为率义侯③。除此之外，《晋书》中还记载，曹魏初年，鲜卑族莫护跋跟随司马懿率军讨伐辽东公孙渊，立下战功而被封为"率义王"。从史书中的记载可以看出"率义"的封号主要是给少数民族将领或是归顺的少数民族首领。赐封给少数民族首领印章，一方面是以示对其的奖励，或是隶属关系，另一方面是为了稳定社会、缓和民族与地方矛盾，"率义侯印"亦是如此作用。

2. "率义侯印"属性分析

从官印的管理制度来看，战国时期政府对官印的管理就有罢官收印、辞官交印的制度。前后赵时期对这种制度进行了沿袭，实用官印在百官罢免、变迁、死亡时，其官印一般都上缴，不得用于殉葬。所以在"率义侯印"被发现时，并没有同时出土其他文物，也可以从侧面说明其不属于冥印。

3. "率义侯印"年代范围断定

对于马纽印，古玺印鉴定专家在诸多研究中已经取得了一定的成果，笔者基于这些专家的研究成果对朝博"率义侯印"进行年代范围的断定与甄别。孙家潭的《大风堂古印举》中记述："马纽印自汉代以来流行，与其相关还见有驼纽，均作卧姿。唐宋以至元以来，所见马纽印统为站立状，不同于前朝。""南北朝以前的马纽印造型均作卧姿，马的前后肢弯曲，跪卧印台之上，马的腹部下有穿孔。至唐宋时期马纽始见站立，古代玺印流传，同是马纽印，一个时期有一个形制特点，这些都可作为古印的断代标准。"④ 朝博收藏的"率义侯印"马纽成卧姿，虽与孙家潭收藏的"率义侯印"穿孔的形制不一样，孙家潭收藏的"率义侯印"只有从马腹部横穿的一个穿孔，而朝博的"率义侯印"除了在马腹部下侧有一穿孔外，印台与四腿间还纵穿两孔，但是整体符合唐宋之前马纽印的形制特征，应为唐宋以前的文物。叶其峰在《古玺印与古玺印鉴定》一书中对十六国马纽印的特征总结记述为："十六国官印中的龟纽和鼻纽，形态与晋印大致相同，但却多制作简陋、草率，印文也多信手刻凿，缺乏章法。唯前后赵的马纽印，却制作精致，字体工整，与同时期之晋印在风格上难于区别。"⑤ 这里特别指出了前后赵时期马纽印制作精致，印文字体工整，朝阳博物馆收藏的"率义侯印"也符合这一特征。同时该书中还写到"属于前后赵的有传世的'亲赵侯印''归赵侯印''率义侯印''邺宫监印'等约十方官印。"⑥ 通过以上学者的研究成果可将朝博"率义侯印"的时代归入十六国的前后赵时期。

4. 朝博藏"率义侯印"年代推测

朝博藏"率义侯印"具有十六国时期前后赵马纽印的典型特征。前赵为304～329年，朝代仅存25年，由匈奴人建立政权，主要所辖范围在关中即今山西、陕西一带。后赵为319～351年，朝代仅存

---

① 范晔：《后汉书·乌桓鲜卑列传》，中华书局，1965年。
② 司马光：《资治通鉴·晋纪十三》，中华书局，2011年。
③ 参见房玄龄：《晋书·载记第十二》，中华书局，1996年。
④ 参见孙家潭：《大风堂古印举》，西泠印社出版社，2000年，第12页。
⑤ 叶其峰：《古玺印与古玺印鉴定》，文物出版社，1997年，第19页。
⑥ 叶其峰：《古玺印与古玺印鉴定》，文物出版社，1997年，第19页。

32 年，由羯族建立政权，疆土所辖范围包括河南、河北、陕西、山东、湖北、辽西等地。在后赵时期，仍推行胡汉分治的政策。从所属范围推测，前赵时期辽西地区还不归属其管辖，此印流落于朝阳地区，可能是在后赵统治辽西地区的时期。按照"率义侯印"封赐的原因，或可推测其为后赵时期为赏赐给少数民族官员以管理辽西地区少数民族而制。

通过上述考析，可推测此印为十六国后赵时期，属于实用印而非冥印。其制造的目的主要是为了管理及缓和与少数民族地区之间的矛盾。它不仅体现当时皇权中央对地方的管理制度，同时也体现了对少数民族的统治政策。对此件文物年代的断定，对其追根溯源，增加了年代的厚重感，历史意义更为完整，也赋予了较深层次的研究价值。

参考文献：

1. 罗福颐：《故宫博物院藏古玺印选》，文物出版社，1982 年。

2. 陈介祺：《十钟山房印举》，西泠印社，2014 年。

3. 罗福颐：《古玺汇编》，文物出版社，1981 年。

4. 罗福颐：《秦汉南北朝官印徵存》，文物出版社，1987 年。

5. 吕金成：《印学研究（2014 古玺印研究专辑）》，文物出版社，2014 年。

6. （清）黄本骥：《历代职官表》，上海古籍出版社，2005 年。

靺鞨武具观察及相关问题思考

刘晓东

（黑龙江省文物考古研究所）

靺鞨是魏晋、隋唐时期生活在我国东北地区的重要民族，对当时东北亚的政治形势及民族关系产生了重要的影响。其后裔民族也一直活跃在历史舞台上，为中国现代疆域的形成做出了重要贡献，成为中华民族重要的组成部分。

关于靺鞨民族的社会生活状态，史书记载颇略，难以窥其全貌。随着考古学研究的发展，越来越多的靺鞨文化遗存得到发现和辨识，关于靺鞨民族的轮廓也逐渐清晰，我们也得以从各个角度对靺鞨民族的社会发展状态进行探索和认识。本文拟通过对靺鞨文化遗存中发现武具的观察，了解其形制特征和发展变化情况，并对这类遗物所反映的靺鞨社会发展情况进行思考。需要说明的是，由于靺鞨遗存在墓葬和居住址的出土物品在器类上存在差别，武具多为随葬品，在居住址中很少出土，故在只发现居住类遗存的地方类型中，如果未发现某种武具，并不能作为此种武具在此地方类型中不存在的证据。本文仅为就目前材料所做的观察和认识。

一 文献中靺鞨人善战、好战民族个性的记述

我们将一类考古学遗存与历史上所记载的某个人群联系起来的过程，往往是以文献史料为起点的。文献对靺鞨的记述并不多，除了展现其对中原王朝友好倾慕的朝贡、册封类之外，提及靺鞨民族的文献多与战斗内容有关。如："靺鞨国，古肃慎也，在京东北万里以下，东及北各抵大海。……多勇力，善射。弓长四尺，如弩，矢用楛，长一尺八寸，青石为镞。"[①] "其国西北与契丹相接，每相劫掠。后因其使来，高祖诫之曰：'我怜念契丹与尔无异，宜各守土境，岂不安乐？何为辄相攻击，甚乖我意！'使者谢罪。高祖因厚劳之，令宴饮于前。使者与其徒皆起舞，其曲折多战斗之容，上顾谓侍臣曰：'天地间乃有此物，常作用兵意，何其甚也。'"[②] "往年利稽察大为高丽、靺鞨所破，娑毗设又为纥支可汗所杀。与其为邻，皆愿诛剿。"[③] "先是齐之疏属高宝宁，周武帝拜为营州刺史，性桀黠，得华夷心。及文帝为丞相，遂连契丹、靺鞨举兵反。帝以中原多故，未遑进讨，谕之不下。"[④] "处罗从

---

① 李泰等著，贺次君辑校：《括地志辑校》，中华书局，1980年，第251页。
② 魏征：《隋书》，中华书局，1973年，第1822页。
③ 魏征：《隋书》，中华书局，1973年，第1867页。
④ 李延寿：《北史》，中华书局，1974年，第2534页。

之（梁师都）。谋令莫贺咄设入自原州，泥步设与师都入自延州，处罗入自并州，突利可汗与奚、霫、契丹、靺鞨入自幽州，合于窦建德，经滏口道来会于晋、绛。兵临发，遇处罗死，乃止。"[1] "渤海，本粟末靺鞨附高丽者，姓大氏。高丽灭，率众保挹娄之东牟山。……于是契丹附突厥，王师道绝，不克讨。祚荣即并比羽之众，恃荒远，乃建国，自号震国王，遣使交突厥，……中宗时，使侍御史张行岌招慰，祚荣遣子入侍。睿宗先天中，遣使拜祚荣为左骁卫大将军、渤海郡王，以所统为忽汗州领忽汗州都督。自是始去靺鞨号，专称渤海。"[2] 等等。文献中还有营州人石世则执其总管晋文衍叛附于靺鞨，靺鞨与百济、高句丽入侵新罗，协助高句丽对抗大唐对高句丽的征服被俘三千三百人尽被坑杀，高句丽被征服后其首领高藏还藩后即潜通靺鞨准备谋叛等一些事件，条目甚多，略作记叙，不再一一缀引。

前述文献内容，生动地展现了靺鞨民族在历史洪流中挣扎求存、努力发展的过程，最终建立当时号称"海东盛国"的渤海国，在历史发展进程中起到了重要作用。同时，也突出反映了靺鞨人善战、好战的民族个性。《旧唐书·靺鞨传》就曾直接指出"黑水靺鞨最处北方，尤称劲健，每恃其勇，恒为邻境之患。"[3] 甚至他们的舞蹈都以战斗内容为主。

二　靺鞨武具的发现情况

鉴于靺鞨人善战且经常参加一些军事活动，武具应该是靺鞨考古学文化遗存的重要部分，是值得重视的考古学研究材料。实际上的考古学发现确实也强烈地反映了靺鞨人善战、好战的民族特点，出土了数量众多的武具。主要类别有刀、矛、镞、甲片、马具等。

目前被确认的靺鞨文化遗存中，榆树老河深墓地[4]、永吉杨屯墓地[5]、永吉查里巴墓地[6]、浑江永安遗址[7]、萝北团结墓地[8]、绥滨同仁遗址一期遗存[9]、桦林石场沟墓地[10]、海林河口遗址四期遗存[11]、哈尔滨黄家崴子墓葬[12]和俄罗斯的奈费尔德墓地[13]、莎普卡山墓地[14]、特罗伊茨基墓地[15]、莫纳斯特尔

① 刘昫等：《旧唐书》，中华书局，1975 年，第 2280 页。
② 欧阳修、宋祁：《新唐书》，中华书局，1975 年，第 6179～6180 页。
③ 刘昫等：《旧唐书》，中华书局，1975 年，第 5358 页。
④ 吉林省文物考古研究所：《榆树老河深》，文物出版社，1987 年。
⑤ 刘振华：《永吉杨屯遗址试掘简报》，《文物》1973 年第 8 期，第 63～68 页。吉林市博物馆：《吉林永吉杨屯大海猛遗址》，《考古学集刊（5）》，1987 年，第 120～151 页。吉林省文物工作队、吉林市博物馆、永吉县文化局：《吉林永吉杨屯遗址第三次发掘》，《考古学集刊（7）》，中国社会科学出版社，1991 年，第 23～50 页。
⑥ 吉林省文物考古研究所：《吉林永吉查里巴靺鞨墓地》，《文物》1995 年第 9 期，第 29～47 页。
⑦ 吉林省文物考古研究所：《吉林浑江永安遗址发掘报告》，《考古学报》1997 年第 2 期，第 237～254 页。
⑧ 李英魁：《黑龙江省萝北县团结墓葬清理简报》，《北方文物》，1989 年第 1 期，第 15～18 页。黑龙江省文物考古研究所：《黑龙江省萝北县团结墓葬发掘》，《考古》1989 年第 8 期，第 119～126 页。
⑨ 黑龙江省文物考古研究所、中国社会科学院考古研究所：《黑龙江绥滨同仁遗址发掘报告》，《考古学报》2006 年第 1 期，第 115～140 页。
⑩ 黑龙江省文物考古研究所：《黑龙江省牡丹江桦林石场沟墓地》，《北方文物》1991 年第 4 期，第 57～66 页。
⑪ 黑龙江省文物考古研究所、吉林大学考古学系：《河口与振兴——牡丹江莲花水库发掘报告》，科学出版社，2001 年。
⑫ （俄）К. А. 热列兹涅柯夫著，孙秀仁译：《阿什河下游河湾地带考古调查收获》，《北方文物》1983 年第 2 期，第 104～112 页。
⑬ （俄）А. П. 杰烈维扬科、Е. С. 博格丹诺夫、С. П. 涅斯捷罗夫著，王德厚译：《奈费尔德古墓地（上）》，《北方文物》2002 年第 1 期，第 98～112 页。《奈费尔德古墓地（下）》，《北方文物》2002 年第 2 期，第 102～112 页。
⑭ （俄）С. П. 涅斯捷罗夫、С. Г. 罗斯利亚科夫、Ю. В. 捷捷琳著，宋玉彬译，姚凤校：《帽儿山墓地——阿穆尔河中游的中世纪时代遗存》，《东北亚历史与考古信息》1992 年第 1 期，第 37～44 页。
⑮ （俄）Е. И. 杰烈维扬科：《特罗伊茨基墓地》，《新西伯利亚》，1977 年（由于未能找到原书，所用为吉林大学冯恩学先生惠赠的复印本）。

卡墓地①、乌斯季—泽尔卡里纳亚 - 4 居住址②等 14 处有武具的发现。过去有研究曾把被辨识为靺鞨文化考古学的遗存做了基于陶器的分期和地方类型划分③，此次研究延续了这样的分期和地方类型划分。这些发现武具的遗址中，奈费尔德墓地、莎普卡山墓地属奈费尔德类型；团结墓地、同仁一期遗存属于团结类型；振兴四期遗存属于振兴类型；杨屯墓地、查里巴墓地、老河深上层墓地、石场沟墓地、莫纳斯特尔卡 - 3 早期遗存、永安遗址、乌斯季—泽尔卡里纳亚 - 4 居住址属于杨屯类型；黄家崴子墓葬属于黄家崴子类型；特罗伊茨基墓地属于特罗伊茨基类型。同时这些武具分别属于靺鞨文化的不同时期，为了更清晰地了解靺鞨武具的发现和发展变化情况，按分期序列对其进行了分类观察（表一）。

1. 刀

在上述遗存中，除绥滨同仁遗址一期遗存、海林河口遗址四期遗存、哈尔滨黄家崴子墓葬外，其余地点均有刀类遗物出土（图一）。另外，海林河口遗址四期遗存中还分别出土了一件骨刀和石刀，从其形制及质料考虑，在没有进一步证据的情况下，暂视其为生活用具，未列入武具观察范围。同时，由于刀类遗物实际上也可在生活中使用，但具体很难与武具区分，故除特定形制的刀类遗物，在没有切实证据的情况下，我们把铁质的刀都纳入了武具的观察范畴。

靺鞨遗存中出土的刀大多为带鋬的直背弧刃刀。从遗址的年代及所属地方类型观察，这种刀分布在各个地方类型中，且从早至晚一直都流行，刀的形制也基本没有发生大的变化，说明刀这种武器的运用方式在靺鞨人的战争中一直没有大的变化。

目前发现的刀中，只有四件比较特殊。其中两件出土于浑江永安遗址（图一，12、13），这两件铁刀虽然只余刀身的前半部分，但可清楚地观察到刀背呈弧线，刀尖向上翘起，应该属于弯刀类型。另外两件，一件是查理巴 M10：12（图一，14），另一件处于特罗伊茨基墓地 TB 下层（图一，36）。它们与其他铁刀相比，器身窄且长。查理巴 M10：12 在形态上依然属于直背弧刃刀。特罗伊茨基出土的这件则是柄的两侧皆窄于刀身，刀身可见部分两侧皆直，由于已残，不知其前端如何，没有发表器物的剖面图，不知是否为单刃，俄罗斯学者在描述这件器物时称为"铁剑"，可能是双刃的，由其发表的器物图看，与西汉的玉具铁剑④相近。这四件器物在靺鞨刀类武器中不属于主流，虽然目前尚没有证据确定其是否为靺鞨人自铸，除特罗伊茨基墓地 TB 下层出土的铁剑以外，也未发现其他三件与周围哪种文化的因素有关。但考虑到它们在靺鞨考古学文化中属于个别现象，应该倾向于在对外战争或交易中偶然获得的物品。

另外，在团结墓地采集到 1 件刀身以金丝错龙纹图案的铁刀（图一，19），与其他铁刀相比，美观华贵，似乎观赏功能大于实用功能，或能说明在靺鞨文化中，除了作为武器，刀开始具备标示人的身份、反映主人兴趣喜好的属性，甚至还可能担负着某种礼仪功能。

① （俄）O. B. 季娅科娃著，裴石译：《滨海地区的靺鞨遗存》，杨志军《东北亚考古资料译文集 5》，北方文物杂志社，1985 年，第 184～279 页。
② （俄）O. B. 季娅科娃著，裴石译：《滨海地区的靺鞨遗存》，杨志军《东北亚考古资料译文集 5》，北方文物杂志社，1985 年，第 184～279 页。
③ 刘晓东：《靺鞨文化的考古学研究》，吉林大学博士学位论文，2014 年。
④ 刘秋霖等编：《中国古代兵器图说》，天津古籍出版社，2003 年，第 153 页。

表一　靺鞨文化遗存各期武具

器类 时期		刀	矛	镞 铁	镞 骨	镞 石	甲片	马具	匕
一期		1						102	
二期	1段			38 39 40 41 42			81 82 83 84 85 86 87 88 89 90 91 92	103	119
二期	2段	2 3 4 5 6	26 27 28		71 72 73 74	76 77 78	93 94 95 96	104	
三期	1段			43					
三期	2段	7 8	29 30 31	44 45			97 98	105 106	120

时期	器类	刀	矛	铁			甲片	马具	匕
				铁	骨	石			
三期	3段	9 10 11 12 13 14 15 16	32 33 34	46 47 48 49 50 51 52 53 54 55 56 57 58		79 80	99 100	107 108 109 110 111 112 113 114 115 116 117	
	4段	17 18 19 21	35 36	59 60 61 62 63 64					
	5段	20 22 23 24 25	37	65 66 67 68 69					
四期				30	75		101	118	121

1、81~92、102. 奈费尔德 M9 2、27、104. 团结83M2 3、26、93~96. 团结83M2 4、5、41、42. 老河深上 M2 7、31、44. 杨屯80M22 8、9、32. 莎普卡尔山 M45 10. 莎普卡尔山 M187 11、33. 特罗伊茨基 M126 21、69. 查里巴 M10 38. 同仁一期 F3 39、40. T11-14③ 45. 老河深上 M21 46. 莎普卡尔山 T2-A 62. 石场沟 M5 63、64. 杨屯79M33 T1006③ 80. 河口 T1007③ 97. 杨屯79M28 113. 莎普卡尔山 M16B 114~117. 河口 M16B 12. 莎普卡尔山 T10-л 13. 莎普卡尔山 T12-A 14、15、49、50. 乌斯季-泽尔卡里纳亚-4居住址 22、35. 莎普卡尔山 M190 23、65. 查里巴 M114 47. 莎普卡尔山 M5a 48. 莎普卡尔山 M56 66. 查里巴 M36 67. 永安 F2 68. 莎普卡尔山 M36 98、105、106. 老河深上 M33 16. 莫纳斯特尔卡 M7 17. 石场沟 M8 18、19. 永安 F1 24、37. 特罗伊茨基 M200 25. 乌斯季 M5a 51~55. 莫纳斯特尔卡 M2 56. 老河深上 M26 70、101. 永安 H15 71~73. 同仁一期 第三层 99、100. 奈费尔德 M3 107~109. 莎普卡尔山 M56 28. 杨屯80M22 29. 奈费尔德 M7 30. 莫纳斯特尔卡 M3 57. 河口四期 T1004③ 58. 同仁一期 第二层 74、76、77. 莎普卡尔山 M23r 78. 同仁一期 第二层 79. 河口 第二层 110. 莎普卡尔山 M23r 111. 莎普卡尔山 M14 112. 同仁 59~61. 永安 F1 100. 奈费尔德 M3 118. 永安 H19 119. 河口四期 F1002 121. 特罗伊茨基 M143

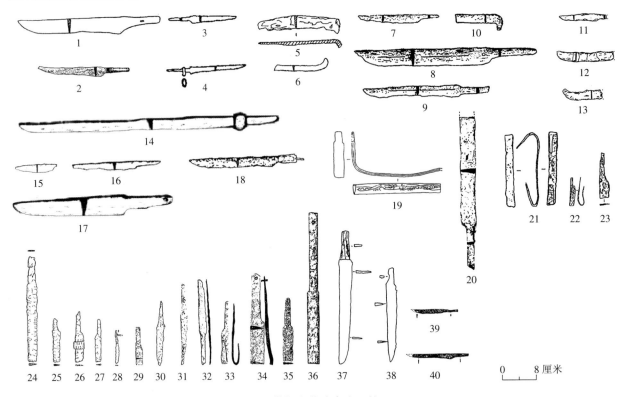

图一　靺鞨文化遗存出土的刀

1. 老河深上 M2：4　2. 老河深上 M24：83　3. 杨屯 79T8①：24　4. 杨屯 79M21：3　5. 杨屯 79M19：4　6. 杨屯 79T8①：25　7. 杨屯 80M8：2　8. 杨屯 80M22：6　9. 杨屯 80M22：9　10. 杨屯 80T10③：1　11. 永安 H8：9　12. 永安 F1：37　13. 永安 F1：22　14. 查里巴 M10：12　15. 查里巴 M2：3　16. 查里巴 M12：4　17. 查里巴 M19：9　18. 团结 83M6：7　19. 团结 83 采：1　20. 石场沟 M8：2　21. 奈费尔德 M2　22. 奈费尔德 Б～В/9 方　23. 奈费尔德 M9　24. 莎普卡山 M45　25. 莎普卡山 M187　26. 莎普卡山 M190　27. 莎普卡山 T10－д　28. 莎普卡山 T12－A　29. 特罗伊茨基 M203　30. 特罗伊茨基 M200　31. 特罗伊茨基 M144　32. 特罗伊茨基 M137　33. 特罗伊茨基 M126　34. 特罗伊茨基 M114　35. 特罗伊茨基 M105　36. 特罗伊茨基 TB 下层　37. 莫纳斯特尔卡－3M6　38. 莫纳斯特尔卡－3M7　39.40. 乌斯季—泽尔卡里纳亚－4 居住址

2. 矛

在已确认的靺鞨遗存中，永吉杨屯墓地、永吉查里巴墓地、萝北团结墓地、俄罗斯的奈费尔德墓地、莎普卡山墓地、特罗伊茨基墓地、莫纳斯特尔卡墓地等 7 处出土有矛头（图二）。

目前靺鞨遗存中出土的均为銎首矛头。矛的骹部基本相同，都是上窄下宽的銎首样式，应是易于与柄相合，这表明靺鞨遗存中矛头与矛柄的复合工艺是一致的。有的骹部还带有两个钉孔，特罗伊茨基发表的一件（图一，23）钉孔中还穿有铁钉，根据这样的情况可以推测，靺鞨遗存中的矛应该是安装木柄。靺鞨遗存中矛的差别主要在于矛身的形状，大致有菱形（图二，7、8、20）、柳叶形（图二，1～4、6、9）和直身形（图二，5、10～15、18、19、21～25）三种。

就目前情况看，矛类武具只在墓葬类遗存中有出土。直身形是矛类武器的主流，在出土矛类武器的地方类型中都有发现。其次是柳叶形，只在杨屯类型中有发现，且占据了杨屯类型发现矛头的最大比例。菱形矛头数量最少，主要见于杨屯类型和特罗伊茨基类型，在杨屯类型中发现比例大致与直身形相当，特罗伊茨基类型中则仅见一件。

这几种矛身的形状自古已有，同时，矛作为穿刺型武器，矛身形状的变化并不能反映其功能的不同，在统一装备的情况下，更多的可能是依据敌手防具的针对性选择，比如杨屯类型中矛与其他地方

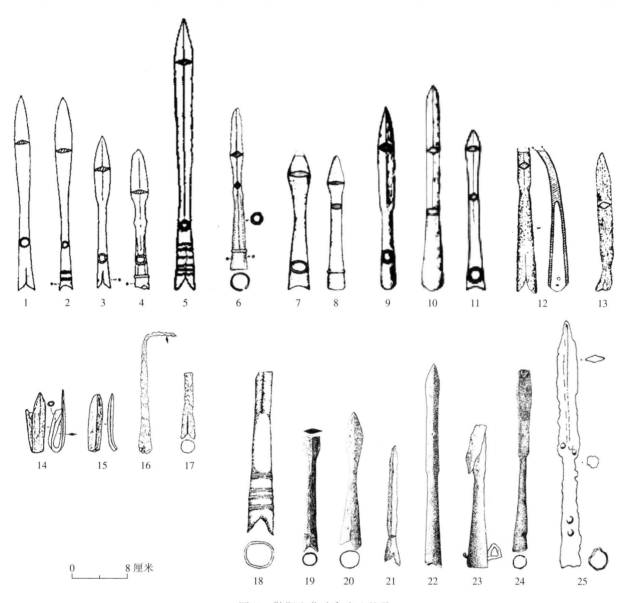

图二 鞣鞨文化遗存出土的矛

1. 杨屯 79M28：1 2. 杨屯 79T①：12 3. 杨屯 79M21：9 4. 杨屯 79 采：52 5. 杨屯 80M22：5 6. 杨屯 80T12②：10 7. 查里巴 M10：31 8. 查里巴 M24：2 9. 查里巴 M25：5 10. 查里巴 M8：5 11. 查里巴 M3：16 12. 团结 83M2：10 13. 团结 83M6：9 14. 奈费尔德 M11 15. 奈费尔德 M4 16. 莎普卡山 M45 17. 莎普卡山 M190 18. 特罗伊茨基 M200 19. 特罗伊茨基 M175 20. 特罗伊茨基 M130 21. 特罗伊茨基 M113 22.23. 特罗伊茨基 TB 下层 24. 特罗伊茨基 TA 下层 25. 莫纳斯特尔卡 - 3M7

类型的区别，可能就是战斗中面对装备不同防具的对手的反映。在其他鞣鞨遗存中，矛类武具的形态差异更多可能是个性使用习惯的体现或文化因素吸收和传播的反映，而不能作为其本身武器发展的讨论依据。

3. 镞

鞣鞨文化的镞比较复杂（图三）。

从质料讲，有石、骨、铁三类，无论何种质料并不影响镞的使用功能，所以质料的选择更多应该受材料获取的难易程度、制作工艺和文化传统的影响。

目前的材料，铁镞在所有发现镞类武器的地方类型中均有分布，说明铁镞的使用在鞣鞨文化中具有普遍意义。骨镞主要分布在团结类型的同仁遗址（图三，105～115）和特罗伊茨基类型（图三，116～133），振兴类型也有，但极少，只在河口遗址发现一件，且残损严重，难于观察形制特点。石镞只发现在团结类型的同仁遗址（图三，100～102）和振兴类型的河口遗址（图三，103、104）。团结类型的骨镞在靺鞨文化年代序列第二期和第四期遗存中都有分布，考虑到同仁 F3 中也有铁镞的因素，说明团结类型在铁镞出现的同时依然流行骨镞至第四期，可能是具有使用骨镞的传统，同时也反映了铁在团结类型中应该是属于比较珍贵难得的材料。骨镞在属于第三期 5 段和第四期的特罗伊茨基类型也有较多的数量，同时特罗伊茨基类型也出土了大量的铁镞（图三，77～99）和其他铁制品，说明铁在特罗伊茨基类型已不属于十分难以获得的物资，骨镞的流行应该更多反映的是使用传统或其他因素。石镞只见于团结类型和振兴类型属于靺鞨文化编年第二期的遗存中，反映了石镞是这两个类型的传统因素，逐渐被新质料制成的镞所取代。

从形制上看，石镞最为简单，均是平底的压制镞，这应是从新石器时代开始流传下来的因素。

骨镞镞身形状基本相似，区别主要在尾部，有带铤（图三，105～113、116～133）、燕尾（图三，114）和平底（图三，115）三类。这种尾部的差别主要是镞与箭杆的复合工艺不同造成的。带铤镞数量最多，同仁早、晚期和特罗伊茨基墓地都有，且同仁晚期和特罗伊茨基墓地只有此类。燕尾镞和平底镞各发现 1 件，都出在同仁早期遗存中。可以认为这种变化反映了制作工艺的进步，燕尾镞和平底镞的复合工艺产生较早，后逐渐被带铤镞的复合工艺所取代，且这种工艺也是铁镞与箭杆复合的主要工艺。

铁镞的数量最多，形制也最为复杂。

首先从与箭杆复合的角度，可以分为带铤镞和凹底镞两类。带铤镞在靺鞨文化中是主流，几乎从早至晚在所有的地方类型中都有分布。凹底镞则仅见于杨屯类型的老河深（图三，10～13）、查理巴墓地（图三，39、40）和团结类型的同仁遗址（图三，60）。和骨镞一样，镞尾部的变化应该是反映制作工艺的情况，同仁遗址的镞属于靺鞨文化编年的第二期 1 段，后来的团结类型遗存中不见。老河深墓地最早年代在第三期 1 段，查理巴墓地整体年代属较晚时期，说明凹底镞与箭杆复合方式这种比较原始的工艺在带铤镞普遍流行的情况下，在松花江上游地区的杨屯类型中仍然保留了较长时间。

从形状看，凹底铁镞比较简单，基本是三角形或柳叶形。

带铤镞则比较复杂，类型多样，有细长似针形的、三角形的、菱形的、叶状的、铲形的、凿形的、平头的、双翼带后锋的、三翼带后锋的、三棱锥形的、四棱锥形的、前端分叉呈鱼尾形的、燕尾形的和"U"字形的。

事实上，看似纷繁复杂的铁镞形制，并没有改变镞的使用功能，镞的形状是对目标防护的针对性选择。一般来讲，若敌军披甲，常用窄镞、三棱或四棱镞；敌军无防护或狩猎时用菱形镞、叶状镞等；射马或狩猎时用宽刃镞或分叉镞代替尖头镞。

4. 甲片

甲胄是冷兵器时代的重要防具，在各时期、各类型的考古学文化中有大量的发现。靺鞨文化遗存中也有 7 处发现了铁质甲胄类防具的踪迹——甲片（图四），说明靺鞨人在战争中也使用了铁甲之类的防具。

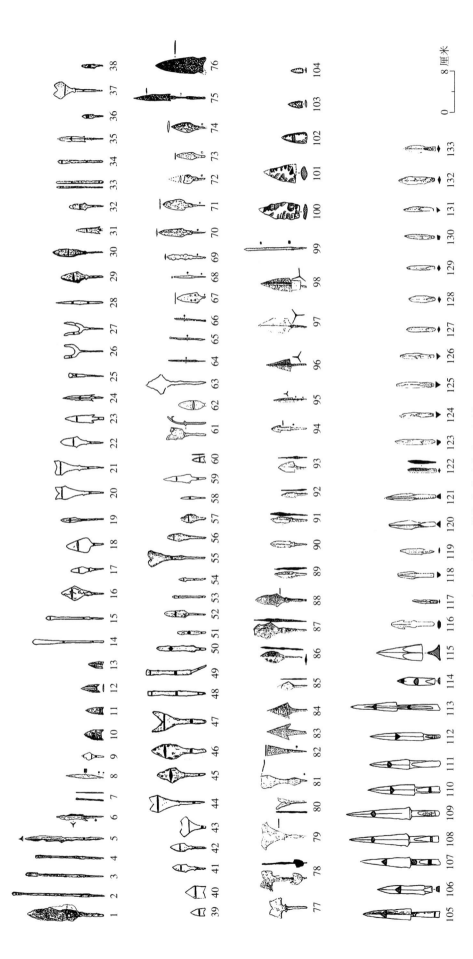

图三　鞑靼文化遗存出土的镞

1~99. 铁镞　100~104. 石镞　105~133. 骨镞　(1. 老河深上 M2:7　8. 杨屯 79TG1:13　17. 杨屯 79T8①:26　18. 杨屯 79M23:7-2　25. 杨屯 79 采:103-1　26. 杨屯 80M22:9-2　34. 查里巴 T1804①:1　43. 永安 F1:20　52. 永安 F2:3　53. 永安 H15:6　55. 石场沟 M5:4　56. 石场沟 M10:3　57. 石场沟 M10:7　58. 同仁 T11-14③:2　60. 同仁 T11-14③:17　61. 河口 T1004③:2　62. 河口 G2004:1　63. 黄家崴子　64~66. 莎普卡山 T2-A　68. 莎普卡山 T2-A　69. 莎普卡山 M5a　70~74. 特罗伊茨基 TB 下层　80. 特罗伊茨基 M176　81. 特罗伊茨基 M9　85. 特罗伊茨基 M65　M2:7　8. 杨屯 79TG1:13　17. 老河深上 M24:81　18. 杨屯 79T8①:26　19. 杨屯 79M23:7-1　20. 杨屯 79 采:102-1　21. 杨屯 79M9:10　23. 杨屯 80M21:8　31. 杨屯 80T15②:9　32. 杨屯 80T13②:22　39. 查里巴 T5②:4　49. 永安Ⅲ区②:19　50. 查里巴 M36:1　51. 同仁 T1005①:1　45. 杨屯 80T14②:2　37. 杨屯 80T4②:2　38. 永安Ⅰ区 T5②:13　47. 永安Ⅰ区 T5②:4　48. 同仁 F3:88　59. 莫纳斯特尔卡-3M2　75、76. 乌斯季—泽尔卡里纳亚—4 居住址　77. 特罗伊茨基 M187　78、79、82~84、86、88、97、99、116~122. 特罗伊茨基 M162　92. 特罗伊茨基 M180　94. 特罗伊茨基 M50　95. 特罗伊茨基 M65　96. 特罗伊茨基 M86　98. 同仁 H6:5　108. 同仁 H6:3　109. 特罗伊茨基 Tb 下层　100. 同仁 T11-14③:9　101. 同仁 H5:2　112. 同仁 F2:88　113. 同仁 F3:144　115. 同仁 T9③:50　123~132.　特罗伊茨基 M64　87. 特罗伊茨基 M114　89. 特罗伊茨基 M171　90. 特罗伊茨基 M157　91. 同仁 T11-14③:20　102. 河口 T1006③:1　104. 河口 T1007③:1　105. 同仁 T2②:5　114. 同仁 H5:1　111. 同仁 H6:4　110. 同仁 T13②:1　103. 同仁 F3:37　106. 同仁 F3:110　107. 同仁 H6:5　108.　特罗伊茨基 M170　133. 特罗伊茨基 M130)

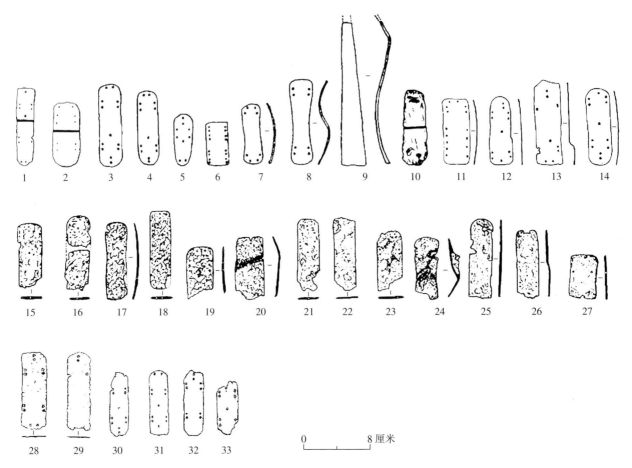

图四　靺鞨文化遗存出土的甲片

1. 老河深上 M24：74　2. 老河深上 M24：26　3. 杨屯 79M19：2－1　4. 杨屯 79M19：2－2　5. 杨屯 79M19：2－3　6. 杨屯 79M28：3－1　7. 杨屯 79M33：4－1　8. 杨屯 79M23：5－1　9. 杨屯 79M33：4－2　10. 永安 H15：1　11～14. 团结 83M2：9　15～26. 奈费尔德 M9　27. 奈费尔德第三居住区 1962 年发掘　28、29. 莎普卡山 M16a　30～33. 特罗伊茨基 TB 上层

虽然靺鞨文化出土甲片的遗址不少，但整体发现数量却属寥寥，且不成系统，难于对甲胄的形制及穿缀工艺进行观察。所出甲片均为薄铁片，近边缘或中间部位穿有小孔，这些小孔应该是穿缀方式的需求；有的甲片呈弯曲状，平面形状也不尽相同，应该是适应甲胄不同部位的形状和灵活性的需要。关于靺鞨甲胄的深入研究，还需要考古学资料的进一步发现。

5. 马具

骑兵是冷兵器时代的一个重要兵种，合理的马具可以有效地提高骑兵的战斗力，马具也是一些考古学文化研究的重要内容。据文献记载：靺鞨"有车马，田耦以更，车则步推"①。由这样的记载推测，在靺鞨人的生活中，马被用来耕田，没有被用来拉车。考古发现中马镫的出土，则证实了马匹在靺鞨人中是具备骑乘功能的，这样就有理由相信，马也被靺鞨人用于战争。

靺鞨文化遗存中有老河深、杨屯、永安、查里巴、团结、奈费尔德、莎普卡山、特罗伊茨基等 8 处遗存出土了马具，主要有带卡、马衔、马镳和马镫，涉及靺鞨文化的四个地方类型，说明马的骑乘在靺鞨人中具有一定的普遍性（图五）。

———————————

①　欧阳修、宋祁：《新唐书》，中华书局，1975 年，第 6178 页。

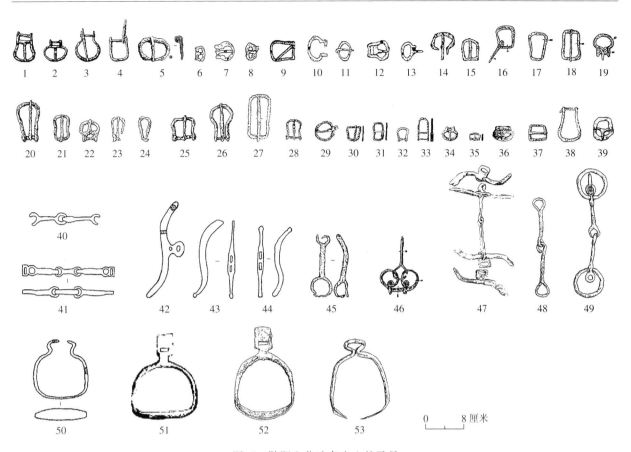

图五　鞑靼文化遗存出土的马具

1～39. 带卡　40～49. 马衔、马镳　50～53. 马镫（1. 老河深上 M33：9　2. 老河深上 M33：5　3. 老河深上 M33：3　4. 老河深上 M33：13　5. 老河深上 M9：3　6. 杨屯 79M3：3　7. 杨屯 79M23：6　8. 杨屯 80M2：7　9. 杨屯 80 采：66　10. 永安 H19：4　11. 永安 Ⅲ区②：15　12. 永安 Ⅰ区 T11②：6　13. 永安 F2：10　14. 团结 83M6：11　15. 团结 83 采：2　16. 奈费尔德 M9　17～19. 奈费尔德第三居住区 1962 年发掘　20～22. 莎普卡山 M23r　23. 莎普卡山 M56　24. 莎普卡山 M14　25. 莎普卡山 M183 的 2 号葬址　26. 莎普卡山 M16B　27. 特罗伊茨基 M190　28. 特罗伊茨基 M128　29. 特罗伊茨基 M130　30. 特罗伊茨基 M110　31. 特罗伊茨基 M106　32. 特罗伊茨基 M107　33. 特罗伊茨基 M92　34. 特罗伊茨基 M82　35. 特罗伊茨基 M56　36～38、48、49、53. 特罗伊茨基 Tъ 下层　39. 特罗伊茨基 TB 上层　40. 杨屯 79M33：13－1　41. 杨屯 79TG4：12－1　42. 杨屯 79M33：11－2　43. 杨屯 79TG4：12－4　44. 杨屯 79TG4：12－3　45. 团结 83 采：4　46. 奈费尔德 M9　47. 特罗伊茨基 M196　50. 杨屯 79 采：60　51. 查里巴 M7：9　52. 特罗伊茨基 M6）

　　带卡是马鞍、肚带等装备的主要连接构件，理论上讲，应该是马具中数量最大的一类。在出土马具的遗址中，除查里巴外均有出土。鞑靼遗存出土的带卡看起来很复杂，形状和大小多种多样，几乎没有相同的。但通过形制分析使用方式，实际上只有两种，一种是直接将别针连接环状外框上，另一种是在外框中部设置一条中樑，别针连接在中樑上。这两种带卡在出土这类器物的地方类型中几乎同时存在，说明工艺不存在先进和落后的区别，应该是使用习惯或应用部位导致的不同。

　　马衔、马镳类器物在四种地方类型中均有出土，初步观察，杨屯类型、团结类型和特罗伊茨基类型的马衔、马镳类器物在形制上区别不大。但在杨屯遗址和奈费尔德遗址中分别出有一件形制较为别致的马衔（图五，41、46），从形制上看，其使用方式和功能没有发生本质变化，应该是与使用者身份有关。

　　马镫只在杨屯类型和特罗伊茨基类型中发现。有研究认为，马镫的使用大约开始于公元 3、4 世纪，是人类历史上具有重大意义的发明。由于目前在靺鞨文化遗存中发现数量较少，对于马镫的传播、使用及对靺鞨人产生的影响等方面的情况还难于认识，暂时不具备进一步考察的价值。

6. 匕

目前见到的匕只有 4 件，分别出土于杨屯、河口和特罗伊茨基（图六）。它们的形制基本一致，但大小有区别，器身与柄之间有格，柄首呈蝶状，器身为柳叶形。特罗伊茨基的一件在手柄一侧系有一条铁链，可能与佩戴方式有关。从发现和分布情况看，匕在靺鞨武具中是一类比较特别的器物，出土数量很少，但分布范围却较广，年代跨度也较长。这种情况发生是因匕本身属于特殊类不常用武具还是具有其他标示身份等作用，尚需更多的发现和证据来考察。

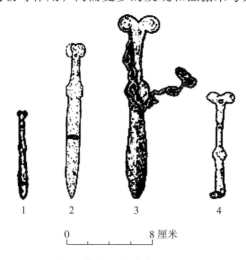

图六　靺鞨文化遗存出土的匕
1. 杨屯 80M8∶4　2. 河口 F1002∶18　3. 特罗伊茨基 M143　4. 特罗伊茨基 M113

三　相关问题的思考

武具是一类重要的考古学文化遗存，能够在一定程度上反映考古学文化所代表人群的社会状况、发展程度和生活状态。靺鞨武具的面貌与特征也反映了靺鞨人社会状况的一些侧面。

1. 靺鞨武具来源

通过对靺鞨武具的观察，结合周边地区的情况，可以对靺鞨武具来源做出初步判断。

首先，自魏晋南北朝以来，中原地区流行环首刀，刀身也多为较宽的弧身，在一些进行中国古代兵器研究论著收集的资料中，也几乎见不到如靺鞨遗存中的带链直背弧刃刀的样式[1]。据冯恩学在论著中的描述，在早于靺鞨文化的乌里尔文化和波尔采文化中均出土过铁刀[2]。乌里尔文化有两件，一件"尺寸不大，尖头，直背，突刃，柄部残掉"，另一件"没有柄部，圆头，直刃，直背"；波尔采文化中，波尔采 I 遗址的铁刀"尖头，刃和背略弧，背向后延伸成茎，茎的末端直角弯折，以防木柄脱落"；3 号房址中"铁刀两件，单面刃，窄茎"。由于没有发表图片，无法与靺鞨铁刀做

———————————

[1]　杨泓：《中国古兵器论丛》，中国社会科学出版社，2007 年。刘秋霖等编：《中国古代兵器图说》，天津古籍出版社，2003年。谢宇、唐文立：《中国古代兵器鉴赏》，华龄出版社，2008 年。
[2]　冯恩学：《俄国东西伯利亚与远东考古》，吉林大学出版社，2002 年，第 422、446 页。

准确的对照，也无法判断它们是否对靺鞨铁刀形成了影响。但从其描述看，波尔采铁刀的刀身与刀柄的复合工艺很可能与靺鞨铁刀相近。高句丽遗存中环首刀和带铤的直背弧刃刀同时存在[1]，其环首刀可能是接受了中原地区的影响。带铤的直背弧刃刀几乎贯穿于靺鞨的发展历程，从最早期的公元 1～4 世纪到最晚期的公元 8～9 世纪遗存中均有发现，而且几乎都是这一种类，没有发现流行于中原和高句丽遗存中的环首刀。高句丽遗存中的带铤直背弧刃刀，出现年代约在公元 3～4 世纪，依据目前的考古学资料，无论从年代还是从工艺，都暂时没有证据判断这种器物在靺鞨遗存和高句丽遗存之间的影响方向，即其属于哪种文化的自身因素。但从靺鞨文化遗存中未发现环首刀的情况看，靺鞨的刀类武具似乎受中原和高句丽影响不大，这种直背弧刃刀很可能属于自身特点，在没有更多证据之前，有理由认为是靺鞨文化本身的因素。特罗伊茨基墓地 TB 下层出土的样式特殊的铁刀，从器身和铤的形制看，都与西汉的玉具铁剑[2]相近，同类遗存中又无同种遗物，可能这是一件偶然从其他人群中获得的物品。

靺鞨文化的矛头皆为銎首样式，说明与柄复合采用的都是套接方法。这样的复合方法在中原地区和高句丽遗存中都是比较流行的。在波尔采 I 遗址 3 号房址中出土了矛头，"矛长 13 厘米，铤长 2 厘米，最宽 3 厘米"，虽无图片资料可供参考，但通过这样的描述，还是可以知道这件矛头与柄的复合方式应该是插接。矛在靺鞨考古学文化第二期 2 段的遗存中开始有较多数量的发现，年代大约在公元 5～6 世纪，在更早的靺鞨遗存中暂时没有发现矛这类武具。一般研究认为，靺鞨文化是由波尔采文化发展而来的，在波尔采文化中是有矛存在的，虽未有关于波尔采文化的矛头图片资料发表，无法确认两者矛头在矛身样式上是否存在文化联系，但靺鞨文化与波尔采文化的联系是难以否认的，靺鞨文化早期未发现矛，是在这一时期矛类武器遭到淘汰还是由于用量较少而未曾发现，还需要经过更长时间的观察。靺鞨文化的矛虽然在矛头与矛柄的复合方式上与中原及高句丽一致，但在矛头的形态上却又与这两处有较大区别，波尔采文化的矛头与矛柄的复合方式与靺鞨文化的矛完全不同。可以确定的是靺鞨文化的矛在头、柄复合方式上受到了中原地区的影响，其传播方式可以是直接接受中原地区的因素，也可以是通过高句丽文化进行传播。其矛头的形态是继承了波尔采文化的传统还是针对自己的使用特点发展的新样式，还需要更多发现来总结和证明。

靺鞨文化的铁镞，很多形制在北方先秦时期的青铜镞中就已经存在了[3]，并且在之后的阶段中继续沿用和发展，还有一些不见于中原地区的形制在高句丽遗存中[4]也能发现。比较特殊的一类是细长似针的镞，如老河深上层 M2：7（图三，7）和奈费尔德出土的三件未标注出土单位的镞（图三，64～66），这在中原地区和高句丽遗存中基本不见，与波尔采文化发现的镞也不相同。如表一所示，在靺鞨较早时期的遗存中，镞的种类比较单调，主要也是这种针形镞，同时存在的三角形镞与波尔采的镞比较相近，应该是波尔采文化因素在靺鞨遗存中延续的体现，而针形镞则可能是靺鞨人依据自己的使用需求所采用的样式。公元 7 世纪中叶以后的靺鞨文化遗存中，镞的种类明显增

① 陈爽：《高句丽兵器研究》，吉林大学边疆考古研究中心，2010 年。
② 刘秋霖等编：《中国古代兵器图说》，天津古籍出版社，2003 年，第 153 页。
③ 石岩：《中国北方先秦时期青铜镞研究》，黑龙江大学出版社，2008 年。
④ 陈爽：《高句丽兵器研究》，吉林大学边疆考古研究中心，2010 年。

多，较多中原和高句丽因素的镞得以发现，说明靺鞨发展到此时，更多地接受了中原地区和高句丽文化的影响。

甲片和马具与中原及其周边地区的同类物品区别不大，目前的资料尚难以证实其是否存在靺鞨文化本身的因素，也难以观察其文化因素的传播方向。

匕这类武具尚未在靺鞨其周边区域发现形制相同的物品，但由于出土较少，也难以肯定其属于靺鞨文化本身的因素，但如表一所示，其在靺鞨遗存中存在的时间相当长。就目前发现情况，只能暂时认为，这是一类具有靺鞨特色、但使用频率较低的武具。

2. 靺鞨武具的获取

一般来讲，一个人群物品的获取主要有三种方式——生产、交易、掠夺。靺鞨文化遗存发现的武具，有其上源波尔采文化的因素，也有中原地区和高句丽文化因素，说明靺鞨武具有自身的发展，也有与周边地区的交流。

但从目前发现观察，无论是刀、矛、镞，还是甲片、马具、匕，无论是自身存在特点，还是吸收周边因素，靺鞨遗存出土的武具没有完全相同的器物，说明这些武具不是统一进行生产的。靺鞨存续时期的中原和高句丽，都设置了一定数量的常备军队，这样的部队一般是统一配备装备的，尤其是中原地区，文献中已有了关于军队装备规定的记述，如靺鞨武具这样一物一形的情况几乎是不能发生的。鉴于此，靺鞨文化遗存中发现的武具应该主要是通过自己生产得到的，而靺鞨人的军队也可能是自备武具、战时为兵、平时为民的组织形式。

目前尚未发现大规模的靺鞨文化矿冶遗址，但在经过发掘的靺鞨文化遗存同仁遗址中，出土了三块铁渣，据报告附录的铁渣鉴定报告①，这三块铁渣是炒钢渣的可能较大，而且是当时我国发现的最早的炒钢渣遗存。说明靺鞨人具备了制作武具的冶炼技术，但在制作上还采用较为原始的锻打工艺，模、范等制作工艺似乎尚未出现。这一状况，也与靺鞨武具发现现状所反映的特点相吻合。

3. 靺鞨武具反映的靺鞨发展历程

通过对靺鞨文化武具遗存中情况最复杂的铁镞的观察，发现靺鞨武具对靺鞨的发展历程也有一定的反映。靺鞨文化的镞有自身个性的因素，有对上源波尔采文化的继承，也有接受中原地区和高句丽文化的影响。如表一镞所示，在靺鞨文化的发展进程中，其自身个性和继承自上源文化的因素逐渐减弱甚至泯灭，而中原地区因素和高句丽因素逐渐增多，较充分地反映了靺鞨文化的发展过程和文化因素的传播。

统观靺鞨文化遗存可以发现，靺鞨最早时期的遗存分布在黑龙江中游地区，后来才逐渐进入松花江上游。在黑龙江中游较早的靺鞨遗存中，铁镞的数量较少，且形制也比较简单，如奈费尔德类型的奈费尔德墓地只有细长的针形镞（图三，64~66），即使到了第三期3段的莎普卡山墓地，也只有针形镞、叶形镞和三角形镞（图三，67~69），团结类型也只有四棱镞、三角形镞和凹底镞（图三，58~60）。可以说，靺鞨铁镞种类丰富起来是在进入松花江上游与中原和高句丽接触增多之

---

① 黑龙江省文物考古研究所、中国社会科学院考古研究所：《黑龙江绥滨同仁遗址发掘报告》，《考古学报》2006 年第 1 期，第 115~140 页。

后的事，此时在黑龙江中游的团结类型和奈费尔德类型中铁镞的种类并没有发生太大的变化。目前考古学材料中，黑龙江中游地区铁镞种类的增加是在第三期5段特罗伊茨基类型出现之后。特罗伊茨基类型中的铁镞（图三，77~99）与杨屯类型中的铁镞（图三，14~38）面貌极为相似，说明特洛茨基类型受到了杨屯类型的强烈影响。也就是说靺鞨文化进入松花江地区形成杨屯类型之后，逐渐吸收了周边地区的文化因素，然后又将这些相对先进的文化因素传播回了黑龙江中游地区，这种文化的反哺现象在落后地区民族入侵先进地区的过程中经常出现。实际上，在特罗伊茨基类型中，并不只是铁镞体现了这样的文化反哺，陶器、带具、饰品等诸多文化因素都可看到杨屯类型对它的影响。

另外一个比较值得注意的现象是，曾经在靺鞨第二期1段流行于团结类型同仁遗址的骨镞，在靺鞨发展进程中经过长期消失后，在第四期又出现了，同时年代较晚的特罗伊茨基类型中也开始有了发现。这一现象是揭示靺鞨人群迁徙融合还是生存环境变化，尚需更多发现和进一步观察。

从馆藏唐代女俑看唐代女装的多样性

许 颖

（朝阳博物馆）

唐代是我国政治、经济高度发展，文化艺术繁荣昌盛的时代，是封建文化灿烂光辉的时代。唐代妇女服饰风格也大致经历了初唐的清新明丽，盛唐的自由开放，中唐的绚丽多姿和晚唐的细腻精致等几个阶段的变化。至中晚唐时，衣裙日趋宽肥，宽袍大袖，色彩靡丽，袒领服、男服、戎装和胡服在盛唐时期的妇女中广为流行。由此可见，在唐朝的不同历史发展阶段，服装也相应地呈现出不同的风格。尤其是她们各式各样的衣着，更显出唐代女性的美丽。

唐代的辽宁朝阳为营州督都府、平卢节度使治所，是东北地区政治、经济、军事及文化中心。迄今为止，考古工作者在朝阳市区已发现唐代墓葬二百余处，出土了大量栩栩如生的陶俑，所着服饰有襦、衫、裙、披帛等等，种类多样，自然美观，是研究唐代女子服饰的珍贵资料。

现将朝阳博物馆收藏的唐代女陶俑[①]服饰做一研究，不当之处敬请方家指正。

一 基本资料

1. 弹箜篌女俑。1999 年 9 月朝阳纺织厂北唐墓出土。俑呈偏腿坐状。头梳单刀髻，上身穿低"U"领窄袖短襦，下穿红色曳地阔裙，双腿向右弯曲坐于方垫之上。身前置一箜篌，双手呈弹奏状。高 16.8、宽 11.1 厘米（图一）。

2. 彩绘女俑。朝阳纺织厂鲁善都墓出土。陶质。陶俑黑发高髻，面部丰润，弯眉细目，朱唇，面带微笑，嘴角两侧有浅窝。上身穿"V"领窄袖短襦，下穿绿色曳地窄裙。肩披红长帛，长帛自左胸绕于右肩，盖住右臂，被左手握住置于腹前，垂于裙前。胸束宽带。立姿。高 18.2 厘米。该墓年代为唐高宗永隆二年（681 年）（图二）。

3. 弹古琴女俑。1999 年 9 月朝阳纺织厂北唐墓出土。陶质。俑为偏坐姿。头挽单刀髻，面部丰润，细目朱唇。上身穿红色窄袖短襦，外穿圆领半臂，下穿曳地阔裙，偏腿坐于方形坐垫之上。膝上

---

① 相关女陶俑资料见寇玉峰、李国学、邓晓纯：《朝阳纺织厂唐墓发掘简报》，《边疆考古研究》第 8 辑，科学出版社，2009 年。朝阳市博物馆：《朝阳唐孙则墓发掘简报》，《朝阳隋唐墓葬发现与研究》，科学出版社，2012 年；《朝阳历史与文物》，辽宁大学出版社，1996 年。

图一   图二   图三

置一古琴，双手呈弹拨状。长 18.2、宽 11.5、高 17.3 厘米（图三）。

4. 黄釉女俑。朝阳市纤维厂唐墓出土。陶质。俑呈站立状。面部圆润，低垂双目。头梳单刀髻，颈带项饰，上身内穿窄袖短襦，外套圆领半臂，下穿曳地阔裙。右肩披一飘带，绕过左胯下由左手牵握置于胸部，右臂自然垂放，握住飘带。高 34.8、宽 10.3 厘米（图四）。

5. 女侍俑。朝阳市政工程处出土。陶质。俑为立姿。黑发。头梳单刀高髻，面部丰润，双目微阖，鼻梁挺直，小口。上身穿"V"领窄长袖短襦，短襦外穿两裆，下穿曳地窄裙（或称喇叭裙）。右手贴于胸前，长袖自然下垂，左手贴于腹前，长袖自然下垂。左右臂均刻有衣褶纹。高 37、宽 8 厘米（图五）。

6. 彩绘骑马女俑。1987 年朝阳市政工程处出土。女俑骑于马背鞍座之上，头带盔帽，目视远方。上身穿窄袖覆手长袍，袍下部显露有条状纹饰，外套短袖马甲，下穿长裤，足穿靴。右手作勒僵状，左手置于腹前。马体高大肥壮，马头微低，头部塑有辔绳，马胸部及后鞧贴塑有攀胸杏叶，马鞍两侧各有一马蹬，马后部有草秋杏叶，空腹。通高 43、长 36 厘米（图六）。

7. 骑马女俑。唐孙则墓出土。女俑骑坐于马鞍上，面部圆润，细眼长眉，五官清秀，面露微笑。头发向后梳至颈后扎拢在一起披垂于背部，发梢长及腰际。俑上身穿圆领紧袖覆手短襦，下身着裤，足穿圆头靴。肩披披肩，披肩上缘两角在胸前相扣，下角自然垂落。左手垂放于腿部，右手垂于鞍后，手隐于袖内。脚踩马蹬（图七）。

8. 彩绘骑马女俑。朝阳纺织厂鲁善都墓出土。陶质，胎呈白色。俑面容圆润，细长弯眉，丹凤眼，高鼻，朱唇紧闭，面涂白粉，表情略显紧张。黑发高髻。外穿红色过膝长袍，长袍旁边下有开缝。袖管紧瘦，袖长掩手。下身穿黑色裤子。足穿圆头高筒靴。左臂曲置于胸部，左手藏于袖内，长袖自然弯垂；右手扶鞍。身微前倾，端坐马背。通高 37.8、长 38 厘米（图八）。

9. 绿釉骑马女俑。2003 年 9 月朝阳市纤维厂 M8 出土。女俑端坐于马鞍座之上。俑头发中分，于脑后挽短髻。身穿大翻领右衽长袍，腰束带。左右手相叠，右手在外，置于腹前。下穿长裤，足蹬长筒靴，双脚踏于马镫之中。马站立于方形踏板之上。马头略向左偏，双耳缺失。通体施绿釉，马体中空。通高 32.2、长 23.9、宽 10.7 厘米（图九）。

图四   图五   图六

图七   图八   图九

　　10. 女俑。唐孙则墓出土。面容丰满，弯眉，细眼，高鼻，小口，脑后挽圆形发髻。上身穿窄袖过臀长衣，衣襟掀起一角，翻领，右衽，紧袖。腰间束细革带。下身穿宽松腿的长裤，隐约可见竖条纹。足蹬云头靴。双手相叠置于胸前。双足并立于抹角方形踏板之上。高 24.5 厘米（图一〇）。

　　11. 绿釉仕女俑。2003 年朝阳市纤维厂唐墓 M8 出土。俑为站立式。中分发式，头发两绺绕过脑后，在脑顶部盘成两个发结。身着右衽半翻领阔袖过臀衣衫，腰带在腹前打结垂于腹前。双手相叠置于胸前。下穿长裤。足穿云头鞋。通体施绿釉。体中空。通高 25 厘米（图一一）。

二　几点认识

（一）唐代女子服饰的搭配

唐代服装款式丰富，美观大方。从以上馆藏女俑中可以看到数种服装搭配方式。

1. 紧袖短襦与阔长裙搭配。见图一弹箜篌女俑。裙摆宽大，形成自然裙褶，给人以大方飘逸之感。

图一〇 图一一

这种服装搭配多见于乐舞俑。

2. 紧袖短襦与曳地窄裙搭配。见图二彩绘女俑。这种曳地窄裙下摆稍窄，穿上后给人以亭亭玉立之感。这种服装搭配多见于女侍俑。3. 紧袖短襦、外套半袖与曳地阔裙搭配。见图三弹古琴女俑和图四黄釉女俑。这种搭配方式是在第一种搭配方式的基础上，外加了一件半臂。这种服装搭配也多见于乐舞俑。

4. 紧袖覆手短襦与两裆衫、曳地窄裙搭配。见图五女侍俑。这种服装搭配也多见于女侍俑。

5. 紧袖覆手长袍与马甲、长裤搭配。见图彩绘六骑马女俑。从女俑头戴盔帽、骑在马背上来看，这是一个贵妇身份的女俑。

6. 紧袖覆手短襦长裙与披巾搭配。见图七骑马女俑。这种服装搭配很显然是一个贵妇形象。

7. 紧袖覆手长袍与裤子搭配。见图八彩绘骑马女俑。从其骑于高级马鞍之上来看，其身份不低，应该是贵族妇女形象。

8. 紧袖大翻领过臀长衣与裤子搭配。见图九绿釉骑马女俑。从其坐于马鞍之上来看，应为贵族妇女形象。图一〇女俑的服装与图九相同。

9. 阔袖过臀长衣与裤子搭配。见图一一绿釉仕女俑。这种服装搭配多见于仕女形象。

（二）唐代女子的几种主要服饰

1. 襦裙

从上述女俑所着服饰来看，襦裙是唐代妇女的主要服饰。襦，短衣也。裙，下裳也。襦裙服是一种衣长到腰节的超短上衣与长裙连接的服饰。上襦下裙，目的是为了将女性丰满的曲线完美体现出来。

在隋代及初唐时期，妇女的短襦多用小袖，下着紧身长裙，裙腰高系，一般都在腰部以上，有的甚至系在腋下，并以丝带系扎，给人一种俏丽修长的感觉。唐代的襦裙款式多样，有初唐时期的交领襦裙、半臂＋襦裙，盛唐的对襟襦，中后期的大衫＋襦裙等等。

在先秦时代，男女通用上衣下裳（裳，裙也）。然而，随着时代的变迁，裙子变成了女性特有的服装。唐代女性下装以裙服为主，经过商周至隋代的积累，唐代的裙装达到了历史的高峰，造型款式、质地、颜色都有所变化。唐代裙子的特点是裙腰系得较高，一般都在腰部以上，以突出女性丰满之美。

唐代以丰满健康为美。唐人思想观念比较开放，因此妇女的穿着也比较开放大胆。如晚唐诗人周濆的《逢邻女》记载："日高邻女笑相逢，慢束罗裙半露胸。"描写了唐代女性这一大胆、开放的裙装服饰。这种开放的服饰与唐朝实行的开放政策有着密不可分的关系。唐朝在对待异域文化上一直表现为交融吸收多于排斥。据《唐六典》中记载，与唐朝政府有过交往的国家有三百多个。在长安居住的除了汉族人民，还有吐蕃人、日本人、朝鲜人、波斯人、阿拉伯人等，这使得当时的长安城到处充满了新奇和异样，五花八门的语言，各具特色的服饰，民风、民俗交相涌现，令人目不暇接。唐朝政府不仅不反对人们效仿，反而大力倡导，一时间异域文化在此大放光彩，互相融会，并最终汇集成盛唐绚丽多姿、雍容大度的文化艺术洪流。

2. 半臂

又称"半袖"，其得名是因为袖长仅及人臂之半的缘故，是一种从短襦中脱胎出来的服式。中国古代出现半臂服装的时间亦比较早，明确见于史书记载的可以追溯到三国时期。三国时"魏明帝着绣帽，披缥纨半袖，常以见直臣杨阜，谏曰：'此礼何法服邪！'帝默然。近服妖也。夫缥，非礼之色。袤服尚不以红紫，况接臣下乎？人主亲御非法章，所谓自作孽不可禳也。帝既不享永年，身没而禄去王室，后嗣不终，遂亡天下。"[1] 从这段史料可知，三国时也有男子穿半袖衣的，只是在正式场合下穿着会被人视为"服妖"，即使贵如帝王，在正式场合下穿着这种服装也难免遭人谴责。

随着内地与西域文化的交流，半臂服装在中国逐渐普遍起来。唐朝女子所着"半臂"款式新颖，常和窄袖短襦、长裙、帔帛搭配而组成一套当时最为普通、也最为流行的套装。从半臂的功用上看，唐朝女子所着"半臂"似乎更侧重其装饰美化作用。

3. 两裆衫

两裆衫在中国出现也比较早。两裆衫较之"半臂"为小，其一当胸，其一当背，无袖。南北朝时期男女服饰中出现了一种两裆衫。《乐府诗集》所收录的《上声歌八首》中有"新衫绣两裆，迮着罗裙里，行步微尘，罗裙随风起"的诗句。这里所描写的就是妇女将两裆衫穿着于内的情况。又有"两裆与郎著，反绣持贮里"[2] 之句，可见当时男女均可着两裆衫。两裆衫在唐代仍然流行。图五中的两裆衫可以说是唐代两裆衫的一个缩影。

4. 裙

唐代女子的裙一般为高腰长裙，腰部高至胸部甚至腋下，裙长拖地。孟浩然《春情》中"坐时衣带萦纤草，行即裙裾扫落梅"就是这种长裙形象的比喻。

---

① （唐）房玄龄等：《晋书·五行上》，中华书局，1974 年。
② （宋）郭茂倩辑：《乐府诗集》卷四十五，《文渊阁四库全书》1347 册，第 401 页。

唐代的裙装可分为"羊肠裙""A 字裙""间裙""百褶裙"几种。

唐代的 A 字裙也是长裙的一种，只是上窄下宽，一般无褶或小褶。如图五女侍俑所穿样式。

间裙是由两种以上的颜色拼接而成的裙子。这种拼接手法唐人称为"破"。六条拼接称为六破，七条拼接称为七破，依此类推。这种拼接手法的裙子不仅指缝制工艺，还有色彩。

另一种就是百褶裙。百褶裙也分为几种。有通体打褶的，有只打几个褶的，也有箱式褶裙。

总之，唐代女装款式多样，不仅将唐代女子装扮得婀娜多姿，尽显女性的柔美，也反映了大唐社会经济繁荣和文化开放的博大胸襟。

朝阳唐墓出土文物彰显丝绸之路文化因素

张桂凤

（朝阳博物馆）

自西汉张骞通西域后，中原与西域各国保持着时断时续的联系，尤其是到了唐代，政治开放，经济繁荣，文化辉煌灿烂，多个方面都处于世界领先地位，由此吸引了各国人前来学习和贸易。丝绸之路到唐代已达全盛时期，各国使节、商人、传教士等通过丝绸之路往来于东、西亚及欧洲各国，丝绸之路也迎来了最为繁忙的历史阶段。营州是草原丝绸之路东端一重要节点，中亚、西亚等国的商人通过草原、内地分三路汇聚到营州从事商贸活动。北路即草原丝绸之路，自康国经天山北麓向东，经碎叶镇、安北都护府再南下内蒙古高原至营州；中路自甘肃的凉州向东，沿黄河经丰州、云州翻越七老图山脉行至老哈河至营州；南路自长安行至华北平原至幽州，翻越燕山至营州。营州成为当时塞外经济、文化交流一重镇，并且通过营州中转还把中亚、西亚、欧洲的一些文化传播到朝鲜、日本等东亚各国。

朝阳是隋唐时期东北的军事重镇，是连接中原到东北的交通枢纽，是大唐在东北的政治、经济、文化中心，唐在朝阳设营州都督府，管理东北少数民族事务。近年来，在清理唐墓时，常发现伴有胡人俑、昆仑俑、骆驼、舞马、伎乐俑、瑞兽葡萄纹镜、波斯银币、罗马金币等文物出土，这些文物彰显出丝绸之路文化因素。

一 活跃在丝绸之路上的胡人形象——胡人俑

唐以前，胡人主要是用来称呼中国西部和西北边疆以及内迁的少数民族，在唐代，更多的时候是用来称呼来自西域边疆和中亚、北亚国家的人以及波斯人、天竺人、大秦人等。

其中"胡人俑"是以胡人形象为蓝本所烧造的陶、瓷俑。纺织厂唐墓、孙则墓、张狼墓、韩相墓、黄河路唐墓等大型墓葬中都发现他们的身影，他们有的是单人，有的骑在马上或骆驼上，从姿势、头型、头饰、面目特征及服饰上（即便有的穿着打扮与汉人的装束相同）就能分辨出他们分属不同的族属或来自不同的地区，是唐朝文化交流和民族大融合的深刻体现。这些胡人长期活跃在丝绸之路上，并在对外贸易中起到重要作用，他们的经商活动促进了东西方的经济交往和文化交流。

朝阳唐墓出土有大量胡人俑，这些俑大多深目高鼻，头发卷曲，神态各异，穿着具有浓郁胡服风格的服饰。下面精选部分胡人俑加以介绍。

1. 纺织厂唐墓出土的胡人俑①

瓷胡人俑，高 26.5 厘米。站立于方形平板之上，神态自然，头戴大折沿胡帽，身着大翻领右衽窄袖长袍，长至脚面，露出翩翩大腹，腰束带，右手贴放于腹部，右袖至腕部，左袖垂于左膝处。通体施青色釉（图一）。

陶胡人俑，残高 24.9 厘米。头戴黑色前后翻沿、平顶高胡帽，深目高鼻，大络腮胡须，身着右衽窄袖至膝长衣，腰束细带，下着裤，足蹬靴，左手握拳于胸前，右臂微曲执一尖嘴壶，贴于右腹前。

瓷胡人俑，2 件。造型一样，均高 27 厘米。釉色一青一褐。站立于方形踏板上，头戴胡帽，深目高鼻，大嘴，身着大翻领右衽长袍，长至足面，胸束带，右手心贴胸，右袖长至腕部，左手置于腹前，左袖长于手面自然下垂（图二）。

釉陶昆仑俑，高 25.1 厘米。站立于方形平板之上，头发卷曲，鼻梁高挺，双目圆睁，唇涂红彩，面露微笑，双手叠放于腹前，身着右衽过膝长袍，束腰带，足着长靴（图三）。

图一　瓷胡人俑　　　　　　　图二　瓷胡人俑　　　　　　　图三　釉陶昆仑俑
（纺织厂唐墓出土）　　　　　（纺织厂唐墓出土）　　　　　（纺织厂唐墓出土）

2. 纤维厂唐孙则墓出土的胡人俑②

瓷胡人俑，高 28 厘米。呈立姿，头戴卷沿梯形皮帽，深目高鼻，高颧骨，长髭上卷，重络腮胡，身着右衽及膝长衣，腰系带，足穿靴，左手握拳置于胸前，右手提一鹰嘴细颈瓶置于腰际。通体施绿釉（图四）。

---

① 寇玉峰、李国学、邓晓纯：《朝阳纺织厂唐墓发掘简报》，《边疆考古研究》第 8 辑，科学出版社，2009 年。
② 朝阳市博物馆：《朝阳唐孙则墓发掘简报》，《朝阳隋唐墓葬发现与研究》，科学出版社，2012 年。

瓷骑马胡人俑，通高33.5厘米。表情恭顺肃穆，头微颔，深目高鼻，颧骨凸出，头戴遮耳幞头，身着圆领窄袖长袍，下着袴，跨坐于马鞍之上，双足踏镫，右手自然下垂贴于体侧，左手置于腹前。马站立于长方形踏板上。通体施黄釉（图五）。

瓷昆仑俑，高25.7厘米。头发卷曲，圆目高鼻，上身赤裸，斜披帛带，横幅绕腰，右手握拳半举于头侧，左臂微曲于体侧，作舞蹈状，扭腰挺腹赤足立于抹角方形底板上。通体施黄釉（图六）。

图四　瓷胡人俑	图五　瓷骑马胡人俑	图六　瓷昆仑俑
（唐孙则墓出土）	（唐孙则墓出土）	（唐孙则墓出土）

3. 唐张狼墓出土的陶胡人俑①

高47.6厘米。头发梳成辫状向上束起施红彩，络腮胡须垂至胸前，眼凸高鼻，肩部披云头披肩，身着长甲衣，系贴金胸束，双手叠置挂棒器于身前，腿上着护甲，双脚立于半圆形底板之上，左脚微抬（图七）。

4. 唐韩相墓出土的陶胡人俑

有3件②，形制基本相同。高30厘米。头戴螺旋形尖帽，帽的护耳上翻，高鼻深目，高颧骨，"八"字胡须，身着左衽圆领大衣，腰系细带，右手握拳置于右肩前，左手自然下垂，下身着吊角裤，足蹬尖靴站立于椭圆形台上，并且身上存有大量红彩（图八）。

二　丝绸之路的象征符号——骆驼

骆驼在中国历史上并不是唐代独有，但却成为唐代的一种象征符号。朝阳出土的骆驼为双峰骆驼，它产于中亚及我国。具有"沙漠之舟"美誉的骆驼既是往来商客的坐骑，又是商品物资的运载工具。骆驼形象通常与胡人一起组合出现，生动地反映了胡商贩运货物的情景，再现了丝绸之路上驼队不畏

① 朝阳市博物馆：《朝阳唐张狼墓发掘简报》，《朝阳隋唐墓葬发现与研究》，科学出版社，2012年。

② 辽宁省文物考古研究所、朝阳双塔区文物管理所：《朝阳唐韩相墓出土文物简报》，《朝阳隋唐墓葬发现与研究》，科学出版社，2012年。

图七　陶胡人俑　　　　　　　　　　图八　陶胡人俑
（唐张狼墓出土）　　　　　　　　（唐韩相墓出土）

艰险、长途跋涉的真实景况。大量的丝织品、茶叶等正是通过这些风尘仆仆的骆驼队运往西方，而西域的音乐、舞蹈也通过丝绸之路上的"沙漠之舟"传入内地。

骆驼在朝阳纺织厂唐墓、张狼墓、孙则墓、韩相墓、双塔区中山营子村唐墓、蔡须达墓、黄河路墓、鲁善都墓等许多唐墓中都有发现，陶或瓷质，有立式、卧式两种，它们有的载物、有的载人、还有人货共载等，其突出的特点是驮载丝绸、悬挂水壶、山羊、野雉、兔子等，它们生动再现了奔波在丝绸之路上的骆驼与西域商人形象。下面精选部分加以介绍。

1. 纺织厂唐墓出土的骆驼①

2 件。一件立式陶骆驼，高 36.1、纵 30.3 厘米。背部覆盖一鞯垫，鞯垫底边压饰百褶花边，鞯垫前后有两个窟窿，露出驼峰（图九）。一件卧式青瓷骆驼，高 18.4、纵 27.8 厘米。背上贴塑一厚重袋囊，袋囊前左右各贴塑一个重体壶（图一〇）。

图九　陶骆驼　　　　　　　　　　图一〇　瓷骆驼
（纺织厂唐墓出土）　　　　　　　（纺织厂唐墓出土）

---

①　寇玉峰、李国学、邓晓纯：《朝阳纺织厂唐墓发掘简报》，《边疆考古研究》第 8 辑，科学出版社，2009 年。

2. 唐张狼墓出土的陶骆驼①

从残块可辨认出有 3 件，可复原 2 件。其中一件体型较大，伏卧式，驮架上置驮囊，囊上有布匹。在残件中还有附属的驼架、丝束、布匹、水壶、陶雉、动物及小饰件等物。

3. 唐孙则墓出土的立式瓷骆驼②

2 件。形制、大小相同。高 39.5 厘米。驼峰两侧附圆形衬垫，其上附有长方形托板，两峰间置驼袋，驼袋充满物品，前驼峰两侧各悬挂一背壶，后驼峰左侧挂一雉，右侧悬一兔。通体施黄釉（图一一）。

4. 唐韩相墓出土的立式陶骆驼③

高 53.5 厘米。驼背上有托板和两层托包，最上层由条辫状的布带搭在中间，两边由两头饰花形边饰的挡板相隔（图一二）。

图一一　瓷骆驼　　　　　　　图一二　陶骆驼
（唐孙则墓出土）　　　　　　　（唐韩相墓出土）

5. 唐蔡须达墓出土的陶骆驼④

2 件。形制相同。高 37.9 厘米。昂首，直尾，四腿直立于长方形平板上，驼峰两侧附有托板，上置捆缚的驼袋，并挂系有雉、兔、背壶等物，袋顶蹲踞一小猴（图一三）。

6. 双塔区中山营子村唐墓出土的陶骆驼⑤

昂首，曲颈，呈立姿，体肥硕，驼背上架有三角形托架、挡板，上置包袱、壶、肉、丝绸、圆盘、绳索等物品。骆驼和驼上物品均施红彩（图一四）。

---

① 朝阳市博物馆：《朝阳唐张狼墓发掘简报》，《朝阳隋唐墓葬发现与研究》，科学出版社，2012 年。
② 朝阳市博物馆：《朝阳唐孙则墓发掘简报》，《朝阳隋唐墓葬发现与研究》，科学出版社，2012 年。
③ 辽宁省文物考古研究所、朝阳双塔区文物管理所：《朝阳唐韩相墓出土文物简报》，《朝阳隋唐墓葬发现与研究》，科学出版社，2012 年。
④ 尚晓波、朱达：《辽宁朝阳北朝及唐代墓葬》，《文物》1998 年第 3 期。
⑤ 郭明、贾玲玲：《朝阳市双塔区中山营子村唐墓出土文物简报》，《朝阳隋唐墓葬发现与研究》，科学出版社，2012 年。

图一三　陶骆驼　　　　　　　图一四　陶骆驼
（唐蔡须达墓出土）　　　　　（中山营子村唐墓出土）

7. 黄河路唐墓出土的卧式陶骆驼及骑骆驼胡人俑①

卧式陶骆驼，两驼峰之间置驮架，架上放驮袋，袋上中后置生丝、布匹等物，袋前左悬壶、瓶，右挂食囊、野兔。驮袋及其他载物均以绳索捆缚（图一五）。

陶骑骆驼胡人俑，驼峰间置驮袋，前左侧置一水壶，右侧悬挂一兽，后置生丝、织物。驮袋上骑坐一人，头发中分，于两鬓编发于脑后，浓眉大眼，高鼻深目，身着翻领紧袖衣，右手持物，下着肥腿裤，足蹬尖头靴（图一六）。

8. 唐鲁善都墓出土的彩绘骑骆驼俑②

通高46厘米。骆驼昂首甩尾站立于平板上，蹄超大，双峰间搭一盛物的大袋，垂于驼腹两侧，袋上以绳扎成十字结。骑者为男性，侧身向右而坐，络腮髯，戴黑巾，着圆领窄袖红衣，黑靴。伸臂执辔，双腿向一侧屈伸，姿态自然而生动（图一七）。

图一五　陶骆驼　　　　图一六　陶骑骆驼胡人俑　　　图一七　彩绘骑骆驼俑
（黄河路唐墓出土）　　　（黄河路唐墓出土）　　　（唐鲁善都墓出土）

---

①　李新全、于俊玉：《辽宁朝阳黄河路唐墓的清理》，《考古》2001 年第 8 期。

②　朝阳市博物馆：《朝阳历史与文物》，辽宁大学出版社，1996 年，第 192 页。

三　产于域外的宝马良驹——舞马

根据宋《乐史·太平寰宇记》等文献记载，舞马的原型主要是来自域外一些出产良马的草原地区，这些马一般高大矫健，其动作协调并善知音节。从汉朝至唐朝，历代都有宝马良驹朝贡或进口到中国来。而绝大部分舞马是大宛、吐谷浑、月氏等西域各国及遥远的大秦帝国进贡得来的，在朝贡当中，舞马又扮演着另一个角色，即它作为丝绸之路的"使者"，促进了当时的国际友好交流，尤其在音乐、舞蹈等文化方面的交流更达到一种前所未有的盛况。而大秦的马，据说能听懂人言和音律。

舞马是指专门训练马匹用于舞蹈以供人们娱乐欣赏的马艺活动，起源于魏晋南北朝时期，而唐代是舞马活动发展的顶峰时期，尤其在盛唐开元时期，舞马规模极为盛大。杜甫曾在诗中描绘了舞马的高难度动作："舞阶衔寿酒，走索背秋毫。"

朝阳市纤维厂唐孙则墓出土了形制、大小相同的4件黄釉瓷舞马①。呈立姿。马体态矫健，身形匀称，马右前腿抬起，左前腿直立，后腿微曲，结实有力，三蹄踩于长方形底板上。马颈上扬，马首微颔，两耳竖起向前，双目有神，马面鬃额前双分，颈部鬃毛梳理整齐披于颈左侧。鞍鞯具备，鞍上扎结红色鞍袱，鞍袱较长，飘逸于马体两侧，攀胸自胸前系住马鞍，上坠有三个杏叶，鞍后鞦带亦坠有杏叶，左右各三个，马尻顶部饰云珠，马尾束扎，短而上翘（图一八）。此马姿态丰盈，动感十足，似随着音乐节拍翩翩起舞，是唐代舞马活动的实物见证。

图一八　黄釉瓷舞马（唐孙则墓出土）

四　西域器乐之东传——伎乐俑

唐代音乐博采众长，加上魏晋以来已经吸收的其他民族和外国音乐，将唐代的音乐艺术推向中国封建社会的高峰。在大唐的《十部乐》中，经丝绸之路传到中原地区的占有相当大的比例。

1999年朝阳纺织厂唐墓出土了12件陶瓷伎乐俑②，这是一批反映北方大唐器乐非常珍贵的资料。有弹奏古琴、琵琶、竖箜篌的乐俑，有吹奏笙、管和排箫的乐俑，还有敲钹、拍鼓等乐俑，在这些伎乐俑中，琵琶、竖箜篌、钹都是经丝绸之路传入我国，在隋唐时期颇为盛行，它们是唐代吸收外来音乐的见证。

1. 陶弹琵琶女俑

高17厘米。头挽高花发髻，眉目清秀，身着低胸窄袖短衣，胸系一带，下着宽大曳地长裙，双腿右曲坐于方形台座之上。右手前曲，左手侧曲分别握在一似琵琶的乐器上，作弹奏状，乐器为半葫芦形，四根弦（图一九）。琵琶是拨弦类弦鸣乐器。南北朝时，通过丝绸之路与西域进行文化交流，曲项琵琶由波斯经今新疆传入我国，到了唐代琵琶的发展出现了一个高峰，而且在乐队中处于领奏地位。

---

① 朝阳市博物馆：《朝阳唐孙则墓发掘简报》，《朝阳隋唐墓葬发现与研究》，科学出版社，2012年。
② 寇玉峰、李国学、邓晓纯：《朝阳纺织厂唐墓发掘简报》，《边疆考古研究》第8辑，科学出版社，2009年。

2. 陶弹竖箜篌女俑

高 16.8 厘米。头挽高花黑发髻，身穿低胸对襟窄袖短衣，百褶裙曳地散铺在台座上，双腿右曲坐于方形台座之上。胸前竖一箜篌，双臂弯曲，呈弹奏状（图二〇）。竖箜篌是现代竖琴的祖先，东汉时，竖箜篌就随着丝绸之路上的商贾往来，由波斯（今伊朗）经西域传入我国中原一带。竖箜篌状如半截弓背，竖抱于怀，从两面用双手的拇指和食指同时弹奏。

图一九　陶弹琵琶俑　　　　　　　　图二〇　陶弹竖箜篌俑
（纺织厂唐墓出土）　　　　　　　　（纺织厂唐墓出土）

3. 瓷敲钹女俑

高 17.5 厘米。头挽单刀式高发髻，身着低胸对襟半袖短衣，内穿窄袖短衣，下穿宽大曳地长裙。目视乐器，颈上戴串珠式项链，双手各置一钹，屈伸于胸前。钹是一种敲击类乐器，中心鼓起，两片相击作声。一般为铜质，古称"铜钹""铜盘"。初流行西域，南北朝时传至内地，唐代盛行。

五　铜镜纹饰印证中西文化交流

瑞兽葡萄纹镜在唐朝铜镜中非常引人注目，镜背面图案由高浮雕式的若干瑞兽和葡萄枝蔓组成，形态各异的瑞兽穿梭嬉戏于葡萄藤间，充满了生气。据考证，瑞兽和葡萄是两千多年前张骞出使西域带回中原的，瑞兽即为古代的狮子，原产于非洲、印度等地，古代称"狻猊"，认为其是驱邪纳吉、彰显富贵的吉祥之物；葡萄茂密的果实象征着"多子和富贵"。将葡萄、瑞兽和中国传统文化相结合，收到了意想不到的效果，因此，此类纹饰的图案也被看成是中国和西域文化结合的载体。

1. 瑞兽禽鸟葡萄纹镜[①]

圆形。直径 9.9 厘米。兽纽，以高凸起的弦纹分为内外两区，内区环纽饰四只瑞兽，逐戏于葡萄叶蔓之间。外区环饰禽鸟九只，作展翅飞翔、团身、直立姿态，以缠枝葡萄纹衬地。外缘厚重作尖翘，内缘边饰云状花纹一周（图二一）。

2. 瑞兽燕雀葡萄纹镜[②]

圆形。直径 11.5 厘米。兽纽，作俯卧姿，背部隆起。以高凸起的弦纹分为内外区，内区环纽饰四

①　于俊玉等：《朝阳市区中心市场唐墓发掘简报》，《朝阳隋唐墓葬发现与研究》，科学出版社，2012 年。
②　于俊玉等：《朝阳市区中心市场唐墓发掘简报》，《朝阳隋唐墓葬发现与研究》，科学出版社，2012 年。

图二一　瑞兽禽鸟葡萄纹镜　　　　　　　　图二二　瑞兽燕雀葡萄纹镜
（朝阳市区中心市场唐墓出土）　　　　　　（朝阳市区中心市场唐墓出土）

只瑞兽，作曲体伏卧状，昂首向上，地为缠枝葡萄纹。外区环饰六只展翅飞翔的燕子，两飞燕间饰一只飞翔形态的蜻蜓，衬以蔓枝葡萄纹地。外缘厚重作尖翘，内缘边饰云状花纹一周（图二二）。

六　波斯银币和罗马金币

20 世纪初以来，我国各地陆续发现一些萨珊银币、东罗马金币，表明从魏晋南北朝到唐代，中国同中亚、西亚的频繁往来，它们是丝绸之路经贸繁荣的真实写照。这些货币是通过丝绸之路输入到各地的，萨珊银币及罗马金币之所以能够传入营州，也是与当时营州的地理位置及经济繁荣密不可分的。

到目前，朝阳共发现 4 枚萨珊波斯银币和 2 枚东罗马金币。1992 年在双塔区政府西北处的一座唐代墓中发掘到 1 枚东罗马金币[1]，2006 年在北魏墓发现 2 枚萨珊波斯银币[2]，2012 年在肖家玫瑰家园二期的一座唐墓中又发掘到 2 枚萨珊波斯银币，2014 年在御景苑唐墓也发掘到 1 枚东罗马金币（后面这 3 枚还未发表）。

其中 1992 年发掘的这枚罗马金币，直径 2 厘米，重 4.4 克。正面铸一大一小两个人的正面半身像，两人均身披甲袍，头戴王冠，背面中央上半部为十字架形物，下半部为一个四级的底座，四周有一圈铭文。经考证，此金币系东罗马帝国皇帝希拉克略在位（610～641 年）时期所铸，这是朝阳乃至东北地区首次出土的东罗马金币，为研究唐代营州与西方国家的物质文化交流提供了宝贵的实物资料[3]。

七　营州佛教与舍宅为寺

起源于印度的佛教很早就沿着贯通亚洲大陆的丝绸之路传到中国现在的新疆地区，然后经玉门关、

---

① 辽宁省文物考古研究所、朝阳市博物馆：《朝阳双塔区唐墓》，《文物》1997 年第 11 期。
② 韩国祥：《辽宁朝阳博物馆收藏的波斯萨珊王朝银币》，《文物》2013 年第 7 期。
③ 辽宁省文物考古研究所、朝阳市博物馆：《朝阳双塔区唐墓》，《文物》1997 年第 11 期。

河西走廊传到内地，逐渐传播到全国。丝绸之路上很多国家盛行佛教，丝绸之路不仅是中外贸易之路，也是宗教文化传播交流的信仰之路和多民族文化的融合之路。

最迟在前燕时佛教就已经传入朝阳了，由于统治阶层的信奉及推崇，佛教传播迅速并有很大发展，朝阳很快成为东北地区佛教圣地和佛教文化传播中心。隋唐时期营州佛教的发展主要体现在奉皇帝诏命建立塔寺上，而建寺立塔的目的主要是供奉佛祖舍利，舍利也是经丝绸之路传到中原再护送到今朝阳，朝阳北塔就是那时在木塔旧址上修建的砖塔。其中最值得一提的是 1990 年出土的蔡须达墓志①，称其父蔡泽在营州"舍宅造寺，蒙敕下名，所有资财，并入功德"。蔡须达更是继其衣钵，"禀性敦厚志在淳和，行坐诵经不离于口，波若未遍已悟真空，涅槃不尽先知佛性，尊崇慧业敬爱法门，兄弟同居舍宅为寺。"说明营州地区的佛教不但有国家的支持，也有士大夫及广大平民信众的支持。这对营州佛教的发展、传播，无疑起到了很大的推动作用。

八　结语

丝绸之路最大的特征是中外文化交流的双向性，它不仅把中国的丝绸、瓷器和茶叶等产品运到国外，同时也把国外的一些异域文化如佛教、景教、祆教、伊斯兰教及西域的音乐、舞蹈等带到中国，有的还传到了营州。所以唐代营州才出现了丰富多彩的异域文化因素。营州作为当时东北经济中心，有很多中亚、西亚的商人来此从事商贸活动，当时居于营州的安禄山、史思明都因会"六蕃语"而在营州地区担任从事贸易的"互市牙郎"。《旧唐书》记载营州都督宋庆礼为了发展经济，"招辑胡商，为立店肆"，鼓励胡商来营州经商。在这一政策的推动下，吸引了大批胡人来此以商。

近年来，朝阳地区发现的考古资料证明一些文物的质地、造型、制作和技术既有浓郁的地域特色又有鲜明的外来移入特征。一些文物虽来自中原，但其文化现象却是与西域相关联，由此说明营州是北方丝绸之路上的重要节点。

全世界是一家，无论是从东往西，还是从西往东，只要是文明的、先进的就有可能传承下去，千百年来，不同种族不仅有货物的互相往来，还有文化的共融共同，许多地域通过丝绸之路改写了历史，丝绸之路是传播友谊和文化之路，也是联结东西文明的纽带。它不是单一国家创造的奇迹，它是丝绸之路沿线所有国家和地区各民族相互交流中共同创造的辉煌。

---

①　尚晓波、朱达：《辽宁朝阳北朝及唐代墓葬》，《文物》1998 年第 3 期。

重访闾山琉璃寺断想

王绵厚

（辽宁省博物馆）

2017 年 10 月 26 日至 28 日，承辽宁省文物考古研究所吴炎亮所长的邀请，我与郭大顺先生，在万雄飞同志陪同下，专赴朝阳牛河梁遗址和北镇医巫闾山正在发掘的富屯乡龙岗"琉璃寺"和"新立辽陵"遗址考察。这是三十年间，我第三次亲赴闾山辽陵圣地考察（前两次是 1987 年 10 月和 2008 年 6 月）。当万雄飞等详细介绍了发掘情况和实地现场考察后，对 2012 年以来，北镇医巫闾山辽陵遗址的重要考古发现感悟益深。现在先前《北镇龙岗耶律宗政墓北邻辽墓发现的考古学窥探》一文基础上，将此次考察后对龙岗"琉璃寺"遗址相关问题的浅识拙见再略书此文①。并以此祝贺此次与我同行，从 1972 年北票丰下发掘开始，近半个世纪间曾多次与我共同进行考古调查，在专业上对我的教益良多，我敬重的北大学长郭大顺先生的八十岁华诞。

一 三十年间先后调查对龙岗"琉璃寺"在认识上的巨大差距

人世间有些机遇似乎存在着必然的偶然性。这次赴龙岗琉璃寺等地考古调查，与我上一次调查相隔恰好整整三十年。上一次调查是 1987 年 10 月 12 日（2008 年的调查没有到琉璃寺）。当年我任职辽宁省博物馆副馆长，奉派在省委党校理论班学习。同班学员有北镇县委常委、宣传部长（后为政协副主席）寇成明先生。国庆节刚过的 10 月 10 日，他邀全班同学去其家乡闾山考察。集体活动结束后的次日，我从县招待所租车独自专赴龙岗琉璃寺。因为早年习读金毓黻先生的《东丹王陵考察记》②，即知琉璃寺为辽陵重地。特别是从 1980 年后第二次全国文物普查得知，在北镇龙岗琉璃寺，已确认有早年《辽宁史迹资料》③等已记载的辽代重要遗址发现，而我早已心仪神往却一直没有机会亲自前往。当我从北镇县城经过半个多小时的颠簸山路后，显现在我面前的"琉璃寺"遗址，就自己当时的认识水平，却看不出明显的建筑基址。只在当地司机的指引下，在一处二层台地的现代建筑的北侧和东缘荒草树林中，隐见两段石墙基和地上散乱的碎石、瓦片等。我在周围转了一圈后，也只捡到几片红褐

---

① 本文是在三次调查、特别是 2017 年第 3 次调查后，根据调查后整理的记录基础上写就的。由于时间仓促，所记的遗迹、遗物不准确处，以辽宁省文物考古研究所的报告为准。2008 年调查后首次撰文，参见《辽金历史与考古》第四辑，辽宁教育出版社，2013 年。

② 金毓黻：《东丹王陵考察记》，《满州学报》1934 年第 3 卷。

③ 辽宁省博物馆编：《辽宁史迹资料》，1962 年，内刊本。

色澄泥质的硬陶片，没有发现期待中的辽代"琉璃砖瓦"，更不要说琉璃龙纹瓦当了。当我有些失望，回到博物馆后，向"二普"时曾在辽西做过部分调查的姜念思兄打听，他说"二普"只是一般的野外调查，很少试掘，他自己也没去过琉璃寺，我看到的琉璃寺遗址应该多为清代遗物。

此次再赴龙岗琉璃寺调查则大不相同。在经清理发掘后的约万平方余米的建筑址上，辽代基址上明确叠压着晚期的建筑遗迹，其北侧的辽代早期石墙基础已经显露。尽管后期建筑和人为毁掘破坏和扰动了早期建筑格局，但其下层仍保留着部分辽代的建筑遗存。特别是在现场，明确发现的直径近一米的辽代大柱础石，还有下层出土的辽代沟纹砖以及带兽面和龙纹的高等级琉璃瓦构件等，突显了二道沟琉璃寺遗址和三道沟新立遗址建筑群应同为两处东、西并存的辽陵皇家建筑的可靠性。并使我联想起十年前（2008 年），与辛占山、李向东先生，调查琉璃寺南龙岗中部的"二道沟"的耶律宗政墓、耶律宗允墓及上方"琉璃砖辽墓"（耶律隆庆墓）时，远眺其北几千米外的龙岗琉璃寺，但所憾当时因时间关系没能亲顾的情景。此次调查并经发掘的辽代龙岗"琉璃寺建筑址"和相关遗迹、遗物，并观看了电脑资料。从其所在位置、遗址布局的规模和出土文物的高等级看，很有可能是《辽史》卷十二辽圣宗本纪记载：统和七年（989 年）景宗驾崩以后，七月"帝与皇太后谒景宗皇帝庙"的医巫闾山中景宗"乾陵"的享殿"景宗庙"遗址所在[①]。而其附近经近年勘察的大型墓葬，很可能就是景宗和皇太后的"乾陵"玄宫所在地。

二　对龙岗二道沟琉璃寺遗址与其南诸陪葬墓关系的补充意见

在 2008 年我与辛占山、李向东再次调查龙岗二道沟耶律宗政墓，并在其上方发现了被盗的"琉璃砖辽墓"后，曾于《辽金历史与考古》2013 年第四辑专刊上发表过《北镇龙岗耶律宗政墓北邻辽墓发现的考古学窥探》一文（后转载《沈阳文史》2016 年第 2 期）。根据耶律宗政墓北临上方的"琉璃砖辽墓"的重要方位（在琉璃寺南约 3000 米），具有琉璃砖构件等高等级的规格，与位于耶律宗政和宗允二墓的更上方的方位比定等，结合《辽史》《契丹国志》等记载，特别是耶律宗允墓志记："陪葬于乾陵，附孝贞皇太弟之茔"等考证指出，"孝贞皇太弟"，即《辽史》中的圣宗皇帝胞弟、"乾陵"所葬的景宗皇帝次子秦晋国王耶律隆庆。而宗允墓志中明确记载耶律隆庆之子耶律宗允"陪葬于乾陵"，正是指葬于同一处"二道沟"的其祖父景宗的"乾陵"区；而"附孝贞皇太弟之茔"，则又专指耶律宗允的墓，只是"附葬"于其父"孝贞皇太弟"耶律隆庆的第二层次的陪葬墓，而其父耶律隆庆墓（推考为琉璃砖辽墓）才是景宗乾陵的第一等级的陪葬墓。这与《辽史》中记载：开泰六年"三月乙巳，如显州，葬秦晋国王隆庆。……追册隆庆为太弟"完全相合[②]。即当年辽圣宗亲葬其"皇太弟"耶律隆庆并"辍朝七日"，与"琉璃砖辽墓"的高等级规格完全相符（因迄今在龙岗除皇陵外包括韩德让墓均未发现琉璃砖瓦）。由此初步推断，今北镇龙岗的"二道沟"应为"乾陵"的中心；相对应的东北"三道沟"则应是"显陵"的中心（因之前两者的关系学界看法不一致）。并分析在医巫闾山的龙岗等地辽陵的"两道沟"地区，应分布着不同层级的陪葬墓。这些初步看法，已渐被近年的后续

①　《辽史》卷十二圣宗三，中华书局标点本，1974 年，第 135 页（以下版本同）。
②　《辽史》卷十五圣宗六，第 179 页。

发现所证实。即整个闾山辽陵区，以二道沟为分区，并存在"一个兆域两个中心"。

这里需要指出的是，在上文发表后，辽宁省文物考古研究所万雄飞等同志后来清理了"琉璃砖辽墓"，并没有发现墓志。这不仅为确证"琉璃砖辽墓"是否为耶律隆庆墓留下一点余地，也有必要对"乾陵"与"二道沟"和"琉璃砖辽墓"的关系，结合这次与郭大顺先生的再次调查所获，再发表一些补充意见。

在补充看法陈述以前，我想肯定两点作为前提：其一，此次调查的琉璃寺遗址及周围，应为"乾陵"的中心；其二，"琉璃砖辽墓"仍应是耶律隆庆墓。理由是，从龙岗辽陵的分布走向看，如果由"琉璃寺"，沿龙岗"二道沟"往南，在经过已发现的"琉璃砖辽墓"和耶律宗政墓后，继续前行，过北镇庙（乾州），即到达1991年发掘的高起堡村耶律隆庆庶妃所生的庶子"耶律宗教"墓。该墓也有墓志明确记载，"附葬于乾陵西麓"①。该墓地正在北镇庙前的景宗乾陵奉陵邑"乾州"西南约五千米。从里距和方位看，可印证墓志，这是距琉璃寺（乾陵）较远的又一个次等级的陪葬中心。在"琉璃寺"以南，沿二道沟一线到北镇庙的"乾州"南北，至少已有经发掘的耶律宗政、耶律宗允、耶律宗教三座墓，志文明确记述了龙岗诸陪陵与"琉璃寺"（乾陵）两者相对方位不可怀疑的可靠性。由此，在龙岗右侧（西侧），明显形成了"琉璃寺"—"琉璃砖辽墓"—"耶律宗政墓"—"乾州"—"耶律宗教墓"等呈弧线形分布的辽陵及其陪葬陵的中心区。而这一中心区，正对应其东北侧的"三道沟"偏坡寺和新立村董家园的另一个辽陵中心"显陵区"（详下节）。

三　韩德让墓志的发现对乾、显二陵相关问题的再思考

在万雄飞等同志2012年正式开始调查发掘北镇辽陵后，近年发现确认的韩德让墓及其出土墓志，为分析和确认龙岗"二道沟"和"三道沟"与显、乾二陵的关系，提出了新的思考。此前据吴炎亮所长告知，在韩德让墓志出土以前，一度有人推测，此次亲临调查的新发现的三道沟"新立大墓"，可能为韩德让墓。但韩墓的发现，不仅排除了与新立遗址相邻的大墓为韩德让墓，而且确知韩德让墓应远在"三道沟"口。不仅如此，韩德让墓志中的"葬于乾陵乙地"一句，也引起了对乾、显二陵方位的猜测。在此次调查当天，正在工地主持发掘的辽宁省文物考古研究所苏军强等同志，当场就向我提出了这一问题。我虽然当场没有明确回答，但已意识到对韩德让墓志中"乾陵乙地"的解读，将关系到对闾山辽陵的整体布局和陪葬制度等深层次的思考。

在我看来，解读韩德让墓志的关键，是如何理解"乾陵乙地"。

考察这一问题的前提，首先应对闾山显、乾二陵的中心"二道沟"和"三道沟"有一个正确的宏观把握。从多年调查看，以往的认识——位于今北镇富屯乡新立村的三道沟骆驼山南部为中心，应是"显陵"的中心区域；而以富屯乡龙岗村"二道沟"琉璃寺等为中心，应是"乾陵"的中心区域——并不应因为三道沟口韩德让墓志中记的"乾陵乙地"而动摇。其理由如次：

其一，"乾陵乙地"，从古代以"天干"排序的字义上理解，"乙地"即为"次地"或"旁地"。有人理解为方位关系，我则理解为主次关系。其本义应与《辽史》韩德让（赐名耶律隆运）本传中的

---

①　王晶辰主编：《辽宁碑志》，辽宁人民出版社，2002年，第130～132页。

"建庙乾陵侧"寓意相同①。这是对应于乾、显二皇陵的中心地域之外而言，并说明其本身不属"乾陵"中心，而是指韩墓在乾陵中心以外的"边地"。

其二，韩德让死于圣宗统和二十二年（1004 年）。而辽圣宗世格外尊崇其生父景宗之"乾陵"。如《辽史》圣宗本纪记载，景宗崩于乾亨四年（982 年）九月，当年十一月"置乾州"为奉陵邑。次年统和元年（983 年）二月甲午圣宗亲"葬景宗皇帝于乾陵"。三天后"丙申，皇太后诣陵置奠"②，又以"御容殿为玉殿，酒谷为圣谷。"所以自圣宗以后，在显、乾二陵中，"乾陵"的地位显然更为突出，故将"乾陵"所在的今龙岗称为"圣谷"，其后多成为圣宗以后二陵地区的代称。细读《辽史》发现，在辽《圣宗本纪》的八卷、其在位的近半个世纪中，辽圣宗亲临乾、显二陵（州）之地总计十六次，占历代辽帝进谒闾山辽陵的数量约一半。而其中有十二次单记"祭乾陵"（或同时祭乾、显二陵而以"乾陵"代表）。现特将圣宗亲祭乾陵简记如下：

统和元年二月"甲午，葬景宗皇帝于乾陵。"③

同年四月"癸卯，谒乾陵。"（书 110 页）

同年十一月"上与皇太后祭乾陵"。（书 112 页）

统和三年（985 年）八月"癸未，谒乾陵。"（书 115 页）

统和十四年（996 年）十一月"奉安景宗及太后石像于乾州"。（书 148 页）

统和十五年（997 年）十一月"戊子，谒显陵"，次日"谒乾陵"。（书 150 页）

统和二十八年（1010 年）正月"甲寅，如乾陵。""癸酉，奉安大行皇太后梓宫于乾州菆涂殿。"（书 167 页）

同年"夏四月甲子，葬太后于乾陵。"（书 167 页）

同年八月"谒乾、显二陵。"（书 168 页）

统和二十九年（1011 年）"二月己酉，谒乾、显二陵。"（书 169 页）

开泰六年（1017 年）"三月乙巳，如显州，葬秦晋国王隆庆。有事于显、乾二陵。"（书 179 页）

太平十年（1030 年）"夏四月，如乾陵。"（书 205 页）

从以上的记载看，圣宗时对"乾陵"的重视冠于当世。而多次记载并不以显、乾二陵的设立早晚和辈分为先后，在奉祭先陵时却以"乾、显二陵"为序。不仅如此，当圣宗南征时，常随军"祭景宗御容（像）"。如统和七年（989 年）正月"戊申，次涞水，谒景宗皇帝庙"④ 以为南征助佑。不难看出，在圣宗之世，以龙岗之"乾陵"代表闾山辽陵的重地，并将韩德让墓地列在"乾陵乙地"正在情理之中。

当统和二十二年韩德让下葬时，以龙岗"二道沟"的乾陵"旁地（乙地）"为其葬所，亦足突显其尊贵。所以不能以韩德让墓地靠近"三道沟"口，而怀疑"三道沟"仍是"显陵"的中心地。

其三，通盘考察医巫闾山辽陵重地的整体布局，有两个节点必须考虑。

---

① 《辽史》卷八十二韩德让（耶律隆运）传，第 1298 页。

② 《辽史》卷十圣宗二，第 109 页。

③ 《辽史》卷十圣宗二，第 109 页。

④ 《辽史》卷十二圣宗二，第 133 页。

一是在时间节点上，"显陵"和"显州"与"乾陵"和"乾州"有先后关系。

从《辽史》本纪看，世宗天禄元年（947年）"追谥皇考（倍）曰让国皇帝"。这是在闾山启建"显陵"的开始。五年后世宗遇刺，应历元年（951年）"葬于显州西山，陵曰显陵。"① 很显然辽世宗定葬于"显陵"，而不归葬先前的"祖陵"和"怀陵"，是从其生父闾山"让国皇帝"耶律倍之陵。而且在世宗下葬时已有"显州"，可见显州是早在世宗下葬其父耶律倍时已设的奉陵邑。故《契丹国志》也明确记载"世宗在位凡五年崩，庙号世宗，葬医巫闾山。"② 所以根据本次与郭大顺先生一起调查、已由万雄飞等确认尚未发掘的三道沟"新立大墓"更靠近北镇县城"显州"西北的方位看，印证其为辽世宗和皇后"显陵"的可能性较大（在新立还有一座大墓）。而其北三道沟内骆驼峰南的偏坡寺遗址，为耶律倍的"显陵"可能性较大。如是，偏坡寺上部骆驼峰高台上的早期建筑址，则应为耶律倍的"望海堂"旧址。而其西临二道沟的"乾陵"和北镇庙前的"乾州"，如上述则应启建于景宗死后的统和元年，两者的位置在《辽史》和相关墓志中均已记载明确。

二是在空间节点上，"显陵"应靠近"显州"，"乾陵"应靠近"乾州"而不是相反。此点不应因韩德让墓的志文而动摇。

诚如第二节分析，龙岗"二道沟"的琉璃寺、"琉璃砖辽墓（余考为隆庆墓）"、耶律宗政和宗允墓，以及北镇庙前"乾州"和其西南耶律宗教墓等，都在沿二道沟靠近"琉璃寺"东南的弧线形分布区。并且由北镇庙"乾州"，北指耶律宗政墓、琉璃砖辽墓，到此次调查的琉璃寺遗址，总计不过五千米。显然这是以"璃璃寺"（乾陵）上方为中心，沿二道沟向东南延伸的"乾陵"及其陪陵和奉陵区。当前唯一的要点，是需进一步确认琉璃寺周围"乾陵"中心所在。从先后两次调查琉璃寺建筑址的周边环境看，在琉璃寺已发现的大型建筑址之二道沟南谷地附近有大墓，其北邻闾山主峰之一北白台子山以南有多处石筑台基的遗址。环看龙岗南北，后有白石峰作"靠山"、左右有龙岗"两沙"环抱的"风水"之地，正符合东晋郭璞《葬经》（一称《葬书》）中所谓"龙、沙、水、穴"的"风水"地貌，故琉璃寺应为龙岗"乾陵玄宫"中心所在（待进一步调查）。

如上指出，《辽史》中记载世宗的"显陵"，明确地说"葬显州西山"，也恰与今北镇县城的"显州"，与其西北数千米的富屯乡"新立遗址"和新发现待发掘的大型辽墓（显陵）的方位相合。还需要指出的是，近年在龙岗村辽墓（耶律隆庆陪陵）北部、与琉璃寺（乾陵）之间发现"坝墙子"，说明在龙岗村陪葬墓区和"乾陵"之间，有一道"皇陵"和"陪陵"的隔墙，这符合辽代帝陵（如祖陵）的布局规制。即二道沟坝墙子北为"乾陵"中心，坝墙子南为景宗次子耶律隆庆家族墓的陪葬墓区。而如上述其东北部三道沟"新立遗址"东北的偏坡寺，如为耶律倍的"显陵"，则其北邻的骆驼峰高台上建筑址，很可能就是人们多年寻迹的"望海堂"。这也与文献记载耶律倍的"望海堂"下近处还有居住的宫室建筑和"桃花洞"等建筑相符。所以至少从目前看，以基本勘定的闾山龙岗"二道沟"为"乾陵区"，"三道沟"为"显陵区"殆无疑义（参见图一）。

---

① 《辽史》卷五世宗本纪，第66页。
② 《契丹国志》卷四世宗天授皇帝，上海古籍出版社，1985年，第48页。

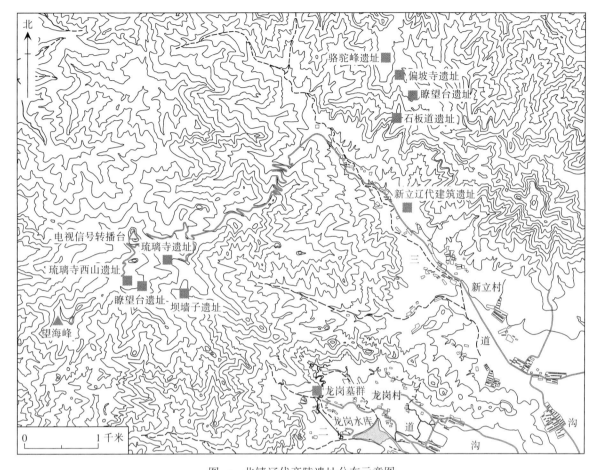

图一　北镇辽代帝陵遗址分布示意图

（采自万雄飞等：《辽宁北镇市辽代帝陵 2012～2013 年考古调查与试掘》图二，《考古》2016 年第 10 期）

四　对整个北镇龙岗辽陵兆域区布局规制的再窥视

在重新调查确认闾山显、乾两陵及其陪陵分布和奉陵邑的总体布局和相互关系后，通过数十年的多次调查和近年发掘，可对整个北镇龙岗辽陵兆域的布局和规制做进一步思考。

（一）从整个闾山辽陵的时代看，总体应分为前、后两期。

前期应以世宗时归葬"让国皇帝"耶律倍遗骨建立"显陵"和"显州"开始，包括穆宗应历元年，世宗附葬于其父"显陵"。是为耶律倍和世宗父子两代的墓地，即今以北镇富屯乡偏坡寺和新立为中心的"三道沟"显陵及陪葬墓区。

后期以统和元年二月，圣宗葬其父景宗于"乾陵"；其后统和二十八年四月，又"葬（肖）太后于乾陵"（合葬）；连同以后诸子孙的陪葬墓；是为以龙岗"二道沟"琉璃寺为中心的景宗乾陵及其后诸子孙、诸王陪葬墓区。

（二）从闾山辽陵的整体兆域分区看，其前期历经圣宗以前的太宗、世宗、穆宗、景宗四代，"显陵"区虽建立较早，但相对区域较小，应集中于以今新立为中心的三道沟北至偏坡寺的腹地。

而圣宗统和元年（葬景宗于乾陵）以后的后期，其相对陵区分布的范围扩大。从目前调查看，除以龙岗"二道沟"琉璃寺等为中心区外，后期如统和二十二年下葬的韩德让墓，甚至延伸到三道沟西南。而其他"庶子"如耶律宗教等陪葬墓，更在"乾州"（北镇庙）的西南"二道沟"外边缘。所以，在今后全盘勘察闾山辽陵兆域范围及其陪葬墓的分区、分布时，必须有动态的分期、分区观念。但整个辽陵（辈分）先后排序，应基本"从上到下、由北而南"为准（待发掘证实）。

（三）在近年已勘察的闾山龙岗辽陵区三道沟，如新立附近的骆驼峰南遗址等处至二道沟间，已有陵区的石板路等"御道"遗迹发现。说明在整个闾山辽陵中，连接皇陵、享殿（陵庙）、主要陪葬墓和"奉陵邑"之间，应有不同规格的专门"御道"。作为闾山辽陵建筑布局的重要组成部分，在考察和续勘闾山陵区二道沟等总体布局时应充分关注。

（四）与乾、显二陵相关的辽代闾山乾州"神庙"遗址和"御窑址"，也是今后全盘考察辽代皇陵布局和功能的又一不可忽视的重要史迹。因为在以往介绍医巫闾镇山"神庙"的诸多论著中，包括新近出版的《北镇文化通览》①和《北镇庙碑文解析》②两书，都没有明确指出辽代闾山的"神庙"所在。以往各书多在引征清代《敕修北镇庙碑》文后，取"隋开皇十四年封为北镇"作为闾山"神庙"始创。其后多续述金、元以后北镇庙事，而对辽代的情况多语焉不详。此次重新考察闾山辽陵区后感到，《辽史》圣宗本纪上引的两处记载，可为探讨辽代闾山"神庙"提供重要信息：

其一，《辽史》卷十三圣宗本纪三，统和十四年十一月"奉安景宗及太后石像于乾州"③。

其二，《辽史》卷十五圣宗本纪，统和二十八年正月"奉安大行皇太后梓宫于乾州菆涂殿"④。

这两处记载，一在圣宗母皇太后生前，一在皇太后死后。但有一个共同点，都记在"乾州"（今北镇庙前）。前条记"奉安景宗和太后石像于乾州"，无具体位置；后条则具体记存梓宫在"乾州菆涂殿"。从行文看，"奉安石像"的专门场所，也应有堂庙一类建筑。故我推断，统和十四年"奉安石像"之所，也应在乾州"菆涂殿"，即在原"奉安"景宗和皇太后石像的旧址，下葬前暂时奉安皇太后的"梓宫"。该殿或因皇太后死后重新以古代祭祀的"菆草"取名。而这处乾州的"菆塗殿"所在，从目前北镇庙遗址下层已发现的辽代构件和建筑墙基等遗迹看，很可能就在今"北镇庙"旧址。留待乾州遗址的进一步发掘（因尚未在城内发现大型殿址）和北镇庙基址的后续考古发现，去证实乾州"神庙"址和"御窑"所在（在乾州遗址已有部分窑址发现）。

（五）在通盘考虑今后闾山辽陵区的保护、研究、展示和建设规划时，上述诸端无疑是不可或缺的重要前提之一。如前述，首先应引起注意的是：北镇闾山辽陵区的总体布局，应是由"一个兆域两个中心"组成。"一个兆域"即以闾山龙岗两侧的"二道沟"和"三道沟"组成的整个"龙岗皇陵"及周边陪陵区，其中"龙岗"是两道沟之间辽陵兆域的中脊地带。"两个中心"，一是指以"三道沟"的新立、骆驼峰南为主，面向东南的"显州"为中心区域；二是指以"二道沟"的琉璃寺、西山为主，面向西南的"乾州"（北镇庙）为另一中心。这两个中心，构成了整个北镇闾山龙岗辽陵的"兆域"区。正如前述，这是以闾山北白台子峰以南，跨两道沟之间、沿龙岗两侧谷地为中心，分别延脉至"显州"（今北镇县城）和"乾州"（北镇庙前）的一个整体兆区布局（见图一）。在可以预见的将

① 齐洪明主编：《北镇文化通览》，辽宁人民出版社，2014年。

② 于志刚等：《北镇庙碑文解析》（内部出版），2009年，第149页。

③ 《辽史》卷十三圣宗四，第148页。

④ 《辽史》卷十五圣宗六，第167页。

来，作为辽宁（乃至全国）最重要的文化遗产地之一，北镇"闾山辽陵兆域"的全面保护规划及其专门工作机构的建立，必然提到日程上来。截至目前，在北镇医巫闾山辽陵地区，至少有辽代"四帝、三后、十大封王"葬于闾山兆域，即"让国皇帝"耶律倍、世宗、景宗和辽末帝天祚帝，世宗怀节皇后和甄皇后，景宗睿智皇后，以及秦晋国王耶律隆庆、平王耶律隆先、晋王耶律隆运（韩德让）、魏王耶律宗政、郑王耶律宗允、周王耶律宗业、广陵郡王耶律宗教等。还不包括必葬闾山、尚未发现的耶律宗德和后代名臣耶律楚才等。可见闾山辽陵是辽代四处皇陵中，占地面积最大、帝陵最集中、延脉时间最长的辽陵圣地。它在辽海文化遗产上的重要意义，将随着辽陵的不断发现和认识而彰显于世。在其西北不远的闾山脚下，又有可能是圣宗为其母建造的义县"奉国寺"皇家寺院。其闾山北麓更有最大的关山萧氏后族墓群。这将与北镇"双塔"等，共同构成"北镇医巫闾山辽陵文化景区"得天独厚的人文遗产优势。在结束这篇短文时，我想起著名数学家华罗庚先生生前的一句哲理名言：有志学艺者必敢于"弄斧班门"。就北镇医巫闾山龙岗辽陵的调查、发掘、研究而言，已历经近十年调查、发掘的万雄飞和他的团队们，可谓真正的"班门"。我的这篇观后随想和某些推断，权当匆匆考察后的"弄斧"芹献之作。

写于 2018 年元月孟春时

辽宁出土辽代墓志整理与研究*

李玉君（辽宁师范大学历史文化旅游学院）

李宇峰（辽宁省文物考古研究所）

　　中国古代墓志起源于东汉，初无定名，南北朝后期墓志有了固定的形制，由志盖和志石两部分组成，隋唐之后渐成定制，志文也逐渐形成固定的格式。唐代开始在志文标题下署撰者、书者的姓名与职衔。辽代墓志上承唐制，与历代墓志不同之处是帝后的墓志均称哀册，常用契丹文和汉文两种文字同时撰写，其余高官显贵和百姓的墓志皆称墓志铭。辽代墓志主体由两部分组成，即"志"与"铭"，志主要记其事迹、家世，铭为歌颂。附加部分有：一是"墓志铭"之称，二是撰者、书者、刻者，三为日期。辽代墓志的文字大都写得比较平实朴素，记述的史实翔实可信。也有少数墓志写得很有文学色彩，不仅词藻瑰丽，文采斐然，而且引用历史典故迭出，内容丰富。如《萧袍鲁墓志》①《韩橚墓志》②和《秦晋国妃墓志》③等。相比文学，辽代墓志文字更能体现书法艺术的特点。细研辽代墓志的文笔韵意，颇受唐代大书法家欧阳询、褚遂良、颜真卿、柳公权书法风格的影响。有的墓志，如《刘继文墓志》④及《石延煦墓志》⑤的撰者及书丹者文秀和尚就是辽代景宗、圣宗两朝著名书法家和文人，其撰写的墓志铭作为辽代书法佳作而流传千古。

　　辽宁是辽朝统治主要区域之一，辽代皇陵中的显、乾二陵即在北镇市医巫闾山麓，五京之一的东京辽阳府、六大藩府之一的兴中府以及辽灭渤海国后所置的东丹国均在辽宁境内。因此辽宁辽代文物古迹十分丰富，长期以来一直是辽宁文物考古的重点课题之一。地上耸立辽塔39座，城址126座，都雄居中国北方诸省之首。自清光绪十一年（1885年），在义县北盘道岭出土辽天祚帝乾统八年（1108年）的《耶律弘益妻萧氏墓志》⑥以来，至2018年6月在北镇市小河北辽代墓地出土兴宗重熙十七年（1048年）的耶律弘义墓志⑦，辽宁共发现辽代汉文墓志103方（含志盖）、契丹文墓志14方，约占全

---

　　* 本文根据作者编著的《辽宁出土辽代墓志整理与研究》前言改写。

① 陈述辑校：《全辽文》卷九《萧袍鲁墓志铭》，中华书局，1982年。
② 毕任庸：《辽韩瑜韩橚墓铭考证》，《人文》7卷3期，1936年。
③ 陈述辑校：《全辽文》卷八《秦晋国妃墓志铭》，中华书局，1982年。
④ 罗福颐辑：《满洲金石志》，《辽彭城郡王刘继文墓志》，1937年。
⑤ 张桂霞、李宇峰：《辽代〈石延煦墓志铭〉考释》，《辽金历史与考古》第六辑，辽宁教育出版社，2015年。
⑥ 罗福颐辑：《满洲金石志外编》，《辽耶律弘益妻萧氏墓志》，1937年。
⑦ 耶律弘义墓志资料未刊，此据辽宁省文物考古研究所司伟伟告之，谨致谢意。

国出土辽代墓志 200 余方的近半，是中国出土辽代墓志最多的省区，居全国之冠。

若按分布地域分析，这些墓志的分布很有规律，大致可以分为三区，即以北镇医巫闾山辽代显、乾二陵为中心的皇陵及皇陵陪葬墓区，以阜新市为中心的显、乾二陵外围的墓区，以朝阳市为中心的仕辽汉族大臣聚族而葬的墓区。

有关辽代显、乾二陵的调查工作始于 20 世纪 30 年代初期，早年史学前辈金毓黻就曾两次实地考察显、乾二陵，并为后学者留下了珍贵的历史记录①。新中国成立后，从 20 世纪 60 年代初开始，辽宁省的文物考古工作者为寻找显、乾二陵的位置进行了大量的田野调查和发掘工作，并取得可喜的进展。1970 年，在北镇市富屯公社龙岗村发现了景宗次子耶律隆庆之子耶律宗政、耶律宗允兄弟墓，出土耶律宗政（辽道宗清宁八年，1062 年）、秦晋国妃（辽道宗咸雍五年，1069 年）、耶律宗允（辽道宗咸雍元年，1065 年）三方墓志②。1991 年，在北镇市鲍家乡高起村发掘辽兴宗重熙二十二年（1053 年）耶律宗教墓，出土的耶律宗教墓志盖内镌刻契丹小字墓志，这是迄今为止出土年代最早的辽代契丹小字墓志，受到国内外学术界的高度重视③，出土的四方墓志都记载墓主死后陪葬乾陵。2015 年，在北镇市富屯街道洪家街发掘了辽道宗寿昌二年（1096 年）的耶律弘礼墓④。2016 年，在同一地点附近又发掘了辽道宗咸雍九年（1073 年）的耶律弘仁墓⑤和圣宗统和二十九年（1011 年）的耶律隆运墓⑥。另外，辽宁省文物考古研究所于 2015 年至 2017 年对北镇市新立辽代建筑遗址、2016 年至 2017 年对北镇市辽代琉璃寺遗址、2017 年对北镇市小河北辽代墓地分别进行了考古发掘，取得了重要成果。2018 年 6 月，又在北镇市小河北辽代墓地发掘了兴宗重熙十七年（1048 年）的耶律弘义墓。依据辽宁省文物考古研究所自 2012 年以来开展的医巫闾山辽代帝陵专项考古调查课题所提供的最新考古信息，认为北镇市二道沟应为显陵兆域所在，北镇市三道沟应为乾陵兆域所在，这将有力推进有关辽代帝陵的研究⑦。

阜新市及毗邻地区，辽朝皆归上京道管辖，是环绕拱卫皇陵显、乾二陵的外围墓区，由皇族、后族及外戚所建立的私人头下州大都分布在这一区域。最早建立头下州的州主死后大都埋葬在自己所封的头下州附近，是一批品级略低、事功不显的皇族、后族及外戚的墓区，墓主的爵位从一品至三品之间，一般相当于节度使及上将军级，较少有爵位高、品级大的高官显贵。属于皇族的有耶律休哥、耶律奴、耶律庶几、耶律斡特剌、耶律善庆。属于后族的有萧仅、萧忠、萧旻、萧德温、萧德恭、萧知行、萧图古辞、萧袍鲁、萧义等。

仕辽汉族大臣聚族而葬的墓区多集中分布在朝阳市，这一点与朝阳市所处的地理位置密切相关。朝阳辽朝时先是中京道所辖霸州，后于兴宗重熙十年（1041 年）升格为兴中府，成为辽朝六大藩府之一，自古就是东北通往中原的交通要道，与辽南京（今北京）也较近。自唐安史之乱以后，为避中原

---

① 金毓黻：《东丹王陵考察记》，《满洲学报》，1934 年第 3 期。
② 张克举：《北宁龙岗辽墓》，《辽宁考古文集》，辽宁民族出版社，2003 年。
③ 鲁宝林、辛发、吴鹏：《北镇辽耶律宗教墓》，《辽海文物学刊》1993 年第 2 期。
④ 辽宁省文物考古研究所、锦州市文物考古研究所、北镇市文物处：《辽宁北镇市辽代耶律弘礼墓发掘简报》，《考古》2018 年第 4 期。
⑤ 耶律弘仁墓志资料未刊，此据辽宁省文物考古研究所司伟伟见告，谨致谢意。
⑥ 耶律隆运墓志资料未刊，此据辽宁省文物考古研究所万雄飞见告，谨致谢意。
⑦ 辽宁省文物考古研究所：《辽宁北镇市辽代帝陵 2012～2013 年考古调查与试掘》，《考古》2016 年第 10 期。

战乱，汉族名门望族多举家迁居相对稳定的霸州（今朝阳）定居，仕辽为官，枝繁叶茂，其中如耿崇美、张建立、刘承嗣、韩瑜、赵匡禹、王裕、秦德昌等人都是中原名门望族之后，他们的祖辈在五代末及辽初战乱之机，多归服辽朝，受到辽朝太祖、太宗皇帝的礼遇与重用，从而佐辽立有战功，其子孙后裔均仕辽为官，生存发展，死后聚族而葬，亦大都埋在其任职的州城附近。如景宗保宁元年（969年）的张建立墓志的出土地点即在其任职的榆州附近。从张建立任榆州刺史时起，其子孙又有张彦英、张彦胜、张文煦、张守节四世五人都曾任榆州刺史，与榆州有着千丝万缕的联系。张守节墓志亦应在张建立墓志附近出土，应是张氏家族墓地①。再如赵思温家族，自赵思温起，先后有赵延威、赵匡尧、赵为航祖孙四代均任建州节度使。赵延威、赵匡禹、赵为干祖孙三人死后均葬于建州附近，是赵氏家族墓地②。这些仕辽汉臣墓志的发现，为后人留下了研究辽初与五代诸国关系的文字记录，可以补史之阙，证史之误，弥足珍贵。

迄今学术界一致公认，在中国古代官修的二十四史中，《辽史》疏漏舛误最多。辽代书禁很严，严禁文字书籍出境，辽末五京又遭金兵烧掠，流传下来的古籍极少。因此，自清末以来，后世学者多依据出土的辽代碑志对《辽史》进行校勘、考证或补缺，所以出土的辽代墓志的史料价值凸显。由于碑志都是辽代文人所撰写，可信度较高，历来受到学术界的高度重视。新中国成立前，辽宁出土的辽代墓志，最初多散见于地方史志和文献中。如《钦定热河志》《承德府志》《塔子沟纪略》《沈阳县志》《朝阳县志》等都著录当时已发现的辽代墓志。由于历史原因，日本学者园田一龟当年曾在东北各地广搜碑志，后来编辑《满洲金石志稿》③ 一书。中国学者罗福颐亦先后编辑《满洲金石志》④《满洲金石志补遗》⑤《满洲金石志外编》⑥《奉天分馆藏汉魏晋以来墓志石刻录》⑦ 等书，都收录当时辽宁出土的辽代墓志。新中国成立后，陈述在1953年编辑出版的《辽文汇》基础上，又新增补后来陆续出土的辽代碑志，于1982年编辑出版《全辽文》，是一部辽文总集，是治辽史学者案头必备的工具书，其中共收录辽宁出土的辽代墓志34方⑧。1995年，由向南编辑的《辽代石刻文编》一书，共收录辽宁出土的辽代墓志51方，并有详细的注释，成为继《全辽文》之后，最具影响力的辽代石刻专著⑨。2000年，由王绵厚、王海萍主编的《辽宁省博物馆藏碑志精粹》一书，共收录辽宁出土辽代墓志17方⑩。2002年，由王晶辰主编的《辽宁碑志》一书，共收录辽宁出土的辽代墓志47方⑪。2009年，由刘凤翥、唐彩兰、青格勒编著的《辽上京地区出土的辽代碑刻汇辑》共收录与之相关的辽宁出土的辽代墓志17方⑫。2010年，由向南、张国庆、李宇峰辑注的《辽代石刻文续编》共收录辽宁出土的辽代

---

① 张力：《辽〈张守节墓志〉考》，《辽金历史与考古》第三辑，辽宁教育出版社，2011年。
② 邓宝学、孙国平、李宇峰：《辽宁朝阳辽赵氏族墓》，《文物》1983年第9期。
③ ［日］园田一龟：《满洲金石志稿》，1936年。
④ 罗福颐辑：《满洲金石志》，1937年。
⑤ 罗福颐辑：《满洲金石志补遗》，1937年。
⑥ 罗福颐辑：《满洲金石志外编》，1937年。
⑦ 罗福颐辑：《奉天分馆藏汉魏晋以来墓志石刻录》，1943年。
⑧ 陈述辑校：《全辽文》，中华书局，1982年。
⑨ 向南：《辽代石刻文编》，河北教育出版社，1995年。
⑩ 王绵厚、王海萍主编：《辽宁省博物馆藏碑志精粹》，文物出版社，2000年。
⑪ 王晶辰主编：《辽宁碑志》，辽宁人民出版社，2002年。
⑫ 刘凤翥、唐彩兰、青格勒编著：《辽上京地区出土的辽代碑刻汇辑》，社会科学文献出版社，2009年。

墓志 23 方，并有详细的注释①。2010 年，由齐作声编著的《辽代墓志疏证》共收录辽宁出土的辽代墓志 33 方，并有详细的注释②。除此之外，朱子方、向南编撰了《辽代墓志考释》，因种种原因迄今未见出版，但朱子方为此书所写的前言 1982 年发表在《辽宁社会科学院学术论文选 1979 ~ 1981（历史分册）》上。

在吸收以上学术成果基础上，我们编著《辽宁出土辽代墓志整理与研究》一书，对辽宁出土的辽代汉文墓志进行了全面的整理与研究。依据墓志拓片，逐篇校勘墓志全文，订正了《全辽文》《辽代石刻文编》《辽代石刻文续编》等书的舛讹。如韩瑜墓志出土后，最早由中国学者毕任庸据手抄本发表志文③。因未与拓片及志石校勘，志文出现许多错误。以致后来出版的《全辽文》《辽代石刻文编》都沿袭其错误未改。耶律宗政墓志、秦晋国妃墓志、耶律宗允墓志也是在出土后，未经与拓片及志石校勘，仅据手抄本即录文发表于《全辽文》，其后出版的《辽代石刻文编》亦照抄，其以讹传讹的错误延续至今未改。这次我们依据拓片进行详细校勘，尊是黜非。朝阳地区仕辽汉族大臣家族墓地出土的墓志，如韩瑜、韩橁父子墓志，赵匡禹、赵为干父子墓志，刘承嗣、刘宇杰、刘日泳祖孙三人墓志，耿延毅、耿知新父子墓志等，此前都只在考古发掘报告的结语部分作简单的考释，本书编著时分别将每篇墓志单独成篇，文末并附有详细注释。本书收录的辽宁出土的辽代汉文墓志有的是新中国成立前出土的，学术前贤在编辑时仅著录志文，考证亦略焉不详。这次我们对这些墓志逐篇进行单独详细考释，其中比较重要的如宋匡世墓志、冯从顺墓志等。根据最新的考古发现与信息，也尽量对志文涉及的辽代州县进行详细考证，确指其地，为学术界提供准确的信息。仔细核对墓志志文拓片，对以往已出版的志文进行了详细的勘误。如辽代为了避"元"字讳，墓志上写为缺省一笔的元字，录入时被误录为"广"字，又有传抄录为"廣"等。

辽代墓志的内容十分丰富，涉及辽代的政治、军事、经济、文化、教育、外交、宗教、官制、地理、语言、礼俗、婚姻的材料很多，因为都是当朝文人所撰写，其史料价值弥足珍贵。可以预期，充分利用碑志资料，结合文献研究辽代社会，会取得越来越多的成果。

----

① 　向南、张国庆、李宇峰辑注：《辽代石刻文续编》，辽宁人民出版社，2010 年。
② 　齐作声编著：《辽代墓志疏证》，沈阳出版社，2010 年。
③ 　毕任庸：《辽韩瑜韩橁墓铭考证》，《人文》第 7 卷 3 期，1936 年。

辽太平年间金银器铭文辨析

万雄飞

（辽宁省文物考古研究所）

1990 年 6 月，英国伦敦文物拍卖市场惊现了一批来自中国的辽代金银器，共 21 件；第二年又出现一批，共 12 件。这两批辽代金银器的图片及有关信息先后刊登在东方青铜器有限公司出版的《中国古代御用黄金重宝》第一册、第二册。另外还有 1 件圆形金盒，发表在《1992 年戴迪野行巴黎展览图录》中。这些辽代金银器制造精良，纹饰华美，数量达 34 件之多。可分为器皿和饰品两大类，器皿类 17 件，器形有方盒、圆盒、方函、碗和高足杯；饰品类 17 件，有簪、耳坠、镯、梳、头饰、佩带和冠。更重要的是，17 件器皿和 1 件金佩带上均錾刻铭文，且内容丰富，具有十分重要的研究价值。因此，这批辽代金银器一经面世，立即引起了收藏界和学术界的广泛关注，先后有学者撰文对这批金银器加以介绍和探讨①，更有专门研究辽代金银器的学者把这批资料当作可兹断代的标准器②。

由于这批金银器价值重大，且流落海外，国家有关部门已对它们予以关注。然而，这批金银器的来历不明，对其真伪之辨，意义尤为重大。笔者没有目睹实物，本文仅依据金银器上的铭文，对它们进行辨识。

为方便讨论，现将錾刻有铭文的 17 件金银器（另有一件圆形金盒内也有铭文，但笔者未获得其内容），以铭文中的年代为序，列表如下：

表一 辽太平年间有铭文金银器一览表

编号	器物名称	主体纹饰	年代	铭文
1	鎏金方形银盒	四鹿团花	太平四年（1024 年）	太平四年，文忠王府大殿祈福用皿，宣徽南院本部提辖署诸臣合贡吉金做进。
2	鎏金方形银函	伽陵频加、伎乐天	太平四年	太平清吉。文忠王府大殿祈福祈祷用皿，宣徽南院行宫都部署诸臣合贡吉金造成，太平四年三月廿又九日进。

① 李缙云：《一批辽代金银器的初步研究》，《文物春秋》1991 年第 3 期；《续记新出现的一批辽代金银器》，《文物春秋》1994 年第 2 期；《流失海外的一批辽代金银器》，《收藏家》1995 年第 6 期。濡川：《辽文忠王府金银器小考》，《文物春秋》1991 年第 3 期。韩伟：《辽代太平年间金银器鉴文考释（上）》，《故宫文物月刊》No. 129，第十一卷第九期，1993 年 9 月；《辽代太平年间金银器鉴文考释（下）》，《故宫文物月刊》No. 130，第十一卷第十期，1994 年 1 月。
② 朱天舒：《辽代金银器》，文物出版社，1998 年。张景明：《辽代金银器研究》，文物出版社，2011 年。

续表一

编号	器物名称	主体纹饰	年代	铭文
3	鎏金银碗	奔龙	太平五年（1025 年）	太平五年，进奉文忠王府大殿祈百福用皿，宣徽南院本部提辖署各臣合拜。
4	鎏金方形银函	仙人骑鹤、兽面	太平五年	太平五年吉日造，奉文忠王府殿前供养。
5	金佩带	双狮、凤鸟、怪兽	太平五年	太平五年，武定军节度使兼管诸军检事臣张俭等合贡金，吉匠造成，又合拜揖，进文忠王府，行宫都部署司点讫。
6	方形金盒	盘龙	太平五年	太平五年，臣张俭命工造成，又供养文忠王府皇太后殿前。
7	方形金盒	伎乐天、对凤	太平六年（1026 年）	太平丙寅，进奉文忠王府供养祭器，臣张俭等命吉匠造成，又合拜揖。
8	方形金盒	双凤	太平六年	崇仁广孝功成治定文忠王府殿前祭器，太平六年造成又贡，臣张俭等合拜揖。
9	鎏金方形银盒	双凤	太平六年	太平丙寅，武定军节度使臣张俭命工造成又贡。
10	鎏金方形银函	兔、对凤	太平六年	睿文英武尊道至德文忠王府祭器，太平六年吉日造成又贡。
11	鎏金银碗	双鸳鸯	太平六年	太平丙寅，又进文忠王府，宣徽南院诸臣合金银百两造成贡进。
12	金碗	双鸳鸯	太平六年	太平丙寅，又进文忠王府大殿供奉，祈百福皿，九拾柒。
13	鎏金方形银盒	伎乐天	太平六年	睿德神略应运启化承天皇太后殿供养，太平六年三月廿又九日造成。
14	鎏金银碗	坐佛	太平七年（1027 年）	太平丁卯，武定军节度使宣徽南院行宫都部署侍中臣张俭供进，文忠王府大殿供养。
15	高足金杯	双凤	太平七年	太平丁卯，吉匠造，奉文忠王府大殿供养祭器，龙涎香皿一桌，臣萧术哲等合供进。
16	花口金碗	行龙戏珠	太平七年	太平丁卯，文忠王府大殿祭器，第廿又七字号，臣萧术哲等供进。
17	金碗	兔	太平八年（1028 年）	太平戊辰，进奉文忠王府大殿祭器，臣萧术哲等合供进，又合拜揖。

从上表可知，这 17 件金银器的制作年代集中在辽太平四年至太平八年（1024～1028 年），因此本文把它们统称为"辽太平年间金银器"。经仔细辨析，我们发现这批金银器的铭文内容，至少在三个方面存在一定问题。

一　铭文与《张俭墓志》不符

据铭文可知，这批金银器有 6 件器物供奉人记载为张俭，其中 3 件署有张俭当时的职衔，即表一中第 5 件金佩带、第 9 件双凤纹鎏金银盒和第 14 件坐佛纹鎏金银碗，作器时间依次为太平五年、六年和七年。

张俭是辽圣宗、兴宗两朝的汉人重臣，《辽史》有传，称他"功著两朝，世称贤相"，《辽史·圣宗本纪》和《辽史·兴宗本纪》对其也有相关记载。1969 年北京西城桦皮厂明代城基下出土了辽代张俭墓志①，志文长达 3000 余字，对比《辽史》所记，可知是同一人。志文详细记载了张俭的籍贯、历官、婚配及子女等，是我们研究张俭最真实、最可信赖的资料。再对比《张俭墓志》和这批金银器的铭文，可以发现两者所记张俭太平年间的仕宦经历明显不一致，详见表二。

---

① 黄秀纯：《辽代张俭墓志考》，《考古》1980 年第 5 期；《辽张俭墓志辩证》，《考古》1986 年第 10 期。

表二 张俭太平年间仕宦表

时间	金银器铭文	《张俭墓志》①
太平五年	武定军节度使兼管诸军检事	①春，以武定旌节兼相印以授之。 ②夏六月，复诏假节于彰国。 ③冬十二月，又诏镇节于大同。
太平六年	武定军节度使	春三月，再授枢密使、左丞相兼政事令、监修国史、鲁国公，改赐推忠翊圣保义守节功臣。
太平七年	武定军节度使宣徽南院行宫都部署侍中	—

由《张俭墓志》可知，太平五年春至太平六年春三月，在一年之内张俭频繁调动，官职连续发生4次变化，即①太平五年春任武定军节度使，并兼相位；②同年六月，调任彰国军节度使；③同年十二月，改任大同军节度使；④太平六年春，又调回中央，任枢密使、左丞相等职。这三件金银器中，太平五年制作的金佩带铭文所记张俭职衔与墓志基本吻合，但缺少"兼相印"。太平六年、七年作器的两件金银器，铭文内容则与墓志记载完全不符。按墓志记载，太平六年春三月之后，张俭已调回中央任要职，但是太平六年、太平七年作器的两件金银器铭文中仍称其为"武定军节度使"。

《辽史》卷八十《张俭传》和卷十七《圣宗本纪》对此的记载与墓志基本吻合，两者可相互印证。《辽史·张俭传》载："太平五年，出为武定军节度使，移镇大同。"《辽史·圣宗本纪》载：（太平五年）"三月，以左丞相张俭为武定军节度使、同政事门下平章事。……夏五月，……张俭彰信军节度使。"同卷载：（太平六年）"三月戊寅朔，以大同军节度使张俭入为南院枢密使、左丞相兼政事令。"《辽史》记录了太平五年、太平六年间张俭从中央到地方再调回中央的仕宦经历，但是作器时间在太平五年至七年的这3件金银器铭文却没有反映这一变化。

需要注意的是，《辽史》卷十七《圣宗本纪》记载的"彰信"应为"彰国"之误。《辽史》卷四十一《地理志五》载："应州，彰国军，上，节度。"太平五年，张俭在武定、彰国和大同三镇连续调动，它们都属西京道，位置相距不远。

二 铭文与契丹小字《梁国王墓志》不符

这批辽代金银器另外一个供奉人是萧术哲，《辽史》卷九十一有其传略。据其传，萧术哲主要活动于兴宗、道宗两朝，但是传记中未记载其具体生卒之年。2000～2001年，辽宁省文物考古研究所发掘的阜新关山辽墓群中，九号墓即为萧术哲墓②。墓葬中出土一合墓志，志石刻汉文《梁国太妃墓志》，志盖刻契丹小字《梁国王墓志》。经过契丹小字释读和考证，可知梁国王即《辽史》记载的萧术哲，梁国太妃即萧术哲之妻。《梁国王墓志》还记载萧术哲于咸雍五年（1069年）去世，享年51岁，由此可知萧术哲当生于1019年（开泰八年）。

这批金银器中有3件器物的铭文记载"供进"人为萧术哲，即表一中第15、16、17件器物，供进之年为太平七年、八年。铭文中没有署萧术哲的职衔，仅称"臣"。根据契丹小字《梁国王墓志》的

① 向南：《辽代石刻文编》，河北教育出版社，1995年。
② 辽宁省文物考古研究所：《关山辽墓》，文物出版社，2011年。

记载，萧术哲出生于开泰八年，那么在太平七八年，萧术哲年仅八九岁，作为童稚小儿的萧术哲显然没有资格和理由向文忠王府供进金银器。

另外，铭文中的"术哲"二字也与出土墓志不一致。《辽史》除了《萧术哲传》之外，卷六十七《外戚表》、卷四十四《萧胡睹传》、卷百十一《萧余里也传》都述及此人，名字均为"术哲"，但是在考古出土的汉文墓志中，均写成"术者"或"术里者"。如《秦国太妃墓志》① 记为"术者"，《耶律智先墓志》② 记为"术里者"，可见契丹名虽为音译，但是有相对固定的汉字对译。金银器铭文中的"萧术哲"显然源于《辽史》，而与当时通行的汉字译法不同。

三　铭文与史实不符

这批金银器铭文内容除了与有关出土墓志相抵牾之外，还有几处明显与史实不符。

第一处是表一中第13件器物鎏金方形银盒上的铭文，内容为"睿德神略应运启化承天皇太后殿供养，太平六年三月廿又九日造成"。其中"睿德神略应运启化承天"10字为皇太后的尊号，但是在这里被误用了。尊号是古代皇帝、皇后或皇太后在世时尊崇的称号；谥号是皇帝、皇后、皇太后或重要大臣去世后，后人给予的评价性称号。古代在外交、祭祀等正式场合和官方文件中，必须准确使用尊号或谥号，两者不可混淆。

辽代中期大力吸纳中原典章制度以后，非常重视加册帝后的尊号或谥号，《辽史》详细记载了承天皇太后不同时期的尊号及谥号。统计如下表：

系年	称号		文献来源
统和元年（983年）	尊号	承天皇太后	《辽史》卷十《圣宗本纪》、卷七十一《后妃列传》
统和二十四年（1006年）	尊号	睿德神略应运启化承天皇太后	《辽史》卷十四《圣宗本纪》、卷七十一《后妃列传》
统和二十八年（1010年）	谥号	圣神宣献皇后	《辽史》卷十五《圣宗本纪》、卷七十一《后妃列传》
重熙二十一年（1052年）	谥号	睿智皇后	《辽史》卷二十《兴宗本纪》、卷七十一《后妃列传》

对照这件器物铭文，作器时间为太平六年，此时皇太后已去世多年，皇太后的正式称呼应为"圣神宣献皇后"，而不能继续使用其生前的尊号。这件银盒作为祭祀用的重器，铭文上不应该出现这种严重错误。

第二处是表一中第6件器物盘龙纹方形金盒，其铭文为："太平五年，臣张俭命工造成，又供养文忠王府皇太后殿前"。按照铭文记载，文忠王府内应建有皇太后殿，这也是与史实严重不符的。

文忠王府为辽代十二宫一府之一，属大丞相耶律隆运（即韩德让）所有。《辽史》卷三十一《营卫志》载："辽国之法，天子践位置宫卫，分州县，析部族，设官府，籍户口，备兵马。崩则扈从后妃宫帐，以奉陵寝。有调发，则丁壮从戎事，老弱居守。"文忠王府模拟诸宫卫而建，是一个拥有州县、部曲和军队的实体机构，其性质类似高级贵族的采邑，其等级和权力又高于采邑，它为耶律隆运及其家族服务。

有学者认为文忠王府内建有皇太后殿，是因为耶律隆运与承天皇太后或皇室有主、仆关系③，这

---

① 辽宁省文物考古研究所：《关山辽墓》，文物出版社，2011年。
② 向南、张国庆、李宇峰：《辽代石刻文续编》，辽宁人民出版社，2010年。
③ 葛华廷：《浅说辽代名相韩德让——兼就韩德让与萧绰的关系与李锡厚先生商榷》，《北方文物》2005年第2期。

恐怕是一种误解。"文忠"是耶律隆运死后的谥号，因此"文忠王府"的名称必然是耶律隆运死后才出现的。当然，为耶律隆运服务的这个实体机构可能在其生前就已经建立，但建立的时间必然在耶律隆运被赐皇姓、出宫籍之后，因为只有最尊贵的皇亲才能模拟宫卫建立类似的实体机构。实际上，有辽一代除了9位皇帝和2位最著名的皇太后之外，臣子当中只有皇太弟耶律隆庆和大丞相耶律隆运建立了宫卫。所谓耶律隆运与承天皇太后或皇室之间的主、仆关系和人身依附关系，在耶律隆运出宫籍之后就不存在了，而以此为理由修建皇太后殿更说不通。

还有学者认为，由于韩德让与承天太后有特殊的私人关系，后来甚至发展成公开的夫妻关系，所以文忠王府内建有皇太后殿①，这种说法也与史实不符。葛华廷对于韩德让与承天太后的关系有过详细论述，即：他们是一种长期的公开的私通关系，但是承天太后绝不可能改嫁韩德让②。

从出土墓志资料来看，承天太后不仅没有正式改嫁韩德让，而且辽廷官方根本不承认两人事实上的夫妻关系。韩德让家族成员中的《韩橁墓志》③称："赐名隆运，联其御讳。"所谓"联其御讳"，是指"隆运"与圣宗御讳"隆绪"相连，圣宗两个亲弟分别名"隆庆"和"隆祐"，"隆"字是其字辈，可见辽圣宗正式承认的与韩德让的亲属关系是兄弟而非父子。内蒙古巴林左旗韩匡嗣家族墓地出土的《耶律隆祐墓志》④称："赐之以国姓，乃连御署，得系皇亲"，"薨于州之官舍，享年六十有四。皇帝以手足兴怀，柱石挂念。"耶律隆祐是韩匡嗣第七子，韩德让的亲弟，本名韩德颙，后来也被赐国姓并赐名，其墓志也称德颙与圣宗皇帝有手足之情。

《辽史》卷十五《圣宗本纪》载："夏四月甲子，葬太后于乾陵。赐大丞相耶律德昌名曰隆运。庚午，赐宅及陪葬地。"统和二十八年（1010年），承天皇太后下葬后不久，辽圣宗就马上赐名韩德让为"隆运"，其意是公开两人的兄弟关系，实际上是刻意回避和否认韩德让与其母事实上的夫妻关系。因此，在这种历史背景下，文忠王府内更不可能以夫妻关系之名公然建立皇太后殿。

第三处是表一第8件和第10件器物。铭文分别为："崇仁广孝功成治定文忠王府殿前祭器，太平六年造成又贡，臣张俭等合拜揖。""睿文英武尊道至德文忠王府祭器，太平六年吉日造成又贡。"两器铭文中均在"文忠王府"之前冠有圣宗皇帝的部分尊号，这也是对皇帝尊号的误用。《辽史》卷十六《圣宗本纪》载："（太平元年）十一月癸未，上御昭庆殿，文武百僚奉册上尊号曰睿文英武遵道至德崇仁广孝功成治定昭圣神赞天辅皇帝。大赦，改元太平。"这个长达22字的圣宗皇帝尊号为辽太平元年（1021年）所奉册，时间上与金银器铭文吻合，但在用法上却大有问题。皇帝尊号是对皇帝本人的尊崇称呼，《辽史》或其他文献均无以皇帝尊号冠在他人、他物名称前的例子。这两件金银器铭文分别截取辽圣宗尊号的一部分，冠以"文忠王府"之前，于礼法不符，逻辑不通，是严重错误。

通过以上分析，可以确定这批金银器的铭文至少有9件存在问题或有严重错误，由此令人不得不怀疑这批辽代金银器的真伪。当然，只有对这批辽代金银器的成分、器形、纹饰、制造工艺等进行全面考察和科学检测才能得出正确结论。

---

①　李锡厚：《辽史说略》，李学勤等所著《二十五史说略》，北京燕山出版社，1997年，第426~427页。
②　葛华廷：《浅说辽代名相韩德让——兼就韩德让与萧绰的关系与李锡厚先生商榷》，《北方文物》2005年第2期。
③　向南：《辽代石刻文编》，河北教育出版社，1995年。
④　向南、张国庆、李宇峰：《辽代石刻文续编》，辽宁人民出版社，2010年。

金上京遗址的考古新发现和新认识

赵永军　刘　阳

（黑龙江省文物考古研究所）

金上京城，即上京会宁府遗址，是金王朝的早期都城，位于黑龙江省哈尔滨市阿城区南 2 千米，阿什河左岸，俗称"白城"。自金太祖完颜阿骨打建国称帝，至海陵王完颜亮贞元元年（1153 年）迁都至金中都燕京（今北京），金朝以上京为都城，前后经历四代皇帝统治，历时达 38 年，约占金王朝历史的三分之一。作为一处重要的都城遗址，金上京城保存之完好程度，在历代都城中也是少有的。1982 年金上京遗址被国务院公布为第二批全国重点文物保护单位。

一　2013～2017 年考古工作概况

长期以来，金上京城遗址的田野考古工作非常有限。着眼于保护与科学研究的双重需要，根据上京城遗址的面积和遗迹、遗物分布情况以及上京城的保存与研究现状，黑龙江省文物考古研究所制定了《金上京遗址考古工作计划（2013～2017 年)》，该工作计划获国家文物局批复立项，于 2013 年启动实施[1]。

金上京遗址地处我国东北腹地，是我国古代兼具渔猎文明和农业文明特征的一处重要的大型遗址。作为分布于我国最北端的一座古代都城，也是我国北方地区保存最好的都城遗址之一，具有重要的历史意义和学术价值。加强金上京考古工作力度，通过有限的考古工作提取更多的学术信息，将为深入研究金上京城及金代考古开创新的局面[2]。

2013 年度工作重点是对城址进行勘测，对城墙遗迹进行解剖发掘，首次从考古层位学上确认了城址的营建使用情况[3]；2014 年对南城南垣西门址进行考古发掘，初步掌握了金代都城城门址的基本特征与结构[4]；2015～2017 年重点对皇城内西部和东部建筑址进行考古发掘，并对皇城区域进行全面勘

---

① 赵永军、刘阳：《大遗址保护视角下的金上京考古工作》，《北方文物》2015 年第 2 期。
② 赵永军：《金上京城遗址考古新进展》，《中国北方及蒙古、贝加尔、西伯利亚地区古代文化》，科学出版社，2015 年。
③ 黑龙江省文物考古研究所：《考古发掘确定金上京城址建筑与使用年代》，《中国文物报》2014 年 5 月 9 日第 8 版。
④ 黑龙江省文物考古研究所：《金上京考古取得新成果——发掘揭露南城南墙西门址》，《中国文物报》2015 年 1 月 30 日第 8 版。

探，了解了皇城的建筑布局、特征和范围①。这五年内开展的考古工作，拓展了对金上京城址形制结构特征和历史沿革的认识，将进一步推动金上京都城遗址的考古学研究，并为金上京遗址的有效保护提供学术支撑和依据。

二　2013 年对城墙墙体的发掘

金上京城由毗连的南、北两城组成，平面略呈曲尺形（图一）。两城总周长约 11 千米，总面积约 6 平方千米。城墙上筑有马面、角楼等防御设施，并有多个城门，有的城门外附加有瓮城。

上京城城墙整体保存较好，仅局部损毁。2013 年度发掘，选择在腰墙（编号 YQ）、北城西墙（编号 BXQ）、南城北墙（编号 NBQ）上各开一条探沟进行墙体的解剖。

腰墙，即北城和南城共用的一段城墙。其西部和北城西墙连接的部位已被现代村路穿过损毁。探沟 2013ASYQTG01，位于腰墙西侧，西距北城西墙约 30 米（图二）。腰墙方向为 102°，现存地表高度 0.5~0.7 米。城墙为夯土版筑，直接建于生土层之上。底部掘一凹槽，其内为垫土层，垫土层为夹杂有大量的碎小的砖、瓦块和陶片的黏土。基槽之上为夯土层。腰墙基槽部位基础宽 5.8、基槽高 0.2~0.3 米，夯土层厚度不等，由底部向上 1.2 米处，夯土每层厚度为 12~15 厘米，1.2 米处再向上的夯土层厚度为 6~8 厘米。墙体上部存高 2.5 米。地表部位现存墙宽为 4.8 米。腰墙主体城墙外端，经过两次修筑。第一次是在主墙南北两侧，紧贴墙体修出台阶，以青灰色砖砌筑。现仅存底部少部分砌砖，上部为坍塌的砖块和黏土。其宽度 0.5~0.6、存高约 0.2 米。第二次修筑仅在墙体南侧，在城墙包砖外侧，再以夯土加固。夯土为黄色夹沙土，其宽度为 1.1~1.2、存高约 0.38 米。

腰墙墙体南侧有护城壕，护城壕底距现地表深 2.7、开口距底部深 2.4 米。壕底部宽约 6.5 米。

在 TG01 内的城墙两侧，出土有少量的白瓷片、铁钉等遗物，还有花岗岩制成的圆形礌石等。在腰墙基槽底部出土有泥质陶片、布纹瓦残块等，都是较为典型的金代器物。

北城西墙发掘点，即探沟 2013ASBXQTG02，位于南、北城交接处向北 20 米。西墙外西侧有南北向的蜚拉（蜚克图至拉林）公路通过，城壕已被占压。此处是一被毁的城墙豁口，其北侧为一条自西向东流过的河流，注入阿什河。本次利用此段城墙豁口进行解剖发掘（图三）。

西城墙为夯土版筑，直接建于生土层之上。底部掘一凹槽，基槽深 0.5~0.6 米，底部基槽东西宽 10.1 米。基槽内底部和上部各铺一层碎砖瓦，碎砖瓦层的中间为一层垫土。基槽上部起夯土，现存高度 4.9 米，夯土每层厚度为 7~8 厘米。

城墙两侧，由基槽底部向上 0.6 米处有一台阶状缓坡，宽 0.55~0.6 米，再向上呈弧形。其上有零星的残砖，应是后期加固城墙的砌砖。说明此段城墙亦经过二次修筑。

南城北墙发掘点，即探沟 2013ASNBQTG03，位于北城与南城交接处的东北转角处，西距北城东南角约 32 米（图四）。

南城北墙方向为 102°，与腰墙方向一致，其夯墙结构与北城西墙及腰墙相同。墙体存高约 3.05

---

① 黑龙江省文物考古研究所：《金上京皇城揭露一组大型带院落建筑基址》，《中国文物报》2016 年 4 月 22 日第 8 版；《哈尔滨市阿城区金上京皇城西部建筑址 2015 年发掘简报》，《考古》2017 年第 6 期；《金上京遗址发掘获重要收获——揭示皇城东建筑址布局和特征》，《中国文物报》2017 年 5 月 19 日第 8 版。

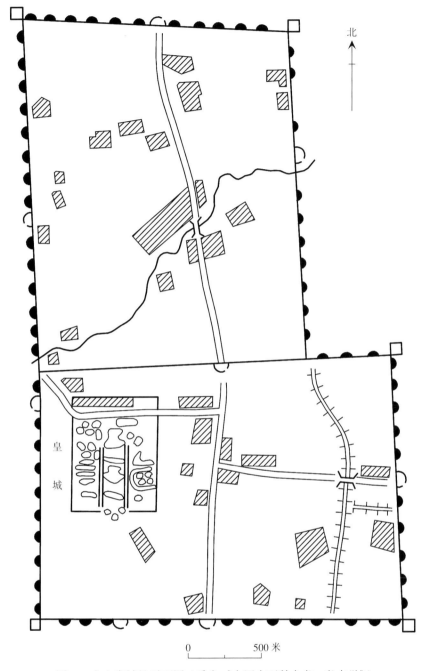

北

皇城

0   500 米

图一　金上京城址平面图（采自《中国大百科全书·考古学》）

米。夯土每层厚 6~8 厘米。基槽直接建于生土层上。北侧基槽深 0.3、南侧基槽深 0.45、基槽宽 12.6 米。基槽内最底部垫有一层厚 0.1~0.15 米的碎砖瓦，夹杂着碎陶片，经过夯实，十分坚硬结实；其上为垫土，厚约 0.2 米；垫土之上还有一层同最下层一样厚度的碎砖瓦块。

　　自上而下 6.4 米宽的夯土墙两侧，有宽 1 米的砖砌台阶，内为倒塌堆积砖，包墙砖呈斜向上收缩，包砖底部铺一层砖，内填碎砖瓦片。此包墙砖系后期加固夯土墙而筑。该段墙体南、北两侧均有壕。城壕部分未能全部揭露。通过钻探，了解到墙南侧壕宽 10~11、最深处 2.8 米；墙北侧壕宽约 28、最深处约 3.8 米。由此可见，北侧城外的护城壕的防御功能较为明显。

图二　2013 金上京城腰墙 TG01 全景（南—北）

图三　2013 年金上京城北城西墙剖面（北—南）

图四　2013 年金上京城南城北墙 TG03 北侧剖面（北—南）

墙体两侧堆积中出土有陶片、瓷片等，陶片多为泥质灰陶，有的有刻划纹饰，口沿多为卷沿。瓷片以白瓷为主，器形有碗、盘等。在夯墙底部基槽的砖瓦垫土层中，还出土有兽面纹瓦当，为判定年代提供了珍贵的实物材料。

通过对城墙的层位堆积和包含遗物特征等分析，确认城址的始建年代为金代；后期至少有过一次以上的修筑情况。发掘揭示的三段城墙，即腰墙、北城西墙、南城北墙，其建筑结构和修筑方法相同。

三　2014 年对金上京城城门址的发掘

通过勘察，确认金上京城外城有6 座城门，多已遭损毁，仅南城南墙西门址保存尚好，且有完整的瓮城。

2014 年度，重点对金上京城南城南墙西门址进行了考古发掘，发掘面积 1100 余平方米。金上京南城南墙西门址由城门和瓮城组成（图五）。该门址和上京城皇城午门址在一条中轴线上，位置重要。城门址由单门道、路面和东西两侧的夯土城墙（墩台）组成。门道方向北偏东 5°。门道呈长方形，其两侧中部尚存有门砧石，中间有石门限（图六）。西侧门砧石北部存留有石地栿，石地栿上有少量的木痕。

门道两侧门砧石为花岗岩制成，保存较为完整，呈长方形，南北纵向置放，其上部中间有一东西向凹槽。门砧石上部和四壁修整较为平

图五 2014 年金上京城南城南墙西门址发掘俯瞰（上北下南）

图六 2014 年金上京城南城南墙西门址门道（北—南）

整光滑，底部未经完全修凿，有些凹凸不平，不甚规整。东侧门砧石长 1.25、宽 0.74～0.76、厚 0.59 米；西侧门砧石长 1.3、宽 0.63、厚 0.64 米；凹槽宽 0.23～0.26 米，深 0.15 米。

从门砧石的间距，推测门道宽约 6.5 米左右，南北进深约 20 米。两侧门砧石外侧各有四根等距分布的大圆木柱，木柱已被烧焦，仅留底部炭木痕迹，每侧木柱的间距约 3 米左右。木柱直径 0.55～0.6、残高 0.9～1.3 米。每根木柱底部有平整的柱础石，础石近长方形，系花岗岩质。这些柱子应为支撑城门顶部的中心柱。

门道内路面以花岗岩石板铺砌，现大部分已损毁，仅局部两处有存留。石板大小不一，依次错位相接排列，表面有明显修整的凿痕。

门道的基础部分为基槽内筑夯土，土质较致密，为黑黄两色。每层夯土上面有明显的夯窝。每夯土层下均间隔有一层夹土灰陶片、碎砖块和瓦砾层，且夯打密实。基础部分总厚度为 1.5 米左右。

城门墩台南、北两面均有青砖砌筑包墙。

瓮城平面大致呈马蹄形，东西内径长约 50、南北内径宽约 20 米。东南侧有一出口，为瓮城门。瓮城内和城门处发现多层路面，系不同阶段修补遗留。

瓮城门位于瓮城城墙的东部，方向为东偏南36°。南、北墩台均遭损毁，两侧各有一柱础石，但其所处位置高度不一，系不同时期所置。

瓮城内堆积较深，清理情况显示，地表以下1.4~1.5米地层为金代晚期以降的文化堆积。

在瓮城内东北角发现房址一座，编号2014F1。房址依城墙而建，为半地穴式建筑，平面近似正方形。推测F1为瓮城卫戍之居所。

根据在瓮城西南侧城墙处所布探沟（2014ASⅢTG01）发掘可知，瓮城墙存在一次修筑、后期两次补筑的情况。现存城墙宽11.8~13.5、残高约4.8米。

瓮城墙的主墙为平地起建，顶部窄底部宽，残存高度3.6米，顶部宽度0.6~1.8米左右，底部宽度5.1米左右。其内夯土堆积为深黄色黏土，质地纯净致密，夯层不明显。

第一次补筑城墙是在主墙外侧，包筑黄黑花土，夯层较明显，黄黑两色夯层叠压堆积，夯层的平均厚度6厘米，最厚层约10厘米。第二次补筑城墙是依第一次补筑的城墙外侧再次包筑形成。补筑的夯土堆积为黄黑花土，夯层较明显，夯层厚度6~13厘米，残存高度2.6~2.85米，上部宽3.35米。

此次发掘，出土器物种类多样，有陶、瓷、石、骨、铁、铜器等，包括生产、生活用具和兵器等。以陶建筑构件和铁兵器等为主。

根据门道下基础堆积、门道内堆积、路面情况、墩台的土质构成以及其内外两侧砌筑包砖等情况综合分析，并结合出土遗物特征，初步确认此次揭露的南城南墙西门址系金代中期前后营建修筑。

四　2015年对皇城西部建筑址的勘探和发掘

金上京的宫殿区位于南城的偏西部，即所谓的"皇城"。搞清皇城的布局是本阶段工作的重点内容。迄今，皇城城墙的四至范围及布局尚不明晰。地表仅可见皇城内中部宫殿区有数座宫殿基址等大型遗迹，对宫殿区周围建筑布局和特征缺乏比较充分的认识。宫殿区接近中心位置的西、东两侧（即右、左两侧）各有一高于地表的遗迹堆积分布，地面上可见有大量的残砖、碎瓦等遗物。学术界早年推测其为文献记述中提到的"紫极洞"和"桃源洞"。

2015年，对金上京皇城开展了局部勘探，涉及皇城城墙及四至范围，并对第四殿址西侧的建筑址进行考古发掘，揭露面积3100余平方米。

通过勘探，确认皇城平面为长方形，略呈东北—西南向，南北长约649、东西宽约503米。城垣为夯土筑，系灰褐、黄、黑色花土夯实而成，残存厚度1.4~1.9米。墙下有基槽，基槽部分宽5.2~7.1米。未发现角楼等遗存。在皇城西墙和南墙外发现有壕。西墙外壕距西墙西侧25.2~25.6、宽6.2、深1.4~2.2米，南墙外壕距南墙南侧8.2~16.4、宽7.4~7.8、深1.9~2.1米。

本年度重点发掘的皇城西部建筑址，为皇城内西区中部的一处建筑遗存。除建筑址本体外，四周还有围墙、相关的附属设施，构成一处院落式（庭院）建筑格局（图七）。中心建筑址台基（编号TJ1）为黄褐色土夯筑，呈"十"字形，大致南北向，台基东西最长约41、南北最长约33米。台基较为平整，中部略高，向四周逐渐呈慢坡状，高1.2~0.5米。台基边缘以砖包筑，宽约0.35米。台基上分布有36个磉墩，磉墩排列有序，中部东西向有4排，南北外端两侧每排最多有8个；其中台基的

图七 2015 年金上京城皇城西建筑址及院落布局全景俯瞰（上北下南）

东、西、北部中间均有减柱现象。礎墩平面略呈方形，长度为 2～2.4 米。在台基中央部分，为一周圆形浅凹槽构成的遗迹，南侧中间有一豁口，为入口。其北部，东西向有 4 个稍小的礎墩分布；凹槽构成的圆形区域明显高于周围台基面，其内铺砌有方砖，现仅保存少量的残砖。圆形区域直径东西长约 12、南北宽约 11.5 米。依空间分布看，台基上形成五个区域。中央主体部分，即主殿，呈圆形，南部为露台，东、西两侧为挟屋，北部为后阁。南部中央露台前面有一慢坡状踏道与前院路面相连。台基南部，露台东、西两侧各有一夯土筑成的角台，呈方形，边缘以砖包筑。台基四周的包砖外侧，地面部分为砖砌的散水。台基上分布有 4 个灶址。灶的形制相同，在台基上掘土筑成，周边以砖围砌，灶室为圆形，火塘部分为长方形。灶总长度约 3.5、宽约 1.5 米。台基上还有 3 处排水槽，呈长条形，长约 1.5、宽 0.3～0.5 米。中心台基的南部，为青砖铺砌的路面，大部分为方砖对接铺成，少部分为长方形砖铺砌。在台基的东、北、西三侧有围墙。围墙与中心台基平行砌筑，构成一方形或长方形庭院。仅北墙揭露完整，东、西两墙分别向南继续延伸。从地面墙基看，中部为墙体，两侧为散水。墙基部分保存多为地面的基础部分，墙基宽 0.9、两侧散水各宽约 0.7 米。北墙全长 63.7 米，东墙北部发掘长度为 48.4 米，西墙北部发掘长度为 22.5 米。台基的东、西两侧中部，各有一段东西向隔墙，将庭院分为南、北两部分，形成前、后院。隔墙的宽度和结构均与院墙相同。

在中心建筑台基址（TJ1）的西北，即庭院的西北角，有一方形小型台基址，编号 TJ2。TJ2 东西长 9.2、南北宽 8.2、高 0.15～0.3 米。台基边缘以单砖错缝顺向平砌包筑。包砖外侧地面为砖砌散水。台基上有 9 个柱础石，东西、南北各呈三列，大致等距分布。根据其规模和形制结构分析，推测 TJ2 为庭院中的亭台类建筑。

在中心建筑台基址（TJ1）的西南，即庭院的西南角，还有一方形台基址，编号 TJ3，本年度没有对其进行完整揭露，仅揭露其东北部一角。按其形制和位置，推测 TJ3 为中心建筑址西侧的配殿类建筑。

在中心建筑台基址（TJ1）的东南，即庭院砖铺路面的东端，有一段砖筑的矮墙，呈曲尺形。以长方形砖砌筑，向南一侧的砖面，自下而上错位砌筑，表面有一些壶门图案的纹饰砖。推测该砖墙为庭院内的装饰墙。

在中心建筑址台基西侧，有三条不同宽度的青砖铺成的道路。路中间多采用方砖铺砌，两侧为长方砖横向立砌。

出土遗物以灰瓦、青砖等建筑构件为大宗。灰瓦有板瓦、筒瓦、滴水和瓦当。瓦当纹饰主要为龙纹，个别为兽面纹和花卉纹。滴水纹饰均为龙纹。其他还有套兽头、螭首、鸱吻、人物塑像等。有少量的施釉瓦和带纹饰的砖。铁器中以各式钉的数量最多，其他为车马具、兵器、生产工具。少量的瓷器、石器、铜器等。发现的铜钱多为北宋钱币。

此次揭露的皇城西部建筑址，为金上京皇城西区中部的一组建筑遗存，属于中心宫殿区西侧的一处重要的附属建筑。

五　2016～2017 年对皇城东部建筑址的勘探和发掘

2016～2017 年工作的重点是对金上京皇城东侧中部区域的建筑址进行了局部勘探，主要学术目标是搞清皇城宫殿区东部大型建筑址的基本形制、结构、布局及性质。通过考古勘查，皇城东部建筑址体量较大，相关遗存分布密集，大致位于宫殿区第四殿址以东位置。其西北部，与其西侧紧密衔接的为一组相对独立的小型建筑址，编号为 TJ1，2016 年度对此建筑址台基进行发掘，揭露面积 1200 余平方米。TJ1 东部建筑基址分布纵横交错，且互有关联。在 2016 年度工作的基础上，2017 年，对 TJ1 以东区域进行大面积发掘，揭露面积 2500 余平方米。

TJ1，即 1 号台基址，整体平面呈"T"形，由两部分夯土台基组成，北部夯土台基呈东西向，南部夯土台基呈南北向（图八）。

北部夯土台基，即 TJ1 - 1 平面呈长方形，东西长 33、南北宽 11.8 米。东、西、北三面为慢坡状，至底部与砖砌路面衔接。台基边缘以长方形砖竖立砌筑。台基中部高于东、西两侧的砖路 0.85 米，高于北侧的砖铺路面 0.65 米。台基中部与南部的台基高度相同，中间以砖砌墙相隔。在台基上分布有三处不规则椭圆形坑状遗迹，结构相同。其中东北部发现 2 处，西北部发现 1 处。坑壁以青砖砌筑，并涂抹白灰。但砖壁仅保存少许。坑底部有 3 个或 2 个小柱洞，柱洞较深。台基西南角接近路面底部，有一砖砌的排水槽（沟），编号 SG3。SG3 平面呈长方形，东西走向，东西长 2.15、南北宽 0.52 米。沟底用青砖纵向平铺，砖缝之间涂抹白灰。砖大小不等，顺向平铺。沟壁现残存两层砖，两侧砖中间的沟宽 0.12 米。SG3 表层距现地表 0.8 米。

南部夯土台基，即 TJ1 - 2，与北部台基垂直分布，平面呈长方形，南北揭露长度约 25.2、东西长 21.6、高 0.5 米。该部分台基的四周为环绕的墙基，墙基宽 2.35～2.65 米。其建筑方式是用碎砖瓦片夯筑一层，再用素土夯筑一层。沿墙基一周有磉墩分布。在墙基东、西两侧及北部有砖槽，槽内砌砖包筑。护墙砖槽宽 0.6、深 1.05～1.15 米。

图八　金上京城皇城东 1 号建筑址 2016 年发掘区俯瞰（上南下北）

在台基北部，东、西两侧，各有一道以砖砌筑的东西走向的排水槽，分别编号为 SG1、SG2。两条水沟平面呈长条形，中间以砌砖分隔，沟底部用砖铺设。SG1 呈西高东低的坡状分布，东西长 2.64~2.8、宽 1.06~1.54、深 0.22~0.34 米；SG2 呈东高西低坡状分布，东西长 1~1.3、宽 1.1、深 0.3~0.5 米。

台基的边缘和中部分列 16 个柱础的磉墩，平面呈方形，大小略有差异。磉墩的表面层为碎小瓦砾层，上面的础石无存。

通过磉墩柱网的排列，可确认南部台基址为面阔三间，进深四间。在台基的中部位置偏南，东、西各有一个较大的磉墩分布，应是室内中央的中心柱础，两磉墩内侧间距为 5.8 米。这两个中心柱础将南部建筑基址空间分隔成两部分，两室相通，各进深两间，内部减柱造，为大开间。其中北部室内空间东西长约 16.5、南北宽约 7 米；南部室内空间，主体为数条烟道构成的取暖设施（火炕）。现存烟道共有 9 条，烟道两侧壁为黄土堆筑，表层铺砖，烟道口上覆盖方砖。火炕部分南北总体长约 7.3、东西宽约 13.5 米。烟道宽 0.35~0.4、深 0.2~0.25 米。烟道口大底小，剖面为 "U" 形。在烟道南端东、西两侧，分布有 3 个灶址。其中东部 1 个，西部 2 个。灶址由操作间、火门、火道、火膛、烟道等部分组成。平面呈 "凸" 字形，系土圹砖室结构。

该建筑址台基的外侧地面，为用大小不同的青砖平铺而成的路面，路的边缘为顺向竖立砌筑的道沿，道沿高出地面 0.03~0.05 米。

通过解剖，了解了台基各部分的构筑情况。南部建筑台基的底部先是挖槽，在槽内堆土夯筑。基本是一层夯土，一层瓦砾层，交替夯筑。北部露台的基础部分是用河流石和黄土交替夯筑形成的。柱础下磉墩的结构同样为一层夯土一层瓦砾，相互交替叠压夯筑而成。磉墩底部基础内收，并打破生土。

从叠压的层位关系看，属于 TJ1 北侧部分的露台是属于后期增筑的一部分建筑，年代略晚于南侧的主体建筑。

通过勘探和局部发掘，认识到 TJ1 以东和以南区域的主体建筑为一呈"十"字形的夯土台基址，台基址整体由三部分单独的夯土台基交汇构成（图九）。东西向的西段编号为 TJ2，南北走向的台基编号为 TJ3，东西向的东段编号为 TJ4。三条台基交汇组成"十"字形的台基址，高出周围的砖铺地面 0.7 ~ 0.8 米。台基上磉墩排列有序，表面残存铺砌的方砖。其中南北向台基的北部上面分布着多处取暖设施（灶址），台基址的边缘均有一定宽度的包砖墙残留。综合分析，此处应为廊庑基址。结合 2017 年考古勘探成果，南北向台基长度约 270 余米，是一条纵贯皇城东部的长廊址。

图九　金上京城皇城东建筑址 2017 年发掘区俯瞰（上南下北）

TJ2 西段与 TJ1 的南端相连接。TJ2 平面呈东西向长方形，东部略宽于西部。发掘揭露部分东西长 24、南北宽 17.8 ~ 11.8 米。东部与 TJ3 相连，东部高出 TJ3 约 0.15 ~ 0.2 米。其上排列磉墩 13 个。磉墩的排列，西部为单列，东部为双列。TJ2 南部墙基外包砖已无存，基槽宽 0.6 米，墙基痕迹尚在，有白灰残迹。

TJ3，南北走向，平面呈长方形。南北揭露长度 59.8、北部宽 13.7 ~ 14 米。TJ3 上共发现柱础基础（即磉墩）54 个，灶址 3 个。磉墩平面略呈方形，呈南北向对称排列，东、西两侧各 2 列。磉墩之间东西间隔 0.45 ~ 0.5、南北间隔 2.8 ~ 3 米。TJ3 东、西两侧各有砖砌护壁墙及散水。磉墩上面有的还存留柱础石。TJ3 西部被 TJ2 东部叠压，即 TJ3 的修建应略早于 TJ2。

TJ4，平面形状呈长方形，东西走向，其和 TJ2 在一条线上。发掘揭露部分东西长度为 23.2、南北宽 10.7 米。该段台基南、北两侧各有包墙砖和散水，包砖墙基宽 0.8、散水宽 0.45 米。台基上亦有磉墩，呈东西向 3 排分布。礎墩的宽度约为 1.3 米，东西间距 2.5~2.9、南北间距约 2.9 米。TJ4 的夯土基础叠压在 TJ3 的散水之上，即 TJ4 的修建应略晚于 TJ3。

由 TJ2、TJ4 及 TJ3 构成的"十"字形长廊式基址，将东部区域分隔成若干建筑单元，并互有关联。在长廊的东北部，分布有 TJ5 和 TJ6。

TJ5，平面呈方形，夯土结构。东西长 6.8~7、南北宽 6.7 米。该台基址西部和南部紧贴 TJ3 和 TJ4 台基址修筑。东侧和北侧外壁有包砖及散水。包砖多已无存。推测 TJ5 是一处平台式建筑。

TJ6，平面长方形，位于 TJ5 的东部。东西长 6.3、南北宽 1.8 米，夯土结构，台基四周残留包砖墙，包砖外有方砖铺设的散水。台基上东、西各有 1 个礎墩，间距 3.8 米。推测 TJ6 可能为牌楼式建筑。

在长廊的东南部，分布有 TJ7 和 TJ8，两者以包砖墙相连接。TJ7 和 TJ8 未予完整揭露，只发掘出一小部分。从礎墩柱网结构上看，应是大型殿址基础的一部分。

在长廊东段与 TJ7 和 TJ8 之间，分布有排水沟和水井等附属设施。

排水沟，即 SG1，位于 TJ4 南侧，平面呈长方形，与 TJ4 大致平行，略有弯曲。斜壁底平，西高东低呈坡状，揭露长度 15 米。两侧沟壁以长砖顺向错缝砌筑，用白灰勾缝。沟底局部保存较完好，为方砖错缝铺筑。从所处位置看，此排水沟是一处明渠。但在东、西两处连接南北建筑址的两段隔墙下有涵洞，为砖砌券顶。

水井，即 SJ1，口部距地表 1.2 米。井的上口平面呈椭圆形，土圹，口大底小，斜壁。井口东西长径 3.2、南北短径 3 米。实际发掘深度 4 米，经钻探至井底深度约 10.3 米。从井壁壁面上发现有礎墩及础石分析，推测井口周边原有"亭子"类建筑。

在廊庑址与各个建筑台基址之间，分布有砖砌的甬路相通。

本年度发掘的 TJ3、TJ2 和 TJ4 是属于皇城内东部区北部贯穿各建筑之间的两条交叉的廊庑基址。TJ1 是廊庑址西北部区域一组相对独立的建筑基址。

通过对关键部位的发掘解剖，了解到作为廊庑址的 TJ3、TJ2 和 TJ4 存在叠压关系，TJ3 分别早于 TJ2 和 TJ4，东西向和南北向的三条廊庑址大致属于两期修建。

发掘出土遗物以灰瓦、青砖等建筑构件为大宗。灰瓦有板瓦、筒瓦、滴水和瓦当。瓦当纹饰主要为龙纹、兽面纹和花卉纹。滴水纹饰均为龙纹。其他还有凤鸟、人物塑像等。少量的带纹饰的砖。

六　小结

近一个阶段以来的考古工作，是为了配合金上京大遗址的保护工作而开展的有计划的课题考古，有重要学术意义和收获。本阶段工作所获考古资料，为了解金代都城布局与建筑特征提供了重要的基础材料，将进一步推动金上京都城遗址的考古学研究，为深化金代考古及中国古代都城研究增添了重要的实物资料。初步总结如下认识：

第一，首次从考古层位学上确认了城址的营建使用情况。根据城墙的地层堆积和包含遗物特征，确认城址的始建年代为金代。

第二，发掘揭示的三段城墙，即腰墙、北城西墙、南城北墙，其建筑结构和修筑方法相同。均为夯土版筑，墙体底部基础部分都挖有基槽，且基槽内垫层情况亦大致相同。揭示的三段城墙两侧均有以青砖包砌主城墙的二次构筑现象，这和相关历史文献中记述金朝中晚期曾有以砖修筑城址城墙的情况相吻合，两者得以相互印证。

第三，认识了金代都城门址的基本特征。南城南墙西门址由城门和瓮城两部分组成，门址为单门道，两侧有地栿石与排叉柱等构造。该门址的基本形制特征具有显著的唐宋时期门址的特点，其门道两侧对称竖立大圆木柱支撑顶部过梁结构的做法，墩台及相接城墙内外两侧砌筑包砖的现象，与克东蒲峪路城址的南门址结构相一致，体现了金代城门建筑的新规制。

第四，门址门道及瓮城内有多层路面的使用情况，瓮城墙经过两次补筑修复，均反映了上京城址的修筑过程和使用情况。瓮城内东北角发现有带火炕的房屋，具有特殊的居住使用功能。瓮城墙内侧筑有砖砌的一类用于排水的特别设施，为了解金代城墙结构特征提供了新材料。

第五，2015年度揭露的皇城西部建筑址，属于宫殿区西侧的附属建筑。是上京城首次揭示的一处重要的带院落的建筑址。建筑址中心夯土台基呈"十"字形，台基边缘以砖包筑，其上磉墩分布有序。台基中部面阔七间，进深三间，东西两侧有减柱。建筑址布局清晰，形制完整。院内有配殿、亭台、装饰墙等附属建筑。从其建筑规模、格局及出土龙纹瓦当等构件和其他遗物来看，该建筑址或为金代上京城内一处重要的礼制性质的遗存。

第六，2016~2017年度揭露的皇城东部建筑址，属于宫殿区东侧的附属建筑。两条交叉的廊庑基址贯穿各建筑之间，构成了多组相对独立的建筑格局。其中，2016年度揭露的一组建筑（TJ1），仅是东部建筑址的一部分。该建筑主体部分面阔三间，进深四间，内部减柱，大开间；南部有特色鲜明的取暖设施，北部为后期增筑的露台。由此也反映出上京城的建筑和布局动态变化的过程。

第七，2017年度开展的皇城区域的勘探及发掘，进一步证实宫殿区建筑址的布局、性质及功能。宫殿区建筑采取门址—殿址依次排列组合的布局，外围有回廊分布；东、西两侧建筑址由多个单元组成，内部多减柱构造，大开间；有特色鲜明的取暖设施；皇城内建筑址至少存在金代早、晚两个时期的遗存。

第八，通过考古勘探，初步了解到上京城宫城内午门至南城南墙西门址之间存在一条中轴大街，该街与宫城内多重殿址处于一条轴线上。进一步明确了上京城宫殿—门址—御街—外城门址（瓮城）的相对应关系。

第九，上京城发掘出土的遗物，以建筑构件为主，有少量的生活类器具。大量的建筑构件为陶质、石质类，以带龙纹图案的瓦当、滴水和脊兽等最具典型，凸显皇家气派。

五女山博物馆藏明代铁车辖修复保护浅识

王　滨

（大连现代博物馆）

五女山城，位于辽宁本溪市桓仁县城东北8.5千米的五女山上，是史料中记载的高句丽第一代王城"纥升骨城"的部分遗址。公元前37年，中国东北地方政权"夫余国"王子朱蒙率领一部分人在此建国立都，号称高句丽。新中国成立以来，国家和地方政府十分重视这一历史遗迹，于1963、1996年，相继定为省级、国家级重点文物保护单位。通过考古发掘，发现多类建筑基址，出土大批文物，为确认其高句丽第一王城地位做出了有力鉴证，从而被列入"1999年十大考古新发现"。2003年1月，由国家文物局报请国务院批准，将内含五女山城之"高句丽王城、王陵及贵族墓葬"项目向联合国教科文组织申报世界文化遗产，同年9月经国际古迹遗址理事会专家实地考察、验收。2004年7月1日，在第二十八届世界遗产委员会会议上，一致通过列入世界遗产名录。2008年，在五女山城西南脚下建立了五女山博物馆。

五女山博物馆藏品中有大量的铁质文物，其面临不断劣化亟待保护修复的状况，我们所修复的这件车辖就是馆藏铁质文物之一。车辖，意为包在车毂头上的金属套。《说文解字》中对"辖"的解释："辖，毂端锴也。"锴，即金属套。"在古代的车上，轴是固定的，而行车时，轮、毂却要不停地转动。毂不但承受车厢的重量，又要受到车辐转动的张力，并承担车轴的摩擦，是吃力很重的部件。尤其是在车子倾斜时，其受到轴的扭压力矩较大，毂口易开裂。辖在毂两端，形状如管，外边留有狭窄的当头，合毂木的厚度，正好钉在毂端，用以管制毂，故名辖。由此可见，辖对毂起加固作用。"[①]

一　铁车辖修复过程

（一）文物基本信息与病害调查

这件明代铁车辖，是2016年从桓仁县木盂子镇高俭地村征集入馆，其整体呈环状，四周等距铸有六齿，内径16.1、外径20、高5.3厘米，齿高2.7、宽2.1厘米，修复前重4908克。铁车辖整体锈蚀严重，通体被泥土与锈蚀混合物覆盖，其病害类型主要是全面锈蚀和层状剥离两种（图一）。层状剥

---

① 顾顺玉、李刚：《谈对辽代车辖和车的几点认识》，《辽金历史与考古》2014年第00期。

离病害遍布车辖全身，六齿与其环状本体连接处堆积了大量的硫状沉积物，且质地比较坚硬。对铁车辖各面拍照后，根据其实际状况，决定采用铁质文物修复的基本步骤对其进行保护修复（图二）。

图一　车辖修复前　　　　　　　　　　　　　图二　车辖修复后

（二）仪器分析检测

针对铁车辖的保存状态，首先使用便携式 X 射线机对其进行了中能 X 光探伤检测。X 光片结果显示，铁车辖整体结构规整，未发现铭文或纹饰，内部无腐蚀，锈蚀层均在文物表面，文物整体状态稳定。之后采用 X 射线衍射仪（XRD）对铁车辖的锈蚀物进行物相分析，XRD 谱图显示，其锈蚀产物以纤铁矿为主，纤铁矿又称活性铁锈酸，为不稳定锈蚀，应予以去除。

（三）清理

首先用毛刷清理车辖表面的积尘和已松动的覆盖物。然后使用手术刀，手动去除车辖本体及六齿内外两侧较疏松的锈蚀层和附着物，针对较厚的锈层和表面硬结物等，使用脱脂棉蘸 50% 浓度的乙醇溶液敷在其上使硬结物软化，并配合小锤轻震，后用手术刀去除。将锈蚀层基本清除后，未发现车辖本体上铸有文字或纹饰等。最后使用微型钻与尼龙刷头，逐一去除车辖本体所有残留的土锈和附着物，基本恢复铁车辖原貌。

（四）脱盐

铁质文物脱盐实质上主要是脱除氯化物，氯的存在是破坏铁质文物稳定性的重要原因之一。氯离子能够加速点蚀、应力腐蚀、晶间腐蚀和缝隙腐蚀等局部腐蚀，使其迅速劣化。

对氯离子的检测，我们使用了硝酸银滴定法。首先将铁车辖各部位已经去除的小块锈蚀物，研磨成粉末状倒入试管中，尽量不要使其挂于试管内壁。用滴管汲取适量硝酸溶液注入试管中，轻微震荡试管，使锈蚀粉末与硝酸溶液充分接触。停置一段时间后，再向试管中注入一定量的去离子水，液面距试管口 3～5 厘米为宜，轻微震荡试管。摇匀后用滤纸过滤掉杂质，用漏斗倒入另一试管中，然后向透明滤液中加入 2～3 滴硝酸银溶液。若装有滤液的试管中出现乳白色沉淀，则硝酸银溶液中的银离子与滤液的氯离子结合生成了氯化银，可认为锈蚀样品中含盐，需做脱盐处理。车辖滴定实验中未出现乳白色沉淀，证明铁车辖中没有氯离子存在，无须脱盐处理。

（五）缓蚀

缓蚀即在金属表面添加适量的缓蚀剂，它是防止金属腐蚀或减缓其腐蚀速度的一种保护技术。

选取试验块进行试验操作后，决定采用1%浓度的单宁酸溶液作为缓蚀剂。单宁酸作为一种传统的缓蚀剂，其在文物表面形成的缓蚀膜，具有良好的缓蚀作用，是铁质文物常用的一种缓蚀剂材料。将车辖浸入缓蚀剂中2分钟，使车辖本体与缓蚀溶液充分接触，之后取出在室外阴凉通风处晾干（约2小时）。再将车辖重复缓蚀操作两次，共完成三遍后，将车辖在室内常温下放置24小时，使其彻底干燥①。做完缓蚀后，铁车辖表面颜色略微变深，但是未改变车辖本体的原始颜色，对文物本体的影响不大。

（六）封护

大多数铁质文物在保护过程中，表面需要添加涂层，以阻隔水分和氧气，降低水分和氧到达阳极区速率，提高耐腐蚀性②。铁质文物的封护，体积小巧的可选用微晶石蜡作为最后的封护材料；而体积相对较大的则可选用 Paraloid B72（丙烯酸树脂）作为封护材料，其操作方便且有较好的耐光和耐热性、耐腐蚀、附着力强、具有可再处理性③，特别符合文物保护要求，是铁质文物封护的重要材料。

此件铁车辖我们采用 Paraloid B72 为封护材料，使用毛刷涂布。做封护处理前，先将车辖放入干燥箱，在50℃下干燥30分钟，然后取出冷却。涂刷前先去除刷子脱落的刷毛，确保封护膜的完整性。涂刷时采用先上下后左右的顺序，在车辖表层全面均匀地涂刷封护材料，难涂部分用小毛笔预先涂刷。第一遍先使用1%浓度的B72溶液，按水平方向进行涂刷，待封护材料完全干燥后，改用3%浓度的B72溶液，按垂直方向进行第二遍封护，这样可保证最后形成的封护膜厚度均匀一致。封护完成后，在室内常温下干燥24小时，然后在自然光下用肉眼检查，封护层未改变铁车辖表面颜色和光泽，没有出现刷痕、起泡、发白等现象。文物封护后要定期养护，鉴于五女山博物馆的库房保存条件，建议B72封护的养护周期设定在一个月左右，要定期进行检查和添补。

二　车辖修复效果评估与预防性保护建议

铁车辖修复后，对其重新进行了拍照和测量。修复后内径16、外径20、高5.1厘米，齿高2.55、宽2厘米，修复后重4474克。在保护修复前对铁车辖的保存现状和不同部位的锈蚀产物进行了科学、系统地分析。在此基础上制定了表面清理、滴定检测、缓蚀、封护等保护修复技术流程。清理后，未在本体发现铭文或纹饰。修复过程中，严格遵循铁质文物保护修复的基本原则，因病施治，将这件锈蚀严重的铁质车辖尽可能地恢复其原貌，使其历史价值、艺术价值、科学价值得以充分的体现。

《博物馆铁质文物保护技术手册》中，制定了铁质文物的保存环境标准。博物馆铁质文物保存的环境推荐值为：温度15℃～20℃，相对湿度为0～40%，且环境日温差小于2℃～5℃，相对湿度日波动值小于5%④。光照方面，铁质文物属于光照不敏感藏品，即非光敏性藏品，照度标准低于300勒克

---

① 国家文物局博物馆与社会文物司：《博物馆铁质文物保护技术手册》，文物出版社，2011年，第44页。
② 沈大娲、马立治、潘路、马清林：《铁质文物保护的封护材料》，《涂料工业》2009年第1期，第6页。
③ 杨璐、王丽琴、王璞等：《文物保护用丙烯酸树脂 Paraloid B72 的光稳定性能研究》，《文物保护与考古科学》2007年第3期，第56页。
④ 国家文物局博物馆与社会文物司：《博物馆铁质文物保护技术手册》，文物出版社，2011年，第72页。

斯即可①。由于五女山博物馆临近浑江，依山而建，周围山体植被茂盛，库房内没有恒温恒湿系统，温湿度受季节影响波动巨大，其馆藏文物均放置在库房藏品柜内保存，以现有条件不利于藏品的长期存放。因此按照文物保护最新的指导理念，预防性保护为主、被动修复保护为辅的原则，建议首先在保证博物馆展柜和藏品柜密闭性的前提下，配备除湿装置或放入调湿材料，尽量控制保存环境湿度；其次对馆藏的铁质文物全部进行保护修复后，以一个月为保养周期，定期对铁质文物进行检查，如果发现铁质文物再次出现劣化现象，及时处理，确保在现有条件下，最大限度地延缓其"寿命"，达到长久保存和保护文物的目的。

三　对铁质文物修复保护的几点认识

通过本次对铁车辖修复保护的操作，结合实际工作经验，有以下几点认识和体会：

（一）文物的预防性保护的重要性

"预防性保护"②的概念是在1930年关于艺术品保护国际研讨会上被第一次提出。当时主要指博物馆、图书馆和档案馆的温湿度控制。从20世纪70年代开始，ICCROM（国际文化遗产保护与修复研究中心）在全球范围内11个国家的26个博物馆推广预防性保护理念。到了20世纪90年代，这一理念日趋完善，并逐渐被各国博物馆界所认同。预防性保护的核心理念是，在不危及文物真实性的前提下，延迟任何形式的可以避免的损害所采取的必要的措施和行动。努力使文物处于一个"稳定、洁净"③的环境，达到长久保存和保护文物的目的。《国家文物事业发展"十三五"规划》中指出：加强馆藏文物预防性保护，出台馆藏文物日常养护技术标准管理规范，制定博物馆库房标准等一系列文物预防性保护的标准与规范，实现由注重抢救性保护向预防性与抢救性保护并重的转变，由注重文物本体保护向文物本体与周边环境、文化生态的整体保护转变，确保文物的安全。因此，文物预防性保护，已经成为文物日常保管与保护中，必不可少的一项重要环节。

（二）文物修复前仪器检测的必要性

近年来，随着科技的不断进步，越来越多的检测和分析仪器进入到了文物保护领域，如X射线衍射仪（XRD）、扫描电镜（SEM）、红外光谱（IRS）、核磁共振（NMR）等等。这些设备为文物修复前所需要的各种数据，如文物本体的物理化学结构、强度和塑性、文物内外部形态、劣化程度、病害成因以及对文物保护修复方案的制定及修复材料的选择，提供了非常全面的科学根据。以X光探伤机为例，作为一种无损检测手段，早已广泛运用于文物保护中，尤其在铁质文物保护修复过程中，针对覆盖在锈蚀层下的铁器，可以通过X光片，了解到文物内外的锈蚀程度、锈蚀层下是否存在铭文及纹饰等情况、残损状况及制造缺陷等等一系列重要信息，为铁质文物保护修复方案的制定和具体保护措施的选择，提供了有力的科学依据。

（三）锈蚀物去除程度的控制

铁质文物锈蚀物的去除程度，主要依靠分析检测数据结合文物保护工作者的实际操作经验来判定。

---

① 《博物馆藏品保存环境试行规范》，2005年。
② ［英］加瑞·汤姆森：《博物馆环境》，科学出版社，2007年，第66页。
③ 吴来明、周浩、蔡兰坤：《基于"洁净"概念的馆藏文物保存环境研究》，《文物保护与考古科学》2008年第S1期。

对于铁质文物的除锈处理，应根据文物主体的锈蚀程度来判断。对于已经完全矿化的铁质文物，为了满足展览需要，可以只去除表面硬结物及疏松的锈蚀，或者带锈保护①；对于表面有纹饰或错金银类的铁质文物，可利用喷砂技术先去除表面大部分锈蚀物，再采用手术刀等在放大镜或显微镜下进行细微除锈，从而获得比较好的器物原初表面；对于本体基本稳定只有表层或局部锈蚀的铁质文物，可以采用化学与机械去锈相结合的方法去除有害锈即可。

（四）缓蚀剂和封护材料的选择

在铁质文物保护修复的操作中，应根据文物的器形、体积大小、材质、保存条件的不同以及后期维护等因素，选取最合理且操作方便的缓蚀剂和封护材料。在对缓蚀剂的选择上，应选择防腐蚀性能良好、长效、同时对环境友好且具有可逆性的缓蚀剂；对于封护材料的选择，应采用基本透明无眩光、耐老化、防腐防水、具有一定硬度和耐磨性、膨胀系数尽量与铁器本体相近及可再处理的封护材料②。针对存放在博物馆内或室外的铁质文物，在其操作上，应做到适宜其保存环境、操作方便且利于后期维护，真正达到对铁质文物长期保护的目的。

[后记]

在参加辽宁省文物局主办的"全省铁质文物科技保护"培训中，通过全程参与对五女山博物馆藏明代铁车辖的保护修复技术，使我在了解铁质文物修复的工作思路与操作流程的同时，初步掌握了对锈蚀程度相对较低的铁质文物的保护修复技术，亲身实践了明代铁车辖保护修复的操作流程、技术工艺、材料选取，受益匪浅。本文将铁车辖的修复全过程与在铁质文物保护修复中得到的一些心得与广大业界同人共享，请各位同仁批评指正。

---

① 贾文忠、贾树：《贾文忠谈古玩修复》，百花文艺出版社，2007年，第53页。
② 马清林、马立治、沈大娲：《金属类文物保护材料选择——以铁器、银器与鎏金银器为例》，《中国文物科学研究》2014年第2期。

试析集安高句丽龙纹

张玉春

（吉林省文物考古研究所）

一　概述

　　吉林省集安市在很长时间内曾经是高句丽政治、经济和文化中心。境内发现的高句丽龙纹图像，早见于 20 世纪 30 年代日本学者发表的《通沟》①。新中国成立以来，进行了一系列考古发掘，发现一些新材料。但由于种种原因，历年来学者对集安龙纹研究较少。而对这些零散材料进行整理和分析，有益于我们拓展和深化对高句丽文化的认识。

　　高句丽人对龙纹的使用既存在于日常生活的用具之上，也见于墓葬的壁画之中。据考古材料，高句丽较早的龙纹出现在公元 4 世纪左右，一直延续到公元 7～8 世纪灭亡之际。龙纹图像资料多出自壁画，也散见于砖石、青铜器上。建筑中，用其祥瑞；器具中，见其尊严；墓葬里，显其通天避邪的神异，以保佑统治者长命富贵、万事咸宁。在龙纹集中出现的墓葬壁画中，早期龙纹仅处于装饰陪衬地位，晚期处于主导地位，达到了满目皆龙的情形。在不同时期、不同介质上的龙纹风格存在明显差异。集安当时社会发展文明程度虽远不及中原地带，但其自始至终都受中原文化的影响。龙，在高句丽人的思想意识中继承了汉代龙纹祈祥瑞、避邪恶、标榜身份、震慑百姓的作用，是神威、权力和尊严的象征，为权贵们所专用。

　　本文以高句丽龙纹为中心，从时代风格方面进行试析，探讨高句丽龙纹产生、发展、变化的特点与规律。在中原相同时期绘画龙纹罕有遗存的情况下，墓葬壁画龙纹还为揭示集安区域文化特点、龙纹图像的流变等有积极意义。

二　龙纹分类与描述

1. 砖印龙纹

　　见于集安国内城出土的 17 件龙纹砖标本，其中体育场 4 件、市审计局职工宿舍 13 件②（图一）

---

① ［日］池内宏：《通沟》，"日满"文化协会，1938 年。
② 吉林省文物考古研究所、集安市博物馆：《国内城——2000～2003 年集安国内城与民主遗址试掘报告》，文物出版社，2004年，第 82、116 页。

从龙纹风格特点和出土器物分析，这17件龙纹砖当为同期遗物。作为建筑构件，龙纹砖当为国内城中最高等级建筑用材。砖体的前端立面装饰有模压浮雕龙纹图案，相向侧面走姿。采用对称组织法，龙纹两左两右排列。每条龙长约3厘米。龙纹由头、角、颈、躯干、鳍、四肢、肘毛、足（爪）、尾等九个部分组成。龙头扁圆，角后扬上卷，形如圆钩。须口连体，呈"八"字形，分别向上下翻卷。曲颈后倚，躯干前伏后弓，颈、背一体呈"S"形。第三足部位的背上饰有尖状鳍。四肢呈行走状，中间两足、肘毛状如倒钩。龙一前肢上抬，三爪微扬。右后肢亦三爪，微张，抓地。尾部造型呈"S"形上扬，如蛇行。龙纹各部位大都以粗细略同的曲线线形表现，圆润流畅，具有动感和韵律感。构图十分洗练，疏密得当，通透而饱满。龙的姿态活泼，风格洒脱，宛如相向嬉戏。

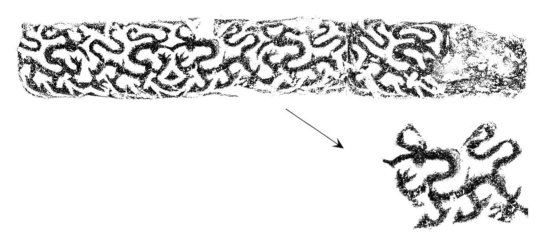

图一　国内城龙纹砖（2003JGTYCT4④：1）拓片

2. 石刻龙纹

石刻龙纹在千秋墓中发现，位于墓的阶坛砌石上①。阴线刻成龙形图案，龙纹不完整（图二）。高23、宽30厘米。其风格为北朝时期常见的形状。龙须、口连体，呈"八"字外翻。长舌外伸下弯。短角位于头上，向后上方卷曲。颈部、躯干以双线勾勒。前爪短促、平直。龙纹线条概括简洁，笔意活泼流畅。其造型与国内城砖上龙纹大体相似。

3. 青铜镂空龙纹

图二　千秋墓石刻龙纹

见于太王陵（M540）出土的案饰和马镫上②。案饰上龙纹采用对称组织法，与一虎纹组合成一组交尾兽纹，重复出现（图三）。龙呈回首后顾状，大张口，上下唇均向上卷钩，吻部较长，龙角平直简短。躯干拱起，尾部上卷。四肢均作卷曲状，与汉代的草龙形式相似。各部位大都以粗细略同的曲线线形表现，圆润流畅。整体构图细密，纹样清秀纤巧，鎏金更显华丽。马镫上的龙纹大体与案饰上的类同，只是由屈身变为直体，可见三爪（图四）。

---

① 吉林省文物考古研究所、集安市博物馆：《集安高句丽王陵》，文物出版社，2004年，第177、180页。
② 吉林省文物考古研究所、集安市博物馆：《集安高句丽王陵》，文物出版社，2004年，第303、306页。

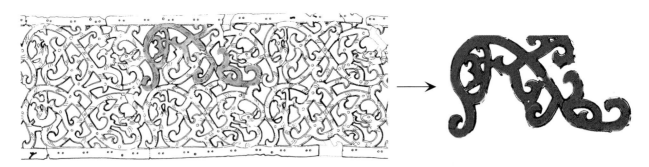

图三　太王陵鎏金案饰龙纹

（03JYM540D：10，灰黑部分为一个单体回首仰头龙纹）

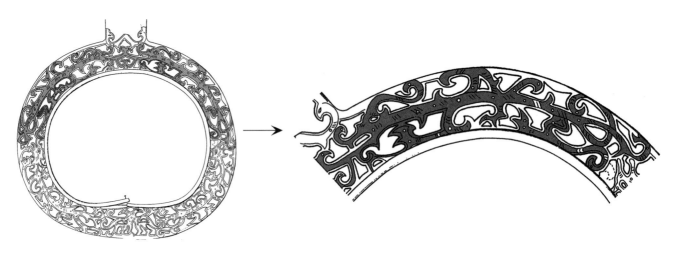

图四　太王陵鎏金马镫龙纹

（03JYM540D：4，左图灰黑部分为两个单体龙纹）

4. 壁画龙纹

稍早的壁画龙纹见于公元 3～4 世纪的舞踊墓，墨绘于白灰地仗之上[①]（图五）。头部比较小，吻部占头部的大部分。眼睛扁圆较大。圆钩形龙角较长，前方有两个圆形凸起。上下唇尖且长，口角尖锐，深过眼。张口如喇叭，吐线状舌。上下颚处可见尖锐龙牙。耳较大，位于嘴角后侧。曲颈后倚，躯干、四肢均较平直。兽足，肘毛如缨。背毛三丛，分散排列于身体后部，作用当如背鳍。前肢与躯干结合处有狭长翼。躯体布满网格状鳞纹。尾粗如躯干，向上弯折。龙头绘制精巧，身躯稍显朴拙。呈奔跑状，具有汉代活泼、古朴的风格。

图五　舞踊墓壁画龙纹

---

① ［日］池内宏：《通沟》，"日满"文化协会，1938 年，图版 30－3。

　　稍晚的壁画墓中的龙纹，见于公元5~6世纪的长川一号墓①（图六）、三室墓②（图七）。和早期舞踊墓的龙纹比较，此期龙纹形体细一些。张口微敛，上颚上翘，下颚变短，口角圆润及耳。舌加粗，牙齿平整。肘毛更显著，翼加长加粗。四肢屈曲，前倨后弓，呈匍匐爬行姿。身躯多覆交错排列鱼鳞状鳞纹，尾呈"S"形翘卷，身尾均较细长。足见三趾，形态圆润。风格较成熟，秀丽而矫健。

　　高句丽晚期壁画墓中可见大量的龙纹，尤其是大体例的龙纹占有一定比例。这些龙纹主要出于四神墓③（图八），五盔坟四号墓④（图九至图一一），五盔坟五号墓⑤（图一二）。此期龙均为蛇身龙。张口吐长舌，口角圆润深长，几乎与颈部相连，两唇尖狭且长。眼大扁圆，龙角尖耸位于眼睛以上的头顶部，前端多有三个显著凸起。周身网状鳞纹隐约密集。腹甲粗疏，环节毕露。四肢张弛有度，体型匀称健美。三爪舒张，爪骨粗壮结实，爪甲锐弯如月牙。尾部从躯干处渐收至尾尖，强壮有力。躯体分

图六　长川一号墓壁画龙纹

图七　三室墓第三室壁画龙纹

条带着多种颜色，形象鲜明。鳞纹的视觉效果弱于条带状着色的效果。此期龙的表现形式变得丰富多样，有仙人骑龙、盘龙、躬身龙、交龙纹多种形式。按内容又可以把仙人骑龙分为两种，一种是表现神话传说内容的（见图八）；另一种是伎乐仙人的形式，点缀和烘托气氛（见图一二）。其余几种龙纹形式的运用主要是从墓葬结构与功能上考虑多一些。盘龙纹绘于一小块方石墓顶，盘曲环绕，灵动活跃（见图九）。躬身龙，口含宝珠，回首顾盼状，四肢强健，支撑有力，颇具雄姿，布于墓室承托重量的梁坊部位（见图一〇）。交龙纹，两条龙排列紧凑，呈"8"字形互相缠绕绞结，是承重梁坊位置龙纹的另一种艺术形式（见图一一）。

　　晚期龙纹已由前期墓葬壁画中的从属、装饰地位，发展成为主体画面。排布各类龙纹于特定的部位，使功用与艺术较好地结合与表现，显示了画工独具匠心的设计。整体构图布局得法，结构匀称多姿，笔画壮快，行云流水。穷游泳蜿蜒之妙，得回蟠升降之宜。大量运用红、黄、绿等艳丽的颜色，顺着蛇形龙身呈条带大胆着浓色，色差对比强烈，给人辉煌灿烂、浓郁热烈的视觉感受。此外，龙纹以外的装饰开始出现，如云纹、树木、几何图案，组成了以龙为主体的复杂、完整的综合图案。琳琅满目、色彩缤纷的龙纹，或奔走于四壁，或飞舞于空中，或盘绕于抹角，萦绕飞旋于墓主人的周围，营造出风云飞动、百龙腾绕的仙界空间。此期龙纹是高句丽龙纹发展的巅峰时期，艺术水平之高叹为观止。

①　吉林省文物考古研究所：《吉林集安高句丽墓葬报告集》，科学出版社，2009年，第73页。
②　[日]池内宏：《通沟》，"日满"文化协会，1938年，图版68。
③　[日]池内宏：《通沟》，"日满"文化协会，1938年，图版84。
④　吉林省文物考古研究所：《吉林集安高句丽墓葬报告集》，科学出版社，2009年，第125~139页。
⑤　吉林省博物馆：《吉林辑安五盔坟四号和五号墓清理略记》，《考古》1964年第2期，第440~443页。

图八　四神墓壁画龙纹　　　　　　图九　五盔坟四号墓墓顶壁画龙纹

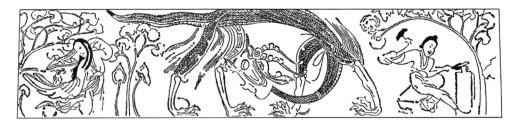

图一〇　五盔坟四号墓藻井下叠涩石条（近四壁处）壁画龙纹

图一一　五盔坟四号墓东壁壁画交龙纹

图一二　五盔坟五号墓藻井壁画龙纹

三　结语

早期龙纹在砖石、铜器和壁画多种材质上都有所表现。如前所述模印砖龙纹、石上刻划龙纹、青铜马镫镂空龙纹、墓葬壁画（舞踊、三室、长川一号）墨绘龙纹，其风格与一些汉代砖刻龙纹相似①。这说明高句丽砖石上的龙纹受汉晋以来先进地区的影响，并非高句丽人创造的艺术形象。高句

① 徐华铛：《中国的龙》，轻工业出版社，1988年，第86页。吴山编著：《中国纹样全集：魏晋南北朝·隋唐·五代卷》，山东美术出版社，2009年，第83、182页。四川省文物考古研究院：《四川渠县发现战国秦汉时期的特大型遗址》，《中国文物报》2013年8月31日第6、7版。

丽王陵千秋墓所用石材上出现龙纹，都城国内城砖上使用龙纹，表明高句丽建筑已经引入中原的龙纹作为装饰，龙纹或可作为高等级建筑的实物证据。青铜马镫与案饰上的龙纹表明，高句丽贵族此时已经广泛使用龙纹，这些随处可见的日用器具龙纹是统治者权势与地位无处不在的象征。从形貌分析，此期龙纹处于模仿阶段。均为兽身形态，以简练朴拙、活泼生动为主要特点。弯角斜出，喇叭形口，口角深入，所有这些特点都带有汉代龙纹的特征，反映了地方政权对中原王朝的崇敬和追随。正如《礼记·曲礼上》第一所言"……左青龙而右白虎……进退有度，左右有局，各司其局。"《礼记·礼运》第九记载："麟凤龟龙，谓之四灵……设制度，故国有礼，官有御，事有职，礼有序。"早中期壁画墓中龙纹主要是"各司其局"的守望护佑和装饰的作用，是高句丽初期礼仪有序的统治面貌的一种体现。

晚期龙纹为壁画龙纹。见于四神墓和五盔坟四号、五号墓。龙纹的装饰作用达到顶峰，占了壁画的大部分画面，成为装饰纹样的主体。蛇身为主要的形态特征。龙纹风姿轻盈秀丽，法度严谨，气韵潇洒。大幅面的龙纹雍容华美、气势磅礴，带有北魏以至六朝风韵。与晚期壁画龙纹相类的纹样在北魏石刻仙人骑龙图[1]、河南洛阳北魏石刻、南北朝砖上龙纹羽人戏龙图[2]中均有所见。此时的龙纹与中原龙纹一脉相承、又有所丰富，表明高句丽政权与中原地区存在比较密切的文化交流。目前材料中未见百姓生活器具有龙纹，龙纹图像的使用人群局限于显贵之家，未普及到普通民众。在社会发展到一定阶段，矛盾日益激化的形势面前，用色彩与线条构建虚幻、壮美的通天神龙，是统治阶级企图寻求佑护和导引，实现独处一方的现实理想的曲折反映。

---

① 吴山编著：《中国纹样全集：魏晋南北朝·隋唐·五代卷》，山东美术出版社，2009 年，第 75 页。
② 吴山编著：《中国纹样全集：魏晋南北朝·隋唐·五代卷》，山东美术出版社，2009 年，第 83 页。

八十述怀

——我的两点思考

郭大顺

我最近思考较多的，有两个问题，也大致拟出两个写作题目，一是《人兽组合与神巫定位》，一是《史前东西文化格局的形成及意义》。这是受近几年考古界朋友们在这方面讨论的启发想到的。

关于第一个题目。利用参加 2017 年 10 月份四川成都金沙玉器研讨会的机会，对有关资料和正在形成的观点加以整理，做了个简单的 PPT，因我是临时被邀参会，见会上发言安排很满就未来得及申请发言。想到这个题目的直接起因，是当年 8 月份在辽宁朝阳有个以虎文化为主题的研讨会，会前会后查阅资料，发现除虎的题材以外，有人与虎的组合多例，它们从新石器时代晚期延续到青铜时代，尤其是图像的表现已具规律性。现知人与虎组合的最早一例为美国华盛顿弗利尔博物馆藏大玉刀，为龙山文化时期（图一）。此器长达 72 厘米，刀的边缘有细阴线雕刻的两组人与虎的组合，都为题材和图案基本相同的一人一虎，人为戴"船形帽"（依邓淑苹女士称谓）的人首，虎为全身、大张口，两者的关系是人首紧靠于虎口前。同时或稍晚的是石峁城址新发现的龙山时代晚期前后一块建筑石材的长侧面上刻出的人与虎的组合，已是对称双虎之间夹一人首，但人首在大张的虎口前的形象，与弗利尔大玉刀相同。人与虎的组合还见于石家河文化，如北京故宫博物院和美国赛克勒博物馆各收藏的一件人虎形玉牌饰，一件为人首在上，虎首在下；一件为人首在中，虎首在上，另一兽首在下的状态。石家河文化玉器上人与虎题材的表现形式虽不同于弗利尔大玉刀，但人首形态与弗利尔大玉刀上的人首有相同处，如都戴"船形帽"等。到了商代，人与虎的组合多见于青铜器上，如商代中期前后安徽阜南（图二）、四川三星堆大铜尊腹部的"虎噬人"图案，同样图案还见于商代晚期商王都殷墟所出司母戊大鼎的耳部、妇好墓妇好铜钺的钺面上，这四例都为与石峁建筑石块装饰花纹相同的双虎夹

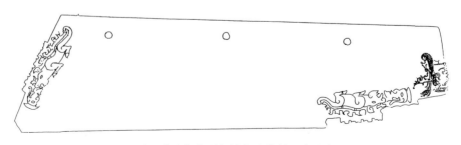

图一　美国华盛顿弗利尔博物馆藏刻人虎纹大玉刀

图二　安徽阜南龙虎尊
（下为双虎夹一人纹线图）

图三　日本泉屋博古馆藏"虎噬人"卣

一人、人首在大张的虎口间的图案。日本泉屋博古馆和法国西努奇馆各藏有一件商代晚期"虎噬人"铜卣，也都为一人与一虎的组合，不过人与虎都非装饰花纹，而是圆雕型的器物本体，虎张大口甚至有所夸张，人双臂抱虎身，足踏于虎的足面上，人首置于虎口以内，虽不是双虎夹一人的图案，但人首位于大张的虎口的形象和动作，仍然是与上述诸例人虎花纹相同的表现形式（图三）。此外，弗利尔美术馆的铜觥与铜刀，英国不列颠博物馆的铜座件，都有"虎噬人"形象或装饰，也为虎张大口、人首在虎口内的状态。

　　从人与虎的组合还可以联系到人与兽、人与鸟等的组合。如仰韶文化和马家窑文化的彩陶中，除了大家都熟知的半坡和姜寨遗址的人鱼纹组合以外，还有马家窑文化的人与兽（天水赵师村）、人与蛇（瑞典远东博物馆藏品）、人与蛙（柳湾马厂类型）组合。玉器中，有江苏昆山赵陵山属于良渚文化早期的 M77 所出一蹲踞人左手托一鸟、头顶一兽的组合，还有良渚文化玉器普遍施用的"神人兽面纹"；红山文化玉器也有人与兽（美国克里夫兰博物馆和瑞典远东博物馆藏品）甚至人与熊（英国剑桥大学费芝威廉博物馆藏品）的组合（图四）；龙山

图四　剑桥大学费芝威廉姆博物馆藏红山文化玉熊人

文化玉器中则见有人与鸟的组合（北京故宫藏品为一鹰在上，鹰爪各攫一人首，人首有与弗利尔博物馆大玉刀上相同的船形帽，天津历史博物馆藏品为一鹰下二鸟各攫一人首）等，所表现的人与兽、鸟关系似更为紧密。以上诸例的时代有的已可上溯到仰韶文化和红山文化晚期，分布范围则遍及东南到西北各地。

从新石器时代晚期到商代前后，人兽组合的概念还可以扩大，一是同器组合，一是同穴共存。

人兽同器主要见于龙山时代的玉圭上。如台北"故宫博物院"、天津博物馆等单位所藏玉圭，有多件一面为人面、另面为兽或鸟，可视为同器上的人与兽的组合。

图五　河南濮阳龙虎墓（M45）

同穴共存。三星堆一号坑和金沙都有人与虎共存的实例，三星堆一号坑为铜人头像与金虎的组合；金沙遗址为石跪人与石虎组合，且有多组。同穴共存还见于墓葬，是墓主人与兽的同穴共存，典型实例如河南濮阳405号墓墓主人与龙和虎的组合（图五）。红山文化牛河梁女神庙则为泥塑的人与熊、人与鹰的共存。

以上组合中最令人关注的，是人与兽组合中的人的身份，即组合中的人是巫者还是神。神是祭祀对象，巫是通神使者，两者的身份与担负的职能有根本区别，但又有巫向神的转化。这方面主要是依据张光直先生的观点。张先生最早是从濮阳西水坡龙虎墓的分析入手的。以为墓两侧的龙与虎是背对墓主人的，是人骑龙虎升天以通神的表现，并联系《山海经》等文献和图像，以为此墓主人当为巫者。张先生并由此联系到良渚文化玉器"神人兽面纹"中的人形象非神而为巫者，是巫者骑兽作法形象，这与濮阳西水坡龙虎墓的表现形式是相同的。张先生尤其重点解析泉屋博古馆和西努奇馆"虎噬人"卣的人也是巫者，而且是借用大张口的虎的气息以作为通神功力的[1]。如是，则上述各例人与虎以及人与兽、人与鸟的组合中的人，大都应为巫者而非神。诸人兽组合中可以明确定为神的人形象，只有牛河梁女神庙内的泥塑人像群，他们可以明确为祭祀对象，是神或女神。

当然，巫与神的身份除了因功能不同而要严加区别以外，他们又是可以转化的。这是指巫者可以转化为神。可依陈梦家先生有关"商王是最大的巫"的观点对此加以解释[2]。因为掌握通神权的商王故去后

①　张光直：《濮阳三蹻与中国古代美术上的人兽母题》，《文物》1988年第11期。
②　陈梦家：《商代的神话与巫术》，《燕京学报》20期，1936年。

被列入作为祭祀对象的先公先王行列，身份自然转化为神。赵殿增先生在论述三星堆铜立人的身份和功能时也提到类似观点。三星堆二号坑的大型铜立人像，通高2.6、人高1.7米。软硬冠，三层衣，饰龙纹，手作执物状，下为由高台、象首和扁台组成的三层台，也为人与兽的组合（图六）。多以为此铜立人为三星堆诸铜人形象中个体最大的一尊，且高于真人原大，故应为神，但赵殿增先生以为，其穿戴满饰花纹的服饰，手作执器物状，是巫者作法形象，为群巫之长，但巫为王者，也可转化为神，有一个由人而巫，由巫而王，由王而神的演变过程①。于建设同志在论述红山文化"神本社会"的形成过程时也表达了大巫死后成神的观点②。由此想到，良渚文化玉器上饰人兽纹组合的部分重器，是否也可以从巫转化为神的角度理解。这里要特别提到北京故宫博物院所藏红山文化玉人牌饰，孙守道先生曾释为红山文化的祖神像。此玉人身下一兽，也为人兽组合，兽在人的两足间，似也为人骑兽作法形象，则玉人的身份也应是巫者，因此牌饰个体甚大，玉人神态庄重，有冠和衣饰，手执信物，或也可从由巫向神的转化加以理解。而且这件玉人牌饰的人兽组合关系也为此玉牌属于红山文化提供了又一证据③。

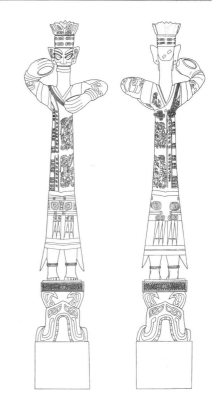

图六　三星堆二号坑铜立人

关于第两个问题即史前东西文化格局的形成及意义，这是在学习李济先生晚年学术思想和观点时引发的。李济先生晚年除继续研究安阳殷墟以外，与殷墟有关的研究课题主要是继续追溯殷墟文化的起源。在这方面他有三个相互关联的观点应该引起关注。

一是说龙山文化才是中国自己的文化，因为商文化的器形大都来自山东龙山文化："黑陶来自东方，是中国自己的文化。殷商的卜骨、铜器均似仿效黑陶文化之情形。唯黑陶之开始亦不大清楚。"

二是仍然以为仰韶文化彩陶受到西方影响："彩陶在中东与东欧在4000～1000BC有数千年的历史，彩陶文化可能经安诺一带传入中国。""我相信彩陶虽发达于中国，而其制造观念之来源，则极可能来源于西方。"④

三是李济先生读到1959年出版的《庙底沟与三里桥》报告时，得出了与学界普遍认可的"解决了中原地区仰韶文化与龙山文化的继承关系"不同的观点。以为仰韶文化不会直接演变为龙山文化，庙底沟二期新出现的三袋足器、豆和黑陶器，无论器形和制法都与较早的仰韶文化有本质不同，是在外部文化影响下产生的。"它似乎不能代表一种土著的发展，这里有好些成分显然是受了外界的影响。"⑤

---

① 赵殿增：《三星堆文化与巴蜀文明》"三星堆古国的祭祀礼仪与国家形态"章，《中国早期文明》，江苏教育出版社，2005年。
② 于建设：《红山文化与中华文明起源》，《郑州大学学报（哲学社会科学版）》2017年第4期。
③ 孙守道：《红山文化玉祖神考》，《中国文物世界》总第154期，1998年6月。
④ 以上均见陈星灿：《张光直课堂笔记所见李济晚年在台大教书的片段》，《中国文物报》2005年3月11日。
⑤ 李济：《黑陶文化在中国上古史中所占的地位》，《台湾大学考古人类学刊》第二一、二二期合刊，1963年。

以上这些论述自然会使人想到 20 世纪三四十年代至五十年代初考古界与史学界"夷夏东西说"相呼应的中国史前文化的"二元对立"说和"混合文化"说。李济和梁思永两位先生是当年提倡这一学说的主要代表。20 世纪 60 年代后李济先生重提"东西二元对立说",更明确的表述还可举出:

"这个前所未闻的史前文化,与较西方的河南、甘肃和河北所出现的史前遗物相比,构成了一幅鲜明的对照。出史前彩陶文化的遗址,大部分都在西北,根据当时的考古知识,这些彩陶文化的遗存没有在山东半岛出现过,在中国传统的历史中,山东半岛确是中国文化开始的一个重镇。在济南附近出现了与彩陶显然完全不同的这种史前文化。"①

不过,以东部与西部关系为主审视仰韶文化与龙山文化关系进而将中国史前文化引入深层次讨论的,是 20 世纪 50 年代末东方大汶口文化的发现。大汶口文化是山东龙山文化的直接前身已是共识,这也回答了李济先生 20 世纪 30 年代寄希望于"黑陶之开始"的想法,使东方作为"中国自己的文化"发展脉络更为清晰。更为重要的是,大汶口文化距今五千年前后,其年代与西部的仰韶文化和龙山文化早期处于同一发展阶段,这就使东部与西部的比较建立在更为科学的年代基础之上。正如夏鼐先生所指出的:"黄河中下游是有东、西相对的两个文化圈,不过与仰韶文化相对的是大汶口文化,而不是山东龙山文化。"②

由此所见东部与西部的比较结果是:

一是东部以"鼎豆壶"为基本组合的陶器群与西部以彩陶盆、钵和尖底瓶为主的陶器群具不同文化传统,从而为"东西二元对立说"提供了更为可信的依据。

二是东部和西部都非孤立发展而是相互影响,前期以西对东的影响为主,后期则以大汶口文化向西对仰韶文化的影响为主导趋势。对此,最早对这一课题加以论述的苏秉琦先生说:

"在它们的前期,我们很难分辨两者的哪一方对另一方的影响更多一些,两者在文化面貌上的差异是比较大的;而在它们的后期,则显然像是东边对中原的影响要多一些。例如,在东边发现的那种彩陶是很个别的;而在中原所发现的鼎、豆等显然是受东边影响之下产生的东西,不仅已占有相当的比重,而且具有极其相似的型式变化序列,从而大大地缩小了两者在文化面貌上的差异。"③

三是东西交汇的成果,是出现了在晚期的仰韶文化,彩陶器和尖底器逐渐被鼎豆壶所代替。庙底沟二期就是在这一文化大背景下出现的。这也印证了李济先生有关"庙底沟二期新出现的三袋足器、豆和黑陶器,无论器形和制法都与较早的仰韶文化有本质不同,是在外部文化影响下产生的"观点。

四是对东西交汇在中国上古历史文化发展的影响的估计。苏秉琦先生于 20 世纪 70 年代末接续他有关东西关系的研究时,将东部影响西部的后果同中国古代礼器的起源相联系:东南沿海地区"在这一期间对我国其余人口密集的广大地区的影响、作用是显而易见的。如流行全国广大地区的以'鼎、豆、壶'组合而成的礼器、祭器就是渊源于这一地区。"④ 进一步的理解,龙山时代的形成进而为夏商周三代文化奠定基础的,东部对西部的影响是一个根本原因。这可视为李济先生有关"殷商的卜骨、铜器均似仿效黑陶文化"观点的发展。

---

① 李济:《黑陶文化在中国上古史中所占的地位》,《台湾大学考古人类学刊》第二一、二二期合刊,1963 年。
② 夏鼐:《中国文明的起源》,中华书局,1985 年。
③ 苏秉琦:《关于仰韶文化的若干问题》,《考古学报》1965 年第 1 期。
④ 苏秉琦:《略谈我国东南沿海地区的新石器时代考古——在"长江下游新石器时代文化学术讨论会"上的一次发言提纲》,《文物》1978 年第 3 期。

　　五是东部影响西部为主的交流导向直至龙山时代的形成，基本是在中原地区进行的，中原是为东西交流的交汇地带，过程则是从豫西渐到关中，有由东向西扩展的明显趋势。

　　近年，学界也渐有重提黄河流域东部与西部在陶器上差别的情况。虽未谈及与前辈学者观点的关系，但作为跟进，仍值得肯定。如 2010 年中国社会科学院考古研究所编著的《中国考古学·新石器时代卷》提出"黄河流域新石器时代晚期陶器，大体可归纳为东、西两部分，东部继承着鼎、豆、壶的传统，西部则流行瓶、罐、盆（钵）。"《中原文物》2017 年第 2 期有刘莉引 D. 吉德维 1987 年观点："根据陶器器形的差异，把新石器时代（中期为主）的陶器分布划为两个大的地区类型：东部沿海地区和西北部地区。东部地区的陶器器形复杂，多三足器，高柄，带流，有把手等；西北地区的陶器器形简单，多为平底和圜底器。"由此，刘莉还得出了"西部地区用尖底瓶的咂酒群饮为代表的集体为本位的文化传统，在仰韶文化之后消失，而东部地区使用高柄杯为饮酒器的饮酒方式代表了以个人为本位的社会关系，后来成为注重社会等级关系的中国礼制传统的重要组成部分"的观点，这可以与前述东部对西部影响加大导致龙山时代出现的观点相互参照①。栾丰实同志更提出东方大汶口文化晚期西渐的加强"一定程度上改变了此后的中原文化，或许这就是由仰韶文化转变为庙底沟二期文化的原因之一"②。

　　对东西格局的确立和进一步认识也有助于上古中国同世界的比较和相互关系的探讨。这就如苏秉琦先生所论中国的东西两块与世界的欧亚大陆和环太平洋两大块的接轨，即中国的西部联系着欧亚大陆，中国的东方则同环太平洋地区关系密切③。对此，应有进一步论证。据我的有限了解，想到以下几点：

　　1. 世界的东西方差异明显。其背景即张光直先生提出的东西方各自宇宙观的不同从而对待赖以生存的自然界的不同，即西方文明以发展技术、贸易为主的"断裂性文明"和东方以通神取得政治权力的"连续性文明"④。

　　2. 东西方有频繁交汇。交汇的趋势是相互的。西风东渐主要表现如彩陶和青铜的向东传播，东风西渐则以前述黄河流域由东向西的"龙山化"和相应的彩陶由中原地区向西渐退为主要表现。

　　3. 西方文化因素东渐被吸收后都形成中国特色，彩陶在仰韶文化向神器演化，青铜技术传入后，不是如西方以制作工具为主，而是发展为用于祭祀和葬礼的青铜容器。

　　4. 中原地区作为中国东部与西部的交汇地带也是世界东方与西方交汇的组成部分。似可从这个视角研究中原文化。

　　还要做一点补充的是，我曾对中国史前文化提出过三大文化区的设想，即与东西区同时并存的，还有一个不断与东区、西区互动的东北文化区⑤，这同近年较多提到的将世界上古史分为三大区（除西亚、东亚之外还有一个北亚区）可内外呼应⑥，因为中国的东北区除了联系着东北亚以外，还从地理位置、自然环境到主要文化特征，与北亚的关系较为密切。

---

①　刘莉：《早期陶器、煮粥、酿酒与社会复杂化的发展》，《中原文物》2017 年第 2 期。
②　栾丰实：《海岱系文化在华夏文明形成过程中的作用——从海岱、中原两大区系的相互关系谈起》，《华夏文明的形成与发展》，大象出版社，2003 年。
③　苏秉琦：《纪念城子崖遗址发掘 60 周年国际学术讨论会》贺信，1991 年 10 月 12 日。
④　见张光直：《考古学专题六讲》，文物出版社，1984 年。
⑤　郭大顺：《三大区交汇与中国文明起源》，台北《故宫学术季刊》2007 年夏季号。
⑥　李旻：《重返夏墟：社会记忆与经典的发生》，《考古学报》2017 年第 4 期。

这样从东西文化格局角度看待古代中国与世界关系的启示是：东西方从物质文化到思维观念差异很大；但彼此可以相互交融，而非排斥；东方文明具更大包容性，大幅度而又有选择性地吸收异域文化因素为我所用，并在交汇过程中保持和壮大着自我发展的能力，从而为最终走向世界大同的前景带来希望。如苏秉琦先生所预言，世界还是一元的，因为地球是独一无二的①。

以上我的两点思考：神巫定位涉及上古时代国之大事——祭祀的神与巫这两个主要角色，东西格局关乎夏商周三代形成的基础和"中国"的形成，它们决定着中华古文化的走势及其同世界的关系，对于这样的大题目，我只有在阅读有限资料和实地考察后的点滴体会，但觉得这是认识中国古史及与世界古史关系的两把钥匙，有必要将不成熟的感受写出来，希望今后还有精力和时间与大家一起进行切磋讨论。

2018 年 4 月于海南省东方市汇艺蓝海湾

---

① 郭大顺：《捕捉火花——陪苏先生聊天》，蒋朗朗主编《精神的魅力 2018（一）》，北京大学出版社，2018 年。

郭大顺先生学术年谱

1938 年

生于河北省张家口市宣化区（原察哈尔省宣化县城）。

1944 年

入宣化县城相国庙街小学读书。

1951 年

小学毕业。考入张家口市第一中学读初中。

1954 年

初中毕业。考入张家口市第一中学读高中。

1957 年

高中毕业。考入北京大学历史系读大学本科。次年分到考古专业班。期间参加 1959 年中国历史博物馆观导实习，1960 年洛阳王湾遗址发掘的生产实习，1961 年整理洛阳王湾遗址新石器时代部分的专题实习。

1962 年

大学本科毕业。考入北京大学历史系考古专业新石器时代专门化读研究生。导师苏秉琦。期间赴山东省济南市（整理大汶口墓地和姚官庄龙山文化遗址资料）、上海博物馆（参观崧泽墓地资料）、苏州市博物馆（参观越城遗址资料）、浙江省博物馆（参观丘城遗址资料和良渚遗址）实习。

1965 年

北京大学历史系考古专业研究生毕业。在学校待分配。

1968～1970 年

分配到辽宁省博物馆从事考古研究（1980 年起任辽宁省博物馆文物工作队副队长）。调查并参加凌源县西八间房旧石器时代晚期遗址发掘（1969、1970 年）。参加北镇县龙岗辽耶律宗政墓清理和盖县九垅地东汉墓葬发掘（1970 年）。

1971 年

11 月及次年 3 月，发现并清理朝阳县魏营子西周墓葬。

1972 年

3～6 月，参加北票县丰下遗址发掘。执笔撰写《辽宁省北票县丰下遗址发掘简报》（1976）（括号内为文章发表年份，以下同）。

1973 年

5 月，清理发掘喀左县北洞第二号窖藏商周青铜器坑。执笔撰写《辽宁喀左县北洞村发现殷代青铜器》（1973）与《辽宁喀左县北洞村出土的殷周青铜器》（1974）。

参加阜新胡头沟墓地清理，后确认为红山文化积石冢。

7 月，就喀左县北洞村出土商周窖藏青铜器到北京就教于唐兰、张政烺、罗福颐、夏鼐、苏秉琦、邹衡、孙贯文、李学勤、王世民、李伯谦诸先生及郭沫若先生处。并与唐兰先生通信请教。

9～11 月，参加沙通铁路考古调查和内蒙古赤峰县初头朗公社四分地夏家店下层文化遗址发掘。

1974 年

5 月，调查内蒙古克什克腾旗天宝同商代铜器出土地点。撰写《辽宁昭乌达盟克什克腾旗天宝同发现商代铜瓿》（1977，署名克什克腾旗文化馆）。

调查翁牛特旗海金山红山文化遗址。

8 月，到长春时随杨仁恺先生拜访吉林大学于省吾、金景芳先生，聆听有关辽宁出土窖藏商周青铜器和商文化起源等问题的教诲。

11 月，调查敖汉旗下石匠沟、大甸子、佛爷岭夏家店下层文化遗址。

1975 年

6～7 月，在翁牛特旗文化馆初鉴三星塔拉村收集的大型玉雕龙并到现场调查。

参加林西县大井古铜矿试掘。

1976 年

继续清理魏营子墓葬并调查遗址。执笔撰写《辽宁朝阳魏营子遗址西周墓和古遗址》（1977）。

1976～1983 年

参加内蒙古敖汉旗大甸子遗址发掘，发现兽面纹彩绘图案。进一步思考商文化起源与辽西的关系。在中国社会科学院考古研究所承德工作站参加大甸子墓地材料整理和《大甸子——夏家店下层文化遗址与墓地发掘报告》（1996）编写，负责撰写墓地与墓葬形制部分。

1977 年

整理 1965 年辽宁省博物馆文物工作队收集的喀左县南洞沟墓葬材料，撰写《辽宁喀左南洞沟石椁墓》（1977）。

1977～1982 年

主持内蒙古翁牛特旗解放营子公社大南沟墓地的发掘、资料整理和《大南沟——后红山文化墓地发掘报告》（1998）的编写。

1978 年

整理由喀左县文化馆收集的一批商周之际陶器，撰写《记辽宁喀左县海岛营子后坟出土的一批陶器》（1978，署名喀左县文化馆）。

1979 年

撰写《辽宁考古三十年》，发表于文物出版社组织编写的《文物考古三十年》（1979）。

4 月，参加在西安召开的"中国考古学会成立大会"。

4～9 月，参加朝阳地区文物普查试点，任喀左队队长。与武家昌合作撰写《一九七九年朝阳地区文物普查发掘的主要收获》（1980）。

9 月，主持发掘东山嘴遗址（至 1982 年）。与张克举合作撰写《辽宁省喀左县东山嘴红山文化建筑遗址发掘简报》（1984）。将红山文化作为研究重点并开始思考中华文明起源问题。

1980 年

8 月，为"辽宁省考古、博物馆学会成立大会"提交《魏营子类型的发现及其意义》（提要），刊于《辽宁省考古、博物馆学会成立大会会刊》（1982）。正文以《试论魏营子类型》发表于苏秉琦主编的《考古学文化论集（一）》（1987）。

1981 年

4 月，参加建平县文物普查，任辅导员。发现牛河梁遗址。清理一座砌石墓，出土玉环一件。

12 月，参加在杭州举行的"中国考古学会第三次年会"，提交与孙守道合作撰写的《论辽河流域的原始文明与龙的起源》（1984）。

1982 年

7 月，参加在沈阳召开的"新乐遗址学术讨论会"，撰写《从新乐及有关遗存的发现谈我国新石器时代分期问题》（1983）。

8 月，参加由苏秉琦先生倡议举办的河北省张家口市蔚县三关考古现场会，介绍东山嘴红山文化祭祀遗址的发现。

调查彰武县平安堡遗址，与孙杰共同撰写《辽宁彰武县平安堡遗址调查记》（1984），提出"高台山类型"的命名。

1983 年

7 月，筹备并参加在辽宁朝阳举办的"燕山南北地区考古"研讨会和东山嘴遗址考古现场考察。

9 月，调入辽宁省文化厅任副厅长。

10 月，发现并试掘牛河梁积石冢群和女神庙遗址。

12 月，复查绥中县姜女石遗址，确定为秦行宫遗址。

1984 年

8 月，与孙守道共同主持牛河梁遗址的发掘。发掘第二地点第一号冢第四号墓，出玉雕龙 2、马蹄形玉箍 1，为红山文化代表性玉器找到确凿考古证据。

10 月，促成以吕遵谔先生为领队的北京大学考古系与辽宁省博物馆在营口金牛山旧石器时代洞穴遗址的联合发掘。发现头骨等人类化石后，邀请文物保护专家、中国社会科学院考古研究所王㐨先生进行现场提取。

1985 年

8 月，参加国家教委在北京大学临湖轩举办的金牛山人骨鉴定会，为鉴定组成员。

9 月，在兴城组织讲座，请苏秉琦先生做"辽西古文化古城古国——兼谈当前考古大课题"的学术报告。

1986 年

6 月，参加辽宁省政府第一百六十六次省长办公会议，将金牛山、牛河梁、姜女石三处遗址定为省级文物保护单位并向国务院申报国家级重点文物保护单位。

7 月，参与新华社、《光明日报》对红山文化考古新发现和中国文明起源的报道。

9 月，辽宁省文物考古研究所成立。兼任所长。参加在沈阳召开的"中国考古学会第六次年会"的筹备工作。

10 月，在兴城组织讲座，请苏秉琦先生做"文化与文明"的学术报告。

1987 年

5 月，参加在山东烟台举办的"第一次环渤海考古研讨会"。

7 月，在牛河梁遗址会见正在辽宁大学访问的美国学者丹佛大学人类学系 N. 尼尔森教授。1989 年为 N. 尼尔森编著的《东北考古》（英文）撰写《红山诸文化》《夏家店下层文化》《辽河流域出土的北方式青铜器》。2000～2002 年，在牛河梁第一地点合作进行物理探勘试验。

9 月，陪同苏秉琦先生考察牛河梁遗址。

在兴城组织讲座，请苏秉琦先生做"从文化起源到文明起源"的学术报告。

1988 年

9 月，应日本国际交流基金会邀请赴日本进行为期两周的文物考察。撰写《日本的史迹公园》，刊于《辽海文物月刊》1990 年第 1 期和《文物天地》1992 年第 3 期（摘要），后在 1994 年国家文物局主办的《文物工作》转载。

12 月，促成义县奉国寺和朝阳北塔维修工程方案中增加考古发掘，分别找到奉国寺辽代寺院布局线索和朝阳北塔在十六国宫殿基础上经北魏、隋唐到辽代的层位证据。

1989 年

9 月，促成并组织辽宁省文物考古研究所与日本中国考古学研究会以"东北亚考古研究"为题的合作研究，是为新中国成立以来较早开展的中外考古合作项目。担任中方主持人。在中国先后测量凌源县三官甸子遗址（1990 年）、阜新县南梁遗址（1991 年）和凤城县青铜时代墓地（1992 年）。在日本于1991 年、1993 年考察九州、本州、四国等地绳纹时代、弥生时代和古坟时代遗址，观摩各地博物馆、考古资料馆和史迹公园及有关文物，并在九州大学、熊本大学、东京学友会馆、京都泉屋博古馆做有关辽宁考古新发现和中国文明起源的讲座。与日本中国考古学研究会会长、富山大学教授秋山进午共同组织撰写和编辑的合作成果《东北亚考古学研究——中日合作研究报告书》先后以中文（文物出版社，1996 年）、日文（同朋舍，1993 年）出版。

1990 年

改任辽宁省文物考古研究所名誉所长。

调查丹东虎山明长城，建议以"虎山段"为明代长城东端起点。

9 月，筹备并主持在大连召开的"第三次环渤海考古国际学术讨论会"。与孙守道合作撰写《环渤海考古的理论与实践》的开幕致辞（1991）。

1991 年

参加世界银行辽宁文化遗产保护工作。将牛河梁红山文化遗址、姜女石秦行宫遗址、九门口长城和辽宁省博物馆馆藏文物保护在内的文化遗产保护列入世界银行辽宁环境保护项目。

为韩国圆光大学全荣来教授《韩国青铜文化研究》书写序。次年赴该校（全州里里市）参加"第十一次马韩百济文化国际学术会议"，撰写《辽东地区青铜文化新认识》（1992）。

8月，参加在呼和浩特举办的"北方地区古代文化国际学术研讨会"，撰写《辽河流域"北方式青铜器"的发现与研究》（1993）。

9月，参加在呼和浩特举行的"中国考古学会第八次年会"，提交《论考古学文化区系类型理论在实践中的发展》（2001）。

11月，参加中国社会科学院考古研究所组织的文明起源考察和讨论，做有关红山文化与中国文明起源的发言（1992）。

与孙守道合作撰写《红山文化玉器和龙的起源》，收入在伦敦出版的介绍世界古代玉器的《JADE》一书。

1992 年

参加日本富山电视台与辽宁电视台合作拍摄的《辽河》活动。同年与次年在北京中国社会科学院考古研究所陪同苏秉琦先生接受内藤真作社长两次采访。

8月，参加在石家庄举办的"第四次环渤海考古国际学术会议"。

1993 年

2月，应香港中文大学文物馆高美庆馆长和敏求精舍关善明先生邀请，赴香港就"红山文化考古新发现"进行讲学活动。

4月，参加中日合作在日本的考察时于四国遇车祸胸部骨折，出院后又参加中国历史博物馆在日本东京举办的水下考古展览。

5月，到北京参加由北京大学考古学系与美国赛克勒艺术、科技和人文基金会联合举办的"迎接二十一世纪的中国考古学"国际学术讨论会，撰写《三大区交汇与中国早期国家》（未刊）。

1994 年

为苏秉琦先生编辑论文集《华人·龙的传人·中国人——考古寻根记》，同年在辽宁大学出版社出版。

9月，参加在北京大学赛克勒博物馆为苏秉琦先生举行的85岁祝寿会和《华人·龙的传人·中国人——考古寻根记》首发式。

与孙守道共同主笔的《文明曙光期的祭祀遗珍　辽宁红山文化坛庙冢》《中国考古文物之美1》先后在中国台湾（1994）、内地（1995）和日本（1996）出版。

1995 年

3月，应日本富山电视台内藤真作社长邀请，与孙守道、辛占山赴日本福冈、新泽、富山、新潟、青森、秋田、仙台、宇田都、横滨、东京进行三周的文物考察。

5月，参加在河南偃师召开的"中国商文化国际学术讨论会"，撰写《北方古文化与商文化的起源》（1998）。

7月，应英国伦敦大学亚非学院和大英博物馆邀请，赴伦敦参加何鸿卿先生玉器展及"中国古代玉器研讨会"，做"红山文化玉器"的发言。会后考察纽卡斯尔罗马长城、奥克尼群岛和索兹伯里平原巨石遗迹。撰写《奥克尼群岛的史前遗迹》（与杨建军合作，1996）。

担任责任主编的《考古学文化论集》（苏秉琦主编）第四辑由文物出版社出版。

1996 年

1月，应香港商务印书馆陈万雄总编辑之邀，陪苏秉琦先生赴深圳写作。次年7月，作为这次深圳行的成果，苏秉琦《中国文明起源新探》一书由商务印书馆（香港）有限公司出版。

6月，参加在济南召开的"中国传世古玉鉴定学术研讨会"，撰写《红山玉的多文化分析》（1997）。

11月，参加在杭州举行的"良渚文化发现六十周年学术讨论会"，提交《论聚落的层次性——红山文化与良渚文化比较研究》（1999）。参观良渚文化博物馆，题词："良渚红山，逐鹿中原"；次年应良渚文化博物馆之邀，以此题词为名撰写论文（1999）。

1997 年

主编《牛河梁红山文化遗址与玉器精华》，由文物出版社出版。

撰写《红山文化的"唯玉为葬"与辽河文明起源特征再认识》（1997）。

8月，着手写作《考古寻五帝》，2000年由商务印书馆（香港）有限公司出版，2010年由辽宁人民出版社再版，并入选国家新闻出版署2010年《经典中国国际出版工程》出英文版（2012）。

11月，参加在北京由国家博物馆举办的"中国文物精华"展及讨论会。受成都地质科学院冯子道先生在会上有关贝加尔湖地区古玉矿发言启发，开始关注东北史前玉器与外贝加尔地区的关系。

1998 年

今年起开始使用电脑写作。

与张星德合作撰写中国早期文明系列《东北文化与幽燕文明》（2005年由江苏教育出版社出版）。

筹备编辑由宿白先生主编的《苏秉琦与当代中国考古学》（2001年由文物出版社出版）。与高炜合作编写《苏秉琦年谱》。

5月，参加北京大学建校百年纪念活动和国学研讨会，撰写《考古追寻五帝踪迹——苏秉琦"中国通史·远古时代"学习笔记》（1999）。

9月，应台湾震旦基金会邀请赴台访问。在台北"故宫博物院"、历史博物馆、"中研院"历史语言研究所、台湾大学、中华文物学会、鸿禧美术馆就红山文化考古新发现及红山文化玉器做了6次讲演，在台南艺术学院讲座一周。

11月，参加在香港中文大学召开的第三届"南中国及邻近地区古文化研究国际会议"，撰写《红山文化玉器特征及其社会意义再认识》（1998）。

12 月，参加在北京召开的"中国出土玉器鉴定与研究学术研讨会"，撰写《玉与陶——史前玉文化研究提出的新课题》（2001）。

1999 年

应安徽省铜陵市《青铜文化研究》之邀，撰写《辽西地区商周窖藏青铜器发现与研究新进展》（1999）。

5 月，参加在安徽巢湖市召开的"古代玉器研讨会"，参观潜山县含山凌家滩遗址。

8 月，赴韩国汉城（今首尔）参加《世界巨石文化》国际学术会议，会后应忠北大学林永珍教授邀请，考察全罗南道、全罗北道、忠清南道的考古遗址，又应汉城大学任孝宰教授邀请，参观汉城百济时期积石冢及石棚公园。

9 月，参加在河南灵宝市召开的"黄帝铸鼎原与中华文明起源"研讨会，撰写《华山玫瑰燕山龙》（2006）。参观北阳平遗址和郑州密县古城寨龙山文化城址。

11 月 29 日，在成都召开的"中国考古学会第十次年会"上被选为常务理事。提交论文《苏秉琦论"古今接轨"在学科理论的地位——编辑苏秉琦年谱的体会》。

2000 年

3 月，被聘为北京大学中国考古学研究中心专职教授。参加由严文明先生主持的"聚落形态与早期文明"课题组，负责"东北地区南部的聚落与早期文明"的子课题。

在牛河梁遗址接受中央电视台《东方时空·东方之子》栏目采访。

6 月，应河北省文物局之邀，随许倬云先生夫妇考察河北邯郸、邢台、石家庄、涞源、蔚县、涿鹿、宣化、张家口、张北、沽源、赤城考古现场和博物馆。

10 月，被聘为中国社会科学院古代文明中心专家委员会院外委员。

11 月，参加在北京大学考古文博学院举办的"中国古代玉器与玉文化高级研讨会"，撰写《从红山文化绿松石饰想到的》（提要 2000，正文 2017）。

12 月，赴台北参加"古代玉器研讨会"。在台南艺术学院讲学。

2001 年

4 月，赴美国参加匹兹堡大学历史系许倬云荣誉教授退休活动，并应堪萨斯博物馆东方部（杨晓能）邀请，参观旧金山亚洲博物馆、堪萨斯纳尔逊博物馆、芝加哥美术馆、华盛顿弗利尔博物馆、纽约大都会艺术博物馆。在匹兹堡大学历史系和哈佛大学人类学系做有关红山文化与中国文明起源的讲演。

6 月，参加在沈阳召开的由费孝通先生倡议的"中国古代玉器与传统文化学术研讨会"（首届），撰写《从"唯玉为礼"到"以玉比德"——再谈红山文化的"唯玉为葬"》（2003），得费孝通先生会议总结发言时点评。

6 月，应敖汉旗博物馆邵国田之邀，协助发掘敖汉旗四家子草帽山红山文化积石冢与祭坛。

7 月，为北京师范大学组织编写的《二十世纪中国史学名著提要》（马宝珠主编，2007 年出版），与张忠培先生合作撰写苏秉琦先生《斗鸡台沟东区墓葬》《苏秉琦考古学论述选集》《华人·龙的传人·中国人——考古寻根记》《中国文明起源新探》等四本著作的提要。

参加在北京由中国社会科学院古代文明中心举办的"中国古代文明的起源及早期发展国际学术研讨会"，撰写《从牛河梁遗址看红山文化的社会变革》（2005）。

8 月，参加由吉林大学边疆考古中心举办的"中国北方长城地带青铜时代考古国际学术研讨会"，撰写《东北文化区的提出及其意义》（2003）。会后参观吉林市西团山、骚达沟等遗址。

9 月，《龙出辽河源》由天津市百花出版社出版。

参加台湾大学地质学院主办的"海峡两岸古玉学会议"（因在罗湖过关到香港时遭窃未成行），撰写《规范中求变——红山文化玉器特征再认识》（2001）。

10 月，随北京大学考古中心课题组到山东济南—章丘（城子崖）—临淄—桓台（桐林、田旺）—临朐（西朱封）—诸城（前寨、呈子）—莒县（大朱家、陵阳河、段家河）—日照（东海峪、两城镇、尧王城）—五莲（丹徒）考察。在山东省文物考古研究所做有关大汶口文化的讲座。

12 月，参加在北京大学考古文博学院举办的"聚落演变与早期文明国际研讨会"，撰写《大甸子墓地初析》（提要 2001，正文 2004）。

2002 年

5 月，参加在北京大学考古文博学院举办的"温故知新：面向中国考古学的未来——庆祝北京大学考古学专业（系）成立五十周年国际学术研讨会"，提交《三大区交汇与中国文明起源》（提要 2002，正文 2007）。

5 月下旬，参加在鞍山召开的"中国古代玉器研讨会"。会后写成《漫谈红山文化的玉材产地与岫岩玉矿的早期开发》（2003）。

9 月，赴台湾参加"印度与南太平洋史前学会议"。

参加北京市社会科学院首都文化发展中心举办的"中国民族文化地域文化兴衰互动及文化遗存价值判断研讨会"，做"红山文化与史前区域文化研究的新进展"的发言。

2003 年

在伦敦探亲期间，在伦敦大学亚非学院就红山文化、夏家店下层文化和辽西地区商周青铜器做讲座。参观和考察巴黎吉美博物馆、法国国立考古博物馆和法国南部石棚遗迹。

10 月，撰写《探索古辽西》作为"考古人的故事"第一辑于 2005 年由学苑出版社出版。

参加在杭州举办的"第二届中国古代玉器与传统文化学术讨论会"，撰写《从史前玉礼器的演变谈"礼源于俗"》（2004）。

参加在济南由山东大学东方考古中心主办的"中国东方地区古代社会文明化进程国际学术研讨会"，撰写《大汶口文化陶器礼器化进程及其意义》（2004）。参观大汶口遗址。同时应《文史哲》之邀，撰写《关于辽西区文明起源道路与特点的思考》并在《新华文摘》转载（2004）。

为日本《言丛社》出版苏秉琦先生《中国文明起源新探》日文版撰写随笔《捕捉火花——记协助苏秉琦先生写作〈中国文明起源新探〉》（2004）。

2004 年

3 月，应北京大学校友会之邀撰写《他把考古学推向一个新时代——记苏秉琦先生》，刊于由北京大学校友会编辑、经济出版社于 2005 年出版的《北大的大师们》。

5 月，参加在大连召开的"古代玉器研讨会"，撰写《红山"玉巫人"的发现与"萨满式文明"的有关问题》（2008）。受聘为大连大学客座教授。

6 月，配合在苏州举办的世界遗产大会，主编《牛河梁遗址》（2004）。撰写《再从世界遗产学点什么》（2004）。

7 月，参加在赤峰召开的"红山文化国际学术研讨会"，撰写《红山文化与中国文明起源的道路与特点》（2006）。

8 月，参加在呼和浩特举办的"内蒙古考古研究所成立五十周年学术研讨会"，撰写《从"三岔口"到"Y"文化带》（2006）。

被国家文物局聘为课题办顾问，协助"中国文明探源工程"项目的启动。

为纪念苏秉琦先生诞辰 95 周年，撰写《一首诗与半部史——记苏秉琦先生对中国文明起源的一段研究历程》（2004）。

11 月，参加河北张家口市泥河湾研究会会议并做讲座。

2005 年

3 月，《红山文化》一书作为"20 世纪中国文物考古发现与研究丛书"由文物出版社出版。

5 月，陪伦敦大学考古学院蒂姆·威廉姆斯、克里夫特·彼特两位教授考察牛河梁遗址。

7 月，参加在海拉尔由内蒙古自治区委宣传部、光明日报社、内蒙古社会科学院主办的"草原文化高级论坛"，做"西辽河流域史前文化的多元互动及其在中华文化与文明起源中的地位"的发言。

参加在北京小汤山举办的全国文物鉴定委员会会议。被国家文物局聘为国家文物鉴定委员会委员。

就清初沈阳城依藏传佛教坛城做规划布局事电话请教宿白先生（次年 9 月和 2007 年 2 月又当面请教）。撰写《清初沈阳城——中国古代都城规划史最后一例》（2010）。

9 月，参加在江苏江阴市召开的"第五届玉文化、玉学学术研讨会"，提交《从"以玉示目"看史前时期西辽河流域与外贝加尔湖地区文化关系——兼谈红山文化玉料的来源》（2007）。

参加在韩国仁川举办的"世界巨石文化协会第八次研讨会"。

10 月，参加在西安召开的"国际古迹遗址第八届理事会"。

11 月，参加在郑州由河南省博物院主办的"文明探源——考古与历史的整合学术研讨会"，做大会发言，撰写《考古追寻五帝踪迹绪论》（2006）。

2006 年

5 月，参加在北京市艺术馆举办的《红山玉韵》展，做"红山文化玉器的几点新认识"的发言（2013）。

参加在成都举办的"第三届中国古代玉器与传统文化研讨会"，撰写《再谈"礼源于俗"》（2008）。

6 月，作为特邀代表参加在大连举办的"辽河流域文明化进程学术研讨会"，做大会发言，撰写《辽河流域文明起源研究的回顾与前瞻》（2006）。

应辽宁省社会科学院主办的《文化学刊》之邀，撰写《龙凤呈祥——从红山文化龙凤玉雕的发现看辽河流域在中国文化起源中的地位》（2006）。

8 月，参加赤峰"红山文化国际高级论坛"，做"红山文化研究新动向"发言，重提"红山学"。

随台北邓淑苹先生到吉林省博物院观摩洮南、镇赉县史前玉器。

参加在新疆和田举办的"第二届中国和田玉文化学术研讨会"。

11 月，赴日本东京参加在千叶县国立历史民俗博物馆举办的"古代亚洲的青铜器文化与社会——起源、年代、谱系、流通、礼仪"国际学术研讨会，撰写《辽东半岛青铜文化的原生性——以双房 6 号墓为实例之一》（2006）。为撰写会议论文，到大连普兰店市安波镇考察双房墓地和石棚峪大石棚。

2007 年

为《吕遵谔先生八十岁纪念文集》撰写《吕遵谔先生与金牛山考古》（2008）。

6 月，参加在浙江省杭州市余杭区举办的"中华玉文化中心成立大会"，被推选为该中心顾问（委员）。

7 月，参加朝阳市政府举办的"红山文化玉器研讨会"，撰写《红山玉器的历史定位》（2008）。

12 月，在英国探亲期间为伦敦大学考古学院文化遗产中心做有关牛河梁遗址研究和保护的讲座。

2008 年

6 月，遵河北省文物局谢飞同志建议，为张家口市博物馆撰写历史陈列大纲。

8 月，参加在赤峰召开的"草原文化与红山文化研讨会"，做"红山文化斜口筒形玉器原型为龟壳"的发言。后与台南艺术大学黄翠梅教授合作写成《红山文化斜口筒形玉器龟壳说——凌家滩的启示》，刊于《玉魂国魄——古代玉器与中国传统文化》第五辑（2012）。

9 月，参加在内蒙古鄂尔多斯市举办的"鄂尔多斯青铜器国际学术研讨会"，撰写《辽河流域"北方式青铜器"再认识》（2009）。

参加大连市旅顺博物馆年会，撰写《辽宁环渤海考古新进展——1990 年大连环渤海考古会后》（2009）。

参加在河北张家口市举办的"三祖文化学术研讨会"，做"从桑干河流域史前考古的两个实例看古史传说的'涿鹿之战'"的发言（2017）。

10 月，参加在北京召开的"中国考古学会第十一次年会暨第五届会员代表大会"。

2009 年

6 月，在牛河梁遗址接受中央电视台 10 频道《大家》栏目采访。

8 月，参加在香港中文大学举办的"海峡两岸传统文化及玉器研究研讨会"，做"从新发现的石雕人像谈红山文化的人体雕塑艺术"的发言（2017）。参观南丫岛史前遗址。

参加在哈尔滨举办的"中国考古学会第十二次年会"，做"个祖与共祖——编写牛河梁遗址发掘报告收获之一"的发言。

10 月，筹办苏秉琦先生百年诞辰纪念会活动。负责编辑《苏秉琦文集》（2009），撰写《苏秉琦与中国考古学科理论建设》（2010）。

12 月，参加在广东珠海举办的"公共考古与玉文化研讨会"，做"红山文化玉器"的发言。

筹备在良渚博物馆举办的"红山文化玉器展"，为展览图录撰写《红山文化玉器概述》。参加在杭州余杭举办的"良渚论坛·中华玉文化中心第二届年会及中国古代玉器与传统文化学术讨论会"，撰写《红山文化玉器的新认识——编写牛河梁遗址发掘报告体会之二》（2010）。

参加在河南新密举办的"纪念新砦遗址发掘 30 周年学术研讨会"。撰写《牛河梁遗址所见东北地区南部早期聚落演变与文明进程——编写牛河梁遗址发掘报告体会之三》（2010）。

撰写的《辽宁文化通史·先秦卷》由大连理工大学出版社出版。

2010 年

2 月，参加在北京由中国社会科学院考古研究所召开的"夏鼐先生百年诞辰纪念座谈会"，发言稿以《忆夏鼐先生二三事》刊登于《中国社会科学学报》2010 年 3 月 2 日副刊。

5 月，在厦门大学和东北师范大学分别做"玉龙故乡　文明摇篮——西辽河流域史前文明"和"红山文化的发现与东北文化区的确立"的讲座。

7~8 月，在英国探亲期间考察怀特岛布拉丁古罗马别墅遗址，撰写《布拉丁古罗马别墅遗址的保护大棚》（2010）。参观并撰写《苏格兰新纳拉克村舍与欧文故居》（2011）。考察苏格兰刘易斯岛卡拉尼什巨石遗迹，撰写《卡拉尼什史前巨石遗迹》（2016）。

再次考察罗马长城。撰写《再访哈德良长城》（2011）。

2011 年

1 月，与洪殿旭先生合作编写的《红山文化玉器鉴赏》由文物出版社出版。

3 月，被辽宁省人民政府聘为省文史研究馆馆员。

5 月，为北京大学考古文博学院研究生班做"捕捉火花——陪苏先生聊天"的讲座。

6 月，参加在大连举办的教育部"历史学战略规划研究"专家咨询会。

8 月，参加国家文物局委托辽宁省博物馆在沈阳举办的"中华文明起源学术讨论会"，撰写《牛河梁等红山文化遗址所见"祖先崇拜"若干线索》（2012）。

11 月，被赤峰学院聘为特聘教授。在该学院做"西辽河流域古代文明起源的道路与特点""从赛沁塔拉大玉龙的发现谈起""红山文化玉器造型分析""从世界史角度研究红山文化""介绍苏先生学术思想"五次讲座。

12月，赴陕西神木县参观该县博物馆和石峁遗址。

参加由辽宁省文史研究馆组织的《地域文化通览》辽宁卷编写，与张星德合作撰写先秦部分（2013）。

应北京大学考古文博学院之邀，撰写《辽河流域文明起源道路与特点的再思考——为严文明先生八十诞辰而作》（2012）。

2012 年

2月，参加在浙江嘉兴市举办的"中国考古学会第十四次年会暨庆祝宿白先生九十华诞学术研讨会"，撰写《环太湖地区的古国与方国——重温苏秉琦先生的一段论述》（2012）。

4月，参加北京艺术博物馆举办的"红山文化玉器展"和研讨会，撰写《红山文化玉器的几点新认识》（2013）。

参加北京大学考古专业成立六十周年庆典。

5月，参加在江苏张家港市召开的"中国文明起源与形成学术研讨会"，做"突变与传递——读苏秉琦先生文明起源论述的一点体会"的发言。

6月，为辽宁省政府办公厅举办的干部文史讲座做"牛河梁遗址与红山文化"的讲座。

在英国探亲期间，在伦敦大学考古学院中国文化遗产中心做"汇聚与传递——牛河梁遗址的启示"的讲座。

12月，主持编写的《牛河梁——红山文化遗址发掘报告（1983～2003年度）》由文物出版社出版。

参加在沈阳召开的"红山文化学术研讨会"，撰写《写在牛河梁遗址发掘报告发表之后》（2013）。

2013 年

5、7月，考察北镇二道沟西山和琉璃寺、三道沟偏坡寺、骆驼山等辽代陵园建筑址群。

5月，在赤峰学院做"苏秉琦先生与赤峰考古"的讲座。

6月，参加在澳门举办的"澳门黑沙史前轮轴机械国际会议"，与辽宁省博物馆孙力共同撰写《旋转技术在红山文化玉器制作中的应用》（2014）。参观黑沙遗址。

参加在三门峡召开的"史前彩陶研讨会"，做"牛河梁筒形器彩陶分析"的发言并在闭幕式上做总结发言。

8月，参加由赤峰学院承办的"第八届红山文化高峰论坛"，撰写《从世界史角度研究红山文化》（2014）。

参加在上海举办的首届"世界考古·上海论坛"。

参加在内蒙古通辽市召开的"哈民遗址现场研讨会"，参观哈民忙哈遗址和南宝力皋吐遗址。

10月，参加在西安举行的"中国考古学会第十六次年会暨第六届会员代表大会"，被推选为名誉理事。

12 月，参加在浙江省杭州市余杭区举办的"中国古代玉器与传统文化学术讨论会"（第四届），撰写《大甸子玉器再分析》（2014）。

接受中国考古网采访，以《通神礼玉 问祖寻根——郭大顺先生专访》入中国考古网人物专访栏目，书见《追迹——考古学人访谈录Ⅱ》（2015）。

与北京大学考古文博学院张海、伦敦大学考古学院 Andrew Bevan 联名撰写论牛河梁文化景观的《The Neolithic Ceremonial Complex at Niuheliang and Wider Hongshan Landscapes in Northeastern China》，刊于斯普林顿出版社（Springer）出版的《世界史前史》（World Prehistory）2013 年 3 月号。

应邀为首都师范大学邹华主编的《北京审美文化史》作序（2013）。

2014 年

3 月，应大连市文物考古研究所之邀，为大连市文物考古研究所和辽宁师范大学历史旅游学院做"东北考古与大连考古"讲座（2016）。

5 月，接受赤峰学院红山文化研究院采访。采访稿以《红山文化研究的新思考——郭大顺先生访谈录》发表（2014）。

6 月，为辽宁省文物考古研究所纪念建所六十年做"辽宁考古六十年"讲座。

8 月，去英国探亲期间到法国布列特尼半岛考察卡纳克（CARNAC）巨石遗迹。

12 月，参加在内蒙古敖汉旗举办的"五千年文明见证——纪念红山文化命名六十年"学术研讨会，撰写《从纪念红山文化发现六十年想到的》（2016）。

2015 年

3 月，在沈阳参加国家社科基金项目"盛京城考古与清代历史文化研究"课题评议会。

4 月，在辽宁大学历史学院做"东北考古与辽宁考古"讲座。

5 月，参加在北京召开的"良渚遗址申遗报告论证会"。

7 月，参加辽宁省文史研究馆组织的牛河梁遗址保护调研。

参加在大连自然博物馆召开的大连市复州湾骆驼山更新世中期化石遗址考察论证。

8 月，参加在赤峰举办的"第十届红山文化高峰论坛"，撰写《牛河梁遗址发现的三大学术意义》（2016）。同时参加在赤峰召开的内蒙古红山文化学会，被推选为名誉会长。

为准备参加在山东省章丘市举行的"龙山文化与早期文明——第 22 届国际历史科学大会章丘卫星会议"（因脚伤未能与会），撰写《龙山到岳石时期渤海湾北岸的方国文明——夏家店下层文化》（2017）。

10 月，参加在北京由中国社会科学院考古研究所举办的《良渚玉工》出版座谈会。

与国家文物局专家组考察北镇辽陵新立遗址。

在牛河梁考古工地接受卡塔尔半岛电视台采访。

11 月，参加在北京由中国文化遗产研究院召开的"丹东一号水下考古论证会"。

参加天津市博物馆举办的"宋辽金明清玉器研讨会"。

参加在北京故宫博物院举办的苏恺之著《回忆我的父亲苏秉琦》发行式和学术座谈。

12 月，参加辽宁师范大学在大连举办的"红山文化研讨会"，做"从史前考古研究成果看古史传说的五帝时代"的发言。为《辽宁师范大学学报（人文科学版)》撰写《红山文化——中华古文化直根系》(2016)。

参加在良渚文化博物馆举办的"中国古代玉器与传统文化学术研讨会"（第七届），撰写《斧钺分化与钺璧组合》(2017)。

入选钱伟长总主编、王巍主编的《20 世纪中国知名科学家学术成就概览·考古学卷》(2015)。

2016 年

3 月，在海南期间，参观中国社会科学院考古研究所正在发掘的陵水莲子湾、桥山和三亚英墩遗址。

5 月，参加在北京由中国社会科学院考古研究所举办的 2015 年田野考古项目评奖活动。

参加在郑州召开的"首届中国考古学大会"。

为国家文物局委托苏州文物商店举办的玉器培训班做红山文化玉器鉴定讲座。

8 月，在英国探亲期间，参观法国克鲁玛侬人化石出土地、马格德林遗址和法国封德高姆（FONT DE GAUME）、孔巴莱勒 COMBAVELLES CAVE、西班牙蒙卡斯蒂略 LAS MONEDAS 洞穴壁画遗址以及西班牙阿尔塔米拉 Altamira 洞穴壁画博物馆。撰写《克鲁玛浓人故乡寻访记》。

2017 年

4 月，参加由北京大学哲学系与内蒙古社会科学院合作举办的"草原文化研讨会"，做"史前时期草原文化的地位和作用"的发言。

8 月，参加在呼和浩特举办的"红山文化研讨"，提交《中华有五千年文明史吗——从有关红山文化的争论谈起》。

12 月，参加在郑州举办的"中国古代聚落考古研讨会"，提交《夏家店下层文化聚落演变的初步研究》并在闭幕会上发言。

2018 年

3 月，应《北京晚报》之邀，撰写《忆宿白先生》，刊于该报 3 月 8 日人文版"五色土"栏目。

5 月，为北京大学 120 年校庆撰写《捕捉火花——陪苏先生聊天》，刊于北京大学党委宣传部蒋朗朗主编的《精神的魅力 2018》。

受聘为沈阳城市学院客座教授和该校辽河文化研究院特邀研究员。

就"中国文明探源工程"接受中央人民广播电台、新华网采访。